스포츠 지도사

2급 필기

20일 합격

시대에듀

Always with you

사람의 인연은 길에서 우연하게 만나거나 함께 살아가는 것만을 의미하지는 않습니다.
책을 펴내는 출판사와 그 책을 읽는 독자의 만남도 소중한 인연입니다.
시대에듀는 항상 독자의 마음을 헤아리기 위해 노력하고 있습니다.
늘 독자와 함께하겠습니다.

저 자

강명성

모든 예비 스포츠지도사분들이 공부하는 데 이 한 권의 책이 합격을 향해 의미 있게 쓰이고, 나아가 모든 일에 최선을 다하셔서 합격 그 이상을 인생에서 이루시길 진심으로 바랍니다.

박두용

스포츠지도사는 "자격 종목에 대하여 전문체육이나 생활체육을 지도하는 사람"을 의미하며, 국가에서 인정하는 공인 스포츠 전문가 자격증입니다. 인정받는 스포츠 전문가가 되기 위해서는 스포츠지도사 자격증이 필요합니다. 국가 공인 스포츠 전문가가 되기 위해 준비하시는 모든 분들께 조금이나마 체육 전문가로서 가는 길잡이가 되고자 하는 마음으로 이 책을 편집하였습니다.

 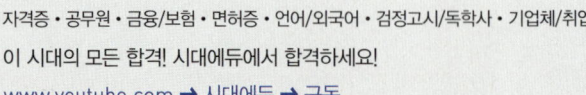 

머리말

최근 현대인의 무병장수 가치관과 신념에 따라 장애인, 노인, 유소년을 비롯한 전 세대 모든 국민의 스포츠 활동 참여가 증가하고 있습니다. 이로 인하여 체계적인 스포츠 활동 관리의 필요성이 증대됨에 따라 스포츠지도사의 역할이 더욱 강조되고 있습니다.

스포츠지도사는 프로그램 참가자들의 건강증진과 삶의 질 향상에 주력하며, 동기를 부여하고 스포츠 참여를 증진하기 위한 다양한 사업을 지도하고 관리합니다. 따라서 스포츠지도사는 스포츠 활성화와 사회의 스포츠 문화를 주도하는 중요한 임무를 수행하고 있다고 할 수 있습니다.

스포츠지도사 시험은 해마다 중요성이 높아지며, 난도 또한 높아지고 있습니다. 과목별로 난이도 차가 심하고 지엽적인 지식을 묻는 문제들도 많이 출제되고 있습니다. 따라서 수험생들에게는 과목의 난이도를 고려하여 선택과목을 결정하는 것보다 자신이 관심과 흥미를 갖는 분야를 선택하는 것이 권장됩니다.

자격시험을 대비할 때 개념의 이해와 기출문제의 습득은 기본이자 필수입니다. 본 도서의 학습과정을 차근차근 밟아가며 처음 시험을 준비하시는 분들은 필수 개념을 탄탄히 다지시고, 다시 시험을 준비하시는 분들은 기존의 학습한 내용을 완벽히 보완하시기 바랍니다.

본 도서로 학습하는 모든 수험생들이 합격할 수 있도록 최대한 알기 쉽게 만들었습니다. 처음 공부하는 분들도 포기하지 않고 끝까지 학습한다면 반드시 합격할 수 있을 것이라고 믿습니다.

본 도서가 스포츠지도사 자격시험을 준비하는 수험생들에게 효과적인 학습의 길잡이이자 든든한 동반자가 되기를 바라며, 모든 수험생의 합격과 건승을 기원합니다.

시대스포츠연구소 드림

자격시험 안내

INFORMATION

자격개요

❶ '스포츠지도사'란 학교·직장·지역사회 또는 체육단체 등에서 체육을 지도할 수 있도록 「국민체육진흥법」에 따라 해당 자격을 취득한 사람을 말합니다.

❷ 자격증 특성에 따라 아래와 같이 나뉘며, 전문/생활/장애인 스포츠지도사는 1급과 2급으로 세분됩니다.

자격요건

2급 생활스포츠지도사	18세 이상인 사람
2급 전문스포츠지도사	• 18세 이상인 사람 • 해당 자격 종목에 대하여 4년 이상의 경기경력이 있는 사람 • 「고등교육법」 제2조에 따른 학교에서 체육분야에 관한 학문을 전공하고 졸업한 사람이거나 법령에 따라 이와 같은 수준의 학력(학점은행제 등)이 있다고 인정되는 사람 • 「고등교육법」 제2조에 따른 학교에서 체육분야에 관한 학문을 전공하고 졸업한 사람이거나 법령에 따라 이와 같은 수준의 학력이 있다고 인정되는 사람으로 그 경기경력 및 수업연한의 합산 기간이 4년 이상인 사람 • 문화체육관광부장관이 인정하는 「고등교육법」 제2조에 해당하는 외국의 학교(학제 또는 교육과정으로 보아 「고등교육법」 제2조에 따른 학교와 같은 수준이거나 그 이상인 학교)에서 체육분야에 관한 학문을 전공하고 졸업한 사람으로 그 경기경력 및 수업연한의 합산 기간이 4년 이상인 사람

※ 위 자격요건은 2급 전문·생활스포츠지도사를 기준으로 작성되었습니다. 구체적인 정보는 홈페이지(sqms.kspo.or.kr)의 [시험안내 → 자격제도안내]에서 확인하시기 바랍니다.

필기시험 개요

❶ 일정 : 매년 1회 4~5월
❷ 시험형식 : 객관식(과목당 20문항 출제)
❸ 시험시간
   • 1급류(전문·생활·장애인) : 80분
   • 2급류(전문·생활·노인·유소년·장애인) : 100분
❹ 응시료 : 18,000원
❺ 합격자 결정 기준 : 과목마다 만점의 40% 이상, 전 과목 평균 60% 이상 득점

시험과목

구 분		2급 전문	2급 생활	2급 장애인	유소년	노 인
선택 과목	스포츠사회학	택5	택5	택4	택4	택4
	스포츠교육학					
	스포츠심리학					
	한국체육사					
	운동생리학					
	운동역학					
	스포츠윤리					
필수 과목	특수체육론	-	-	○		
	유아체육론				○	
	노인체육론					○

필기시험 합격자수 통계

구 분	2급 전문	2급 생활	2급 장애인	유소년	노 인
2024년	1,441	16,315	1,598	212	835
2023년	3,212	26,107	1,395	383	1,111
2022년	1,592	13,683	1,354	219	816
2021년	1,779	14,378	1,740	320	938
2020년	2,305	14,750	1,666	196	1,111

※ 위 통계는 2025년 3월 기준으로 작성되었습니다. 구체적인 정보는 홈페이지(sqms.kspo.or.kr)의 [고객지원 → 자료실 → 자격시험 통계자료]에서 확인하시기 바랍니다.

출제경향 분석
ANALYSIS

선택 　제1과목 ▶ 스포츠심리학

🎯 최근 기출 분석

스포츠심리학은 2024년과 달리 [인간운동행동의 이해] 파트가 눈에 띄게 줄어들었다. [스포츠수행의 심리적 요인] 파트에서 가장 많이 출제되기는 하였으나 그 편차가 크지 않아서 모든 파트에서 고르게 출제되었다고 볼 수 있다. 스포츠심리학의 학문적 발전에 이바지한 인물 관련 문제가 출제되었다는 것이 특징이다. 2024년과 같이 운동생리학이나 유아체육론(개방운동기술) 등에서 출제할 만한 내용도 출제되었다. 그러므로 출제영역이 겹치는 과목을 함께 학습하는 전략이 합격의 열쇠가 될 수 있으리라 생각된다.

🎯 파트별 출제 비중(2019~2025년)

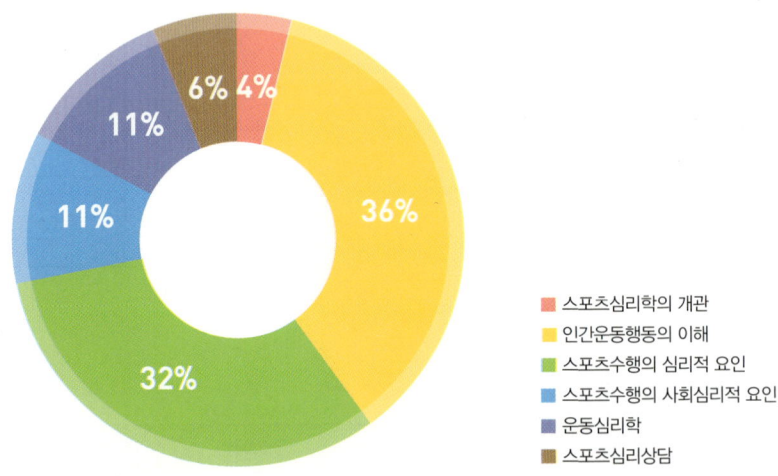

구 분	2025	2024	2023	2022	2021	2020	2019	합 계
스포츠심리학의 개관	2	–	1	–	1	–	1	5
인간운동행동의 이해	3	10	9	8	5	9	6	50
스포츠수행의 심리적 요인	7	4	6	5	7	7	9	45
스포츠수행의 사회심리적 요인	3	3	2	2	2	2	2	16
운동심리학	3	2	1	4	3	1	1	15
스포츠심리상담	2	1	1	1	2	1	1	9

선택 제2과목 ▶ 운동생리학

최근 기출 분석

운동생리학은 생소한 용어가 다수 등장하기 때문에 체감 난도가 높지만 효과적인 트레이닝을 위해서는 반드시 학습해야 하는 과목이기도 하다. 꽤 어렵게 출제되었던 2024년에 비해 2025년은 비교적 무난한 난이도로 출제되었다. 다만, 그림자료를 제시한 문제가 다수 출제되어 익숙하지 않은 수험생에게는 다소 어렵게 느껴졌을 수도 있다. 또한 [에너지 대사와 운동], [골격근과 운동], [호흡·순환계와 운동] 파트가 비중 있게 출제되었다. 고득점을 위해서는 무산소 및 유산소 에너지 대사 경로에 대한 내용을 반드시 이해하고 넘어가야 한다.

파트별 출제 비중(2019~2025년)

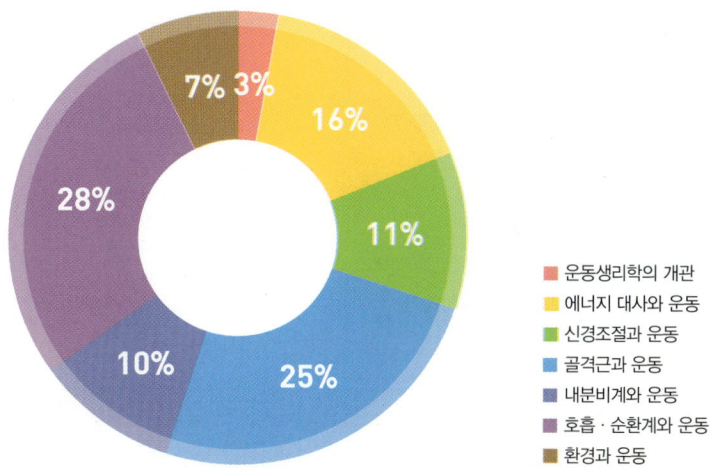

구 분	2025	2024	2023	2022	2021	2020	2019	합계
운동생리학의 개관	–	–	1	2	–	–	2	5
에너지 대사와 운동	5	3	5	2	2	2	3	22
신경조절과 운동	1	2	3	2	4	2	1	15
골격근과 운동	5	6	4	4	4	7	5	35
내분비계와 운동	1	4	1	2	2	2	2	14
호흡·순환계와 운동	6	4	4	7	5	7	6	39
환경과 운동	2	1	2	1	3	–	1	10

출제경향 분석
ANALYSIS

선택 제3과목 ▶ 스포츠사회학

최근 기출 분석

스포츠사회학은 대부분의 문제가 도서에 설명되어 있고 과년도 기출 유형과 유사하게 출제되어 어렵지 않게 풀 수 있었을 것으로 생각한다. 스포츠사회학은 생소한 학자로 문제 난도를 조절하는 경향이 있는데, 2025년에는 스포츠 정책 및 엘리트 스포츠 시스템에 대한 비교 연구로 잘 알려진 학자인 J. Grix의 스포츠 육성 모델 관련 문제가 나왔다. 스포츠사회학은 대부분 중요 이론에서 파트별로 고루 출제되기 때문에 차기 시험을 위해 중요한 파트(스포츠사회학 이론, 정치, 일탈, 계층, 스포츠 사회화) 위주로 중요 이론과 내용을 숙지하고, 각 세부 내용을 꼼꼼하게 확인하여 외울 것을 권장한다.

파트별 출제 비중(2019~2025년)

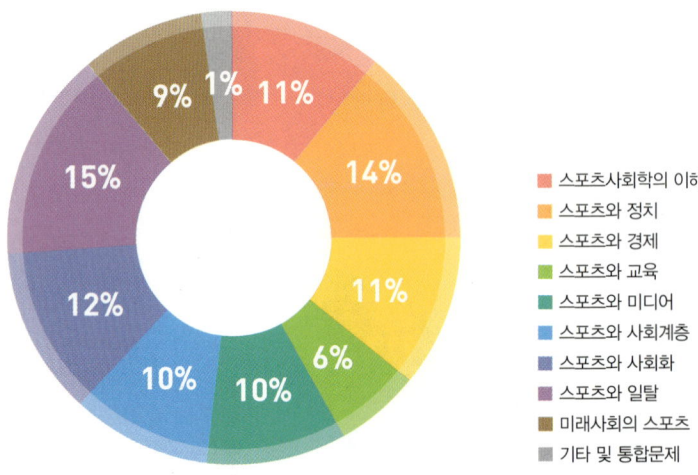

구 분	2025	2024	2023	2022	2021	2020	2019	합 계
스포츠사회학의 이해	3	3	1	2	2	2	3	16
스포츠와 정치	2	3	2	3	3	3	4	20
스포츠와 경제	2	1	2	2	2	1	5	15
스포츠와 교육	2	1	1	2	1	1	1	9
스포츠와 미디어	2	1	3	3	1	3	1	14
스포츠와 사회계층	2	2	2	2	2	2	2	14
스포츠와 사회화	3	2	3	2	2	3	2	17
스포츠와 일탈	2	3	4	2	4	4	2	21
미래사회의 스포츠	2	2	2	2	3	1	–	12
기타 및 통합문제	–	2	–	–	–	–	–	2

선택 제4과목 ▶ 운동역학

최근 기출 분석

운동역학은 계산 문제가 있어 수험생들이 기피하는 과목이다. 올해도 간단한 계산 문제와 함께 선운동량 보존의 법칙에 따른 복합적인 문제와 반발계수를 직접 계산하는 다소 생소한 문제가 출제되어 어렵게 느껴질 수 있었을 것이다. 그밖에 관성 모멘트에 대한 문제도 공식이나 그에 대한 이해도를 묻는 문제가 출제되었으므로 공식을 이해하며 암기하고 계산 문제의 포인트를 파악하며 문제를 풀어야 한다. [운동역학의 스포츠 적용]과 [운동학의 스포츠 적용] 파트에서 과반의 문제가 출제 되었고 매년 출제 비중이 높으므로 집중적으로 공부해야 한다.

파트별 출제 비중(2019~2025년)

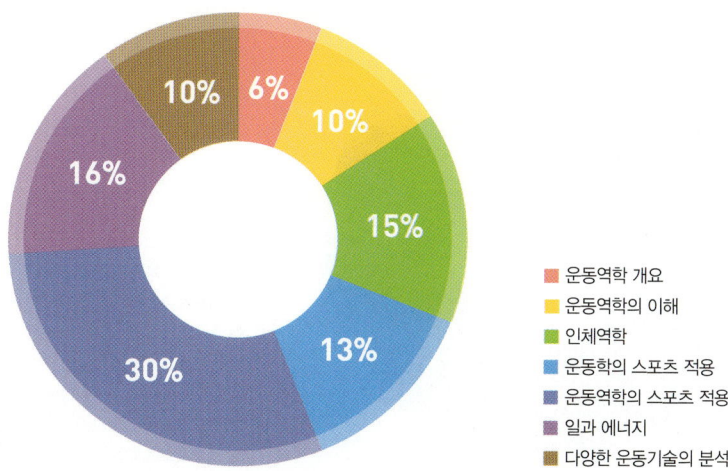

구 분	2025	2024	2023	2022	2021	2020	2019	합 계
운동역학 개요	2	2	1	1	1	–	2	9
운동역학의 이해	3	1	2	1	2	1	4	14
인체역학	2	4	4	2	3	3	3	21
운동학의 스포츠 적용	4	1	3	2	2	4	2	18
운동역학의 스포츠 적용	6	10	5	8	3	6	4	42
일과 에너지	3	1	4	3	6	3	2	22
다양한 운동기술의 분석	–	1	1	3	3	3	3	14

출제경향 분석
ANALYSIS

선택 제5과목 ▶ 스포츠교육학

🔔 최근 기출 분석

스포츠교육학은 예년처럼 [스포츠교육의 지도방법론] 파트에서 집중적으로 출제되었다. 그와 더불어 「생활체육진흥법」과 「국민체육진흥법」을 포함한 법령 문제가 두 문제 출제되고, 지도 방법 관련 문제 역시 실제 사례를 통하여 추론하는 방식으로 출제되어 높은 난도를 유지하였다. 특히 [스포츠교육의 평가론]에서 '게임수행평가(GPAI)'와 관련하여 새롭게 계산 문제가 출제되었으므로 앞으로 최신 이론까지 더욱 심도 있게 학습해야 할 것으로 보인다. 스포츠교육학은 대부분 [스포츠교육의 지도방법론]에서 출제되기 때문에 차기 시험을 위하여 수업모형·스타일·지도 전략을 깊게 공부할 것을 권장한다. 또한 기존에 출제되었던 법안(학교체육진흥법 등) 외에도 현재 스포츠교육학(스포츠기본법, 국민체육진흥법, 생활체육진흥법)에서 중시하는 주요 법안들의 내용을 숙지하는 것이 필요하다.

🔔 파트별 출제 비중(2019~2025년)

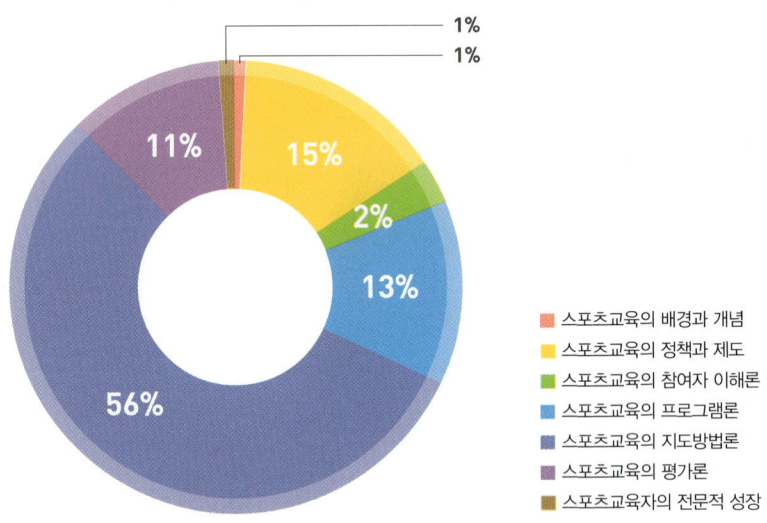

구 분	2025	2024	2023	2022	2021	2020	2019	합 계
스포츠교육의 배경과 개념	–	–	–	–	1	–	1	2
스포츠교육의 정책과 제도	2	4	3	5	2	2	3	21
스포츠교육의 참여자 이해론	–	1	–	–	2	–	–	3
스포츠교육의 프로그램론	3	1	3	3	4	1	3	18
스포츠교육의 지도방법론	12	12	11	10	9	14	10	78
스포츠교육의 평가론	3	1	2	2	2	3	3	16
스포츠교육자의 전문적 성장	–	1	1	–	–	–	–	2

선택 | 제6과목 ▶ 스포츠윤리

최근 기출 분석

스포츠윤리는 2024년에 비해 [스포츠와 윤리] 파트가 줄고 [스포츠와 불평등] 파트가 늘었으며, 그 외에는 전반적으로 골고루 출제되었다. 한편 직접적인 개념을 묻는 문제보다 예시를 제시하고 이에 부합하는 개념을 찾는 문제가 많이 출제되었다. 기존에 출제되지 않았던 새로운 용어(게발트, 탈리오 법칙)와 개념['칸트의 의무에서 나온(aus Pflicht) 행위', '뒤르켐의 도덕 교육론' 등]이 여러 문제 출제되어 체감 난도가 높았을 것으로 예상된다. 스포츠윤리는 어려운 용어나 개념이 출제되더라도 기본적인 윤리이론과 개념을 숙지하고 있다면 유추해서 연상할 수 있으므로 기본 개념을 확실하게 공부해야 한다.

파트별 출제 비중(2019~2025년)

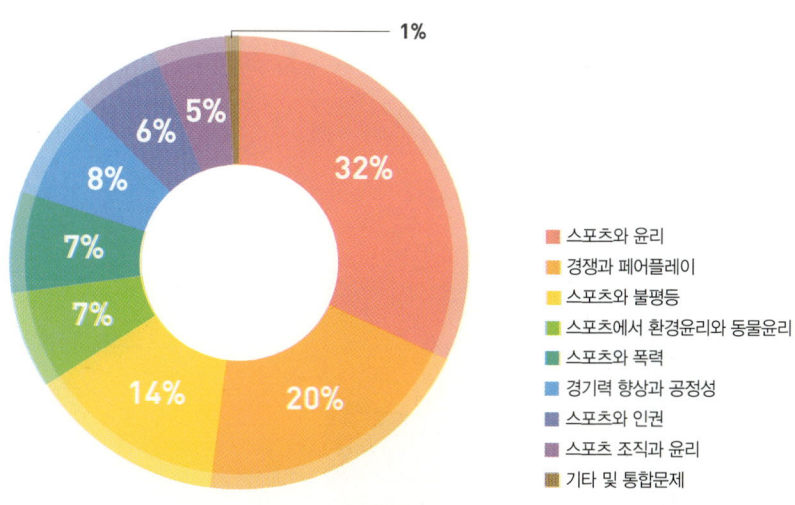

구 분	2025	2024	2023	2022	2021	2020	2019	합 계
스포츠와 윤리	5	8	5	5	7	8	7	45
경쟁과 페어플레이	3	4	5	6	6	2	3	29
스포츠와 불평등	4	2	3	3	2	4	1	19
스포츠에서 환경윤리와 동물윤리	2	2	1	1	–	2	2	10
스포츠와 폭력	2	1	1	1	2	1	2	10
경기력 향상과 공정성	1	1	3	1	1	2	2	11
스포츠와 인권	1	1	–	2	2	–	2	8
스포츠 조직과 윤리	2	–	2	1	–	1	1	7
기타 및 통합문제	–	1	–	–	–	–	–	1

출제경향 분석
ANALYSIS

선택 제7과목 ▶ 한국체육사

최근 기출 분석

한국체육사는 2024년과 비슷하게 [고려·조선시대 체육], [한국 근·현대 체육] 파트에서 대다수 출제되었다. 체육사 문제가 한 문제 증가하였고, [고려·조선시대 체육]에서 한 문제 감소하였다. 대체로 예년 기출문제를 꼼꼼하게 공부했다면 대부분 쉽게 풀 수 있었을 것이다. 다만 개화기 병식체조 개념을 묻는 내용과 광복 이후 1940년대 말까지 체육의 내용 등은 새롭게 출제되었으므로 관련 내용을 숙지하는 것이 필요하다. 차기 시험을 위해 출제 비중이 높은 [고려·조선시대 체육], [한국 근·현대 체육] 파트 위주로 공부하되, 기출문제들을 깊이 있게 공부할 것을 권유한다.

파트별 출제 비중(2019~2025년)

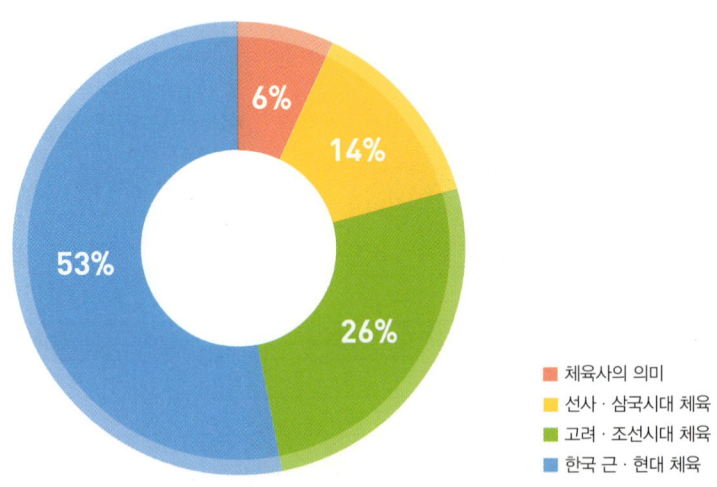

구분	2025	2024	2023	2022	2021	2020	2019	합계
체육사의 의미	2	1	1	2	2	–	1	9
선사·삼국시대 체육	3	3	4	3	3	2	2	20
고려·조선시대 체육	5	6	5	5	5	6	5	37
한국 근·현대 체육	10	10	10	10	10	12	12	74

2025 최신 기출 키워드

KEYWORDS

※ 2025년 시험에 출제된 문항들의 키워드를 수록했습니다.
※ 본 기출 키워드는 학습을 돕기 위해 이론별 관련 개념을 표시한 것이며, 개념 간 관계성이나 하위개념을 명시한 것이 아니므로 자세한 포함관계는 본문에서 확인하시기 바랍니다.

선택 제1과목 스포츠심리학

#스포츠심리학자 #심상 #내적 동기 #목표설정원리 #모노아민가설 #콜먼그리피스 #고원현상 #루틴 #반응시간 #체계적 둔감화 #상담윤리 #추동이론 #질문지측정법 #운동변화단계이론 #본능이론 #스포츠자신감이론 #주의집중 #처벌행동지침 #맥락간섭 #링겔만효과-사회적 태만현상

선택 제2과목 운동생리학

#글루코스 #혈중알부민 #장기간 무산소 트레이닝에 대한 적응 #해당과정 #골지건기관 #동방결절 #골격근수축과정 #동-정맥산소 차이 #건강관련체력요인 #1회박출량 #연수 #근육수축 #속근섬유 #판막 #글루카곤 #운동단위 #마이오글로빈 #세동맥 #장기간 유산소 트레이닝에 대한 적응 #고지대 장기간 노출로 인한 인체의 변화

선택 제3과목 스포츠사회학

#스포츠사회학 연구영역 #교육적 기능 #미디어스포츠 수용자 욕구유형 #국제스포츠 이벤트 #미래스포츠 #사회계층 #미디어의 영향 #상징적 상호작용론 #국제정치 스포츠 #일탈행동 #계층이동 #스포츠사회화이론 #선순환모델 #근대스포츠 #스포츠 노동이주 #낙인이론 #상업주의스포츠 #정치의 스포츠이용 #스포츠사회화 주관자(주요타자) #스포츠사회화

선택 제4과목 운동역학

#운동역학 연구목적 #정성적 분석 #병진운동 #운동역학 사 #전단응력 #내력 외력 #평균속도 #각가속도 #충격량 #선운동량 보존의 법칙 #각속도 #근육수축 #관성모멘트 #반발계수 #에너지 #압력중심점 #이동거리 #일 일률 #안정성을 높이는 요인 #마찰력

선택 제5과목 스포츠교육학

#내용선정원리 #지도과제전달방법 #진단평가 #지도원리 #학습과제발달단계 #STAD #GPAI #상호작용 교수 #모스턴 교수스타일 #포괄형 교수스타일 #이해중심게임수업모형 #싱글엘리미네이션 #학교체육 진흥을 위한 조치(국민체육진흥법) #사건기록법 #수업운영시간 #직접교수모형 학습영역 우선순위 #신호간섭 #전문체육프로그램개발단계 #과제전달질문유형 #생활체육진흥기본계획 수립(생활체육진흥법)

선택 제6과목 스포츠윤리

#스포츠윤리센터 사업(국민체육진흥법) #가치판단 #게발트 #타이틀 나인 #동물권리론 #정의의 유형 #규칙위반유형 #스포츠환경 3가지 범주 #도덕사회화론 #맹자 사단 #의무론 #스포츠조직의 윤리경영 #인종차별 #공리주의윤리규범 #도핑금지방법 분류 #악의 평범성 #의무주의윤리규범 #스포츠불평등 #탈리오법칙 #체육활동의 차별금지(장애인차별금지법)

선택 제7과목 한국체육사

#각저총 #체육사관 #대향사례 #화랑도의 체육활동과 사상 #구당서 #고려 민속놀이 #방응 #훈련원 #활인심방 #식년무과 #체조 #민족말살기 #서상천 #남북한단일팀 #제5공화국 #생모리츠 동계올림픽경기대회 #광복 이후 체육사상 #국민생활체육진흥종합계획 #원산학사 #광복 이후 우리나라 체육

이 책의 구성

FEATURES

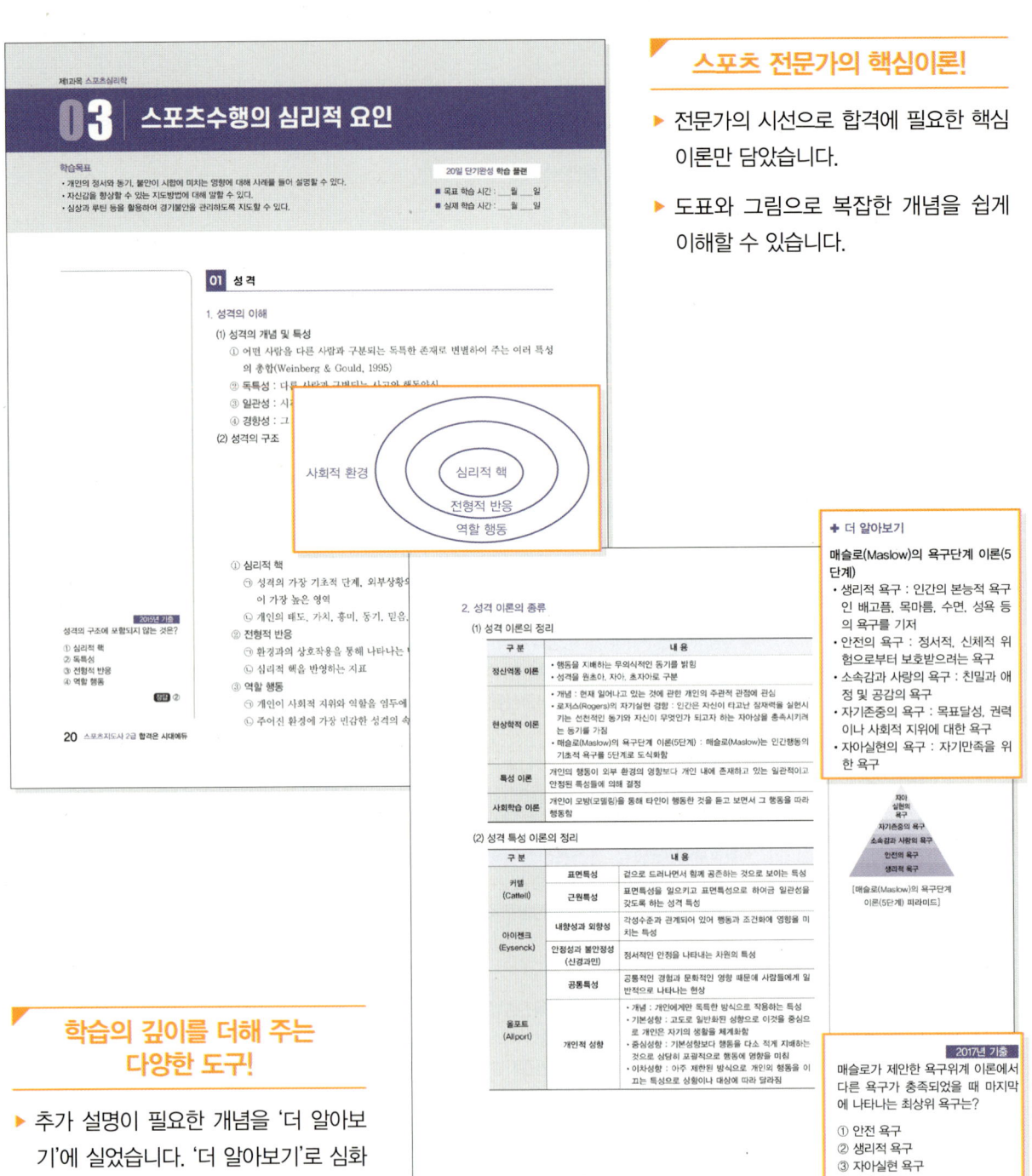

스포츠 전문가의 핵심이론!

▶ 전문가의 시선으로 합격에 필요한 핵심이론만 담았습니다.

▶ 도표와 그림으로 복잡한 개념을 쉽게 이해할 수 있습니다.

학습의 깊이를 더해 주는 다양한 도구!

▶ 추가 설명이 필요한 개념을 '더 알아보기'에 실었습니다. '더 알아보기'로 심화 개념을 확실하게 학습할 수 있습니다.

▶ 이론이 실제 문제에서 어떻게 응용되는지 확인할 수 있습니다.

2026 시대에듀 스포츠지도사 2급 필기 20일 합격

합격의 공식 Formula of pass | 시대에듀 www.sdedu.co.kr

출제예상문제로 더블 체크!

▶ 개념을 다시 한번 상기하여 내 것으로 만들 수 있습니다.

▶ 과목별 문제를 풀어보며 자신 있는 과목과 미흡한 과목을 확인하여 효율적인 학습 계획을 세울 수 있습니다.

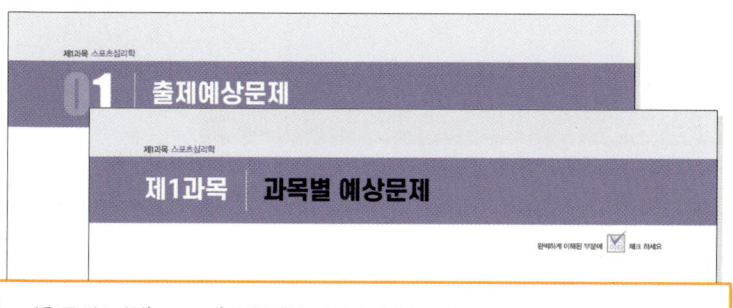

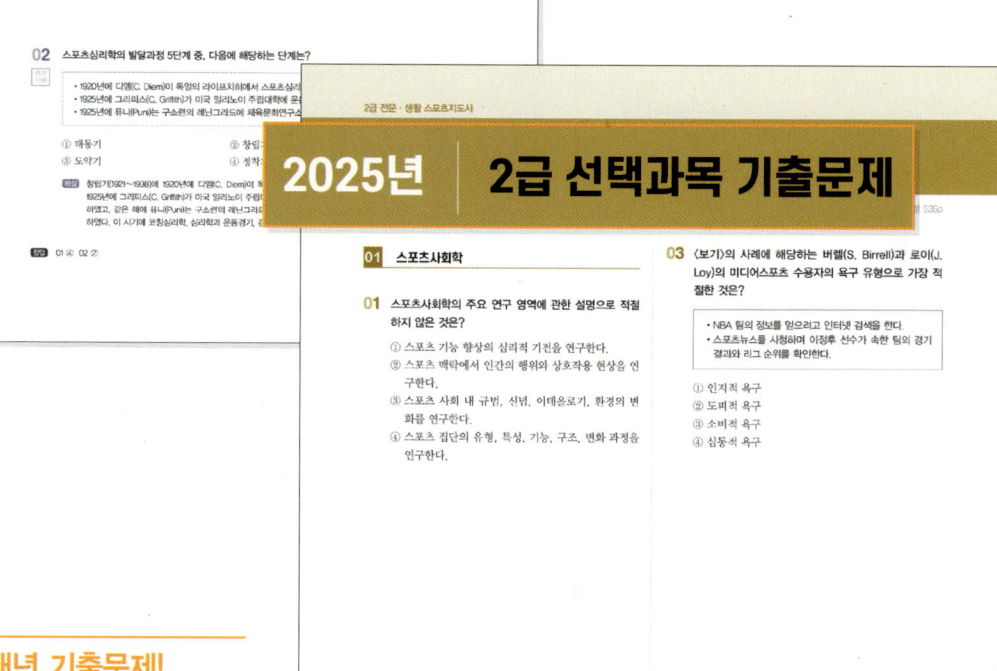

최신 3개년 기출문제!

▶ 최신 기출문제로 출제 트렌드를 파악할 수 있습니다.

▶ 실제 시험과 같은 환경에서 풀어보며 시험 감각과 문제 풀이 스킬을 높일 수 있습니다.

이 책의 목차
CONTENTS

이론편 / 선택과목 핵심이론 + 예상문제

제1과목 스포츠심리학	4
제2과목 운동생리학	72
제3과목 스포츠사회학	134
제4과목 운동역학	196
제5과목 스포츠교육학	254
제6과목 스포츠윤리	326
제7과목 한국체육사	388

문제편 / 3개년 기출문제

2025년 선택과목 기출문제	430
2024년 선택과목 기출문제	462
2023년 선택과목 기출문제	496
2025년 정답 및 해설	526
2024년 정답 및 해설	538
2023년 정답 및 해설	550

2026 최신개정판

14년간 22만 독자가 선택한 **원조** 스포츠지도사

스포츠 지도사
2급 필기

SPORTS

20일 합격

2급 전문 + 2급 생활

선택과목 핵심이론 + 예상문제

2011년 생활체육지도사 출간 이후, 14년간 22만부 판매! (시리즈 전체)

- 스포츠 전문가의 예리한 기출분석
- 실무진이 직접 간추린 핵심이론
- 3개년 (2023~2025년) 기출문제 + 상세한 해설
- 최신 기출 해설 강의 무료 제공

스포츠지도사 2급 필기 20일 합격

선택과목

제1과목 스포츠심리학
제2과목 운동생리학
제3과목 스포츠사회학
제4과목 운동역학
제5과목 스포츠교육학
제6과목 스포츠윤리
제7과목 한국체육사

출제비중(2018~2024년)

(단위 : 개)

구 분	2024	2023	2022	2021	2020	2019	2018	합 계
스포츠심리학의 개관	–	1	–	1	–	1	1	4
인간운동행동의 이해	10	9	8	5	9	6	5	52
스포츠수행의 심리적 요인	4	6	5	7	7	9	9	47
스포츠수행의 사회심리적 요인	3	2	2	2	2	2	2	15
운동심리학	2	–	4	3	1	1	3	14
스포츠심리상담	1	–	1	2	1	1	–	6

※ 출제비중은 문제 분석에 따라 달라질 수 있습니다.

제**1**과목

스포츠심리학

스포츠지도사 2급 필기 20일 합격

기출 분석(2024년 기출)

스포츠심리학은 2023년과 마찬가지로 [인간운동행동의 이해] 파트에서 많은 문제가 출제되었으며 그 외의 부분들은 다소 고르게 출제되었다고 할 수 있다. 특징으로 꼽을 만한 점은 작년과 유사하게 여러 개념어를 묶어서 정답으로 삼는 문제들이 다수 출제되었다는 점이다. 전반적으로 스포츠심리학에서만 다루는 내용이 출제되었지만, 스포츠사회학(사회학습 이론)과 유아체육론(운동발달단계, 개방운동기술)에서 출제할 만한 내용도 출제되었으므로 출제영역이 겹치는 과목을 함께 학습하는 전략도 합격의 열쇠가 될 수 있으리라 생각된다.

01 스포츠심리학의 개관
02 인간운동행동의 이해
03 스포츠수행의 심리적 요인
04 스포츠수행의 사회심리적 요인
05 운동심리학
06 스포츠심리상담

제1과목 스포츠심리학

01 스포츠심리학의 개관

학습목표
- 스포츠심리학의 연구영역과 목적에 대해 설명할 수 있다.
- 스포츠심리학의 발전과정을 이해하고 말할 수 있다.
- 스포츠심리학 인접학문의 연구목적과 연구내용에 대해 설명할 수 있다.

20일 단기완성 학습 플랜
- 목표 학습 시간 : ___월 ___일
- 실제 학습 시간 : ___월 ___일

➕ 더 알아보기
- 광의 : 어떤 말의 개념을 정의할 때 넓은 의미
- 협의 : 어떤 말의 개념을 정의할 때 좁은 의미

01 스포츠심리학의 정의 및 의의

1. 스포츠심리학의 정의
'스포츠(Sports) + 심리학(Psychology)'의 합성어로, 스포츠상황에서의 인간 행동을 체계적이고 과학적으로 연구하는 학문을 말함

2. 스포츠심리학의 의의

구 분	광의의 스포츠심리학 (1980년 이전)	협의의 스포츠심리학 (1980년 이후)
개념적 의의	일반적인 심리학의 정의를 포괄적으로 응용한 개념	스포츠 수행 또는 운동 수행에 그 초점을 두는 개념
학문적 의의	심리학뿐만 아니라 스포츠와 관련된 상황에서 관찰되는 인간행위의 전반적인 운동 학습, 운동 제어, 운동 발달까지 포함하는 학문	스포츠 수행에 영향을 미치는 심리적, 사회적 요인에 대한 관계 등을 규명하는 학문

[2017년 기출]

심리요인이 스포츠 수행에 미치는 영향과 관련된 연구문제로 적당하지 않은 것은?
① 불안이 축구 페널티킥 성공률에 어떠한 영향을 미치는가?
② 자신감의 수준이 아동의 수영학습에 어떠한 영향을 미치는가?
③ 성공/실패의 경험은 골프퍼팅 학습에 어떠한 영향을 미치는가?
④ 태권도 수련 참가는 아동의 성격 발달에 어떠한 영향을 미치는가?

정답 ④

02 스포츠심리학의 역사

1. 스포츠심리학의 발전과정 5단계

구 분	내 용
태동기 (1885~1920)	트리플렛(N. Triplett)이 사이클 경기 집단효과의 연구로 시작(사회적 촉진 현상 연구)
창립기 (1921~1938)	• 디엠(C. Diem)이 독일의 라이프치히에서 스포츠심리 실험실을 설립 • 그리피스(C. Griffith)가 미국 일리노이 주립대학에 운동연구소(Athletic Research Laboratory) 설립

정착기 (1939~1965)	• 스포츠심리학 분야의 과학적 이론 적용을 시도 • 응용 분야는 미흡
도약기 (1966~1979)	• 국제스포츠심리학 총회 개최 • 국제스포츠심리학회지 창간 • 스포츠심리학이 독립 학문분야로서 기틀을 마련
번영기 (1980~현재)	• 응용 스포츠심리학 지식의 발달 • 스포츠심리학의 연구와 현장 적용

2. 우리나라 스포츠심리학의 역사

구 분	내 용
1953년	한국체육학회 설립
1955년	한국체육학회지 창간호 발간
1986년	아시안 게임과 1988년 서울올림픽 학술대회를 계기로 발전의 기틀 마련
1989년	한국체육학회의 분과학회로는 처음으로 한국 스포츠심리학회 창립
2002년	한국연구재단 등재학술지 선정

03 스포츠심리학의 영역과 역할

1. 스포츠심리학의 영역과 역할

구 분		내 용
스포츠심리학	영 역	성격, 불안, 동기, 리더십, 집단응집성, 사회적 촉진 등
	역 할	심리적·사회적 요인이 스포츠 경기력에 미치는 영향에 대한 원인 규명 및 분석
운동행동학	운동제어 영 역	정보처리이론, 운동제어이론, 운동의 법칙, 반사와 운동, 협응 구조 등
	운동제어 역 할	인간이 운동을 생성하는 기전 및 적용되는 원리 규명
	운동학습 영 역	운동행동모형, 운동학습단계, 운동기억, 전이, 피드백, 연습이론 등
	운동학습 역 할	운동기능 습득에 관한 원리 규명 및 분석
	운동발달 영 역	유전과 경험, 운동기능의 발달, 학습 및 수행 적정연령, 노령화 등
	운동발달 역 할	인간의 생애에 걸쳐 운동기능이 성장과정과 발달에 따라 어떻게 변화하는지 규명
스포츠운동 심리학	영 역	운동개시와 운동수행 지속, 정신건강, 운동의 심리적 효과
	역 할	운동참여를 위해 개인이 왜 지속적으로 운동프로그램에 참여하지 못하고 실패하는지 환경과 관련된 요인들을 분석

2016년 기출

광의의 스포츠심리학의 하위 학문영역으로 옳지 않은 것은?

① 운동발달
② 운동학습
③ 운동제어
④ 운동처방

정답 ④

2019년 기출

〈보기〉에서 ㉠에 해당하는 스포츠심리학의 하위 분야는?

• 야구에서 공을 잡은 외야수는 2루 주자의 주력과 경기상황을 고려하여 홈으로 송구하기로 결정한다. 그리고 홈까지의 거리와 위치를 확인하고 공을 던진다.
• (㉠) 분야에서는 외야수가 경기 상황에서의 여러 정보를 종합·판단하여 어떻게 동작을 생성하고 조절하는지와 관련된 원리와 법칙을 밝히는 데 관심을 가진다.

① 운동제어
② 운동발달
③ 운동심리학
④ 건강심리학

정답 ①

단답형 문제

01 광의의 스포츠심리학은 심리학뿐만 아니라 스포츠와 그와 관련된 상황에서 관찰되는 인간 행위의 전반적인 (   ), 운동제어, 운동발달을 포함하는 학문이다.

02 성격, 불안, 동기, 공격성, 집단응집성, 사회적 촉진 등을 연구하는 영역은 (   )이다.

03 (   )은/는 인간의 생애에 걸쳐 운동기능이 성장과정과 발달에 따라 어떻게 변화되는지 규명하는 것을 말한다.

04 (   )은/는 인간이 운동을 생성하는 기전 및 적용되는 원리를 규명하는 역할을 한다.

정답 01 운동학습 02 (협의의) 스포츠심리학 03 운동발달 04 운동제어

01 출제예상문제

01 스포츠심리학의 하위 학문 영역으로 옳지 않은 것은?

① 운동제어　　　　　　　② 운동학습
③ 운동역학　　　　　　　④ 운동발달

해설　광의의 스포츠심리학은 심리학뿐만 아니라 스포츠와 관련된 상황에서 관찰되는 인간행위의 전반적인 운동학습, 운동제어, 운동발달, 운동심리학을 포함하는 학문이다.

02 다음 중 스포츠심리학의 의의로 옳지 않은 것은?

① 스포츠상황에서의 인간 행동을 체계적이고 과학적으로 연구하는 학문
② 인간 행위의 전반적인 운동학습, 운동제어, 운동발달 등을 포함하는 학문
③ 스포츠 수행에 영향을 미치는 심리적·사회적 요인에 대한 관계 등을 규명하는 학문
④ 스포츠, 체력 그리고 체육 프로그램의 내용과 과정 및 결과를 분석하는 학문

해설　스포츠, 체력, 체육 프로그램의 내용과 과정 및 결과 분석은 스포츠교육학의 분야에 해당된다.

03 다음 중 협의의 스포츠심리학의 영역으로 옳지 않은 것은?

① 집단응집성　　　　　　② 공격성
③ 사회적 촉진　　　　　　④ 노령화

해설　협의의 스포츠심리학의 영역은 성격, 불안, 동기, 공격성, 집단응집성, 사회적 촉진 등이다. 노령화는 광의의 스포츠심리학의 영역 중 운동발달의 연구 영역이다.

정답　01 ③　02 ④　03 ④

04 스포츠심리학의 연구영역 중 운동행동모형, 운동학습단계, 운동기억, 전이, 피드백, 연습법을 연구하는 분야로 옳은 것은?

① 운동제어
② 운동학습
③ 운동발달
④ 운동심리

해설 운동학습의 연구영역은 운동행동모형, 운동학습과정, 운동기억, 전이, 피드백, 연습법이며, 운동학습의 역할은 운동기능의 습득에 관한 원리를 분석·규명하는 것이다.

05 스포츠운동심리학의 연구영역으로 옳지 않은 것은?

① 운동기억
② 운동수행 지속
③ 운동의 심리적 효과
④ 정신건강

해설 스포츠운동심리학의 연구영역에는 운동개시와 운동수행 지속, 정신건강, 운동의 심리적 효과가 있다.

정답 04 ② 05 ①

제1과목 스포츠심리학

02 | 인간운동행동의 이해

학습목표
- 운동제어가 다루고 있는 인간의 행동 기전에 대해 설명할 수 있다.
- 운동학습에 대해 이해하고, 효율적인 운동학습이 무엇인가에 대해 설명할 수 있다.
- 운동발달의 영향 요인에 대해 이해하고, 실제 스포츠 사례를 들어 설명할 수 있다.

20일 단기완성 학습 플랜
- 목표 학습 시간 : ___월 ___일
- 실제 학습 시간 : ___월 ___일

01 운동제어

1. 운동제어의 이해

(1) 운동제어의 개념
  ① 인간 움직임의 특성과 그 움직임이 어떻게 생성되고 조절되는지를 연구하는 학문
  ② '움직임'은 걷고, 달리고, 던지고, 차는 등 운동기술을 이루는 최소단위

(2) 운동제어의 제한요소
  ① 개인(Individual)
    ㉠ 지각 : 의미 있는 정보를 수집하는 과정
    ㉡ 인지 : 지각된 정보를 바탕으로 실행에 필요한 판단과 계획
    ㉢ 동작 : 계획에 의해 만들어지는 움직임
  ② 과제(Task)
    ㉠ 안정성 : 신체의 위치가 이동하지 않는 균형 잡기 과제
    ㉡ 이동성 : 신체의 위치가 이동하는 걷기, 뛰기 등 움직임
    ㉢ 조정성 : 도구를 이용하여 던지고, 차고, 굴리는 과제수행
  ③ 환경(Environment)
    ㉠ 조절환경 : 사람의 움직임에 영향을 줄 수 있는 환경 요소
    ㉡ 비조절환경 : 과제수행에 직접적인 영향을 미치지 못하는 환경 요소

+ 더 알아보기

운동기술
목적달성을 위해 수행하는 수의적이고 효율적인 신체의 움직임

일차원적 운동기술의 분류
- 근육의 크기 : 대근운동, 소근운동
- 움직임의 연속성 : 연속적운동, 불연속적운동, 계열적운동
- 환경의 안정성
  - 개방운동기술 : 계속적으로 변화하는 환경에서 수행하는 기술
  - 폐쇄운동기술 : 환경이 변하지 않은 상태에서 수행하는 기술

장(Field) 이론(K. Lewin)
- 인간의 행동은 개인적 특성과 환경의 상호작용에 의해 결정됨
- 개인과 환경의 상호작용을 나타내는 함수는 B = f(P×E)
  - B(Behavior) : 인간행동
  - f(Function) : 함수관계
  - P(Person) : 인적요인(사람)
  - E(Environment) : 외적요인(환경)

2019년 기출
운동기술의 일차원적 분류체계가 아닌 것은?

① 과제의 난이도에 따른 분류
② 환경의 안정성에 따른 분류
③ 움직임의 연속성에 따른 분류
④ 움직임에 동원되는 근육의 크기에 따른 분류

정답 ①

+ 더 알아보기

폐쇄회로 이론
- 자기감각수용기 : 근육, 관절, 건, 전정기관 등 신체 내 운동 정보를 알려주는 기관
- 외적감각수용기 : 눈, 귀, 피부 등 신체 외부의 운동 정보를 알려주는 기관

운동학습 이론의 정보처리단계
- 감각지각 단계
- 반응선택 단계
- 반응실행 단계

힉의 법칙(Hick's Law)
고를 수 있는 자극 반응의 대안 수(Number of Stimulus-response Alternatives)가 증가함에 따라 선택반응시간(Choice Reaction Time)이 느려지는 현상

[2022년 기출]

〈보기〉에서 설명하는 개념으로 옳은 것은?

- 자극반응 대안 수가 증가할수록 선택반응시간도 증가한다.
- 투수가 직구와 슬라이더 구종에 커브 구종을 추가하여 무작위로 섞어 던졌을 때 타자의 반응시간이 길어졌다.

① 피츠의 법칙
② 파워 법칙
③ 임펄스 가변성 이론
④ 힉의 법칙

정답 ④

[2019년 기출]

정보처리단계 중 '반응실행 단계'에 해당하는 내용으로 적절한 것은?

① 실제 움직임을 생성하기 위하여 움직임을 조직화한다.
② 받아들인 정보의 내용을 분석하여 의미를 부여한다.
③ 자극을 확인한 후, 환경특성에 맞는 반응을 선택한다.
④ 환경정보 자극에 대한 확인과 자극의 유형에 대해 인식한다.

정답 ①

(3) 정보처리 3단계(Schmidt)

감각지각단계
자극이 발생된 것을 인지하고 확인하는 단계

반응선택단계
자극 확인이 끝난 뒤 어떠한 반응을 할 것인지 결정하는 단계

반응실행단계
적절한 반응이 선택된 뒤 알맞은 동작을 수행하는 단계

2. 기억체계 및 운동제어체계

(1) 기억체계

구 분	내 용
감각기억	• 환경으로부터 자극이 인간의 기억체계로 들어오는 첫 단계의 감각정보 • 병렬적 처리
단기기억	• 감각기억보다 다소 긴 시간 동안 정보를 보유할 수 있음 • 선택적 기억
장기기억	• 단기기억을 장기기억으로 전환 • 저장용량 무제한, 영속적

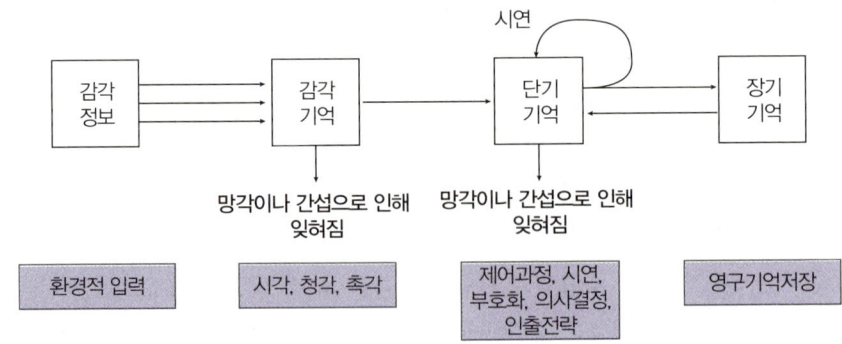

중다 기억 체계 모형(Endel Tulving)
- 일화적 기억 : 개인의 경험과 스토리 등 특정한 시간적 맥락과 관련된 기억
- 의미적 기억 : 일반적 사실과 사실에 대한 기억
- 절차적 기억 : 운동, 자각, 인지 기술이 의식적 노력 없이 자동적 수행

(2) 운동제어체계 이론(Adams)

구 분	내 용
폐쇄회로 이론	• 미리 저장된 참조기제에 따라 운동제어가 이루어지는 체계 • 오류의 탐지와 수정이 저절로 이루어짐 • 정보처리시간이 많이 걸림 • 피드백에 의한 정보처리 강조
개방회로 이론	• 참조기제 없이 운동 제어가 이루어지는 체계 • 감각과 관계없이 자동적으로 운동 수행이 이루어짐 • 빠른 운동 설명 가능 • 피드백에 크게 관여받지 않음

3. 운동프로그램

(1) 운동프로그램의 개념
　① 말초적 피드백 없이 수행되는 운동의 발현을 위하여 사전에 준비된 근육명령 체계(Keele, 1968)
　② 운동프로그램과 반응은 1:1 대응관계를 갖는 운동 명령에 의하여 조절됨

(2) 도식 이론(Schmidt)
　① 폐쇄회로 이론의 피드백과 개방회로 이론의 운동프로그램 개념을 통합한 일반화된 운동프로그램(Generalized Motor Program)을 근거로 운동행동원리를 설명
　　㉠ 회상도식 : 현재 수행하고자 하는 운동과 유사한 과거 운동결과를 근거로 새로운 운동 계획
　　㉡ 재인도식 : 피드백 정보를 통하여 잘못된 동작을 평가·수정
　② 일반화된 운동프로그램에서는 매개변수에 따라 운동프로그램이 변화
　　㉠ 불변매개변수 : 요소의 순서, 시상, 상대적인 힘
　　㉡ 가변매개변수 : 전체 시간, 전체 힘, 근육 선택

02 운동학습

1. 운동학습의 이해

(1) 운동학습의 개념
　① 계획된 연습이나 기술 트레이닝 또는 경험에 의해 달성하고자 하는 운동행동의 향상이나 변화가 오랜 시간 동안 지속적으로 발생되는 것
　② 숙련된 운동수행을 위한 개인 능력의 비교적 영구적인 변화를 유도하는 일련의 내적 과정

＋ 더 알아보기

감각지각단계의 현상
- 지각 협소화 : 각성 수준이 높아져 주의를 기울일 수 있는 폭이 점차 좁아지는 현상
  - 예 축구를 처음 하는 사람이 공을 소유하면 주변이 보이지 않고 앞만 보이는 것
- 스트룹 효과(Stroop Effect) : 2개의 감각 자극을 동시 처리하는 데 있어 서로 일치하면 처리속도가 증가하고, 불일치하면 속도가 늦어지는 현상
  - 예 검정색으로 쓴 검정이라는 글씨는 빨간색으로는 쓴 검정이라는 글씨보다 처리속도가 빠름
- 칵테일 파티 효과(선택적 주의 능력) : 칵테일 파티처럼 여러 사람의 목소리와 잡음이 많은 상황에서도 자신의 수행과 전혀 상관없는 정보를 무시하거나 배제시킬 수 있는 인간의 능력

2023년 기출

〈보기〉에서 설명하는 개념은?

> 체육관에서 관중의 함성과 응원 소리에도 불구하고, 작전타임에서 코치와 선수는 서로 의사소통이 가능하다.

① 스트룹 효과(Stroop Effect)
② 지각협소화(Perceptual Narrowing)
③ 무주의 맹시(Inattention Blindness)
④ 칵테일파티 효과(Cocktail Party Effect)

정답 ④

+ 더 알아보기

운동학습과 전이
- 정적 전이(긍정적) : 어떤 상황에서 학습한 것이 새로운 상황에서도 기억되고 적용되는 것
- 부적 전이(부정적) : 어떤 과제를 학습하면 다음 과제를 학습하는 데 방해가 되는 것
- 영의 전이 : 어떤 과제를 학습하면 다음 과제를 학습하는 데 아무런 영향도 미치지 않는 것
- 양측 전이 : 어느 한쪽 손이나 발로 특정 기술을 발전시키면, 반대편 혹은 대각선의 손발에 영향을 미치는 것

심리적 불응기
연속적으로 두 개의 자극을 제시하고 각각의 자극에 대하여 모두 반응하도록 하였을 때 나타나는 반응시간의 지연 현상

집단화
자극 간 시간차가 40ms 이하로 매우 짧은 경우 첫 번째 자극과 두 번째 자극을 하나의 자극으로 간주하게 되어 심리적 불응기 현상이 나타나지 않는 현상

(2) 운동학습의 특성
  ① 운동할 수 있는 능력을 습득하는 것
  ② 운동학습 과정 자체를 직접적으로 관찰하기는 어려움
  ③ 연습과 경험에 의해 나타나는 현상
  ④ 성숙이나 동기 또는 훈련 등에 의한 일시적인 수행 변화는 포함하지 않음
(3) 반사 이론(Sherrington) : 환경으로부터 발생하는 물리적인 사건이 운동행동에 대한 자극으로 작용하여 반사회로를 형성하고, 이러한 반사가 복잡한 행동을 유발한다는 이론
(4) 다이나믹 시스템 이론
  ① 뉴웰(K. Newell) : 환경(물리적 · 사회적 · 문화적 환경), 유기체(인간의 물리적 · 인지적 · 심리적 · 정서적 특성), 과제(움직임 형태에 제한을 주는 과제 특성)는 운동수행의 제한 요소라고 주장
    ㉠ 자기조직원리 : 제한요소 간 상호작용이 특정 조건을 충족한다면 인간의 의도가 없어도 움직임이 생성됨
    ㉡ 비선형원리 : 제한요소의 변화에 따라 상변이 현상이 발생함
  ② 번스타인(Bernstein) : 신체 움직임의 특성과 환경, 신체에 작용하는 여러 가지 힘을 고려한 운동체계 설명
    ㉠ 운동등가 : 다른 근육의 수축이 같은 형태의 움직임을 생성
    ㉡ 맥락조건 가변성 : 동일한 근육의 수축이 다른 형태의 움직임을 생성
(5) 생태학적 이론 : 협응이론에서 환경맥락을 중시하는 이론
  ① 유기체와 생태계를 하나의 단위로 인식
  ② 행동에 대한 직접 자각과 정보 공유
  ③ 지각과 동작의 결합은 실제 상황에서 적용 가능
  ④ 시각 기능 강조

2. 운동학습의 이론

구 분	내 용
연합설	• 교육의 기본전제를 행동에 두고 설명하려는 이론 • 연합 : 요소적 경험이 어떤 법칙에 따라 결합하여 표상적 심상이나 관념으로 복원되는 과정
인지설	• 과제상황 전체의 구조 또는 학습이 성립될 수 있는 요건을 중시하는 학습이론 • 인지 : 지각, 문제해결, 기억, 사고, 언어능력, 운동제어 등의 지적인 심적 기능의 총칭

3. 운동학습의 단계

(1) 젠타일(Gentile)의 운동학습 단계

구 분	내 용
움직임의 개념습득 단계	주어진 정보가 운동기술관련 정보인지 판단·구분하는 단계
고정화 및 다양화 단계	• 폐쇄운동종목 : 운동기술의 고정화 • 개방운동종목 : 운동기술의 다양화

(2) 번스타인(Bernstein)의 운동학습 단계

구 분	내 용
자유도의 고정 단계	새로운 동작을 수행하는 데 동원되는 신체의 자유도를 고정하는 단계
자유도의 풀림 단계	고정된 자유도를 풀어 사용 가능한 자유도의 수를 늘리는 단계
반작용의 활용 단계	더 효율적인 동작을 형성하기 위해 자유도의 풀림보다 더 많은 자유도를 활용하는 단계

(3) 뉴웰(Newell)의 운동학습 단계

구 분	내 용
협응 단계	학습자가 과제 목표 달성을 위해 기본적인 협응동작을 형성하는 단계
제어 단계	수행상황에 따라 협응형태가 달라지는 매개변수화 단계
기술 단계	움직임의 협응과 제어가 필요한 최적의 매개변수 단계

(4) 피츠(Fitts)와 포스너(Posner)의 운동학습 3단계

구 분	내 용
인지 단계 (Cognitive Stage)	초보단계, 학습자가 학습할 운동기술의 특성을 이해하고 이를 수행하기 위해 사용되는 전략을 개발하는 단계
연합 단계 (Associative Stage)	중급단계, 과제 수행에 있어 수행 전략을 결정하고, 수행이 적절치 않은 경우에 대한 해결책을 찾아나가는 단계
자동화 단계 (Automatic Stage)	숙련단계, 동작이 거의 자동적으로 이루어지기 때문에 움직임에 대한 의식적인 주의가 크게 요구되지 않으며 다른 활동에 의해 간섭을 적게 받고 수행할 수 있는 단계

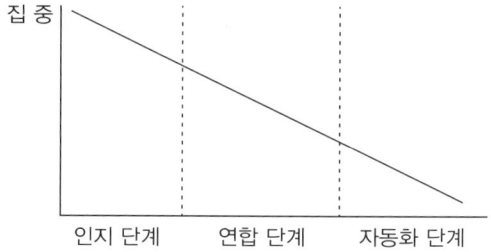

[집중과 운동학습 3단계]

+ 더 알아보기

운동학습의 검사
- 파지검사 : 수행의 유지력 및 동작 재생능력을 검사
- 수행검사 : 특정 과제를 실제로 수행하도록 요구하는 검사
- 전이검사 : 과거의 수행이 새로운 운동기술의 수행에 영향을 미치는지 검사
- 효율성검사 : 단위 시간에 이루어진 운동능력의 향상을 측정하는 검사

천장효과
운동 기술 과제가 너무 쉬워서 대부분의 대상자들이 높은 점수를 받는 경우

바닥효과
운동 기술 과제가 너무 어려워 대부분의 대상자들이 과제를 수행해 내지 못하는 경우

2020년 기출

〈보기〉의 ㉠, ㉡에 해당하는 것은?

> ㉠ - 학습자가 새로운 기술을 연습한 후, 특정한 시간이 지난 후 연습한 기술의 수행력을 평가하는 검사
> ㉡ - 연습한 기술이 다른 수행상황에서도 발휘될 수 있는지를 평가하는 검사

	㉠	㉡
①	전이검사	파지검사
②	파지검사	전이검사
③	망각검사	파지검사
④	파지검사	망각검사

정답 ②

4. 운동학습의 주요개념

(1) 고원 현상과 슬럼프 현상

구 분	내 용
고원 (Plateau)	연습을 하는데도 운동기능 수준이 발달하지 않고 일시적으로 제자리에 머물러 있는 상태
슬럼프 (Slump)	기능 수준이 오히려 퇴보된 채로 머무는 현상
고원과 슬럼프의 원인과 극복방안	• 학습자가 자신이 행하는 동작에 대한 운동 감각적 정보들을 제대로 처리하지 못하기 때문에, 지도자는 비디오나 필름 등을 통해 오류를 정확히 제시해 주고 고쳐 연습함 • 학습자 자신의 운동 동작에 고정적인 오류가 있기 때문에, 어려움이 따르더라도 적절한 새로운 운동패턴을 다시 습득함 • 기술 습득에 필요한 학습자의 체격적·체력적 조건이나 기본 기능 수준이 결여되어 있기 때문에, 학습자에 맞게 기본적인 개선사항을 숙고하여 결정함 • 슬럼프 현상은 기량의 향상을 위해 자신의 동작 패턴을 바꿀 때 많이 나타나므로, 동작 패턴을 바꿀 때는 충분한 시간을 가지고 학습자가 두 동작의 차이를 명백히 파악하도록 지도함

(2) 학습효과의 파지

구 분	내 용
파 지	• 연습으로 향상된 운동기술의 수행력을 오래 지속할 수 있는 능력 • 과제의 본질, 과제가 학습자에게 갖는 의미, 처음 학습된 시점과 회상 사이의 시간경과 등 다양한 요인에 의해 달라질 수 있음
파지의 측정	• 재인 : 사지선다형 시험의 일종인 필기시험에서 주로 사용되는 방법 • 재학습 : 피험자가 과제를 재학습하는 데 필요한 시행 횟수 • 회상 : 얼마나 많은 것을 잘 기억하고 있는가를 나타내는 정보
파지와 망각 이론	• 소멸 이론 : 어떤 과제를 학습할 때 기억흔적이 형성되고, 이러한 기억흔적이 학습자가 기억하려는 정보를 계속해서 활성화하지 않으면 시간의 흐름에 따라 소멸하게 된다는 이론 • 간섭 이론 : 어떤 과제나 내용을 학습하게 되면 이것은 기억에 영원히 남게 되는데, 이전 혹은 이후에 이루어진 다른 학습의 간섭으로 인해서 망각이 일어난다는 이론 • 형태주의 이론 : 망각이 어떤 기억이 소멸하거나 흐려지면서 일어나는 것이 아니라, 시간이 지남에 따라 질적인 왜곡이나 변화 때문에 발생한다는 이론 • 통합 이론 : 학습이 이루어지면 신경흔적이 통합현상을 보이는데, 통합이 이루어지기 전에 신경활동이 새로운 자극의 간섭이나 방해를 받게 되면 이전에 학습된 경험에 대한 기억이 망각되거나 훼손된다는 이론

+ 더 알아보기

가이던스(Guidance)
운동학습의 연습기법으로 신체적·언어적·시각적 방법을 사용하여 학습자의 운동수행에 직접적으로 도움을 주는 과정을 말하며, 학습자의 수행오류와 위험한 동작에 대한 두려움을 줄여주고 부상을 예방하기 위하여 사용

2023년 기출

〈보기〉에서 설명하는 피드백 유형은?

> 높이뛰기 도약 스텝 기술을 연습하게 한 후에 지도자는 학습자의 정확한 도약 기술 습득을 위해 각 발의 스텝번호(지점)을 바닥에 표시해주었다.

① 내적 피드백(Intrinsic Feedback)
② 부적 피드백(Negative Feedback)
③ 보강 피드백(Augmented Feedback)
④ 부적합 피드백(Incongruent Feedback)

정답 ③

2020년 기출

〈보기〉에서 지도자가 제공하는 보강적 피드백의 유형으로 적절한 것은?

> 지도자 : 창하야! 다운스윙 전에 백스윙이 제대로 이루어지지 않았어.

① 내적 피드백
② 감각 피드백
③ 결과지식
④ 수행지식

정답 ④

2021년 기출

보강적 피드백의 유형에 해당하는 것으로 옳은 것은?

① 시각(Visual)
② 촉각(Tactile)
③ 청각(Auditory)
④ 결과지식(Knowledge of Result)

정답 ④

5. 운동학습의 효율적 방법

(1) 운동학습과 피드백

① 피드백의 기능
  ㉠ 정보제공 : 학습자에게 효율적인 운동수행에 필요한 정보를 제공
  ㉡ 강화 : 강화와 처벌을 통한 운동학습 독려
  ㉢ 동기유발 : 동기를 유발시켜 지속적으로 목표를 성취할 수 있도록 유도

② 피드백의 분류
  ㉠ 외재적(보강) 피드백 : 지도자나 동료의 충고에 의한 피드백
   • 수행지식 : 운동의 '질'적인 정보를 제공, 동작의 특성에 대한 정보를 환경과 연관시켜 제공하는 것으로 정확한 움직임을 만들어내기 위해 제공하는 피드백
   • 결과지식 : 운동의 '양'적인 정보를 제공, 수행 이후 제공되는 외재적 정보로서 동작 및 과제 수행의 결과만을 제공하는 피드백
  ㉡ 내재적(감각) 피드백 : 자신의 감각에 의한 피드백
  ㉢ 자기통제 피드백 : 학습자 스스로 필요하다고 생각하는 정보를 지도자에게 요구하여 획득하는 피드백
  ㉣ 가치적 피드백 : 긍정적이거나 부정적인 내용의 피드백
   • 긍정적 피드백 : 결과에 대한 긍정적인 피드백
   • 부정적 피드백 : 결과에 대한 부정적인 피드백

(2) 운동 연습

① 시간 배분
  ㉠ 집중연습 : 연습시간이 휴식시간보다 상대적으로 긴 경우
  ㉡ 분산연습 : 휴식시간이 연습시간보다 상대적으로 긴 경우

② 과제 분할
  ㉠ 전습법 : 한 가지 운동기술 과제를 전체적으로 학습하는 방법
  ㉡ 분습법 : 한 가지 운동기술 과제를 하위 단위로 나누어 학습하는 방법

③ 맥락간섭효과
  ㉠ 구획연습 : 하위요소를 나누어 한 요소의 운동기술을 주어진 시간에 연습하는 방법
  ㉡ 무선연습 : 운동기술에 포함된 하위요소들을 무작위로 연습하는 방법

(3) 운동학습의 영향 요인

구 분	내 용
연습의 가변성	연습 시 다양한 움직임과 환경 상황을 경험하게 하는 것
맥락간섭	학습 사이에 개입된 사건이나 경험에 의하여 학습이나 기억에 방해를 받는 것 예 구획연습(순차적 과제)은 맥락간섭의 효과가 낮아 연습수행에 효과가 높다. 예 무선연습(순서 없음)은 맥락간섭의 효과가 높아 파지와 전이에 효과적이다.

+ 더 알아보기

운동발달과 성숙
• 운동발달 : 환경과 경험의 상호작용에 의해 발생
• 성숙(성장) : 성장을 통한 생물학적인 측면의 질적 향상

운동발달 단계(태아기)
전 생애의 발달 측면에서 가장 중요하며, 임신 초기 8주에 신체의 필수적인 기관들이 형성되는 단계

2024년 기출

〈보기〉에서 연습방법에 관한 설명으로 옳은 것만을 모두 고른 것은?

> ㄱ. 집중연습은 연습구간 사이의 휴식시간이 연습시간보다 짧게 이루어진 연습방법이다.
> ㄴ. 무선연습은 선택된 연습과제들을 순서에 상관없이 무작위로 연습하는 방법이다.
> ㄷ. 분산연습은 특정 운동기술과제를 여러 개의 하위 단위로 나누어 연습하는 방법이다.
> ㄹ. 전습법은 한 가지 운동기술과제를 구분 동작 없이 전체적으로 연습하는 방법이다.

① ㄱ, ㄴ
② ㄷ, ㄹ
③ ㄱ, ㄴ, ㄹ
④ ㄱ, ㄷ, ㄹ

정답 ③

03 운동발달

1. 운동발달의 이해

(1) 운동발달의 개념
  ① 운동행동의 시간적 흐름에 따라서 계열적·연속적으로 변화해 가는 과정
  ② 기능적 분화와 복잡화, 통합화를 이루어 환경에 보다 잘 적응하는 과정
  ③ 하나의 상태에서 다른 상태로 변화하는 과정

(2) 운동발달의 특징
  ① 운동발달은 일정한 성숙률에 따라 이루어지며 개인차가 존재함
  ② 신체는 머리에서 발끝, 몸통에서 말초부분 순서로 발달이 이루어짐
  ③ 운동발달은 분화와 통합의 과정에 의해 이루어짐
  ④ 운동발달은 일정한 단계에 따라 이루어짐

(3) 운동발달의 원리(Gesell)
  ① 발달방향의 원리
    ㉠ 두미(Cephalocaudal) 발달 경향 : 발달은 머리에서 발쪽으로 체계적으로 진행
    ㉡ 근원(Proximodistal) 발달 경향 : 말초보다 신체의 중심이 먼저 발달
  ② 상호적 교류의 원리 : 영유아가 먼저 한 손을 사용한 후 다른 한 손을 사용하며, 그다음 양손을 사용하는 등 계속적인 반복 과정을 통하여 능숙하게 손을 사용할 수 있게 될 때까지의 발달과정
  ③ 기능적 비대칭의 원리 : 실제 인간발달에서 완벽한 균형이나 조화를 이루는 것은 상당히 어려운 일이며, 오히려 약간의 불균형이 훨씬 더 기능적이라는 원리
  ④ 자기규제의 원리 : 영유아 스스로 자신의 수준에 맞도록 성장을 조절하고 이끌어 가는 능력

2. 운동발달의 영향 요인

구 분	내 용
개인적 요인	• 유전, 호르몬, 영양상태 • 사회적 지지자(가족) • 자신의 심리 요인(신체적 자긍심, 내적동기)
사회·문화적 요인	• 성역할 • 대중매체 • 인종과 문화적 배경

2021년 기출

운동발달에 관한 설명으로 옳지 않은 것은?

① 운동발달에는 개인차가 존재한다.
② 운동발달 과정에는 민감기가 있다.
③ 운동발달은 운동행동이 연속적으로 변화하는 과정이다.
④ 운동발달 상황에서 공통적으로 나타나는 행동을 개체발생적 운동행동이라고 한다.

정답 ④

2024년 기출

운동발달의 단계가 순서대로 바르게 제시된 것은?

① 반사단계 → 기초단계 → 기본움직임단계 → 성장과 세련단계 → 스포츠기술단계 → 최고수행단계 → 퇴보단계
② 기초단계 → 기본움직임단계 → 반사단계 → 스포츠기술단계 → 성장과 세련단계 → 최고수행단계 → 퇴보단계
③ 반사단계 → 기초단계 → 기본움직임단계 → 스포츠기술단계 → 성장과 세련단계 → 최고수행단계 → 퇴보단계
④ 기초단계 → 기본움직임단계 → 반사단계 → 성장과 세련단계 → 스포츠기술단계 → 최고수행단계 → 퇴보단계

정답 ③

3. 운동발달의 단계

구 분	내 용	
반사운동 단계	• 출생부터 1년까지	• 불수의적인 움직임 : 자세반사, 이동반사
기초움직임 단계	• 1~2세	• 수의적인 움직임
기본움직임 단계	• 2~6세 • 조작운동 가능 예 던지기, 차기	• 균형감 발달, 신체 인식
스포츠기술 단계	• 초등학교 시기 • 레크리에이션 활동, 스포츠 참여	• 각각의 움직임 동작을 하나의 동작으로 형성
성장과 세련 단계	• 청소년 시기	• 운동능력이 현저하게 발달
최고수행 단계	• 20~30세	• 근력과 심폐기능 및 정보처리 능력이 최고조
퇴보 단계	• 30세 이후	• 신체반응속도가 떨어짐

단답형 문제

01 ( )은/는 인간 움직임의 특성과 그 움직임이 어떻게 생성되고 조절되는지를 연구하는 학문이다.

02 운동학습 이론의 정보처리단계는 '감각지각 – ( ) – 반응실행'으로 이루어진다.

03 연습을 하는데도 운동기능 수준이 발달하지 않고 일시적으로 제자리에 머물러 있는 상태를 ( ) 현상이라고 한다.

04 피츠(Fitts)와 포스너(Posner)의 운동학습 3단계는 인지 단계 – ( ) 단계 – 자동화 단계로 진행된다.

정답 01 운동제어 02 반응선택 03 고 원 04 연 합

02 출제예상문제

완벽하게 이해된 부분에 체크 하세요

01 다음 중 운동제어의 3요소(제한요소)로 옳지 않은 것은?

① 집단의 특성
② 개인의 특성
③ 과제의 특성
④ 환경의 특성

해설 운동제어의 3요소(제한요소)는 개인의 특성, 과제의 특성, 환경의 특성이다.

02 다음 중 피츠(Fitts)와 포스너(Posner)의 운동학습 3단계에 대한 설명으로 옳지 않은 것은?

① 인지 단계(Cognitive Stage) - 초보단계로 학습자가 학습할 운동기술의 특성을 이해하고 이를 수행하기 위해 사용되는 전략을 개발하는 단계를 말한다.
② 연합 단계(Associative Stage) - 중급단계로 과제 수행에 있어 수행 전략을 결정한다.
③ 연합 단계(Associative Stage) - 수행이 적절치 않은 경우에 대한 해결책을 찾아나가는 단계를 말한다.
④ 자동화 단계(Automatic Stage) - 숙련단계로 동작이 자동적으로 이루어지지는 않지만, 움직임에 대한 의식적인 주의가 크게 요구되지 않는다.

해설 자동화 단계(Automatic Stage)는 숙련단계로 동작이 거의 자동적으로 이루어지기 때문에 움직임에 대한 의식적인 주의가 크게 요구되지 않는다. 다른 활동에 의해 간섭을 적게 받고 수행할 수 있는 단계를 말한다.

정답 01 ① 02 ④

03 다음 중 운동학습의 유형에 대한 설명으로 옳지 않은 것은?

① 전습법은 과제를 한 번에 전체적으로 학습하는 것을 말한다.
② 분습법은 과제를 하위 단위로 분할하여 학습하는 것을 말한다.
③ 무선연습은 운동기술에 포함된 하위요소들을 무작위로 연습하는 방법이다.
④ 집중연습은 연습 사이의 휴식시간을 상대적으로 길게 준다.

해설 집중연습은 연습 사이의 휴식시간이 아주 짧으며 주의가 적게 요구된다. 연습 사이의 휴식시간을 길게 주는 것은 분산연습에 대한 설명이다.

04 다음 중 운동발달에 대한 설명으로 옳지 않은 것은?

① 성장을 통한 생물학적인 측면의 질적 향상을 말한다.
② 환경과 경험의 상호작용에 의해 발생하는 것을 말한다.
③ 기능적 분화와 복잡화, 통합화를 이루어 환경에 보다 잘 적응하는 과정을 말한다.
④ 운동행동의 시간적 흐름에 따라서 연속적으로 변화해 가는 과정을 말한다.

해설 성장을 통한 생물학적인 측면의 질적 향상은 운동발달이 아니라 성숙에 해당한다.

05 다음 중 피드백의 기능으로 옳지 않은 것은?

① 강 화   ② 의존성
③ 동기유발   ④ 정보제공

해설 운동학습의 피드백 기능에는 정보제공기능, 강화기능, 동기유발기능이 있다.

정답 03 ④ 04 ① 05 ②

03 스포츠수행의 심리적 요인

학습목표
- 개인의 정서와 동기, 불안이 시합에 미치는 영향에 대해 사례를 들어 설명할 수 있다.
- 자신감을 향상할 수 있는 지도방법에 대해 말할 수 있다.
- 심상과 루틴 등을 활용하여 경기불안을 관리하도록 지도할 수 있다.

20일 단기완성 학습 플랜
- 목표 학습 시간 : ___월 ___일
- 실제 학습 시간 : ___월 ___일

01 성격

1. 성격의 이해

(1) 성격의 개념 및 특성
① 어떤 사람을 다른 사람과 구분되는 독특한 존재로 변별하여 주는 여러 특성의 총합(Weinberg & Gould, 1995)
② **독특성** : 다른 사람과 구별되는 사고와 행동양식
③ **일관성** : 시간이나 상황이 변해도 달라지지 않는 행동 특성
④ **경향성** : 그 사람만의 행동적인 경향성

(2) 성격의 구조

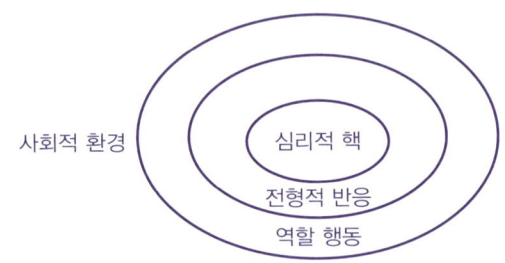

① **심리적 핵**
  ㉠ 성격의 가장 기초적 단계, 외부상황의 영향을 받지 않는 일관성(안정성)이 가장 높은 영역
  ㉡ 개인의 태도, 가치, 흥미, 동기, 믿음, 신념 등 포함
② **전형적 반응**
  ㉠ 환경과의 상호작용을 통해 나타나는 반응
  ㉡ 심리적 핵을 반영하는 지표
③ **역할 행동**
  ㉠ 개인이 사회적 지위와 역할을 염두에 두고 취하는 행동
  ㉡ 주어진 환경에 가장 민감한 성격의 속성

2015년 기출

성격의 구조에 포함되지 않는 것은?

① 심리적 핵
② 독특성
③ 전형적 반응
④ 역할 행동

정답 ②

2. 성격 이론의 종류

(1) 성격 이론의 정리

구 분	내 용
정신역동 이론	• 행동을 지배하는 무의식적인 동기를 밝힘 • 성격을 원초아, 자아, 초자아로 구분
현상학적 이론	• 개념 : 현재 일어나고 있는 것에 관한 개인의 주관적 관점에 관심 • 로저스(Rogers)의 자기실현 경향 : 인간은 자신이 타고난 잠재력을 실현시키는 선천적인 동기와 자신이 무엇인가 되고자 하는 자아상을 충족시키려는 동기를 가짐 • 매슬로(Maslow)의 욕구단계 이론(5단계) : 매슬로(Maslow)는 인간행동의 기초적 욕구를 5단계로 도식화함
특성 이론	개인의 행동이 외부 환경의 영향보다 개인 내에 존재하고 있는 일관적이고 안정된 특성들에 의해 결정
사회학습 이론	개인이 모방(모델링)을 통해 타인이 행동한 것을 듣고 보면서 그 행동을 따라 행동함

(2) 성격 특성 이론의 정리

구 분		내 용
커텔 (Cattell)	표면특성	겉으로 드러나면서 함께 공존하는 것으로 보이는 특성
	근원특성	표면특성을 일으키고 표면특성으로 하여금 일관성을 갖도록 하는 성격 특성
아이젠크 (Eysenck)	내향성과 외향성	각성수준과 관계되어 있어 행동과 조건화에 영향을 미치는 특성
	안정성과 불안정성 (신경과민)	정서적인 안정을 나타내는 차원의 특성
올포트 (Allport)	공통특성	공통적인 경험과 문화적인 영향 때문에 사람들에게 일반적으로 나타나는 현상
	개인적 성향	• 개념 : 개인에게만 독특한 방식으로 작용하는 특성 • 기본성향 : 고도로 일반화된 성향으로 이것을 중심으로 개인은 자기의 생활을 체계화함 • 중심성향 : 기본성향보다 행동을 다소 적게 지배하는 것으로 상당히 포괄적으로 행동에 영향을 미침 • 이차성향 : 아주 제한된 방식으로 개인의 행동을 이끄는 특성으로 상황이나 대상에 따라 달라짐

+ 더 알아보기

매슬로(Maslow)의 욕구단계 이론(5단계)

• 생리적 욕구 : 인간의 본능적 욕구인 배고픔, 목마름, 수면, 성욕 등의 욕구를 기저
• 안전의 욕구 : 정서적, 신체적 위험으로부터 보호받으려는 욕구
• 소속감과 사랑의 욕구 : 친밀과 애정 및 공감의 욕구
• 자기존중의 욕구 : 목표달성, 권력이나 사회적 지위에 대한 욕구
• 자아실현의 욕구 : 자기만족을 위한 욕구

[매슬로(Maslow)의 욕구단계 이론(5단계) 피라미드]

2017년 기출

매슬로가 제안한 욕구위계 이론에서 다른 욕구가 충족되었을 때 마지막에 나타나는 최상위 욕구는?

① 안전 욕구
② 생리적 욕구
③ 자아실현 욕구
④ 소속 욕구

정답 ③

3. 성격 측정법(인격 검사)

구 분	내 용
특성과 상태 측정법	• 상태-특성불안 검사(STAI) • 주의대인관계 유형검사(TAIS) • 무드상태 프로파일(POMS) • 아이젠크(Eysenck) 성격검사(EPI) • 스포츠경쟁불안 검사지(SCAT)
질문지법	• 자기보고식 방법으로 각 문항에 체크 • 관리가 편하고 수량화하기에도 용이 • 미네소타 다면적 인성검사(MMPI) • 커텔(Cattell)의 성격요인 검사(16PF) • 아이젠크(Eysenck)의 성격차원 검사(EPQ)
투사법	• 알 수 없는 애매한 자극을 제시하고 그에 대한 반응을 분석하며 성격을 측정 • 로르샤흐 검사 : 잉크의 얼룩이 무엇으로 보이는지 검사 • 주제통각 검사 : 인물, 상황 등 애매한 장면이 그려져 있는 그림판을 제시하여 과거, 현재, 미래에 대한 이야기를 하게 함 • 문장완성형 검사 : 언어를 이용하여 개인의 욕구 판단

4. 운동선수의 성격과 경기력

(1) 성격과 경기력의 관계
   ① 성격, 체력, 기술 등 선수내적요인은 선수의 노력으로 변화·향상이 가능함
   ② 경기력 수준이 높을수록 선수들의 성격과 심리적 특성이 유사하고, 경기력 수준이 낮아질수록 선수들 간 성격특성이 이질적임
   ③ 우수선수와 비우수선수는 심리적 특성 중 불안대처 능력, 주의조절 능력, 심리기술 능력 등 인지전략에서 큰 차이를 보임
   ④ 초보 경기력 수준인 선수들의 성격특성은 이질적이고 다양한데, 긍정적 성격 특성을 지닌 선수들은 상위수준으로 올라가고 부정적 성격특성을 지닌 선수들이 탈락할 가능성이 높음

(2) 우수선수의 성격 특성
   ① 불안과 신경과민 특성은 낮고, 외향성이 높음
   ② 심리적 마음 상태는 긴장·우울·분노·피로·혼란 수치가 낮고, 활력(용기) 수치가 높음
   ③ 우수선수의 심리적 특성은 긍정적인 심리적 건강과 일치함

02 정서와 시합불안

1. 재미와 몰입

(1) 재미의 정의
 ① 운동에 대해 흥미를 유발하는 긍정적 정서 반응
 ② 운동 체험에 지속적으로 참여하게 만드는 중요 변인

(2) 몰입의 정의
 ① 스포츠활동 자체가 목적과 일치되어 만족을 느끼는 상태
 ② 스포츠활동에 완전히 몰두하고 있는 상태

(3) 몰입의 구성요소
 ① 분명한 목표의식
 ② 즉각적인 피드백
 ③ 기술 습득과 도전의 균형
 ④ 과제에 대한 집중력
 ⑤ 활동과 인식의 통합
 ⑥ 자아의식의 상실
 ⑦ 시간 감각의 왜곡
 ⑧ 통제감
 ⑨ 자기목적 경험

2. 정 서

(1) 정서의 정의 : 주관적인 느낌 예 기쁨, 슬픔, 유쾌함, 불쾌함, 공포, 즐거움
(2) 정서의 측정 : 자기보고식 측정, 생리적 측정, 얼굴표정 측정, 뇌기능 측정 등
(3) 정서와 운동과의 관계 : 운동종목과 연습방법에 따라 차이가 있지만, 운동은 정서의 변화에 긍정적 역할을 함(적당한 운동강도가 중요)

3. 불 안

(1) 불안의 정의 : 신체적 각성을 고조하는 주관적인 감정으로, 불쾌감 또는 짜증을 동반하는 부정적 정서 상태

> ➕ 더 알아보기
>
> **불안의 정도를 측정하는 방법**
> 일반적으로 심리적 척도, 행동적 척도, 생리적 척도를 측정하는 방법이 있다.

(2) 불안의 유형

구 분	내 용
각 성	깊은 수면에서 극도의 흥분에 이르는 연속선상에서 변화하는 일반적인 생리적·심리적 활성화 상태
상태불안	• 일시적인 상황적 측면이 강한 개념 • 상황에 따라 다양하게 변화하는 정서 상태
특성불안	• 성격의 한 측면으로서 개인적 특성 및 기질 • 객관적으로 위협적이지 않은 상황에서도 위협적으로 지각
경쟁불안	스포츠 경기 상황에서 경쟁 과정에 수반하여 나타나는 불안의 한 형태
인지불안	상황에 따라 변하는 걱정이나 부정적인 생각
신체불안	몸의 증상으로 나타나는 지각된 생리적 반응
촉진불안	불안을 긍정적으로 받아들여 수행에 기여
방해불안	불안을 부정적으로 받아들여 수행을 방해

(3) 불안의 측정

구 분	내 용
자기보고식 측정	• 테일러(Taylar)의 표출불안척도 • 스필버거(Spielberger)의 상태-특성불안척도 • 마튼스(Martens)의 스포츠경쟁불안척도
생리적 측정	• 뇌파검사(EEG) • 근전도검사(EMG) • 피부전기저항검사(GSR) • 심전도검사(EKG) • 발한율, 심박수, 혈압, 안면근육패턴

2015년 기출

불안에 대한 설명으로 옳게 연결된 것은?

① 촉진불안 – 긍정적으로 받아들여 수행에 도움이 되는 불안
② 상태불안 – 성격적으로 타고난 불안
③ 신체불안 – 머릿속으로 걱정하는 불안
④ 특성불안 – 상황에 따라 달라지는 불안

정답 ①

2018년 기출

〈보기〉에서 경쟁불안이 일어나는 원인을 모두 고른 것은?

㉠ 실패에 대한 두려움
㉡ 적절한 목표설정
㉢ 높은 성취목표성향
㉣ 승리에 대한 압박

① ㉠, ㉢
② ㉡, ㉣
③ ㉠, ㉣
④ ㉡, ㉢

정답 ③

4. 스트레스와 탈진

(1) 스트레스

① 적응하기 어려운 환경에 처할 때 느끼는 심리적·신체적 긴장 상태
② 스트레스 반응 : 근육긴장의 증가, 주변시각 협소화, 주의산만 증가 등
③ 스트레스와 운동
  ㉠ 유산소운동은 스트레스를 극복하는 데 효과적
  ㉡ 단기간 운동보다 장기간 운동이 스트레스 해소에 효과적
④ 운동 시 스트레스 측정 : 심박수 변화, 호르몬 변화, 피부반응 등

(2) 스포츠 탈진

① 과다한 훈련상황에서 생기는 부정적 스트레스의 일부분으로, 신체적·심리적 에너지가 고갈된 상태
② 정서적 고갈, 수행성취 감소, 스포츠의 가치 감소 등 심리적 증상이 발생

5. 경쟁불안과 경기력 관계 이론

(1) 욕구 이론(추동 이론)

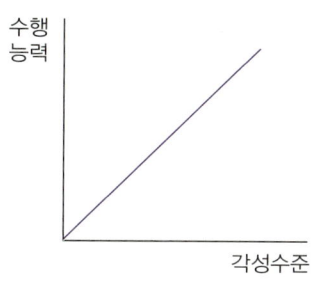

① 개인의 운동수행능력은 각성수준과 비례
② 욕구 이론의 한계
  ㉠ 인간의 수행능력이 정확하게 측정되기 어려움
  ㉡ 복잡하고 어려운 기술을 요하는 운동 과제의 설명에 한계

(2) 적정 각성수준 이론(역U 가설)
① 개념 : 불안이 증가할수록 수행이 더욱 증진되다가, 각성수준이 더욱 증가하여 과각성 상태가 되면 수행이 저하됨

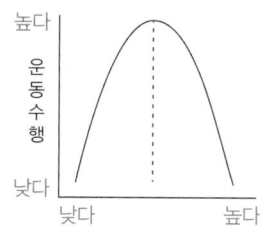
[각성수준과 수행 간의 관계]

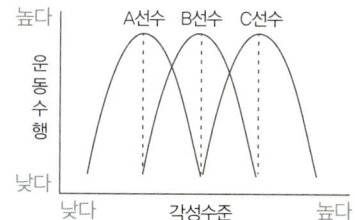
[각성수준과 수행 간의 관계에서의 개인차]

② 영향 요인
  ㉠ 수행자의 특성 불안 수준
  ㉡ 수행자의 과제에 대한 학습단계
  ㉢ 과제의 난이도

(3) 최적수행지역 이론 : 최고의 수행을 발휘하는 데 자신만의 고유한 불안 수준이 있다는 이론

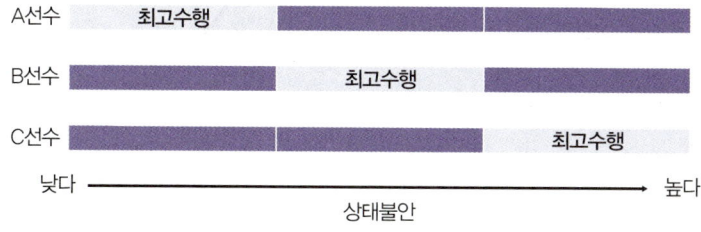

2015년 기출

선수들의 상태불안 수준의 개인차가 매우 크며, 최고의 수행을 발휘하는 데 자신만의 고유한 불안수준이 있다는 이론은?

① 최적수행지역 이론
② 추동 이론
③ 역U자 가설
④ 전환 이론

정답 ①

+ 더 알아보기

격변 이론
운동수행 능력을 회복하기 위해서는 인지불안부터 회복 후 신체불안을 회복시킬 것을 주장

카타스트로피
그리스어 Katastrophe에서 온 말로 돌연히 나타나는 광범위한 큰 변동을 의미함

(4) 다차원적 불안 이론

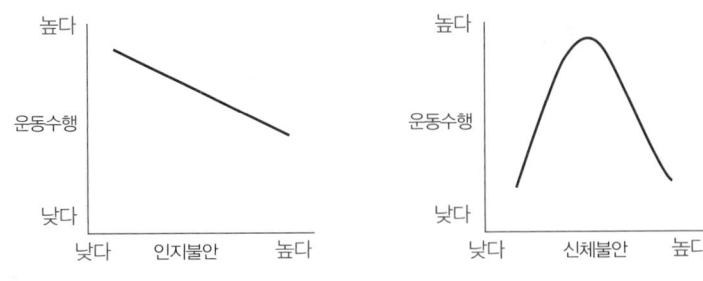

① 인지불안 : 초조함이나 걱정과 같은 감정으로 운동수행에 부정적인 영향
  → 인지불안이 높은 경우 : 인지적 방법으로 불안을 감소
② 신체불안 : 생리적 각성 상태가 적정수준이면 운동수행에 긍정적인 영향
  → 신체불안이 높을 경우 : 점진적 이완 기법을 사용

(5) 격변 이론(카타스트로피 이론)

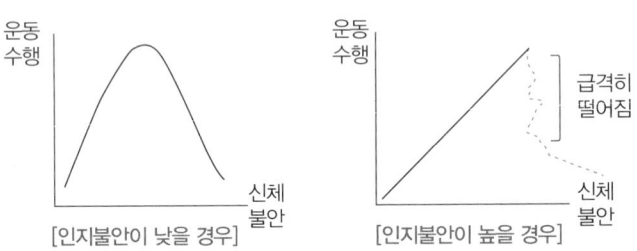

① 신체불안과 운동수행의 관계가 인지불안이 낮을 경우에만 역 U자 형태를 이룸
② 인지불안이 높을 경우 신체불안이 어느 수준에 이르면 수행에 급격한 변화가 초래됨
③ 불안의 두 차원을 따로 분리한 다차원 이론보다 실제 불안 현상을 더 타당하게 설명 가능함

(6) 전환 이론(반전 이론)

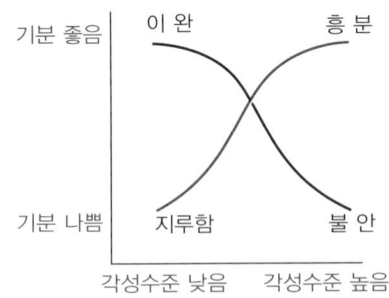

① 각성을 어떻게 받아들이느냐에 따라 운동수행에 부정적일 수도 있고 긍정적일 수도 있음
② 우수한 선수일수록 경기 중 불안한 상황에서 긍정적으로 해석하는 경향이 있음
③ 불안의 개인차를 이해하는 데 많은 공헌을 함

2022년 기출

〈보기〉에 제시된 불안과 운동수행의 관계를 설명하는 이론으로 옳은 것은?

- 선수가 불안을 어떻게 '해석'하느냐에 따라 운동수행이 달라질 수 있다.
- 선수는 각성이 높은 상태를 기분 좋은 흥분상태로 해석할 수도 있지만 불쾌한 불안으로 해석할 수도 있다.

① 역U가설
② 전환 이론
③ 격변 이론
④ 적정기능지역 이론

정답 ②

(7) 심리에너지 이론(Martens)

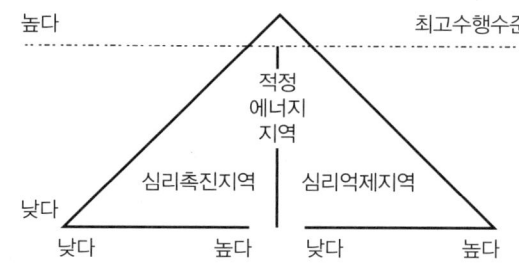

[심리에너지 이론]

① 각성을 긍정적으로 해석하면 긍정적 심리에너지가 발생하여 긍정적인 영향을 제공하고, 부정적으로 해석 시 부정적 에너지로 인해 각성과 운동수행사이에 부적 관계가 형성된다는 이론
② 긍정적인 심리에너지가 높고 부정적인 심리에너지가 낮을 때 최고의 경기력 발휘

6. 불안 및 스트레스 관리 기법

구 분	내 용
불안 조절	• 자신이 조절할 수 있는 것에 주의집중하기 • 마음속으로 연습하기 • 최악의 시나리오를 생각해 보기 • 신체의 활동성을 유지하기 • 인지 재구성(긍정적인 사고)
불안 해소	• 점진적 이완기법(Progressive Relexation Technique) • 자생훈련법(Autogenic Traning) • 초험적 명상(Transcen Dental Meditation) • 최면(Hyponosis) • 요가(Yoga) • 주의 통제훈련(Attention Control Training) • 시동행동시연(VMBR) • 심상 훈련 • 생체 피드백 훈련
스트레스 관리	• 스트레스원의 변화 • 사고의 변화 • 지각유형에 따른 관리 기법 • 심상을 수반한 인지적 리허설 • 자율이완훈련 • 긍정적 혼잣말 • 점진적 근육이완 • 복식호흡 • 적절한 운동

+ 더 알아보기

자생훈련법
• 최면 상태가 될 때 일반적으로 나타나는 생리적 현상인 체온 상승과 신체가 무거워지는 증상에서 착안함
• 자신의 감각에 주의를 기울이면서 스스로 명상하는 기법

03 동기

1. 동기의 이해

(1) 동기의 개념
  ① 어떤 목표를 향해서 행동을 시작하도록 하는 내적 과정
  ② 인간 행동의 선택, 방향, 강도 및 지속을 결정짓는 심리학적 개념
  ③ 정서와 밀접한 관계가 있고, 행동을 촉발하는 원동력으로 작용함
  ④ **스포츠참가 동기** : 재미, 건강 증진, 운동기술 습득 및 향상, 소속감, 도전 등

(2) 동기의 분류

구 분	내 용
내적동기	• 기쁨이나 만족감을 추구하며 스스로 활동에 참여함 • 경기 자체에 대한 보람이나 즐거움
외적동기	• 외적 보상을 위해서 참여함 • 경기 결과에 따른 상, 벌, 칭찬

(3) 동기의 기능

구 분	내 용
시발기능	행동을 일으킴
선택기능	무조건적이 아닌 특수한 반응을 설정함
지향기능	행동 목표의 방향을 설정함
강화기능	목표에 도달할 경우 그 행동의 재현 가능성을 높임

(4) 동기유발의 방법
  ① 과제난이도를 적절히 조절하여 성공 경험을 쌓기
  ② 운동수행에 대한 시상이나 칭찬 같은 보상을 제공
  ③ 달성 가능한 목표를 제시
  ④ 목표설정 과정에 참여
  ⑤ 구체적인 목표계획을 수립
  ⑥ 사회적 동기(경쟁이나 협동)를 활용
  ⑦ 연습결과에 대한 적당한 강화를 활용

2015년 기출

동기에 대한 설명으로 옳지 않은 것은?

① 내적동기보다 외적동기가 더 중요하다.
② 내적동기와 외적동기로 나눌 수 있다.
③ 외적동기에는 경기 결과에 따른 상, 벌, 칭찬 등이 해당한다.
④ 내적동기에는 경기 자체에 대한 즐거움, 보람 등이 해당한다.

정답 ①

2. 동기 이론

(1) 성취목표성향 이론
  ① 개인의 성취목표를 학습목표(과제목표)와 수행목표(자아목표)로 이분화하여 설명
  ② 목표에 따른 참가자의 성향
    ㉠ 학습목표를 추구하는 참가자(과제목표성향)
      • 학습활동 자체를 목표로 삼고, 비교의 준거는 자기 자신임
      • 실패를 자연스러운 현상으로 받아들이며, 개인이 노력하면 성취할 수 있는 과제 선호
    ㉡ 수행목표를 추구하는 참가자(자기목표성향)
      • 배움 자체보다 자기 능력의 우월성을 증명하는 것이 목표
      • 비교 준거는 타인임
      • 실패를 열등함으로 생각하고, 성공하기 쉽거나 아예 불가능한 과제를 선택하는 경향

(2) 자기결정성 이론
  ① 인간의 행동을 자율성의 정도에 따라 규명·개념화
  ② 동기 형태에 따라 인간의 성취행동이 달라진다고 보는 관점

구 분	규제 유형	동기 형태	자기결정성
내적 동기	내적 규제	활동을 스스로 결정하고, 활동이 주는 내적 즐거움을 추구	높음 ↓ 낮음
외적 동기	확인 규제	활동을 선택하긴 했지만 즐겁지는 않음	
	의무감 규제	활동 이유를 내면화시켜서 내면적 보상 또는 처벌과 연계	
	외적 규제	외적 보상을 받으려는 욕구로 활동 참가	
무동기	무규제	스포츠 참가 의도·동기가 없음	

(3) 인지평가 이론(Deci)
  ① 인간은 유능성과 자결성을 느끼려는 본능을 갖고 있다고 전제
  ② 개인의 유능성과 자결성을 높이는 활동이나 사건이 개인의 내적동기를 높인다고 보는 관점

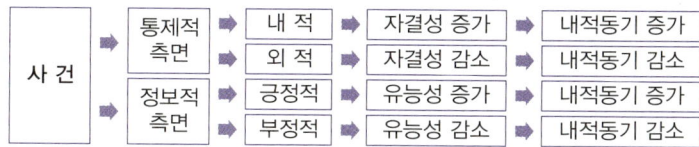

(4) 귀인 이론(Weiner)
  ① 발생한 사건의 원인을 어떻게 생각하는가, 무엇으로 지각하는가(귀인)에 따라 개인의 동기에 차이가 발생한다는 이론

+ 더 알아보기

• 유능성 : 자신의 능력이 우수하다고 스스로 느끼는 정도
• 자결성 : 자기 스스로의 결정 능력

2023년 기출

데시(E. Deci)와 라이언(R. Ryan)이 제시한 자기결정 이론(Self-determination Theory)에서 외적동기 유형으로 분류되지 않는 것은?

① 무동기(Amotivation)
② 확인규제(Identified Regulation)
③ 통합규제(Integrated Regulation)
④ 의무감규제(Introjected Regulation)

정답 ①

2019년 기출

자기목표성향보다 과제목표성향이 높은 선수의 특성으로 가장 적절한 것은?

① 달성하기 어려운 목표를 설정한다.
② 평가상황에서는 평소보다 수행이 더 저조할 수 있다.
③ 상대 선수의 실수로 인해 승리하였다고 생각한다.
④ 자신의 노력 부족으로 인해 패배하였다고 생각한다.

정답 ④

2021년 기출

인지평가 이론에서 내적 동기를 높일 수 있는 방법으로 옳지 않은 것은?

① 타인과의 관계성을 높여 준다.
② 자신의 능력에 대해 유능감을 높여 준다.
③ 행동을 결정하는 데 있어 자율성을 갖게 한다.
④ 행동결과에 대한 보상의 연관성을 강조한다.

정답 ④

② 승리와 패배의 원인을 안정성, 인과성, 통제성 세 가지 차원에서 분석

구 분	내 용
안정성	미래 수행에 대한 기대가 안정적인지 불안정한 것인지의 구분
인과성	내적 요인과 외적 요인으로 구분
통제성	개인이 통제가 가능한지 아니면 통제가 불가능한지의 구분

③ 귀인 모형

구 분	개인 능력	개인 노력	운	과제의 난이도
안정성	안정적	불안정적	불안정적	안정적
인과성	내 적	내 적	외 적	외 적
통제성	통제 불가능	통제 가능	통제 불가능	통제 불가능

④ 성공적인 운동 수행자는 내적·안정적인 요인에 귀인
⑤ 결과를 예측하기 힘들거나 목표를 달성하지 못했을 경우 귀인을 찾으려는 욕구가 강해짐
⑥ 과제 지향적인 사람은 노력에, 자아가 강한 사람은 능력에 귀인함
⑦ 귀인 훈련 : 성공의 원인을 자기 능력에서 찾으려고 하고, 실패의 원인은 자기 노력 부족이나 전략적인 실수 때문이라고 믿도록 귀인을 바꾸는 훈련

2022년 기출
와이너(B. Weiner)의 경기 승패에 대한 귀인 이론에 관한 설명으로 옳지 않은 것은?
① 노력은 내적이고 불안정하며 통제 가능한 요인이다.
② 능력은 내적이고 안정적이며 통제 불가능한 요인이다.
③ 운은 외적이고 불안정하며 통제 불가능한 요인이다.
④ 과제난이도는 외적이고 불안정하며 통제할 수 있는 요인이다.

정답 ④

2021년 기출
운동실천을 위한 행동수정 중재전략으로 옳지 않은 것은?
① 운동화를 눈에 잘 띄는 곳에 둔다.
② 구체적이고 실현 가능한 목표를 설정한다.
③ 지각이나 결석이 없는 회원에게 보상을 제공한다.
④ 출석상황과 운동수행 정도를 공공장소에 게시한다.

정답 ②

3. 동기유발의 전략

(1) 행동수정 전략
  ① 의사결정의 단서 제공
  ② 운동 출석률 제시
  ③ 출석에 따른 보상 제공
  ④ 운동수행에 대한 피드백 제공

(2) 인지행동 전략
  ① 목표 설정
  ② 운동계약서 작성
  ③ 운동일지 작성
  ④ 운동강도 모니터링

(3) 내적동기 전략
  ① 몰입 체험을 유도
  ② 즐거움과 성취감을 부여

(4) 기타 전략
  ① 건강신념 모형 : 운동실천으로 얻는 혜택을 인식
  ② 계획행동 이론 : 운동방해요인에 대한 대책을 마련
  ③ 자기효능감 이론 : 자기효능감을 높임

04 목표설정

1. 목표설정의 이해

(1) 목표설정의 개념 : 특정한 시간 내에 과제에 대한 정해진 효율성의 기준을 성취(내용과 강도의 속성)하는 것

(2) 목표설정의 원리
① 가능한 한 구체적인 목표설정
② 성취가능한 목표설정
③ 장기목표와 단계적 단기목표를 함께 설정
④ 자신의 수행 목표설정
⑤ 참가자의 성격과 능력을 고려한 목표설정
⑥ 팀 목표를 고려하며 개인목표 설정

(3) 목표의 달성
① 목표달성을 위한 구체적인 전략을 수립
② 목표달성을 위한 지원책 마련
③ 목표달성에 대한 진행상태 기록
④ 목표달성 여부 평가

2. 목표설정의 단계

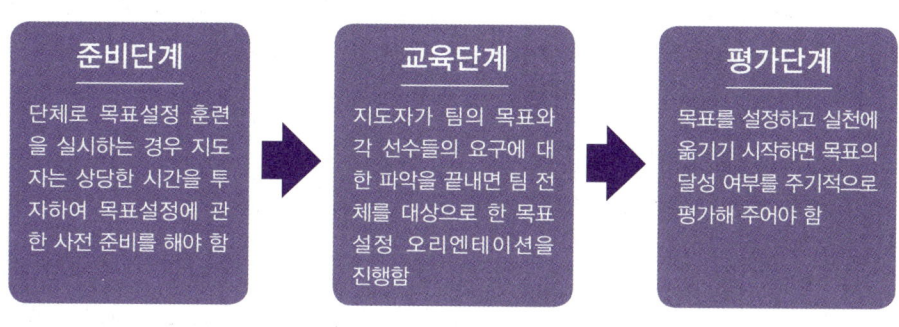

➕ 더 알아보기

목표의 유형

구 분	내 용
수행 목표	운동수행 성취 기준 예 팔꿈치를 완전히 펴서 스윙하기, 자유투 성공률(%)
결과 목표	결과 · 성과 기준 예 한국시리즈 우승, 마라톤 1위

2023년 기출

〈보기〉에서 설명하는 목표의 유형은?

- 운동기술을 잘 수행하기 위해서 필요한 핵심 행동에 중점을 둔다.
- 자기효능감과 자신감을 높이고 인지불안을 낮추는 데 도움이 된다.
- 자신의 운동수행에 대한 목표를 달성하는 데 중점을 두는 목표로 달성의 기준점이 자신의 과거 기록이 된다.

① 과정목표와 결과목표
② 수행목표와 과정목표
③ 수행목표와 객관적목표
④ 객관적목표와 주관적목표

정답 ②

2016년 기출

목표설정에서 수행목표로 적절한 것은?

① 한국시리즈에서 우승한다.
② 올림픽에서 메달을 획득한다.
③ 20km 단축 마라톤에서 1위를 한다.
④ 서브에서 팔꿈치를 완전히 펴서 스윙한다.

정답 ④

05 자신감

1. 자신감의 개념
(1) 주어진 과제에 대해 성공할 수 있다는 확신(Weinberg & Gould)
(2) 어떤 일을 달성하기 위해 요구되는 능력에 대한 스스로의 믿음

2. 자신감 이론
(1) 자기효능감 이론(Bandura) : 자기효능감이란 특수한 상황에서의 성공에 대한 기대감으로, 당면한 과제를 해결하기 위해 다양한 지식과 기술을 상황에 맞게 조직하고 행동으로 옮기는 능력에 대한 믿음을 의미함

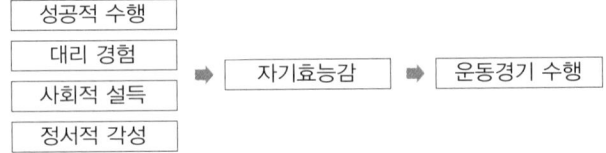

[자기효능감 선행요인과 운동수행]

(2) 유능성 동기 이론(Harter) : 동기지향성과 지각된 유능성 및 통제감의 세 가지 심리적 변인과 관련된 다차원 동기 이론

구 분	내 용
동기지향성	특정한 과제에 대해 흥미를 느끼고 해 볼 만한 가치가 있다고 느끼는 정도
지각된 유능성	특정한 과제와 관련된 스스로의 능력에 대한 자부심의 정도
자기 통제감	특정한 과제의 성공과 실패에 관한 책임감의 인식 정도

(3) 스포츠 자신감 이론(Vealey) : 개인이 스포츠를 성공적으로 수행할 수 있는 능력에 대하여 가지는 믿음이나 확신하는 정도가 경기력을 결정한다는 이론

3. 자신감을 향상시키는 방법(Weinberg & Gould)

구 분	내 용
성공적인 경기수행	자신감 증대와 성공적인 행동 유도
자신감(행동)	더욱 자신감을 상승시킴
자신감(생각)	긍정적인 생각과 태도는 자신감 향상과 직결
심 상	자신감 발달의 중요한 심리적 기술
신체의 상태	체력이 강한 선수는 자신감이 더 높음
마음의 준비	어떤 일을 수행하기 전의 충분한 준비는 자신감을 높임

[2019년 기출]

반두라의 자기효능감 이론에 대한 설명으로 적절하지 않은 것은?

① 자기효능감이 높은 선수는 역경 상황에 잘 대처한다.
② 타인의 수행에 대한 관찰은 자기효능감에 영향을 주지 않는다.
③ 자기효능감은 농구드리블과 같은 구체적인 기술을 수행할 수 있다는 믿음이다.
④ 경쟁상황에서 각성상태에 대해 부정적으로 인식할 때 자기효능감은 떨어질 수 있다.

정답 ②

06 심상

1. 심상의 개념

(1) 심상의 정의(Vealey & Walter)
  ① 모든 감각을 동원하여 마음속으로 어떤 경험을 떠올리거나 새로 만드는 것
  ② 실제 어떠한 일을 겪지 않고도 이미지를 상상하고 느끼고, 소리 등을 마음속으로 떠올릴 수 있음

(2) 심상훈련의 정의 : 심상을 통제하면서 체계적으로 이용하는 방법을 배우는 과정

(3) 심상의 유형

구 분	내 용
내적 심상	자신의 신체가 직접적으로 운동을 수행하는 것처럼 느끼는 것
외적 심상	외부 관찰자의 시점에서 자신의 성공적인 수행 모습을 상상하는 것

(4) 심상의 요소
  ① 선명도 : 가능한 한 세밀하고 선명하게 심상을 하기 위해 모든 감각을 동원하여 시합에서 실제 느끼는 불안감, 좌절감, 흥분, 분노 등의 감정까지 모두 떠올려 시각화하는 것
  ② 조절력 : 심상을 조정하여 내가 원하는 대로 심상이 되도록 연습하는 것. 실패하는 것을 보는 대신 성공적인 것으로 심상할 수 있도록 도움을 줌

2. 심상의 이론

구 분	내 용
심리신경근 이론	심상이 실제 동작하는 것과 유사하게 근육의 어떠한 반응에 근육의 운동기억을 향상시킴
상징학습 이론	심상이 어떤 동작을 뇌에 부호로 만들어 그 동작을 잘 이해할 수 있도록 하거나 자동화시킴
심리·생리적 정보처리 이론	• 심상 또는 이미지가 기능적으로 만들어져 뇌의 장기기억에 저장되어 있음 • 생리적인 반응과 함께 심리적인 반응도 심상에 영향을 줌

+ 더 알아보기

심상훈련의 운동효과
근육 조직의 활동을 일으키며, 근육 조직의 강화에도 효과적

2020년 기출

〈보기〉에 제시된 심상(Imagery)의 요소로 바르게 나타낸 것은?

> ㉠ 시합에서 느꼈던 자신감, 흥분, 행복감을 실제처럼 시각화한다.
> ㉡ 부정적인 수행 장면을 성공적인 수행 이미지로 바꾼다.

	㉠	㉡
①	주의연합	주의분리
②	외적 심상	집중력
③	통제적 처리	자동적 처리
④	선명도	조절력

정답 ④

2018년 기출

〈보기〉에서 설명하는 심상효과와 관련된 이론은?

> • 운동선수가 특정 움직임을 상상할 때, 뇌에서는 실제 움직임이 일어날 때와 유사한 반응이 발생한다.
> • 어떤 동작을 생생하게 상상하면 실제 동작과 유사한 근육의 미세 움직임이 일어난다.

① 상징학습 이론
② 간섭 이론
③ 정보처리 이론
④ 심리신경근 이론

정답 ④

+ 더 알아보기

주의와 집중
- 주의 : 개인이 관심을 기울일 대상을 선정하는 능력
- 집중 : 외부에서 받아들인 정보를 개인이 처한 상황에 맞도록 적합한 주의를 유지하는 것

2021년 기출

나이데퍼의 주의초점 모형을 근거로, 〈보기〉의 내용에 해당하는 주의의 폭과 방향으로 옳은 것은?

> 배구 선수가 서브를 준비하면서 상대 진영을 살핀 후, 빈 곳을 확인하여 그곳으로 공을 서브하였다.

① 광의 · 외적에서 협의 · 외적으로
② 광의 · 내적에서 광의 · 외적으로
③ 협의 · 내적에서 광의 · 외적으로
④ 협의 · 외적에서 협의 · 외적으로

정답 ①

2018년 기출

〈보기〉의 상황에 해당하는 나이데퍼의 주의 유형으로 가장 적절한 것은?

> 사격선수인 효운이는 시합에서 오로지 표적을 바라보며 조준하고 있다.

① 넓은 – 내적
② 좁은 – 내적
③ 넓은 – 외적
④ 좁은 – 외적

정답 ④

---

3. 심상의 측정과 활용

(1) **심상의 측정** : 마튼스(Martens, 1987)가 개발한 스포츠심상 질문지(Sport Imagery Questionnaire)로 측정 가능

(2) **심상의 활용**

구 분	내 용
연습 전후	• 10분 정도 심상을 하는 것이 좋음 • 연습 전에 집중력을 높임 • 연습 후에 복습 가능
시합 전후	• 시합에 대한 집중력 상승 • 시합 후 성공 장면 연상
기 타	휴식 시간, 자유 시간, 부상 기간에 실시

(3) **심상훈련에 필요한 요소** : 적합한 장소, 편안한 마음가짐, 동기와 확신, 선명하고 조절 가능한 상, 녹화장치, 심상일지, 운동의 구체적 동작

07 주의집중

1. 주의집중의 개념

(1) 스포츠 현장에서 심리기술은 집중력 향상에 반드시 필요
(2) 축구경기의 연장전이나 마라톤의 후반 상황과 같은 체력적으로 힘든 상황에서 집중력과 강한 정신력은 중요한 요소로 작용

2. 주의 유형(Nideffer)

(1) **넓은 주의집중** : 사건을 한꺼번에 인지하는 것을 말함
(2) **좁은 주의집중** : 사건의 한두 개의 단서만 인지하는 것을 말함
(3) **내적 방향** : 자신의 내면에만 주의를 집중하는 것을 말함
(4) **외적 방향** : 외적 상황이나 환경에 주의를 집중하는 것을 말함

주의 유형	내 용
넓은–외적 주의	상황적 판단
넓은–내적 주의	분석 및 계획수립
좁은–외적 주의	1~2개의 외적 단서에 초점
좁은–내적 주의	심리적 연습, 감정상태 조절

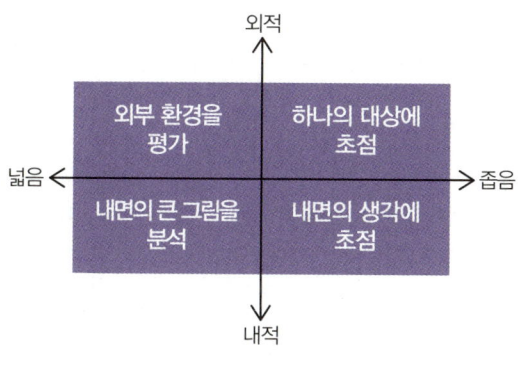

[주의의 폭과 방향]

3. 주의와 경기력의 관계

(1) 주의집중 요소(Etzel)

구 분	내 용
용 량	정보를 처리하는 데 요구되는 정신적 에너지 양
지속성	오랫동안 주의를 집중할 수 있는 능력
융통성	주의의 범위와 초점을 설정 및 전환시킬 수 있는 능력
선택성	정보의 분석적 처리 능력

(2) 주의집중과 운동수행의 관계
① 각성수준이 증가함에 따라 수행 관련 단서에 주의력이 감소
② 수행의 효율성이 떨어진다는 과제 수행 관련 단서의 질과 이들 간의 조화에 의하여 각성과 수행 간 상호작용
③ 수행 과제에서 요구되는 주의 형태와 과제의 숙련도에 따른 수행 결과의 차이

4. 주의집중 향상 기법

구 분	내 용
모의 훈련	실제 경기와 똑같은 상황을 만들어 연습하는 것
과정지향 목표	자신의 수행에 관련된 목표로 스스로 통제 가능
기능의 과학습	• 두 가지 이상의 수행을 동시에 연습 • 주의의 배분 기술을 향상(자동화)
주의집중 훈련 프로그램	스트룹 훈련이나 격자판 훈련과 같은 각종 프로그램을 사용하여 주의집중 향상
신뢰 훈련	주의를 집중하는 데 있어서 자신의 기술에 대한 신뢰가 중요
연합 전략과 분리 전략	• 연합 전략 : 내적인 변화에 주의 • 분리 전략 : 변화하는 생각에 주의

2018년 기출

주의집중을 향상시키는 방법으로 적절하지 않은 것은?

① 적정 각성 수준 찾기
② 수행 전 루틴 개발하기
③ 실패결과를 미리 예측하기
④ 조절할 수 있는 것에 집중하기

정답 ③

2020년 기출

주의집중 방법으로 적절하지 않은 것은?

① 테니스 서브를 루틴에 따라 실행한다.
② 축구 경기에서 관중의 방해를 의식하지 않는다.
③ 골프 경기에서 마지막 홀에 있는 해저드에 대해 생각한다.
④ 야구 경기에서 지난 이닝의 수비 실책을 잊고 현재 수행에 몰입한다.

정답 ③

08 루틴

1. 루틴의 개념과 활용

(1) 루틴의 개념 : 선수들이 최상의 운동수행을 발휘하는 데 필요한 이상적인 상태를 갖추기 위해서 시행하는 자신만의 고유한 동작이나 절차

구 분	내 용
시합 루틴	시합장에 도착하여 자신만의 특유한 행동으로 몸을 풀고 시합을 한 후 경기장을 빠져 나갈 때까지 하는 일관된 행동
수행 전 루틴	선수가 경기를 수행하기 바로 전에 하는 습관화된 동작

(2) 루틴의 중요성
　① 선수들이 시합 전 내적·외적 주의의 방해로 인해 집중력이 떨어지거나 산만해질 때 불필요한 상황을 차단함
　② 선수가 경기 중 다음에 일어날 상황에 대해 상기시키고, 상황과 친숙해지도록 함
　③ 일관되고 안정적인 수행을 할 수 있도록 도와줌

(3) 루틴의 활용
　① 시합 전날 밤에서부터 시합장 이동 중
　② 시합장 도착 후 준비운동을 할 때
　③ 장비와 용구를 정비할 때
　④ 시합 직전, 시합 중, 시합이 끝난 후

(4) 루틴 적용 시 고려해야 할 사항(Vealey, 2005)
　① 자신이 원하는 신체적·정신적인 느낌을 창조할 것
　② 자신만의 리듬을 개발할 것
　③ 수행을 시연할 것
　④ 자신만의 '단서 고정화'를 개발할 것

2. 인지재구성의 개념과 활용

(1) 인지재구성의 개념
　① 부정적인 생각을 긍정적인 생각으로 대체하는 방법과 관련된 인지적인 기법
　② 자기가 걱정하고 있는 것이 과연 자신이 통제할 수 있는가를 인식한 다음 자신이 통제할 수 있는 것에만 신경을 쓰고 그렇지 못한 것은 걱정하지 않는 것

2019년 기출

스포츠상황에서 루틴에 대한 설명으로 적절하지 않은 것은?

① 시합 당일에 수정한다.
② 불안을 감소시키고 집중력을 증대시킨다.
③ 심상과 혼잣말이 포함될 수 있다.
④ 상황이 달라져도 편안함을 유지시킨다.

정답 ①

(2) 인지재구성의 활용
   ① 인지재구성의 일반적 원리 설명
   ② 내담자 유형에 따라 각자의 비합리적인 사고를 탐구
   ③ 내담자 스스로 문제를 분석하게 하고 해결 방법이 무엇인지를 탐구하도록 유도
   ④ 행동의 실천 및 실제 연습을 통해 합리적인 대처 행동을 일으키는 방법을 습득하도록 지도

3. 자기 암시의 개념과 활용

(1) 자기 암시의 개념
   ① 반복적으로 어떠한 관념에 대해 자신에게 일정한 암시를 주는 일
   ② 심리적인 문제나 신체적인 문제를 개선하고자 할 경우 사용

(2) 자기 암시의 활용 예시

구 분	내 용
야 구	타석에 들어서서 공을 치기 전에 심리적인 문제를 개선하고자 방망이를 돌리며 투수의 공을 칠 수 있다고 자기 암시
농 구	자유투를 하기 전에 심리적인 문제를 개선하고자 농구공을 바닥에 튀기며 정확하게 슛을 성공시킬 수 있다고 자기 암시
축 구	프리킥을 차기 전에 심리적인 문제를 개선하고자 호흡을 가다듬으며 골을 넣을 수 있다고 자기 암시
마라톤	시합 중 심리적 문제를 개선하고자 결승선까지 통과할 수 있다고 자기 암시

단답형 문제

01 (   )은/는 어떤 사람을 다른 사람과 구분되는 독특한 존재로 변별하여 주는 여러 특성들의 총합을 의미한다.

02 상황에 따라 다양하게 변화하는 정서 상태를 (   )불안이라고 한다.

03 어떤 상황에서의 성공에 대한 기대감으로 당면한 과제를 해결하기 위해 다양한 지식과 기술을 상황에 맞게 조직하고 행동으로 옮기는 능력에 대한 믿음을 (   )(이)라고 한다.

04 선수들이 최상의 운동수행을 발휘하는 데 필요한 이상적인 상태를 갖추기 위한 자신만의 고유한 동작이나 절차를 (   )(이)라고 한다.

정답 01 성격 02 상태 03 자기효능감 04 루틴

2015년 기출

다음의 불안 감소 기법 가운데 부정적인 생각을 찾아내어 긍정적인 생각으로 바꾸는 기법은?

① 호흡조절
② 인지재구성
③ 자생훈련
④ 바이오피드백

정답 ②

제1과목 스포츠심리학

03 출제예상문제

완벽하게 이해된 부분에 체크 하세요

01 성격에 대한 설명으로 옳지 않은 것은?

① 심리적 핵은 주어진 환경에 가장 민감한 성격의 속성이다.
② 역할행동은 개인이 사회적 지위와 역할을 염두에 두고 취하는 행동이다.
③ 전형적 반응은 심리적 핵을 반영하는 지표이다.
④ 심리적 핵은 개인의 태도, 가치, 흥미, 동기, 신념 등을 포함한다.

해설 심리적 핵은 성격의 가장 기초적 단계로, 외부상황의 영향을 받지 않는 일관성(안정성)이 가장 높은 영역이다.

02 다음 중 불안에 대한 설명으로 옳지 않은 것은?

① 상태불안 – 상황에 따라 다양하게 변화하는 정서 상태
② 경쟁불안 – 스포츠 경기상황에서 경쟁과정에 수반하여 나타나는 불안
③ 인지불안 – 몸의 증상으로 나타나는 지각된 생리적 반응의 불안
④ 특성불안 – 어떤 사람의 성격의 한 측면으로서 개인적 특성 및 기질적 불안

해설 인지불안은 상황에 따라 변하는 걱정이나 부정적인 생각을 말하고, 신체불안은 몸의 증상으로 나타나는 지각된 생리적 반응을 말한다.

03 적정수준 이론(역U 가설)에서 수행자의 영향 요인이 아닌 것은?

① 개인의 특성 불안 수준
② 과제의 난이도
③ 수행자의 과제에 대한 학습단계
④ 현장의 분위기

해설 적정수준 이론(역U 가설)에서 수행자의 영향 요인은 개인의 특성 불안 수준, 수행자의 과제에 대한 학습단계, 과제의 난이도 등이 있다.

정답 01 ① 02 ③ 03 ④

04 각성을 어떻게 받아들이냐에 따라 운동 수행에 부정적일 수도 있고 긍정적일 수도 있다는 이론은?

① 욕구 이론
② 적정수준 이론
③ 최적수행지역 이론
④ 전환 이론

해설 전환 이론에서는 우수한 선수일수록 경기 중 불안 상황에서 긍정적으로 해석하며 불안의 개인차를 이해하는 데 많은 공헌을 한다고 본다. 따라서 각성을 어떻게 받아들이냐에 따라 운동 수행에 부정적일 수도 있고 긍정적일 수도 있다.

05 경기 중 주의집중 향상기법으로 옳지 않은 것은?

① 격자판 훈련
② 심상 훈련
③ 스트룹 훈련
④ 생체 피드백 훈련

해설 생체 피드백 훈련은 불안 및 스트레스 관리 기법 중 불안의 해소와 관련된 기법이다.

정답 04 ④ 05 ④

04 스포츠수행의 사회심리적 요인

학습목표
- 집단 응집력에 영향을 주는 요인과 사회적 태만을 방지하는 방법에 대해 설명할 수 있다.
- 스포츠수행에 영향을 미치는 사회적 촉진현상에 대해 설명할 수 있다.
- 공격성의 정의에 대해 이해하고, 스포츠 현장에서 발생하는 공격성에 대해 설명할 수 있다.

20일 단기완성 학습 플랜
- 목표 학습 시간 : ___월 ___일
- 실제 학습 시간 : ___월 ___일

+ 더 알아보기

링겔만 효과
팀원의 수가 많아질수록 개인이 노력을 덜 하는 현상

집단 응집력 영향 요인
- 환경 요인
- 개인 요인
- 리더십 요인
- 팀 요인

2018년 기출

〈보기〉에서 설명하는 사회적 태만 현상의 동기 손실 원인은?

> 영운이는 친구들과 줄다리기를 할 때, 자신의 힘은 전혀 쓰지도 않고 친구들의 노력에 편승해서 경기에 이기려는 모습을 보이고 있다.

① 할당 전략
② 무임승차 전략
③ 최소화 전략
④ 반무임승차 전략

정답 ②

01 집단 응집력

1. 집단 응집력의 개념

(1) 집단 응집력의 정의(Festinger) : 집단의 구성원을 집단에 머무르도록 작용하는 힘의 총합
(2) 집단 응집력의 특징
① 응집력은 다차원적인 개념
② 응집력은 역동적인 것
③ 응집력은 수단적인 것
④ 응집력은 정서적 측면을 포함

2. 집단에서 사회적 태만의 개념

(1) 사회적 태만 현상 : 혼자일 때보다 집단에 속해 있을 때 더 게을러지는 현상
(2) 사회적 태만의 발생원인

구 분	내 용
할당 전략	혼자일 때 최대의 노력을 발휘하기 위해 집단 속에서는 에너지를 절약하는 전략
최소화 전략	가능한 한 최소의 노력을 들여 일을 성취하려는 전략
무임승차 전략	집단 상황에서 개인이 남들의 노력에 편승해서 그 혜택을 받기 위해 자신의 노력을 줄이는 전략
반무임승차 전략	열심히 노력을 하지 않는 사람들이 무임승차를 하는 것을 원하지 않기 때문에 자신도 노력을 줄이는 전략

(3) 사회적 태만 극복 방법
① 개인의 노력 확인 및 칭찬
② 사회적 태만 허용상황 규정
③ 선수와 대화
④ 개인의 공헌 강조

3. 집단 응집력 이론 : 스타이너 이론

(1) 개념 : 팀에 소속된 개인이 갖고 있는 능력과 팀이 어떤 성과를 나타내는지에 관한 이론을 제시함

① 잠재적 생산성 : 팀의 구성원들이 가지고 있는 실력을 최대로 발휘했을 때 이룰 수 있는 최상의 결과

② 과정손실

조정손실	구성원 사이에 타이밍이 맞지 않거나 잘못된 전략 때문에 팀의 잠재적 생산성에 나쁜 영향을 미치는 것
동기손실	코치와 선수 등 팀 구성원이 자신의 최대 노력을 기울이지 않을 때 생기는 손실

(2) 집단의 실제 생산성

① 필요한 자원(잠재적 생산성)이 높고 과정손실이 낮을 때 팀의 성적이 가장 좋음

② 과정손실이 동일한 상태라면 필요한 자원이 높을수록 팀의 수행 향상

③ 자원의 양이 많고 과정손실이 더 적을 때 팀의 수행 향상

4. 집단 응집력과 운동수행 관계

(1) 집단 응집력과 운동수행 관계가 긍정적인 경우

① 응집력이 높으면 운동 지속 실천 가능성 상승

② 선수들 간의 친밀감과 경기 성적이 비례 관계를 보이며 상승

③ 집단의 응집력과 공격의 성공률은 긍정적인 상호관계

(2) 집단 응집력과 운동수행 관계가 부정적인 경우

① 시합 시즌 초기의 집단 응집력과 팀 성적의 관계는 거의 없음

② 구성원 간의 친밀도가 경기 결과에 긍정적인 결과만을 주지 않음

5. 팀 발달과 집단 응집력 향상 기법

(1) 지도자의 역할

① 팀 내의 갈등을 해소하도록 정기적으로 팀 회의와 모임을 가짐

② 개인의 노력이 팀 성공에 어떤 역할을 하는지 설명

③ 조금 어려우면서 실현 가능한 팀 목표와 개별 목표를 설정하도록 선수들을 지도

④ 팀의 역할 단위(수비수, 공격수, 신입) 별로 긍지와 자부심이 향상되도록 지도

⑤ 학연, 지연, 학년 등을 바탕으로 하는 파벌에 유의

⑥ 다른 팀과는 다른 특별한 느낌을 갖도록 팀의 정체성 확립

⑦ 갑작스런 선수이동 경계

+ 더 알아보기

스타이너 이론
집단의 실제 생산성
= 잠재적 생산성 − 과정손실

집단 응집력에 영향을 주는 심리적 요인
- 집단 응집력은 개인의 만족도에 영향을 준다.
- 집단 응집력이 높은 팀은 동조와 복종 수준이 높다.
- 팀의 안정성이 높을수록 집단 응집력이 강하다.
- 집단 응집력은 역할 수용 및 역할 명료성과 관계가 있다.

캐론(Carron)의 응집력 팀 요소(과제측면과 사회측면의 목적 달성을 위해 팀 형성)
- 집단과제
- 집단의 성과규범
- 성취욕망
- 팀의 능력
- 집단의 지향성
- 팀의 안정성

2019년 기출
캐론의 응집력 모형에서 응집력과 관련이 있는 팀 요소가 아닌 것은?

① 팀의 능력
② 팀의 규모
③ 팀의 목표
④ 팀의 승부욕

정답 ②

> **+ 더 알아보기**
>
> **팀구축(Team Building) 중재전략 요인**
> - 환경요인 : 동일한 유니폼
> - 구조요인 : 역할과 책임에 대한 논의
> - 과정요인 : 구성원 간 의사소통
>
> **유소년 지도자 훈련프로그램(CET)의 5가지 핵심원칙[스미스(R. Smith) & 스몰(F. Smol)]**
> - 발달모델
> - 상호지원
> - 선수참여
> - 자기관찰
> - 긍정적 접근

⑧ 팀 분위기를 주도하는 리더를 파악하고 긴밀한 관계를 유지

⑨ 팀 구성원의 생일이나 좋아하는 것을 미리 알고 배려

⑩ 실수에 대해 질책하기 전에 개인이나 팀의 긍정적인 면을 먼저 부각

(2) 구성원의 역할

① 연습과 시합 때 항상 100% 노력할 것

② 팀 동료를 개인적으로 이해하기 위해 힘쓸 것

③ 실수에 대해 남을 탓하지 말고 건설적인 변화의 계기로 삼을 것

④ 동료들 간에 칭찬과 격려를 아끼지 않을 것

⑤ 갈등이나 불만이 있으면 가급적 빨리 해결하도록 할 것

⑥ 동료들의 일을 서로 도와서 처리할 것

(3) 응집력 향상의 원칙

① 명확한 집단 목표

② 집단 구성원 모두가 수긍할 수 있고 동기를 부여할 수 있는 목표의 설정

③ 집단의 목표와 개개인의 목표의 조화

④ 의사소통의 기회 제공

⑤ 구성원 간의 친밀감을 형성

⑥ 선수와 지도자, 선수들 간의 소통

⑦ 공식적인 집단 구조

⑧ 구성원 간의 역할 분담과 명확한 집단의 규범이 필요

⑨ 역할 분담과 집단 규범은 공정하고 지속적일 것

(4) 응집력 향상을 위한 구체적인 실천 방안

구 분	내 용
독특성	팀의 독특한 개성 구축(팀 유니폼 등)
개인의 위치	구성원의 레벨 표시, 회원의 자리를 정하고 지키게 함
집단의 규범	공동의 목표 설정, 회원끼리 운동 파트너가 되도록 권장
개인의 공헌	구성원에게 공헌할 기회 제공
상호 작용	구성원 간의 상호 교류를 증진
민주적 리더십	민주적인 행동을 보이는 지도자
보 상	성과에 따른 즉각적인 보상

6. 집단 응집력 측정 모형

  (1) 측정 모형

    ① 위드마이어(Widmeyer)가 캐론(Carron)의 스포츠 팀 응집력 모델을 바탕으로 측정 모형 제작
    ② 집단 응집력은 집단에 대한 개인 매력과 집단 통합의 두 가지 범주로 나뉨
    ③ 두 가지 범주는 각각 과제 응집력과 사회 응집력으로 나뉨
    ④ 팀에 대한 믿음과 인식에 관련된 4개 차원을 가지며, 이들 네 가지가 서로 역동적으로 작용하여 집단 응집력을 결정함
    ⑤ 과제 응집력 : 구성원들이 일정한 과제를 성취하기 위해 함께 하려는 정도
    ⑥ 사회 응집력 : 구성원들이 서로 좋아하고 함께 있는 것을 즐기는 정도

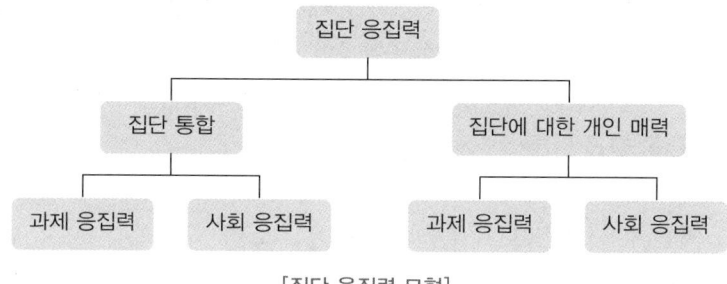

[집단 응집력 모형]

02 리더십

1. 리더십의 정의

집단의 목표나 내부 구조의 유지를 위하여 구성원이 자발적으로 집단 활동에 참여하여 이를 달성하도록 유도하는 능력(Cartwright)

2. 리더십 이론

  (1) 특성적 접근 이론

    ① 리더의 개인적 속성 강조
    ② 훌륭한 지도자는 태어날 때부터 타고난다고 가정
    ③ 지도자의 신체적·성격적·사회적 특성과 능력에 초점을 두어 연구

  (2) 행동적 접근 이론 : 성공적인 리더는 집단을 효율적으로 이끄는 어떤 보편적인 행동 특성을 가지고 있으며, 이러한 행동 특성을 찾아내어 가르치면 어느 누구나 훌륭한 리더가 된다고 주장

2020년 기출

스포츠지도자의 리더십 행동으로 적절하지 않은 것은?

① 선수에게 개별 시간을 할애하는 행동
② 선수가 목표를 수립하도록 도와주는 행동
③ 선수에게 과도한 자신감을 부여하는 행동
④ 선수의 주의산만 요인을 파악하고 지도하는 행동

정답 ③

+ 더 알아보기

다차원 리더십 모형의 리더 행동 유형
- 규정행동 : 조직 내에서 리더가 해야만 할 행동(리더로서 기대되는 행동)
- 실제행동 : 리더가 실제로 행하는 행동
- 선호행동 : 선수들이 선호하거나 바라는 행동

2022년 기출

〈보기〉에 제시된 첼라드라이의 다차원리더십 모델에 관한 설명으로 옳게 묶인 것은?

> ㉠ 리더의 특성은 리더의 실제행동에 영향을 준다.
> ㉡ 규정행동은 선수에게 규정된 행동을 말한다.
> ㉢ 선호행동은 리더가 선호하거나 바라는 선수의 행동을 말한다.
> ㉣ 리더의 실제 행동과 선수의 선호 행동이 다르면 선수의 만족도가 낮아진다.

① ㉠, ㉡
② ㉠, ㉣
③ ㉡, ㉢
④ ㉢, ㉣

정답 ②

---

① 전제-민주-자유방임적 리더십 모형
② LBDQ 리더십 모형 : 지도자 행동기술 질문지(Leader Behavior Description Questionnaire ; LBDQ)
③ 스포츠 팀 리더십 행동 연구 : 코치 행동기술 질문지(Coach Behavior Description Questionnaire ; CBDQ)

(3) 상황적 접근 이론
① 리더의 행동은 리더가 속한 특정 상황에 따라 달라진다는 리더십 이론
② 상황부합 이론(Fiedler)
㉠ 관계지향성 : 상황이 리더에게 중간일 때는 관계지향적 리더가 적합하며, 상호 협조 및 긍정적 상호 관계가 중요함(과제보다 중요)
㉡ 과제지향적 : 상황이 리더에게 매우 유리할 경우 혹은 매우 불리할 경우는 과제 지향적 리더가 적합하며, 과제의 성취도가 구성원의 관계 유지에 중요함(언어적 강화 및 집단의식의 필요성 인식 중요)

(4) 다차원적 접근 이론
① 지도자의 실제 행동이 집단 내 규정된 행동 또는 구성원이 바라는 행동과 일치할 경우, 높은 리더십이 발생함
② 다차원적 리더십 모형(Chelladurai) : 세 가지 리더 행동이 모두 일치할 때 리더십의 효율성이 극대화됨

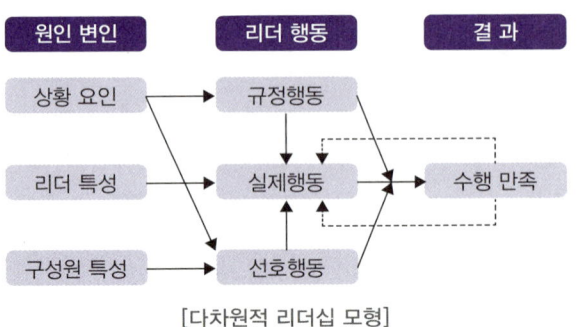

[다차원적 리더십 모형]

3. 리더십의 효과와 상황요인

(1) 리더십의 효과 : 조직 안의 구성원과 집단 간의 상호작용관계, 조직 문화, 집단 성격, 집단 규범, 집단 활동의 제약 조건과 이러한 요인들에 대한 인식 및 태도 등에 따라 리더십의 효과가 달라질 수 있음

(2) 리더십에 영향을 미치는 상황요인
① 당면 과제, 스포츠 유형, 팀 크기, 시간 제약, 전통 등
② 팀 스포츠와 개인 스포츠상황에 따라 리더십이 상이함
③ 시간이 부족하거나 팀 구성원이 많은 경우, 과제지향적인 리더십 스타일이 효과적

4. 강화

(1) 강화의 개념 : 강화는 어떤 행동이 나타난 후 자극을 제시해 줌으로써 미래에 그 반응이 나타날 확률을 높여 주는 것

구 분	내 용
정적 강화 (긍정적 강화)	어떤 행동의 빈도를 증가시키기 위해 유쾌한 자극을 제시하거나 부여하는 것
부적 강화 (부정적 강화)	어떤 행동의 빈도를 증가시키기 위해 불쾌한 자극을 제거해 주는 것

> **더 알아보기**
>
> **바람직한 강화 방법**
> 강화는 가능한 한 바람직한 반응이 일어난 즉시 해 줄 때 효과가 큼. 만약 강화의 기회를 놓쳤다면 이후에 꼭 그 행동에 대한 칭찬을 해 주는 것이 좋음

(2) 긍정적 강화의 방법
 ① 긍정적 강화는 올바른 동작을 다시 할 수 있도록 격려함
 ② 보상 시 선수에게 어떠한 형태로 보상해 줄 것인지 선택할 필요성이 있음

(3) 선수가 가장 원하는 강화물(Reinforcer)의 유형

구 분	사 례
사회형	• 얼굴표정 : 밝은 미소 짓기, 고개 끄덕여 주기, 윙크하기 • 손짓, 몸짓 : 박수치기, 엄지 들어주기, 기립박수치기 • 신체접촉 : 등 토닥여 주기, 악수하기, 포옹해 주기 • 개인칭찬 : 멋지다, 잘했다, 자랑스럽다고 칭찬해 주기 • 기술칭찬 : 구체적 기술(포핸드 스윙, 백스윙)을 칭찬하기
활동형	• 자유 연습시간 • 연습게임 • 코치역할 대신하기 • 포지션 바꿔서 연습하기
물질형	• 유니폼 제작 • 트로피 • 완장(리본)
특별행사형	• 스포츠 영화 감상 • 스포츠 시설 견학 • 단체 회식 • 시합 관람 • 프로팀 연습훈련 참관 • 선배 선수 초대 행사

(4) 강화 전략의 운동지도 활용
 ① 효과적인 강화물을 선택할 것
 ② 바람직한 행동을 찾아 강화할 것
 ③ 결과보다는 수행과정에 관심을 둘 것
 ④ 초보자에게는 자주 제공하고 숙련자에게는 간헐적으로 제공할 것
 ⑤ 결과에 대한 지식을 제공할 것

5. 처벌

(1) 처벌의 개념 : 어떤 행동이 나타난 후 부정적인 자극을 제시하여, 나타난 행동의 발생 확률을 감소시키는 것

구 분	내 용
정적 처벌	어떤 행동의 빈도를 감소시키기 위해 불쾌한 자극을 제시하거나 부여하는 것
부적 처벌	어떤 행동의 빈도를 감소시키기 위해 유쾌한 자극을 박탈하는 것

(2) 처벌의 부정적 영향
① 선수들에게 실패 공포를 상기시킴
② 실패를 회피하려는 동기가 강하게 나타날 수 있음
③ 처벌위주의 지도는 기능 향상을 오히려 방해함
④ 지나친 처벌은 선수들로 하여금 반항심을 초래함
⑤ 처벌의 효과는 예측 가능성이 낮음

(3) 처벌 지침
① 많은 스포츠 심리학자들이 선수들의 행동을 개선시키기 위한 처벌과 칭찬의 비율을 2:8에서 1:9 정도로 사용하기를 권유함
② 불가피하게 처벌이 필요할 경우의 지침(Weinberg & Gould)
　㉠ 동일 규칙위반과 동일 처벌의 일관성
　㉡ 사람이 아닌 행동을 처벌
　㉢ 처벌 규정 제정 시 선수의 의견 반영
　㉣ 신체활동을 처벌로 사용하지 않음
　㉤ 개인감정으로 처벌하지 않음
　㉥ 연습 상황의 실수를 처벌하지 않음
　㉦ 창피를 주지 않음
　㉧ 처벌 실행은 단호하게 함

6. 코칭스타일과 코칭행동 평가

(1) 코칭스타일

구 분	내 용
권위적 스타일	• 승리에 관심을 가짐 • 명령을 내리는 스타일 • 과제 지향적
민주적 스타일	• 선수 중심적으로 생각 • 직접 참여하는 스타일 • 협동적인 스타일
바람직한 리더 스타일	• 융통성이 있어야 함 • 과제와 선수를 모두 배려해야 함

2019년 기출

〈보기〉에서 대한야구협회가 활용한 행동수정 전략은?

- 공고문 -
본 협회는 선수들의 경기장 폭력을 감소시키기 위해 폭력 정도에 따라 출전시간을 제한하는 제도를 시행합니다.
2019. 5. 11.
대한야구협회

① 정적 강화
② 부적 강화
③ 정적 처벌
④ 부적 처벌

정답 ④

(2) 코칭행동 평가항목
① 통찰력
② 대인관계 능력
③ 조절력
④ 강화력
⑤ 정보력

+ 더 알아보기

추 동
개인의 내부에 존재하는 가해적 행동 유발력

03 사회적 촉진

1. 사회적 촉진의 개념과 이론

(1) 사회적 촉진의 개념 : 타인의 존재가 과제 수행에 미치는 효과를 의미함

(2) 사회적 촉진 이론

① 사회적 추동 이론

구 분	내 용
평가 우려 가설	타인의 존재만으로 각성이 유발된다는 것으로, 욕구 수준을 상승시키는 요인으로 봄
주의 분산·갈등 가설	관중으로 인한 집중의 방해 효과가 잘하려는 노력의 효과보다 크면 수행은 손상되고, 작으면 수행은 향상됨
단순 존재 가설	• 타인이 존재하는 것만으로도 수행이 달라진다고 봄 • 수행기능이 단순할수록, 학습이 잘 되어 있을수록, 각성이 증가할수록 수행 향상 • 수행기능이 복잡할수록, 학습이 잘 안 되어 있을수록, 각성이 증가할수록 수행 감소

② 자아 이론 : 타인이 존재할 때, 타인으로부터 인정받으려는 욕구가 증대되어 수행자의 동기가 촉진된다는 이론

2. 경쟁과 협동의 효과

(1) 경쟁을 통해 상호간에 배타적인 목표를 빠르게 달성

(2) 협동을 통해 개인이 쉽게 얻을 수 없는 목표를 빠르게 달성

(3) 팀이나 그룹의 성원은 다른 팀이나 그룹의 성원과 경쟁을 통해 발전

(4) 협동과 경쟁의 관계에 있어서는 협동적인 측면이 경쟁적 측면보다 팀이나 사회적으로도 효과적임

+ 더 알아보기

모델링
모델로부터 결과를 끌어내는 것

3. 모델링 방법과 효과

(1) 모델링 방법

구 분	내 용
관찰학습	수행자가 다른 선수의 자세를 관찰하고 모방하여 학습
직접 모델링	지도자나 자세가 좋은 선수 등의 모델이 직접 시범을 보임
상징적 모델링	비디오 영상물과 같은 시청각 자료를 통해 시범을 보임

(2) 모델링의 효과
① 학습 초기에는 일반적인 선수의 모델링이 효과가 더 크며, 실수가 다소 있는 모델과의 적절한 피드백을 통해 많은 학습이 이루어질 수 있음
② 학습 후기에는 전문가나 우수 선수로부터의 모델링이 효과적임

4. 주요 타자의 사회적 영향

구 분	내 용
가 족	가장 중요한 사회화 주관자
또래 집단	가정 밖의 친구로, 어린 시절에 영향력을 행사
학 교	• 공식적 사회화 기관 • 사회화 과정의 학습 기회 제공
지역 사회	지자체가 중심이 되어 지역 주민의 생활체육 참여를 촉진
대중 매체	• 지식과 정보 제공 • 새로운 스포츠 소개 • 스포츠 영웅 소개 • 역할 모형 제시 • 스포츠 사회화에 중요한 역할

04 사회성 발달

1. 공격성

(1) 타인을 해치려는 의도를 가지고 행하거나 시도하는 신체적 또는 언어적 행동
(2) 공격성 이론
① **생물학적 본능 이론** : 본능에 숨어 있는 공격성이 표출되어 나타난다는 이론
② **사회학습 이론** : 환경 속에서 관찰과 강화에 의해 공격성이 학습되어 나타난다나는 이론

③ **좌절·공격 가설** : 목표 달성 욕구의 좌절로 인해 공격성이 나타난다는 이론
④ **단서촉발 이론** : 내적 욕구와 학습의 결과로 숨어 있던 공격성이 특정 단어에 의해 나타난다는 이론

(3) 스포츠에서 공격성의 원인
① **종목의 특성** : 신체적 접촉이 많을수록 공격성 증가
② **스코어 차이** : 스코어 차이가 클수록 공격성 증가
③ **원정경기** : 원정경기에서 선수들의 불안과 각성 증가로 인해 공격성 증가
④ **팀의 순위** : 팀의 순위가 낮을수록 정서적 불안정으로 인해 공격성 증가
⑤ **선수의 경력 차이** : 경력이 많은 선수일수록 학습의 결과로, 페어플레이보다 팀의 승리를 중요하게 여겨 공격성 증가
⑥ **경기 시점** : 시합이 진행될수록 각성이 증가하여 공격성 증가

2. 스포츠 참가와 인성 발달

(1) 스포츠는 인성 교육을 위한 최고의 교사이자 최적의 체험장 역할을 수행하며 선의의 경쟁을 통해 인성 교육을 가능하게 함
(2) 도덕적, 사회적 가치를 실제로 체험하고 배우는 기회를 제공함
(3) 협동, 존중, 정직, 공정, 최선, 성실 등의 다양한 가치 덕목을 배울 수 있음
(4) 폭행과 폭언 등 인성적인 결핍 증세에 대한 처방적인 인성교육이 가능함

2023년 기출
스포츠를 통한 인성 발달 전략에 대한 설명으로 옳지 않은 것은?

① 상황에 맞는 바람직한 행동을 설명한다.
② 도덕적으로 적절한 행동에 대하여 설명한다.
③ 바람직한 행동을 강화하고, 적대적 공격행동은 처벌한다.
④ 격한 상황에서 자신의 감정을 공격적으로 표출하도록 격려한다.

정답 ④

2017년 기출
〈보기〉에서 괄호가 설명하는 것은?

( )은 피해나 부상을 피하려고 하는 사람에게 피해나 상해를 입히기 위한 목적으로 가해지는 행동으로, 목표와 분노가 있었는지에 따라 적대적 ( )과 수단적 ( )으로 분류된다.

① 호전성
② 가학성
③ 공격성
④ 위해성

정답 ③

단답형 문제

01 ( )은/는 집단의 구성원을 집단에 머무르도록 작용하는 힘의 총합을 말한다.

02 ( ) 효과란 팀원의 수가 많아질수록 개인이 노력을 덜 하는 현상을 말한다.

03 ( ) 강화는 불쾌하거나 고통스러운 자극을 사라지게 함으로써 긍정적인 반응의 확률을 증가시키는 것을 말한다.

정답 01 집단 응집력 02 링겔만 03 부 적

04 출제예상문제

완벽하게 이해된 부분에 체크 하세요

01 사회적 태만의 이유 중 다음 설명에 해당하는 전략으로 옳은 것은?

> 혼자일 때 최대의 노력을 발휘하기 위해 집단 속에서는 에너지를 절약하는 전략을 말한다.

① 할당 전략
② 최소화 전략
③ 무임승차 전략
④ 반무임승차 전략

해설 ② 최소화 전략 : 가능한 한 최소의 노력을 들여 일을 성취하려는 전략
③ 무임승차 전략 : 집단 상황에서 개인이 남들의 노력에 편승해서 그 혜택을 받기 위해 자신의 노력을 줄이는 전략
④ 반무임승차 전략 : 열심히 노력을 하지 않는 사람들이 무임승차를 하는 것을 원하지 않기 때문에 자신도 노력을 줄이는 전략

02 다음 중 응집력 향상을 위한 구체적인 실천 방안으로 옳지 않은 것은?

① 개인의 공헌 기회 제공
② 민주적 리더십
③ 공동의 목표 설정
④ 정적 처벌 강화

해설 응집력 향상을 위한 구체적인 실천방안은 팀의 독특한 개성 구축, 구성원의 위치 지정, 공동의 목표 설정, 개인의 공헌 기회 제공, 구성원 간 상호 교류 증진, 민주적 리더십, 즉각적인 보상 등이 있다.

정답 01 ① 02 ④

03 다음에 해당되는 리더십 이론으로 옳은 것은?

> 훌륭한 지도자는 태어날 때부터 타고난다고 가정하며, 지도자의 신체적, 성격적, 사회적 특성과 능력에 초점을 두어 연구한 이론을 말한다.

① 행동적 접근 이론　　② 특성적 접근 이론
③ 상태 이론　　　　　④ 상황적 접근 이론

해설　리더십의 특성 이론은 훌륭한 지도자는 태어날 때부터 타고난다고 가정한다. 지도자의 신체적 · 성격적 · 사회적 특성과 능력에 초점을 두어 연구한 이론으로, 개인의 속성을 강조한다.

04 다음 중 모델링의 방법으로 옳지 않은 것은?

① 상상 모델링　　　　② 관찰학습
③ 직접 모델링　　　　④ 상징적 모델링

해설　모델링에는 관찰학습, 직접 모델링, 상징적 모델링이 있다. 이는 관찰이나 직접 지도, 시청각을 통해 이루어진다.

05 인간의 공격성이 내적 욕구와 학습의 결과로 특정 단어에 의해 나타난다는 이론은?

① 좌절 공격 이론　　　② 생물학적 본능 이론
③ 단서촉발 이론　　　④ 사회학습 이론

해설　내적 욕구와 학습의 결과로 숨어 있던 공격성이 특정 단어에 의해 나타난다고 보는 것은 단서촉발 이론이다.

정답　03 ②　04 ①　05 ③

제1과목 스포츠심리학

05 운동심리학

학습목표
- 운동을 통해 얻을 수 있는 심리적 효과에 대해 사례를 들어 제시할 수 있다.
- 합리행동 이론, 계획행동 이론 등의 운동심리 이론에 대해 설명할 수 있다.
- 운동 미참여자가 운동에 참여하게 만들 수 있는 효과적인 방법에 대해 설명할 수 있다.

20일 단기완성 학습 플랜
- 목표 학습 시간 : ___월 ___일
- 실제 학습 시간 : ___월 ___일

01 운동의 심리적 효과

1. 운동과 심리

(1) 정서와 운동
  ① 운동은 긍정적인 정서를 높이고, 에너지가 회복되는 기분이 들게 함
  ② 중간 강도의 운동일 때, 긍정적인 정서의 발생 효과가 큼

(2) 성격과 운동 : 외향적인 성격의 사람은 운동을 실천할 가능성과 운동을 오래 지속할 가능성이 높음

(3) 운동과 자기개념ㆍ자긍심
  ① 운동을 지속적으로 하게 되면 신체의 이미지를 변화시킬 수 있음
  ② 자기개념(Self-concept)과 자긍심(Self-esteem)이 향상됨

2. 운동의 심리ㆍ생리적 효과

구 분	내 용
심리적 효과	• 운동을 이용한 불안 감소(장기적 운동은 특성 불안을 감소시키고, 단기적 운동은 상태 불안을 감소시킴) • 운동을 이용한 우울 감소(유산소 & 무산소 운동은 우울증을 감소시킴) • 기분 개선(유산소성 > 무산소성, 저강도 > 고강도, 운동 지속자 > 미운동자) • 정신적 강건함 제공 • 인지능력 향상(장년층 이상에서 특히 효과적)
생리적 효과	• 심장의 1회 박출량, 최대 산소섭취량의 증가 • 신경 근육성 긴장의 완화 • 안정 시 심박수, 스트레스 호르몬 감소 • 엔돌핀의 발생

2018년 기출

운동과 정신건강의 관계를 바르게 설명한 것은?
① 규칙적인 운동은 불안의 감소와 상관이 없다.
② 규칙적인 운동은 인지능력 개선에 효과가 없다.
③ 규칙적인 걷기는 상태불안을 증가시킨다.
④ 유ㆍ무산소성 운동은 우울증을 감소시키는 효과가 있다.

정답 ④

3. 신체활동의 심리 측정 방법

(1) 질문지
  ① 자기보고식 질문지
  ② 인터뷰식 질문지
  ③ 대리응답 질문지
(2) 주관적 운동강도 척도(RPE) : 운동강도의 주관적 측정 도구
(3) 일지기록 : 하루의 운동량과 형태에 대해 운동일지 형식으로 기록
(4) 행동관찰 : 신체 활동을 자신이 직접 관찰하고 기록

4. 운동의 심리적 효과 이론

구 분	내 용
열발생 가설	운동을 통해 체온이 상승하면 뇌에서 근육에 이완 반응을 유발하여 불안감이 감소한다는 가설
모노아민 가설	운동 시 세로토닌과 노르에피네프린, 도파민 등의 신경전달물질의 분비로 감정과 정서가 개선된다는 가설
뇌변화 가설	운동 시 뇌혈관의 변화와 혈류량 증가는 운동에 따른 인지적 능력을 향상시킨다는 가설
생리적 강인함 가설	운동이라는 규칙적인 스트레스에 자주 노출되면 스트레스에 대한 적응력이 좋아지고 정서적으로 안정성이 향상되기 때문에 불안감이 감소한다는 가설
사회심리적 가설	운동 시 기분이 좋아질 것이라는 기대심리로 운동 후에 플라시보 효과가 발생한다는 가설

02 운동심리 이론

1. 합리적행동 이론과 계획행동 이론

(1) 합리적행동 이론(Ajzen & Fishbein) : 열심히 하려는 의지에 따라 개인의 행동이 직접적으로 결정된다는 것

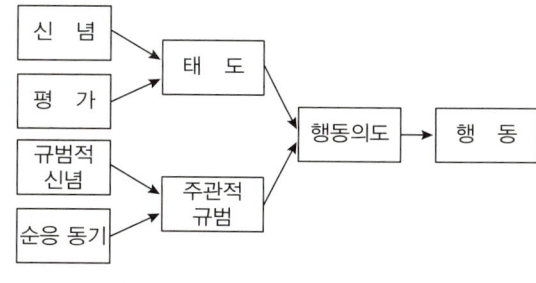

[합리적행동 주요변인의 진행과정]

2018년 기출

〈보기〉에서 설명하는 가설은?

> 운동이 우울증에 긍정적 효과가 있는 이유는 세로토닌, 노르에피네프린, 도파민과 같은 뇌의 신경전달물질의 변화 때문이다. 즉, 운동을 하면 신경원에 의한 신경전달 물질의 분비와 수용이 촉진되어 신경원 간의 의사소통이 향상된다.

① 생리적 강인함 가설
② 모노아민 가설
③ 사회심리적 가설
④ 열발생 가설

정답 ②

2024년 기출

〈보기〉는 아젠(I. Ajzen)의 계획행동 이론이다. 〈보기〉의 ㉠~㉣에 들어갈 개념을 바르게 나열한 것은?

> (㉠)는 행동을 수행하는 것에 대한 개인의 정서적이고 평가적인 요소를 반영한다. (㉡)은/는 어떤 행동을 할 것인지 또는 안 할 것인지에 대해 개인이 느끼는 사회적 압력을 말한다. 어떠한 행동은 개인의 (㉢)에 따라 그 행동 여부가 결정된다. (㉣)은/는 어떤 행동을 하기가 쉽거나 어려운 정도에 대한 인식 정도를 의미한다.

① ㉠ 태도, ㉡ 의도, ㉢ 주관적 규범, ㉣ 행동통제인식
② ㉠ 의도, ㉡ 주관적 규범, ㉢ 행동통제인식, ㉣ 태도
③ ㉠ 태도, ㉡ 주관적 규범, ㉢ 의도, ㉣ 행동통제인식
④ ㉠ 의도, ㉡ 태도, ㉢ 행동통제인식, ㉣ 주관적 규범

정답 ③

① 개인의 의도가 행동을 유도하는 결정적 원인이라고 봄
② 의도는 행동에 대한 태도(건강행동을 실천하는 것이 중요하다는 생각)와 주관적 규범(운동을 해야 한다는 주변 사람들의 기대와 압력)에 의해 형성됨
③ 운동을 실천하려면 운동을 해야겠다는 의도를 강하게 품어야 함

구 분	내 용
개인의 태도	수행결과의 효과에 관련된 신념과 결과에 대한 개인의 평가에 의해 결정
주관적 규범	자기 자신에게 중요한 타인들의 기대에 대한 지각과 그들의 기대를 따르려는 순응동기에 의해 결정

(2) 계획행동 이론

① 운동행동을 설명하는 연구의 틀로 폭넓게 사용되는 이론

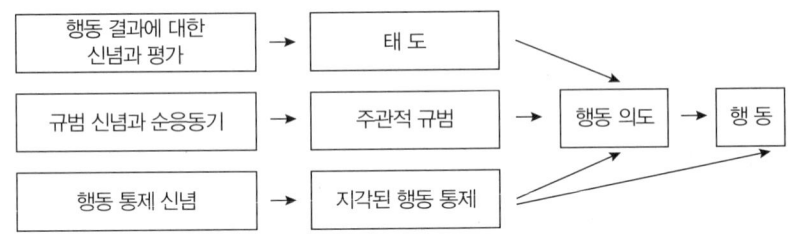

[계획행동 이론의 진행과정]

② 계획행동 이론의 주요 변인
  ㉠ 의도(Intention)
  ㉡ 태도(Attitude)
  ㉢ 주관적 규범(Subjective Norm)
  ㉣ 지각된 행동 통제(Perceived Behavioral Control)

2. 변화단계 이론

(1) 변화단계 이론의 5단계

구 분	내 용
무관심 (계획전단계)	• 운동의 실천에 대한 가치를 인식하지 못함 • 현재 운동을 하지 않고 있으며 6개월 이내에 운동을 시작할 의사가 없음
관심 (계획단계)	• 운동의 실천에 대한 의사결정으로 발생하는 예상 혜택 · 손실이 균형 잡힘 • 현재 운동은 하지 않고 있지만 6개월 이내에 운동을 시작할 의사가 있음
준비	• 운동을 하게 됨으로써 얻을 수 있는 혜택에 대한 인식이 커진 단계 • 규칙적인 운동을 하진 않으나 1개월 이내에 할 의도가 있음
실천	• 운동의 동기가 충분 • 운동을 진행하고 있지만 6개월 미만의 상태 • 가장 불안한 단계이며 하위 단계로 떨어질 가능성이 있음
유지	• 중간 정도 강도로 매일 30분씩 6개월 이상 운동 유지 • 안정 상태로 접어들어 하위 단계로 내려갈 가능성이 낮음

2022년 기출

프로차스카의 운동변화단계 모형에 관한 설명으로 옳은 것은?

① 변화 단계와 자기효능감과의 관계는 U자 형태다.
② 인지적 · 행동적 변화과정을 통해 운동 단계가 변화한다.
③ 변화 단계가 높아짐에 따라 운동에 대해 기대할 수 있는 혜택은 점진적으로 감소한다.
④ 무관심 단계는 현재 운동에 참여하지 않지만, 6개월 이내에 운동을 시작할 의도가 있다.

정답 ②

(2) 변화단계 이론의 행동 변화 요인
① 변화의 과정
② 자기 효능감
③ 의사결정 권한의 균형

3. 통합 이론

(1) 통합 이론의 정의 : 많은 선행 이론들을 포괄적으로 수용하여, 운동 지속에 영향을 미치는 요인을 통합적으로 제시하는 이론

(2) 통합 이론에서 제시하는 운동 참여 요인

구 분	내 용
운동 통제 소재	운동을 통제하는 사람이 자신인가, 타인인가의 문제
운동 태도	운동을 긍정적으로 보는가, 부정적으로 보는가의 문제
자기 개념	자신을 긍정적으로 보는가, 부정적으로 보는가의 문제
운동의 가치	운동의 가치를 어디에 두는가의 문제

4. 사회생태학 이론

(1) 환경과 행동이 상호작용을 한다고 간주하고, 여기에 영향을 주는 개인 내적(생물학적), 개인 관계적(가족, 직장동료), 기관(학교, 기업), 정책(각종 규제), 프로그램 등을 종합적으로 고려하는 이론

(2) 운동과 관련된 환경이나 정책은 개인 수준을 넘는 것으로 개인의 운동에 영향을 미침

(3) 개인 차원의 요인과 개인 수준을 넘는 상위 차원의 요인을 모두 고려

03 운동실천 중재전략

1. 운동실천의 요인

(1) 개인 요인
① 개인 특성 : 성, 연령, 교육수준 등
② 심리적 요인 : 운동 방해 요인, 자기 효능감, 재미 등
③ 운동특성 요인 : 운동강도, 운동 지속시간 등

(2) 집단 요인
① 집단 환경
② 집단 구조
③ 집단 과정

2022년 기출

〈보기〉에서 설명하는 운동심리 이론(모형)으로 옳은 것은?

- 지역사회가 여성 전용 스포츠 센터를 확충한다.
- 정부가 운동 참여에 대한 인센티브 정책을 수립한다.
- 가정과 학교에서 운동 참여를 지지해주는 분위기를 만든다.

① 사회생태 모형
② 합리적행동 이론
③ 자기효능감 이론
④ 자결성 이론

정답 ①

2024년 기출

〈보기〉에서 운동 실천을 위한 환경적 영향요인을 모두 고른 것은?

ㄱ. 지도자
ㄴ. 교육수준
ㄷ. 운동집단
ㄹ. 사회적 지지

① ㄱ, ㄴ
② ㄷ, ㄹ
③ ㄱ, ㄴ, ㄹ
④ ㄱ, ㄷ, ㄹ

정답 ④

+ 더 알아보기

중재전략
불안과 각성 및 자신감의 수준을 조절하는 다양한 인지적·생리적 전략

(3) 환경 요인
    ① 운동지도자의 영향 : 리더십 스타일
    ② 운동집단의 영향 : 집단 응집력
    ③ 물리적 환경의 영향 : 날씨, 접근성
    ④ 사회와 문화의 영향 : 신념, 운동규범 변화
    ⑤ 사회적 지지의 영향 : 도구적 지지, 정서적 지지, 정보적 지지, 동반자 지지, 비교확인 지지

2. 지도자 · 집단 · 사회적 지지의 영향

(1) 지도자의 영향
    ① 지도자의 행동 수정은 선수의 운동 실천을 향상시키는 데 효과적
    ② 적절한 상과 처벌을 부여하고 자극을 조절함
    ③ 중재전략의 적용양상에 따라서 운동 실천에 미치는 영향이 달라짐

(2) 집단의 영향 : 공동의 목표를 지향하며 뚜렷한 집단을 형성하고 있을수록 개인 차원이나 가족차원에 비해 동기부여나 운동의 지속력이 높음

(3) 사회적 지지의 영향 : 사회적 지지의 영향을 많이 받을수록 운동이 지속되는 기간이 증가함

3. 내적동기유발 전략

(1) 운동의 혜택 인식
    ① 건강과 체력 증진
    ② 외모와 체형 개선
    ③ 정신적 · 정서적 건강 향상
    ④ 대인관계 개선

(2) 방해요인 극복

구 분	내 용
실제 방해요인	편리성(접근성), 환경적, 생태적 요인, 신체적 제약 등
인식된 방해요인	시간 부족, 지루함, 흥미 부족 등

(3) 인식된 방해요인 극복 전략
    ① 하루 계획에 운동시간을 정하고 매일 같은 시간에 운동하기
    ② 운동시간을 방해하는 일의 처리방법 배우기
    ③ 운동을 사치가 아닌 우선적으로 해야 할 일로 만들기
    ④ 다양하고 즐거운 형태의 활동에 참여하기
    ⑤ 음악에 맞춰 운동하기
    ⑥ 단체로 운동하기
    ⑦ 의욕적인 지도자와 함께 운동하기

[2018년 기출]

사회적 지지 유형 중 다른 사람을 격려하고 걱정하는 과정에서 생기는 지지는?

① 정서적 지지
② 도구적 지지
③ 비교확인 지지
④ 정보적 지지

정답 ①

⑧ 자기효능감 향상하기
  ㉠ 과거 수행경험
  ㉡ 간접경험
  ㉢ 언어적 설득
  ㉣ 신체와 감정 상태

4. 행동수정 및 인지 전략

(1) 행동수정 전략

구 분	내 용
의사결정 단서	행동의 실천 여부를 결정하는 과정을 시작하게 하는 자극
출석상황 게시	출석 상황과 운동 수행 정도를 공공장소에 게시
보상 제공	출석 행동 강화
피드백 제공	동기부여 측면에서 매우 중요

(2) 인지 전략

구 분	내 용
목표 설정	구체적이고 측정가능하며 현실적이고 약간 어려운 목표를 설정
의사결정균형표	운동 시 발생하는 혜택과 손실의 리스트를 비교
운동일지	운동 진도에 따라 체력 향상 정도 확인
운동계약	운동실천에 대한 책임감이 증대
운동강도 모니터링	운동강도를 스스로 인식하고 조절
내적 집중	신체 내부로부터의 피드백 정보에 주의
외적 집중	외부 환경의 정보, 주변 경관을 구경

단답형 문제

01 ( ) 가설은 운동이 세로토닌과 노르에피네프린, 도파민 등의 신경전달물질의 분비로 감정과 정서를 개선한다는 것이다.

02 변화단계 이론의 5단계 중, 중간 정도의 강도로 매일 운동하며 안정 상태로 접어들어 하위 단계로 내려갈 가능성이 낮은 단계는 ( ) 단계이다.

03 계획행동 이론의 주요 변인으로는 의도, ( ), 주관적 규범, 지각된 행동 통제가 있다.

04 운동실천 중재전략으로는 ( ) 전략, 행동수정 전략, 인지수정 전략이 있다.

정답 01 모노아민 02 유 지 03 태 도 04 내적동기유발

제1과목 스포츠심리학

05 | 출제예상문제

완벽하게 이해된 부분에 체크 하세요

01 다음 중 운동의 심리 · 생리학적 효과로 옳지 않은 것은?

① 불안과 우울증 감소
② 1회 박출량 감소
③ 안정 시 심박수 감소
④ 최대 산소섭취량 증가

해설 운동의 심리 · 생리학적 효과로는 1회 박출량 증가, 최대 산소섭취량의 증가, 신경 근육성 긴장의 완화, 안정 시 심박수 감소, 스트레스 호르몬 감소, 엔돌핀의 발생 등이 있다.

02 운동의 긍정적 효과와 기전 중 다음에 해당하는 가설은?

> 운동이라는 규칙적인 스트레스에 자주 노출되면, 스트레스에 대한 적응력이 좋아지고 정서적으로 안정성이 향상되기 때문에 불안감이 감소된다.

① 열발생 가설
② 모노아민 가설
③ 뇌변화 가설
④ 생리적 강인함 가설

해설 생리적 강인함 가설은 운동이라는 규칙적인 스트레스에 자주 노출되면 스트레스에 대한 적응력이 좋아지고 정서적으로 안정성이 향상되기 때문에 불안감이 감소된다는 것이다.

정답 01 ② 02 ④

03 다음 중 계획행동 이론의 주요 변인으로 옳지 않은 것은?

① 의도(Intention)
② 객관적 규범(Objective Norm)
③ 태도(Attitude)
④ 지각된 행동 통제(Perceived Behavioral Control)

해설 계획행동 이론의 주요 변인으로는 의도(Intention), 태도(Attitude), 주관적 규범(Subjective Norm), 지각된 행동 통제(Perceived Behavioral Control)가 있다.

04 다음 중 변화단계 이론의 5단계에 대한 설명으로 옳지 않은 것은?

① 계획전단계는 현재 운동을 하지 않고 있으며 6개월 이내에 운동을 시작할 의사가 없음을 말한다.
② 계획단계는 현재 운동은 하지 않고 있지만 6개월 이내에 운동을 시작할 의사가 있음을 말한다.
③ 준비단계는 현재 운동을 하지 않고 있지만 1개월 이내에 운동을 시작할 수 있음을 말한다.
④ 실천단계는 현재 운동을 진행하고 있지만 6개월 미만의 상태를 말한다.

해설 준비단계는 현재 운동을 진행하고 있으나 규칙적인 운동을 하지 않으며 1개월 이내에 규칙적인 운동을 할 의도가 있는 상태이다.

05 다음 중 행동수정 전략으로 옳지 않은 것은?

① 의사결정 단서
② 피드백 제공
③ 운동강도 모니터링
④ 출석상황 게시

해설 행동수정 전략에는 의사결정 단서, 출석상황 게시, 보상 제공, 피드백 제공이 있다.

정답 03 ② 04 ③ 05 ③

06 스포츠심리상담

학습목표
- 스포츠심리상담의 목적과 절차에 대해 말할 수 있다.
- 스포츠심리상담 윤리 규정에 대해 이해하고 설명할 수 있다.
- 스포츠심리상담 프로그램을 개발하기 위한 절차와 기법을 설명할 수 있다.

20일 단기완성 학습 플랜
- 목표 학습 시간 : ___월 ___일
- 실제 학습 시간 : ___월 ___일

01 스포츠심리상담의 개념

1. 스포츠심리상담의 개요

(1) 스포츠심리상담의 개념 : 도움이 필요한 운동선수의 수행능력 향상과 인간적 성장을 위해 선수 개인의 성향과 특성을 파악하고, 중재자로서의 역할을 하는 과정

(2) 스포츠심리상담의 목적 : 운동선수들의 심리적 안정과 경기력 향상을 위해 스포츠심리기술과 상담을 적용하여 최대의 경기수행능력을 발휘할 수 있도록 하는 것

(3) 스포츠심리상담의 접근방법
　① 인간과 환경의 상호작용에 주목
　② 운동이 지속된 기간과 운동에 대한 만족도에 주목
　③ 운동을 통한 개인적 성장에 초점

2. 스포츠심리상담사

(1) 스포츠심리상담사의 역할
　① 상담의 전 과정을 상담 시작 전에 내담자에게 안내해야 함
　② 심리훈련을 지속적으로 실시해야 함
　③ 경기 시즌 전 · 중 · 후를 모두 지원해야 함

(2) 스포츠심리상담사의 상담윤리
　① **전문성** : 스포츠에 관한 전문적 지식과 사회 전반에 대한 지식, 대인관계 기술을 숙지할 것
　② **정직성** : 연구, 교육, 현장 적용에 있어서 정직 · 공정하게 임할 것
　③ **책무성** : 윤리기준을 준수하며 자기 행동에 책임질 것
　④ **인권존중** : 내담자의 사생활, 사회적 지위, 개인차를 존중해야 함
　⑤ **사회적 책임** : 사회에 대한 전문적 · 학술적 책임을 인식해야 함
　⑥ **권력** : 내담자를 대상으로 권력을 남용해서는 안 됨

⑦ 위임 : 내담자의 이익을 최우선에 두고 필요한 경우 다른 전문가에 의뢰해야 함
⑧ 상담 비용 및 보상 : 공식적으로 상담 비용을 합의하고, 이외의 물품이나 금품 보상을 받아서는 안 됨
⑨ 관계 : 특수 상황이 아니면 내담자와 사적관계 또는 이성관계로 만나서는 안 됨
⑩ 비밀보장 : 법적인 문제 소지가 없는 한 내담자의 비밀을 보장해야 함

+ 더 알아보기

경청의 방해요인
- 부적절한 경청
- 평가적 경청
- 여과된 경청
- 라벨(분류표)에 의한 경청
- 동정적 경청
- 사실 중심의 경청
- 끼어들기

02 스포츠심리상담의 적용

1. 스포츠심리상담의 절차

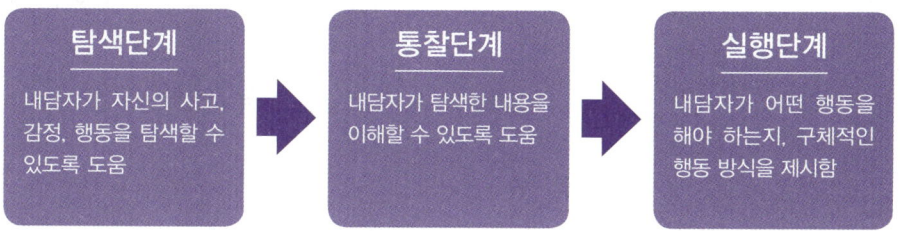

(1) 상담 초기
① 지도자와 선수 간 친밀한 관계와 상호 신뢰를 형성해야 함
② 내담자의 심리상태를 측정·파악해야 함
③ 내담자의 동의로 상담 목표를 설정해야 함

(2) 상담 중기
① 상담 기법을 활용하고 심리기술훈련을 적용해야 함
② 상담실, 훈련장, 경기장 등 다양한 곳에서 상담할 수 있음

(3) 상담 후기
① 심리적 변인 재측정 및 결과를 분석·비교해야 함
② 면담이나 질문지 검사를 통해 목표성취 여부를 평가해야 함

2. 스포츠심리상담의 기법

구 분	내 용
라포 (신뢰형성)	• 내담자와 상담자 사이의 상호신뢰 관계 • 내담자가 원하는 것을 정확히 파악
경 청	상담자가 내담자의 언어적·비언어적 메시지를 듣는 과정
관심 보여 주기	내담자 향해 앉기, 개방적 자세, 적절한 눈 맞춤, 편안한 몸짓과 표정
공감적 이해	• 내담자의 입장에서 생각·느낌을 이해하고 수용 • 내담자의 말을 이해할 시간을 갖고 적절한 반응

2022년 기출

한국스포츠심리학회가 제시한 스포츠 심리상담사 상담윤리에 대한 설명으로 옳지 않은 것은?

① 스포츠심리상담사는 자신의 전문영역과 한계영역을 명확하게 인식해야 한다.
② 스포츠심리상담사는 상담 과정에서 얻은 정보를 이용할 때 고객과 미리 상의해야 한다.
③ 스포츠심리상담사는 상담 효과를 알리기 위해 상담에 참여한 사람으로부터 좋은 평가나 소감을 요구해야 한다.
④ 스포츠심리상담사는 타인에게 역할을 위임할 때는 전문성이 있는 사람에게만 위임하여야 하며 그 타인의 전문성을 확인해야 한다.

정답 ③

단답형 문제

01 힐(Hill)과 오브라이언(O'brian)의 상담과정 3단계 모형은 탐색 - (   ) - 실행 단계이다.

02 상담자가 내담자의 언어적·비언어적 메시지를 듣는 과정을 (   )(이)라고 한다.

03 선수들의 수행능력 향상을 위해 환경특성과 선수 개인의 특성을 파악하고 상담을 통해 중재자의 역할을 수행하는 것을 (   )(이)라고 한다.

04 내담자의 생각이나 느낌을 내담자의 입장에서 이해하고 받아들이는 것을 (   )(이)라고 한다.

정답 01 통찰 02 경청 03 스포츠심리상담 04 공감적 이해

2017년 기출

스포츠심리상담과 관련한 설명으로 옳지 않은 것은?

① 상담은 상담자와 내담자의 상호 협력 관계에 기초한다.
② 스포츠심리상담은 인간적 성장과 경기력 향상을 목표로 한다.
③ 상담자는 상담 시작 전에 상담의 전 과정을 내담자에게 안내한다.
④ 심리기술에는 루틴, 자화, 심상 등이 있다.

정답 ④

2021년 기출

스포츠심리상담에서 상담자가 활용할 수 있는 기법에 관한 설명으로 옳지 않은 것은?

① 적극적 경청 - 내담자의 말에 적절하게 행동으로 반응한다.
② 관심집중 - 내담자의 말이 끝날 때까지 내담자를 계속 관찰한다.
③ 신뢰형성 - 내담자 개인의 정신적 고민이나 감정적 호소에 귀 기울인다.
④ 공감적 이해 - 내담자에게는 생각할 시간을 충분히 주고, 상담자는 반응을 짧게 한다.

정답 ②

06 출제예상문제

완벽하게 이해된 부분에 체크 하세요

01 스포츠심리상담의 접근방법으로 옳지 않은 것은?

① 인간과 환경의 상호작용에 주목
② 운동이 지속된 기간과 운동에 대한 만족도에 주목
③ 운동을 통한 개인적 성장에 초점
④ 운동할 때 나오는 개인의 트라우마에 주목

해설 스포츠심리상담의 접근방법에는 인간과 환경의 상호작용에 주목, 운동이 지속된 기간과 운동에 대한 만족도에 주목, 운동을 통해 이루어진 개인적 성장에 초점을 두는 방법이 있다.

02 스포츠심리상담 절차에 대한 설명으로 옳지 않은 것은?

① 상담 초기 – 지도자와 선수 간 친밀한 관계와 상호 신뢰 형성
② 상담 초기 – 내담자의 동의로 상담 목표 설정
③ 상담 중기 – 심리적 변인 재측정 및 결과 분석·비교
④ 상담 후기 – 면담이나 질문지 검사를 통해 목표성취 여부 평가

해설 심리적 변인 재측정 및 결과 분석·비교는 상담 후기에 이루어져야 한다.

03 스포츠심리상담사가 갖춰야 할 태도에 대한 설명으로 옳지 않은 것은?

① 공식적인 상담 비용 외의 물품이나 금품을 받지 않는다.
② 내담자를 위해 필요한 경우 다른 전문가에게 의뢰할 수 있다.
③ 어떤 상황이라도 내담자의 비밀을 보장해야 한다.
④ 내담자와 사적관계 또는 이성관계를 갖지 않는다.

해설 법적인 문제 소지가 없는 한 내담자의 비밀은 보장되어야 한다. 하지만 내담자가 자신이나 타인에게 위험한 행동이나 범죄행동을 할 경우, 내담자가 범죄의 희생자가 될 경우, 내담자가 치료가 필요할 경우, 법적인 문제가 발생한 경우 등에는 내담자 보호 차원에서 비밀을 유지할 수 없다.

정답 01 ④ 02 ③ 03 ③

04 스포츠심리상담의 절차 중 〈보기〉에서 설명하는 단계로 옳은 것은?

> 내담자가 자신의 사고, 감정, 행동을 탐색할 수 있도록 도와준다.

① 탐 색 ② 통 찰
③ 실 행 ④ 경 청

해설
- 통찰 : 내담자가 탐색한 내용을 이해할 수 있도록 도움
- 실행 : 탐색과 통찰에 근거하여 내담자가 어떠한 행동을 할 수 있게끔 구체적인 행동방식 제시

05 스포츠심리상담의 적용과 관련된 설명으로 옳지 않은 것은?

① 라포는 내담자와 상담자 사이의 공감적 관계이다.
② 경청은 내담자의 언어적 메시지는 물론 비언어적 메시지를 듣는 과정이다.
③ 신뢰형성 기술에는 내담자 향해 앉기, 개방적 자세 취하기 등이 있다.
④ 공감적 이해의 증진을 위해서는 내담자의 입장에서 생각을 이해하고 수용해야 한다.

해설 신뢰형성은 라포를 뜻한다. 라포를 형성하기 위해서는 내담자가 원하는 것을 정확히 파악할 필요가 있다. 내담자 향해 앉기, 개방적 자세 취하기는 '관심 보여 주기' 기법에 관한 설명이다.

정답 04 ① 05 ③

제1과목 | 과목별 예상문제

완벽하게 이해된 부분에 체크 하세요

01 다음 중 번스타인(Bernstein)의 운동학습 단계에 해당하지 않는 것은?

① 자유도의 풀림 단계
② 반작용의 활용 단계
③ 자유도의 고정 단계
④ 고정화의 다양화 단계

해설 번스타인(Bernstein)은 운동학습 단계를 자유도의 고정 단계, 자유도의 풀림 단계, 반작용의 활용 단계로 구분하고, 젠타일(Gentile)은 운동학습 단계를 '움직임의 개념습득 단계'와 '고정화 및 다양화 단계'로 구분한다.

02 스포츠심리학의 발달과정 5단계 중, 다음에 해당하는 단계는?

- 1920년에 디엠(C. Diem)이 독일의 라이프치히에서 스포츠심리실험실을 설립
- 1925년에 그리피스(C. Griffith)가 미국 일리노이 주립대학에 운동연구소 설립
- 1925년에 퓨니(Puni)는 구소련의 레닌그라드에 체육문화연구소 설립

① 태동기   ② 창립기
③ 도약기   ④ 정착기

해설 창립기(1921~1938)에 1920년에 디엠(C. Diem)이 독일의 라이프치히에서 스포츠심리실험실을 설립하였고, 1925년에 그리피스(C. Griffith)가 미국 일리노이 주립대학에 운동연구소(Athletic Research Laboratory)를 설립하였고, 같은 해에 퓨니(Puni)는 구소련의 레닌그라드에 체육문화연구소(Institute of Physical Culture)를 설립하였다. 이 시기에 코칭심리학, 심리학과 운동경기, 검사도구 및 심리적 프로파일이 개발되었다.

정답 01 ④ 02 ②

03 다음 중 운동발달단계에 대한 설명으로 옳은 것은?

① 스포츠기술 단계 - 청소년 시기, 운동능력이 현저하게 발달한다.
② 기초움직임 단계 - 2~6세, 균형감이 발달하고 조작운동이 가능하다.
③ 성장과 세련 단계 - 초등학생 시기, 동작의 협응력이 발달한다.
④ 최고수행 단계 - 20~30대, 근력과 심폐기능 및 정보처리 능력이 최고조이다.

해설 기초움직임 단계는 출생부터 2세까지 시기로 수의적인 움직임이 나타나고, 기본움직임 단계는 2~6세 시기로 균형감이 발달하고 조작운동이 가능하다. 스포츠기술단계는 초등학생 시기로 동작의 협응력이 발달하고, 성장과 세련 단계는 청소년 시기로 운동능력이 현저히 발달한다.

04 귀인 이론에 대한 설명으로 옳지 않은 것은?

① 승리와 패배의 원인을 안정성, 인과성, 통제성 세 가지 차원에서 분석한다.
② 와이너는 귀인요소를 운, 능력, 노력, 과제난이도로 분류하였다.
③ 귀인훈련은 실패의 원인을 자기 능력 부족이라고 믿도록 귀인을 바꾸는 것이다.
④ 와이너의 귀인요소 중 과제난이도는 안정된 외적요소이다.

해설 귀인훈련은 성공의 원인을 자기 능력에서 찾으려고 하고, 실패의 원인은 자기 노력 부족이나 전략적인 실수 때문이라고 믿도록 귀인을 바꾸는 것이다.

05 다음 중 맥락간섭의 효과에 대한 연습법에 대한 설명으로 옳지 않은 것은?

① 맥락간섭은 학습 사이에 개입된 사건이나 경험에 의해 학습과 기억에 방해를 받는 것을 말한다.
② 무선연습은 맥락간섭의 효과가 높아 파지에 효과적이다.
③ 무선연습은 맥락간섭의 효과가 낮아 전이에 효과적이다.
④ 구획연습은 맥락간섭의 효과가 낮아 연습수행에 효과가 높다.

해설 무선연습은 과제 순서를 무작위로 제시하는 것을 말한다. 무선연습은 맥락간섭의 효과가 높아 획득 수행력은 낮으나, 파지나 전이처럼 하나의 일에서 획득한 어떤 것이 다른 일에 있어서 영향을 미칠 때는 효과가 높다.

정답 03 ④ 04 ③ 05 ③

06 매슬로(Maslow)의 욕구단계 이론 5단계 중, 다음 설명에 해당되는 내용으로 옳은 것은?

> 인간은 자신이 소속된 집단에서 단순한 구성원이 아니라 어떤 존재이길 원한다. 즉 일을 성취하여 자존감을 얻고 다른 사람에게 긍정적인 평가와 존경받기를 원한다.

① 생리적 욕구 ② 안전의 욕구
③ 소속감과 사랑의 욕구 ④ 자기존중의 욕구

해설 매슬로(Maslow)의 욕구단계 이론 5단계 중, 자기존중의 욕구는 목표달성, 권력이나 사회적 지위에 대한 욕구를 말한다.

07 다음 중 집단 응집력에 영향을 주는 요인이 아닌 것은?

① 리더십 요인 ② 팀 요인
③ 인지 요인 ④ 환경 요인

해설 집단 응집력에 영향을 미치는 4요소는 환경 요인, 개인 요인, 팀 요인, 리더십 요인이다.

08 불안이 증가할수록 수행이 증진되다가, 각성 수준이 더욱 증가하여 과각성 상태가 되면 오히려 수행이 저하된다는 이론은?

① 최적수행지역 이론
② 추동 이론
③ 적정각성수준 이론(역U자 가설)
④ 전환 이론

해설 적정각성수준 이론(역U자 가설)은 불안이 증가할수록 수행이 증진되며, 적정수준의 각성상태에서 운동수행이 극대화된다는 이론이다.

정답 06 ④ 07 ③ 08 ③

09 강화에 대한 설명으로 옳지 않은 것은?

① 결과보다는 수행과정에 관심을 둔다.
② 바람직한 행동을 찾아 강화하며, 결과에 대한 지식을 제공한다.
③ 강화는 바람직한 반응이 일어난 이후, 즉시 이루어질 때 효과가 크다.
④ 초보자에게는 간헐적으로, 숙련자에게는 자주 시행하는 것이 좋다.

해설 강화는 초보자에게는 자주 제공하고, 숙련자에게는 간헐적으로 제공한다.

10 운동의 긍정적 효과와 기전 중 다음 내용에 해당하는 가설로 옳은 것은?

> 운동을 통해 체온이 상승하면, 뇌에서 근육의 이완 반응을 유발하여 불안 등을 감소시키게 된다.

① 뇌변화 가설　　　　　② 열발생 가설
③ 모노아민 가설　　　　④ 사회심리적 가설

해설 열발생 가설은 운동을 통해 체온이 상승하면, 뇌에서 근육의 이완 반응을 유발하여 불안감이 감소한다는 것이다.

정답 09 ④　10 ②

훌륭한 가정만 한 학교가 없고, 덕이 있는 부모만 한 스승은 없다.

– 마하트마 간디 –

출제비중(2018~2024년)

(단위 : 개)

구 분	2024	2023	2022	2021	2020	2019	2018	합 계
운동생리학의 개관	-	1	2	-	-	2	1	6
에너지 대사와 운동	3	5	2	2	2	3	3	20
신경조절과 운동	2	3	2	4	2	1	2	16
골격근과 운동	6	4	4	4	7	5	4	34
내분비계와 운동	4	1	2	2	2	2	2	15
호흡·순환계와 운동	4	4	7	5	7	6	6	39
환경과 운동	1	2	1	3	-	1	2	10

※ 출제비중은 문제 분석에 따라 달라질 수 있습니다.

스포츠지도사 2급 필기 20일 합격

제**2**과목

운동생리학

기출 분석(2024년 기출)

운동생리학은 생소한 용어가 다수 등장하기 때문에 체감 난도가 높지만 효과적인 트레이닝을 위해서 반드시 학습해야 하는 과목이기도 하고, 2024년 기출처럼 다른 과목들이 어렵게 출제되는 경우 비교적 무난한 난도를 유지하는 과목으로 평가되기도 한다. 다만, 2024년 기출의 경우 예년과 다르게 [내분비계와 운동] 파트가 비중 있게 출제되었다. '호르몬과 그 작용' 및 '조절되는 항상성의 종류'와 같은 전형적인 문제가 출제되어 어렵지 않게 해결하였을 것으로 생각된다. 그와 더불어 2023년도와 같이 계산문제가 두 문제 있었다. 공식을 단순히 암기하기만 해서는 문제를 풀기 어려우므로 개념어와 산식, 개념어들 간의 이해를 수반한 학습이 필요하다. 운동생리학은 단원별 중요 단어를 중심으로 내용 이해를 잘 해 두면 대체적으로 무난한 편이니 전략적으로 선택하는 것도 추천한다.

01 운동생리학의 개관
02 에너지 대사와 운동
03 신경조절과 운동
04 골격근과 운동
05 내분비계와 운동
06 호흡·순환계와 운동
07 환경과 운동

제2과목 운동생리학

01 운동생리학의 개관

학습목표
- 운동생리학에서 사용되는 주요 용어에 대해 말할 수 있다.
- 운동생리학의 정의에 대해 설명할 수 있다.
- 운동생리학과 인접학문의 차이점에 대해 설명할 수 있다.

20일 단기완성 학습 플랜
- 목표 학습 시간 : ___월 ___일
- 실제 학습 시간 : ___월 ___일

01 운동생리학의 주요 용어

1. 운동
건강과 생명 유지를 위한 의도적 활동이자 체력을 위해 구조화된 신체활동을 의미함

2. 신체활동
에너지를 소비하게 되는 신체의 모든 포괄적인 움직임

[움직임 · 신체활동 · 운동의 영역]

3. 체력
인간이 일상생활을 영위하는 데 있어 기초가 되는 신체적 능력
(1) **방위체력** : 자극에 견디어 생명을 유지 · 발전시키는 능력(물리, 화학, 생물학적 스트레스에 대한 저항)
　예 추위, 기압, 세균, 피로 등
(2) **행동체력** : 육체적 활동을 통해 행동을 일으키는 능력
　① 건강체력 : 사람이 활동하는 데 필요한 능력
　　예 근력, 근지구력, 심폐지구력, 유연성 등
　② 운동체력 : 운동에 기술을 발휘하는 데 필요한 능력
　　예 순발력, 민첩성, 평형성, 협응성, 스피드 등

+ 더 알아보기

운동생리학의 역사
1920년대 미국 호흡생리학자인 핸더슨(L. Henderson)이 설립한 하버드 피로연구소(Harvard Fatigue Lab)에서 인간의 최대산소 섭취량과 산소부채, 에너지원의 대사 작용과 체력, 노화, 혈액에 대한 다양한 임상생리학적 연구가 수행됨

2022년 기출

건강체력 요소 측정으로 옳지 않은 것은?

① 오래달리기 측정, 생체전기저항 분석
② 앉아윗몸앞으로굽히기 측정, 윗몸일으키기 측정
③ 배근력 측정, 제자리높이뛰기 측정
④ 팔굽혀 펴기 측정, 악력 측정

정답 ③

02 운동생리학의 개념

1. 운동생리학의 정의

인간의 지속적이고 반복적인 움직임 속에서 생겨나는 변화와 반응을 연구하여 그 적응 과정 속에서 더 효율적으로 살아가는 방법을 모색하는 학문

(1) 인체와 항상성
  ① 인체는 내부 환경과 외부환경의 영향을 받음
  ② 내부 환경은 인체의 몸 속 상태를, 외부 환경은 인체에 영향을 주는 인위적이고 수시로 변화하는 상태를 말함
  ③ 인체는 내부와 외부의 환경이 변화하여도 항상 일정한 상태를 유지하려 하는데, 이를 항상성(Homeostasis)이라 함

(2) 네거티브 피드백(Negative Feedback) : 정상에서 벗어난 변화를 다시 정상으로 되돌리는 것
  예 겨울에 외부 환경으로 우리 몸의 온도가 떨어지게 되면, 신체 내부에서 열을 올리기 위한 생리적 작용이 일어남

2. 운동생리학의 인접학문

구 분	내 용
운동해부학	인체의 해부학적 구조와 기능을 연구하는 학문
운동영양학	운동기능 향상을 위해 영양 대사와 식사법을 연구하는 학문
트레이닝론	운동능력 향상을 위한 트레이닝 방법과 운동량을 연구하는 학문
스포츠의학 · 운동처방	운동 수행과 스포츠 손상에 있어 의학적 · 과학적으로 접근하는 학문
생체역학	운동을 역학적으로 분석하는 학문
운동내분비학 · 운동면역학	운동에 대한 호르몬의 대사조절과 면역을 연구하는 학문

단답형 문제

01 에너지를 소비하게 되는 신체의 모든 포괄적인 움직임을 ( )(이)라 한다.

02 인체는 외부의 환경변화에도 불구하고, 항상 일정한 상태를 유지하려 하는데 이를 ( )(이)라 한다.

03 운동체력은 운동에 기술을 발휘하는 데 필요한 능력이며 순발력, ( ), 평형성, 협응성, 스피드 등이 이에 해당된다.

04 인간의 지속적이고 반복적인 움직임 속에서 생겨나는 변화와 반응을 연구하여 더 효율적으로 살아가는 방법을 모색하는 학문을 ( )(이)라 한다.

정답 01 신체활동 02 항상성 03 민첩성 04 운동생리학

+ 더 알아보기

항상성과 헷갈리기 쉬운 용어
항정상태(Steady State) : 내부 환경이 반드시 정상적인 상태라는 것을 의미하지는 않으며, 단지 변하지 않는 일정한 상태를 의미
예 달리기를 강하게 40분 동안 하면 체온이 서서히 증가하여 어느덧 더 이상 올라가지 않는 항정상태에 이름

2023년 기출

항상성 유지를 위한 신체 조절 중 부적 피드백(Negative Feedback)이 아닌 것은?

① 세포외액의 CO_2 조절
② 체온 상승에 따른 땀 분비 증가
③ 혈당 유지를 위한 호르몬 조절
④ 출산 시 자궁 수축 활성화 증가

정답 ④

2018년 기출

〈보기〉의 괄호 안에 들어갈 가장 적절한 용어는?

'운동생리학'은 일정 기간 동안 운동 형태로 가해진 자극에 대해 인체가 적절하게 반응하고 ( )하는 과정 속에서 나타나는 생리학적 현상을 연구하는 학문 분야이다.

① 선 택
② 수 용
③ 회 피
④ 적 응

정답 ④

제2과목 운동생리학

01 출제예상문제

완벽하게 이해된 부분에 체크 하세요

01 다음 중 운동생리학의 주요 용어에 대한 설명으로 옳지 않은 것은?

① 체력은 일상생활을 영위하는 데 있어 기초가 되는 신체 능력을 말한다.
② 움직임은 신체 일부분에 의해 수행되는 능동적 혹은 수동적 동작을 말한다.
③ 운동은 건강과 체력 및 외모와 체형을 개선하기 위한 의도적 신체활동을 뜻한다.
④ 모든 신체활동은 건강에 유익하다.

해설 모든 운동은 건강에 유익하나, 모든 신체활동이 건강에 유익하지는 않다. 예를 들어 일을 많이 한다고 해서 건강에 유익하지는 않다. 운동이 아닌 신체활동의 예로 공사장에서 일을 하는 것을 들 수 있다.

02 방위체력에 대한 설명으로 옳은 것은?

① 근력, 근지구력, 심폐지구력, 유연성 등을 말한다.
② 추위, 세균, 피로, 긴장 등 스트레스에 저항하는 능력이다.
③ 사람이 활동하는 데 필요한 능력이다.
④ 운동기술을 발휘하는 데 필요한 능력이다.

해설 ① · ③ · ④ 행동체력에 대한 설명이다.

03 다음 중 운동기술 관련 체력(Skill-related Fitness)의 요소로 옳은 것은?

① 근 력
② 근지구력
③ 순발력
④ 유연성

해설 운동기술 관련 체력에는 순발력, 민첩성, 평형성, 협응성, 스피드 등이 있다.

정답 01 ④ 02 ② 03 ③

04 다음 중 네거티브 피드백(Negative Feedback) 기전의 예시로 옳지 않은 것은?

① 밥을 먹은 후 혈액 속에 당이 많아져 인슐린이 분비되는 것을 말한다.
② 날씨가 추워서 온도가 떨어지자 신체 내부에서 열을 올리는 것을 말한다.
③ 혈압이 갑자기 높아지자 심장박동을 줄여 혈압을 낮추는 것을 말한다.
④ 출산이 임박했을 때 출산 호르몬이 분비되어 출산이 잘 되도록 하는 것을 말한다.

해설 출산 시 출산에 필요한 호르몬이 분비되는 것은 포지티브 피드백(Positive Feedback) 기전이다.

05 인체가 내부와 외부의 환경변화에도 불구하고 항상 일정한 상태를 유지하려 하는 것은?

① 일관성
② 항상성
③ 항정상태
④ 포지티브 피드백

해설 인체는 내부와 외부의 환경변화에도 불구하고 항상 일정한 상태를 유지하려 하는데, 이를 항상성(Homeostasis)이라고 한다.

정답 04 ④ 05 ②

02 에너지 대사와 운동

학습목표
- 에너지가 발생하고 활용되는 양상에 대해 설명할 수 있다.
- 인체에서 에너지를 발생시키는 기제를 이해하고, 사례를 들어 설명할 수 있다.
- 유산소 트레이닝과 무산소 트레이닝에 대한 생리적 적응 현상에 대해 말할 수 있다.

20일 단기완성 학습 플랜
- 목표 학습 시간 : ___월 ___일
- 실제 학습 시간 : ___월 ___일

01 에너지의 개념과 대사 작용

1. 에너지의 발생 과정과 형태
(1) 에너지는 물리적인 일을 할 수 있는 능력을 의미함
(2) 인체는 음식물(탄수화물, 지방, 단백질)을 통해 에너지를 보충함
(3) 인간이 사용하는 가장 중요한 에너지원은 화학적 에너지로, 화학적 에너지는 대사 작용을 통해 기계적 에너지로 전환됨

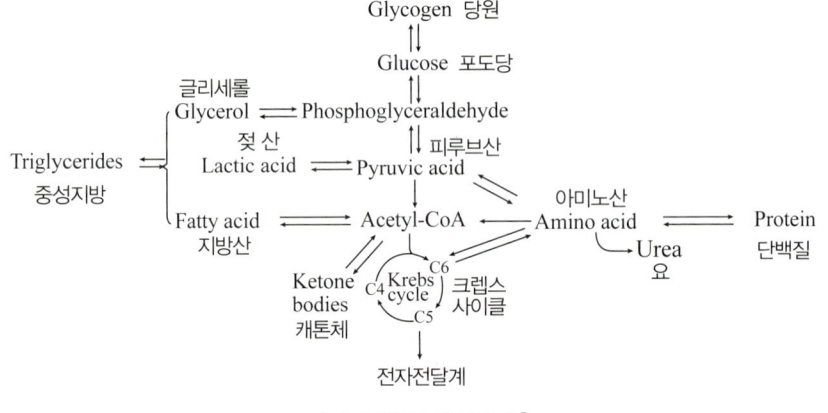

[에너지원의 대사 작용]

[인체의 에너지 대사]

> **2015년 기출**
>
> 인체운동에 관한 다음 설명에서 ( ) 안에 들어갈 단어를 올바른 순서대로 짝지어 놓은 것은?
>
> ( ) 에너지를 ( ) 에너지로 전환시키는 생체 에너지 과정은 연속적인 화학작용에 의하여 조절된다.
>
> ① 화학적 – 기계적
> ② 기계적 – 화학적
> ③ 물리적 – 전기적
> ④ 전기적 – 물리적
>
> 정답 ①

2. 물질대사 과정의 경로

물질대사는 생명 유지를 위해 인체에서 일어나는 화학 작용을 의미함

구 분	내 용
동화작용	저분자 물질을 화학적 변화를 통해 고분자 물질로 합성하는 과정으로, 에너지를 흡수하는 작용
이화작용	고분자 물질을 저분자 물질로 분해하는 과정으로, 에너지를 방출하는 작용

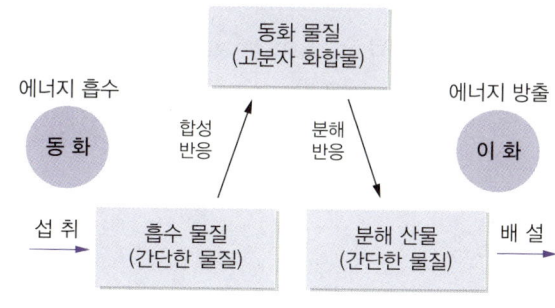

[물질대사 과정의 경로]

+ 더 알아보기

효소(Enzyme)
각종 화학반응에서 자신은 변화하지 않으나 반응속도를 빠르게 하는 단백질을 말함. 효소는 화학반응을 일으키기 위해 요구되는 활성화 에너지 수준을 낮추는 촉매작용 역할을 함

효소의 활동에 영향을 미치는 요인
- 용액의 온도 : 평균 37~40도에서 효소 활동이 최적 상태
- pH의 농도 : pH 7.4 ~ 8.0에서 효소 활동이 최적 상태

3. 에너지 전환 및 보존 법칙

(1) 열역학 제1법칙(에너지 보존의 법칙) : 에너지는 새로 만들어지거나 없어지지 않으며, 그 합은 항상 일정하다는 법칙

(2) 열역학 제2법칙(에너지 흐름의 법칙) : 에너지가 어떤 일에 사용되면 일부는 열에너지 형태로 전환되고, 이에 따라 독립계에서 엔트로피의 총량은 항상 증가하거나 일정하며 감소하지 않는다는 법칙

02 인체의 에너지 대사

인체는 에너지원(탄수화물, 지방, 단백질)을 통해 ATP(아데노신3인산)를 생성함

ATP(아데노신3인산)
ATP는 근세포에 저장되어 있으며 인체가 이용할 수 있는 가장 중요한 에너지원이다. ATP는 1개의 아데노신과 3개의 무기인산으로 구성되어 있으며, ATPase 효소에 의해 결합체가 분해되면 에너지가 방출되어 에너지로 사용된다. 제한적으로 저장되어 있어 ATP가 감소하는 것을 막기 위해서는 여러 대사과정이 필요하다.

ATP(아데노신3인산) → ADP(아데노신2인산) + Pi(인산) + Energy
(ATP 분해 과정에서 ATPase 효소가 이용됨)

2018년 기출

체내 주요 영양소의 에너지 대사에 대한 설명으로 옳지 않은 것은?

① 포도당은 근육 및 간에서 글리코겐의 형태로 저장될 수 있다.
② 지방산은 베타산화를 거쳐 ATP 생성에 사용된다.
③ 단백질은 근육의 구성 물질로서 에너지 대사과정에 주로 사용된다.
④ 포도당과 지방은 서로 전환되어 에너지원으로 사용되기도 한다.

정답 ③

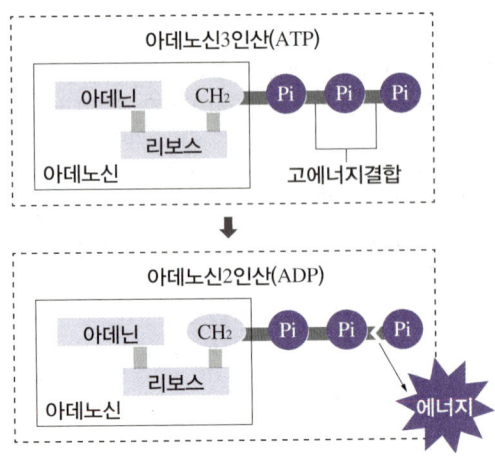

[아데노신3인산의 분해와 에너지 발생]

1. 무산소 시스템

무산소성 에너지 대사작용은 호흡을 통해 근육에 적당한 산소를 공급하지 못할 경우, 생체 내에서 산소 없이 생성되는 에너지 시스템을 뜻함

(1) ATP-PCr 시스템

① 무산소성 에너지 시스템
② 세포 내 ATP 수준이 감소했을 때 ATP를 가장 빠르게 재합성하는 시스템
③ 약 10초 내외의 최대 강도 운동에 이용되는 에너지 시스템

> PC(크레아틴인산) + ADP(아데노신2인산) → ATP(아데노신3인산) + C(크레아틴)
> (PC 분해에는 크레아틴 키나아제(CK) 이용)

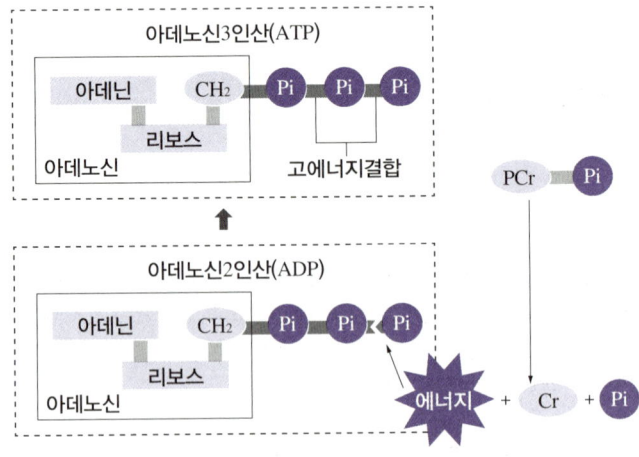

[인원질 과정 – 크레아틴인산에 의한 ATP 재합성]

2019년 기출

〈보기〉에서 설명하는 에너지 시스템은?

- 순간적인 고강도 운동을 위한 주요 에너지 시스템
- 운동 시작 시기에 가장 빠르게 에너지를 생산하는 방법
- 역도, 높이뛰기, 20m 달리기 등에 사용되는 주요 에너지 시스템

① ATP-PC 시스템
② 무산소성 해당과정
③ 젖산 시스템
④ 산화적 인산화

정답 ①

(2) 해당과정 시스템(당을 분해하는 시스템)
① 해당과정 : 무산소성 에너지 시스템의 하나로 포도당 또는 당원을 분해하여 젖산 또는 피루브산을 만드는 시스템
② 근육에 저장되어 있는 글루코스가 분해되면 피루브산이 되는데, 산소가 충분하지 않다면 TCA 회로에 들어가지 못함
③ TCA 회로에 들어가지 못한 피루브산이 수소이온을 받아들여 젖산으로 변화되는 과정에서 ATP를 재합성할 수 있는 에너지가 제공됨
④ 약 1분 전후로 실시할 수 있는 고강도 운동에 동원되는 에너지 시스템

+ 더 알아보기

글루코스-알라닌 회로(Glucose - Alanine Cycle)
근육에서 피루브산은 아미노산 대사를 통해 배출된 아미노기($-NH_2$)와 결합하여 알라닌을 형성. 이 알라닌은 혈액을 통해 간으로 이동하며 탈아미노반응에 의해 피루브산이 되어 포도당을 생성

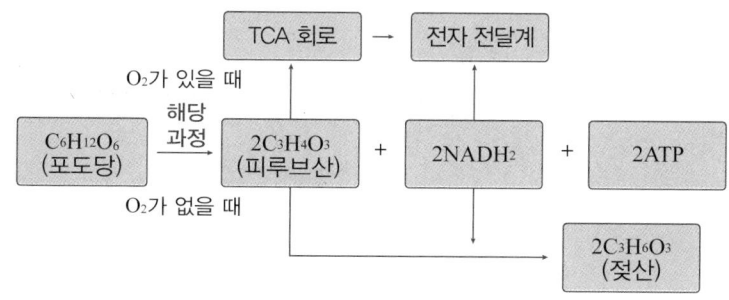

[산소 유무에 따른 피루브산 경로]

2. 유산소 시스템

산소가 동원될 경우 해당과정 결과 생성된 피루브산이 미토콘드리아 내부에서 TCA 회로와 전자전달계를 거쳐 많은 양의 ATP를 합성하는 시스템으로, 에너지 제공 속도는 느리지만 에너지 제공 총량이 많음

(1) TCA 회로(Tricarboxylic Acid Cycle) : 아세틸CoA(Acetyle CoA)로 수소를 운반하는 NAD와 FAD를 사용하여 탄수화물, 지방, 단백질의 수소이온을 제거하여 산화시키는 과정으로, 미토콘드리아 기질에서 일어나며 크렙스 회로, 구연산 회로, 시트르산 회로라고도 함
① 탄수화물의 해당과정으로 만들어진 초성포도산이 초성포도산 탈수소효소에 의해 아세틸CoA(Acetyle CoA)로 변화
② 유리지방산이 베타산화(Beta-oxidation)에 의해 아세틸CoA(Acetyle CoA)로 변화
③ 단백질의 아미노산이 탈아미노화(Deamination)되면서 여러 가지 대사산물인 피루브산(Pyrubic Acid)이나 아세틸CoA(Acetyle CoA) 등으로 변화

2022년 기출

〈보기〉의 ㉠, ㉡에 들어갈 용어로 옳은 것은?

지방의 베타(β) 산화는 중성지방으로부터 분리된 (㉠)이 미토콘드리아 내에서 여러 단계를 거쳐 (㉡)(으)로 전환되는 과정을 뜻한다.

① ㉠ 유리지방산
  ㉡ 아세틸 조효소-A
② ㉠ 유리지방산
  ㉡ 젖 산
③ ㉠ 글리세롤
  ㉡ 아세틸 조효소-A
④ ㉠ 글리세롤
  ㉡ 젖 산

정답 ①

+ 더 알아보기

율속단계 효소
대사 과정의 초기단계에서 위치하며 대사 과정의 속도를 결정하는 중요한 효소이다.

구 분	율속단계 효소	자극 인자	억제 인자
ATP-PCr 시스템	크레아틴 키나아제 (CK)	ADP	ATP
해당 과정	PFK	AMP, ADP, Pi, pH↑	ATP, PC, 구연산, pH↓
크렙스 회로	이소구연산 탈수소효소	ADP, Ca²⁺, NAD	ATP, NADH
전자 전달계	시토크롬 옥시다제	ADP, Pi	ATP

혈당(글루코스) 1개의 분자로부터 얻어지는 ATP 개수

대사과정	고에너지 생산	산화적 인산화로 얻어지는 ATP 생산 개수	소 계
해당과정	2 ATP	-	2
	2 NADH	5	7
피루브산 → 아세틸 CoA	2 NADH	5	12
크렙스 회로	2 ATP	-	14
	6 NADH	15	29
	2 FADH	3	32

ATP 총 개수 : 32 / 1 NADH = 2.5 ATP / 1 FADH = 1.5 ATP

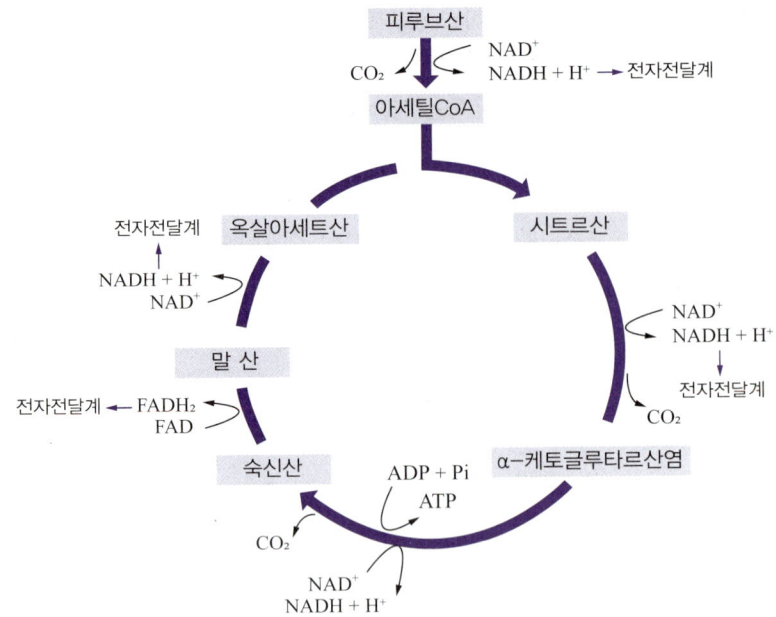

[TCA 회로의 구조]

(2) **전자전달계(ETS ; Electron Transport System)** : 다른 대사과정이나 TCA 회로에서 발생하는 수소이온(H^+)을 미토콘드리아 내막에 있는 3개의 전자 펌프를 통과시켜 수소이온을 물로 산화시키고, 그 과정에서 에너지를 발생시키는 과정

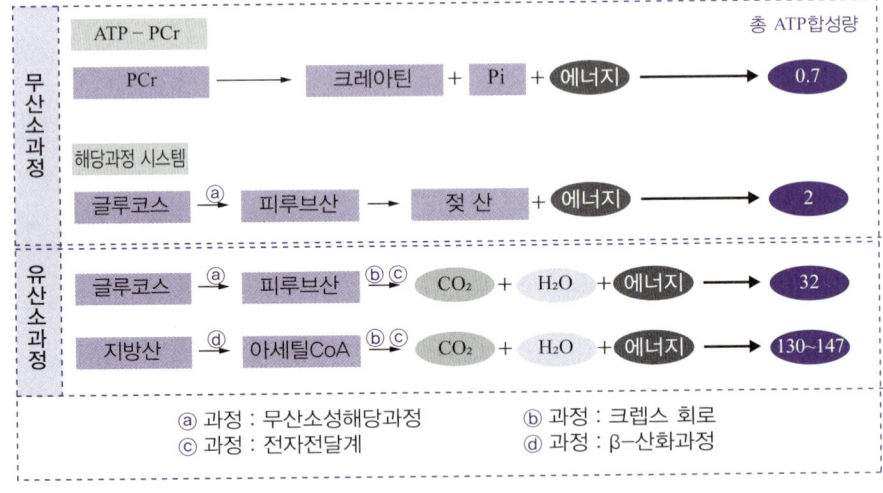

[전자전달계를 통한 ATP 합성량]

3. 운동과 에너지 공급

구 분	30초 이내	30초~5분	5분 이상
종 류	50m 달리기	200m, 400m 달리기	1,500m 달리기, 장거리 마라톤
에너지	ATP-PCr	해당과정(젖산시스템)	(초반)무산소 시스템에서 (후반)유산소 시스템

4. 휴식과 운동 중 인체에너지 사용 측정방법

(1) 휴식대사량(RMR) 계산법 : 휴식 시에도 생존을 유지하기 위해 연소시키는 칼로리의 양

> 남자(RMR) = 66.4 + (13.7 × 체중) + (5.0 × 신장) − (6.8 × 나이)
> 여자(RMR) = 655 + (9.6 × 체중) + (1.8 × 신장) − (4.7 × 나이)

(2) MET(Metabolic Equivalent Task) 운동 계산법

① MET : 운동강도를 나타내는 대사당량으로서, 강도에 따라 필요로 하는 산소의 양을 의미함

② 1METs : 앉아서 편안하게 안정을 취하고 있는 상태에서 1분 동안 사용한 산소섭취량

> 1METs = 3.5mL/kg/min
> → 체중 1kg인 사람이 1분에 3.5ml의 산소를 필요로 한다는 의미
> (산소 1L = 5kcal 소비)

예 체중이 70kg인 사람이 분당 10METs의 운동강도로 10분간 달리기를 했을 때의 운동소비 칼로리 : 10METs × 3.5mL × 70kg × 10min = 24,500mL이며 L로 환산 시 24.5L이고, 이때의 소비 칼로리는 122.5kcal이다.

03 인체의 적응현상

1. 유산소 트레이닝에 의한 적응

구조적 변화	• 모세혈관 밀도 증가 : 헤모글로빈 수 증가와 산소 확산능력 향상 • 미토콘드리아 산화 능력 : 미토콘드리아 수와 크기의 증가 • 마이오글로빈 수 증가
기능적 변화	• 포도당 절약과 유리지방산 동원 • 산소 소비량 감소 • 젖산 감소 • 무산소성 역치점 증가

젖산 역치(Lactate Threshold ; LT)
운동 중 혈중 젖산 농도의 증가 지점을 일반적으로 무산소성 역치(Anaerobic Threshold ; AT)라 표현했으나, 용어학적 논쟁에 의해 젖산 농도가 급격히 증가하는 지점을 젖산 역치로 표현하게 되었음

무산소성 역치(Anaerobic Threshold ; AT)
운동 중 산소섭취량은 운동강도에 비례하여 증가하는데 환기량이 최대 강도에 근접하는 지점에서, 직선적인 증가를 벗어나 급격히 증가하는 시점을 무산소성 역치 또는 환기 역치라고 함

2021년 기출

유산소 트레이닝에 의한 골격근의 적응 현상으로 옳지 않은 것은?

① 모세혈관의 밀도 증가
② Type Ⅱ 섬유의 현저한 크기 증가
③ 마이오글로빈의 함유량 증가
④ 미토콘드리아의 수와 크기 증가

정답 ②

2024년 기출

유산소성 트레이닝을 통한 근육 내 미토콘드리아 변화와 관련된 설명으로 옳지 않은 것은?

① 근원섬유 사이의 미토콘드리아 밀도 증가
② 근육 내 젖산과 수소이온(H^+)생성 감소
③ 손상된 미토콘드리아 분해 및 제거율 감소
④ 근육 내 크레아틴 인산(Phosphocreatine)소모량 감소

정답 ③

2. 무산소 트레이닝에 의한 적응

ATP-PCr	• 에너지원인 PC의 저장량 증가와 PC 분해를 위한 효소의 활성화로 ATP 재합성 효율이 증가 • 최대하 운동 후 산소 결핍에 따른 젖산 의존도가 낮아져 효율적 운동 수행 가능
젖산시스템	• 근 글리코겐의 저장량 증가와 율속단계 효소 PFK 활성화로 ATP 합성 효율이 증가 • 운동 중 해당능력과 젖산 적응 능력이 향상

3. 호흡교환율(Respiratory Exchange Ratio ; RER)

(1) 호흡교환율(RER)은 분당 소비된 산소량(VO_2)과 분당 배출된 이산화탄소량(VCO_2)의 비율을 뜻함
(2) 에너지원인 영양소의 종류에 따라 호흡교환율이 다르게 나타남(탄수화물 1.0, 지방 0.70, 단백질 0.8)

$$R = VCO_2 / VO_2$$

호흡교환율	탄수화물로부터 소비되는 칼로리(%)	지방으로부터 소비되는 칼로리(%)
0.70	0.0	100.0
0.75	15.6	84.4
0.80	33.4	66.6
0.85	50.7	49.3
0.90	67.5	32.5
0.95	84.0	16.0
1.00	100.0	0.0

4. 운동과 회복

(1) 운동 초기나 운동 중에 산소섭취량의 부족으로 인해 무산소 대사과정에 의하여 에너지를 공급하게 되는데, 이 경우 부족한 산소섭취량을 산소부족량(O_2 Deficit)이라 함
(2) 운동 후에 VO_2가 안정 시 수준으로 회복되는 데는 수분이 소요되며 회복시간은 운동강도가 높을수록 길어지는데, 회복기 중에 안정 시보다 많이 소비하는 산소량을 산소부채(VO_2 Debt) 혹은 회복기 초과산소섭취량(EPOC)이라 함

2019년 기출

고강도 운동 중 젖산 역치(LT)가 발생하는 원인으로 적절하지 않은 것은?

① 근육 내 산소량 감소
② 속근섬유 사용률 증가
③ 코리사이클 증가
④ 무산소성 해당과정 의존율 증가

정답 ③

2019년 기출

호흡교환율(Respiratory Exchange Ratio ; RER)이 〈보기〉와 같을 때의 생리적 현상에 대한 설명으로 가장 적절한 것은?

호흡교환율(RER) = 0.8

① 이산화탄소 생성량이 산소 소비량보다 많다.
② 에너지 대사의 주 연료로 지방을 사용하고 있다.
③ VO_2max 80% 이상의 고강도 운동을 수행하고 있다.
④ 에너지 대사의 연료로 탄수화물은 전혀 사용되지 않고 있다.

정답 ②

(3) 회복기 초과산소섭취량(EPOC)
  ① 빠른 회복부분(Fast Component) : 운동 중에 소모된 ATP와 PC, 근육과 혈액 중의 산소를 재보충하는 데 주로 이용
  ② 느린 회복부분(Slow Component)
    ㉠ 젖산 제거에 이용(70% 근육에서 산화, 20% 글리코겐으로 합성, 10% 아미노산으로 전환)
    ㉡ 운동 중에 증가된 체온으로 인한 대사항진에 기인
    ㉢ 운동 후에 높은 심박수와 호흡수를 유지하는 데 이용
    ㉣ 젖산을 혈당(포도당신생)으로 전환하는 데 산소가 필요
    ㉤ 혈액 중에 남아있는 호르몬(에피네프린과 노르에피네프린)으로 인한 대사항진에 기인
(4) 혈중의 젖산을 가장 효과적으로 제거시키기 위한 적정 운동강도는 30~40% VO₂max 정도임

단답형 문제

01 (　　　)은/는 분당 소비된 산소량(VO_2)과 분당 배출된 이산화탄소량(VCO_2)의 비율을 말한다.

02 근세포에 저장되어 있으며, 인체가 이용할 수 있는 가장 중요한 에너지원을 (　　)(이)라 한다.

03 유산소성 에너지 대사 작용은 (　　　) 내부에서 일어나며, 산소가 동원되어 에너지 제공의 양적 측면에서는 유리한 특성을 가진다.

04 운동 중 운동강도가 증가함에 따라 산소섭취량이 급격하게 증가하는 시점을 (　　) 역치 또는 (　　) 역치라고 한다.

정답 01 호흡교환율 02 ATP 03 미토콘드리아 04 무산소성/환기

2023년 기출

운동 후 초과산소섭취량(EPOC)에 영향을 미치는 요인으로 적절하지 않은 것은?

① 운동 중 증가한 체온
② 운동 중 증가한 젖산
③ 운동 중 증가한 호르몬(에피네프린, 노르에피네프린)
④ 운동 중 증가한 크레아틴인산(Phosphocreatine, PC)

정답 ④

02 출제예상문제

완벽하게 이해된 부분에 체크 하세요

01 다음 중 대사작용에 대한 설명으로 옳지 않은 것은?

① 인체에 일어나는 화학작용을 대사작용이라 한다.
② 물질을 화학적 변화를 통해 합성하는 것을 동화작용이라 한다.
③ 복잡한 물질을 간단하게 분해하는 것을 이화작용이라 한다.
④ 간단하게 분해된 에너지를 흡수하는 것을 이화작용이라 한다.

해설 복잡한 물질을 간단하게 분해하는 과정으로, 에너지를 방출하는 것을 이화작용이라 한다.

02 특정 대사과정의 속도를 결정하는 것을 율속단계 효소라고 한다. 다음 중 크렙스 회로의 율속단계 효소는?

① 이소구연산 탈수소효소
② PFK
③ 크레아틴 키나아제(CK)
④ 시토크롬 옥시다제

해설 크렙스 회로의 율속단계 효소는 이소구연산 탈수소효소이다.

03 체중이 60kg인 사람이 10MET의 강도로 10분간 달리기를 할 때의 에너지 소비량은?

① 90kcal
② 100kcal
③ 105kcal
④ 115kcal

해설 1METs = 3.5mL/kg/min 인데, 체중이 60kg인 사람이 10분 동안 쓰는 산소량은 3.5mL × 60kg × 10min = 2,100mL이고, 이를 L로 환산하면 2.1L를 10분 동안 쓴다는 것이다. 산소 1L당 5kcal를 소비하고, 10MET 강도로 운동했으므로 2.1L × 5kcal × 10MET = 105kcal이다.

정답 01 ④ 02 ① 03 ③

04 다음 중 유산소 트레이닝으로 인한 기능적 변화로 옳지 않은 것은?

① 산소 소비량 증가
② 젖산 감소
③ 포도당 절약 효과
④ 무산소성 역치점 증가

해설 유산소 트레이닝으로 인한 기능적 변화로 산소 소비량이 감소한다.

05 ATP-PCr 시스템에 대한 설명으로 옳지 않은 것은?

① 운동을 시작하면 크레아틴 키나아제에 의한 ATP가 생성된다.
② 무산소성 에너지 시스템으로 고강도 근수축에 필요한 에너지를 공급한다.
③ 에너지 양이 적어서 운동 시작 7~8초 이내 저강도 근수축 운동 시 활용된다.
④ 크레아틴인산(PCr)이 분해될 때 생기는 에너지를 이용하여 ATP를 재합성한다.

해설 ATP-PCr 시스템은 단시간에 고강도의 에너지가 필요한 경우 가장 빨리 ATP를 재합성한다. 에너지 양이 많고 7~8초 이내 고강도 근수축 운동 시 활용된다.

정답 04 ① 05 ③

제2과목 운동생리학

03 신경조절과 운동

학습목표
- 뉴런의 구조와 전기적 활동에 대해 설명할 수 있다.
- 신경계의 특성에 대해 설명할 수 있다.
- 중추신경계와 말초신경계의 운동기능 조절 기제에 대해 설명할 수 있다.

20일 단기완성 학습 플랜
- 목표 학습 시간 : ___월 ___일
- 실제 학습 시간 : ___월 ___일

01 신경계의 구조와 기능

1. 뉴런의 구조

뉴런은 우리 인체 신경계의 기본 단위로 세포체, 수상돌기, 축삭으로 구성되어 있으며 자극에 대한 흥분성과 전도성을 가짐

(1) 뉴런의 구성
   ① 신경세포체 : 뉴런의 핵을 포함하고 있는 세포체
   ② 수상돌기 : 세포체로부터 가늘게 뻗어 나온 세포질로, 전기적 자극을 세포체로 전달함
   ③ 축삭 : 전기적 신호를 세포체로부터 축삭종말 방향으로 전달함

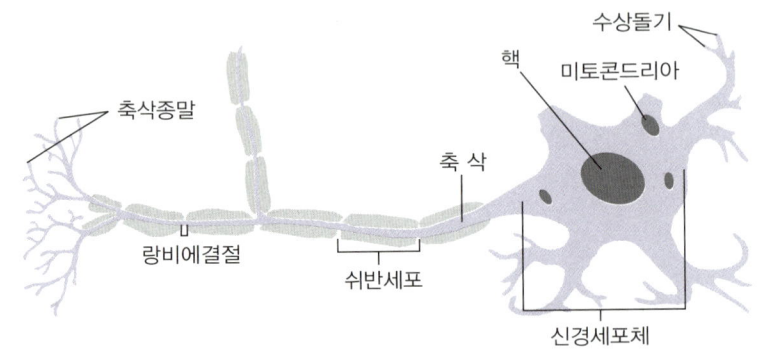

[뉴런의 구조]

(2) 뉴런의 종류

구 분	내 용
감각뉴런(구심성뉴런)	감각신경을 구성하며 받아들인 자극을 연합뉴런에 전달함
연합뉴런(혼합뉴런)	뇌와 척수를 구성하며 감각뉴런에서 받은 정보를 판단하고 적절한 명령을 내림
운동뉴런(원심성뉴런)	운동신경을 구성하며 연합뉴런의 명령을 운동기관(팔, 다리) 등으로 전달하여 반응함

2015년 기출

뉴런은 신경계의 기능적 단위이며, 해부학적으로 세포체, 수상돌기, ( )의 세 가지 기본영역으로 구성된다. ( )에 알맞은 단어는?

① 핵
② 축 삭
③ 미토콘드리아
④ 골지체

정답 ②

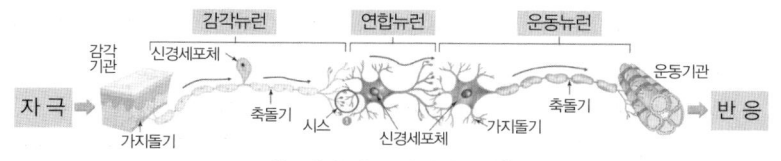

[뉴런의 자극 전달과 반응]

2. 뉴런의 전기적 활동

살아있는 세포막들은 막을 사이에 두고 (+, −)전하가 분리되어 세포막 전위를 형성하며, 뉴런이 역치 이상의 자극을 받으면 활동전위가 발생해 흥분이 전도됨

구 분	내 용
안정막 전압	자극을 받지 않았을 때, 세포 내외의 전위 (약 −70mV 정도)
탈분극	막 사이의 전위 차이가 안정막 전위인 −70mV보다 적어졌을 때 세포 밖의 양이온인 나트륨이 세포 내로 확산되어 들어와 세포 안쪽이 양성이 되어 +30mV까지 뛰어 오르는 현상 (−55mV ~ 30mV 정도)
활동전압	탈분극으로 발생하는 막전압 (+35mV 정도)
재분극	탈분극에 이어서 전압 변화에 민감한 세포막의 칼륨통로가 열리고 세포 안의 양이온 칼륨이 세포 밖으로 빠져나가면 다시 세포 안쪽이 음극으로 돌아가는 현상 (−70mV 정도)
과분극	재분극 후 안정막 전압으로 돌아가기 전에 세포막 전압이 안정막 전압보다 약간 더 감소하는 현상 (−70mV 이하)

02 신경계의 특성

1. 흥분성

안정막 전압 상태에서 역치 이상의 자극이 오면 음극에서 양극으로 전위가 역전되어 탈분극이 일어남

(1) 흥분성 연접부 막전압(EPSP) : 신경의 연접 부위로 방출한 신경전달물질이 목표 세포막의 수용체와 결합하여 세포체와 수상돌기에 점증적이고 연속적인 탈분극이 발생함

(2) 억제성 연접부 막전압(IPSP) : 신경 연접 후 세포막의 음전하를 증가시켜 과분극이 일어나고 신경 자극이 중단됨

2. 전달성

뉴런의 전달성은 한 뉴런 내에서의 흥분 전도와 시냅스에서의 흥분 전달로 나뉨

(1) 뉴런 내의 전도 : 뉴런 내에서의 분극(+, −가 서로 대치 상태) → 탈분극 → 재분극 → 과분극을 통한 전도를 의미

+ 더 알아보기

신경계의 기능
- 지각 기능 예 외부 자극 감지
- 운동 기능 예 원활한 운동 수행
- 자율적 기능 예 항상성 유지
- 연합(연상) 기능 예 경험을 통한 자극을 기억하여 연상 작용

실무율의 법칙(All or None Law)
역치 이상의 자극에서는 항상 최대 흥분 상태가 일어나고, 자극이 약하면 아예 반응을 하지 않는다는 법칙

절대불응기
활동 전위가 일어난 직후 아무리 강한 자극이 주어져도 뉴런이 더 이상 활동전위를 일으킬 수 없는 짧은 기간을 말하며, 이 기간은 자극 때문에 발생하는 나트륨통로의 불활성화에 의해 Na^+투과성이 낮아지고 동시에 K^+투과성을 상승시키는 활동전위가 발생하지 않는 시기

상대불응기
활동전위가 일어난 직후, 축삭이 새로운 활동전위를 일으키기 위해 평소보다 더 강한 자극을 필요로 하는 기간을 말함

안정막전위
세포막은 특정 물질만을 통과시키는 선택적 투과성이 있어서 세포 안과 밖의 전위차가 생기는데 이를 안정막전위라고 함. 세포막 밖에는 Na^+이온이 많고, 세포막 안에는 K^+이온이 많음

2018년 기출

근섬유 수축을 위한 신경 활동전위의 단계 중 〈보기〉가 설명하는 것은?

> 신경 뉴런의 활동전위가 생성되는 첫 번째 단계로서 나트륨이온(Na^+)의 세포막 투과성을 높여 세포 내 양(+)전하를 만들고 활동전위를 역치수준에 이르게 한다.

① 탈분극 ② 재분극
③ 과분극 ④ 불응기

정답 ①

+ 더 알아보기

신경세포의 통합
- 시간가중(Temporal Summation) : 짧은 시간 동안 하나의 연접 전 신경으로부터 흥분성 연접 후, 막전압의 합을 말함. 쉽게 말해 두 개의 가지 신호가 연속해 들어오면서 더 큰 신호를 만드는 것
- 공간가중(Spatial Summation) : 여러 개의 연접 전 신경으로부터 흥분성 연접 후, 막전압이 합해지는 것을 말함. 쉽게 말해 두 개의 가지 신호가 동시에 충돌하면 더 큰 신호를 만드는 것

[2020년 기출]

〈보기〉의 신경세포 구조 및 전기적 활동에 관한 적절한 설명을 고른 것은?

- ㉠ 안정 시 신경세포 막의 안쪽은 Na^+의 농도가 높고, 바깥쪽은 K^+의 농도가 높다.
- ㉡ 역치(Threshold)는 신경세포 막의 차등성전위(Graded Potential)가 안정막전위(Resting Membrane Potential)로 바뀌는 시점을 말한다.
- ㉢ 활동전위(Action Potential)는 신경세포 막의 탈분극(Depolarization)을 유도한다.
- ㉣ 신경세포는 신경–근접합부(Neuromuscular Junction)를 통해 근섬유와 상호신호전달을 한다.

① ㉠, ㉡   ② ㉠, ㉣
③ ㉡, ㉢   ④ ㉢, ㉣

정답 ④

(2) **시냅스에서의 전달** : 뉴런 사이에서 발생하는 신경전달물질에 의한 전달을 의미
① 전기적 시냅스 : 굉장히 빠르지만 컨트롤이 안 됨(심장 근육)
② 화학적 시냅스 : 뉴런 사이에서 신경전달물질에 의한 전달

구 분	전기적 시냅스(전도)	화학적 시냅스(전달)
시냅스 간극	좁음(2mm)	넓음(30~50mm)
중재자	이온 농도 구배(기울기)	신경전달물질
시냅스 딜레이	짧 다	길 다
전파 방향	양방향	한방향

㉠ 흥분 전도
㉡ Ca^{2+} 통로 개방
㉢ Ca^{2+} 유입
㉣ 아세틸콜린 방출
㉤ 아세틸콜린 + 이온통로 수용체 → 이온통로 열려서 Na^+, K^+ 통과

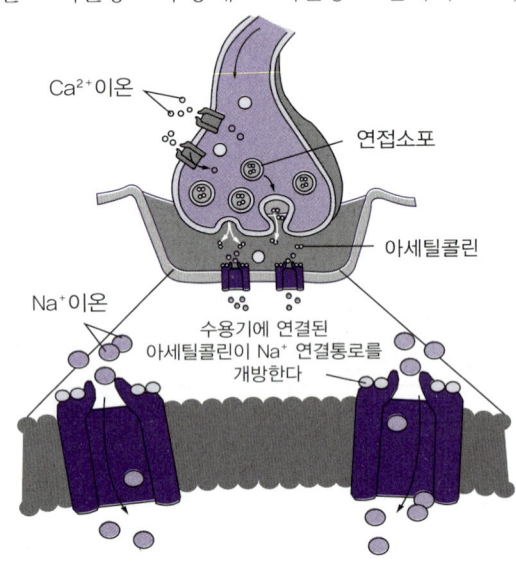

[시냅스에서 흥분 전달]

3. 통합성

자극에 대한 뉴런의 전달과 반응의 통합과정

감각기 → 감각뉴런(구심성뉴런) → 연합뉴런(혼합뉴런) → 운동뉴런(원심성뉴런) → 효과기

03 신경계의 운동기능 조절

1. 인체 움직임과 신경 조절

인체의 모든 움직임은 신경조절에 의해 이루어지며, 중추신경과 말초신경에 의해 우리 몸이 조절된다고 볼 수 있음

운동기능 조절 (수의적 운동 실행단계)	• 피질하와 피질의 자극영역에서 발생함 • 지각작용 통해 운동피질이 아닌 연합피질 영역에 신호를 보내 운동정보가 형성됨 • 운동정보는 소뇌와 대반구에 위치한 기저핵에 보내짐 • 소뇌와 기저핵의 운동프로그램은 시상을 통해 운동피질에 보내짐 • 척수에서 척수 조율과정을 거쳐 골격근으로 전달됨

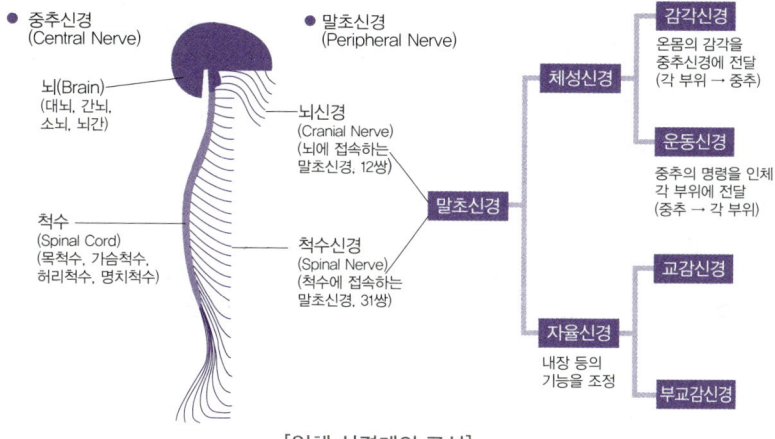

[인체 신경계의 구성]

2. 중추신경계의 운동기능 조절

중추신경계는 뇌와 척수로 구성되며 내분비계와 수의적 움직임을 조절하여 종합 사령부 역할을 수행함

대뇌	• 복잡한 운동의 조직화 • 학습된 경험의 저장 • 지각 정보의 수용 : 전두엽(일반 지능과 운동중추), 측두엽(청각), 두정엽(감각), 후두엽(시각)
간뇌	• 시상 : 감각 조절 중추 • 시상하부 : 체온조절, 혈당조절, 물질대사조절 등의 항상성 조절 중추
소뇌	• 복잡한 운동에서 조정과 감시 역할 • 고유수용기로부터 전달된 신호에 반응하여 움직임 조절

2023년 기출

운동 중 소뇌의 기능에 대한 설명으로 옳은 것을 모두 고른 것은?

> ㉠ 골격근 운동 조절의 최종 단계 역할
> ㉡ 빠른 동작의 정확한 수행을 위한 통합 조절
> ㉢ 고유수용기로부터 유입되는 정보를 활용하여 동작 수정

① ㉠, ㉡
② ㉠, ㉢
③ ㉡, ㉢
④ ㉠, ㉡, ㉢

정답 ③

2021년 기출

〈보기〉에서 설명하는 용어로 옳은 것은?

> • 운동뉴런의 말단과 근섬유가 접합되어 있는 기능적 연결부위
> • 신경전달물질이 분비되는 공간
> • 시냅스 전 축삭말단, 시냅스 간극, 근섬유 원형질막의 운동종판으로 구성

① 시냅스(연접)
② 운동단위
③ 랑비에결절
④ 신경근 접합부

정답 ④

2022년 기출

〈보기〉에서 설명하는 중추신경계 기관으로 옳은 것은?

> • 시상과 시상하부로 구성된다.
> • 시상은 감각을 통합·조절한다.
> • 시상하부는 심박수와 심장 수축, 호흡, 소화, 체온, 식욕 및 음식 섭취를 조절한다.

① 간뇌(Diencephalon)
② 대뇌(Cerebrum)
③ 소뇌(Cerebellum)
④ 척수(Spinal Cord)

정답 ①

+ 더 알아보기

감각수용기
운동수행에 중요한 역할을 하는 감각수용기는 고유수용기(근방추와 건방추)와 관절수용기로 이루어진다.

뇌 간	• 중뇌, 뇌교, 연수로 구성 • 골격근 기능의 조절 • 심혈관계와 호흡계의 기능 조절 • 복잡한 반사작용 조절 • 의식상태의 결정(각성과 수면)
척 수	• 뇌와 말초신경 사이에서 자극과 명령을 전달하는 통로 • 무조건 반사의 중추 예 무릎 반사

3. 말초신경계의 운동기능 조절

말초신경계는 감각과 운동 자극에 대한 부분을 중추신경계로 연결하는 통로가 되는 기관을 말하며 자율신경계와 체성신경계로 구성됨

구 분	기 능	구 조
감각계	혈관과 림프 및 내부기관, 근육과 건 등	• 근방추 : 근섬유가 길어지는 것을 감지하여 근수축 유발 • 건방추(골지 건기관) : 건에 장력이 강해지면 근육을 이완시킴 • 관절수용기 : 관절의 각도, 가속도, 압력으로 변형된 정보를 중추신경계로 전달
자율 신경계	불수의적 운동 조절 (내장근, 심근, 평활근)	• 교감신경 : 방위반응계로 혈관과 폐기관지 확장, 심박동수와 수축력 증가, 정맥혈 회귀 촉진 그리고 부신수질 자극 • 부교감신경 : 인체 항상성 조절과 관련한 심박동수 억제, 폐기관지 수축, 소화관 수축
체성 신경계	수의적 운동 조절 (골격근)	• 운동신경 : 원심성으로, 자극을 중추에서 골격근으로 전달 • 감각신경 : 구심성으로, 자극을 감각기에서 중추로 전달

2024년 기출

〈보기〉의 ⊙~ⓒ에 들어갈 용어가 바르게 나열된 것은?

수용기	역 할
근방추	(⊙) 정보 전달
골지 건기관	(ⓒ) 정보 전달
근육의 화학수용기	(ⓒ) 정보 전달

	⊙	ⓒ	ⓒ
①	근육의 길이	근육 대사량	힘 생성량
②	근육 대사량	힘 생성량	근육의 길이
③	근육 대사량	근육의 길이	힘 생성량
④	근육의 길이	힘 생성량	근육 대사량

정답 ④

2019년 기출

체성신경계의 지배를 통해 수의적으로 수축 및 이완할 수 있는 근육은?

① 골격근
② 심장근
③ 평활근
④ 내장근

정답 ①

단답형 문제

01 뉴런은 우리 인체 신경계의 기본 단위로 세포체, 수상돌기, (   )(으)로 구성되어 있다.

02 (   )의 법칙이란 역치 이상의 자극에서는 항상 최대 흥분 상태가 일어나나, 자극이 약하면 아예 반응을 하지 않는다는 것이다.

03 자극에 대한 뉴런의 전달과정은 감각기 - 감각뉴런 - (   )뉴런 - 운동뉴런 - 효과기의 순서로 이루어진다.

04 (   )은/는 뇌와 척수로 구성되며 내분비계와 수의적 움직임을 조절하여 종합 사령부 역할을 수행한다.

정답 01 축삭 02 실무율 03 연합 04 중추신경계

03 | 출제예상문제

01 다음 중 신경계 기본 단위에 대한 설명으로 옳지 않은 것은?

① 핵을 포함하는 세포체를 신경세포체라고 한다.
② 뉴런은 신경계의 기본 단위로 자극에 대한 흥분성과 절연성을 가진다.
③ 세포체로부터 가늘게 뻗어 나온 세포질을 수상돌기라 한다.
④ 전기적 신호를 다른 축삭종말 방향으로 전달하는 것이 축삭이다.

해설 뉴런은 우리 인체 신경계의 기본 단위로 세포체, 수상돌기, 축삭으로 구성되어 있으며 자극에 대한 흥분성과 전도성을 가진다.

02 역치 이상의 자극에서는 항상 최대 흥분 상태가 일어나고, 자극이 약하면 반응하지 않는다는 법칙은?

① 막전압의 법칙
② 전도율의 법칙
③ 실무율의 법칙
④ 역치율의 법칙

해설 실무율의 법칙(All or None Law)
역치 이상의 자극에서는 항상 최대 흥분 상태가 일어나고, 자극이 약하면 아예 반응을 하지 않는다는 법칙이다.

03 뉴런의 전기적 활동에 대한 설명으로 옳지 않은 것은?

① 탈분극은 세포 밖의 양이온인 칼륨이 세포 내로 들어와 양성이 되는 과정이다.
② 우리 몸은 안정막 전압 상태일 때 음극을 띤다.
③ 활동전압은 탈분극으로 발생하는 전압을 의미한다.
④ 과분극은 재분극 후 안정막 전압으로 돌아가기 전에 세포막 전압이 약간 더 감소되는 현상을 말한다.

해설 탈분극은 막 사이의 전위 차이가 안정막 전위인 −70mV보다 작아졌을 때 세포 밖의 양이온인 나트륨이 세포 내로 확산되어 들어와 세포 안쪽이 양성이 되어 +30mV까지 뛰어 오르는 현상(−55~30mV 정도)을 말한다.

정답 01 ② 02 ③ 03 ①

04 다음 중 고유수용기에 해당하지 않는 것은?

① 골지 건기관
② 근방추
③ 화학수용기
④ 관절수용기

해설 고유수용기에는 근방추, 건방추(골지 건기관), 관절수용기가 있다.

05 다음 중 〈보기〉의 기능을 모두 가진 뇌의 영역은?

| • 감각 조절 중추 | • 체온 조절 |
| • 혈당 조절 | • 물질대사 조절 |

① 간 뇌 ② 소 뇌
③ 대 뇌 ④ 뇌 간

해설 간뇌(시상, 시상하부)는 감각 조절 중추로 체온 조절, 혈당 조절, 물질대사 조절 등의 항상성 조절을 담당한다.

정답 04 ③ 05 ①

04 골격근과 운동

학습목표
- 골격근의 구조에 대해 설명할 수 있다.
- 근섬유의 유형에 따른 특징을 사례를 들어 설명할 수 있다.
- 근육의 수축 형태와 기능, 수축 과정에 대해 설명할 수 있다.

20일 단기완성 학습 플랜
- 목표 학습 시간 : ___월 ___일
- 실제 학습 시간 : ___월 ___일

01 골격근의 구조와 기능

근육은 모양에 따라 횡문근(골격근, 심장근)과 평활근(민무늬근)으로 나누어지며, 생체 의사에 따른 움직임 조절 여부에 따라 수의근과 불수의근으로 나뉨

1. 골격근

여러 종류의 조직으로 구성되어 근육세포와 신경조직, 혈액 및 결합조직 등을 포함하며, 뼈와 힘줄에 붙어 수의적 움직임을 만들어 내는 연부조직

구조	기능
• 근육의 모양은 횡문근이고, 수의적 움직임을 만들어 냄 • 근섬유로 구성되어 있고, 근섬유를 감싸는 막은 근막이라 하며 섬유성 결합조직으로 싸여 있음 • 하나의 근섬유는 100만개의 미세섬유로 구성되며, 미세섬유는 굵은 세사인 마이오신과 가는 세사인 액틴, 트로포마이오신, 트로포닌으로 구성됨 • 근형질세망은 근육의 근형질 내 근섬유와 평행하게 붙어 있는 막 채널 연결망으로 칼슘의 저장소의 역할을 함	• 운동과 호흡을 위한 근수축 • 자세를 유지하기 위한 근수축 • 체온유지를 위한 열생산 • 인체 운동의 수의적 조절

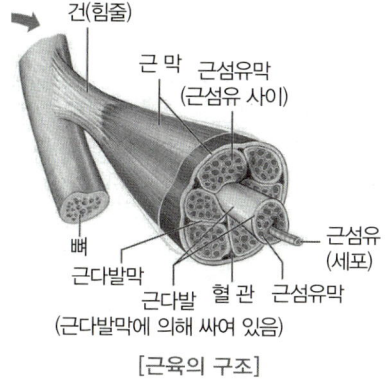

[근육의 구조]

2023년 기출

근수축에 필수적인 Ca^{2+} 이온을 저장, 분비하는 근육 세포 내 소기관은?

① 근형질세망(Sarcoplasmic Reticulum)
② 위성세포(Satellite Cell)
③ 미토콘드리아(Mitochondria)
④ 근핵(Myonuclear)

정답 ①

2018년 기출

체성신경계의 지배를 통해 수의적(Voluntary)으로 수축 및 이완할 수 있는 근육은?

① 골격근
② 심장근
③ 평활근
④ 내장근

정답 ①

+ 더 알아보기

마이오신-액틴 결속상태
마이오신과 액틴의 결속상태는 안정 시 항상 약하게 결속된 상태임. 지금까지는 근수축이 일어나지 않으면 액틴과 마이오신이 떨어져 있는 것으로 알았으나, 최근 연구로 마이오신-액틴은 항상 결속상태이며 약한 결속과 강한 결속의 차이만 존재한다는 것이 알려짐

2. 근섬유

(1) 근육을 구성하며, 핵이 많은 다핵성 세포임
(2) 근원섬유와 근형질로 구성
(3) 형질막에 싸여 있어 근섬유막(Sarcolemma)이라고도 함
(4) 근섬유와 근섬유막 사이에는 미토콘드리아, 리소좀 등이 존재

3. 근원섬유

(1) 가는 액틴필라멘트와 굵은 마이오신필라멘트라는 근세사로 구성
(2) 액틴필라멘트에는 또 다른 단백질인 트로포닌과 트로포마이오신이 있으며, 근수축에 중요한 역할을 함
(3) 근원섬유는 더 세부적으로 근섬유분절(Sarcomere)이라 하며, Z반(Zone)이라는 얇은 층에 의해 각각 나뉨
(4) 어두운 A밴드 부위는 마이오신이 있고, I밴드에는 액틴이 있음
(5) 근섬유분절 중앙 액틴이 걸쳐져 있지 않고, 마이오신만 있는 부위는 H반(Zone)이라고 함

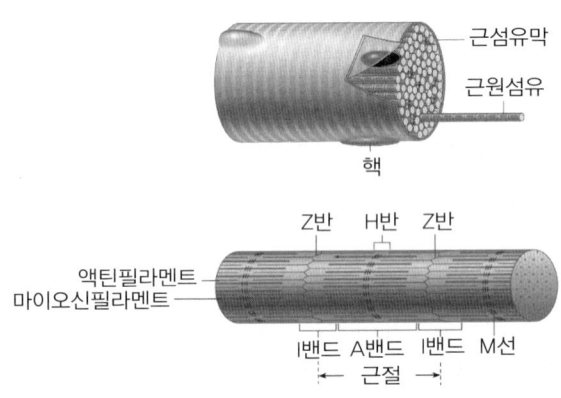

[근원섬유의 구조]

4. 근섬유의 작용

골격근에서 근수축은 근세사활주설을 통해 [안정 → 자극과 결합 → 수축 → 재충전 → 이완]의 과정을 거침

안정	액틴과 마이오신이 항상 약한 결속 상태로 되어 있지만, 힘이 없는 안정된 상태임
자극과 결합	신경자극에 의해 아세틸콜린이 분비되면 근형질세망으로부터 칼슘이 나오고, 칼슘은 트로포닌과 결합하여 마이오신과의 결합부위를 막고 있던 트로포마이오신의 위치를 변화시켜 액틴과 마이오신의 결합을 만들어 냄
수축	액틴과 결합된 마이오신 머리에서 저장된 에너지 ATP가 ADP, Pi로 방출되며, 액틴이 마이오신으로 미끄러져 들어가 근육이 짧아지며 근수축이 발생함

2018년 기출

골격근의 수축과정 중 근형질세망에서 분비되어 트로포닌과 결합하는 물질은?

① 아데노신삼인산(ATP)
② 칼슘이온(Ca^{2+})
③ 무기인산(Pi)
④ 아세틸콜린(Ach)

정답 ②

재충전	· 마이오신 머리에 ATP가 재충전되면서 다른 더 큰 수축을 위해 액틴과 마이오신의 결합이 풀림 · 효소 ATPase는 마이오신 머리에 저장된 ATP를 다시 분해하여 액틴과의 재결합을 위한 에너지를 공급하며, 액틴과 마이오신의 수축 순환이 가능함
이 완	신경자극이 아예 중지되면 트로포닌으로부터 칼슘이온이 근형질세망으로 재이동하며, 트로포마이오신이 액틴분자의 결합부위를 덮어 근육이 안정 상태로 다시 돌아감

+ 더 알아보기

근육 세포 조직현황
마이오신, 액틴(근 필라멘트) → 근원섬유 → 가로세관 → 근형질세망 → 횡문근 질막 → 핵(모세혈관) → 섬유다발 → 근육다발막 → 근 외막 → 골격근 → 심근막 → 힘줄

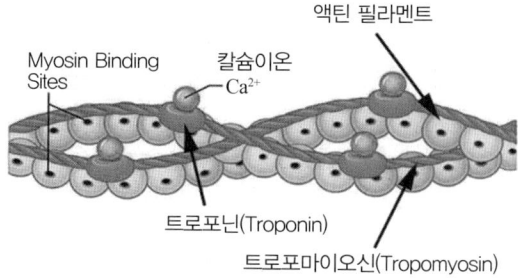

[액틴필라멘트에서 트로포닌과 칼슘의 결합]

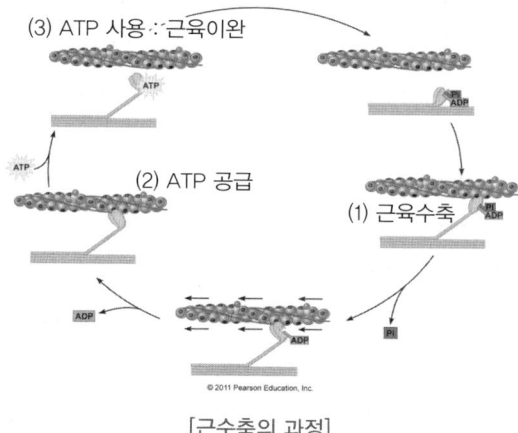

[근수축의 과정]

02 골격근과 운동

1. 근섬유의 유형

근섬유막에 둘러싸여 있으며, 근형질과 세포 내 작은 기관들로 구성됨

(1) 지근섬유

① 적근(Red Muscle)이라고 하며, 수축이 느린 골격근 섬유로 유산소성 대사 능력이 뛰어남

② 장거리 선수의 근육 형태

2017년 기출

운동 종목에 따른 근섬유 유형 및 에너지 대사에 관한 설명으로 옳은 것은?

① 장대높이뛰기 선수는 경기 시 ATP-PCr 시스템을 주로 사용한다.
② 100m 달리기 선수는 VO₂max의 약 50% 수준으로 훈련해야 한다.
③ 마라톤 선수는 Type IIx의 근섬유를 많이 가지고 있다.
④ 10,000m 달리기 선수는 크레아틴 키나아제의 활성도가 높다.

정답 ①

+ 더 알아보기

근섬유의 구성비 변환
ST, FT섬유사이의 상호 전환은 일어나지 않지만, 트레이닝에 의하여 FTa와 FTb 섬유의 상호 전환은 일어날 수 있음
"Sprinters are born, distance runners are made" (단거리 선수는 타고나고, 장거리 선수는 만들어진다)

운동 단위의 원리
- 크기의 원리(Size Principle) : 작은 운동단위가 먼저 동원된 후 큰 운동단위가 동원됨
- 동원(Recruitment) : 작은 운동신경 세포가 먼저 동원되고, 큰 운동신경 세포가 동원됨
- 해제(Decruitment) : 동원되었던 운동 단위가 비활성화 될 때 큰 운동신경 세포에서 작은 운동신경 세포로 해제됨

[2023년 기출]

운동강도 증가에 따라 동원되는 근섬유 순서로 옳은 것은?

① TypeⅡa섬유 → TypeⅡx섬유 → TypeⅠ섬유
② TypeⅡx섬유 → TypeⅡa섬유 → TypeⅠ섬유
③ TypeⅠ섬유 → TypeⅡa섬유 → TypeⅡx섬유
④ TypeⅠ섬유 → TypeⅡx섬유 → TypeⅡa섬유

정답 ③

[2019년 기출]

근섬유의 형태에 따른 특성으로 적절하지 않은 것은?

① 지근은 속근에 비해 모세혈관의 밀도가 높다.
② 지근은 속근에 비해 미토콘드리아 수가 많다.
③ 속근은 지근에 비해 ATPase의 활성도가 높다.
④ 속근은 지근에 비해 피로에 대한 저항성이 높다.

정답 ④

(2) 속근섬유
① 백근(White Muscle)이라고 하며, 수축이 빠른 골격근 섬유로 무산소성 대사 능력이 뛰어남
② 단거리 선수의 근육 형태
③ 속근a 섬유(FTa, TypeⅡa)는 속근과 지근의 중간적인 형태를 가짐

2. 근섬유의 동원

(1) 운동단위 : 신경근계의 기본 단위로 하나의 운동신경과 그 신경에 지배되는 여러 개의 근섬유를 합한 단위를 운동단위라고 하며, 수축에 동원되는 운동단위의 수가 많으면 강한 힘을 발휘할 수 있음

(2) 운동단위의 특징
① 하나의 운동단위에 있는 근섬유는 같은 섬유 유형을 가짐
② 하나의 운동단위가 동시에 속근섬유와 지근섬유를 수축시키지 못함
③ 신경세포가 지배하는 근섬유의 수는 속근섬유가 지근섬유보다 많음
④ 신경세포가 지배하는 근섬유의 비율이 높은 경우 큰 힘이 요구될 때 사용됨
⑤ 신경세포가 지배하는 근섬유의 비율이 낮으면 보다 정교한 작업이 가능함

3. 근섬유 형태와 경기력

근섬유의 형태에 따라 경기력 요소에 영향을 주며, 트레이닝의 방법도 달라짐

(1) 근섬유 형태와 경기력 비교

구 분	파 워	지구력	산화 능력 (장거리)	당분해 능력 (단거리)
속근 FTb (TypeⅡb)	높 다	낮 다	약 함	강 함
속근 FTa(TypeⅡa)	높 다	중 간	강 함	강 함
지근 ST(TypeⅠ)	낮 다	높 다	강 함	약 함

(2) 근섬유의 형태에 따른 특성 비교

근섬유의 특성	지근 ST(TypeⅠ)	속근 FTa(TypeⅡa)	속근 FTb(TypeⅡb)
운동신경 1개당 근섬유 수	10~180개	300~800개	300~800개
운동신경 크기	작 다	크 다	크 다
근섬유 크기	작 다	크 다	크 다
미토콘드리아 밀도	높 다	높 다	낮 다
근형질세망의 발달	낮 다	높 다	높 다
모세혈관의 밀도	높 다	중 간	낮 다
신경전도 및 근수축 속도	느리다	빠르다	빠르다
마이오신 ATPase의 활성	낮 다	높 다	높 다

수축력	낮다	높다	높다
무산소 대사능력	낮다	중간	높다
유산소 대사능력	높다	중간	낮다
피로내성	높다	중간	낮다

4. 근육의 수축 형태와 기능(근력, 파워, 근지구력)

(1) 근수축의 형태

① 등척성 수축(Isometric or Static Contraction) : 근섬유 길이에는 변함이 없이 장력이 발생하는 수축 유형

② 등장성 수축(Isotonic Contraction) : 외부의 저항이 일정한 상태에서 근육이 짧아지는 수축 유형

- 단축성 수축/구심성 수축법(Concentric Contraction) : 근육이 짧아지면서 힘이 발휘됨
  예 덤벨을 들어 올릴 때, 상완이두근의 근육 길이가 짧아지면서 힘을 쓰게 됨
- 신장성 수축/원심성 수축법(Eccentric Contraction) : 근육이 늘어나면서 힘이 발휘됨
  예 덤벨을 내릴 때, 무게를 버티면서 내리기에 상완이두근의 근육 길이가 늘어나면서 힘을 쓰게 됨

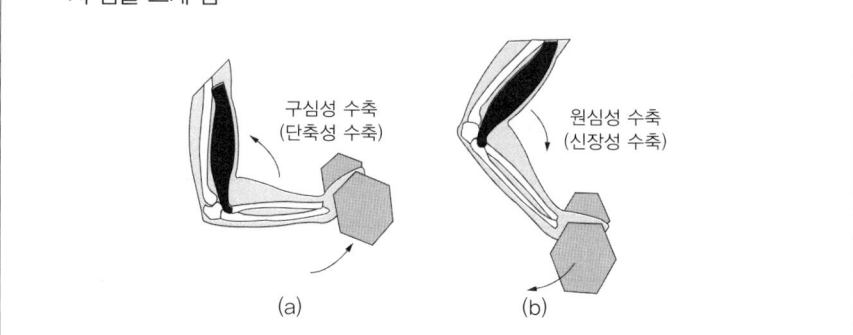

③ 등속성 수축(Isokinetic Contraction) : 관절각이 동일한 속도로 움직이는 근수축으로 재활치료에 효과적

(2) 근수축의 기능

근 력	• 근육이 발휘할 수 있는 최대의 힘 • 근육 굵기와 횡단 면적에 비례
파 워	• 힘을 폭발적으로 빠르게 발휘할 수 있는 능력(파워 = 근력 × 스피드) • 개인 최대 근력의 30% 정도에서 가장 큰 파워를 형성
근지구력	근육이 일정한 속도와 강도로 지속적으로 반복되는 능력

5. 운동과 근육

(1) 근비대

① 근섬유마다 모세혈관 밀도가 증가

② 근섬유마다 근원섬유의 수와 크기가 증가

③ 마이오신 세사 중심으로 한 수축 단백질 양이 증가

④ 뼈, 힘줄, 근육 조직의 양이 증가

+ 더 알아보기

근력 작용을 위한 5가지 요인
- 수축에 동원되는 운동단위의 수
- 운동 단위에 대한 신경자극의 성질
- 근육의 길이(적정 길이일 때 최대 힘 발휘)
- 관절의 각도
- 근수축의 속도

근육의 장력 – 속도 특성
- 단축성 수축 : 수축 속도가 빠를수록 근력은 감소(근육 내부 큰 점성 저항으로 힘의 일부 상쇄)
- 신장성 수축 : 수축 속도가 빠를수록 근력은 증가(근육 내부 점성 저항이 근육 길이에 대한 저항으로 작용)

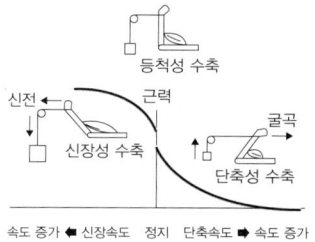

2023년 기출

상완이두근의 움직임에 대한 근육 수축 형태로 옳지 않은 것은?

① 자세를 유지할 때 – 등척성 수축
② 턱걸이 올라갈 때 – 단축성 수축
③ 턱걸이 내려갈 때 – 신장성 수축
④ 공을 던질 때 – 등속성 수축

정답 ④

2022년 기출

〈보기〉의 ⊙, ⓒ에 들어갈 내용으로 옳은 것은?

- 골격근의 신장성 수축은 수축 속도가 (⊙) 더 큰 힘이 생성된다.
- 동일 골격근에서 단축성 수축은 신장성 수축에 비해 같은 속도에서 더 (ⓒ) 힘이 생성된다.

① ⊙ 빠를수록, ⓒ 작은
② ⊙ 느릴수록, ⓒ 작은
③ ⊙ 느릴수록, ⓒ 큰
④ ⊙ 빠를수록, ⓒ 큰

정답 ①

+ 더 알아보기

위성세포(Satellite Cell)
근육이 손상되었을 때 증식과 분열을 통해 근육을 복구하고 근 성장을 촉진시키는 역할을 함

운동 유발성 근육 경직
(EAMCs ; Exercise-Associated Muscle Cramps)
운동 직후 또는 운동 중에 나타나는 골격근의 경련으로 불수의적 수축을 말하며 크게 2가지로 나뉨
- 근육 과부하와 과사용에 따른 경직
- 전해질 부족에 따른 경직

교차신전반사(Crossed-extensor Reflex)
통증을 회피하기 위해 통증이 발생하는 반대 부위 근육이 신전되는 교차반사
예 바닥에 있는 압정을 밟으면 반대편 다리가 신전됨

도피반사(Withdrawal Reflex)
유해 자극을 받은 신체 부위가 움츠러드는 반사
예 뜨거운 것에 데었을 때 몸이 움츠러듦

(2) 근피로
① 단시간의 고강도 운동 시 → 근육 내 ATP와 PC의 고갈
② 무산소성 해당과정의 부산물인 젖산으로 근세포와 체액이 산증됨
③ 장시간의 저강도 운동 시 → 혈중 글루코스와 근글리코겐의 고갈
④ 장기간 운동 시 근육의 미토콘드리아 내에 축적되는 과도한 칼슘이온이 세포의 산소소비를 증가시키고 ATP 생산을 억제함

(3) 근육통
① 운동 중에 축적된 부산물이나 혈장으로부터 조직으로 이동한 체액에 의해 유발된 높은 수분압력에 기인한 조직 부종현상 때문에 발생한 근육통이나 근육경직은 운동 후 수분 또는 몇 시간 이내에 사라짐
② **지연성 근육통(DOMS)** : 격렬한 운동 후 24~48시간 내에 나타나는 근육통

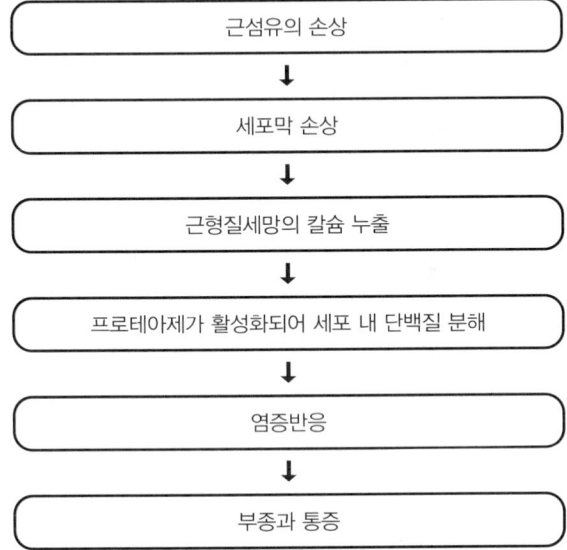

③ 근육통은 등척성 수축이나 등장성의 단축성 수축보다도 신장성 수축 시 더욱 심하게 나타남
④ 등속성 근트레이닝 시에는 근육통증이 거의 유발되지 않는 것으로 알려짐

(4) 트레이닝에 따른 근력의 변화
① **유산소능력 향상** : 마이오글로빈과 미토콘드리아의 수와 크기 증가로 산화능력이 향상됨
② **해당능력 향상** : 근 글리코겐 저장 능력의 향상과 해당 효소(PFK)가 발달하여 근형질의 해당능력이 증가함
③ **모세혈관 변화** : 모세혈관 밀도와 헤모글로빈 수 증가로 산소 공급이 원활해지고, 근지구력이 향상됨

단답형 문제

01 ( )은/는 근육의 근형질 내 근섬유와 평행하게 붙어 있는 막 채널 연결망으로 칼슘의 저장소의 역할을 한다.

02 골격근에서 근수축은 근세사활주설을 통해 안정 → 자극과 결합 → 수축 → ( ) → 이완의 과정을 거친다.

03 신경근계에 있어 기본적 단위로 하나의 운동신경과 그 신경에 지배되는 여러 개의 근섬유를 합한 단위를 ( )(이)라고 한다.

04 근육이 늘어나면서 힘이 발휘되는 것을 ( ) 수축이라 한다.

정답 01 근형질세망 02 재충전 03 운동단위 04 신장성

04 출제예상문제

완벽하게 이해된 부분에 체크 하세요

01 다음 중 골격근의 기능으로 옳지 않은 것은?

① 운동과 호흡을 위한 근수축
② 자세 유지를 위한 근수축
③ 소화와 흡수를 위한 근수축
④ 체온 유지를 위한 열생산

해설 골격근이 아니라 내장근이 심장, 소화기관 및 내장의 불수의적 운동에 관여한다.

02 다음 중 근수축에 대한 설명으로 옳은 것은?

① 등척성 수축은 근섬유 길이의 변함이 없이 장력을 발생시키는 것을 말한다.
② 신장성 수축은 근육의 길이가 짧아지면서 장력을 발생시키는 것을 말한다.
③ 단축성 수축은 근육의 길이가 길어지면서 장력을 발생시키는 것을 말한다.
④ 등속성 수축은 관절각이 일정한 속도로 증가하여 힘을 균등하게 쓰는 수축을 말한다.

해설 ② 신장성 수축은 근육의 길이가 길어지면서 장력을 발생시키는 것을 말한다.
③ 단축성 수축은 근육의 길이가 짧아지면서 장력을 발생시키는 것을 말한다.
④ 등속성 수축은 관절각이 동일한 속도로 움직이는 근수축을 말한다.

03 다음 중 근섬유에 대한 작용으로 옳지 않은 것은?

① 안정 상태는 액틴과 마이오신이 분리되어 결속되어 있지 않은 상태이다.
② 신경자극에 의해 아세틸콜린이 분비될 근형질세망에서 칼슘이 방출된다.
③ 액틴이 마이오신으로 미끄러져 들어가 근육이 짧아진다.
④ 신경자극이 중지되어 칼슘이온이 근형질세망으로 재이동하면 근육이 안정 상태로 돌아간다.

해설 안정 상태는 액틴과 마이오신이 약한 결속 상태로 되어 있지만 힘이 없는 상태를 말한다.

정답 01 ③ 02 ① 03 ①

04 다음 중 근섬유에 대한 설명으로 옳지 않은 것은?

① 지근섬유는 장시간 저강도 트레이닝에 주로 이용된다.
② 속근섬유는 단시간의 고강도 트레이닝에 주로 이용된다.
③ Type Ⅱa와 Type Ⅱb는 트레이닝으로 인하여 서로 전환될 수 있다.
④ 속근섬유가 지근섬유로, 지근섬유가 속근섬유로 트레이닝에 의해 변화될 수 있다.

해설 트레이닝에 의하여 속근 FTa 섬유와 속근 FTb 섬유의 상호 전환은 일어날 수 있다. 그러나 속근섬유는 지근 섬유로 변화시킬 수 없다.

05 다음 중 근섬유의 형태에 따른 특성으로 옳지 않은 것은?

① 지근 ST(Type I)는 근형질세망의 발달도가 낮고, 모세혈관의 밀도는 높다.
② 지근 ST(Type I)는 운동신경의 크기가 작고, 피로내성은 높다.
③ 속근 FTb(Type Ⅱb)는 미토콘드리아의 밀도가 낮고, 피로내성은 높다.
④ 속근 FTb(Type Ⅱb)는 모세혈관의 밀도가 낮고, 근형질세망의 발달도는 높다.

해설 속근 FTb(Type Ⅱb)는 미토콘드리아의 밀도와 피로내성이 낮다.

정답 04 ④ 05 ③

05 내분비계와 운동

학습목표
- 호르몬의 종류와 작용에 대해 설명할 수 있다.
- 대사와 에너지에 영향을 주는 호르몬의 작용 양상에 대해 설명할 수 있다.
- 운동에 대한 호르몬의 반응에 대해 설명할 수 있다.

20일 단기완성 학습 플랜
- 목표 학습 시간 : ___월 ___일
- 실제 학습 시간 : ___월 ___일

+ 더 알아보기

호르몬의 종 특이성
일반 척추동물 사이에는 호르몬의 종 특이성이 없다지만, 실제로는 호르몬에 종 특이성이 있다. 같은 인슐린이라도 소 인슐린과 돼지 인슐린, 사람 인슐린은 구조, 성능, 작용 시간도 다르게 나타난다.
다만 인슐린이 필요한 당뇨병 환자에게 척추 동물인 돼지의 인슐린을 넣어도 어느 정도 호르몬의 기능을 하기 때문에 사람 인슐린 대신 돼지 인슐린을 사용할 수 있으며, 따라서 일반적으로 종 특이성이 없다고 설명한다.

01 내분비계

혈액을 통해 운반되어 대상 장기·조직의 여러 생리 과정을 조절하며, 분비되는 양은 미량이지만 인체의 생리학적 변화에 큰 영향을 미치는 생체기능 조절계의 일종

1. 호르몬의 이해

(1) 호르몬의 특성
① 호르몬은 내분비계에서 생산되는 화학물질로, 세포의 움직임을 조절함
② 혈액을 통해 이동하여 표적세포에만 특이적으로 작용함
③ 호르몬은 작은 양에도 생리적 반응속도가 다양함
④ 촉매로서의 역할을 하지만, 그 자체는 변화하지 않고 생물학적 과정에 작용함
⑤ 호르몬은 신경계보다 신호전달의 속도가 느리지만, 그 작용 범위가 넓고 효과가 오래 지속됨

(2) 호르몬의 작용
① 호르몬이 작용하기 위해서는 표적 세포 안에 들어가 특정 유전자를 활성화 시켜야 함
② 호르몬의 성질에 따라 작용 기전이 달라짐
   예) 스테로이드성 호르몬과 갑상선 호르몬은 지용성이라 지질인 세포막 통과가 용이하지만, 폴리펩티드계 호르몬과 카테콜라민계 호르몬은 수용성이라 세포막을 직접 통과하지 못함
③ 여러 신진대사를 조절하는 기능
④ 형태 발생을 조절하는 역할
⑤ 신경조직이나 정신적 발육을 조절하는 기능
⑥ 생식기능의 발달에 영향
⑦ 소화기능을 조절하는 역할
⑧ 환경의 변화에 대한 적응기전을 조절하는 역할

(3) 호르몬의 조절

① 간뇌의 시상하부에서 신경의 흥분과 호르몬의 분비량을 조절하여 인체의 항상성을 유지함

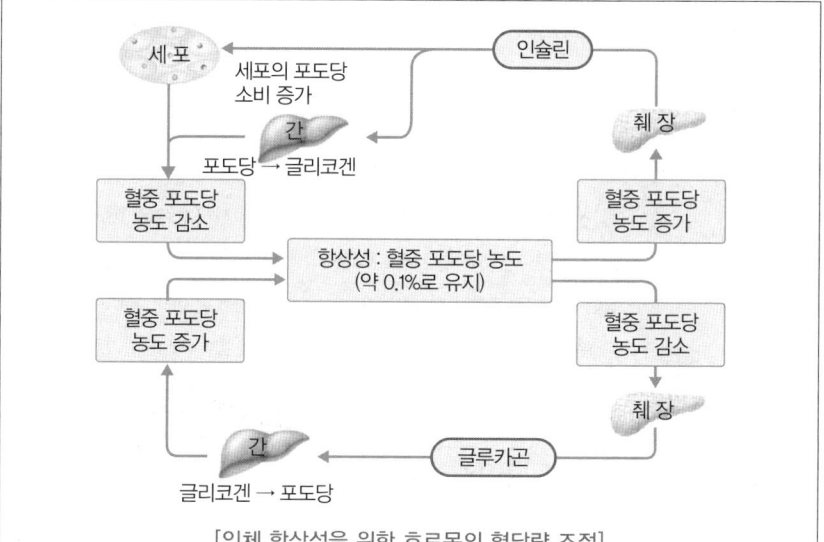

[인체 항상성을 위한 호르몬의 혈당량 조절]

- 혈당량이 높을 때(식사 후)
  췌장에서 인슐린 분비 → 간에서 포도당을 글리코겐으로 합성, 혈액 속 포도당이 세포로 흡수되어 소비 촉진 → 혈당량이 정상 수준으로 감소
- 혈당량이 낮을 때(운동 시)
  췌장에서 글루카곤 분비 → 간에서 글리코겐을 포도당으로 분해 → 혈당량이 정상 수준으로 증가

② 호르몬과 수용체의 상호작용

   ㉠ 촉진조절 : 장기간 낮은 농도의 호르몬에 노출되면 수용체의 수가 증가함
   ㉡ 억제조절 : 수용체가 높은 농도의 호르몬에 장기간 노출되면 동일한 호르몬 농도에 대한 반응이 저하됨
   ㉢ 포화 : 세포에 있는 수용체의 수는 한정되어 있으므로 모든 수용체가 호르몬과 결합한 경우 발생함

2. 내분비선과 호르몬

일반적으로 호르몬을 분비하는 내분비선에 따라 시상하부 호르몬, 뇌하수체 호르몬, 갑상선 호르몬, 췌장 호르몬, 성선 호르몬 등으로 분류함

(1) **시상하부(간뇌) 호르몬** : 내분비기능을 하는 신경분비세포라는 세포군이 있는데, 이 세포들이 중추신경계와 뇌하수체를 구조적 · 기능적으로 연결함

구 분		작 용
시상하부 (간뇌)	부신피질자극호르몬 방출호르몬(CRH)	부신피질자극호르몬(ACTH) 분비를 촉진
	갑상선자극호르몬 방출호르몬(TRH)	갑상선자극호르몬(TSH) 분비를 촉진
	성선자극호르몬 방출호르몬(GNGH)	생식샘자극호르몬(FSH, LH) 분비를 촉진
	성장호르몬 방출호르몬(GHRH)	성장호르몬(GH) 분비를 촉진
	성장호르몬 억제호르몬(GHIH)	성장호르몬(GH) 분비를 억제
	멜라닌세포자극호르몬 방출호르몬 (MSHRH)	멜라닌세포자극호르몬(MSH) 분비를 촉진
	멜라닌세포자극호르몬 방출억제호르몬 (MSHRIH)	멜라닌세포자극호르몬(MSH) 분비를 억제
	유선자극호르몬 방출호르몬(PRH)	유선자극호르몬(PRL) 분비를 촉진
	유선자극호르몬 억제호르몬(PIH)	유선자극호르몬(PRL) 억제를 촉진

(2) **뇌하수체 호르몬** : 인체의 내분비선 중 주인과 같은 역할을 하여 주인선이라고도 하며, 전엽 · 중엽 · 후엽으로 나누어짐

구 분		작 용
전 엽	성장호르몬(GH)	뼈와 근육의 발달 촉진
	갑상선자극호르몬(TSH)	티록신과 트리요오드타이로닌 양 조절
	난포자극호르몬(FSH)	난소의 난포 성장 유도와 에스트로겐 분비 촉진
	황체형성호르몬(LH)	성호르몬 조절과 생식세포 성숙
중 엽	멜라닌세포자극호르몬	피부를 검게하는 등 체색변화에 관여
후 엽	항이뇨호르몬(ADH)	신장에 물 재흡수 촉진, 이뇨량 · 체내 수분량 조절
	옥시토신	분만 시 자궁 근육의 수축과 분만 후 모유 분비 촉진

(3) **갑상선 호르몬** : 신체의 신진대사를 조절

구 분	작 용
티록신(T4)	체내 물질대사를 촉진하여 포도당 분해 및 체온 증가
칼시토닌	칼슘량이 많을 시 신장의 칼슘 배설을 증가시키고, 골 파괴세포 활동을 저해시켜 칼슘량을 감소시킴
파라토몬 (부갑상선 호르몬)	칼슘량이 적을 시 신장의 칼슘 재흡수와 골 파괴세포 활동을 촉진시켜 칼슘량을 증가시킴

(4) 부신 호르몬 : 부신은 양쪽의 신장 바로 윗부분에 위치하며, 수질과 피질로 나뉨

구 분		작 용
부신수질	카테콜라민	• 심박동수와 심박출량 증가 • 혈관 수축 및 확장과 혈압 상승 • 혈중 글루코스와 유리지방산 농도 증가 • 신진대사 증가 • 간과 근육의 글리코겐 분해
부신피질	알도스테론 (무기질코르티코이드)	• 나트륨(소듐)과 칼륨(포타슘) 균형 유지 • 운동 중 탈수 방지 • 신장의 소듐 재흡수 증가
	코르티솔 (당질코르티코이드)	• 간에서 글리코겐 합성 • 지방분해와 유리지방산 동원 촉진 • 포도당을 새로 만드는 작용 촉진 • 염증 및 알레르기 증상 완화

(5) 췌장 호르몬 : 췌장의 랑게르한스섬의 β세포에서는 인슐린이, α세포에서는 글루카곤이 분비됨

구 분		작 용
α세포	글루카곤	간에 저장된 글리코겐을 분해시켜 혈당량을 늘림
β세포	인슐린	당을 세포 내로 유입시켜 혈당량을 줄임

(6) 성선 호르몬
① 성선은 내분비 기능을 하는 생식기관으로, 남성의 고환과 여성의 난소를 말함
② 성선에서 분비되는 남성호르몬에는 테스토스테론이, 여성호르몬에는 에스트로겐과 프로게스테론이 대표적임

구 분			작 용
난 소	여 포	에스트로겐	여성의 2차 성징 발달
	황 체	프로게스테론	임신 유지 및 배란 억제
정 소		테스토스테론	남성의 2차 성징 발달과 정자형성

+ 더 알아보기

교감신경과 부교감신경의 작용
교감신경의 신경 말단에서는 아드레날린, 노르아드레날린이라는 호르몬이 분비되어 각 기관의 세포에 흥분작용을 하며, 부교감신경의 신경 말단에서는 아세틸콜린이 분비되어 심장과 호흡을 진정시키고 소화액을 분비하여 소화가 잘되도록 도와줌

카테콜라민의 구성
• 아드레날린(에피네프린) 80%
• 노르아드레날린(노르에피네프린) 20%
• 도파민(중추에서만 작용)

2024년 기출

카테콜라민에 대한 설명으로 옳지 않은 것은?

① 부신피질에서 분비
② 교감신경의 말단에서 분비
③ α1 수용체 결합 시 기관지 수축
④ β1 수용체 결합 시 심박수 증가

정답 ① · ③

2022년 기출

〈보기〉 중 옳은 것으로만 나열된 것은?

㉠ 인슐린은 혈당을 증가시킨다.
㉡ 성장호르몬은 단백질 합성을 감소시킨다.
㉢ 에리스로포이에틴은 적혈구 생산을 촉진시킨다.
㉣ 항이뇨호르몬은 수분손실을 감소시킨다.

① ㉠, ㉡
② ㉠, ㉢
③ ㉡, ㉣
④ ㉢, ㉣

정답 ④

02 운동과 호르몬 조절

호르몬은 운동 중 에너지 공급을 위해 글루코스를 분해하여 혈중 포도당을 증가시키고 유리지방산을 동원하여 혈중 포도당을 절약함

1. 대사와 에너지에 미치는 호르몬의 영향

(1) 근육 글루코스 대사 조절
  ① 인슐린에 의해 글루코스를 세포에 운반하고 흡수를 촉진시킴
  ② 운동을 통해 인슐린 양이 감소됨

(2) 혈장 글루코스 조절
  ① 간 글리코겐으로부터 글루코스가 동원됨
  ② 혈중 글루코스를 절약하기 위해 지방 조직으로부터 유리지방산이 동원됨
  ③ 아미노산, 젖산, 글리세롤로부터 간에서 글루코스를 합성함
  ④ 유리지방산의 연료 대체효과를 증가시키기 위해 글루코스의 세포 내 유입이 저해됨(에너지 절약)

2. 운동 중 수분과 전해질 균형에 대한 호르몬의 영향

(1) 레닌과 안지오텐신의 작용
  ① 혈장량 감소 시 신장이 특수세포들을 자극하여 레닌이라는 효소를 분비함
  ② 레닌은 혈장으로 들어가 간에서 생성된 안지오텐시노겐을 안지오텐신-Ⅰ으로 전환시킴
  ③ 안지오텐신-Ⅰ은 폐에서 안지오텐신 전환효소(ACE)에 의해 안지오텐신-Ⅱ로 전환됨
  ④ 안지오텐신-Ⅱ는 강한 수축인자로 부신피질에서 알도스테론 분비를 통해 수분을 재흡수하여 혈장량을 증가시킴

(2) 항이뇨호르몬 작용은 탈수가 초래되었을 때 뇌하수체 후엽에서 항이뇨호르몬(ADH) 분비를 통해 수분을 재흡수하고 소변 배출을 감소시키는 작용을 말함

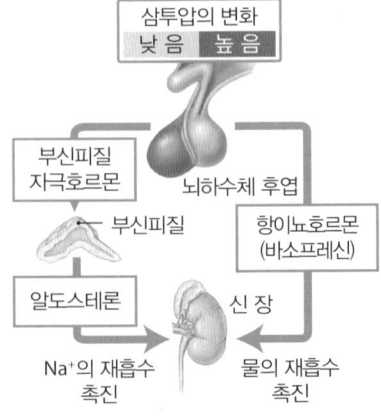

[수분과 전해질의 호르몬 균형]

+ 더 알아보기

지질 분해 호르몬
글루카곤, 카테콜라민, 성장호르몬, 부신수질 및 당류부신피질호르몬 등

글루코스(Glucose)
분자식은 $C_6H_{12}O_6$이며, 포도당이라고도 함

[2024년 기출]

운동 중 혈중 포도당 농도를 유지하기 위한 호르몬에 대한 설명으로 옳지 않은 것은?

① 성장호르몬 - 간에서 포도당신생합성 증가
② 코르티솔 - 중성지방으로부터 유리지방산으로 분해 촉진
③ 노르에피네프린 - 골격근 조직 내 유리지방산 산화 억제
④ 에피네프린 - 간에서 글리코겐 분해 촉진 및 조직의 혈중 포도당 사용 억제

정답 ③

구 분		내 용
체내 수분량 조절	수분 부족	삼투압 상승 → 뇌하수체 후엽에서 항이뇨호르몬(ADH) 분비 촉진 → 신장에서 수분 재흡수 촉진 → 소변량 감소
	수분 과다	삼투압 하강 → 뇌하수체 후엽에서 항이뇨호르몬(ADH) 분비 감소 → 신장에서 수분 재흡수 억제 → 소변량 증가
체내 무기염류량 조절	혈중 K^+ 농도가 높거나 Na^+ 농도가 낮을 때	부신피질 자극호르몬(ACTH) 분비 증가 → 부신피질에서 알도스테론 분비 촉진 → 신장의 세뇨관과 집합관에서 K^+의 배출량과 Na^+의 재흡수량 증가 → K^+와 Na^+의 균형

(3) 운동에 대한 호르몬의 반응

① 운동을 하면 운동강도에 따라 처음에 에피네프린과 노르에피네프린, 글루카곤이 빠르게 작용하고, 티록신, 코르티솔, 성장 호르몬이 다른 호르몬의 활동을 돕기 위해 서서히 증가함

② 인슐린은 운동 시 빠르게 작용하나 운동강도와 시간에 따라 그 호르몬 분비가 다른 호르몬과 달리 서서히 감소함

+ 더 알아보기

삼투압
용액의 농도에 따른 압력을 삼투압이라고 함. 체액의 삼투압은 체액의 농도에 비례하고, 체액을 구성하는 수분량과 무기염류량에 의해 결정됨

훈련과 호르몬
운동을 통한 훈련은 우리 몸에서 에피네프린과 노르에피네프린, 인슐린, 글루카곤 반응의 감소를 유발하여 다른 호르몬이 더 많은 지방을 연료로 이용하게 함

단답형 문제

01 (　　)은/는 내분비계에서 생산되는 화학물질을 의미하며, 세포의 움직임을 조절한다.

02 뇌하수체 후엽에서 분비되며 신장에서 수분 재흡수와 이뇨량을 조절하는 호르몬을 (　　)(이)라 한다.

03 췌장에는 랑게르한스섬이라 불리는 내분비선이 있는데, 이곳의 (　　)세포에서는 글루카곤이, (　　)세포에서는 인슐린이 분비된다.

04 호르몬은 운동 중 근육에 에너지를 공급하기 위해 글루코스를 분해하여 혈중 포도당을 증가시키고, (　　)을/를 동원하여 혈중 포도당을 절약한다.

정답 01 호르몬 02 항이뇨호르몬(ADH) 03 α / β 04 유리지방산

2024년 기출

운동 중 수분과 전해질 균형에 관한 설명으로 옳은 것만을 모두 고른 것은?

ㄱ. 장시간의 중강도 운동 시 혈장량과 알도스테론 분비는 감소한다.
ㄴ. 땀 분비로 인한 혈장량 감소는 뇌하수체 후엽의 항이뇨호르몬 분비를 유도한다.
ㄷ. 충분한 수분 섭취 없이 장시간 운동 시 체내 수분 재흡수를 위해 레닌-안지오텐신 Ⅱ 호르몬이 분비된다.
ㄹ. 운동에 의한 땀 분비는 수분 상실을 초래하며 혈중 삼투질 농도를 감소시킨다.

① ㄱ, ㄴ
② ㄱ, ㄹ
③ ㄴ, ㄷ
④ ㄴ, ㄹ

정답 ③

05 출제예상문제

01 다음 중 호르몬의 특성으로 옳지 않은 것은?
① 표적 세포에 비특이적 작용을 한다.
② 작은 분비량에도 반응속도가 다양하다.
③ 세포의 움직임을 조절한다.
④ 촉매로서의 역할을 하지만, 그 자체는 변화하지 않는다.

해설 호르몬은 혈액을 통해 표적 세포에 특이적 작용을 한다.

02 다음 중 뇌하수체 호르몬으로 옳지 않은 것은?
① 황체형성호르몬
② 갑상선자극호르몬
③ 옥시토신
④ 알도스테론

해설 알도스테론은 부신의 부신피질 호르몬 중 하나이다.

03 다음 중 췌장 호르몬에 대한 설명으로 옳지 않은 것은?
① 췌장 랑게르한스섬의 α세포에서는 글루카곤이 분비된다.
② 글루카곤은 간에 저장된 글리코겐을 합성하여 혈당 수준을 낮춘다.
③ 인슐린은 혈당을 세포 내 유입시켜 혈당 수준을 낮춘다.
④ 인슐린은 혈액 내의 포도당을 글리코겐 형태로 저장시킨다.

해설 글루카곤은 간에 저장된 글리코겐을 분해하여 혈당 수준을 올린다.

정답 01 ① 02 ④ 03 ②

04 다음 중 부신수질 호르몬에 대한 설명으로 옳지 않은 것은?

① 간과 근육의 글리코겐 분해
② 혈관 수축 및 확장과 혈압 상승
③ 지방분해와 유리지방산 동원 촉진
④ 혈중 글루코스와 유리지방산 농도 증가

해설 부신피질 호르몬 중 코르티솔은 지방분해와 유리지방산 동원을 촉진한다.

05 다음 중 〈보기〉의 괄호에 들어갈 용어로 옳은 것을 모두 고른 것은?

> 체내 수분이 부족해서 삼투압이 높아지면 (㉠)에서 (㉡) 분비 증가
> → 신장에서 수분 재흡수 촉진 → 소변 배출량 감소

① ㉠ 뇌하수체 전엽, ㉡ 알도스테론
② ㉠ 뇌하수체 전엽, ㉡ 항이뇨호르몬(ADH)
③ ㉠ 뇌하수체 후엽, ㉡ 알도스테론
④ ㉠ 뇌하수체 후엽, ㉡ 항이뇨호르몬(ADH)

해설
- 체내 수분이 부족해서 삼투압이 높아지면 뇌하수체 후엽에서 항이뇨호르몬(ADH) 분비 증가 → 신장에서 수분 재흡수 촉진 → 소변 배출량 감소
- 체내 수분이 많아서 삼투압이 낮아지면 뇌하수체 후엽에서 항이뇨호르몬(ADH) 분비 감소 → 신장에서 수분 재흡수 억제 → 소변 배출량 증가

정답 04 ③ 05 ④

06 호흡·순환계와 운동

학습목표
- 호흡계의 구조와 기능에 대해 설명할 수 있다.
- 순환계의 구조와 기능에 대해 설명할 수 있다.
- 운동에 대한 호흡계와 순환계의 반응과 적응 양상에 대해 설명할 수 있다.

20일 단기완성 학습 플랜
- 목표 학습 시간 : ___월 ___일
- 실제 학습 시간 : ___월 ___일

+ 더 알아보기

흡기근과 호기근
- 흡기근 : 횡격막, 외늑간근, 사각근, 흉쇄유돌근
- 호기근 : 복직근, 내복사근, 외복사근, 횡복사근, 내늑간근(탄성반동 수동적 호기)

01 호흡계의 구조와 기능

호흡계는 코로 들어오는 공기를 정화하여 폐로 운반하며 폐포에서 산소를 혈액으로 받아들이고 이산화탄소를 공기 중에 배출시키는 가스교환이 직접적으로 이루어지는 기관계임(코 → 비강 → 인두 → 후두 → 기관 → 기관지 → 폐)

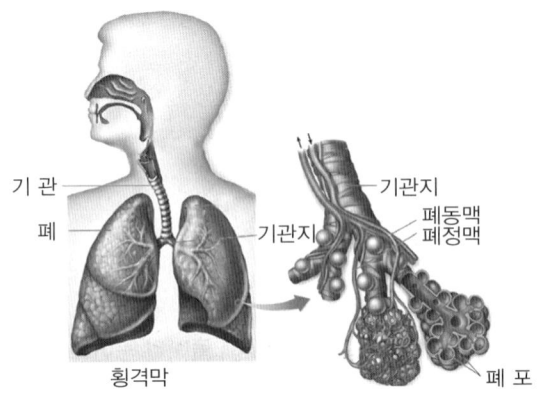

[호흡계의 구조]

1. 호흡계의 구조

(1) 폐호흡(외호흡) : 폐포에서 이루어지는 환기에 의한 가스교환 과정

(2) 세포호흡(내호흡) : 조직세포에서 이루어지는 산소를 이용한 유기물 산화와 이산화탄소 배출 과정

2. 호흡계의 기능

(1) 환기 : 폐에서 공기가 들어오고 나가는 과정

(2) 확산 : 농도가 높은 곳에서 낮은 곳으로 퍼지는 분자의 움직임

(3) 분당 환기량 = 1회 호흡량 × 호흡 수

(4) 폐포 환기량 = (1회 호흡량 − 사강 환기량) × 호흡 수

2015년 기출

호흡계통의 이동경로를 순서대로 바르게 연결한 것은?

① 가슴우리 → 허파꽈리 → 기도
② 기도 → 가슴우리 → 허파꽈리
③ 기도 → 허파꽈리 → 가슴우리
④ 허파꽈리 → 기도 → 가슴우리

정답 ③

(5) 폐용적과 폐용량

구 분		정 의
폐용적	1회 호흡량(TV)	안정 시 1회 흡기와 호기량
	흡기예비용적(IRV)	흡기 종료 후 흡기가 될 수 있는 공기량
	호기예비용적(ERV)	호기 종료 후 호기가 될 수 있는 공기량
	잔기량(RV)	최대 호기 후 폐내에 있는 공기량
폐용량	총폐용량(TLC)	최대 흡기 후 폐내에 있는 공기량
	폐활량(VC)	최대 흡기 후의 최대 호기량
	흡기량(IC)	정상 호흡에서 최대 흡입할 수 있는 공기량
	기능적 잔기량(FRC)	평상 호흡에서 편하게 호기 후 남아있는 공기량

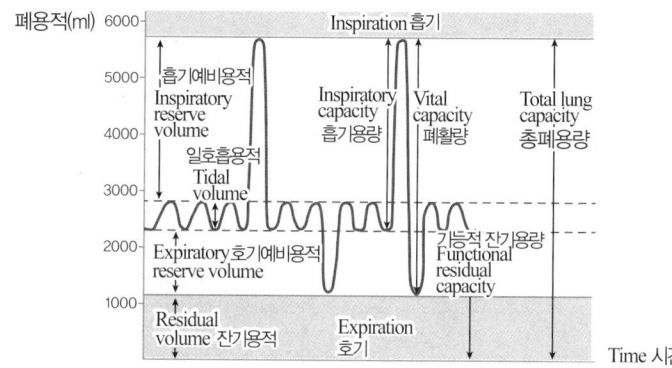

[폐용적과 폐용량]

(6) 가스교환

① 픽(Fick)의 법칙 : 가스교환량은 경계면 면적에 비례하고, 분압차에 비례하며, 확산거리에 반비례함

② 산소 운반과 해리 : 산소는 혈액을 통해 각 조직으로 운반되며 주로 혈장과 헤모글로빈에 의해 운반된다.

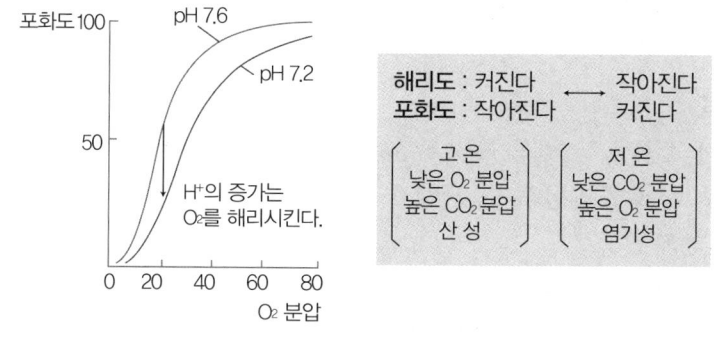

[산소해리곡선]

더 알아보기

- 포화 : 산소 분자와 헤모글로빈이 결합하는 것
  예 산소 + 헤모글로빈 → 산소헤모글로빈
- 해리 : 산소헤모글로빈에서 산소 분자가 떨어지는 것
  예 산소헤모글로빈 → 헤모글로빈 + 산소

2018년 기출

호흡의 원리에 대한 설명으로 옳지 않은 것은?

① 폐내 압력이 대기압보다 낮아지면서 흡기가 일어난다.
② 안정 시 흡기는 흡기에 동원되는 호흡근의 능동적인 수축으로 일어난다.
③ 안정 시 호기는 흡기 시 수축했던 호흡근이 이완되면서 수동적으로 일어난다.
④ 운동 시 호기는 횡격막과 외늑간근의 능동적인 수축으로 일어난다.

정답 ④

+ 더 알아보기

산소와 이산화탄소 운반 비율
- 산소 : 헤모글로빈 98%, 혈장 2%
- 이산화탄소 : 중탄산염이온 70%, 카바미노 헤모글로빈 20%, 혈장 10%

환기량과 동정맥산소차
- 환기량(Ventilation) : 폐에 공기가 드나드는 과정
- 동정맥산소차 : 신선한 동맥과 말초 조직을 한번 순환하고 난 정맥의 산소차

pH
- 수소이온 농도를 말하며, 혈액은 혈중 산-염기 농도인 pH 7.4 약염기성을 유지
- pH를 조절하는 혈액의 3가지 중요한 완충제로는 단백질, 헤모글로빈, 중탄산염이 있음

2023년 기출

운동에 따른 환기량의 변화로 옳은 것을 모두 고른 것은?

ㄱ. 운동 시작 직전에는 운동 수행에 대한 기대감으로 환기량이 증가할 수 있다.
ㄴ. 운동 초기 환기량 변화의 주된 요인은 경동맥에 위치한 화학수용기 반응이다.
ㄷ. 운동 강도가 증가하면 1회 호흡량은 감소하고 호흡수는 현저히 증가한다.
ㄹ. 회복기 환기량은 운동 중 생성된 체내 수소이온 및 이산화탄소 농도와 관련 있다.

① ㄱ, ㄴ
② ㄱ, ㄷ
③ ㄱ, ㄹ
④ ㄴ, ㄷ, ㄹ

정답 ③

2017년 기출

호흡 시 혈액 내의 이산화탄소를 폐로 운반하는 방법이 아닌 것은?

① 혈장 내에 용해되어 운반
② 헤모글로빈과 결합하여 운반
③ 중탄산염(HCO_3^-) 형태로 운반
④ 마이오글로빈과 결합하여 운반

정답 ④

02 운동과 호흡계의 반응과 적응

1. 운동에 대한 반응과 적응

구 분		호흡계의 반응과 적응
안정 시		환기량의 변화 없음
운동 전		대뇌피질의 예측으로 환기량이 어느 정도 증가함
운동 중	초 기	운동 피질의 자극으로 환기량이 급격하게 증가함
	중 기	환기량의 안정 혹은 느린 증가로 이루어지며, 혈액에서의 이산화탄소분압 상승과 산소분압 하강 그리고 pH 감소가 나타남
	후 기	• 최대하 운동 시 환기량은 유지 상태이고, 최대 운동 시에는 계속 증가함 • 후기에서도 혈액에서의 이산화탄소분압 상승과 산소분압 하강 그리고 pH 감소가 나타남
운동 후		운동 후에는 운동 피질의 영향으로 환기량의 급격한 감소가 일어난 후, 혈액에서의 산소 감소와 이산화탄소 증가 등 pH의 항상성 유지를 위해서 환기량이 느리게 감소함

2. 최대/최대하 운동 중 호흡계의 적응

구 분	안정 시	최대하 운동 시	최대 운동 시
호흡 수	감 소	감 소	증 가
분당 환기량	일 정	일 정	증 가
1회 호흡량	일 정	일 정	증 가
폐용량	일 정	일 정	일 정
동정맥산소차	증 가	증 가	증 가

03 순환계의 구조와 기능

1. 심 장

(1) 2개의 심방과 2개의 심실로 구성되어, 좌로는 좌심방과 좌심실 우로는 우심방과 우심실이 심실중격에 의해 구분됨

(2) 심장의 판막

① 반월판
  ㉠ 대동맥판 : 대동맥과 좌심실 사이에 있는 반월판
  ㉡ 폐동맥판 : 폐동맥과 우심실 사이에 있는 반월판

② 이첨판(승모판) : 좌심방과 좌심실 사이

③ 삼첨판 : 우심방과 우심실 사이

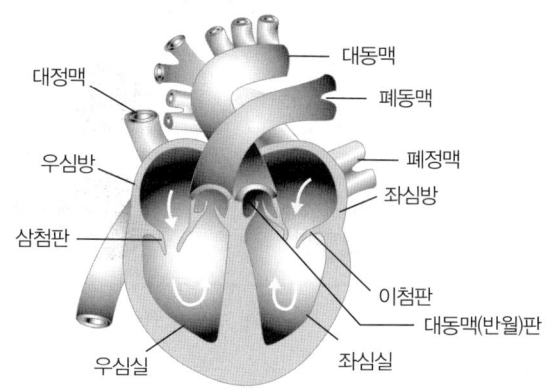

[심장의 구조]

(3) 심장과 폐의 순환계 : 폐순환과 체순환을 통해 산소와 영양분을 공급하며 노폐물과 이산화탄소를 배출함

구 분	순 서
폐순환(폐로 이동)	우심실 → 폐동맥 → 폐 → 폐정맥 → 좌심방
체순환(온몸으로 이동)	좌심실 → 대동맥 → 동맥 → 세동맥 → 모세혈관 → 세정맥 → 정맥 → 대정맥 → 우심방

2. 혈 관

혈액을 심장과 인체 각 장기 및 조직 사이를 순환시키는 통로

구 분	정 의
동 맥	• 허파를 거쳐 산소가 풍부해진 혈액을 좌심실로부터 온몸의 조직에 분포하는 모세혈관까지 전달하는 각종 혈관 • 대동맥 > 소동맥 > 세동맥 순으로 직경 감소
정 맥	• 동맥계를 거쳐 순환한 혈액이 다시 심장으로 돌아갈 때 지나는 혈관 • 혈액의 역류를 막기 위해 혈관에 판막이 존재하며, 혈류속도가 동맥보다 느림
모세혈관	• 세동맥과 세정맥 사이를 연결하는 가느다란 혈관 • 혈관이 가장 가늘지만, 총 단면적은 다른 혈관보다 넓고 혈류속도가 느려서 혈액에서의 물질교환이 유리

3. 혈 액

혈관을 통해 온몸을 돌면서 산소와 영양소 등을 공급해 주고 노폐물을 운반하여 신장을 통해 배설되게 함

(1) 혈액의 구성과 역할

① 혈액의 55%는 액체 성분인 혈장, 45%는 세포 성분인 혈구로 구성

② 혈장의 90%는 물, 7%는 혈장단백질, 3%는 기타(전해질, 효소, 호르몬)로 구성

2018년 기출

심장의 구조와 기능에 대한 설명으로 옳지 않은 것은?

① 판막은 혈액의 역류를 방지한다.
② 심장은 두 개의 방과 두 개의 실로 구성되어 있다.
③ 심실중격은 좌·우심실 간 혈액의 혼합을 방지한다.
④ 방실결절은 좌심방에 위치하며 맥박조정자의 역할을 담당한다.

정답 ④

+ 더 알아보기

프랭크–스탈링 법칙
1회 박출량은 심장으로 유입되는 혈액량에 의해 결정되는데, 정맥회귀량이 증가하면 심실이완기 용량이 커지고 이 혈액으로 심장의 섬유들이 길어져 더 큰 힘으로 심실을 짜주는 힘이 생긴다는 것

2020년 기출

적혈구용적률(Hematocrit)에 관한 설명으로 적절한 것은?

① 높은 적혈구용적률(60% 이상)은 혈액의 흐름을 수월하게 한다.
② 일반적으로 성인 여성이 성인 남성보다 높은 적혈구용적률을 보인다.
③ 전체 혈액량 대비 혈장(Plasma)량의 비율이 높을수록 적혈구용적률은 낮다.
④ 지구성 트레이닝에 대한 적응으로 혈장량이 감소하여 적혈구용적률은 증가한다.

정답 ③

2023년 기출

장기간 규칙적 유산소 훈련의 결과로 최대 운동 시 나타나는 심폐기능의 적응으로 옳은 것을 모두 고른 것은?

┌─────────────────────┐
│ ㉠ 최대산소섭취량 증가 │
│ ㉡ 심장용적과 심근수축력 증가 │
│ ㉢ 심박출량 증가 │
└─────────────────────┘

① ㉠, ㉡
② ㉠, ㉢
③ ㉡, ㉢
④ ㉠, ㉡, ㉢

정답 ④

2018년 기출

운동 중 정맥혈 회귀를 조절하는 요인이 아닌 것은?

① 근육 펌프
② 호흡 펌프
③ 정맥 수축
④ 모세혈관 수축

정답 ④

③ 혈구의 99%는 적혈구, 1%는 백혈구와 혈소판으로 구성

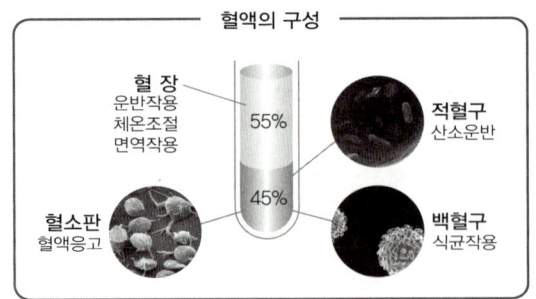

[혈액의 구성과 역할]

(2) 혈액의 기능
① 산소와 영양소 및 노폐물 운반
② 혈액 속 산–염기(pH)의 평형 유지
③ 침입한 세균을 제거하고 항체를 생성
④ 체온조절에 기여

(3) 적혈구용적률 : 혈액에서 적혈구가 차지하고 있는 비율
① 일반적으로 남자는 45% 내외, 여자는 40% 내외가 정상
② 적혈구 용적률이 증가하면 혈액의 점도가 높아져 혈류의 속도 감소
③ 지구성 트레이닝의 적응으로 혈장량 증가

04 운동에 대한 순환계의 반응과 적응

1. 1회 박출량 · 심박수 · 심박출량의 반응

(1) 1회 박출량 : 심장이 1회 수축하면서 내보내는 혈액량
① 1회 박출량 조절 요인 3가지
㉠ 심실이완기말 혈액량(프랭크–스탈링 법칙과 관련)
㉡ 평균대동맥 혈압(심장주기 동안의 평균혈압을 말함)
㉢ 심실수축력(심장이 혈액을 짜는 힘)
② 운동 중 정맥혈 회귀 조절 요인
㉠ 정맥의 수축
㉡ 골격근 수축에 의한 펌프 작용(등척성 제외)
㉢ 호흡계의 펌프 작용

(2) 심박수 : 심장이 1분 동안 뛰는 횟수(운동강도에 비례하여 증가)

(3) 심박출량 : 심장이 1분 동안 수축을 통해 박출되는 혈액량으로 근육의 대사적 변화와 혈관의 압력수용기에 의해 자율신경계가 심박출량을 조절함

심박출량(CO)L/min = 심박수(HR)회/분 × 1회 박출량(SV)mL/min

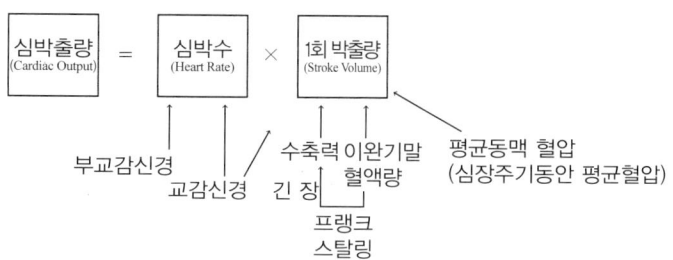

[심박출량 조절요인]

+ 더 알아보기

순환계 공식
- 최대산소섭취량(VO_2max) : 높은 산소 운반 능력에 의해 결정되고 신체활동이 최대에 이르렀을 때를 의미함
- 최대산소섭취량
  = 최대심박출량 × 동정맥산소차 (혈액 100mL당 섭취된 산소의 양)

심근산소소비량(심장의 일률)
= 심박수 × 수축기혈압

구축률(EF)
- 좌심실에서 혈액이 얼마나 방출되었는지 확인 가능함
- 1회 박출량/이완기말 혈액량 × 100

2. 혈류 · 혈압 · 혈액의 반응

(1) 혈류 : 혈관계에서 혈압의 경사에 의해 생기는 혈액의 흐름으로, 혈관의 압력에 비례하고 저항에 반비례함

$$혈류 = \frac{압력}{저항}$$

① 혈류 저항의 요인 : 혈관의 길이, 혈액의 점도, 혈관 반지름. 혈류 저항에 있어 길이와 점도는 혈관 저항에 직접적으로 비례하고, 혈관 반지름의 4제곱에는 반비례함

$$혈관 저항 = \frac{길이 \times 점도}{반지름^4}$$

② 혈류의 재분배 : 운동 시 골격근으로의 산소요구량을 충족시키기 위해 신장, 췌장, 간 등 장기로의 혈류량은 감소하는 반면, 골격근으로의 혈류량은 안정 시 15~20%에서 운동 시 80~85%로 증가함

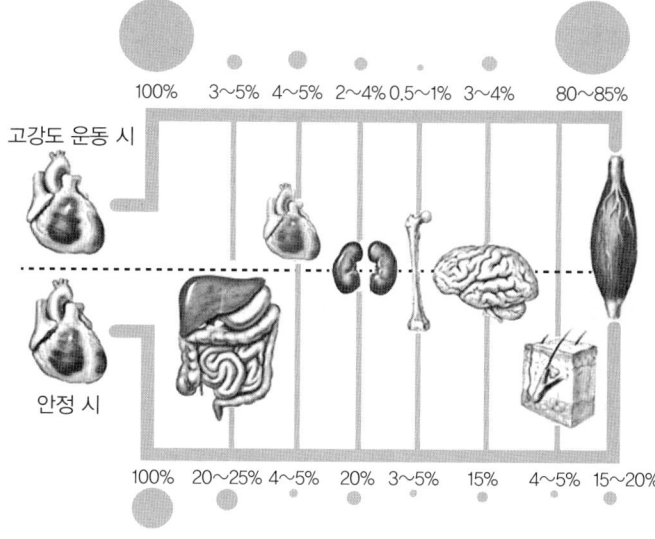

[안정 시와 운동 시 혈류 재분배]

2021년 기출

고강도 운동 시 심박출량 증가 요인으로 옳지 않은 것은?

① 혈중 에피네프린 증가에 따른 심박수 증가
② 활동근의 근육펌프 작용에 따른 정맥회귀량 증가
③ 교감신경계의 활성에 따른 심실 수축력 증가
④ 부교감신경계의 활성에 따른 심박수 증가

정답 ④

2019년 기출

운동 시 비훈련자의 심혈관계 변화로 적절하지 않은 것은?

① 최대강도까지 운동강도에 비례하여 심박수 증가
② 최대강도까지 운동강도에 비례하여 심박출량 증가
③ 최대강도까지 운동강도에 비례하여 1회 박출량 증가
④ 최대강도까지 운동강도에 비례하여 동정맥산소차 증가

정답 ③

+ 더 알아보기

운동 중 정맥혈 회귀를 조절하는 요인
- 정맥의 수축
- 골격근 수축에 의한 펌프작용
- 호흡계의 펌프작용

운동 시 근육 혈류 조절 기전
- 교감신경계의 활동 감소
- 혈류의 내재적 자율 조절 : 대사물질인 산소분압 감소, 이산화탄소분압·산화질소·칼륨·아데노신의 농도 증가, pH 지수 산성화 감소

---

(2) 혈압 : 혈액이 혈관벽에 미치는 압력으로 최고 혈압인 수축기 혈압과 최저 혈압인 이완기 혈압이 있으며, 운동 시 심박수와 혈류속도의 증가로 혈압이 상승함
　① 맥압 : 최고 혈압과 최저 혈압의 차. 성인은 40mmHg 전후

> 맥압 = 수축기 혈압 – 이완기 혈압

　② 평균동맥 혈압 : 심장주기 동안 평균 혈압

> 평균동맥혈압 = 이완기 혈압 + 1/3맥압

(3) 혈액 : 운동은 혈액에서 혈장과 혈구의 양을 증가시킴
　① 혈장량의 증가 : 운동 중 호르몬 분비로 항이뇨호르몬(ADH)과 알도스테론에 의해 신장에서 수분 재흡수로 증가
　② 혈구의 증가 : 운동으로 인해 적혈구 수가 증가하여 전체적인 혈액량이 증가

3. 운동과 순환계의 적응

(1) 심장 구조의 변화(트레이닝 시)
　① **지구력 운동** : 심실강(용적) 크기 증가 → 혈장량이 20~30% 증가하여 산소 운반 능력 상승
　② **순발력 운동** : 심실의 두께 증가 → 심장근육의 크기와 수축력 증가로 심박출량 향상
　③ 안정 시 심박수 감소와 1회 박출량 증가로 운동 기능 향상

(2) 심장 조직의 변화(트레이닝 시)
　① 총 혈액량과 모세혈관 밀도, 헤모글로빈 수, 마이오글로빈 수, 미토콘드리아 수와 크기 증가 등
　② 근세포 에너지 저장능력 향상
　③ 미토콘드리아 산화능력 향상으로 포도당 절약과 지방 산화 증가
　④ 동정맥산소차 향상

(3) 운동 중 순환계의 반응

구 분	운동 중 변화
1회 박출량	최대산소섭취량 40~50%에서 항정상태(고원현상 발생)
심박출량	운동 강도 비례하여 증가
심박수	운동 강도 비례하여 증가(최대 심박수까지)
이완기말 혈액량	감소(심실수축 시간이 짧아지기 때문)
혈 압	운동 강도에 비례하여 수축기 혈압 증가, 이완기 혈압 유지
동정맥산소차	운동 강도에 비례하여 증가

2022년 기출

지구성 트레이닝 후 최대 동정맥산소차 증가에 기여하는 요인으로 옳지 않은 것은?

① 미토콘드리아 크기 증가
② 미토콘드리아 수 증가
③ 모세혈관 밀도 감소
④ 총 혈액량 증가

정답 ③

(4) 지속된 운동 중 순환계의 반응

구 분	지속된 운동 중 변화
1회 박출량	점차적 감소(혈장량 감소로 수분 부족)
심박출량	유 지
심박수	점차적 증가

(5) 최대/최대하 운동 중 순환계의 적응

구 분	안정 시	최대하 운동	최대 운동
심박출량	변화 없음	변화 없음	증 가
1회 박출량	증 가	증 가	증 가
심박수	감 소	감 소	변화 없거나 증가
동정맥산소차	증 가	증 가	증 가
VO_2max	없 음		증 가

- 심장의 자극전도계 : 동방결절 → 방실결절 → 히스속 → 푸르킨예섬유
  - 동방결절(SA Node) : 상대정맥과 우심방의 접합부에 위치하며 맥박조정자(Pacemaker) 역할
  - 방실결절(AV Node) : 심실중격의 기저부에 위치
  - 히스속(His Bundle) : 방실결절에서 나와 섬유골격(Fibrous Skeleton) 통과 후 심실사이막으로 주행(좌각, 우각)
  - 푸르킨예섬유(Purkinje Fibers) : 심실의 활성화를 담당

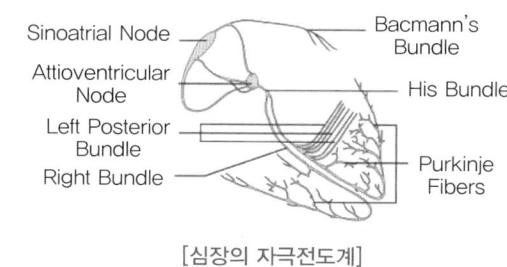

[심장의 자극전도계]

단답형 문제

01 호흡계는 코로 들어오는 공기를 정화하여 폐로 운반하며 (　　)에서 산소를 혈액으로 받아들이고 이산화탄소를 공기 중에 배출시키는 가스교환이 직접적으로 이루어진다.

02 최대호기 후 폐 내에 있는 공기량을 (　　)(이)라 한다.

03 심장이 1분 동안 수축을 통해 짜내는 혈액량을 (　　)(이)라 한다.

04 1회 박출량 조절요인 3가지에는 (　　) 혈액량, 평균대동맥 혈압, 심실수축력이 있다.

정답 01 폐 포 02 잔기량 03 심박출량 04 심실이완기말

2018년 기출

장기간 지구성 트레이닝에 의한 심혈관계의 적응으로 옳지 않은 것은?

① 안정 시 심박수가 증가한다.
② 안정 시 1회 박출량이 증가한다.
③ 최대하 운동 시 동일한 절대적 운동강도에서 심박수가 감소한다.
④ 최대하 운동 시 동일한 절대적 운동강도에서 1회 박출량이 증가한다.

정답 ①

2020년 기출

다음 빈칸에 들어갈 말로 옳은 것은?

> 지구성 트레이닝에 대한 적응으로 최대 동정맥산소차는 (㉠)하고, 최대 1회 박출량은 (㉡)한다.

① ㉠ - 증가, ㉡ - 증가
② ㉠ - 증가, ㉡ - 감소
③ ㉠ - 감소, ㉡ - 감소
④ ㉠ - 감소, ㉡ - 증가

정답 ①

06 | 출제예상문제

완벽하게 이해된 부분에 체크 하세요

01 다음 중 호흡계에 대한 설명으로 옳지 않은 것은?

① 폐호흡은 폐내 환기에 의한 가스교환을 말한다.
② 세포호흡은 조직세포에서의 산소를 이용한 유기물 산화와 이산화탄소 배출과정을 말한다.
③ 분당 환기량이라 함은 1회 호흡량 × 호흡 수를 말한다.
④ 환기는 폐에서 공기가 농도가 높은 곳에서 낮은 곳으로 퍼지는 분자의 움직임을 말한다.

해설 환기는 폐에서 공기가 들어오고 나가는 과정을 말하며, 확산은 농도가 높은 곳에서 낮은 곳으로 퍼지는 분자의 움직임을 뜻한다.

02 다음 중 폐용적과 폐용량에 대한 설명으로 옳지 않은 것은?

① 잔기량은 최대 호기 후 폐 내에 있는 공기량을 말한다.
② 총폐용량은 최대 흡기 후 최대 호기량을 말한다.
③ 흡기예비용적은 흡기 종료 후 흡기가 될 수 있는 공기량을 말한다.
④ 흡기량은 정상호흡에서 최대 흡입할 수 있는 공기량을 말한다.

해설 총폐용량(TLC)은 최대 흡기 후 폐내에 있는 공기량을 의미한다. 최대 흡기 후 최대 호기량은 폐활량(VC)이다.

03 다음 중 운동에 의한 호흡계의 적응으로 옳지 않은 것은?

① 최대하 운동 시 호흡 수 감소
② 최대하 운동 시 동정맥산소차 감소
③ 안정 시 호흡 수 감소
④ 안정 시 동정맥산소차 증가

해설 운동에 의한 호흡계의 적응으로 최대하 운동과 최대운동 시 동정맥산소차는 증가한다.

정답 01 ④ 02 ② 03 ②

04 다음 중 심혈관계의 구조로 옳지 않은 것은?

① 심장은 2개의 심방과 심실로 이루어져 있으며 좌우는 심실중격으로 분리되어 있다.
② 반월판은 대동맥판과 폐동맥판으로 구분된다.
③ 폐동맥과 우심실 사이에 있는 반월판을 폐동맥판이라 한다.
④ 삼첨판은 좌심방과 좌심실 사이에 존재한다.

해설 삼첨판은 우심방과 우심실 사이에 존재하는 판막이다.

05 다음 중 운동과 심박출량의 관계에 대한 설명으로 옳지 않은 것은?

① 확장말기 혈액량이 증가하면 심근수축력이 증가한다.
② 심박출량은 운동강도에 비례하여 증가한다.
③ 1회 박출량은 최대하 운동 시 반비례하여 감소한다.
④ 정맥혈 환류가 충분하면 1회 박출량이 증가하고 그렇지 않으면 감소한다.

해설 1회 박출량은 최대하 운동 시에 증가한다.

정답 04 ④ 05 ③

07 환경과 운동

학습목표
- 인체가 체온을 조절하는 기제에 대해 설명할 수 있다.
- 기온에 따른 운동 시 생리적 변화에 대해 설명할 수 있다.
- 고지대 및 수중 운동 시의 생리적 변화와 적응현상에 대해 말할 수 있다.

20일 단기완성 학습 플랜
- 목표 학습 시간 : ___월 ___일
- 실제 학습 시간 : ___월 ___일

+ 더 알아보기

음성되먹임 기전(Negative Feedback)
항상성을 위한 기전 중의 하나로 정상적 상태에서 변화가 생겼을 때 그 변화 값이 감소하는 기전을 의미
예) 매운 떡볶이를 먹어서 몸에 열이 나면 열을 낮추기 위해 이마에서 땀이 난다.
↔ 양성되먹임 기전(Positive feedback)
예) 출산이 임박했을 때 옥시토신이 분비되어 출산을 원활하게 돕는다.

인체의 체온조절
인간은 열보존과 열생성에 의한 온도조절은 효율적이라 겨울에 유리하지만, 상승한 체온에 대한 냉각능력은 매우 제한적이라 여름에 온도조절로 고생함

2017년 기출

운동 시 체온조절에 관한 설명으로 옳은 것은?

① 체온조절은 뇌의 전두엽이 담당한다.
② 인체의 열생성을 위한 방법으로는 수의적인 운동이 유일하다.
③ 격렬한 운동으로 증가된 체온은 주로 땀의 증발을 통해 조절된다.
④ 운동 강도의 증가는 대류와 복사에 의한 열손실을 증가시킨다.

정답 ③

01 체온조절과 운동

인체는 체온조절 기능에 의해 열생산과 열방출을 조절하여 체온을 일정하게 유지하려 함

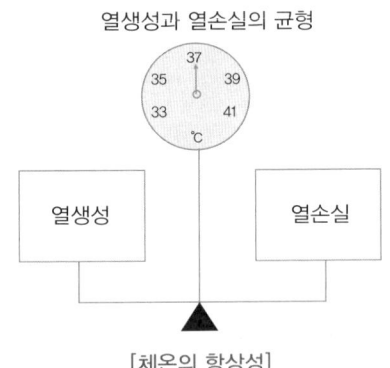

[체온의 항상성]

1. 체온조절 기전

수용기에서 정보를 모아 체온조절중추인 시상하부에서 통합한 다음 효과기를 통해 내부 환경을 정상으로 돌림

(1) 온도수용기 : 피부 아래 말초온도수용기와 시상하부에 심부온도수용기가 존재

(2) 체온조절중추 시상하부(통합기) : 우리 몸의 자동온도조절장치와 같은 역할로 체표면과 심부 온도에 대한 수용기의 정보를 시상하부에서 받아서 열생성과 열 방출을 통해 36.4~37.0℃의 일정 온도를 유지하게 지시

(3) 효과기 : 통합기에서 내려온 명령을 수행하여 내부환경을 다시 정상으로 유지시키는데, 이러한 형태의 부적 피드백을 '음성되먹임 기전'이라고 함

(4) 열생산과 열손실
① **열생산 작용** : 기초대사율, 근력운동, 교감신경자극, 갑상선호르몬(티록신) 등

② 열손실 기전
  ㉠ 복사 : 체열이 매질 없이 직접 발산되는 기전
  ㉡ 전도 : 차가운 매질을 통해 체열이 발산되는 기전
  ㉢ 대류 : 공기의 흐름에 의하여 열손실이 이루어지는 기전
  ㉣ 증발 : 땀의 분비(발한)와 호기를 통한 열손실 기전

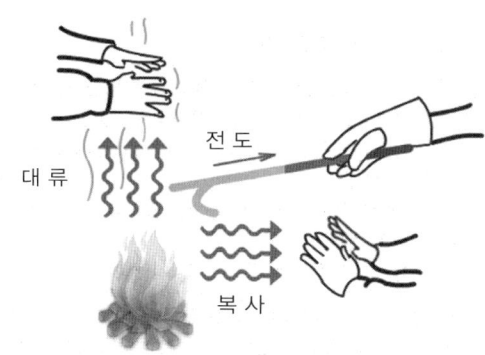

[열생성된 불의 열손실 기전]

2. 고온 환경과 운동

고온의 환경에서는 외부 온도가 높아 복사와 전도를 통한 열손실이 어려우므로 발한과 증발을 통해서 체온조절이 이루어짐

(1) 고온에서 운동 시 순환계 대사반응
  ① 체온의 상승과 심박수의 증가
  ② 근육의 에너지인 글리코겐 이용률이 증가되고 산소가 부족하니 젖산의 생성량도 증가
  ③ 땀이 나기 시작하고 피부에 흐르는 혈액량이 증가

(2) 고온에서 열순응과 생리적인 주요반응
  ① 열순응
    ㉠ 열에 대한 내성이 증가되는 생리적 적응현상
    ㉡ 고온 환경에서 7~14일간 훈련 시 주로 순환계 및 체온 조절계의 기능이 개선되어 나타나는 현상
  ② 열순응의 생리적인 주요반응
    ㉠ 혈장량 증가(혈장 단백질의 증가로 혈액량과 박출량 증가)
    ㉡ 발한율 증가(열에 대해 땀으로 배출하는 능력)
    ㉢ 발한 시점의 조기화
    ㉣ 땀에 의한 염분 손실 감소
    ㉤ 피부 혈류량 감소(많은 혈액을 활동적인 근육에 보내기 때문에 피부와 경쟁)
    ㉥ 세포에서 열 충격 단백질 증가(열이나 스트레스로 인한 세포 손상 방지)

2021년 기출

〈보기〉에서 설명하는 열손실 기전으로 옳은 것은?

• 피부의 땀이나 호흡을 통하여 체열을 손실시킨다.
• 실내 트레드밀 달리기 중 열손실의 가장 주된 기전이다.
• 대기조건(습도, 온도)과 노출된 피부 표면적의 영향을 받는다.

① 복 사
② 대 류
③ 증 발
④ 전 도

정답 ③

2018년 기출

더운 환경에서 운동 시 나타나는 인체의 생리적 반응으로 옳지 않은 것은?

① 심박수가 증가한다.
② 땀 분비가 증가한다.
③ 떨림이 증가한다.
④ 피부혈관의 혈류가 증가한다.

정답 ③

+ 더 알아보기

운동 시 탈수 예방 지침
- 운동 전 : 400~800mL 수분 섭취
- 운동 중 : 150~300mL를 15~20분 간격으로 수분 섭취
- 운동 후 : 충분한 수분 섭취

2022년 기출

체온 저하 시 생리적 반응으로 옳은 것은?

① 심박수 증가
② 피부혈관 확장
③ 땀샘의 땀 분비 증가
④ 골격근 떨림(Shivering) 증가

정답 ④

2021년 기출

〈보기〉에서 설명하는 것으로 옳은 것은?

- 고온 환경에서 운동 중 극도의 피로, 혼란, 혼미, 현기증, 구토
- 심한 탈수 현상으로 심혈관계가 인체의 요구에 적절히 대처하지 못함
- 심부체온 40℃ 미만

① 열사병
② 열탈진
③ 열순응
④ 저나트륨혈증

정답 ②

(3) 고온에서 열질환

구 분	특 징	응급조치
열경련 (Heat Cramp)	• 고온 환경에서 심한 육체노동이나 운동을 했을 때 근육에 경련을 일으키는 증상 • 많이 사용하여 피로한 근육에 많이 발생 • 고온 환경을 떠나 2~3일 후 다시 고온에 노출되는 경우 주로 발생 • 주요증상 : 근육경련 30초~3분	• 0.1% 식염수 공급 (물 1리터에 소금 한 티스푼 정도) • 경련이 일어난 부위 근육 마사지 필요
열탈진 (Heat Exhaustion)	• 고온에서 장시간 심한 육체노동이나 운동을 할 때 수분과 염분이 제때 보충되지 않아서 일어나는 질병 • 고온 적응하지 못한 사람이 물만 마시고 염분을 보충하지 못했을 경우 발생 • 적절히 치료하면 쉽게 회복될 수 있으나, 그렇지 않으면 열사병으로 진행 • 주요증상 : 현기증, 피로감, 두통이 나타나며 심하면 실신	• 환자를 서늘한 장소에 옮겨 열을 식힌 후 0.1% 식염수를 공급 • 심한 경우에는 의사 진단 필요
열사병 (Heat Stroke)	• 장시간 뜨거운 햇볕이나 고온 환경에 노출되었을 때 체온조절중추 장해로 몸의 온도가 비정상적으로 상승하는 질병 • 고온 적응하지 못한 상태에서 심한 훈련을 하는 군인이나 신체기능이 떨어지는 노인이나 환자에게 주로 발생 • 주요증상 : 중추 신경장애, 현기증, 오심, 구토, 두통, 피부 건조, 혼수상태 등	• 선풍기, 에어컨 등을 사용하거나 물을 뿌려 환자의 체온 내려주기 • 병원으로 신속한 이동 필요

3. 저온 환경과 운동

인체가 저온자극을 받게 되면 체온조절을 위해 수축, 근육의 떨림, 호르몬의 증가와 같은 반응이 일어남

(1) 저온에서 운동 시 순환계 대사반응

① 저온에서 심박수 감소로 인한 심박출량 감소
② 근육 온도 저하로 인한 근육세포 내 수분의 점도 증가와 반응 속도 감소로 인한 운동수행 능력 저하
③ 혈액 온도 저하로 인한 혈류 산소 운반 능력 저하와 최대산소섭취량 감소
④ 피부혈관 수축에 의한 피부혈류 감소

(2) 저온에서의 체온 반응

① **저체온** : 체온이 35℃ 이하로 내려가면 혈압의 저하 등 신체기능이 저하되면서 정신기능도 영향을 받기 시작하며, 33℃ 이하로 떨어지면 정신기능 혼란이 발생함
② **동상** : 조직 내 체액이 얼어 생기는 것으로 세포의 탈수와 파괴를 초래

구 분	정 의	발생원인	증 상	응급처치
저체온	체온이 35℃ 이하로 떨어진 상태로 혈액순환과 호흡 신경계 기능이 떨어진 것	외부 환경으로 체온이 35℃ 이하로 내려갈 때 발생	• 오 한 • 혈압저하 • 의식혼미 • 사지강직	• 환자를 따뜻하게 감싸주며 따뜻한 물을 마시게 함 • 환자의 체온이 35℃ 미만으로 판단 시 병원으로 이송

동 상	영하 2~10℃의 심한 추위에 노출되면 피부의 연조직이 얼고 그 부위에 혈액 공급이 안 되어 나타나는 현상	조직 내 체액이 얼어 세포가 파괴될 때 발생	• 피부의 붉어짐 • 통증·물집 발생 • 혈액순환 장애	• 환자를 따뜻한 환경으로 옮기고 손상 부위를 따뜻하게 함 • 동상 부위를 39℃ 정도의 따뜻한 물에 20~40분간 녹여 줌

③ 저체온 시 온도별 증상

구 분	33~34℃	32℃	31℃	28℃
증 상	비정상적인 행동 및 근육이 굳는 현상이 나타남	몸이 떨리던 것이 멈추고 의식장애가 시작됨	의식장애가 발생하고 맥박 및 호흡 저하가 발생함	생명의 위협을 주는 심폐정지가 발생함

+ 더 알아보기

고산병
낮은 지대에서 고도가 높은 해발 2,000~3,000m 이상의 고지대로 이동하였을 때 산소가 희박해지면서 나타나는 신체의 급성반응

서 맥
맥박이 분당 60회 이하로 느리게 뛰는 것 ↔ 빈맥 : 맥박이 분당 100회 이상으로 빨리 뛰는 것

02 인체 운동과 환경

1. 고지 환경

고도가 높아질수록 산소분압 강하와 풍속냉각에 의한 질병 그리고 저체온증이 나타날 수 있음

(1) 고지 환경에서의 생리적 변화(산소부족)
  ① 산소분압에 의한 최대산소섭취량 감소와 호흡수 증가
  ② 심박수 증가와 유산소 능력 저하
  ③ 운동 중 젖산 생성량 증가

(2) 고지 환경에서 고지순응(산소 부족에서 인체의 적응)
  ① 호흡중추에서 이산화탄소에 대한 감수성 증가로 환기량 증가
  ② 저산소 상태에 따른 혈중 적혈구 수 증가로 산소 이용 능력 증대
  ③ 근육조직의 모세혈관과 미토콘드리아 밀도 증가

2. 수중 환경

수심이 10m 증가할 때마다 사람이 받는 압력은 1기압씩 상승함

(1) 수중 운동 시 순환계 반응
  ① 수중에서 상지와 하지의 압력이 유사해지면서 호흡순환계에 대한 부담 감소
  ② 정맥의 혈액 보유량 감소
  ③ 심장으로 환류 혈액량이 증가
  ④ 심박출량이 감소하며 서맥 현상 발생

2021년 기출

해수면과 비교하여 고지 환경에서 운동 시 생리적 반응으로 옳지 않은 것은?

① 최대하 운동 시 폐환기량이 증가한다.
② 최대하 운동 시 심박수와 심박출량은 감소한다.
③ 최대하 운동 시 동맥혈 산화헤모글로빈 포화도는 감소한다.
④ 무산소 운동능력보다 유산소 운동능력이 더 감소한다.

정답 ②

(2) 수중 적응
① 폐용량 최대흡기압과 폐활량 향상
② 저산소증에 대한 적응

3. 대기오염 환경
공기를 통해 숨을 쉬는 만큼 대기오염과 운동은 중요한 관련성을 가짐
(1) 대기오염 물질
① 일차 오염물 : 일산화탄소(대기오염에 가장 안 좋은 물질), 이산화질소, 이산화황, 미세물질
② 이차 오염물 : 오존, 과산화아세틸질산염, 에어로졸

(2) 대기오염 물질의 유형

구 분	정 의	영 향
일산화탄소	무색, 무취의 기체로서 산소가 부족한 상태로 연료가 연소될 때 불완전 연소로 발생	사람의 폐로 들어가면 혈액 중의 헤모글로빈과 결합하여 산소공급을 차단하여 심한 경우 사망에 이르게 함
이산화질소 (과산화질소)	자극성 냄새가 나는 갈색의 유해한 기체로, 공장 굴뚝이나 자동차 배기에서 주로 발생	고농도에서 심각한 폐손상과 사망 초래
이산화황 (아황산가스)	황과 산소의 화합물로서 황이 연소될 때에 발생하는 기체	인체의 점막을 자극하여 고농도 흡입 시 호흡곤란, 기관지염, 폐수종, 폐렴 증상 유발
오 존	질소산화물과 휘발성유기화합물이 광화학반응을 일으켜 발생하는 기체	폐기능 저하를 초래하여 폐활량을 감소시키고 심장질환을 유발

2019년 기출

고지대에서 장기간 노출 시 나타나는 생리적 적응 현상으로 적절하지 않은 것은?

① 적혈구 수 증가
② 혈액의 산소운반능력 향상
③ 근육의 모세혈관 밀도 감소
④ 주어진 절대강도 운동 시 폐환기량 증가

정답 ③

단답형 문제

01 체온의 조절작용은 수용기에서 정보를 모아 체온조절중추인 (　　)에서 통합한 다음 효과기를 통해 내부 환경을 정상으로 돌리는 과정이다.

02 열손실 기전 중 체열이 공기를 통하여 발산되는 기전을 (　　)(이)라고 한다.

03 (　　)은/는 고온에서 장시간 운동할 때 염분을 보충하지 않고 물만 마셨을 경우 발생하는 질병으로, 적절히 치료하지 않으면 열사병으로 진행된다.

04 영하 2~10℃의 심한 추위에 노출되어 피부의 연조직이 얼고, 그 부위에 혈액공급이 안 되어 나타나는 현상을 (　　)(이)라 한다.

정답 01 시상하부 02 복 사 03 열탈진 04 동 상

07 출제예상문제

01 다음 중 고온환경에서의 열순응 반응으로 옳지 않은 것은?

① 피부 혈류량 증가
② 발한율 증가
③ 염분 손실 감소
④ 발한 시점의 조기화

해설 열순응을 위해 많은 혈액을 근육으로 보내기 때문에 상대적으로 피부 혈류량은 감소한다.

02 다음 중 설명에 해당하는 열질환으로 옳은 것은?

> 고온 환경에 지나친 노출로 인한 체온 증가로 체온조절 기전이 작동되지 못한 상태에서 발생하면 체온이 비정상적으로 상승한다.

① 열사병
② 열순응
③ 열경련
④ 열탈진

해설 열사병은 지나친 체온증가로 체온조절 기전이 작동하지 못한 상태에서 발생되며, 현기증, 오심, 구토 등의 증상이 나타난다.

03 다음 중 고지환경에서의 생리적 변화로 옳지 않은 것은?

① 최대산소섭취량 감소
② 심박수 감소
③ 운동 중 젖산 생성 증가
④ 유산소 능력 저하

해설 고지환경에서는 산소분압 강하에 의해 심박수가 증가한다.

정답 01 ① 02 ① 03 ②

04 다음 중 고지 환경에서 고지 순응에 대한 반응으로 옳지 않은 것은?

① 호흡중추에서 이산화탄소 감수성 증가로 환기량 감소
② 저산소 상태에 따른 혈중 적혈구 수 증가
③ 미토콘드리아 밀도 증가
④ 근육 조직의 모세혈관 밀도 증가

해설 고지 순응으로 호흡중추에서 이산화탄소에 대한 감수성 증가로 환기량이 증가한다.

05 다음 중 대기 오염물질로 옳지 않은 것은?

① 이산화황
② 에어로졸
③ 일산화탄소
④ 이산화탄소

해설 대기오염물질에는 일산화탄소, 이산화질소, 이산화황, 오존, 에어로졸 등이 있다.

정답 04 ① 05 ④

제2과목 | 과목별 예상문제

완벽하게 이해된 부분에 체크 하세요

01 다음 설명에 해당되는 용어로 옳은 것은?

> 체내 물질의 생성·파괴 등이 균형을 이루고 총량·농도·압력 등이 일정하게 유지되고 있는 상태

① 항상성(Homeostasis)
② 적응(Adaptation)
③ 항정상태(Steady State)
④ 네거티브 피드백(Negative Feedback)

해설 항정상태(Steady State)는 내부 환경이 변하지 않는 일정한 상태를 의미한다.

02 다음 중 생물체 내에서 일어나는 동화작용에 대한 설명으로 옳지 않은 것은?

① 저분자에서 고분자로 바뀌는 대사과정을 말한다.
② 발열 반응이 아닌 흡열 반응이 일어난다.
③ 식물에서의 광합성은 에너지를 합성하는 동화작용이다.
④ 미토콘드리아에서의 세포호흡은 에너지를 합성하는 동화작용이다.

해설 저분자 물질을 고분자 물질로 합성하는 과정으로 에너지를 흡수하는 작용을 동화작용이라고 하고, 고분자 물질을 분해하는 과정으로 에너지를 방출하는 작용을 이화작용이라고 한다. 미토콘드리아에서의 세포호흡은 고분자인 포도당을 분해하고 에너지가 생성되는 과정에서 이루어지는 호흡이므로 이화작용에 해당한다.

정답 01 ③ 02 ④

03 다음 중 운동이 끝난 후 젖산 제거를 위한 적정 운동강도로 가장 옳은 것은? (VO_2max %로 측정)

① 30~40%
② 50~60%
③ 60~70%
④ 80~90%

해설 혈중의 젖산을 가장 효과적으로 제거시키기 위한 적정 운동강도는 30~40% VO_2max이다.

04 폐용적과 폐용량에 대한 설명으로 옳지 않은 것은?

① 폐활량(VC) - 최대 흡기 후 최대 호기량
② 기능적잔기량(FRC) - 최대 호기 후 폐의 잔기량
③ 총폐용량(TLC) - 최대 흡기 후 폐내 총 공기량
④ 1회호흡량(TV) - 안정 시 1회 흡기와 호기량

해설 기능적잔기량(FRC)은 평상 호흡에서 호기한 후 폐에 남아있는 공기량을 뜻한다.

05 〈보기〉에서 산소해리곡선에 따라 산소해리도가 커지는 경우가 올바르게 묶인 것은?

| ㉠ 고 온 | ㉡ 저 온 | ㉢ 낮은 O_2분압 |
| ㉣ 산 성 | ㉤ 낮은 CO_2분압 | ㉥ 염기성 |

① ㉠, ㉢, ㉥
② ㉡, ㉢, ㉢
③ ㉠, ㉢, ㉣
④ ㉡, ㉤, ㉣

해설 산소 해리는 산소 헤모글로빈에서 산소 분자가 떨어진다는 의미로 해리도는 고온, 낮은 O_2분압, 높은 CO_2분압, 산성일 때 커진다. 반대로 저온, 높은 O_2분압, 낮은 CO_2분압, 염기성일 때 해리도가 작아진다.

정답 03 ① 04 ② 05 ③

06 다음 중 〈보기〉의 설명에 해당되는 뉴런으로 옳은 것은?

> 뇌와 척수를 구성하며 구심성뉴런에서 받은 정보를 판단하고 적절한 명령을 내린다.

① 감각뉴런 ② 연합뉴런
③ 운동뉴런 ④ 원심성뉴런

해설 연합뉴런(혼합뉴런)은 뇌와 척수를 구성하며, 감각뉴런에서 받은 정보를 판단하고 적절한 명령을 내린다.

07 다음 중 〈보기〉에서 Type Ⅱb 근섬유에 대한 옳은 설명을 모두 고른 것은?

> ㉠ 미토콘드리아 밀도가 높다.
> ㉡ 운동신경의 크기가 크다.
> ㉢ 신경전도 속도가 느리다.
> ㉣ 마이오신 ATPase의 활성이 높다.

① ㉠, ㉣ ② ㉡, ㉣
③ ㉡, ㉢ ④ ㉢, ㉣

해설 속근 FTb(Type Ⅱb)는 미토콘드리아 밀도가 낮고, 운동신경의 크기가 크며, 신경전도 속도가 빠르고, 마이오신 ATPase의 활성이 높다.

08 다음 중 부신피질 코르티솔의 역할로 옳지 않은 것은?

① 염증 및 알레르기 증상 완화
② 포도당 생성 작용 촉진
③ 지방 분해와 유리지방산 동원 촉진
④ 간과 근육의 글리코겐 분해

해설 부신피질 코르티솔은 간에서 글리코겐 합성 작용을 수행한다.

정답 06 ② 07 ② 08 ④

09 다음 중 〈보기〉의 혈압 수치를 이용하여 평균동맥 혈압(Mean Arterial Blood Pressure)을 측정한 것은?

| • 수축기 혈압 = 150mmHg | • 이완기 혈압 = 90mmHg |

① 94mmHg
② 106mmHg
③ 110mmHg
④ 120mmHg

해설 평균동맥 혈압을 구하는 공식은 다음과 같다.
- 맥압 = 수축기 혈압 − 이완기 혈압
- 이완기 혈압 + 1/3맥압 = 평균동맥 혈압
- 맥압 = 60, 1/3맥압 = 20
- 따라서, 90 + 20 = 110이므로, 평균동맥 혈압은 110mmHg

10 다음 중 저온에서 운동 시 순환계의 반응으로 옳지 않은 것은?
① 심박수 감소
② 심박출량 감소
③ 근육세포 내 수분의 점도 증가
④ 최대산소섭취량 증가

해설 혈액 온도 하강으로 인해 혈류 산소 운반 능력이 저하되고, 최대산소섭취량이 감소한다.

정답 09 ③ 10 ④

교육은 우리 자신의 무지를 점차 발견해 가는 과정이다.

— 윌 듀란트 —

출제비중(2018~2024년)

(단위 : 개)

구 분	2024	2023	2022	2021	2020	2019	2018	합 계
스포츠사회학의 이해	3	1	2	2	2	3	2	15
스포츠와 정치	3	2	3	3	3	4	2	20
스포츠와 경제	1	2	2	2	1	5	2	15
스포츠와 교육	1	1	2	1	1	1	2	9
스포츠와 미디어	1	3	3	1	3	1	3	15
스포츠와 사회계층	2	2	2	2	2	2	2	14
스포츠와 사회화	2	3	2	2	3	2	3	17
스포츠와 일탈	3	4	2	4	4	2	3	22
미래사회의 스포츠	2	2	2	3	1	–	1	11
기타 및 통합문제	2	–	–	–	–	–	–	2

※ 출제비중은 문제 분석에 따라 달라질 수 있습니다.

제**3**과목

스포츠사회학

기출 분석(2024년 기출)

스포츠사회학의 경우 대부분의 문제가 도서에 설명되어 있고 과년도 기출에 충실하게 출제되어 어렵지 않게 풀 수 있었을 것으로 생각한다. 스포츠사회학은 생소한 학자를 등장시켜 문제 난이도를 조절하는 경향이 있었으나 2024년에는 새로 등장한 학자가 없었다. 2024년 기출의 경우 모든 파트에서 비슷한 비중으로 문제가 출제되었으나 [스포츠와 경제]·[스포츠와 교육]·[스포츠와 미디어] 파트의 비중이 줄었다. 한편, 스포츠교육학과 관련된 문제(스포츠 클럽법, 스포츠 육성정책모형)가 2문항 출제되었다. 대부분 중요 이론에서 파트별로 고루 출제되기 때문에 차기 시험을 위해 스포츠사회학에서 중요한 파트(스포츠사회학이론, 정치, 일탈, 계층, 스포츠사회화)위주로 중요 이론과 내용을 숙지하고, 각 세부 내용들을 꼼꼼하게 확인하여 외울 것을 권장한다.

01 스포츠사회학의 이해
02 스포츠와 정치
03 스포츠와 경제
04 스포츠와 교육
05 스포츠와 미디어
06 스포츠와 사회계층
07 스포츠와 사회화
08 스포츠와 일탈
09 미래사회의 스포츠

제3과목 스포츠사회학

01 스포츠사회학의 이해

학습목표
- 스포츠사회학의 정의에 대해 설명할 수 있다.
- 스포츠사회학의 연구영역을 미시적 영역과 거시적 영역으로 나누어 설명할 수 있다.
- 스포츠의 사회적 기능을 사례를 들어 설명할 수 있다.

20일 단기완성 학습 플랜
- 목표 학습 시간 : ___월 ___일
- 실제 학습 시간 : ___월 ___일

01 스포츠사회학의 의의

1. 스포츠사회학의 정의
(1) 스포츠의 맥락에서 인간의 사회행동의 법칙을 규명하는 학문
(2) 스포츠현상을 사회현상으로 규정하여 스포츠와 사회의 관계에 초점을 두고 사회학적 이론과 연구방법으로 설명하려는 스포츠과학의 분과 학문

2. 스포츠사회학의 적용
(1) 스포츠사회학의 적용사례
① 부모나 코치로 하여금 청소년의 스포츠참여가 청소년의 긍정적 발달에 기여하는 효과적 조건이 무엇인지에 대해 알려줌
② 특정 스포츠가 다른 스포츠에 비교해 폭력발생 비율이 높은 이유를 설명
③ 스포츠 폭력 문제를 효과적으로 대처할 수 있는 방법에 대한 정보를 제공

(2) 스포츠사회학의 연구영역

구 분	내 용
사회적 행위에 대한 연구	인격, 사회행동, 사회적 사실 등
집단에 대한 연구	체육운동부, 체육학습집단, 스포츠 연맹 등
문화 및 제도에 관한 연구	문화, 제도, 규범, 습관 등
사회변동의 영향에 대한 연구	대중화, 세계화, 신체문화, 학교시설 개방 등

(3) 스포츠사회학의 연구범위

구 분	거시적 영역	미시적 영역	전문적 영역
연구범위	• 각 사회의 스포츠기능 • 스포츠와 종교 • 스포츠와 교육 • 스포츠와 실력주의 • 스포츠와 성	• 소집단의 상호작용 • 지도자론 • 사회화 • 승리와 사기 • 공격성 • 비 행	• 학문적 적법성 • 스포츠의 본질적 정체

2019년 기출

스포츠사회학의 정의에 대한 설명으로 적절하지 않은 것은?

① 스포츠의 맥락에서 인간의 사회행동 법칙을 규명한다.
② 스포츠 현상을 일반 사회구조의 측면에서 설명한다.
③ 사회학의 하위분야로 스포츠 현상에 사회학적 개념을 적용한다.
④ 선수 개인의 행동과 관련된 인간 내면의 특성 및 과정을 설명한다.

정답 ④

2021년 기출

스포츠사회학에 관한 설명으로 옳지 않은 것은?

① 스포츠 현장의 사회구조와 사회과정을 설명하는 학문이다.
② 운동참여자의 운동수행능력과 관련된 직접적인 원인을 설명한다.
③ 사회학의 하위 분야로 스포츠 현장의 인간행동을 예측하고 이해한다.
④ 스포츠는 사회영역과 밀접한 관계를 맺고 있어 통찰과 분석이 필요하다.

정답 ②

(4) 스포츠사회학의 주요개념(Coakley)

구 분	내 용
사회조직	목적 달성을 위해 의도적으로 조직된 사회집단
사회제도	공동체 내에서 문제 해결을 위해 공유하고 있는 관습적이고 공식적인 방법 및 절차
사회집단	소속감을 가지고 서로 상호작용하는 집단
근대화	전근대적 상태(농경사회)에서 근대적 상태(공업사회)로의 변화
문 화	사회구성원이 공유하는 삶의 방식
사회적 상호작용	감정, 사고, 행위에 사회구성원들끼리 서로 영향을 받는 과정
사회구조	사회 내에서 일상생활을 영위하고 여러 활동(놀이, 노동)을 함께 하면서 형성된 구조

(5) 스포츠 육성 정책모형

구 분	내 용
피라미드 모형	스포츠 참여 저변 확대 시 세계 수준의 선수가 배출됨
낙수효과 모형	엘리트 스포츠에서 세계적 수준의 선수를 육성하게 면 그 영향으로 대중스포츠 참여가 확대됨
선순환 모형	엘리트 스포츠 발전으로 인한 우수한 성과 → 일반 청소년들의 대중 스포츠 참여 확대 → 발전된 대중 스포츠 참여로 인해 우수한 스포츠 선수 육성가능

02 스포츠의 사회적 기능

1. 스포츠사회학의 주요 이론

(1) 구조기능주의(Durkheim)

① 기본관점
  ㉠ 사회를 유기체에 비유하여 사회는 본질적으로 상호연관되었다고 보는 관점
  ㉡ 사회, 지역, 학교, 가정, 스포츠 같은 사회체계의 각 부분이 사회 전체에 기여하는 것에 관심을 둠

② 한계점
  ㉠ 스포츠상황에서의 갈등 문제 간과
  ㉡ 개개인의 상호작용 간과
  ㉢ 스포츠의 긍정적 기능 과장
  ㉣ 개념의 불명확성

2024년 기출

〈보기〉의 ㉠~㉢에 해당하는 스포츠 육성 정책 모형이 바르게 제시된 것은?

㉠ 학생들의 스포츠 참여 저변이 확대되면, 이를 기반으로 기량이 좋은 학생선수가 배출된다.
㉡ 우수한 학생선수들을 육성하면 그들의 영향으로 학생들의 스포츠 참여가 확대된다.
㉢ 스포츠 선수들의 우수한 성과는 청소년의 스포츠 참여를 촉진하고, 이를 통해 형성된 스포츠 참여 저변 위에서 우수한 스포츠 선수들이 성장한다.

① ㉠ 선순환 모형, ㉡ 낙수효과 모형, ㉢ 피라미드 모형
② ㉠ 피라미드 모형, ㉡ 선순환 모형, ㉢ 낙수효과 모형
③ ㉠ 피라미드 모형, ㉡ 낙수효과 모형, ㉢ 선순환 모형
④ ㉠ 낙수효과 모형, ㉡ 피라미드 모형, ㉢ 선순환 모형

정답 ③

2024년 기출

파슨즈(T. Parsons)의 AGIL 이론에 관한 설명으로 옳지 않은 것은?

① 상징적 상호작용론 관점의 이론이다.
② 스포츠는 체제 유지 및 긴장 처리 기능을 한다.
③ 스포츠는 사회구성원을 통합시키는 기능을 한다.
④ 스포츠는 사회구성원이 사회체제에 적응하게 하는 기능을 한다.

정답 ①

+ 더 알아보기

스포츠의 제도화 특성(Coakley)
- 경기규칙의 표준화
- 경기기술의 정형화
- 활동의 조직적 · 합리적 측면 강조
- 공식 규정 위원회의 규칙 집행

갈등 및 전쟁촉매의 사례(축구전쟁)
멕시코월드컵 예선전에서 온두라스가 엘살바도르에 승리를 거둔 후 엘살바도르 소녀팬이 자살을 하였다. 그 이후 3차전 엘살바도르 홈에서 엘살바도르가 온두라스를 이겼을 때 온두라스 팬들이 난동을 일으켰고 온두라스 팬들을 엘살바도르에서 추방시켰다. 이는 전쟁을 촉매하는 계기가 되었다.

2022년 기출

〈보기〉의 내용과 관련이 깊은 사회학 이론으로 옳은 것은?

- 미시적 관점의 이론이다.
- 인간은 사회제도나 규칙에 대해 능동적으로 사고하고 의미를 부여하며 행동한다.
- 스포츠 팀의 주장은 리더십이 필요하기 때문에 점차 그 역할에 맞는 리더십을 발휘한다.

① 갈등 이론
② 교환 이론
③ 상징적 상호작용론
④ 기능주의 이론

정답 ③

2017년 기출

코클리가 제시한 스포츠 제도화의 특성에 해당하지 않는 것은?

① 경기규칙의 표준화
② 경기기록의 계량화
③ 활동의 조직적 · 합리적 측면 강조
④ 경기기술의 정형화

정답 ②

---

③ AGIL모형(Parsons)

구조기능주의 관점에서 스포츠의 기능을 해석한 모형으로, 스포츠가 사회체제 유지 및 긴장 처리의 기능을 수행하며, 대중들에게 사회의 기본적인 가치와 규범을 내면화하게 하는 기능을 수행함을 설명함

적응 기능 (Adaption)	사회 구성원들이 특정 사회가 지향하는 사회환경에 동화하고 환경의 요구에 잘 대처하는 것 ㉮ 스포츠가 생산적인 여가활동으로 작용 → 효율적인 경제활동에 참여할 수 있는 사람을 배출
목표달성 기능 (Goal Attainment)	특정 사회가 지향하는 목적 달성을 위해 방법 및 수단을 제공하여, 구성원들의 동기부여뿐만 아니라 성취했을 때 사회적 만족감 부여 ㉮ 스포츠에 참여 시 목표를 위해 최선으로 노력하고 페어플레이 등을 엄수했을 때 탁월한 능력이 입증 → 정당한 성취를 이룸
통합 기능 (Integration)	조화로운 사회관계 유지를 위해 사회 각 부분을 관리하여 일탈 행위를 바로잡는 기능 수행(인간소외 해결, 일체감 조성) ㉮ 스포츠는 사회적 거리를 좁혀주는 촉매 역할 → 동료 및 상대편에게도 우호적 관계 형성
잠재적 체제유지 기능 (Latent Pattern)	주요 가치관을 지속적으로 재생산하여 현존하는 사회관계들이 존속할 수 있도록 하는 기능 ㉮ 조직적인 스포츠 참여 → 청소년의 사회생활 준비 기회 마련(생활방식, 사회규범 획득)

(2) 갈등 이론(Marx)

① 기본관점
   ㉠ 사회가 서로 다른 이해관계를 추구하는 개인과 집단으로 구성되었다고 봄
   ㉡ 갈등, 대립, 경쟁, 투쟁을 통해 사회가 변화 또는 발전한다고 봄

② 한계점
   ㉠ 스포츠의 순기능 무시
   ㉡ 스포츠의 의미가 단순 경제 논리에 의해 간과됨
   ㉢ 갈등해결 방법 미제시

③ 갈등 이론 관점에서 보는 스포츠의 사회적 기능
   ㉠ 신체적 소외 : 인간과 신체의 소외현상
   ㉡ 강제와 사회통제 : 지배집단이 스포츠를 이용하여 국민의 정치적 무관심 조장
   ㉢ 상업주의 : 승리주의와 물질만능주의 조장
   ㉣ 국수주의 및 군국주의 : 민족우월주의 또는 국수주의 심화
   ㉤ 차별과 불평등 : 스포츠상황에서 인종차별과 여성차별주의 만연

(3) 비판 이론

① 갈등 이론의 결정론적 사고를 비판함
② 사회의 본질 및 사회현상의 여러 측면을 규명 및 폭로함
③ 사회의 하부구조보다 상부구조에 관심을 가짐
④ 사회변화에 초점을 둠

(4) 상징적 상호작용론(미시적 관점)
　① 사회적 현상에 대해 개인(주체)의 경험에 대한 해석을 주목함
　② 상징적 상호작용론의 요소

일반화된 타자	타인이 자신의 역할에 대해 기대하고 있는 행동을 이해함
스포츠의식	징크스, 미신, 의식 등 선수들에게 작용하는 심리적·상징적 힘
팀 문화	개인이 어떤 팀의 구성원으로서 공유하는 것

2. 스포츠의 사회적 기능

(1) 사회 정서적 기능
　① 체제유지 : 대중에게 사회의 기본 가치와 규범을 전달하는 기능 수행
　② 긴장해소 : 긴장, 공격성, 좌절 같은 부정적 감정을 정화하는 기능 수행

(2) 사회화 기능
　① 목표성취
　　㉠ 사회제도 속에서 중요한 목표를 합리화시키고 재확인하는 기능 수행
　　㉡ 스포츠경험을 통해 사회의 일반화된 목표와 가치를 내면화시키는 기능 수행
　② 사회적응 : 스포츠활동을 통해 사회적 환경에 적응·대응하도록 준비시키는 기능 수행

(3) 사회통합 및 사회통제 기능
　① 사회통합
　　㉠ 스포츠참여자를 결집시키고 집단의 일체감을 조성하는 기능 수행
　　㉡ 성, 연령, 계층과 관계없이 사회적 소통을 촉진하는 기능 수행
　② 사회통제 : 지배 집단이 이익이나 권력을 위해 스포츠를 이용하여 구성원을 통제하는 기능 수행

3. 근대 스포츠의 특성(Guttmann)

구 분	내 용
세속화	경제적 보장, 명예 등 세속적 관심의 충족을 추구함
평등화	여성과 대중의 참가 확대를 통한 평등의 원칙을 추구함
전문화	포지션 분화와 리그의 세분화를 촉진함
합리화	규칙과 전략으로 구성됨
관료화	규칙을 정하고 경기를 조직적으로 운영함
수량화	시간, 기록, 거리 등 모든 것을 측정 가능한 숫자로 표기함
기록화	기록을 세우고 깨뜨리는 것을 추구함

2023년 기출

〈보기〉의 ㉠, ㉡에 해당하는 거트만(A. Guttmann)의 근대스포츠 특징은?

- (㉠) - 국제스포츠조직은 규칙의 제정, 대회의 운영, 종목 진흥 등의 역할을 담당한다.
- (㉡) - 투수라는 같은 포지션 내에서도 선발, 중간, 마무리 등으로 구분된다.

	㉠	㉡
①	관료화	평등성
②	합리화	평등성
③	관료화	전문화
④	합리화	전문화

정답 ③

2019년 기출

〈보기〉에서 설명하는 스포츠의 사회적 기능으로 적절한 것은?

2002년 한일월드컵에서 한국축구 대표팀은 4강 신화를 만들었다. 이 과정에서 성별, 연령에 관계없이 많은 국민들이 길거리 응원에 참가하며 국가에 대한 애착심과 소속감을 되새겼다.

① 사회통합
② 사회통제
③ 신체소외
④ 사회차별

정답 ①

단답형 문제

01 스포츠사회학은 스포츠를 사회적, 정치적, 경제적 조건하에 상호작용이 일어나는 (   )(으)로 간주한다.

02 체육운동부, 체육학습집단, 스포츠 연맹은 스포츠사회학의 연구영역 중 (   )에 대한 연구이다.

03 사회가 본질적으로 상호연관됨을 시사하며, 사회를 하나의 유기체라고 생각하는 관점은 (   )이다.

04 스포츠는 성, 연령, 계층과 관계없이 사회적 소통을 촉진하는데, 이를 스포츠의 (   ) 기능이라고 한다.

> **정답** 01 사회적 구성물 02 집 단 03 구조기능주의 04 사회통합

제3과목 스포츠사회학

01 출제예상문제

완벽하게 이해된 부분에 체크 하세요

01 다음 중 스포츠사회학의 거시적 영역에 대한 내용으로 옳은 것은?

① 소집단의 상호작용
② 학문적 적법성
③ 승리와 사기
④ 스포츠와 종교

해설 스포츠사회학의 거시적 영역은 각 사회의 스포츠기능, 스포츠와 종교 · 교육 · 성 · 실력주의에 대해 연구한다.

02 스포츠사회학에 대한 설명으로 옳지 않은 것은?

① 스포츠의 맥락에서 인간의 사회행동 법칙을 규명하는 학문이다.
② 스포츠현상을 사회현상으로 규정하여 스포츠와 사회의 관계에 초점을 둔다.
③ 사회학과 스포츠과학의 분과 학문이다.
④ 스포츠상황에서 일어나는 인간행동과 정신과정에 초점을 둔다.

해설 스포츠상황에서 일어나는 인간행동과 정신과정에 초점을 두는 학문은 스포츠심리학이다. 스포츠사회학은 스포츠상황에서 나타나는 행동유형과 사회과정에 초점을 둔다.

03 스포츠사회학의 연구영역으로 옳지 않은 것은?

① 사회적 행위에 대한 연구
② 집단에 대한 연구
③ 운동제어에 대한 연구
④ 사회변동의 영향에 대한 연구

해설 운동제어는 스포츠심리학의 하위영역이다. 스포츠사회학의 연구영역은 사회적 행위에 대한 연구, 집단에 대한 연구, 문화나 제도에 대한 연구, 사회변동의 영향에 대한 연구이다.

정답 01 ④   02 ④   03 ③

04 다음 중 스포츠의 사회통합과 사회통제 기능에 대한 설명으로 옳지 않은 것은?

① 스포츠가 참여자를 결집시키는 것으로 사회통합 기능을 수행한다.
② 스포츠의 사회통제적 기능은 갈등 이론적 관점이다.
③ 스포츠는 성, 연령, 계층과 관계없이 사회적 소통을 촉진한다.
④ 스포츠는 사회구성원의 긴장과 공격성을 해소해 주는 기능을 포함한다.

해설 사회구성원의 긴장과 공격성을 해소해 주는 기능은 스포츠의 '사회 정서적 기능'에 해당한다.

05 스포츠사회학의 주요개념과 그 내용으로 올바르게 짝지어진 것은?

① 문화 – 사회구성원이 공유하는 삶의 방식
② 사회제도 – 사회 내에서 일상생활을 영위하고 여러 활동(놀이, 노동)을 함께 하면서 형성된 구조
③ 사회조직 – 공동체 내에서 문제 해결을 위해 공유하고 있는 관습적이고 공식적인 방법 및 절차
④ 사회구조 – 목적 달성을 위해 의도적으로 조직된 사회집단

해설 사회학에서의 문화는 사회구성원이 공유하는 삶의 방식을 의미한다.
② 사회구조, ③ 사회제도, ④ 사회조직에 대한 설명이다.

정답 04 ④ 05 ①

제3과목 스포츠사회학

02 스포츠와 정치

학습목표
- 정치가 스포츠를 이용하는 방법과, 스포츠의 정치적 기능을 사례를 들어 설명할 수 있다.
- 스포츠에 정치가 개입되는 원인에 대해 이해하고, 순기능과 역기능을 설명할 수 있다.
- 국제정치에서 나타나는 스포츠의 정치적 이용 방식을 사례를 들어 설명할 수 있다.

20일 단기완성 학습 플랜
- 목표 학습 시간 : ___월 ___일
- 실제 학습 시간 : ___월 ___일

01 스포츠와 정치의 결합

1. 스포츠의 정치적 속성 및 기능
(1) 스포츠의 조직화 자체가 불평등한 권력배분을 야기함
(2) 정부기관의 스포츠 개입 시 스포츠와 정치의 결합이 발생함
(3) 스포츠와 정치적 상황의 상호작용으로 인한 관계가 성립됨
(4) 스포츠의 보수적인 성향으로 인한 제도적 특성이 존재함
(5) 스포츠에서 거행되는 각종 의식은 기금을 후원한 기관의 충성심을 나타냄

2. 스포츠와 정치의 결합 방법

상 징	동일화	조 작
개인의 승리를 국가의 영광으로 해석함 예 유니폼에 국기부착	대중이 선수나 팀에 자신을 감정이입시켜 상황에 몰입 예 선수가 이겼을 때 '내가 이겼다'라고 생각함	정치권력의 인위적 개입목적을 달성하기 위해 수단과 방법을 가리지 않음 예 한일전을 앞둔 상황에서 독도에 대한 왜곡성 발언

2022년 기출

정치의 스포츠 이용 방법에 관한 설명으로 옳은 것은?

① 태권도를 보면 대한민국 국기라는 동일화가 일어난다.
② 정부의 3S 정책은 스포츠를 이용하는 상징의 대표적인 방법이다.
③ 스포츠 이벤트에서 국가 연주, 선수 복장, 국기에 대한 의례 등은 상징의식에 해당한다.
④ 올림픽에서 금메달 수상 장면을 보면서 내가 획득한 것처럼 눈물을 흘리는 것은 상징화에 해당한다.

정답 ③

02 스포츠와 국내정치

1. 스포츠정책의 이해

(1) 스포츠정책과 스포츠정치

구 분	내 용
스포츠정책	국가역량의 동원, 정부에 대한 지지, 국가정책이나 정치가의 실정·비리·부정을 은폐하는 수단으로 조작
스포츠정치	스포츠의 내재적 특성은 국가 목적 수행에 탁월하기 때문에 모든 경쟁적 스포츠에서는 정치적 현상이 존재

(2) 스포츠의 정책적 역할
　① 스포츠는 정치의 압력이나 간섭을 받지 않고 순수성과 독립성을 지켜야 함
　② 스포츠는 수많은 국가정책 중 국민의 행복실현욕구를 직접적으로 충족시킬 수 있는 핵심요소임

(3) 스포츠정책의 추진 전략
　① 스포츠시스템의 선진화
　② 스포츠의 법 제정 및 조직·시설 등의 기초요건 확립
　③ 글로벌 스포츠경쟁력 강화

2. 스포츠와 정치의 개입

(1) 지역사회와 스포츠
　① 정치가 지역사회 스포츠에 미치는 영향
　　㉠ 스포츠 참여 기회의 제공과 참여기반 확대
　　㉡ 스포츠 관련 단체의 정치적 관심으로 지역 스포츠 활성화
　　㉢ 정치·문화 행사프로그램으로 지역사회의 연대감 강화
　② 지역사회 스포츠가 정치에 미치는 영향
　　㉠ 지역사회 개발 및 발전
　　㉡ 지역주민의 사회적·정치적 지위 고양

(2) 국가수준에서의 스포츠 개입
　① 사회통합 및 사회통제
　② 국민 건강 증진과 여가기회 제공
　③ 국가사회의 경제발전 촉진
　④ 정부나 정치인에 대한 지지 확보
　⑤ 지배 이데올로기에 부합하는 가치 강조
　⑥ 사회질서의 유지 및 보호

+ 더 알아보기

스포츠의 내재적 특성
- 경쟁성
- 공개성
- 협동성
- 비언어적 전달성

훌리한이 제시한 정부가 스포츠에 개입하는 목적
- 이데올로기성 우월성을 표출
- 사회적·정치적·경제적·문화적 목적 달성을 위한 도구로 사용

[2024년 기출]

〈보기〉에서 훌리한(B. Houlihan)이 제시한 '정부(정치)의 스포츠 개입 목적'에 관한 사례인 것을 모두 고른 것은?

> ㄱ. 시민들의 건강 및 체력유지를 위해 체육단체에 재원을 지원한다.
> ㄴ. 체육을 포함한 교육 현장의 양성평등을 위해 Title IX을 제정했다.
> ㄷ. 공공질서를 보호하기 위해 공원에서 스케이트보드 금지, 헬멧 착용 등의 도시 조례가 제정되었다.

① ㄱ
② ㄱ, ㄷ
③ ㄴ, ㄷ
④ ㄱ, ㄴ, ㄷ

정답 ④

3. 스포츠의 정치적 속성(Eitzen & Sage)

에티즌(Eitzen)과 세이지(Sage)는 스포츠와 정치적 현상과 관련하여 스포츠의 정치적 속성을 다음과 같이 제시했다.

(1) 스포츠경기의 참가자는 그 조직을 대표하며, 조직에 강한 충성심을 가짐
(2) 스포츠와 정치는 밀접한 관계를 가지며 본질적으로 조직의 과정 그 자체에 존재함
(3) 스포츠와 정치의 결합은 정부기관이 개입되면 더욱 명백히 두드러짐
(4) 스포츠와 정치는 상호작용 관계를 가짐
(5) 스포츠 내에 불평등하게 권력이 배분되어 권력에 투쟁함
(6) 스포츠의 제도는 보수적이며 이는 질서를 지지하고 유지하는 것에 기여함

03 스포츠와 국제정치

1. 국제정치와 스포츠

(1) 정치현상으로서의 국제 스포츠
   ① 정치적 도구 : 국가 간 교류와 외교관계의 기틀 마련
   ② 사회·정치적 반사경 : 국내문제의 사회·정치적 반영
   ③ 국가선전 : 정치적 우월성 선전의 장
   ④ 국가 경쟁력의 공개 : 국가의 경제적·문화적 경쟁력 공개
   ⑤ 침략적 공격성의 배출구 : 스포츠 경쟁을 통한 국가 간 공격성 해소
   ⑥ 민족주의의 진원 : 충성심과 애국심의 고양

(2) 국제정치에서 스포츠의 역할
   ① 외교적 도구 : 외교적 승인 또는 항의
   ② 국제적 이해 및 평화 : 스포츠 교류를 통한 국제적 이해와 친선 증진
   ③ 갈등 및 전쟁 촉매 : 스포츠 현장에서의 갈등
   ④ 이데올로기 및 체제 선전 수단 : 특정 정치 체제의 우월성을 입증하는 수단
   ⑤ 국위선양 : 선수와 국가 간의 동일시를 통한 국위 선양

(3) 올림픽 경기의 정치화 요인
   ① 민족주의의 심화 : 국가 간의 경쟁 심화
   ② 상업주의의 팽배 : 경제적 이익을 추구하기 위한 목적을 이용
   ③ 정치권력 강화 : 외교수단 달성 및 정치적 국력 과시

2022년 기출

에티즌(D. Eitzen)과 세이지(G. Sage)가 제시한 스포츠의 정치적 속성으로 옳지 않은 것은?

① 보수성
② 대표성
③ 권력투쟁
④ 상호배타성

정답 ④

2023년 기출

〈보기〉는 스트렌크(A. Strenk)가 제시한 국제정치에서 스포츠의 기능에 관한 설명이다. ㉠~㉢에 해당하는 내용이 바르게 연결된 것은?

- (㉠) - 2002년 한일월드컵 4강 진출로 대한민국이 축구 강국으로 인식
- (㉡) - 1980년 모스크바올림픽에서 서방 국가들의 보이콧 선언
- (㉢) - 1936년 베를린올림픽에서 나치즘의 정당성과 우월성 과시

	㉠	㉡	㉢
①	외교적 도구	정치이념 선전	국위선양
②	국위선양	외교적 항의	정치이념 선전
③	국위선양	외교적 도구	외교적 항의
④	외교적 도구	외교적 항의	정치이념 선전

정답 ②

2. 스포츠와 남북관계

(1) 남북교류의 의의
  ① 남북 간 사회적 긴장과 이데올로기 갈등의 완화
  ② 상호 불신을 해소하고 남북 관계 개선
  ③ 상호 문화 교류로 인한 민족 동질성 회복

(2) 남북교류의 내용
  ① **남북체육회담** : 로잔 남북체육회담(1963년), 남북체육실무회담(2002년) 등
  ② **남북 공동입장** : 시드니 하계올림픽 공동입장(2000년), 아테네 하계올림픽 공동입장(2004년) 등
  ③ **남북단일팀 구성** : 제41회 지바 세계탁구선수권대회 최초 남북 단일팀 구성 참가(1991년), 제23회 평창동계올림픽 남북 단일팀 구성 참가(2018년) 등

+ 더 알아보기

올림픽과 정치
- 1936년 베를린올림픽 : 나치정권 선전의 장으로 이용
- 1972년 뮌헨올림픽 : 이스라엘·팔레스타인 갈등으로 인해 검은 9월단 사건 발생
- 1980년 모스크바올림픽 : 소련의 아프가니스탄 침공에 항의하는 서방국가들의 대회 불참

[2022년 기출]

국제사회에서 발생한 스포츠 사건에 관한 설명으로 옳은 것은?

① 남아프리카공화국은 아파르트헤이트로 인해 국제대회 참여가 거부되었다.
② 구소련의 아프가니스탄 침공을 이유로 1984년 LA올림픽에 많은 자유 진영 국가가 불참하였다.
③ 2018년 평창올림픽에서 메달 획득을 위해 여자아이스하키 남북 단일팀이 결성되었다.
④ 1936년 베를린올림픽에서 검은구월단 무장단체가 선수촌에 침입하여 이스라엘 선수를 살해하였다.

정답 ①

단답형 문제

01 대중이 선수나 팀에 자신을 감정이입시켜 상황에 몰입하는 것은 (   )(이)라고 한다.

02 정치의 스포츠 이용방법 중 개인 승리를 국가의 영광으로 해석하는 것은 (   )이다.

03 사회통합, 사회통제, 국가적 위상 획득은 (   ) 수준에서의 스포츠의 정치적 역할이다.

04 (   )은/는 애국심과 충성심을 고양시켜, 국가 간 경쟁을 심화시키는 정치화 현상을 유발한다.

정답 01 동일화 02 상 징 03 국 가 04 민족주의

02 출제예상문제

01 다음 중 스포츠의 정치적 속성으로 옳지 않은 것은?

① 스포츠의 조직화는 평등한 권력배분을 야기한다.
② 정부기관의 스포츠 개입 시 스포츠와 정치의 결합이 발생한다.
③ 스포츠와 정치적 상황의 상호작용으로 인한 관계가 성립한다.
④ 스포츠는 보수적인 성향으로 인한 제도적 특성이 존재한다.

해설 스포츠의 조직화로 인해 팀뿐 아니라 행정 기구 등의 집단에서 불평등한 권력배분과 권력투쟁이 나타난다.

02 다음 중 스포츠정책과 정치에 대한 설명으로 옳지 않은 것은?

① 스포츠정책은 정치가의 비리, 부정 등의 국가에 대한 문제를 숨기기 위한 수단으로써 조작되기도 한다.
② 스포츠의 내재적 특성이 국가목적과 대치되므로 정치현상을 발생시킨다.
③ 모든 경쟁적 스포츠는 정치적으로 활용될 가능성이 있다.
④ 스포츠는 정치압력을 받지 않고 순수성과 독립성을 지켜야 한다.

해설 스포츠의 내재적 특성(경쟁성, 공개성, 협동성, 비언어적 전달성)은 국가목적 수행에 탁월하여 정치적 현상이 일어난다.

정답 01 ① 02 ②

03 다음 중 스포츠와 정치의 결합 방법에 대한 설명으로 옳은 것은?

① 유니폼에 국기를 부착하는 것은 동일화로 설명할 수 있다.
② 대중이 선수나 팀에 감정을 이입시켰을 때 상징화로 설명할 수 있다.
③ 목적을 달성하기 위해 수단, 방법을 가리지 않아 조작이 발생한다.
④ 개인의 승리를 국가의 영광으로 해석하는 것은 조작으로 설명할 수 있다.

해설 ① 유니폼에 국기를 부착하는 것은 상징으로 설명할 수 있다.
② 대중이 선수나 팀에 감정을 이입시키는 것은 동일화로 설명할 수 있다.
④ 개인의 승리를 국가의 영광으로 해석하는 것은 상징으로 설명할 수 있다.

04 다음 중 정치가 지역사회 스포츠에 미치는 영향으로 옳지 않은 것은?

① 스포츠 참여기회 제공
② 스포츠 관련 단체의 정치적 관심
③ 정치지도자의 스포츠에 대한 관심
④ 지역사회 개발 및 발전

해설 지역사회 개발 및 발전은 지역사회 스포츠가 정치에 미치는 영향이다.

05 다음 중 국제정치에 있어서 스포츠의 역할로 옳은 것은?

① 외교적 도구
② 사회통합
③ 사회통제
④ 체제유지

해설 국제정치에 있어 스포츠는 외교적 도구, 국제적 이해 및 평화, 갈등 및 전쟁촉매, 이데올로기 및 체제 선전, 국위선양 등의 역할을 한다.

정답 03 ③ 04 ④ 05 ①

03 스포츠와 경제

제3과목 스포츠사회학

학습목표
- 스포츠가 상업화된 과정에 대해 설명할 수 있다.
- 스포츠 상업화로 인해 발생한 스포츠의 변화에 대해 사례를 들어 설명할 수 있다.
- 프로스포츠와 스포츠 메가이벤트의 상업적 기능과 경제적 가치를 설명할 수 있다.

20일 단기완성 학습 플랜
- 목표 학습 시간 : ___월 ___일
- 실제 학습 시간 : ___월 ___일

01 상업주의와 스포츠

1. 상업주의와 스포츠의 변화

(1) 스포츠 발전에 영향을 미치는 사회적 요소
  ① 산업화 : 자본주의적 시장 경제 체계
  ② 도시화 : 인구 밀도 높은 대도시의 소비
  ③ 교통과 통신의 발달 : 빠른 정보 제공

(2) 상업주의에 따른 스포츠의 변화
  ① 본질의 변화
    ㉠ 아마추어리즘의 퇴조 : 물질적 이익을 추구하지 않고 페어플레이 정신으로 스포츠에 임하는 아마추어리즘 퇴조
    ㉡ 스포츠의 직업화 : 물질적 이익을 위해 스포츠에 참여하고 생계 유지 수단으로 전락
  ② 구조의 변화
    ㉠ 인기종목의 경기시간 조정
    ㉡ 경기 중 광고시간 삽입 및 연장
    ㉢ 흥미본위의 경기규칙 제정
    ㉣ 결승전을 주말로 조정
    ㉤ 스포츠의 기본 구조 유지
  ③ 내용의 변화
    ㉠ 경기 자체보다 경기 외적인 측면 중시(승리만을 추구)
    ㉡ 심미적 가치(선수의 재능, 노력 탁월성)보다 영웅적 가치(동작의 과감성, 묘기, 용기)를 중시
    ㉢ 관중의 호응도 중요시(과시효과, 요구증가)
    ㉣ 치어리더 연기 및 대중매체 보도의 관심

＋ 더 알아보기

상업주의 스포츠 출현 및 발전 배경
- 거대자본을 토대로 스포츠 시설을 구축
- 인구가 밀집되어 있는 도시 등장
- 자본주의적 시장경제체제 안착

2023년 기출

〈보기〉에서 코클리(J. Coakley)의 상업주의에 따른 스포츠의 변화에 관한 설명으로 옳은 것을 모두 고른 것은?

㉠ 스포츠 조직의 변화 – 스포츠 조직은 경품 추첨, 연예인의 시구와 같은 의전행사에 관심을 갖게 되었다.
㉡ 스포츠 구조의 변화 – 스포츠의 심미적 가치보다 영웅적 가치를 중시하게 되었다.
㉢ 스포츠 목적의 변화 – 아마추어리즘보다 흥행에 입각한 프로페셔널리즘을 추구하게 되었다.
㉣ 스포츠 내용의 변화 – 프로 농구의 경우, 전·후반제에서 쿼터제로 변경되었다.

① ㉠, ㉡
② ㉠, ㉢
③ ㉡, ㉢, ㉣
④ ㉠, ㉢, ㉣

정답 ②

④ 조직의 변화
  ㉠ 개·폐회식의 의식을 중시
  ㉡ 예산확보

2. 프로스포츠의 순기능과 역기능

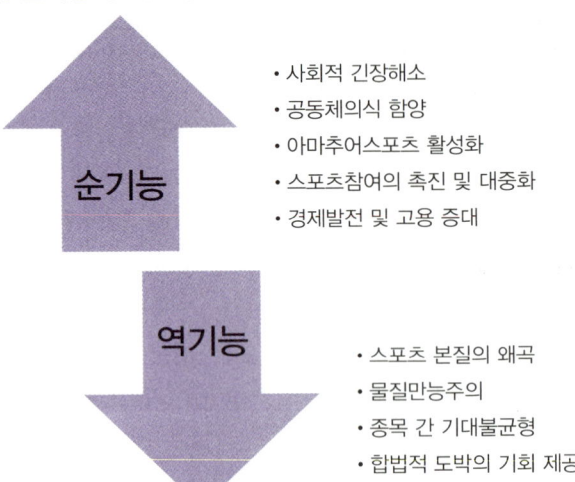

순기능
- 사회적 긴장해소
- 공동체의식 함양
- 아마추어스포츠 활성화
- 스포츠참여의 촉진 및 대중화
- 경제발전 및 고용 증대

역기능
- 스포츠 본질의 왜곡
- 물질만능주의
- 종목 간 기대불균형
- 합법적 도박의 기회 제공

3. 프로스포츠에서 시행되는 제도와 특징

제도	설명
보류 조항 (Reserve Clause)	프로스포츠에서 시행되는 제도 중 구단이 소속팀 선수를 상대로 다음 시즌 연봉 계약 우선권을 가질 수 있도록 규정
최저연봉제 (Minimum Salary)	선수들의 기본적인 생활권을 위하여 선수의 연봉에 하한선을 둔 것으로 선수를 보호하기 위한 제도
샐러리 캡 (Salary Cap)	한 팀 선수들의 연봉 총액이 일정액을 넘지 못하도록 제한하는 제도로, 스타 선수들이 한 팀에 모두 모이는 것을 방지하여 전체적인 리그 질 향상에 기여
트레이드 (Trade)	구단 사이에서 계약을 양도·양수하는 상행위로, 구단끼리 선수를 바꾸는 행위 또는 선수를 사고 파는 행위를 모두 포함
드래프트 (Draft)	모든 신인선수를 모아 놓고 구단이 정해진 순서대로 선수를 골라 뽑아가는 형식의 신인선수 선발방식으로 만일 구단에서 지명한 선수 본인이 구단과의 계약을 거부할 시 프로리그에서 불이익을 당할 수 있음
자유계약선수제도 (Free Agent ; FA)	보류 조항이 존재하는 스포츠 리그에서 선수가 자율적으로 팀과 계약할 수 있는 제도
보스만 룰 (Bosman Ruling)	선수보호 관련 규정으로 선수가 계약기간의 만료를 앞둔 6개월 시점부터 타 구단과 사전 계약을 체결하는 것이 가능해짐
바이아웃 조항 (Buyout Clause)	규정에 의해 명시된 만큼 비용을 지불하게 될 경우 상대방이 행사할 수 있는 권리를 포기하게 만들 수 있는 조항(일정 금액 이상 지불 시 소속구단과 협의 없이 바로 선수와 협상 가능)

2019년 기출

현대 스포츠의 발전에 영향을 미친 요소에 대한 설명으로 옳지 않은 것은?

① 산업의 고도화 – 스포츠용품의 대량 생산체계가 갖춰지고 용구가 표준화되었다.
② 인구의 저밀도화 – 쾌적한 생활환경으로 인해 스포츠 참가가 증가하였다.
③ 교통의 발달 – 수송체계가 원활해지면서 다양한 스포츠 행사가 열릴 수 있게 되었다.
④ 통신의 발달 – 정보 유통이 원활해져 스포츠저널리즘이 발달하게 되었다.

정답 ②

2021년 기출

다음 중 프로스포츠의 순기능으로 옳은 것을 모두 고른 것은?

㉠ 스포츠의 대중화
㉡ 생활의 활력소 역할
㉢ 지역사회 연대감 증대
㉣ 아마추어스포츠의 활성화

① ㉠
② ㉠, ㉡
③ ㉠, ㉡, ㉢
④ ㉠, ㉡, ㉢, ㉣

정답 ④

2023년 기출

〈보기〉에서 설명하는 프로스포츠의 제도는?

- 프로스포츠 구단이 소속 선수와의 계약을 해지하고 다른 구단에게 해당 선수를 양도받을 의향이 있는지 공개적으로 묻는 제도이다.
- 기량이 떨어지거나 심각한 부상을 당한 선수를 방출하는 수단으로 이용하고 있다.

① 보류 조항(Reserve Clause)
② 웨이버 조항(Waiver Rule)
③ 선수대리인(Agent)
④ 자유계약(Free Agent)

정답 ②

웨이버 조항	'웨이버 공시'라고도 하며, 프로스포츠 구단이 소속선수와 계약을 해지하고 다른 구단에게 선수를 양도받을 의향이 있는지 공개적으로 묻는 제도
선수대리인 제도	선수와 대리인 계약을 체결하여 구단과 선수계약 체결을 위해 협상하고, 선수로부터 위임받은 권리를 행사하는 업무를 수행하는 제도

02 스포츠 메가이벤트

1. 스포츠 메가이벤트의 의의

(1) 스포츠 메가이벤트의 개념
① 올림픽이나 월드컵 같은 스포츠 메가이벤트는 '황금알을 낳는 거위'에 비유될 정도로 주목을 받음
② 사람들이 함께 즐기는 축제의 장이면서, 동시에 경제적으로 큰 수익을 얻을 수 있음

(2) 스포츠 메가이벤트의 기능
① 긍정적 기능
  ㉠ 경제의 활성화 : 개최지의 관광객 유치 증진, 고용효과, 스포츠관련 산업 발전 계기
  ㉡ 사회적 효과 : 개최지 주민의 화합과 단결, 개최지 인지도 상승, 사회기반시설 구축을 통한 삶의 질 향상
  ㉢ 정치적 효과 : 개최지의 위상과 이미지 제고
② 부정적 기능
  ㉠ 무리한 시설 투자로 인한 개최지의 재정 부담
  ㉡ 사후 시설 관리 문제 발생
  ㉢ 교통 혼잡, 환경 오염 등 피해 발생

2. 스포츠 메가이벤트의 경제적 가치

(1) 스포츠 메가이벤트 자체의 경제성
① 스포츠 메가이벤트를 지켜보는 시청자의 범위가 전 세계적으로 광범위하여 미디어와 다국적 기업의 적극적 참여를 유도함
② 거대자본을 소유한 다국적 기업들은 스포츠 메가이벤트의 공식 스폰서가 되기 위해 기꺼이 자본을 지불함

(2) 무형의 경제적 가치
① **고용 창출** : 새로운 일자리 창출 및 고용 확대
② **수출 증대** : 국가 이미지 제고로 인한 수출 증대
③ **부가가치 효과** : 국내총생산량 증가, 관광수입 증가, 지역경제 활성화 등

2019년 기출

프로스포츠에서 시행되는 제도와 특징이 바르게 연결된 것은?

① 보류 조항 – 일정 기간 선수들의 자유로운 계약과 이적을 막아 선수단 운영비를 줄이기 위한 목적으로 도입되었다.
② 최저연봉제 – 신인선수의 연봉 협상력을 줄여 선수단 운영경비를 줄이기 위한 목적으로 도입되었다.
③ 샐러리 캡 – 선수 개인에게 지불할 수 있는 최대 연봉 상한선으로, 선수 간 연봉격차를 줄이기 위한 목적으로 도입되었다.
④ 트레이드 – 선수가 새로운 팀으로 이적하기 위해 구단에 요구할 수 있는 권리로, 구단은 특별한 사유가 없는 한 선수의 요구에 응해야 한다.

정답 ①

2022년 기출

〈보기〉에서 코클리(J. Coakley)가 제시한 상업주의와 관련된 스포츠 규칙 변화의 충족 조건으로 옳은 것을 모두 고른 것은?

㉠ 경기의 속도감 향상
㉡ 관중의 흥미 극대화
㉢ 득점 방법의 단일화
㉣ 상업적인 광고 시간 할애

① ㉠, ㉡
② ㉢, ㉣
③ ㉠, ㉡, ㉢
④ ㉠, ㉡, ㉣

정답 ④

2019년 기출

상업주의 스포츠 출현 및 발전의 사회·경제적 조건에 해당되지 않는 것은?

① 인구의 고령화
② 스포츠기반시설 구축을 위한 거대자본
③ 인구가 밀집되어 있는 도시
④ 자본주의적 시장경제 체제

정답 ①

단답형 문제

01 스포츠 발전에 영향을 미치는 요소로 (　), 도시화, 교통과 통신의 발달이 있다.

02 (　)의 퇴조는 스포츠자체를 위한 경기 참여가 프로스포츠의 발달로 인해 생계 유지 수단으로서 전락한 현상을 의미한다.

03 사회적 긴장해소와 공동체의식 함양은 프로스포츠의 (　)이다.

04 올림픽이나 월드컵 같은 (　)은/는 '황금알을 낳는 거위'에 비유할 정도로 주목받는다.

> **정답** 01 산업화　02 아마추어리즘　03 순기능　04 스포츠 메가이벤트

03 출제예상문제

01 다음 중 상업주의와 스포츠의 구조변화에 대한 설명으로 옳지 않은 것은?

① 인기종목의 경기시간대 조정
② 경기 중 광고 삽입이 금지됨
③ 광고수입으로 인해 경기를 황금시간대로 조정
④ 결승전을 주말로 조정

해설 상업주의로 인해 경기 중 광고를 삽입하거나 광고시간을 연장하게 되었다.

02 다음 중 상업주의와 스포츠 본질의 변화에 대한 설명으로 옳은 것은?

① 아마추어리즘의 퇴조
② 관중의 호응도 중요
③ 치어리더 연기 및 대중매체 보도의 관심
④ 경기자체보다 경기 외적 측면 중시

해설 ②·③·④ 스포츠 상업주의에 따른 변화에 해당한다.

03 프로스포츠의 기능에 대한 설명 중 (가), (나)에 들어갈 내용으로 적절하지 않은 것은?

순기능	역기능
• (가) • 공동체의식 함양 • 스포츠참여의 촉진	• (나) • 종목 간 기대불균형

① (가) – 사회적 긴장해소
② (가) – 아마추어스포츠의 비활성화
③ (나) – 물질만능주의
④ (나) – 사행성 조장

해설 프로스포츠는 아마추어스포츠를 활성화하는 데 기여한다.

정답 01 ② 02 ① 03 ②

04 다음 중 스포츠 메가이벤트에 대한 설명으로 옳지 않은 것은?

① 스포츠 메가이벤트를 개최하는 국가는 모두 막대한 수익을 창출한다.
② 스포츠 메가이벤트 개최 과정에서 스포츠산업 및 관광산업이 발달한다.
③ 다국적 기업들은 스포츠 메가이벤트의 공식 스폰서가 되기 위해 자본을 지불한다.
④ 스포츠 메가이벤트를 개최하는 국가의 자부심 증가로 국민 통합과 결속이 이루어진다.

해설 메가이벤트 개최로 인해 경제적인 적자를 보는 국가도 적지 않다.

05 다음 중 스포츠 메가이벤트에서 얻을 수 있는 무형의 경제적 가치가 아닌 것은?

① 고용 창출
② 수출 증대
③ 생산 유발
④ 국내 총소비량 감소

해설 스포츠 메가이벤트를 통해 국내 총생산량이 증가한다.

정답 04 ① 05 ④

04 스포츠와 교육

학습목표
- 스포츠의 교육적 순기능에 대해 사례를 들어 설명할 수 있다.
- 스포츠의 교육적 역기능에 대해 사례를 들어 설명할 수 있다.
- 한국의 학원스포츠의 문제점과 개선방안에 대해 설명할 수 있다.

20일 단기완성 학습 플랜
- 목표 학습 시간 : ___월 ___일
- 실제 학습 시간 : ___월 ___일

01 스포츠의 교육적 기능

1. 스포츠의 교육적 순기능 및 역기능

(1) 스포츠의 교육적 순기능

사회통합	• 학교 내 통합 • 학교와 지역사회의 통합
전인교육	• 학업활동 장려 • 사회화 촉진 • 정서 순화
사회선도	• 여권신장 • 장애인 적응력 배양 • 평생체육 기반 조성

(2) 스포츠의 교육적 역기능

부정행위의 조장	• 상업주의 • 일탈 • 위선(제도적 무기력 경험)
교육목표 훼손	• 승리지상주의 • 참가기회의 제한 • 성차별의 간접교육
편협한 인간의 육성	• 독재적 코치 • 비인간적인 측면

2023년 기출

〈보기〉에서 스포츠의 교육적 순기능으로만 묶인 것은?

㉠ 학교와 지역사회의 통합
㉡ 평생체육의 연계
㉢ 스포츠의 상업화
㉣ 학업활동의 격려
㉤ 참여기회의 제한
㉥ 승리지상주의

① ㉠, ㉡, ㉣
② ㉠, ㉢, ㉤
③ ㉡, ㉢, ㉣
④ ㉡, ㉤, ㉥

정답 ①

2024년 기출

스포츠의 교육적 역기능에 해당하는 것은?

① 정서 순화
② 사회 선도
③ 사회화 촉진
④ 승리지상주의

정답 ④

02 한국의 학원스포츠

1. 학원스포츠의 문제 및 개선방안

(1) 학원스포츠의 문제
① 상업화
② 선수들의 인권결여
③ 성 불평등
④ 선수들의 일탈과 부정행위
⑤ 학생선수의 학습권 제한
⑥ 지도자의 폭력과 체벌
⑦ 체육영역 간 불균형과 단절

(2) 학원스포츠의 개선방안
① 학교스포츠클럽 육성
② 운동부 지도자 처우 개선
③ 학생선수의 학습권 보장

2. 학생선수의 학습권

(1) 학습권의 의의
① 중·고등학교 학생선수는 학생의 신분으로서 학습할 권리가 있음
② 운동선수 은퇴 이후의 바람직한 사회생활을 위한 준비로서 학습권이 지켜져야 함

(2) 학습권 보장을 위한 제도(최저학력제)
① 최저학력 기준 미달 학생선수는 각 학교의 세부지침에 따라 대회참가를 제한받을 수 있음
② 최저학력 기준 미달 학생선수는 기초학력보장 프로그램에 의무적으로 참여해야 함
③ 다양한 학력증진 프로그램을 통한 학생선수의 실질적 기초학력을 확보해야 함

+ 더 알아보기

학원스포츠 정상화를 위한 정책
- 초등학교 운동부 합숙소 폐지
- 최저학업기준 제도설정
- 주말리그제
- 학교운동부 운영 투명화

2022년 기출

학원엘리트스포츠를 지지하는 입장으로 옳지 않은 것은?

① 애교심을 강화시킬 수 있다.
② 학교의 자원 및 교육시설을 독점할 수 있다.
③ 지위 창출의 수단, 사회이동의 기제로 작용할 수 있다.
④ 사회에서 요구되는 책임감, 성취감, 적응력 등을 배양시킬 수 있다.

정답 ②

2019년 기출

우리나라 학원스포츠의 문화적 특성 중 다음의 설명에 해당하는 것은?

> 학생선수들은 교실공간과 분리되어 합숙소와 운동장에서 주로 생활하며 그들만의 공동체 문화를 만들어 간다. 또한 그들만의 동질감을 바탕으로 끈끈한 인간관계를 맺지만, 일반학생들과는 이질화되고 있다.

① 승리지상주의 문화
② 군사주의 문화
③ 섬 문화
④ 신체소외 문화

정답 ③

단답형 문제

01 스포츠의 교육적 순기능은 전인교육, 사회통합, (   ) 등이 있다.

02 스포츠의 교육적 역기능으로 부정행위의 조장, 편협한 인간 육성, (   ) 등이 있다.

03 운동선수 이후의 바람직한 사회생활을 위한 준비로서, 중·고등학교 학생선수의 (   )은/는 지켜져야 한다.

04 학생선수의 학습권 보장을 위한 제도로서 (   )을/를 도입·운영해야 한다.

정답 01 사회선도 02 교육목표 훼손 03 학습권 04 최저학력제

04 출제예상문제

01 스포츠의 교육적 기능 중 성격이 다른 하나는?

① 정서 순화
② 승리지상주의 팽배
③ 사회 선도
④ 학업활동 장려

해설 승리지상주의 팽배는 스포츠의 교육적 역기능, 나머지는 스포츠의 교육적 순기능이다.

02 다음 중 스포츠의 교육적 역기능에 대한 설명으로 옳지 않은 것은?

① 승리지상주의
② 성차별의 간접교육
③ 비인간적인 훈련
④ 장애인 적응력 배양

해설 장애인은 스포츠활동을 통해 사회적 적응력을 얻을 수 있다. 이는 스포츠의 교육적 순기능이다.

03 다음 중 스포츠의 교육적 순기능에 대한 설명으로 옳지 않은 것은?

① 학교 내 통합을 중시한다.
② 스포츠의 사회화 촉진기능에 주목한다.
③ 평생체육 기반을 조성한다.
④ 일탈을 조장하여 새로운 스포츠를 창출한다.

해설 일탈은 부정행위로 스포츠의 교육적 역기능이다.

정답 01 ② 02 ④ 03 ④

04 학원스포츠의 문제점을 모두 고른 것은?

> ㉠ 학생선수의 학습권 박탈
> ㉡ 체육영역 간 불균형과 단절
> ㉢ 지도자의 폭력과 체벌
> ㉣ 아마추어리즘의 퇴조

① ㉠, ㉡
② ㉠, ㉡, ㉢, ㉣
③ ㉠, ㉡, ㉢
④ ㉠, ㉢, ㉣

해설 '아마추어리즘의 퇴조'는 프로스포츠의 역기능이다.

05 학원스포츠의 문제를 해결하기 위한 개선방안으로 옳지 않은 것은?

① 학교스포츠클럽 육성
② 최저학력제 폐지
③ 운동부 지도자 처우 개선
④ 학생선수의 학습권 보장

해설 운동선수 은퇴 이후의 바람직한 사회생활을 위한 준비로서, 중·고등학교 학생선수의 학습권이 지켜져야 한다. 학생선수의 학습권 보장을 위한 제도에는 최저학력제가 있다.

정답 04 ③ 05 ②

05 | 스포츠와 미디어

학습목표
- 스포츠가 미디어에 미친 영향에 대해 사례를 들어 설명할 수 있다.
- 미디어로 인해 스포츠에서 발생한 변화에 대해 사례를 들어 설명할 수 있다.
- 스포츠저널리즘과 미디어 윤리에 대해 설명할 수 있다.

20일 단기완성 학습 플랜
- 목표 학습 시간 : ___월 ___일
- 실제 학습 시간 : ___월 ___일

01 스포츠와 미디어의 이해

1. 스포츠 미디어의 이해

(1) 미디어의 기능
  ① 정보전달 : 사회현실에 관한 정보 제공
  ② 오락 기능 : 휴식을 취하고 기분전환을 할 수 있는 시간 제공
  ③ 사회화 촉진 : 사회의 전통과 규범을 가르치는 사회화 역할
  ④ 사회조정 및 감시 : 여론을 형성하고 사회조직 견제

(2) 스포츠미디어의 유형
  ① 인쇄미디어 : 신문, 잡지, 책(명확한 정보와 자료 제공)
  ② 전자미디어 : 라디오, 텔레비전, 영화(실시간 재현 재공)
    ㉠ 오락 강조
    ㉡ 실시간 재현 제공

(3) 매체 이론(McLuhan)
  ① 정의성(Definition), 감각참여성, 감각몰입성의 정도로 매체를 구분함

구 분	유 형	정의성	감각참여성	감각몰입성
핫(Hot)매체	신문, 잡지, 라디오, 영화	높음	낮음	낮음
쿨(Cool)매체	텔레비전, 만화	낮음	높음	높음

  ② 핫매체 스포츠와 쿨매체 스포츠

구 분	유 형	정의성	감각참여성	감각몰입성
핫매체 스포츠	수영, 야구, 태권도, 검도, 육상 등	높음	정적 스포츠, 공격과 수비의 전환이 없음	낮은 몰입 수준, 경기 진행이 느림
쿨매체 스포츠	농구, 축구, 핸드볼 등	낮음	동적 스포츠, 공격과 수비의 전환이 빠름	높은 몰입 수준, 경기 진행이 빠름

➕ 더 알아보기

정의성
맥루한의 매체 이론 중 정의성은 경기 내용에 대한 전달력을 의미

보편적 접근권
정보를 누구에게나 자유롭게 접근할 수 있게 하며 이를 통한 새로운 정보를 생산 및 유통할 수 있는 권리. 즉, 정보를 모든 사람이 동등하게 누릴 수 있는 환경을 제공하는 것

엠바고(Embargo)
- 취재원과 협의를 통해 보도시점을 조정하는 것
- 장점 : 취재시간 확보를 통한 미디어 보도의 정확성 향상
- 단점 : 언론통제를 통한 국민의 알 권리 침해

2022년 기출

맥루한(M. McLuhan)의 매체 이론에 관한 설명으로 옳지 않은 것은?

① 핫(Hot) 미디어 스포츠는 관람자의 감각참여성이 낮다.
② 쿨(Cool) 미디어 스포츠는 관람자의 감각몰입성이 높다.
③ 핫(Hot) 미디어 스포츠는 경기 진행 속도가 빠르다.
④ 쿨(Cool) 미디어 스포츠는 메시지의 정의성이 낮다.

정답 ③

2023년 기출

〈보기〉는 버렐(S. Birrell)과 로이(J. Loy)의 스포츠 미디어를 통해 충족할 수 있는 욕구에 관한 설명이다. ㉠~㉢에 해당하는 용어가 바르게 연결된 것은?

- (㉠) 욕구 – 스포츠 경기의 결과, 선수와 팀에 대한 통계적 지식을 제공해 준다.
- (㉡) 욕구 – 스포츠에 대한 흥미와 흥분을 제공해 준다.
- (㉢) 욕구 – 다른 사회집단과 경험을 공유하게 하며 공동체 의식을 갖게 한다.

	㉠	㉡	㉢
①	정의적	인지적	통합적
②	인지적	통합적	정의적
③	정의적	통합적	인지적
④	인지적	정의적	통합적

정답 ④

2023년 기출

〈보기〉의 ㉠, ㉡에 해당하는 용어가 바르게 연결된 것은?

- (㉠) – 국민의 관심이 높은 스포츠 경기를 무료 혹은 저렴한 비용으로 시청할 수 있는 권리를 말한다.
- (㉡) – 선수 개인의 사생활을 중심으로 대중을 자극하고 호기심에 호소하는 흥미 위주의 스포츠 관련 보도를 지칭한다.

	㉠	㉡
①	독점 중계권	뉴 저널리즘 (New Journalism)
②	보편적 접근권	옐로 저널리즘 (Yellow Journalism)
③	독점 중계권	옐로 저널리즘 (Yellow Journalism)
④	보편적 접근권	뉴 저널리즘 (New Journalism)

정답 ②

(4) 대중전달 이론

개인차 이론	개인의 독특한 심리욕구만족을 위해 대중매체 이용
사회범주 이론	대중매체의 영향력은 대다수 집합체, 사회범주에 따라 달라짐
사회관계 이론	대중매체의 영향력에서 비공식적 사회관계를 강조(중요타자의 가치와 행동)
문화규범 이론	대중매체가 현존하는 사상이나 가치를 선택적으로 제시

(5) 스포츠 미디어를 통해 충족할 수 있는 욕구유형(Birrell & Loy)

통합적 욕구	• 스포츠를 통해 사회적 경험을 공유하며 사회집단과 친밀해짐 • 직접 참여, TV, 라디오, 신문 순서로 잘 충족됨
인지적 욕구	• 게임에 대한 지식, 결과에 대한 지식, 경기에 대한 통계적 지식 등을 제공하는 정보의 기능 • 신문, 잡지에서 잘 충족됨
정의적 욕구	• 흥분을 제공하는 각성적 기능 • 직접 참여와 TV를 통해 잘 충족됨
도피적 욕구	• 불안, 초조, 욕구불만, 좌절 등의 감정을 해소 • TV를 통해 잘 충족됨

2. 스포츠 저널리즘

(1) 스포츠 저널리즘의 이해
① 미디어를 통해 이루어지는 스포츠와 관련된 커뮤니케이션을 말함
② 올바른 가치관과 윤리의식에 기초하여 공정성과 정확성을 유지해야 함
③ 대중의 호기심과 흥미를 유발하는 옐로 저널리즘의 성격이 강함
④ **스포츠 저널의 영역** : 신문, 정기간행물, 잡지, 라디오, 텔레비전 등

(2) 스포츠 저널의 역할
① 스포츠에 대한 특정한 정보와 면밀한 분석 제공
② 스포츠상황에서 일어나는 내용을 신속 정확하게 전달
③ 자세한 설명을 첨가하여 객관적으로 전달

(3) 저널리즘의 종류

옐로 저널리즘	상업적인 목적으로 흥미 위주의 보도를 함
팩 저널리즘	사건에 대한 취재가 개성이 없음
하이에나 저널리즘	힘 없고 영향력을 잃은 사람을 집중적으로 매도함
뉴 저널리즘	기존 저널리즘을 거부하고 소설 기법으로 실감나게 전달함

(4) 스포츠의 분류(Mcintosh)

기술 스포츠	운동기능의 탁월성으로 자신을 입증 예 구기스포츠, 육상
투쟁 스포츠	상대방과의 투쟁을 통해 자신을 입증 예 투기스포츠
극복 스포츠	제공된 상황에 대해 극복 예 수영, 카누
율동적 무용체조	신체를 움직여 자신의 감정을 전달 예 무용, 피겨스케이팅

02 스포츠와 미디어의 상호관계

1. 스포츠와 미디어의 상호작용

(1) 스포츠가 미디어에 미치는 영향
  ① **미디어기술 발전** : 다양한 보도기술과 보도기법 개발, 편집기술 발전
  ② **대중매체의 스포츠 의존도 증가** : 스포츠보도 기법 향상, 보도량 증가
  ③ 미디어 콘텐츠 제공, 미디어 보급 확대

(2) 미디어가 스포츠에 미치는 영향
  ① 스포츠의 상품화
  ② 스포츠에 대한 관심 증가 및 대중화
  ③ **경기 규칙 변경** : 시청자 흥미 위주로 조정
  ④ **경기 일정 변경** : 미디어 방영 위주로 경기 일정 조정
  ⑤ **스포츠기술 향상** : 미디어를 이용하여 경기 내용 분석 검토, 스포츠기술 전문화와 일반화에 기여
  ⑥ **부정적 영향** : 경기결과 예측을 제시하며 시청자들의 도박 심리 유발, 스포츠 본질의 변화

2. 스포츠와 미디어 윤리의 문제점

(1) 인기 종목 위주의 보도가 이루어짐
(2) 특정 팀에 대한 편파적 보도가 이루어짐
(3) 운동 선수의 사생활 침해가 발생하기도 함
(4) 국수주의적 태도를 조장함
(5) 단순 흥미 위주의 기사가 양산될 수 있음(옐로 저널리즘)
(6) 상업주의와 결탁하기도 함

✚ 더 알아보기

국수주의
편협하고 극단적인 민족주의

2023년 기출

〈보기〉에서 설명하는 맥퍼슨(B. McPherson)의 스포츠 미디어 이론은?

> • 대중매체를 통한 개인의 스포츠 소비 형태는 중요타자의 가치와 소비행동에 의해 영향을 받는다.
> • 스포츠 수용자 역할로의 사회화는 스포츠에 참여하는 가족 구성원으로부터 받은 스포츠 소비에 대한 승인 정도가 중요하게 작용한다.

① 개인차 이론
② 사회범주 이론
③ 문화규범 이론
④ 사회관계 이론

정답 ④

2022년 기출

〈보기〉에서 대중매체가 스포츠에 미치는 영향에 해당되는 것으로 옳은 것을 모두 고른 것은?

> ㉠ 대중매체의 기술이 발전한다.
> ㉡ 스포츠 인구가 증가한다.
> ㉢ 새로운 스포츠 종목이 창출된다.
> ㉣ 미디어 콘텐츠를 제공한다.
> ㉤ 경기규칙과 경기일정이 변경된다.
> ㉥ 스포츠 용구가 변화한다.

① ㉠, ㉡, ㉢
② ㉠, ㉢, ㉣
③ ㉡, ㉢, ㉣, ㉤
④ ㉡, ㉢, ㉤, ㉥

정답 ④

단답형 문제

01 스포츠 미디어의 유형에는 (　　), 전자미디어가 있다.

02 맥루한(McLuhan)은 매체를 정의성, 감각참여성, (　　)의 정도에 따라 핫매체와 쿨매체로 구분한다.

03 스포츠 저널리즘은 대중의 호기심과 흥미를 유발하는 (　　)의 성격이 강하다.

04 스포츠와 미디어는 (　　)관계에 있다.

정답 01 인쇄미디어 02 감각몰입성 03 옐로 저널리즘 04 공생

제3과목 스포츠사회학

05 출제예상문제

01 다음 중 스포츠 저널의 역할로 옳지 않은 것은?

① 스포츠에 대한 특정한 정보와 면밀한 분석을 제공한다.
② 스포츠에 대한 묘사는 일절 하지 않는다.
③ 스포츠상황에서 일어나는 내용을 신속 정확하게 전달한다.
④ 자세한 설명을 첨가하여 객관적으로 전달한다.

해설 스포츠 저널리즘은 저널리스트의 주관을 어느 정도 허용하므로, 스포츠에 대한 묘사가 가능하다.

02 다음 중 맥루한(McLuhan)의 매체 이론의 쿨매체에 해당하는 내용을 모두 고른 것은?

㉠ 신 문	㉡ 만 화
㉢ 감각참여성 낮음	㉣ 감각몰입성 높음
㉤ 정의성 낮음	㉥ 정의성 높음

① ㉠, ㉢, ㉤
② ㉠, ㉣, ㉤
③ ㉡, ㉣, ㉥
④ ㉡, ㉣, ㉤

해설 쿨매체는 텔레비전, 만화 등 정의성이 낮고 감각참여성이 높으며 감각몰입성이 높은 매체이다.

정답 01 ② 02 ④

03 스포츠 저널리즘의 종류에 대한 설명이 올바르게 짝지어진 것은?

① 뉴 저널리즘 – 기존 저널리즘을 거부하고 소설기법으로 실감나게 전달함
② 팩 저널리즘 – 상업적인 목적으로 흥미위주의 보도를 함
③ 하이에나 저널리즘 – 사건에 대한 취재가 개성이 없음
④ 옐로 저널리즘 – 힘 없고 영향력을 잃은 사람을 집중적으로 매도함

해설 ② 옐로 저널리즘, ③ 팩 저널리즘, ④ 하이에나 저널리즘에 대한 설명이다.

04 다음 중 스포츠가 대중매체에 미치는 영향으로 옳지 않은 것은?

① 방송기술의 향상
② 스포츠의 상품화
③ 스포츠 보도의 기법 향상
④ 대중매체의 스포츠의존도 확대

해설 스포츠의 상품화는 대중매체가 스포츠에 미치는 영향에 해당된다.

05 다음 중 대중매체가 스포츠에 미치는 영향으로 옳지 않은 것은?

① 경기결과 예측을 제시하며 시청자들의 도박 심리를 유발한다.
② 미디어 방영 위주로 경기 일정을 조정한다.
③ 시청자 흥미 위주로 경기 규칙이 변경된다.
④ 스포츠 대중화로 인하여 스포츠기술이 퇴조한다.

해설 스포츠에 대한 관심이 증가함에 따라 스포츠가 대중화되지만, 그로 인해 스포츠기술이 퇴조하는 것은 아니다. 오히려 미디어를 이용하여 경기 내용을 분석·검토함으로써, 스포츠기술이 향상된다.

정답 03 ① 04 ② 05 ④

제3과목 스포츠사회학

06 스포츠와 사회계층

학습목표
- 스포츠계층의 특징에 대해 설명할 수 있다.
- 계층별 스포츠 참가 유형의 차이에 대해 근거를 들어 설명할 수 있다.
- 스포츠상황에서 발생하는 계층이동을 사례를 들어 설명할 수 있다.

20일 단기완성 학습 플랜
- 목표 학습 시간 : ___월 ___일
- 실제 학습 시간 : ___월 ___일

+ 더 알아보기

문화자본론(P.Bourdieu)
- 문화적 차이가 계급에 대한 격차를 만듦
- 경제적 차이가 문화적 차이가 되고 결국 계급에 대한 격차가 발생함
- 생활양식과 같은 사회문화적 요소를 계급결정요인으로 간주하고 이를 자본의 개념으로 다룸
- 스포츠가 체화된 '문화자본'의 한 형태로서 사회의 계층구조에 관여한다고 봄

2018년 기출

스포츠계층의 특성 중 '보편성(편재성)'의 사례로 적절하지 않은 것은?

① 스포츠는 인기종목과 비인기종목으로 구분된다.
② 태권도, 유도는 승단체계에 따라 종목 내 계층이 형성된다.
③ 프로스포츠 태동 이후 운동선수들의 지위가 향상되고 있다.
④ 종합격투기는 체급에 따라 대전료와 중계권료 등에 차이가 있다.

정답 ③

01 스포츠와 미디어의 상호관계

1. 사회계층과 스포츠계층

(1) 사회계층의 이해

① 사회계층과 사회계급의 개념 및 차이

사회계층	• 사회적 지위가 높고 낮음에 따른 분류 • 수직관계를 따르는 연속적 상하관계를 가진 분류적이고 조작적 개념 • 기능주의의 주요 관심(유기적이고 통합된 사회를 전제로 함)
사회계급	• 상하의 복종관계에 따른 분류 • 경제적 기반에 따른 주관적 소속감(계급의식)이 강조됨 • 계급구조는 실체가 뚜렷하며 절대적, 대립적 관계를 가짐 • 갈등주의의 주요 관심(계급 간 상반된 이해로 인한 분열된 사회를 전제)

예 자신의 계층에 대한 뚜렷한 소속감이 없다면 계층, 뚜렷한 소속감이 있다면 특정 계급

② 문화자본 유형(P. Bourdieu)

체화된 문화자본	• 문화적 재화를 습득할 수 있는 개인의 특성과 같은 체화된 문화적 능력 • 스포츠와 같은 사회화를 통해 개인에게 내면화됨
객관화된 문화자본	• 문화적 재화들에 대한 법적 소유권의 형태로 존재 • 책, 예술작품, 과학적 도구들과 같은 전문화된 능력들을 가진 객관화된 형태 속에 존재
제도화된 문화자본	공적으로 보장받는 형태로 존재 예 학위증서

③ 사회계층은 선호하는 스포츠종목에 영향을 미치며, 학력, 소득수준, 직업에 따라 스포츠참가 유형이 다름

(2) 스포츠계층의 이해
① **스포츠계층** : 스포츠라는 사회체계 내에서 계층이 형성되는 것을 의미
② **스포츠계층의 특성**
  ㉠ 사회성 : 스포츠계층은 사회계층을 반영
  ㉡ 고래성(역사성) : 스포츠계층은 역사발전 과정을 거치며 변천해 왔음
  ㉢ 보편성 : 스포츠계층은 모든 국가와 사회에 존재하는 보편적 사회문화 현상임
  ㉣ 다양성 : 스포츠계층은 다양한 형태로 나타남
  ㉤ 영향성 : 스포츠계층은 생활 기회와 생활 양식의 변화에 영향을 받음

(3) 스포츠계층의 형성과정(Tumin)

지위의 분화	평 가
• 지위마다 업무가 한정됨 • 역할에 대한 권한과 책임이 명확	• 권 위 • 호 감 • 흥 미

서열화	보수부여
• 개인적 특성 • 개인의 능력 • 역할의 사회적 기능	• 권한부여 • 금전적 보수 • 사회적 평가

2. 사회계층과 스포츠 참가

구 분	상류계층	중하류계층
참 가	직접 참가, 참가 비율 높음	간접 참가, 참가 비율 낮음
관 람	직접 관람	간접 관람
종 목	골프, 승마, 스키 등 개인종목에 주로 참여	축구, 농구 등 단체종목에 많이 참여
특 성	• 스포츠 장비 및 용품을 사용하는 스포츠 선호 • 특정 종목을 강조하는 분위기에 따라 해당 종목 경험·숙달을 위한 스포츠활동에 참가하기도 함	• 비용이 저렴한 관람 스포츠 선호 • 일상 생활의 감정이나 스트레스 해소를 위한 스포츠활동

02 스포츠와 계층이동

1. 스포츠 계층이동의 유형

구 분		내 용
수직이동	상승이동	지위의 변화가 있음 예) 선수가 코치나 감독으로 바뀜
	하향이동	지위의 변화가 있음 예) 주전선수가 후보선수로 바뀜
수평이동		지위의 변화가 없음 예) 수비수가 공격수로 바뀜

2024년 기출

투민(M. Tumin)이 제시한 사회계층의 특성을 스포츠에 적용한 설명으로 옳은 것은?

① 보편성 – 대부분의 스포츠 현상에는 계층 불평등이 나타난다.
② 역사성 – 현대 스포츠에서 계층은 종목 내, 종목 간에서 나타난다.
③ 영향성 – 스포츠에서 계층 불평등은 역사발전 과정을 거치며 변천해 왔다.
④ 다양성 – 스포츠 참여에서 나타나는 사회적 불평등은 일상 생활에도 유사하게 나타난다.

정답 ①

2023년 기출

투민의 스포츠계층 형성과정 중 보기의 설명에 해당되는 것은?

> 축구에서 우수한 미드필더 자원이 되기 위해서는 체격, 체력, 순발력 등의 뛰어난 신체적 능력뿐 아니라 경기의 흐름을 읽고 조율할 수 있는 통찰력 등 탁월한 개인적 특성을 갖추고 있어야 한다.

① 평 가 ② 지위의 분화
③ 보수부여 ④ 지위의 서열화

정답 ④

2017년 기출

계층별 스포츠 참가에 대한 설명으로 옳지 않은 것은?

① 계층별 사회적 조건에 따라 스포츠 참가 유형에 차이가 나타난다.
② 하류계층은 경제적 조건 때문에 상류계층보다 상대적으로 스포츠의 직접 관람률이 낮다.
③ 상류계층은 자신의 경제적 여유를 드러내려는 속성으로 인해 하류계층보다 단체스포츠 참가를 더 선호한다.
④ 상류계층은 특정 종목을 강조하는 분위기에 따라 사회화과정에서 해당 종목에 자연스럽게 익숙해지게 된다.

정답 ③

세대간이동	사회적 지위가 한 세대에서 다음 세대로 이어지는 과정에서 변화 발생
세대내이동	사회적 지위가 개인의 생애 내에서 변화 발생
개인이동	개인의 능력과 노력으로 계층이동 발생
집단이동	집단이 어떠한 계기를 통해 팀 전체의 계층이동 발생

2. 사회이동 기제로서의 스포츠

(1) 사회적 상승이동 기제로서 스포츠의 역할
  ① 교육 기회 제공 및 성취도 향상
  ② 직업적 후원의 다양한 기회 제공
  ③ 올바른 태도 및 인격 함양

(2) 스포츠 사회화의 역기능
  ① 사회현실을 은폐하기 위한 수단으로 이용
  ② 허황된 성공이데올로기 조장으로 과도한 훈련 종용

3. 스포츠 참가가 사회이동에 기여하는 조건(Coakley)

상향이동에 기여하는 조건	하향이동에 기여하는 조건
• 운동과정 중 가치있는 것을 배움 예 대학 졸업 • 가족으로부터 스포츠 참가에 대해 물질적, 사회적으로 일관된 지지를 받음 • 사회적으로 도움을 줄 수 있는 영향력 있는 사람과 친밀함	• 스포츠에 참여함으로써 교육의 기회를 박탈당함 • 스포츠 외에 다른 활동에 있어 지지를 받지 못함 • 스포츠 외에 아무것도 모름

03 사회계급 이론

1. 사회계급 이론

카를 마르크스	생산수단 소유여부에 따라 위치(자본가계급, 노동자계급)가 구별되고, 이는 사회적 불평등을 야기함
막스 베버	• 생산수단뿐만 아니라 재산, 신분, 권력 등 다양한 요인이 사회계급을 결정함 • 계급 간 생활기회와 생활양식의 차이가 중요한 지표로 활용됨
라이트	• 자본가계급은 화폐, 물리적 생산, 노동력에 대한 통제력을 모두 가지고 있음 • 노동자계급은 3가지 통제력을 모두 가지고 있지 않음
베블런 (유한계급론)	• 유한계급은 노동을 통한 생산활동을 하지 않더라도 재력이 있다는 것을 과시하여 경제적 우월성을 드러냄 • 생산계급이 갈망하는 재화를 소비함으로써 유한계급의 우월성이 더욱 부각됨 • 개인이 부와 명예를 얻기 위해서는 사회적 지위를 보여 줄 수 있는 소비를 통해 타인에게 인정받아야 함을 강조 • 타인에게 노출되는 소비는 예절과 교양 훈련에 필요한 시간적 소비도 포함

2022년 기출

〈보기〉의 내용을 기든스의 사회계층 이동 준거와 유형으로 연결한 것 중 옳은 것은?

• K는 가난한 가정에서 태어나 끊임없는 훈련을 통해 축구 월드스타가 되었다.
• 월드스타가 되고 난 후, 축구장학재단을 만들어 개발도상국에 축구학교를 설립하여 후진양성에 큰 역할을 하고 있다.

	이동 주체	이동 방향	시간적 거리
①	개 인	수직이동	세대내이동
②	개 인	수평이동	세대간이동
③	집 단	수직이동	세대간이동
④	집 단	수평이동	세대내이동

정답 ①

2019년 기출

스포츠와 계급·계층에 대한 설명으로 옳지 않은 것은?

① 부르디외의 계급론에 따르면, 골프는 상류계급의 스포츠로 분류된다.
② 베블런의 계급론에 따르면, 상류계급이 스포츠에 참가하는 이유는 자신의 지위를 과시하기 위해서이다.
③ 마르크스의 계급론에 따르면, 운동선수는 생산수단을 소유한 지배계급에 속한다.
④ 베버의 계급론에 따르면, 프로스포츠에서 감독과 선수의 사회계층 수준은 연봉액수만으로 평가되지 않는다.

정답 ③

단답형 문제

01 스포츠계층은 모든 국가와 사회에 존재하고 발견할 수 있는 (   )이/가 있다.

02 스포츠계층은 지위의 분화, (   ), 평가, 보수부여의 형성과정을 가진다.

03 사회계층별 스포츠 참가유형의 차이는 (   ), 여가시간의 차이로 인해 나타난다.

04 선수가 코치나 감독으로 바뀌는 이동을 (   )이동이라고 한다.

정답 01 보편성 02 서열화 03 경제적 차이 04 상승

2023년 기출

〈보기〉에서 설명하는 스포츠사회학 이론은?

> - 일상에서 특정 물건을 소비하는 것은 자신의 계급 위치를 상징화하는 행위이다.
> - 자원과 시간의 소비가 요구되는 스포츠에 참여하는 것은 계급 표식 행위이다.
> - 고가의 스포츠용품, 골프 회원권 등의 과시적 소비 양상이 나타난다.

① 갈등 이론
② 구조기능 이론
③ 비판 이론
④ 상징적 상호작용론

정답 ※ 유한계급론

06 출제예상문제

01 사회계층에 대한 설명으로 옳지 않은 것은?

① 사회적 불평등의 구조적 형태이다.
② 사회계층은 스포츠 참가 종목과 관계없다.
③ 사회구성원 사이에서 권력, 부, 사회적 평가 등에 따라 서열화된 상태이다.
④ 부르디외는 생활양식 같은 사회문화적 요소를 계급결정요인으로 간주한다.

해설 사회계층은 선호하는 스포츠 종목에 영향을 미친다. 즉 학력, 소득수준, 직업에 따라 스포츠 참가 유형이 다르다.

02 다음 중 스포츠계층의 특성이 아닌 것은?

① 개방성
② 고래성
③ 보편성
④ 영향성

해설 스포츠계층의 특성으로는 사회성, 고래성, 보편성, 다양성, 영향성이 있다.

03 사회계층에 따른 스포츠 참가 유형에 대한 설명으로 옳지 않은 것은?

① 상류계층은 주로 감정이나 스트레스 해소를 위해 스포츠활동을 한다.
② 상류계층은 스포츠 참가 비율이 높다.
③ 중하류계층은 축구, 농구 같은 단체종목에 많이 참여한다.
④ 중하류계층은 비용이 저렴한 관람스포츠를 선호한다.

해설 주로 일상의 감정이나 스트레스 해소를 위해 스포츠활동을 하는 계층은 중하류계층이다. 상류계층은 골프, 승마, 스키 같은 특정 종목을 선호·강조하는 분위기에 따라 스포츠를 경험하고 숙달하기 위해 스포츠활동을 하는 경우가 많다.

정답 01 ② 02 ① 03 ①

04 다음 중 사회적 상승이동 기제로서 스포츠의 역할을 모두 고른 것은?

> ⊙ 교육 기회 제공 및 성취도 향상
> ⓒ 직업적 후원의 다양한 기회 제공
> ⓒ 스포츠로의 사회화
> ⓔ 올바른 태도 및 인격 함양

① ⊙, ⓒ
② ⓒ, ⓒ, ⓔ
③ ⊙, ⓒ, ⓒ, ⓔ
④ ⊙, ⓒ, ⓔ

> [해설] 개인이 스포츠에 참가하는 것을 '스포츠로의 사회화'라고 한다. 이는 사회적 상승이동 기제로서 스포츠의 역할이라고 할 수 없다.

05 다음 중 스포츠의 계층이동 유형에 대한 내용으로 옳은 것은?

① 상승이동 – 주전선수가 후보선수로 바뀜
② 하향이동 – 한 세대에서 다음 세대로 이어지는 과정에서 변화
③ 수평이동 – 선수가 코치나 감독으로 바뀜
④ 집단이동 – 어떠한 계기를 통해 팀 전체가 계층이동

> [해설] 수직이동은 상승이동과 하향이동으로 구분할 수 있다. 주전선수가 후보선수로 바뀌는 것은 하향이동이고, 선수가 코치나 감독으로 바뀌는 것은 상승이동이다. 한 세대에서 다음 세대로 이어지는 과정에서 계층이 변화하는 것은 '세대간이동'이다.

[정답] 04 ④ 05 ④

제3과목 스포츠사회학

07 스포츠와 사회화

학습목표
- 스포츠사회화가 무엇인지 설명할 수 있다.
- 스포츠사회화의 각 과정을 사례를 들어 설명할 수 있다.
- 스포츠사회화와 관련된 이론에 대해 설명할 수 있다.

20일 단기완성 학습 플랜
- 목표 학습 시간 : ___월 ___일
- 실제 학습 시간 : ___월 ___일

01 스포츠사회화의 이해

1. 스포츠사회화의 개념

(1) 사회화의 이해
① 상호작용하는 세계에서 이루어지는 학습과 사회적 발달과정을 말함
② 집단·사회의 문화적 태도, 가치, 역할 등을 학습하여 사회구성원으로 성장해가는 과정
③ 사회화의 기초적 요인에는 유전과 환경이 있음

(2) 스포츠사회화
① 스포츠라는 영역에서 일어나는 사회화
② 스포츠 참여를 통해 스포츠 집단이 갖는 가치관, 신념, 태도 등을 체득하는 과정
③ 스포츠사회화는 한 개인이 스포츠에 입문하여 스포츠와 관련된 문화적 내용을 학습하여 내면화하고, 또 스포츠로부터 멀어지기까지의 단계로 이루어짐

2. 스포츠사회화 이론

(1) 사회학습 이론(Leonard)
① 개인이 사회적 행동을 습득하고 수행하는 방법을 분석·규명하는 이론
② 스포츠의 역할학습 방법
  ㉠ 강화 : 상과 벌 같은 외적 보상으로 사회적 역할 학습
  ㉡ 코칭 : 사회화 주관자에 의해 새로운 지식과 기능 학습
  ㉢ 관찰학습 : 타인의 행동을 관찰하여 개인의 과제 학습·수행

2023년 기출

스포츠사회화를 이해하기 위한 사회학습 이론의 관점으로 적절하지 않은 것은?

① 상과 벌을 통해 행동이 변화한다.
② 다른 사람의 행동을 관찰하여 모방이 일어난다.
③ 사회화 주관자의 가르침을 통해 행동이 변화한다.
④ 개인은 자신이 처해있는 상황을 스스로 학습하고 변화한다.

정답 ④

2024년 기출

레오나르드(W. Leonard)의 사회학습 이론에서 〈보기〉의 설명과 관련된 사회화 기제는?

- 새로운 운동기능과 반응이 학습된다.
- 학습자에게 동기를 부여할 수 있게 된다.
- 지도자가 적합하다고 생각하는 새로운 지식을 알게 된다.

① 강 화
② 코 칭
③ 보 상
④ 관찰학습

정답 ②

③ 스포츠사회화 과정의 3요소
- ㉠ 개인적 특성 : 성별, 연령, 사회·경제적 지위 등
- ㉡ 사회화 주관자(주요 타자) : 가족, 동료, 학교, 대중매체 등
- ㉢ 사회적 상황 : 집단구조, 참여의 자발성 등

(2) 역할 이론
① 개인이 사회구조 속에서 자기 역할을 수행하는 과정에서 사회화가 이루어진다는 관점
② 개인이 사회화 과정을 통해 집단에 소속되어 구성원으로 적응해가는 사실을 설명
③ 스포츠 팀 내에서 자기 역할을 수행하고, 구성원과의 관계와 문제해결을 통한 경험들은 중요한 사회화 과정의 기능을 수행

(3) 준거집단 이론
① 준거집단의 행동, 감정, 태도 등을 자신의 준거 척도로 삼으면서 사회화가 이루어진다는 관점
② 준거집단의 구분
- ㉠ 규범집단 : 규범 설정과 가치관 형성을 위한 개인 행동지침 제공
- ㉡ 비교집단 : 역할수행의 기능적 의미를 제시하는 역할 모형 집단
- ㉢ 청중집단 : 타집단의 가치와 태도에 부합되게 행동하려는 집단

02 스포츠사회화의 과정

1. 스포츠사회화의 과정

가족 친구 학교 지역사회 대중매체 : 스포츠사회화 주관자
⬇   ⬇   ⬇   ⬇   ⬇

| 스포츠로의 개인 사회화 |
⬇
| 스포츠로의 사회화 | : 스포츠 참여
⬇
| 스포츠를 통한 사회화 | : 스포츠 참여 결과
⬇
| 스포츠로부터의 탈사회화 | : 스포츠 참여 중단
⬇
| 스포츠로의 재사회화 | : 스포츠 재참여

2020년 기출

보기에서 설명하는 스포츠사회화 과정은?

- 이용대 선수의 경기 보도 증가는 대중들의 배드민턴 참여를 촉진한다.
- 부모의 스포츠에 대한 긍정적인 태도는 자녀의 스포츠 참여 가능성을 높인다.
- 학생들은 교내에서 체육교과와 다양한 프로그램을 통해 스포츠에 참여하고 있다.

① 스포츠로의 사회화
② 스포츠로의 재사회화
③ 스포츠를 통한 사회화
④ 스포츠로부터의 탈사회화

정답 ①

2. 스포츠로의 사회화

(1) 개 념

① 스포츠활동 참여 그 자체를 전제로 함

② 스포츠에 대한 관심을 유발하는 사회화 주관자나 기관에 의해 이루어짐

③ 스포츠사회화 주관자(주요타자)와 준거집단 가치관의 영향을 받음

(2) 스포츠 개입

개입 요소	개입 정도	개입 형태
• 내적만족 • 외적만족 • 주요타자로의 인정 • 부정적 제재로부터 회피 • 개인의 스포츠에 대한 정체성	• 시 간 • 노 력 • 투자의 자발성	• 행동적 • 인지적 • 정의적

(3) 스포츠사회화의 주관자

① 가정 : 사회화의 가장 중요한 요인이 되는 곳으로, 출생 이후 줄곧 사회화가 이루어짐

② 동료(친구)집단 : 대등한 관계 속에서 사회화가 이루어지는 집단으로서, 특히 청소년기에 큰 영향력을 미침

③ 학교 : 다양한 학교체육활동을 통해 스포츠 기능을 학습하고, 사회가 요구하는 가치관을 습득할 수 있음

④ 지역사회 : 지역 내 각종 스포츠시설 등을 통해 지역 주민들의 스포츠참여를 촉구함

⑤ 대중매체 : 각종 경기 방영을 통해 스포츠에 대한 간접경험을 주고 관심을 불러일으켜 스포츠 참여를 유도함

3. 스포츠를 통한 사회화

(1) 개 념

① 스포츠활동을 통해 소속집단의 가치, 태도, 행동양식 등을 학습하고, 학습된 가치와 행동양식 등이 사회로 전이되어 일반화되는 과정

② 스포츠 참여의 결과로서의 사회화 과정을 의미

2019년 기출

스포츠로의 사회화 요인 중 보기의 설명에 해당하는 것은?

> 여성의 신체노출을 금기시하는 일부 중동국가의 문화는 여성의 스포츠 참가를 불가능하게 하며 스포츠 경기 관람조차 허용하지 않고 있다.

① 개인적 특성
② 사회적 상황
③ 스포츠 개입
④ 스포츠사회화 주관자

정답 ②

2018년 기출

보기의 내용에 해당하는 스포츠사회화의 주관자는?

> 박태환 선수의 올림픽 금메달 획득 장면이 언론에 집중적으로 보도되자 국내 수영장에는 많은 어린이들의 수영강습 신청에 대한 문의가 증가했다.

① 지역사회
② 또래친구
③ 대중매체
④ 학 교

정답 ③

(2) 스포츠 참가

① 스포츠를 통한 태도형성
  ㉠ 방어기제 약화 : 심리적 불안에 대한 방어기제를 약화시켜 긴장으로부터 해방시킴
  ㉡ 모방 : 타인의 태도를 무의식적으로 모방하여 태도 형성
  ㉢ 입장의 변화 : 타인의 입장에서 생각하게 됨
  ㉣ 조건에의 부합 : 특정 상황조건에 대한 태도형성(예 익사위험을 경험하여 수영을 못함)
  ㉤ 동조행동 : 집단의 행동규범에 일치하여 행동하게 됨
  ㉥ 역할행동 : 소속 집단에서 기대하는 행동에 상응하는 태도 형성

② 참가형태

행동적 참가	• 1차적 참가 : 선수로서 경기에 직접 참가 • 2차적 참가 : 코치, 심판, 생산자, 소비자 등으로 경기에 참가
인지적 참가	공공기관이나 미디어를 통해 스포츠 관련 정보를 수용하는 참가
정의적 참가	특정 선수나 팀에 대한 감성적 성향을 표출하는 간접적 참가

③ 참가유형

일상적 참가	스포츠활동을 규칙적으로 행하여 일상과 조화를 이룸
주기적 참가	일정 주기를 유지하며 스포츠에 지속적으로 참가
일탈적 참가	• 1차적 일탈 : 직업을 등한시하고 대부분의 시간을 스포츠 참가에 할애하는 참가 유형 • 2차적 일탈 : 경기 결과에 돈을 걸고 스포츠관람(도박) • 참가 중단 : 스포츠활동을 혐오하여 전혀 참가하지 않음

④ 참가수준

조직적 스포츠 참가	• 역할 학습이나 수행결과에 초점을 둠 • 스포츠 동호회와 같이 구조적이고 안정적이고 지속적임
비조직적 스포츠 참가	• 활동 자체에 대한 만족도에 초점을 둠 • 자율적인 활동으로서 지속적이지 못함

⑤ 역할 사회화

예상 단계	확실한 지위 역할이 부여되지 않은 상태에서 어떤 역할을 수행하는 데에 대한 기대를 가짐
공식 단계	안정된 지위를 맡게 되고 공식적이고 형식적인 기대를 경험함
비공식 단계	각 개인 간의 상호작용을 통해 자기가 현재 놓여 있는 상황에 대한 적절한 역할 수행
개인적 단계	• 개인의 경험이나 역할의 기대를 스스로 조절할 수 있음 • 자신의 역할과 정체감을 일치시켜 나가는 단계

2018년 기출

보기에서 설명하는 케년의 스포츠 참가(참여)의 유형은?

> 실제 스포츠에 참가하지는 않지만 간접적으로 특정 선수나 팀 또는 경기상황에 대해 감정적인 태도나 성향을 표출하는 참가

① 행동적 참가
② 인지적 참가
③ 일탈적 참가
④ 정의적 참가

정답 ④

(3) 스포츠를 통한 사회화로 일상생활에 전이되는 요인(E. Snyder)
   ① 스포츠 참가 정도 : 빈도, 기간, 강도
   ② 스포츠 참가의 자발성 여부
   ③ 스포츠 조직 내의 사회적 관계
   ④ 사회화 주관자의 위신과 위력
   ⑤ 스포츠 참가자의 개인적·사회적 특성

(4) 스포츠참여의 지향 종류

참가지향	• 정정당당하게 경기에 임하며 스포츠 본연의 가치를 추구하는 태도 • 물질적·경제적 이익보다는 순수한 참가로 인한 정당한 경쟁 자체에 의미부여 • 경기에서 중요한 것은 승리가 아닌 참가하는 데에 있음을 강조(쿠베르탱)
업적지향	• 승리를 목적으로 성공을 추구하는 태도 • 스포츠에서 타인보다 뛰어난 것을 보여 주는 탁월성이 업적을 보상함 • 성취지향적 성향

4. 스포츠로부터의 탈사회화

(1) 탈사회화의 개념 : 스포츠활동에 참가하여 활동을 지속하던 개인이 여러 요인으로 인해 스포츠를 중도 포기 혹은 참여 중지하는 것을 의미

(2) 운동선수의 탈사회화(은퇴) 유형

자발적 은퇴	• 본인의 자발적 의사에 의한 은퇴 • 운동선수의 교육수준, 현재와 미래의 재정상황, 새로운 직업에 대한 기회, 신체능력의 저하가 원인이 됨
비자발적 은퇴	• 본인의 의사가 아닌 다른 요인에 의해 강제로 결정된 은퇴 • 복귀하기 힘든 큰 부상, 보직 해임

(3) 탈사회화의 원인

운동기량의 부족 및 저하	운동을 지속할 수 없다고 느낄 때 발생
부상으로 인한 운동수행 제한	재활에 의해 회복할 수 있지만 부상으로 인한 신체적·정신적 피해가 지속될 때 발생
성공가능성에 대한 불확실성과 미래에 대한 불안감	성적부진과 나이로 인한 신체기능의 쇠퇴를 경험하여 미래에 대한 확신이 감소할 때 발생
지도자와의 갈등	지도자가 가지고 있는 가치관과 다를 경우 발생
운동에 대한 싫증	반복되는 생활, 상하관계, 장거리 이동에 대한 싫증으로 발생함

(4) 탈사회화 후 타분야 사회활동에 적응 시 받는 영향요인

구 분	내 용
환경 변인	성, 연령, 계층, 교육정도
취업 변인	다른 직업에 대한 잠재 가능성
정서 변인	스포츠에 대한 자아정체감

2023년 기출

스나이더(E. Snyder)가 제시한 스포츠 사회화의 전이 조건이 아닌 것은?

① 참가의 가치
② 참가의 정도
③ 참가의 자발성 여부
④ 사회화 주관자의 위신과 위력

정답 ①

2018년 기출

스포츠탈사회화와 재사회화 과정에 대한 설명으로 옳지 않은 것은?

① 운동선수의 스포츠탈사회화는 선수은퇴를 의미한다.
② 환경, 취업, 정서 등의 요인은 운동선수의 스포츠탈사회화에 영향을 미친다.
③ 운동선수는 스포츠탈사회화 이후 모두 스포츠재사회화의 과정을 겪게 된다.
④ 새로운 직업에 대한 기회가 많고 교육수준이 높은 운동선수일수록 자발적 은퇴를 선택할 가능성이 높다.

정답 ③

역할사회화 변인	스포츠에 의해 선택 가능한 사회화 정도
인간관계 변인	친구, 가족들 간의 관계 및 지원체계

5. 스포츠로의 재사회화

(1) 개념
  ① 스포츠로부터의 탈사회화 이후에 스포츠활동을 다시 시작하는 것
  ② 모든 은퇴선수가 스포츠로의 재사회화를 이루는 것은 아니며, 스포츠 현장으로 복귀할 기회가 없거나 스포츠와 전혀 다른 영역을 개척하여 사는 경우 스포츠로의 재사회화는 이루어지지 않음

(2) 스포츠로의 재사회화 유형
  ① 다른 종목으로 재사회화 : 체조 선수 → 다이빙 선수
  ② 직접 참가자가 간접 참가자로 재사회화 : 선수 → 지도자
  ③ 스포츠 관련 직업 또는 역할로 재사회화 : 선수 → 해설위원, 스포츠 기자

단답형 문제

01 (   )은/는 상호작용하고 있는 세계에서 이루어지는 학습과 사회적 발달과정을 뜻한다.

02 개인적 특성, (   ), 사회적 상황을 통해 스포츠로의 사회화 과정이 시작된다.

03 스포츠활동을 통해 소속 집단의 가치, 태도, 행동양식 등을 학습하고, 학습된 가치와 행동양식 등이 사회로 전이되어 일반화되는 과정을 (   )(이)라고 한다.

04 스포츠 참가를 중단하던 사람이 새로운 흥미로 스포츠활동을 다시 시작하는 것을 (   )(이)라고 한다.

정답 01 사회화 02 사회화 주관자 03 스포츠를 통한 사회화 04 재사회화

2015년 기출
스포츠 재사회화에 대한 설명으로 옳은 것은?

① 친구들과 처음 스키캠프에 참가
② 선수생활 중단 5년 후 스포츠클럽 지도자로 활동
③ 경기 중 부상으로 운동선수생활 은퇴
④ 건강을 위해 처음 수영강습에 참가

정답 ②

07 출제예상문제

완벽하게 이해된 부분에 체크 하세요

01 다음 중 스포츠사회화에 대한 설명으로 옳지 않은 것은?

① 준거집단 및 관찰학습으로 인해 스포츠로의 사회화 과정이 시작된다.
② 스포츠 참여를 통해 집단이 가지는 가치관, 신념, 태도 등을 학습하는 과정을 말한다.
③ 스포츠사회화의 주관자로 가정, 동료집단, 학교, 지역사회, 대중매체 등이 있다.
④ 스포츠사회화는 스포츠라는 영역에서 일어나는 사회화를 의미한다.

해설 개인적 특성, 사회화 주관자, 사회적 상황으로 인해 스포츠로의 사회화 과정이 시작된다.

02 다음 〈보기〉에서 설명하는 스포츠사회화 이론은?

> 스포츠 팀 내에서 자기 역할을 수행하고, 구성원과의 관계와 문제해결을 통한 경험들은 중요한 사회화 과정의 기능을 수행한다.

① 사회학습 이론
② 준거집단 이론
③ 역할 이론
④ 관계 이론

해설 역할 이론은 개인이 사회구조 속에서 자기 역할을 수행하는 과정에서 사회화가 이루어진다는 관점으로, 개인이 사회화 과정을 통해 집단에 소속되어 구성원으로 적응해가는 사실을 설명한다.

정답 01 ① 02 ③

03 다음 중 스포츠참가 유형에 대한 설명으로 옳은 것은?

① 주기적 참가 – 일정 주기를 유지하면서 스포츠에 지속적으로 참가하는 유형
② 1차적 일탈참가 – 경기결과에 거액의 돈을 걸고 스포츠를 관람하는 유형
③ 2차적 일탈참가 – 직업을 등한시하고 시간 대부분을 스포츠 참가에 할애하는 유형
④ 일탈적 참가 – 스포츠활동을 혐오하여 전혀 참가하지 않는 유형

> **해설** 1차적 일탈참가는 직업을 등한시하고 시간 대부분을 스포츠 참가에 할애하는 유형을 말하고, 2차적 일탈참가는 경기결과에 거액의 돈을 걸고 스포츠를 관람하는 유형을 말한다. 스포츠활동을 혐오하여 전혀 참가하지 않는 유형은 참가 중단이다.

04 스나이더(E. Snyder)의 스포츠사회화의 전이 조건을 모두 고른 것은?

┌─────────────────────────────────┐
│ ㉠ 스포츠 참가자의 개인적·사회적 특성 │
│ ㉡ 사회화 주관자의 위신과 위력   │
│ ㉢ 스포츠 조직 내의 사회적 관계   │
│ ㉣ 스포츠 참가의 자발성 여부   │
│ ㉤ 스포츠 참가 정도   │
└─────────────────────────────────┘

① ㉢, ㉣, ㉤
② ㉠, ㉢, ㉣, ㉤
③ ㉠, ㉡, ㉢, ㉣
④ ㉠, ㉡, ㉢, ㉣, ㉤

> **해설** 스포츠활동을 통해 학습된 가치, 태도, 행동양식 등이 사회로 전이되어 일반화되는 과정을 '스포츠를 통한 사회화'라고 한다. 스나이더(E. Snyder)는 스포츠사회화의 전이 조건으로 위 다섯 가지를 들고 있다.

정답 03 ① 04 ④

08 스포츠와 일탈

학습목표
- 스포츠 일탈의 개념과 원인에 대해 설명할 수 있다.
- 스포츠 일탈의 순기능과 역기능의 사례를 말할 수 있다.
- 스포츠 일탈의 유형에 대해 설명할 수 있다.

2019년 기출

〈보기〉에서 설명하는 스포츠 일탈에 관한 스포츠사회학 이론은?

> 일탈은 현존하는 사회질서의 유지에 기여한다는 점에서 정상적인 것으로 간주된다. 예를 들어, 도핑은 그 자체로는 일탈행위에 해당되지만, 이를 통해 사람들은 그런 행동을 경멸하게 되고 이에 대한 경각심을 갖게 된다.

① 구조기능 이론
② 갈등 이론
③ 차별교제 이론
④ 낙인 이론

정답 ①

2024년 기출

〈보기〉에서 설명하는 스포츠 일탈과 관련된 이론은?

> - 스포츠 일탈을 상호작용론 관점으로 설명한다.
> - 일탈 규범을 내면화하는 사회화 과정이 존재한다.
> - 다른 사람과 상호작용을 통해 스포츠 일탈 행동을 학습한다.

① 문화규범 이론
② 차별교제 이론
③ 개인차 이론
④ 아노미 이론

정답 ②

01 스포츠 일탈의 이해

1. 스포츠 일탈의 개념

(1) 스포츠 일탈의 정의
① 스포츠맨십과 페어플레이 정신 등 보편적 가치에서 벗어난 행동
② 경기규칙을 위반하는 행동
③ 스포츠 참가자의 사회화에 부정적인 영향을 미칠 수 있음
④ 시간, 장소, 사회적 상황, 평가하는 사람에 따라 다양하게 평가됨

구 분	내 용
공식적 일탈	권한을 가진 사람들에 의해 제정된 공식적 제재(법, 공식적 규칙)를 위반
비공식적 일탈	사람들이나 동료에 의해 공유된 이해(성문화되지 않은 관습)에 대해 위반

(2) 스포츠 일탈의 주요 이론

구 분	내 용
구조기능 이론	일탈은 규범위반으로 인한 것으로 사회질서의 붕괴를 반영함(아노미 이론)
문화전달 이론	일탈은 사회구성원이 주위 일탈적 문화양식을 습득하여 발생함(동조행위)
사회통제 이론	왜 일탈을 하지 않는가에 대한 관심, 일탈은 내적통제(사회규범의 내면화)와 외적통제(사회적 처벌에 대한 두려움)로 억제됨
낙인 이론	일탈은 남들이 본인들만의 사회적 규정에 근거하여 '일탈'이라고 낙인 찍었을 때 발생함
차별교제 이론	개인은 일탈 행위자와 교류함으로써 일탈행동에 빠지게 됨

(3) 구조기능주의 이론에서의 일탈 이론(머튼의 아노미 이론)
① 일탈은 사회적 규범을 위반하면서부터 생김
② 일탈은 목적과 수단의 괴리가 발생할 때 생김

개인 적응방식	문화적 목표	제도화된 수단
동조	+ (수긍)	+ (수긍)
혁신	+ (수긍)	− (거부)
의례주의	− (거부)	+ (수긍)
도피주의	− (거부)	− (거부)
반역	기존의 목적과 수단을 거부하는 동시에 새로운 것을 추구하는 과정에서 폭력 발생 가능	

+ 더 알아보기

과잉동조
정상적 범위 내에 형성된 규칙이나 규범을 지나치게 따르는 것으로 개인 및 조직의 목표와 집단의 가치에 지나치게 헌신함

(4) 스포츠 일탈의 접근
① 절대론적 접근 : 사회규범이 변화하지 않는다는 것에 근거하여 사회가 요구하는 절대적 기준에서 벗어나는 것
② 상대론적 접근 : 특정 행위가 사회구조에서 바라보는 인간관계의 상호작용을 기반으로 일탈의 범위가 결정(과잉동조 설명 가능)

(5) 과소동조와 과잉동조
① 과소동조 : 규범을 무시하거나 거부하는 유형
  예 스포츠경기에서의 폭력, 승부조작, 음주 등 규칙 위반
② 과잉동조 : 규범을 무비판적으로 수용하는 유형 예 파시즘
③ 과소동조, 과잉동조 모두 비정상적인 사고(일탈)의 특성 행위를 가짐

(6) 과잉동조를 일으키는 윤리규범

몰입규범	• 스포츠를 삶의 우선순위로 두고 경기에 대한 헌신자세를 보여 줌 • 팀을 위해 자신을 희생하여 경기에 헌신함
구분짓기규범	• 승리를 성취하고자 하는 노력을 의미하는 탁월성을 추구 • 타인 혹은 본인 스스로와의 경쟁을 통해 기록을 갱신하는 것을 궁극적인 목표로 봄
인내규범	• 어떠한 위험과 고통도 감수함 • 경쟁과정에서 발생하는 고통을 경기의 일부분으로 받아들임 • 고통을 견뎌내야 진정한 운동선수로 인정받을 수 있음을 강조
도전규범	목표가 지나치게 강조되어 성공을 달성해야 한다는 의무감으로 고난과 역경을 극복함

[2023년 기출]
스포츠 일탈의 순기능에 관한 사례로 적절하지 않은 것은?

① 승부조작 사례를 보고 많은 선수들이 경각심을 갖는다.
② 아이스하키 경기에서 허용된 주먹다짐은 잠재된 공격성을 해소시켜 준다.
③ 스포츠에서 선수들의 약물복용이 지속되면 경기의 공정성이 훼손된다.
④ 높이뛰기에서 배면뛰기 기술의 창안은 기록경신에 기여하고 있다.

정답 ③

2. 스포츠 일탈의 구조적 근원

구 분	내 용
양립 불가능한 가치지향	스포츠에서 이기고자 하는 욕구가 도덕적 가치보다 높아질 경우 일탈 발생
가치 및 규범과 성공강박의 불일치	승리에 대한 압박과 연습시간 제한으로 인해 여러 가지 속임수 사용(비공식적 연습)
경쟁적 보상구조	승리를 성공의 유일한 척도로 간주할 경우 성공기회를 위한 일탈 발생(규칙 무시)

[2023년 기출]
〈보기〉는 코클리(J. Coakley)가 제시한 스포츠 일탈에 관한 설명이다. ㉠, ㉡에 해당하는 용어가 바르게 연결된 것은?

• (㉠)에 따르면 스포츠 일탈이 용인되는 범위는 사회적으로 타협하는 과정을 통해 구성된다.
• (㉡)는 과훈련(Over-training), 부상 투혼 등을 거부감 없이 무비판적으로 수용하는 것이다.

	㉠	㉡
①	상대론적 접근	과소동조
②	절대론적 접근	과잉동조
③	절대론적 접근	과소동조
④	상대론적 접근	과잉동조

정답 ④

역할갈등	다양한 지위가 충돌 시 일탈 발생(유소년 선수는 학생과 운동선수 역할 사이에서 갈등)

3. 스포츠 일탈의 기능

- 규범의 재확인으로 동조 강화
- 사회적 안전판 역할
- 사회 개혁의 계기
- 창의성 부여

- 사회적 긴장을 초래
- 스포츠 참가자의 사회화에 부정적 영향
- 스포츠체계 질서 위협
- 부정적 행동에 대한 내면화

02 스포츠 일탈의 유형

1. 스포츠폭력

(1) 폭력의 종류
　① 적대적 공격 : 타인의 부상이 목적(분노적 행위)
　② 도구적 공격 : 외적 보상이나 임무달성이 목적

(2) 스포츠폭력의 원인(Coakley)

구 분	내 용
스포츠의 상업화	• 인기를 끌기위해 폭력(영웅시되는 경향) • 성공이 보상을 가져옴(고의로 폭력을 일으킴)
스포츠 팀의 구조적 특성	• 팀의 승리를 위한 도구적 폭력성 • 스포츠조직 문화와 구조 속에서 강화되는 남성성
운동선수의 역할 사회화	스타급 선수에 대한 동경 예 유명선수의 반칙 플레이를 동경하여 따라함

2019년 기출

코클리가 제시한 일탈적 과잉동조를 유발하는 스포츠 윤리규범의 유형과 특징이 바르게 연결되지 않은 것은?

① 몰입규범 – 운동선수는 경기에 헌신해야 하며 이를 그들의 삶에서 우선순위에 두어야 한다.
② 구분짓기규범 – 운동선수는 다른 선수와 구별되기 위해 자신만의 경기 스타일을 만들어야 한다.
③ 인내규범 – 운동선수는 위험을 받아들이고 고통 속에서도 경기에 참여해야 한다.
④ 도전규범 – 운동선수는 스포츠에서 성공을 위해 장애물을 극복하고 역경을 헤쳐 나가는 노력을 해야 한다.

정답 ②

2018년 기출

머튼의 아노미 이론에서 일탈행동에 대한 적응형태와 특징이 바르게 연결된 것은?

① 반란(반역)주의 – 스포츠에서 이기기 위해서는 수단과 방법을 가리지 않아야 한다고 생각한다.
② 도피주의 – 스포츠에서는 승패보다 규칙을 지키며 참가하는 데 가치가 있다고 생각한다.
③ 혁신주의 – 기존의 스포츠를 거부하고 새로운 형태의 스포츠를 개발해야 한다고 생각한다.
④ 동조주의 – 스포츠에서는 규칙을 준수하면서 이기는 것이 중요하다고 생각한다.

정답 ④

(3) 폭력의 유형

격렬한 신체 접촉	충돌, 가격, 태클, 방해, 부딪힘 등의 스포츠경기에서 발생하는 신체적 활동	• 경기의 일부분 • 규범위반은 아니나 심각한 부상을 일으킬 가능성 있음
경계 폭력	타자에게 던지는 빈볼성 투구, 심한 태클, 진로방해, 미식축구에서의 물리적 위협 등 격렬한 신체접촉보다 폭력강도가 강함	• 정해진 규칙에는 위반되지만 스포츠 규범에는 부합됨 • 전략적으로 사용되는 폭력 • 공식적인 제재나 과도한 벌금이 부과되지 않음
유사 범죄 폭력	비신사적 경기운영, 상대선수의 건강에 심각한 손상유발, 규범을 무시한 파울 등 공공법과 사회질서를 위협하는 행위	• 정해진 규범을 거부하고 선수 간 비공식 규범 등을 위반 • 벌금을 부과하고 일정기간 징계 내림
범죄 폭력	경기 중 발생한 폭력으로 심각한 신체부상 혹은 생명의 위협을 느낄 정도의 부상 등 명백히 법을 위반하는 범죄 행위	발생빈도는 낮으나 위험성이 크기 때문에 법적인 처벌을 받음

2. 약물복용

(1) 약물복용의 이해
① IOC에서는 '경기력을 향상시키기 위하여 약물을 복용하거나 사용했을 경우 도핑(Doping)'이라고 규정함
② 승리 또는 경기력 향상을 목적으로 일시적 효과를 위한 흥분제, 호르몬제, 근육강화제, 이뇨제 등 약물을 복용하는 것을 말함

(2) 약물복용의 문제점
① 약물 부작용으로 인한 신체적 건강 위협
② 비인간적 강요로 윤리 문제 발생
③ 승리지상주의로 인한 페어플레이 정신 위반
④ 개인 문제를 넘어서는 사회적 문제로 확대

3. 부정행위

구 분	내 용
제도적 부정행위	• 계획적이고 전술적인 행동으로 제도화된 속임수 • 파울을 유도하는 가장 행위(헐리웃 액션) 등
일탈적 부정행위	• 사회적으로 용인되지 않고 엄격한 제재를 받는 행위 • 불법도구 사용, 승부 조작 등

4. 조직적 일탈

(1) 개 념
① 특정 조직이나 부서의 지지에 의해 발생하는 규범위반 행동
② 운동선수의 학력 위조, 스카웃과 관련된 금품수수 등

2024년 기출

스미스(M. Smith)가 제시한 경기장 내 신체 폭력 유형 중 〈보기〉의 설명에 해당하는 것은?

• 경기의 규칙을 위반하는 행위지만, 대부분의 선수나 지도자들이 용인하는 폭력 행위의 유형이다.
• 이 폭력 유형은 경기 전략의 하나로 활용되며, 상대방의 보복 행위를 유발할 수 있다.

① 경계 폭력
② 범죄 폭력
③ 유사 범죄 폭력
④ 격렬한 신체 접촉

정답 ①

2019년 기출

스포츠 현장에서 발생하는 일탈적 부정행위가 아닌 것은?

① 상대방의 심리적 불안을 초래하는 과도한 야유
② 경기력 향상을 위한 금지약물 복용
③ 상급학교 진학을 위한 승부조작
④ 승리를 위한 심판 매수 및 금품제공

정답 ①

(2) 문제점
① 일탈 행위가 조직 차원에서 이루어지므로 통제가 어려움
② 특정한 조직의 묵시적 지지가 조직적 일탈로 나타남

5. 관중폭력

(1) 개념

쟁점적 관중폭력	사회적으로 내재된 갈등이 스포츠경기에서 표출되어 관중의 집단행동으로 나타나는 폭력행위 예 구조적 긴장, 특정사건, 기타 촉발원인
우발적 관중폭력 (무쟁점적 관중폭력)	스포츠 경기 전후로 팀의 승리에 대한 축하의 의미 또는 패배감, 좌절감 표출로 집단적이고 우발적으로 나타나는 폭력행위 예 퍼레이드, 떼지어 몰려다니기

(2) 관중폭력 발생 결정요인
① 관중 밀도 : 관중이 많을수록 관중폭력이 증가함
② 경기 중요도 : 경기 중요도가 높을수록, 경기가 후반부일수록 관중폭력이 증가함
③ 날씨 : 기온이 높을수록 관중폭력이 증가함
④ 시즌 진행 : 시즌이 막바지로 접어들수록 관중폭력이 증가함

(3) 집단행동 이론

구 분	내 용
전염 이론	군중심리의 전염으로 인한 집단적 폭력행위, 피암시성(행동에 민감해짐)
수렴 이론	익명성으로 인해 반사회적 폭력행위가 표출됨 예 훌리건
규범생성 이론	다양한 구성원 사이에 공유된 규범이 존재하고 감정유발보다는 사회적 압력이 우선시됨 예 테니스 경기 - 정숙한 분위기 유지
부가가치 이론	구조적 요인 → 구조적 긴장 → 일반화된 신호의 성숙과 파급 → 촉진요인 → 참여자의 동원 → 사회통제기제

[2023년 기출]

〈보기〉의 밑줄 친 ㉠, ㉡을 설명하는 집합행동 이론이 바르게 연결된 것은?

이 코치 : 어제 축구 봤어? 경기 도중 관중폭력이 발생했잖아.
김 코치 : ㉠ 나는 그 경기를 경기장에서 직접 봤는데 관중들의 야유 소리가 점점 커지면서 관중폭력이 일어났어.
이 코치 : ㉡ 맞아! 그 경기 이전에 이미 관중의 인종차별 사건이 있었잖아. 만약 인종차별이 먼저 발생하지 않았다면, 어제 경기에서 그런 관중폭력은 없었을 거야.

	㉠	㉡
①	전염 이론	규범생성 이론
②	수렴 이론	부가가치 이론
③	전염 이론	부가가치 이론
④	수렴 이론	규범생성 이론

정답 ③

[2017년 기출]

드워가 제시한 프로야구 경기의 관중 난동 요인에 대한 설명으로 옳은 것은?

① 관중이 많을수록 난동 발생 가능성이 낮다.
② 경기의 후반부일수록 난동 발생 가능성이 낮다.
③ 기온이 내려갈수록 난동 발생 가능성이 높다.
④ 시즌의 막바지로 접어들수록 난동 발생 가능성이 높다.

정답 ④

단답형 문제

01 구조기능주의의 일탈 이론에서 목적과 수단에 모두 수긍하는 개인 적응방식은 (　　)이다.

02 스포츠폭력의 종류로 적대적 공격과 (　　)적 공격이 있다.

03 부정행위의 유형으로 (　　)적 부정행위와 일탈적 부정행위가 있다.

04 관중폭력의 유형으로 (　　) 관중폭력, 우발적 관중폭력이 있다.

정답 01 동조 02 도구 03 제도 04 쟁점적

08 출제예상문제

완벽하게 이해된 부분에 체크 하세요

01 다음 중 스포츠 일탈의 주요 이론에 해당하지 않는 것은?

① 구조기능 이론
② 상징적 상호작용 이론
③ 사회통제 이론
④ 낙인 이론

해설 스포츠 일탈의 주요 이론으로는 구조기능 이론(아노미 이론), 문화전달 이론, 사회통제 이론, 낙인 이론이 있다. 상징적 상호작용 이론은 스포츠의 사회적 기능과 관련된 이론이다.

02 다음 중 스포츠 일탈의 순기능으로 옳지 않은 것은?

① 규범에의 동조 강화
② 사회적 안전판 역할
③ 사회 개혁의 계기
④ 사회적 긴장을 초래

해설 사회적 긴장 초래는 스포츠 참가자의 사회화에 부정적 영향과 함께 스포츠 일탈의 역기능에 해당한다.

03 다음 중 스포츠 일탈에 대한 설명으로 옳지 않은 것은?

① 승리에 대한 욕구가 도덕적 가치보다 높아질 경우 일탈이 발생한다.
② 페어플레이 정신과 스포츠맨십에 위반되는 행동이다.
③ 시간, 장소, 사회적 상황, 평가하는 사람에 따라 다양하게 평가된다.
④ 조직적 일탈은 조직 차원에서 통제가 가능하다.

해설 조직적 일탈은 특정 조직이나 부서의 지지에 의해 발생하는 규범위반 행동으로서, 일탈 행위가 조직 차원에서 이루어지므로 통제가 어렵다.

정답 01 ② 02 ④ 03 ④

04 다음 중 스포츠 일탈의 이론에 대한 설명으로 옳은 것은?

① 일탈을 규범 위반으로 간주하여 사회질서의 붕괴를 반영하는 이론은 구조기능 이론이다.
② 사회통제 이론은 왜 일탈을 하는가에 관심을 가진다.
③ 낙인 이론에서 일탈은 동조행위에 의해 발생하는 것으로 설명한다.
④ 문화전달 이론은 사회적 규정에 근거하여 일탈로 규정하기 때문에 발생한다고 설명한다.

해설 구조기능 이론은 일탈을 사회질서의 붕괴를 반영하는 것으로, 머튼의 아노미 이론을 통해 일탈이 사회적 문화구조의 긴장과 관련있음을 주장하였다.

05 집단행동 이론 중 전염 이론에 대한 설명으로 옳은 것은?

① 익명성이 강조되어 발생한다.
② 구조적 요인으로부터 시작되어 사회통제기제까지의 과정을 거친다.
③ 집단구성원들이 행동에 민감해지고 그것에 대한 행동을 모방하여 행동이 유발되는 것을 말한다.
④ 테니스경기에서의 관중처럼 정숙한 분위기에 전염되는 것을 말한다.

해설 전염 이론은 군중심리의 전염으로 인한 집단적 폭력행위로 피암시성, 모방과 전염, 순환적 반작용에 의해 발생한다.

정답 04 ① 05 ③

09 미래사회의 스포츠

학습목표
- 스포츠 변화에 영향을 미치는 요인에 대해 설명할 수 있다.
- 스포츠세계화에 대해 설명할 수 있다.
- 미래사회의 스포츠 변화 양상에 대해 추측하고, 그 근거를 설명할 수 있다.

20일 단기완성 학습 플랜
- 목표 학습 시간 : ___월 ___일
- 실제 학습 시간 : ___월 ___일

01 스포츠 변화에 영향을 미치는 요인

1. 테크놀로지의 발전

개 념	현실의 조건을 바꾸기 위해 과학적 지식이나 기타 조직화된 지식을 응용
역 할	• 스포츠를 보다 안전하게 함 • 육체적 한계와 잠재력 평가 • 사용가능한 경험 확장

2. 통신 및 전자매체의 발달

개 념	텔레비전, 컴퓨터, 인터넷, 무선전화와 같은 장치의 발달
역 할	• 미래 스포츠를 상상하는 데 시각적 이미지 제공 • 전자 이미지를 사용하여 스포츠 참가장소에 대한 정보 수집 가능 • 일상적 대화의 중요 소재로 미래 스포츠에 영향을 미침

3. 조직화(합리화)

개 념	스스로가 설정한 조건을 따르면 즐거움과 노력이 함께 결합됨
역 할	• 탈산업문화에서 경기력을 합리적으로 평가 • 스포츠의 즐거움이 목표를 성취하는 것과 관련됨

4. 상업화 및 소비성향의 변화

개 념	경기와 선수 및 스포츠참여 자체가 이익을 목적으로 사고파는 상품화의 경향을 보임
역 할	• 회비나 회원권 없이 스포츠에 참여할 수 있는 공공장소 확보가 필요 • 공공정책을 통한 비상업적인 방향으로 스포츠의 미래를 건설

2024년 기출

과학기술의 발전에 따른 스포츠의 변화에 관한 설명으로 옳지 않은 것은?

① IoT, 웨어러블 디바이스 발전으로 경기력 측정의 혁신을 가져왔다.
② 프로야구 경기에서 VAR 시스템 적용은 인간심판의 역할을 강화시켰다.
③ 4차 산업혁명에 따른 초지능, 초연결은 스포츠 빅데이터의 활용을 확대시켰다.
④ VR, XR 디바이스의 발전으로 가상현실 공간을 활용한 트레이닝이 가능해졌다.

정답 ②

+ 더 알아보기

국수주의
다른나라 국민에 대해 배척하는 자세를 취하며 자신의 국가만 월등하다고 보는 관점

국가주의
- 국민이 동일한 정체성을 가지고 국가를 운영
- 국가를 가장 우선적 조직체로 규정
- 국가권력이 강력한 통제력 가짐

2022년 기출

〈보기〉의 내용과 관련 있는 용어로 옳은 것은?

- 로버트슨(R. Roberston)이 제시한 용어이다.
- LA 다저스팀이 박찬호 선수를 영입하여 좋은 경기력을 펼치면서 메이저리그 경기가 한국에서 인기가 높아졌다.
- 맨체스터 유나이티드팀이 박지성 선수를 영입하면서 프리미어리그 경기가 한국에서 인기가 높아졌다.

① 세방화(Glocalization)
② 스포츠화(Sportization)
③ 미국화(Americanization)
④ 세계표준화(Global Standardization)

정답 ①

2019년 기출

신자유주의 시대의 스포츠세계화에 대한 특징으로 적절하지 않은 것은?

① 프로스포츠의 이윤 극대화에 기여하였다.
② 스포츠 시장의 경계가 국경을 초월해 전 세계로 확대되었다.
③ 세계인들에게 표준화된 스포츠 상품을 소비하도록 만들었다.
④ 각 나라의 전통스포츠가 전 세계로 보급되어 새로운 스포츠시장을 개척할 수 있게 되었다.

정답 ④

---

02 스포츠의 변화

1. 스포츠세계화

(1) 스포츠세계화의 원인

제국주의 (임페리얼리즘)	식민지 국가를 자국의 국민으로 동화시키기 위한 목적으로 스포츠 이용
민족주의 (내셔널리즘)	• 스포츠를 통해 자국을 알릴 수 있는 기회를 가짐 • 식민지 국가는 식민지 통치국과 경쟁을 할 수 있는 공식적 행사로서 스포츠 활용 • 자국의 정체성 강화
종교	• 종교에 대한 거부감을 없애기 위한 도구로서 스포츠 이용 • YMCA는 선교활동의 일환으로 스포츠 팀 창설
테크놀로지의 발달	미디어, 교통, 통신을 통해 스포츠를 세계화함

(2) 스포츠세계화의 의미

① 전 세계의 스포츠를 한 체계로 엮어 국가 차원에서 상호거래를 통해 발전시키는 총체적 과정
② 스포츠에 내재하는 가치를 전 세계에 전파하는 것
③ 스포츠의 탈영토화를 의미하는 것으로서, 세계인이 공유하는 가장 대표적인 문화현상임
④ 범세계적 동질화를 지향하는 것이 아닌, 다양성을 증대시키는 데 목적을 둠

(3) 스포츠세계화의 사례

신자유주의의 확대	• 경제적 규제완화, 자유시장, 민영화를 주장하는 신자유주의가 스포츠 세계화를 통해 확대됨 • 스포츠 상업화와 연관되어 있음 : 스포츠 기업이 다국적 기업으로 성장 • 장점 : 스포츠 시장의 확대를 도모함 • 단점 : 빈익빈 부익부 현상 심화
스포츠 노동이주	• 수요와 공급의 메커니즘이 스포츠에서 발현 예 다른 국가로부터 우수선수 영입 • 노동이주 유형 : 외국 선수의 국내유입 또는 자국 선수의 해외 진출
글로컬라이제이션	지역화(Local)와 세계화(Global)가 동시에 일어남

(4) 스포츠 노동이주 유형(Magee & Sudgen)

정착민형(Settler)	몇 번의 시즌이 지났음에도 불구하고 계속 남아 있는 유형
야망가형(Ambitionist)	전문적인 커리어를 성취하고자 하는 목적으로 스포츠 노동이주를 하는 유형
망명자형(Exile)	정치적 이유로 본인의 커리어나 자유, 생명 등에 위협을 받아 본인의 국가를 떠나 스포츠 노동이주를 하는 유형
유목민형(Nomadic Cosmopolitan)	세계적으로 유명한 다른 국가에서의 경험을 해 보고자 스포츠 노동이주를 하는 유형

추방형(Expelled)	어떠한 이유로 강제적으로 해당 국가로 스포츠 노동이주된 유형
용병형(Mercenary)	경제적인 보상에 연관되어 돈을 벌 수 있는 능력이 있을 때 스포츠 노동이주하는 유형
개척자형(Pioneers)	자신이 보유한 스포츠 기술을 해외에 전파하여 특정 종목을 외국에 보급시키거나 타 국가 출신 선수의 수행능력을 향상시키는 것을 목적으로 하는 유형

2. 미래 스포츠

(1) 미래 사회 스포츠 변화와 전망
　① 스포츠과학의 획기적 발전
　② 전자매체 발달로 관람스포츠 형태 변화
　③ 새로운 형태의 스포츠가 지속적으로 발생
　④ 용품, 장비, 시설 등 스포츠 환경 개선
　⑤ 스포츠교육서비스에 대한 요구 증대
　⑥ 다양한 체육 정보 및 경기 전략 정보 제공
　⑦ 자연친화적 스포츠에 대한 관심 증가

(2) 스포츠 참여 계층의 다양화
　① 여성 계층의 스포츠 참여 확대
　　㉠ 여성이 자원과 권력을 획득하면서 스포츠 참여 기회 증가
　　㉡ 여성 선호 스포츠 형태 창출 및 구축
　② 노인 계층의 스포츠 참여 확대
　　㉠ 평균 수명 증가로 고령층 스포츠활동 참여 증가
　　㉡ 스포츠를 경쟁이 아닌 사회활동으로 인식
　　㉢ 건강, 체형관리, 사회적 관계에 중점을 둔 스포츠 선호
　　㉣ 게이트볼, 볼링 등 신체 접촉이 적고 부상 위험이 적은 스포츠 선호

단답형 문제

01 전 세계의 스포츠를 한 체계로 엮는 데 국가 차원에서 상호거래를 통해 발전시키는 총체적 과정을 (　　)(이)라고 한다.

02 스포츠 변화에 영향을 미치는 요인 중 조직화는 스스로가 설정된 조건을 따를 때 (　　)와/과 노력이 함께 결합됨을 의미한다.

03 노인계층은 건강, 체형관리, (　　)에 중점을 둔 스포츠를 선호한다.

04 스포츠 변화에 영향을 미치는 요인으로 테크놀로지의 발전, 통신 및 전자매체의 발달, 조직화 및 합리화, (　　)이/가 있다.

정답 01 스포츠세계화 02 즐거움 03 사회적 관계 04 상업화 및 소비성향의 변화

2023년 기출

메기(J. Magee)와 서덴(J. Sugden)이 제시한 스포츠 노동이주의 유형에 관한 설명 중 적절하지 않은 것은?

① 개척자형 – 스포츠 보급을 통해 금전적 보상을 추구하는 유형
② 정착민형 – 영구적으로 정착할 수 있는 곳을 찾는 유형
③ 귀향민형 – 해외에서의 스포츠 경험을 바탕으로 자국으로 복귀하는 유형
④ 유목민형 – 개인의 취향대로 흥미로운 장소를 돌아다니면서 스포츠에 참여하는 유형

정답 ①

2019년 기출

스포츠세계화와 민족주의의 관계에 대한 설명으로 적절한 것은?

① 냉전 시대에 스포츠세계화는 민족주의를 약화시켰다.
② 민족주의는 국가 간 갈등의 원인이 되어 스포츠세계화의 걸림돌로 작용해 왔다.
③ 제국주의 시대에 스포츠세계화는 식민국가의 민족주의를 약화시키는 결과를 초래하였다.
④ 스포츠에 내재된 민족주의적 속성은 다국적 기업의 세계화 전략에 중요한 자원으로 활용되고 있다.

정답 ④

2018년 기출

〈보기〉와 같이 스포츠의 세계화로 인해 파생되는 현상은?

> 최근 들어 우리나라 야구, 축구 선수들의 해외리그 진출이 증가하고 있다. 또한 우리나라에도 축구, 농구, 배구 등에서 많은 외국선수들이 활동하고 있다.

① 스포츠 국수주의
② 스포츠 노동이주
③ 스포츠 민족주의
④ 스포츠 제국주의

정답 ②

09 출제예상문제

완벽하게 이해된 부분에 체크 하세요

01 다음 중 스포츠 변화에 영향을 미치는 요인에 대한 설명으로 옳은 것은?

① 텔레비전 및 컴퓨터 등의 발전은 스포츠산업의 변화에 영향을 미치지 못한다.
② 경기력을 합리적으로 평가하는 역할은 스포츠 변화에 영향을 미친다.
③ 스포츠의 상업화는 현실의 조건을 바꾸기 위한 과학적 지식으로 정의한다.
④ 스포츠 변화는 스포츠에 대해 상품을 파는 행위에 의해서 발생하게 된다.

해설 스포츠의 조직화와 합리화는 경기에 대해 합리적으로 평가할 수 있게 하여 스포츠의 변화에 영향을 미친다.

02 미래 사회의 스포츠 변화와 전망에 대한 설명으로 옳지 않은 것은?

① 새로운 형태의 스포츠가 지속적으로 발생
② 전자매체 발달로 관람스포츠 형태 변화
③ 자연친화적 스포츠에 대한 관심 증가
④ 스포츠 참여 계층의 전문화 · 획일화

해설 스포츠 참여 계층이 다양화되었다. 여성이 자원과 권력을 획득하면서 스포츠 참여 기회가 증가하고, 평균 수명 증가로 노인층의 스포츠활동 참여 역시 증가하였다.

정답 01 ② 02 ④

03 다음 중 스포츠세계화에 대한 설명으로 옳지 않은 것은?

① 스포츠에 내재하는 가치를 전 세계에 전파하는 것이다.
② 탈영토화를 의미하는 것으로, 범세계적 동질화를 지향한다.
③ 나이키, 아디다스 같은 스포츠기업이 다국적 기업으로 성장하고 있다.
④ 태권도가 올림픽 정식종목으로 채택되면서 많은 국가로 보급되고 있다.

해설 스포츠세계화는 범세계적 동질화를 지향하는 것이 아니라 차별성과 다양성을 증대시키는 데 목적을 둔다.

04 스포츠세계화의 원인으로 옳지 않은 것은?

① 자국의 정체성을 강화하고 세계전역에 자국을 알리기 위한 수단으로서 스포츠를 활용하고 있고, 이는 스포츠세계화의 원인이 되었다.
② 제국주의는 식민지 국가를 자국의 국민으로 동화시키기 위해 스포츠를 이용했고, 식민국가에 대한 활발한 스포츠 보급이 일어나게 되었다.
③ 미디어, 교통, 통신의 발달은 스포츠세계화의 원인이다.
④ 종교는 14세기부터 스포츠를 억제하는 요인으로 스포츠세계화의 방해요인 중 하나이다.

해설 스포츠세계화의 원인으로 제국주의, 민족주의, 종교, 테크놀로지 발달이 있다. 종교단체(YMCA)의 선교활동의 일환으로 스포츠 팀 창설, 스포츠 보급 등이 진행되었고 이는 스포츠세계화의 원인이 되었다.

정답 03 ② 04 ④

05 노인계층의 스포츠 참여에 대한 설명으로 옳지 않은 것은?

① 평균 수명 증가로 고령층 스포츠활동 참여가 증가한다.
② 스포츠 경쟁을 통한 성취감은 삶의 활력이 된다.
③ 건강과 체형관리에 관심을 둔 스포츠를 선호한다.
④ 게이트볼, 볼링 등 신체 접촉이 적은 스포츠를 선호한다.

해설 노인계층은 스포츠를 경쟁이 아닌 사회활동으로 인식한다.

06 메기(Magee)와 서덴(Sugden)이 제시한 스포츠 노동이주 유형에 대한 설명으로 옳지 않은 것은?

① 유목민형(Nomadic Cosmopolitan) 노동이주는 세계적으로 유명한 다른 국가를 경험하고 싶은 마음에 스포츠 노동이주를 하는 유형이다.
② 경제적인 보상에 초점을 두고 스포츠 노동이주를 하는 경우는 용병형(Mercernary) 노동이주이다.
③ 추방형(Expelled) 노동이주는 정치적 이유로 본인의 커리어나 생명에 위협을 받아 국가를 떠나 노동이주를 하는 유형이다.
④ 야망가형(Ambitionist) 노동이주는 전문적인 커리어를 성취하고자 하는 스포츠노동이주의 유형이다.

해설 추방형 노동이주는 어떠한 이유로 강제적으로 해당 국가로 스포츠 노동이주 된 유형이다. 정치적 이유로 노동이주를 하는 것은 망명자형(Exile) 노동이주이다.

정답 05 ② 06 ③

제3과목 | 과목별 예상문제

완벽하게 이해된 부분에 체크 하세요

01 다음 중 스포츠의 사회학적 접근에 대한 관점으로 옳지 않은 것은?

① 구조기능주의는 뒤르켐이 주장한 관점으로 사회를 유기체로 비유하여 사회가 본질적으로 상호 연관되어 있음을 주장하였다.
② 갈등 이론은 개인과 개인 집단 사이의 경쟁에서 야기되는 갈등이 내부응집력을 강화시킨다고 주장하였다.
③ 비판 이론은 갈등 이론의 결정론적 사고를 비판하고 사회본질을 명확하게 규명하여 사회변화를 이루고자 한다.
④ 비판 이론은 상부구조보다 하부구조에 관심이 많고, 사회변화에 초점을 둔다.

해설 비판 이론은 하부구조보다 상부구조에 관심이 많고 사회현상의 여러 측면을 규명 및 폭로하는 이론이다.

02 다음 중 준거집단 이론에 대한 설명으로 옳지 않은 것은?

① 준거집단의 가치를 자신의 준거 척도로 삼으면서 사회화가 이루어진다는 관점이다.
② 규범 설정과 가치관 형성을 위한 개인 행동지침을 제공하는 집단을 규범집단이라고 한다.
③ 타집단의 가치와 태도에 부합되게 행동하려는 집단을 비교집단이라고 한다.
④ 준거집단은 규범집단, 비교집단, 청중집단으로 구분한다.

해설 타집단의 가치와 태도에 부합되게 행동하려는 집단을 청중집단이라고 한다.

정답 01 ④ 02 ③

03 상업주의에 따른 스포츠의 변화에 대한 설명으로 옳지 않은 것은?

① 스포츠의 직업화
② 흥미본위의 경기규칙 제정
③ 스포츠의 기본 구조 변화
④ 경기 외적인 측면 중시

해설 흥미본위로 경기규칙을 제정하고 인기종목의 경기시간대를 조정하는 등 구조의 변화를 보이지만, 스포츠의 기본 구조는 변하지 않는다.

04 다음 중 스포츠와 교육적 기능에 대한 설명으로 옳지 않은 것은?

① 스포츠는 학교 내 통합, 학교와 지역사회의 통합 등 사회선도의 역할을 할 수 있다.
② 스포츠는 상업주의로 인한 부정행위를 조장하는 역기능을 갖고 있다.
③ 스포츠의 역기능으로 승리지상주의를 야기할 수 있다.
④ 스포츠의 역기능으로 독재적 코치, 비인간적인 측면이 있다.

해설 스포츠는 학교 내 통합, 학교와 지역사회의 통합을 통해 사회 통합의 역할을 한다.

정답 03 ③ 04 ①

05 다음 중 스포츠계층의 특성과 그 설명이 옳은 것은?

① 사회성 – 스포츠계층은 다양한 형태로 나타난다.
② 보편성 – 스포츠계층은 어디에서나 존재하고 발견될 수 있는 보편적 현상이다.
③ 다양성 – 스포츠계층은 사회계층을 반영하여 사회문화 현상을 나타낸다.
④ 영향성 – 스포츠계층은 역사가 발전하는 과정을 거치며 변화되어 왔다.

해설 스포츠계층의 특성으로는 사회성, 고래성, 보편성, 다양성, 영향성이 있다. 사회계층을 반영하여 사회문화 현상을 나타내는 '사회성', 계층이 다양한 형태로 나타나는 '다양성', 역사발전 과정을 거치며 변천하는 '고래성(역사성)', 생활기회와 생활양식의 변화의 영향을 받는 '영향성' 등이 있다.

06 다음 중 스포츠사회화 이론에 대한 설명으로 옳은 것은?

① 사회학습 이론은 개인이 역할에 대해 스스로 환경과 상호작용하여 사회화된다고 주장한다.
② 사회학습 이론은 강화, 코칭, 관찰학습을 통해 사회화가 이루어짐을 강조한다.
③ 역할학습 이론에서 개인적 특성, 중요타자, 사회적 상황이 역할을 학습하게 만든다.
④ 준거집단 이론 중 역할수행의 기술적 의미를 제시하는 집단은 규준집단에 대한 설명이다.

해설 ① 역할 이론, ③ 사회학습 이론, ④ 준거집단 이론 중 비교집단에 대한 설명이다.

정답 05 ② 06 ②

07 다음 중 스포츠로의 재사회화에 대한 설명으로 옳지 않은 것은?

① 모든 은퇴선수는 스포츠로의 재사회화를 이룬다.
② 스포츠로부터의 탈사회화 이후에 스포츠활동을 다시 시작하는 것을 말한다.
③ 체조선수가 은퇴 후 스포츠기자로 활동하는 것도 스포츠로의 재사회화이다.
④ 축구선수가 은퇴 후 감독으로 활동하는 것도 스포츠로의 재사회화이다.

해설 모든 은퇴선수가 스포츠로의 재사회화를 이루는 것은 아니다. 스포츠 현장으로 복귀할 기회가 없거나 스포츠와 전혀 다른 영역을 개척하여 사는 경우, 스포츠로의 재사회화는 이루어지지 않는다.

08 스포츠세계화에 대한 결과로 옳지 않은 것은?

① 글로컬라이제이션은 지역화와 세계화가 동시에 일어남을 의미한다.
② 국가끼리 수요와 공급 매커니즘으로 인해 국가 간 노동이주가 발생하였다.
③ 스포츠 기업이 다국적 기업으로 성장하였다.
④ 스포츠세계화로 인한 신자유주의의 확대는 스포츠 시장의 확대를 도모하고, 빈익빈 부익부 현상을 감소시킨다.

해설 신자유주의의 영향으로 경제적 규제완화, 자유시장의 경향이 스포츠에도 반영되었고, 이는 빈익빈 부익부 현상을 심화시키는 부작용을 야기하였다.

정답 07 ① 08 ④

09 다음 두용이와 명성이의 대화에서 스포츠폭력의 원인으로 옳은 것은?

> 두용 : 명성아 왜 축구하는데 자꾸 백태클을 거는거야? 반칙일 뿐만 아니라 태클을 당한 사람은 크게 다칠수도 있어.
> 명성 : 니가 몰라서 그래. 내가 저번주에 외국 프로축구를 봤는데 스타급 선수가 백태클을 하는 모습이 얼마나 남자답던지 몰라. 그래서 나도 그렇게 하면 멋있어 보일까 했지.

① 성공하기 위한 폭력으로 스포츠상업화가 원인이다.
② 스포츠 팀 구조적 특성으로 도구적 폭력성 때문이다.
③ 스포츠 팀 구조적 특성으로 남성성이 강화되기 때문이다.
④ 운동선수 역할 사회화로 인한 것이다.

해설 위 대화에서는 운동선수의 역할 사회화로 인한 스타급 선수들에 대한 동경으로 폭력이 나타나고 있다.

10 다음 중 스포츠 메가이벤트에 대한 설명으로 옳지 않은 것은?

① 대중매체와 스포츠 메가이벤트는 서로의 존립을 위해 공생관계를 유지한다.
② 스포츠 메가이벤트는 개·폐회식을 중요시하는 상업주의적 성격을 가지고 있다.
③ 스포츠 메가이벤트의 개최는 소비를 장려하지만 국위선양이나 국가발전에 영향을 미치지 않는다.
④ 올림픽은 민족주의 심화, 상업주의 팽배, 정치권력 강화 같은 국제정치에 영향을 미친다.

해설 스포츠 메가이벤트는 소비를 장려하고 국위선양이나 국가발전에 영향을 미칠 수 있다.

정답 09 ④ 10 ③

출제비중(2018~2024년)

(단위 : 개)

구 분	2024	2023	2022	2021	2020	2019	2018	합 계
운동역학 개요	2	1	1	1	–	2	1	8
운동역학의 이해	1	2	1	2	1	4	2	13
인체역학	4	3	2	3	3	3	2	20
운동학의 스포츠 적용	1	2	2	2	4	2	2	15
운동역학의 스포츠 적용	10	4	8	3	6	4	9	44
일과 에너지	1	4	2	6	3	2	2	20
다양한 운동기술의 분석	1	1	3	3	3	3	2	16

※ 출제비중은 문제 분석에 따라 달라질 수 있습니다.

스포츠지도사 2급 필기 20일 합격

제**4**과목

운동역학

기출 분석(2024년 기출)

운동역학은 계산 문제가 있어 수험생들이 기피하는 과목이다. 특히 올해는 예년과 달리 출제 경향이 조금 달라졌다. 계산 문제보다는 물리학적 개념을 묻는 문제 위주로 출제되었고, 유체에서 작용하는 힘과 관련된 문제가 두 문제나 출제되었다. 그와 더불어 [운동역학의 스포츠 적용] 파트에서 절반이 넘는 문제가 출제되었으며 [인체역학] 파트도 다른 파트에 비하면 비중이 높게 출제되었다. 운동역학은 운동과 그 원인이 되는 힘 사이의 법칙에 관련한 이해도를 묻는 문제가 매년 나오고 있어 이해도를 중심으로 공부해야 한다.

01 운동역학 개요
02 운동역학의 이해
03 인체역학
04 운동학의 스포츠 적용
05 운동역학의 스포츠 적용
06 일과 에너지
07 다양한 운동기술의 분석

제4과목 운동역학

01 운동역학 개요

학습목표
- 운동역학의 개념과 필요성에 대해 설명할 수 있다.
- 운동역학의 연구영역에 대해 설명할 수 있다.
- 운동학, 운동역학, 동역학, 정역학의 차이에 대해 설명할 수 있다.

20일 단기완성 학습 플랜
- 목표 학습 시간 : ___월 ___일
- 실제 학습 시간 : ___월 ___일

01 운동역학의 개념

운동역학은 신체 운동에 관한 움직임을 전문적으로 다루는 학문으로, 신체 운동과학의 기초를 이루며 체육, 스포츠, 재활, 바이오닉스, 인간공학 등의 넓은 응용 분야에서 활용됨

1. 운동역학의 용어 변천

Kinesiology(신체운동학)
= Kinesis(움직임) + Ology(학문)
해부학 + 생리학 + 역학이 결합되어 인간의 움직임을 연구

↓

Biomechanics(생체역학)
= Biology(생물학) + Mechanics(기계학)
생체시스템을 이해하기 위해 역학적 원리를 이용한 연구

↓

Sports Biomechanics(운동역학)
= Sports(운동) + Biology(생물학) + Mechanics(기계학)
운동을 통한 생체시스템의 원리를 역학적으로 연구

＋ 더 알아보기

운동역학적(Kinetics) 분석
운동의 원인이 되는 힘과 무게중심, 관절각 등에 초점을 두어 인체와 주변 환경 사이의 작용 등이 연구대상

운동학적(Kinematics) 분석
운동의 결과와 운동의 형태에 관한 내용으로 변위, 속도, 가속도 등의 동작을 관찰하고 측정하여 기술함

[2018년 기출]

운동역학에 대한 내용으로 가장 적절한 것은?
① 스포츠상황에서의 경쟁과 불안에 대해서 연구하는 학문이다.
② 스포츠를 사회현상으로 이해하고 설명하려는 학문이다.
③ 스포츠상황에서 인체 힘의 원인과 결과를 다루는 학문이다.
④ 스포츠상황에서 인체에서 일어나는 화학반응 및 생리현상에 대해서 설명하는 학문이다.

정답 ③

2. 운동역학의 역사

구분	이름	업적
그리스 시대	아리스토텔레스	운동역학의 아버지(Kinesiology)
	아르키메데스	지레의 법칙 연구
르네상스 시대	레오나르도 다 빈치	인체 구조와 균형 연구
	갈릴레오 갈릴레이	물리학 연구, 근대과학의 아버지 예) 밀도에 따른 부력
	보렐리	인간의 신체에 관한 측정기구 사용
	뉴턴	운동 3법칙(관성의 법칙, 가속도의 법칙, 작용-반작용의 법칙)
19세기	웨버형제	신체중심측정 방법 개선으로 정지 및 이동 중의 신체역학 연구
	머레이	사진 표기법을 이용하여 동물과 인체의 운동 연구
	뮤브리지	동작분석을 위해 사진을 이용
20세기	힐	운동 중 신체의 생리적 변화를 통한 운동 방정식 개발(노벨상 수상)
	크리톤	스포츠 동작을 물리적으로 분석
	헤르바르트	자세의 생리, 중심 움직임, 직립자세에서의 에너지 연구

3. 운동역학의 필요성

운동역학은 운동에 관한 신체 움직임의 원리와 그 효과를 연구하는 것으로, 어떤 동작을 가르칠 때 어떻게 해야 좋은지 그리고 왜 그렇게 해야 하는지에 대해 분석해 운동 수행의 효율성을 극대화할 수 있음

02 운동역학의 연구

1. 운동역학의 목적과 내용

(1) 운동역학의 목적
  ① 동작의 효율적 수행으로 운동 기술의 향상
  ② 동작 수행 시, 스포츠 상해의 원인 규명과 예방을 통한 안정성 향상
  ③ 과학적인 스포츠 장비 개발
  ④ 효과적인 지도와 학습

(2) 운동역학의 내용
  ① 운동 기술의 분석 및 개발
  ② 운동 기구의 평가 및 개발
  ③ 자료처리 기술과 분석방법을 개발
  ④ 운동동작의 분석, 인체 측정, 힘의 측정, 근육활동상태 측정 등

2024년 기출

운동학적(Kinematic)분석과 운동역학적(Kinetic)분석에 관한 설명으로 옳지 않은 것은?

① 일률, 속도, 힘은 운동역학적 분석요인이다.
② 운동학적 분석은 움직임을 공간적·시간적으로 분석한다.
③ 근전도 분석, 지면반력 분석은 운동역학적 분석방법이다.
④ 신체중심점의 위치변화, 관절각의 변화는 운동학적 분석요인이다.

정답 ①

2021년 기출

운동역학의 연구목적으로 옳지 않은 것은?

① 운동기술 향상
② 운동불안 완화
③ 운동장비 개발
④ 스포츠 손상 예방

정답 ②

2. 운동역학의 연구방법

정성적 분석 (Qualitative)	정 의	분석자의 경험과 지식을 바탕으로 한 동작 분석 방법
	장 점	스포츠 현장에서 즉각적 활용이 가능함
	단 점	• 분석에 주관적 판단이 개입되어 선수에게 잘못된 피드백을 제공할 수 있음 • 분석자와 선수 사이의 판단 기준 차이로 인해 의사소통에 갈등이 발생할 수 있음
	해결책	분석자가 동작을 정확히 관찰하고 분석할 수 있는 능력이 필요함
정량적 분석 (Quantitative)	정 의	측정을 통해 얻은 객관화된 수치 자료를 이용한 동작 분석 방법
	장 점	인체의 움직임에 대한 과학적 분석과 그 결과를 활용하므로 객관적 연구가 가능함
	단 점	자료 처리에 많은 시간이 필요하며 현장에서 즉각적 이용에 한계가 있음
	해결책	데이터 측정과 처리 장비의 개발과 소형화로 자료의 처리 시간을 단축함

➕ 더 알아보기

운동역학의 학문영역
- 운동학 : 공간이나 시간을 고려하여 움직임을 기술하는 학문
- 운동역학 : 힘의 작용을 연구하는 학문
- 정역학 : 힘의 평형을 연구하는 학문
- 동역학 : 가속에 영향을 받는 시스템을 연구하는 학문

2019년 기출

정역학의 범주에 해당하지 않는 것은?
① 물체에 작용하는 모든 힘이 평형을 이루고 있고 회전이 발생하지 않을 때
② 물체가 일정한 속도로 움직일 때
③ 물체가 정지하고 있을 때
④ 물체가 가속할 때

정답 ④

단답형 문제

01 (　　)은/는 신체 운동에 관한 움직임을 전문적으로 다루는 학문을 말한다.

02 (　　)은/는 운동 3법칙으로 관성의 법칙, 가속도의 법칙, 작용-반작용의 법칙을 주장하였다.

03 분석자의 경험과 지식을 바탕으로 한 분석 방법을 (　　) 분석이라고 한다.

04 운동역학의 아버지라 불리는 학자는 (　　)이다.

정답 01 운동역학　02 뉴 턴　03 정성적　04 아리스토텔레스

01 | 출제예상문제

완벽하게 이해된 부분에 체크 하세요

01 다음 중 〈보기〉의 용어에 대한 설명으로 옳은 것을 모두 고른 것은?

> ㉠ 신체운동학(Kinesiology)은 움직임(Kinesis) + 학문(Ology)이 결합된 합성어이다.
> ㉡ 생체역학(Biomechanics)은 생물학(Biology) + 기계학(Mechanics)이 결합된 합성어이다.
> ㉢ 운동역학(Sports Biomechanics)은 운동(Sports) + 생물학(Biology) + 기계학(Mechanics)이 결합된 합성어이다.
> ㉣ 생체역학은 해부학 + 생리학 + 역학이 결합되어 역학적 원리를 연구하는 학문이다.

① ㉠, ㉡, ㉣
② ㉡, ㉢, ㉣
③ ㉠, ㉢, ㉣
④ ㉠, ㉡, ㉢

해설 해부학 + 생리학 + 역학이 결합되어 인간의 움직임을 연구하는 학문은 신체운동학이다.

02 다음 중 지레의 법칙을 연구한 학자로 옳은 것은?

① 뉴 턴
② 아르키메데스
③ 레오나르도 다 빈치
④ 보렐리

해설 뉴턴은 운동 3법칙을 만든 학자이며, 레오나르도 다 빈치는 인체의 구조와 균형을 연구하였고, 보렐리는 인간의 신체에 관해 측정 기구를 사용하여 연구하였다.

정답 01 ④ 02 ②

03 다음 중 운동역학의 목적으로 옳지 않은 것은?

① 운동 기술의 향상
② 과학적인 스포츠 장비 개발
③ 스포츠 장비 판매를 위한 홍보
④ 스포츠 상해 원인 규명과 예방을 통한 안정성 향상

해설 스포츠 장비의 판매 및 홍보는 운동역학의 목적과 거리가 멀다.

04 운동역학에 대한 내용으로 옳지 않은 것은?

① 운동 기술 분석
② 운동 기구 평가
③ 자료처리 기술 분석
④ 운동 상해 치료

해설 운동역학은 신체 운동에 관한 움직임을 전문적으로 다루는 학문으로, 운동 상해 치료는 운동역학의 영역에 해당되지 않는다.

05 다음 중 정성적 분석과 정량적 분석에 대한 설명으로 옳지 않은 것은?

① 정성적 분석은 분석자의 경험과 지식을 바탕으로 한 분석 방법이다.
② 정성적 분석은 스포츠 현장에서 활용하기에는 시간과 비용이 많이 들어간다.
③ 정량적 분석은 측정을 통해 얻은 객관화된 수치 자료를 이용한 동작 분석이다.
④ 정량적 분석은 자료 처리에 많은 시간이 필요하며 현장에서의 즉각적 이용에 한계가 있다.

해설 정성적 분석은 스포츠 현장에서 즉각적 활용이 가능하다는 장점이 있다.

정답 03 ③ 04 ④ 05 ②

02 운동역학의 이해

학습목표
- 해부학적 자세와 방향용어, 인체의 축과 운동면에 대해 설명할 수 있다.
- 각 해부학적 축과 운동면에서 발생하는 인체의 운동에 대해 나열할 수 있다.
- 운동의 종류에 대해 예시를 들어 설명할 수 있다.

20일 단기완성 학습 플랜
- 목표 학습 시간 : ___월 ___일
- 실제 학습 시간 : ___월 ___일

01 해부학적 기초

1. 인체의 근골격계

(1) 골격계 : 골격계는 뼈, 연골, 관절, 인대 등으로 구성되며, 인체의 형태와 구조를 만드는 역할을 함

① 골격계의 구성(약 206개의 뼈, 연골, 관절, 인대 등)
  ㉠ 체간골격 : 척추(26개), 두개골(29개), 흉골(1개), 늑골(24개)
  ㉡ 체지골격 : 상지골(64개), 하지골(62개)

② 골격계의 기능

지지 기능	체중을 지지하고 인체의 외형을 결정함
보호 기능	내부의 장기를 보호함
운동 기능	골격에 부착된 근육이 수축할 때 지렛대 역할을 하여 운동을 수행함
조혈 기능	골수에서 백혈구, 혈소판 등 혈액을 생성하여 혈관으로 이동시킴
저장 기능	칼슘과 인 등을 뼛속에 저장하고, 필요 시 적절하게 공급함

(2) 근육계 : 근육은 골격에 부착되어 수축함으로써 움직임을 만들어 내는 주체이며 체중의 약 40~45% 정도를 차지하고, 힘줄과 연결되거나 직접 관절 등의 뼈에 붙어서 근수축을 통해 움직임과 자세 유지 · 체액분비 등의 역할을 함

① 근육계 종류

골격근(가로무늬근)	인체의 움직임을 관장하는 근육으로 사람의 의지대로 수축할 수 있는 수의근
평활근(민무늬근)	소화관 벽이나 혈관 벽과 같은 장기를 둘러싸고 있는 것이 대부분이며, 사람의 의지대로 수축할 수 없는 불수의근
심근(가로무늬근)	• 심장과 심장 주변 혈관에 국한되며, 평활근과 같은 불수의근 • 해부학적으로 평활근과 골격근의 중간 형태를 보임

② 근육계의 기능

인체의 운동	근수축을 통해 움직임을 만들어 냄
체온의 유지	근육에서 에너지 열을 발생시킴
자세의 지지	근육의 수축을 통해 자세를 유지함
조직의 지지	몸 안의 장기와 조직을 지지함
섭취, 소화, 배출의 조절	저작(씹음)과 괄약(오므림)을 담당함
영양소의 저장	근육에서 영양소의 에너지를 저장함

2. 해부학적 자세와 방향 용어

(1) 해부학적 자세

① 양발을 11자로 모으고 정면을 바라보고 선 자세에서, 양팔을 체간에 붙이고 손바닥이 정면으로 향하도록 하면서 똑바로 선 자세를 말함

② 인체의 위치나 방향 설명에 있어 기준이 되는 역할을 함

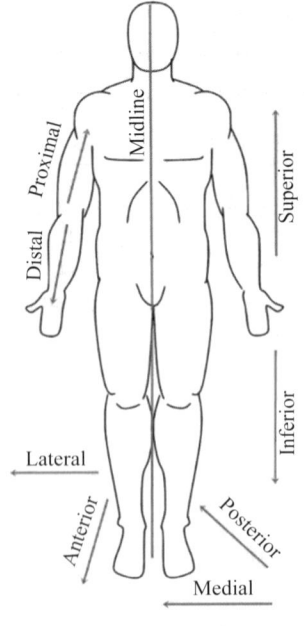

[해부학적 자세]

+ 더 알아보기

• 수의근(맘대로근) : 자신의 의지대로 움직일 수 있는 근육
• 불수의근(제대로근) : 자신의 의지대로 움직일 수 없는 근육

2019년 기출

해부학적 방향을 나타내는 용어와 의미가 바르게 묶이지 않은 것은?

① 앞쪽 – 인체의 정면 쪽
② 아래쪽 – 머리로부터 먼 쪽
③ 안쪽 – 인체의 중심 쪽
④ 얕은 – 인체의 안쪽

정답 ④

(2) 방향 용어

상위부(Superior)	인체의 정중앙에서 위 머리 방향
하위부(Inferior)	인체의 정중앙에서 아래 발 방향
전방부(Anterior)	인체의 앞 방향
후방부(Posterior)	인체의 뒤 방향
내측(Medial)	신체의 중앙선에 가까운 쪽
외측(Lateral)	인체의 중앙선에서 먼 쪽
근위(Proximal)	체간이나 중심의 기준점에서 가까운 쪽
원위(Distal)	체간이나 중심의 기준점에서 먼 쪽
표층(Superficial)	신체 표면에 가까운 부위
심층(Deep)	신체 표면에서 먼 부위
반대측(Contralateral)	신체의 반대편에 위치 예 오른손, 왼발
동일측(Ipsilateral)	신체의 같은 면에 위치 예 오른손, 오른발

3. 인체의 축(Axis)과 운동면(Plane)

(1) 축(Axis) : 인체의 움직임은 가상의 면을 따라 일어나는데, 이 때 움직임의 중심점을 축이라 하며 면과 축은 직각으로 움직임

구 분	설 명
전후축(Anterior-posterior Axis) 또는 시상축(Sagittal Axis)	전후축은 신체의 앞뒤 면을 꿰뚫는 축을 의미하며, 전두면에 직각을 이룸
좌우축(Medial-lateral Axis) 또는 관상축(Coronal Axis)	좌우축은 신체의 좌우로 꿰뚫는 축을 의미하며, 시상면에 직각을 이룸
수직축(Vertical Axis) 또는 종축(Longitudinal Axis)	수직축은 신체를 상하로 꿰뚫는 축을 의미하며, 횡단면에 직각을 이룸

(2) 면(Plane) : 인체를 앞-뒤, 오른쪽-왼쪽, 위-아래에 따라 3개의 평면으로 나눔으로써 인체의 움직임을 보다 쉽게 이해할 수 있음

구 분	설 명
좌우면(Frontal Plane) 또는 전두면, 관상면	인체를 전후로 나눈 가상의 면
전후면(Sagittal Plane) 또는 시상면, 정중면	인체를 좌우로 나눈 가상의 면
횡단면(Transverse Plane) 또는 수평면(Horizontal Plane)	인체를 상하로 나눈 가상의 면

2023년 기출

인체의 시상(전후)면(Sagittal Plane)에서 수행되는 움직임이 아닌 것은?

① 인체의 수직축(종축)을 중심으로 회전하는 피겨스케이팅 선수의 몸통분절 움직임
② 페달링하는 사이클 선수의 무릎관절 굴곡/신전 움직임
③ 100m 달리기를 하는 육상 선수의 발목관절 저측/배측굴곡 움직임
④ 앞구르기를 하는 체조 선수의 몸통분절 움직임

정답 ①

2019년 기출

인체의 좌우축을 중심으로 전후면(시상면)에서 발생하는 관절 운동이 아닌 것은?

① 굽힘(굴곡)
② 폄(신전)
③ 벌림(외전)
④ 발바닥굽힘(저측굴곡)

정답 ③

2021년 기출

해부학적 자세에서 몸의 중심을 기준으로 한 방향 용어의 사용이 옳지 않은 것은?

① 복장뼈는 어깨의 가쪽에 있다.
② 손목관절은 팔꿈치관절보다 먼 쪽에 있다.
③ 엉덩이는 무릎보다 몸 쪽에 있다.
④ 머리는 발보다 위에 있다.

정답 ①

+ **더 알아보기**

관절(Joint)
우리의 몸은 각각의 뼈들이 서로 연결되어 골격을 형성하며, 이때 뼈와 뼈 또는 여러 개의 뼈들이 연결된 중심점을 관절이라고 한다.

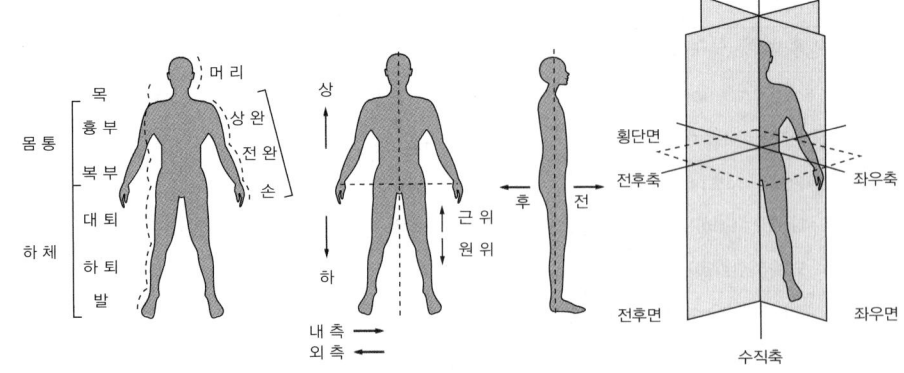

[해부학적 자세에서 축(Axis)과 면(Plane)]

4. 관절 운동

인체의 움직임은 관절을 중심으로 일어나며, 관절은 신체 내의 중력과 근육작용에 의해 발생하는 힘을 전달 혹은 분산시키는 역할을 함

(1) 관절의 종류

① 부동관절 : 섬유성 치밀결합조직에 의해 서로 연결되며 움직임이 없거나 아주 작은 움직임만이 일어나는 관절로, 뼈 사이를 강력하게 연결하고 힘을 전달하는 기능을 함

섬유관절	• 고농도의 아교질을 가지고 있는 특수화된 치밀결합조직에 의해 고정됨 • 뼈들을 결합시키고, 한 뼈에서 다음 뼈로 힘을 전달함 • 상대적으로 큰 측면을 통해 힘을 분산시키므로 손상의 가능성을 감소시킴 예 머리뼈(두개골)
연골관절 (반관절)	• 아교질과 혼합된 다양한 형태의 유연한 섬유연골이나 유리연골에 의해 형성된 뼈 사이를 연결함 • 뼈들 사이의 힘을 전달하고 분산시킴 • 비교적 제한된 움직임을 허용함 예 척추의 추체 간 관절, 두덩뼈결합(치골결합)과 복장뼈관절 등

2015년 2급 생활

인체의 움직임은 3개의 운동면에서 설명할 수 있다. 다음 중 인체의 3가지 면에 해당되지 않는 것은?

① 전좌면(Anterioleft Plane)
② 전후면(Sagittal Plane)
③ 좌우면(Frontal Plane)
④ 수평면(Horizontal Plane)

정답 ①

② **가동관절** : 체액으로 차 있는 관절강을 가지고 있는 관절로 윤활관절이라고도 하며, 상지와 하지의 대부분의 관절이 가동관절임

경첩관절 (접번관절)	• 속이 빈 원통과 그 속에 있는 중심 핀으로 이루어진 문의 경첩과 유사한 구조 • 경첩 또는 돌림축에 직각으로 놓인 면에서 1축성 관절 운동이 일어남 예 손가락과 발가락관절, 팔꿈치관절
중쇠관절 (차축관절)	• 원통형에 둘러싸인 중심 핀에 의해 형성되는 모양 • 관절머리가 원형인 뼈가 관절오목을 가진 뼈를 따라 장축으로 회전하며, 축돌림과 같은 1축성 각운동이 일어남 예 자뼈와 노뼈가 만나는 근위부 접점 부위
타원관절 (과상관절)	• 볼록관절면과 오목관절면이 만나 형성되는 타원형의 관절 • 2축성 관절 운동이 일어남 예 요골손목관절
미끄럼관절 (평면관절)	• 두 개의 편평한 관절면이 짝을 이룬 무축성 관절 • 한쪽 관절면에 대한 다른 관절면의 미끄러짐과 약간의 회전이 결합된 움직임을 나타내는데 책이 책상 위에서 미끄러지는 것과 같음 예 손목뼈, 발목뼈 등
절구관절 (구와관절)	• 구형의 볼록관절면이 절구모양의 관절오목과 짝을 이루는 관절 • 평면에서 3축성 관절 운동이 일어남 예 견관절(어깨관절)과 고관절(엉덩관절)
안장관절	• 각 관절면이 두 개의 면을 가지고 있는데 한 면은 볼록이고 다른 한 면은 오목이며 서로에 대해 거의 직각인 모양 • 말안장과 같으며 서로 직각 방향으로 움직임 예 손허리손가락관절

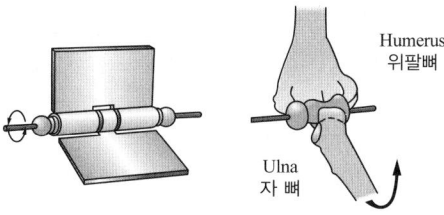

[경첩관절]

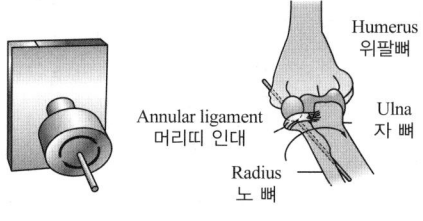

[중쇠관절]

2020년 기출

신체 관절의 움직임 자유도에 관한 설명으로 옳은 것은?

① 절구관절의 움직임 자유도는 3이다.
② 타원관절의 움직임 자유도는 3이다.
③ 경첩관절의 움직임 자유도는 2이다.
④ 중쇠관절의 움직임 자유도는 2이다.

정답 ①

2015년 2급 생활

인체관절의 종류 중에서 절구공이관절(절구관절)에 대해 잘못 설명한 것은?

① 관절을 이루는 뼈의 표면이 각각 볼록하고 오목하다.
② 모든 운동면에서 회전이 가능하다.
③ 어깨관절, 엉덩관절 등이 절구공이관절에 해당된다.
④ 절구공이관절은 타원의 장축과 단축만으로 회전하는 운동을 하기 때문에 2축 관절이다.

정답 ④

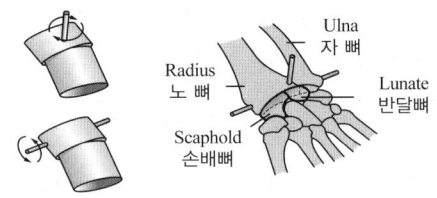

[타원관절]

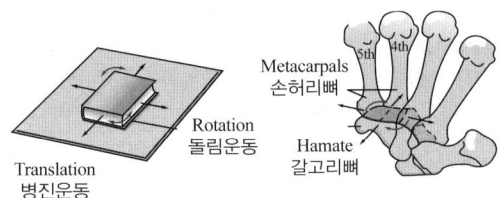

[미끄럼관절]

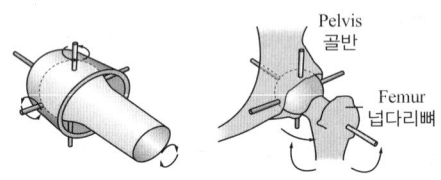

[절구관절]

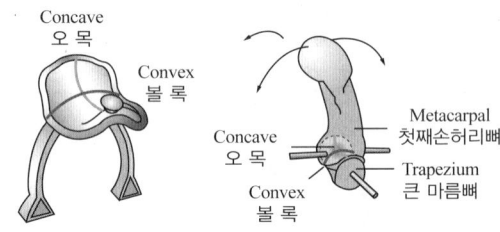

[안장관절]

(2) 관절의 운동 : 관절면 사이의 기본적인 움직임에는 구름(Roll), 미끄러짐(Slide), 축돌림(Spin)이 있음

구름(Roll)	돌림하고 있는 관절면의 여러 점들은 이와 마주보고 있는 다른 관절면의 여러 점들과 만남
미끄러짐(Slide)	한 관절면에 있는 한 점은 이와 마주보고 있는 다른 관절면에 있는 여러 점들과 만남
축돌림(Spin)	한 관절면에 있는 한 점은 이와 마주보고 있는 다른 관절면에 있는 한 점과 만남

① 전후면(Sagittal Plane)에서의 관절 운동

굽힘(굴곡, Flexion)	두 개 이상의 인접한 관절의 각도가 가까워지는 동작
폄(신전, Extension)	두 개 이상의 인접한 관절의 각도가 서로 멀어지는 동작
과다폄(과신전, Hyper Extension)	관절이 정상 운동범위를 넘어서 과도하게 펴지는 동작
발등굽힘(배측굴곡, Dorsi Flexion)	발목관절에서만 사용되며 발이 발등 쪽으로 가까워지는 동작
발바닥굽힘(저측굴곡, Plantar Flexion)	발목관절에서만 사용되며 발이 발바닥 쪽으로 향하는 동작

+ 더 알아보기

관절의 과신전(Hyper Extension)
과신전이란 관절의 정상적인 가동 범위를 넘어 신전된 상태
예 레슬링 경기의 기술 중 암바

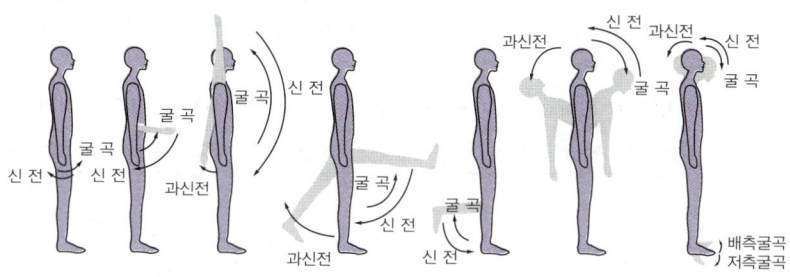

[시상면에서의 관절 운동]

② 좌우면(Frontal Plane)에서의 관절 운동

벌림(외전, Abduction)	신체의 중심에서 멀어지는 동작
모음(내전, Adduction)	신체의 중심으로 가까워지는 동작
가쪽굽힘(외측 굴곡, Lateral Flexion)	몸통이 같은 쪽 방향으로 가까워지는 동작
노측굽힘(요측 편위, Radial Deviation)	전두면에서 손목이 신체의 중심에서 멀어지는 동작
자측굽힘(척측 편위, Ulnar Deviation)	전두면에서 손목이 신체의 중심으로 가까워지는 동작
가쪽번짐(외번, Eversion)	발목관절이 신체 중심에서 멀어지는 동작
안쪽번짐(내번, Inversion)	발목관절이 신체 중심으로 가까워지는 동작

2022년 기출

인체의 움직임을 표현하는 용어로 옳지 않은 것은?

① 굽힘은 관절을 형성하는 뼈들이 이루는 각이 작아지는 움직임이다.
② 폄은 관절을 형성하는 뼈들이 이루는 각이 커지는 움직임이다.
③ 벌림은 뼈의 세로축이 신체의 중심선으로 가까워지는 움직임이다.
④ 발등굽힘은 발등이 정강이뼈 앞쪽으로 향하는 움직임이다.

정답 ③

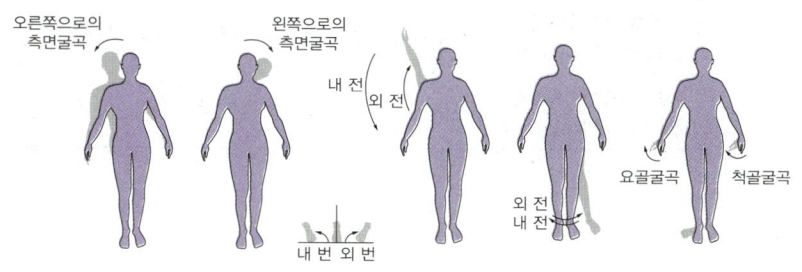

[전두면에서의 관절 운동]

③ 횡단면(Transverse Plane)에서의 관절 운동

안쪽돌림(내회전, Internal or Medial Rotation)	수평면에서 인체의 정중선 쪽으로 가까워지는 회전 동작
바깥쪽돌림(외회전, External or Lateral Rotation)	수평면에서 인체의 정중선 쪽으로 멀어지는 회전 동작
수평벌림(수평외전, Horizontal Abduction)	• 수평면에서 인체의 정중선으로부터 멀어지는 움직임 • 어깨관절이 90도 굽힘되었을 때를 기술하기 위해 사용됨
수평모음(수평내전, Horizontal Adduction)	• 수평면에서 인체의 정중선 쪽으로 모아지는 움직임 • 어깨가 90도 굽힘되었을 때를 기술하기 위해 사용됨
엎침(회내, Pronation)	팔꿈치가 90도 구부러진 상태에서 손바닥이 아래로 향하는 동작
뒤침(회외, Supination)	팔꿈치가 90도 구부러진 상태에서 손바닥이 위로 향하는 동작

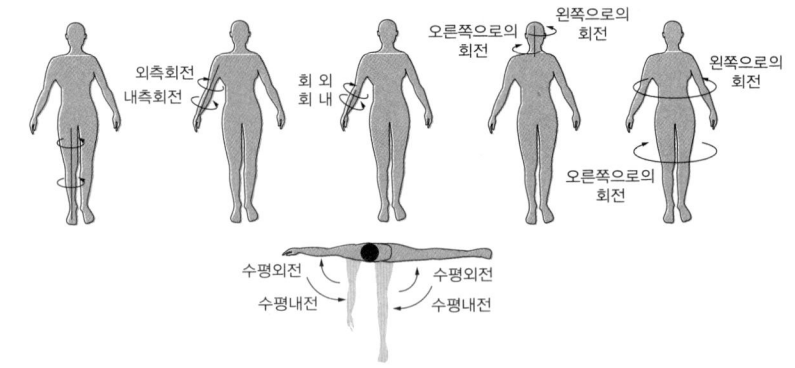

[횡단면에서의 관절 운동]

④ 견갑골에서의 관절 운동

내림(전인, protraction)	수평면에서 견갑골이 척추쪽에서 멀어지는 동작
들림(후인, Retraction)	수평면에서 견갑골이 척추쪽으로 가까워지는 동작
올림(거상, Elevation)	전두면에서 견갑골이 위쪽으로 움직이는 동작
내림(하강, Depression)	전두면에서 견갑골이 아래쪽으로 움직이는 동작
위쪽돌림(상방회전, Upward Rotation)	전두면에서 견갑골의 하각이 상·외측으로 움직이는 동작
아래쪽돌림(하방회전, Downward Rotation)	전두면에서 견갑골의 하각이 후·하방으로 움직이는 동작

02 운동의 종류

1. 운동의 정의와 원인

인체의 운동은 어떤 원인에 의해 신체 혹은 물체의 위치가 변화하는 것을 의미하며, 인체 분절이나 전신이 시간이 지남에 따라 위치가 변화하는 것을 크게 병진운동(선운동), 회전운동(각운동), 복합운동으로 설명할 수 있음

2. 병진운동(선운동)

어떠한 신체나 물체가 이동할 때 모든 질점이 같은 시간, 같은 거리, 같은 방향으로 평행하게 움직이는 운동 형태를 병진운동이라 하며, 무게중심이 직선으로 움직이는 직선운동과 무게중심이 곡선으로 움직이는 곡선운동으로 구분됨
예 달리기, 스케이팅, 스키점프의 공중 동작, 행글라이딩의 상승·하강

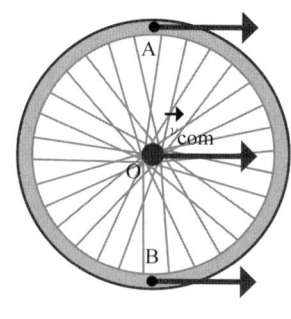

[병진운동]

3. 회전운동(각운동)

차의 바퀴나 팽이처럼 물체가 하나의 축을 중심으로 원을 그리면서 회전하는 것
예 피겨스케이팅의 스핀, 야구에서 스윙, 철봉의 대차돌기

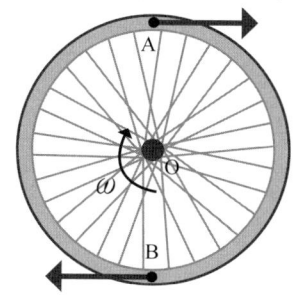

[회전운동]

2019년 기출

운동의 종류에 대한 설명으로 옳지 않은 것은?

① 철봉 대차돌기는 복합운동 형태이다.
② 각운동은 중심선(점) 주위를 회전하는 운동이다.
③ 선운동(병진운동)에는 직선운동과 곡선운동이 있다.
④ 대부분의 인간 움직임은 각운동과 선운동 요소가 결합되어 나타난다.

정답 ①

2021년 기출

운동의 종류에 관한 설명으로 옳은 것은?

① 병진운동에는 직선운동만 있다.
② 곡선운동은 회전운동에 포함되는 운동이다.
③ 복합운동은 병진운동과 회전운동이 혼합된 운동이다.
④ 병진운동은 한 개의 고정된 축을 중심으로 물체가 회전하는 운동이다.

정답 ③

4. 복합운동

병진운동과 회전운동이 동시에 일어나는 운동 형태를 복합운동이라 하며, 인체와 물체의 운동이 병진운동 혹은 회전운동만으로 이루어지는 경우는 거의 없다고 볼 수 있음

예 야구 투수가 던진 커브볼, 철봉의 대차돌기 후 착지 등

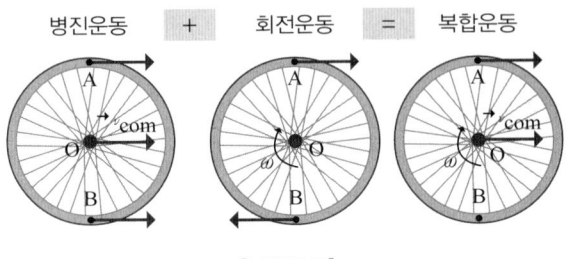

[복합운동]

2023년 기출

〈보기〉에서 복합운동(General Motion)에 해당하는 것을 모두 고른 것은?

┌─────────────────────────┐
│ ㉠ 커브볼로 던져진 야구공의 움직임 │
│ ㉡ 페달링하면서 직선구간을 질주하는 사이클 선수의 대퇴(넙다리) 분절 움직임 │
│ ㉢ 공중회전하면서 낙하하는 다이빙 선수의 몸통 움직임 │
└─────────────────────────┘

① ㉠
② ㉠, ㉢
③ ㉡, ㉢
④ ㉠, ㉡, ㉢

정답 ④

단답형 문제

01 인체의 움직임은 전후면, 좌우면, (　　) 3개 운동면에서 설명할 수 있다.

02 인체를 좌우로 나눈 가상의 면을 (　　)(이)라고 한다.

03 (　　)은/는 관절이 정상 운동범위를 넘어서 과도하게 펴진 동작을 말한다.

04 물체가 이동할 때 모든 부분이 같은 시간에 같은 거리, 방향, 속도로 이동한 것을 (　　)운동 또는 선운동이라고 한다.

정답 01 수평면(횡단면) 02 전후면 03 과신전(과다폄) 04 병진

02 출제예상문제

01 다음 중 골격계의 기능으로 옳지 않은 것은?

① 체중을 지지하고 인체의 외형을 결정한다.
② 칼슘과 인 등을 뼛속에 저장하고 필요 시 적절히 공급한다.
③ 골수에서 백혈구, 혈소판 등 혈액을 생성하여 혈관으로 이동시킨다.
④ 에너지 열을 발생시켜 체온을 유지한다.

해설 에너지 열을 발생시켜 체온을 유지하는 기능은 근육의 기능이다.

02 다음 중 해부학적 방향에 대한 설명으로 옳지 않은 것은?

① 하위부는 인체의 정중앙에서 아래 발 방향을 의미한다.
② 표층은 신체 표면에 가까운 부위를 의미한다.
③ 근위는 체간이나 중심의 기준점에서 먼 쪽을 의미한다.
④ 내측은 신체 중앙선에 가까운 쪽을 말한다.

해설 근위는 체간이나 중심의 기준점에서 가까운 쪽을 의미한다.

03 다음 〈보기〉의 가동관절 종류 중 절구관절의 형태를 모두 고른 것은?

㉠ 족근간관절	㉡ 팔꿈치관절
㉢ 견관절(어깨관절)	㉣ 환축추관절
㉤ 고관절(엉덩관절)	

① ㉠, ㉢　　② ㉡, ㉣　　③ ㉢, ㉤　　④ ㉢, ㉣, ㉤

해설 대표적인 절구관절은 견관절(어깨관절)과 고관절(엉덩관절)이다.

정답 01 ④ 02 ③ 03 ③

04 시상면에서 일어나는 움직임이 아닌 것은?

① 폄(신전, Extension)
② 발바닥굽힘(저측굴곡, Plantar Flexion)
③ 굽힘(굴곡, Flexion)
④ 안쪽번짐(내번, Inversion)

해설 내번(Inversion)은 발목관절이 신체 중심으로 가까워지는 동작을 말하며, 전두면(Frontal Plane)에서 일어나는 움직임이다.

05 다음 중 각운동에 대한 설명으로 옳은 것은?

① 스키점프 비행구간에서 이루어지는 신체 중심의 움직임
② 신체를 구성하는 모든 질점의 경로가 평행하게 곡선을 이루는 운동형태
③ 신체의 모든 질점이 일정 시간에 같은 거리 같은 방향으로 움직이는 운동형태
④ 피겨스케이팅 선수가 빙판에서 하는 스핀 동작

해설 피겨스케이팅 스핀(Spin)은 한쪽 발이나 양발을 제자리에 두고 여러 번 회전하는 동작으로 각운동에 해당한다.
①·②·③은 선운동에 대한 설명이다.

정답 04 ④ 05 ④

03 인체역학

학습목표
- 인체의 무게중심이 운동에 미치는 영향을 설명할 수 있다.
- 인체의 평형과 안정성을 높이는 방법에 대해 설명할 수 있다.
- 지레의 원리가 인체 운동에 미치는 영향을 이해하고, 이를 사례에 적용할 수 있다.

20일 단기완성 학습 플랜
- 목표 학습 시간 : ___월 ___일
- 실제 학습 시간 : ___월 ___일

01 인체의 물리적 특성

인체는 질량과 무게 그리고 부피가 존재하는 물질로서 운동역학적 특성을 가지며, 질량은 힘과 가속도에 영향을 주고 무게중심은 운동 수행에 있어 안정성에 영향을 줌

1. 질량과 무게

(1) **질량** : 인체뿐만 아니라 모든 물체가 가지고 있는 무게를 결정하는 불변의 물리량(단위 : kg)

(2) **무게** : 물체에 작용하는 중력의 크기를 의미하며, 크기와 방향에 따라 상대적인 값(단위 : kgf, N 등)

2. 인체의 무게중심

(1) 인체의 무게중심의 개념

① **무게중심점(Center of Gravity ; COG)** : 인체를 포함한 모든 물체는 지구 중심 방향으로 중력을 받는데, 이런 중력에 의한 토크의 합이 0인 지점을 무게중심점이라 함

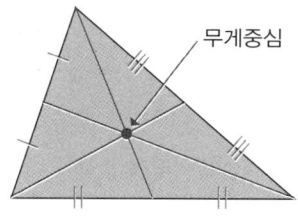

[무게중심점]

② **질량중심점(Center of Mass ; COM)** : 모든 물체는 질량을 가지는데, 그 질량이 한곳에 집중되어 있는 점을 질량중심점이라 함

+ 더 알아보기

- **토크** : 물체에 작용하여 물체를 회전시키는 원인이 되는 물리량 혹은 회전력
- **스칼라양** : 방향 없이 크기만을 나타내는 양
  예 질량, 거리, 시간, 밀도, 온도, 면적 등
- **벡터양** : 크기와 방향을 모두 가지고 있는 양
  예 변위, 무게, 힘, 속도 등

2024년 기출

인체의 무게중심에 관한 설명으로 옳지 않은 것은?

① 무게중심은 인체 외부에 위치할 수 있다.
② 무게중심의 위치는 안정성에 영향을 준다.
③ 무게중심은 토크의 합이 '0'인 지점이다.
④ 무게중심의 위치는 동작의 변화와 관계없이 일정하다.

정답 ④

+ 더 알아보기

인체의 무게중심
- 성별, 나이, 인종에 따라 무게중심 높이가 달라짐
- 무게중심 높이는 인체의 자세에 따라 달라짐
- 무게중심은 인체 내부뿐 아니라 외부에도 존재할 수 있음
- 무게중심은 토크의 합이 0인 지점으로 회전균형을 이룸

2022년 기출

운동학적 및 운동역학적 변인에 대한 설명으로 옳지 않은 것은?

① 질량은 크기만을 갖는 물리량이다.
② 시간은 크기만을 갖는 물리량이다.
③ 힘은 크기만을 갖는 물리량이다.
④ 거리는 시작점에서 끝점까지 이동한 궤적의 총합으로 크기만을 갖는 물리량이다.

정답 ③

2019년 기출

인체의 무게중심에 대한 설명으로 옳지 않은 것은?

① 무게중심의 위치는 안정성에 영향을 줄 수 있다.
② 무게중심은 회전력의 합이 '0'인 지점이다.
③ 무게중심은 인체 외부에 위치할 수 있다.
④ 무게중심의 위치는 변하지 않는다.

정답 ④

(2) 수직중심선
① 중력중심을 통과하는 수직선을 말함
② 인체가 수직중심선에 위치하게 될 때 근육의 사용이 최소가 되어 가장 효율적으로 에너지를 사용할 수 있음
③ 반대로 수직중심선을 벗어나 균형을 잃게 되면 균형 유지를 위해 여러 근육이 더 많이 사용되기 때문에 에너지 효율이 나빠짐

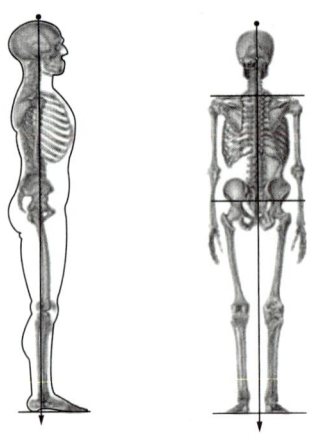

[인체 수직중심선]

02 인체 평형과 안정성

인체는 운동 수행에 있어 평형, 기저면의 크기와 중심의 높이 그리고 중심선의 위치에 의해서 안정성을 확보함

1. 인체 평형

(1) 평 형
① '평형'이란 사물이 어느 한쪽으로 치우치거나 기울지 않은 안정된 상태를 말함
② 인체 평형은 인체가 균형을 잃지 않고 안정된 자세·상태를 유지하는 것

(2) 평형감각
① 평형감각이 뛰어난 선수는 평형상태를 유지하면서 운동수행을 방해하는 여러 요소·힘을 조절할 수 있음
② 균형 유지에 방해를 주는 요소로 중력, 마찰력, 공기저항, 외력 등이 있음

2. 안정성

(1) 개 념
   ① 물체 또는 인체의 평형·균형을 잃지 않으려는 저항을 말함
   ② 안정성과 운동성은 상반되는 개념
   ③ 안정성에 영향을 주는 요인으로 기저면, 무게중심 높이, 수직중심선, 무게 등이 있음

(2) 기저면
   ① 신체의 중심이 바닥의 지면에 미치는 면적을 의미함
   ② 신체와 그 신체를 지지하는 부분이 만나는 면과 그 면들 사이의 면적을 말함
   ③ 기저면이 넓을수록 안정적이며, 기저면의 모양과 방향에 따라서도 안정성이 변화함

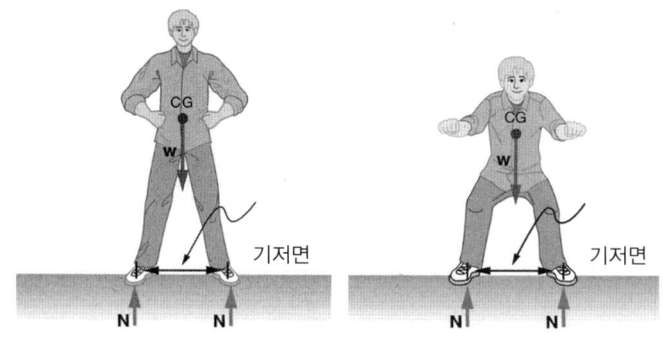

[인체의 위치와 기저면 넓이의 안정성]

(3) 무게중심의 높이
   ① 중심의 높이는 무게중심의 높이를 의미함
   ② 무게중심 높이가 낮을수록 안정성이 증가함
   ③ 운동 시 자세에 따라 무게중심의 높이가 달라지므로, 중심을 조절하는 노력이 필요함

(4) 수직중심선의 위치
   ① 수직중심선의 위치가 기저면의 중심에 가까울수록 안정성이 커짐
   ② 수직중심선이 외력이 작용하는 방향으로 치우칠수록 안정성이 커짐

+ 더 알아보기

안정성을 높이는 요인
- 넓은 기저면
- 낮은 무게중심
- 신체 중앙에 가까운 수직 중심선
- 무거운 중량
- 높은 마찰력

2023년 기출

〈보기〉의 ㉠~㉢에 들어갈 내용을 바르게 연결한 것은?

신체의 정적 안정성을 높이기 위해서는 기저면(Base of Support)을 (㉠), 무게중심을 (㉡), 수직 무게중심선을 기저면의 중앙과 (㉢) 위치시키는 것이 효과적이다.

	㉠	㉡	㉢
①	좁히고	높이고	가깝게
②	좁히고	높이고	멀 게
③	넓히고	낮추고	가깝게
④	넓히고	낮추고	멀 게

정답 ③

2021년 기출

인체의 안정성에 관한 설명으로 옳지 않은 것은?

① 기저면의 크기는 안정성에 영향을 미친다.
② 기저면의 형태는 안정성에 영향을 미친다.
③ 무게중심의 높이는 안정성에 영향을 미치지 않는다.
④ 무게중심을 통과하는 수직선(중심선)이 기저면의 중앙에 가까울수록 안정성은 높아진다.

정답 ③

03 인체의 구조적 특성

인체의 골격은 근육의 움직임에 있어 지렛대 역할을 하며 여러 분절로 독립된 활동을 수행하는 기계적 특성을 가짐

1. 인체의 분절 모형

인체의 분절은 골격과 근육으로 이루어진 하나의 활동 단위로, 8개의 큰 신체분절인 머리와 목, 위팔, 아래팔, 손, 몸통, 넓적다리, 종아리, 발 등으로 나눔

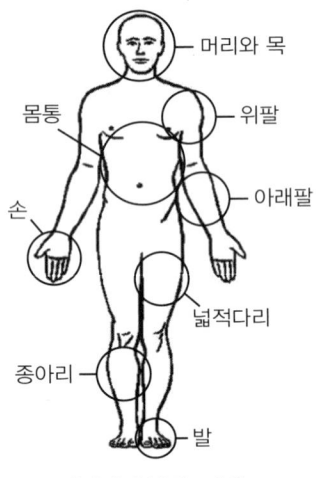

[인체의 분절 모형]

2. 인체지레의 종류

(1) 지레의 원리

① 상대적으로 받침점으로부터 멀리 위치해 있는 힘점에서 작은 힘(F)만을 사용하여 받침점에 가까이 위치한 저항점의 무거운 물체(w)를 효율적으로 들어 올릴 수 있는 원리

② 지레의 이득은 저항팔에 대한 힘팔의 길이 비율임

> 물체의 무게(w) × 받침점에서 저항점까지의 거리(r) = 힘(F) × 받침점에서 힘점까지의 거리(R)

(2) 관절의 지레 구조 : 대부분의 인체 동작은 지레의 원리를 사용하며, 지레는 봉과 같은 단단한 형태로 되어 있고 받침점(Fulcrum), 저항점(Load), 힘점(Effort)으로 구성됨

지렛대	신체의 뼈
받침점(Fulcrum)	관절의 축
힘점(Effort)	근육의 부착점
저항점(작용점, Load)	무게 혹은 저항

+ 더 알아보기

- 힘팔 : 힘점에서부터 축까지의 수직거리
- 저항팔 : 저항점에서부터 축까지의 수직거리
- 기계적 확대율 : 지레, 도르레 등의 기기에 의한 힘의 확대율을 의미
- 공식 : 기계적 확대율 = 출력 힘 ÷ 입력 힘

[2023년 기출]

인체지레에 대한 설명 중 옳은 것은?

① 지레에서 저항팔이 힘팔보다 긴 경우에는 힘에 있어서 이득이 있다.
② 1종 지레는 저항점이 받침점과 힘점 사이에 있는 형태로, 팔굽혀 펴기 동작이 이에 속한다.
③ 2종 지레는 받침점이 힘점과 저항점 사이에 있는 형태로, 힘에 있어서 이득이 있다.
④ 3종 지레는 힘점이 받침점과 저항점 사이에 있는 형태로, 운동의 범위와 속도에 있어서 이득이 있다.

정답 ④

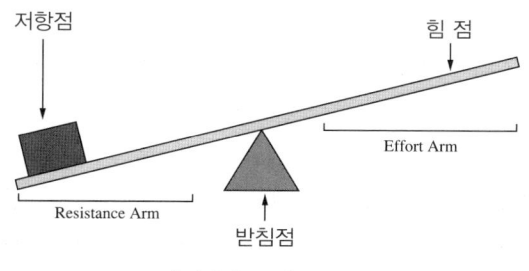

[지레의 구조]

(3) 인체지레의 종류

① 1종 지레

㉠ 받침점(축)이 힘점과 저항점 사이에 위치함

㉡ 힘팔과 저항팔의 길이 비율에 따라 힘의 크기가 달라지므로 효율성이 일괄적이지 않음

㉢ 머리를 끄덕일 때 고리뒤통수관절(OA Joint)이 축이 되며, 머리 무게가 저항점이 되고, 목의 폄근이 힘점이 됨

예 삽으로 돌파기, 시소, 손톱깎이, 장도리, 가위 등

[1종 지레]

② 2종 지레

㉠ 받침점, 저항점, 힘점 순서로 위치함

㉡ 힘팔의 길이가 저항팔의 길이보다 항상 더 길기 때문에 힘의 이득이 크며, 2종 지레는 힘의 효율성이 높음

㉢ 엎드려 팔굽혀 펴기할 때 발의 발허리뼈가 축이 되고, 체중이 저항점이 되며, 팔의 근력이 힘점으로 작용함

예 발뒤꿈치 들기, 팔굽혀 펴기, 병따개, 작두, 외발 손수레 등

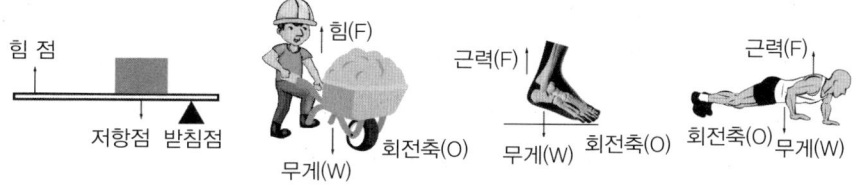

[2종 지레]

2017년 기출

목뼈 1번 관절에서 위쪽등세모근의 근력과 머리 하중이 형성하는 지레의 종류는?

① 1종 지레
② 2종 지레
③ 3종 지레
④ 해당 사항 없음

정답 ①

2015년 2급 전문

다음 〈보기〉에서 설명하는 인체지레의 종류로 올바른 것은?

> 물체의 저항점이 힘의 작용점과 회전축 사이에 있으며, 힘팔이 저항팔보다 항상 긴 구조를 갖는다.
> 예 엎드려 팔굽혀 펴기

① 1종 지레
② 2종 지레
③ 3종 지레
④ 4종 지레

정답 ②

③ 3종 지레
㉠ 받침점이 지레의 한 끝에 있고, 받침점과 저항점 사이에 힘점이 위치함
㉡ 저항팔의 길이가 힘팔의 길이보다 더 길어서 발휘되는 힘이 저항보다 더 커야만 저항을 극복할 수 있음
㉢ 힘의 효율성이 떨어지지만 운동범위나 운동속도의 측면에서는 이득을 얻음
㉣ 위팔뼈가 팔꿈치관절에 대해 굽힘을 할 때 팔꿈치관절이 받침점이 되고, 아래팔의 무게 혹은 손의 저항이 저항점이 되며, 위팔두갈래근, 상완근이 힘점으로 작용함
㉮ 덤벨 컬, 윗몸 일으키기, 핀셋, 젓가락, 낚싯대 끌어올리기 등

[3종 지레]

2020년 기출

3종 지레에 관한 설명으로 옳지 않은 것은?

① 팔꿈치 굽힘(굴곡, Flexion) 동작은 3종 지레의 특성으로 이해할 수 있다.
② 받침점(회전중심)을 기준으로 저항점 위치가 힘점의 위치보다 더 멀다.
③ 관절의 평형상태를 유지하기 위해 저항력보다 더 큰 근력이 요구된다.
④ 기계적 확대율(Mechanical Advantage)은 1보다 크다.

정답 ④

단답형 문제

01 인체를 포함한 모든 물체는 지구중심 방향으로 중력을 받는데, 이런 중력에 의한 토크의 합이 0인 지점을 (   )(이)라고 한다.

02 신체의 중심이 바닥의 지면에 미치는 면적을 의미하며, 신체와 그 신체를 지지하는 부분이 만나는 면과 그 면들 사이의 면적을 (   )(이)라고 한다.

03 크기와 방향을 모두 가지고 있는 양을 (   )(이)라고 한다.

04 지레는 봉과 같은 단단한 형태로 되어 있고 (   ), 저항점, 힘점으로 구성된다.

정답 01 무게중심점 02 기저면 03 벡터양 04 받침점

03 출제예상문제

01 다음 〈보기〉 중 스칼라양에 해당되는 것을 모두 고른 것은?

> ㉠ 질 량　　　㉡ 무 게
> ㉢ 힘　　　　㉣ 거 리
> ㉤ 속 도

① ㉠, ㉣
② ㉡, ㉣
③ ㉠, ㉡
④ ㉢, ㉤

해설　스칼라양은 방향 없이 크기만을 나타내는 양을 말하며 질량, 거리, 시간, 밀도, 온도, 면적 등이 있다.

02 다음 중 인체 평형의 안정성을 높이는 요인으로 옳지 않은 것은?

① 높은 마찰력
② 가벼운 중량
③ 신체 중앙에 가까운 중심선
④ 낮은 무게중심

해설　물체의 중량이 무거울수록 인체 평형의 안정성이 높아진다.

 정답　01 ①　02 ②

03 다음에서 설명하는 인체지레의 종류는?

> 위팔뼈가 팔꿈치관절에 대해 굽힘을 할 때 작용하는 지레유형이다. 이때 팔꿈치관절이 받침점이 되고, 아래팔의 무게 혹은 손의 저항이 저항점이 되며 상완이두근이 힘점으로 작용한다.

① 1종 지레 ② 2종 지레
③ 3종 지레 ④ 4종 지레

해설 위팔뼈가 팔꿈치관절에 대해 굽힘을 할 때 3종 지레 원리가 작용한다. 3종 지레는 받침점이 지레의 한 끝에 있고, 받침점과 저항점 사이에 힘점이 위치한다. 즉, 팔꿈치관절이 받침점이 되고, 받침점과 저항점(아래팔 무게 또는 손의 저항) 사이에 힘점(상완이두근)이 위치하고 있다.

04 다음 중 인체 지레에 대한 설명으로 옳지 않은 것은?

① 1종 지레는 힘점과 저항점 사이에 받침점이 위치한다.
② 2종 지레는 받침점, 저항점, 힘점 순서로 위치한다.
③ 3종 지레는 힘팔의 길이가 저항팔의 길이보다 더 길다.
④ 2종 지레가 지레 중 힘의 효율성이 좋다.

해설 3종 지레는 저항팔의 길이가 힘팔의 길이보다 더 길다.

05 다음 중 3종 지레의 원리로 움직이는 동작은?

① 머리 끄덕이기 ② 팔굽혀 펴기
③ 발뒤꿈치 들기 ④ 윗몸 일으키기

해설 3종 지레의 원리로 움직이는 인체 동작은 윗몸 일으키기, 덤벨 들어올리기, 낚싯대 끌어올리기 등이 있다.

정답 03 ③ 04 ③ 05 ④

04 | 운동학의 스포츠 적용

학습목표
- 선운동의 운동학적 개념들을 이해하고 그 차이점을 설명할 수 있다.
- 각운동의 운동학적 개념들을 이해하고 그 차이점을 설명할 수 있다.
- 실제 스포츠사례를 운동학적 개념을 바탕으로 분석·추리할 수 있다.

20일 단기완성 학습 플랜
- 목표 학습 시간 : ___월 ___일
- 실제 학습 시간 : ___월 ___일

01 선운동의 운동학적 분석

선운동을 분석할 때는 방향 없이 크기만을 나타내는 스칼라양과 크기와 방향을 모두 가지고 있는 벡터양을 통해 구분할 수 있음

1. 거리와 변위

거 리	• 물체가 처음 위치에서 나중 위치까지 움직인 경로의 길이 • 스칼라양
변 위	• 물체의 처음 위치부터 마지막 위치까지의 방향과 직선거리 • 벡터양

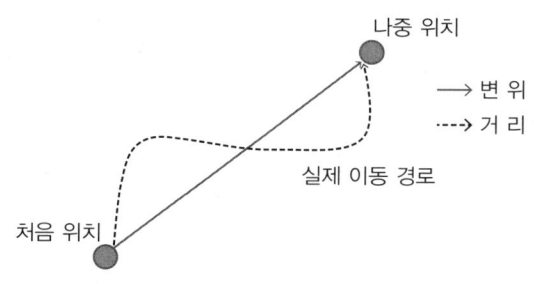

[거리와 변위]

2. 속력과 속도

속력 (Speed)	• 단위 시간 동안 이동한 거리를 의미 • 물체가 방향에 구애받지 않고 얼마나 빠르게 이동하였는지를 나타내는 스칼라양 • 속력(s) = 이동거리(d) / 소요시간(t)
속도 (Velocity)	• 단위 시간 동안 변위의 변화율을 의미 • 물체가 방향을 가지고 이동한 거리의 변화율을 나타내는 벡터양 • 속도(v) = 변위(D) / 소요시간(t)

+ 더 알아보기

속력과 속도의 구분 사례
도규와 세원이가 처음 위치에서 출발하여 나중 위치에 동시에 도착했다면 두 사람의 속도는 같다. 두 사람 모두 일정 시간 동안 이동하는 물체의 위치 변화율은 같기 때문이다. 그러나 실제로 도규는 지그재그로 세원이는 직선의 형태로 도착하였다면, 속력은 도규가 더 빠르다고 볼 수 있다. 속력은 시간당 이동거리를 기준으로 빠르기를 나타낸 것이므로, 두 사람 다 같은 시간에 도착했지만 이동거리가 길었던 도규의 속력이 더 빠르다고 할 수 있다.

2021년 기출
길이 50m 수영장에서 자유형 100m 경기기록이 100초였을 때, 평균속력과 평균속도로 옳은 것은?

① 평균속력 – 1m/s, 평균속도 – 1m/s
② 평균속력 – 0m/s, 평균속도 – 0m/s
③ 평균속력 – 1m/s, 평균속도 – 0m/s
④ 평균속력 – 0m/s, 평균속도 – 1m/s

정답 ③

+ 더 알아보기

투사거리에 영향을 미치는 요인
투사거리에는 투사높이, 투사속도, 투사각도 등이 영향을 미침
- 투사속도가 빠를수록 투사거리 증가
- 투사높이 = 착지높이 : 투사체 45도로 던질 때 최대거리 얻음
- 투사높이 < 착지높이 : 투사체 45도 이상으로 던질 때 최대거리 얻음
- 투사높이 > 착지높이 : 투사체 45도 이하로 던질 때 최대거리 얻음

합력
한 물체에는 둘 이상의 여러 힘이 작용할 때, 이 여러 힘들의 합과 같은 효과를 내는 하나의 힘을 의미함. 실제로 물체의 운동상태를 바꾸는 힘

[2022년 기출]
투사체 운동에 대한 설명으로 옳은 것은? (공기저항은 고려하지 않음)
① 투사체에 작용하는 외력은 존재하지 않는다.
② 투사체의 수평속도는 초기속도의 수평성분과 크기가 같다.
③ 투사체의 수직속도는 9.8m/s로 일정하다.
④ 투사높이와 착지높이가 같을 경우, 38.5°의 투사각도로 던질 때 최대의 수평거리를 얻을 수 있다.

정답 ②

3. 가속도
(1) 단위 시간에 따른 속도의 변화율을 의미
(2) 단위 시간동안 이동한 거리뿐만 아니라 방향까지 고려한 물체의 빠르기를 나타내는 벡터양
(3) 가속도(a) = [나중속도(v_1) - 처음속도(v_0)] / 걸린시간(t)

4. 포물선 운동
(1) 일정한 크기와 방향을 가지는 힘이 작용하는 공간에서 물체를 힘의 방향과 일정 각도를 이루어 던졌을 때, 그 이동경로가 포물선을 그리는 운동을 말함
(2) 수평방향으로는 작용하는 힘이 없어 등속도 운동이 나타나지만, 수직방향으로는 중력가속도가 작용하여 투사체가 포물선을 그리게 됨

02 각운동의 운동학적 분석

물체가 한 정점을 중심으로 원을 그리면서 회전하는 운동을 각운동이라 하며, 각운동을 분석할 때는 방향 없이 크기만을 나타내는 스칼라양과 크기와 방향을 모두 가지고 있는 벡터양을 통해 구분할 수 있음

1. 각거리와 각변위

각거리	• 어떤 고정된 축에 대해서 회전하는 물체가 만든 각의 변화량 • 방향을 가지지 않는 스칼라양
각변위	• 회전하는 물체의 각위치 변화량 • 방향을 가지는 벡터양

2. 각속력과 각속도

각속력	각속도의 절댓값(스칼라양)
각속도	• 회전체가 단위 시간당 회전하는 속도를 측정한 물리량(벡터양) • 각속도(ω) = 각변위(θ) / 이동시간(t)

3. 각가속도
일정 시간에 대한 각속도의 변화량을 나타내는 벡터양으로, 원운동을 하는 물체에 힘의 모멘트가 작용하여 속도와 방향을 변화시키는 물리량을 말함

4. 선속도와 각속도와의 관계

(1) 물체가 선운동을 하는 상태에서 하나의 구심점을 가지고 회전하면, 이는 연속적인 각운동을 하는 상태로 볼 수 있음

(2) 선운동하는 선속도가 빠르면 회전하는 각속도의 속도도 빨라지는 비례관계가 성립함

예 해머 돌리기 선수가 돌리던 해머를 놓으면, 회전하던 해머의 운동 상태가 선운동으로 바뀌어 날아감

- 선속도(v) = 각속도(ω) × 회전반경(r) = 각변위(θ) / 이동시간(t) × 회전반경(r)
- 각속도(ω)가 일정할 때 물체의 선속도는 회전반경(r)에 비례한다.
- 선속도(v)가 일정할 때 물체의 각속도는 회전반경(r)에 반비례한다.

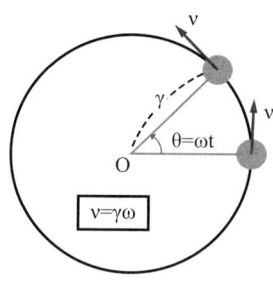

[선속도와 각속도와의 관계]

➕ 더 알아보기

각속도의 단위

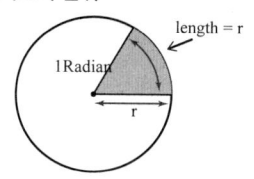

- 1도(Degree) : 원 한 바퀴를 360도로 표현하는 방법
- 1라디안(Radian) : 원주 호의 길이가 반지름과 동일한 길이가 될 때의 중심각

2022년 기출

골프 스윙 동작에서 임팩트 시 클럽 헤드의 선속도를 증가시키는 방법으로 옳지 않은 것은?

① 스윙 탑에서부터 어깨관절을 축으로 회전반지름을 최대한 크게 하여 빠른 몸통회전을 유도한다.
② 임팩트 전까지 손목 코킹(Cocking)을 최대한 유지하여 빠른 몸통회전을 유도한다.
③ 임팩트 시점에는 팔꿈치를 펴서 회전반지름을 증가시킨다.
④ 임팩트 시점에는 언코킹(Uncocking)을 통해 회전반지름을 증가시킨다.

정답 ①

단답형 문제

01 물체가 처음 위치에서 나중 위치까지 움직인 경로의 길이를 (　　)(이)라고 한다.

02 단위 시간에 따른 속도의 변화율을 나타내는 것을 (　　)(이)라고 한다.

03 (　　)은/는 회전체가 단위 시간당 회전하는 속도를 측정한 물리량을 말한다.

04 투사거리의 영향 요인 중 투사높이가 착지높이보다 높을 경우 투사체를 45도 (　　)(으)로 던질 때 최대거리를 얻는다.

정답 01 거리 02 가속도 03 각속도 04 이하

04 출제예상문제

완벽하게 이해된 부분에 체크 하세요

01 다음 중 속력과 속도에 대한 설명으로 옳지 않은 것은?

① 단위 시간 동안 이동한 거리를 속력이라고 한다.
② 속력은 물체가 방향에 구애받지 않고 얼마나 빠르게 이동하였는지를 나타내는 벡터양이다.
③ 단위 시간 동안 변위의 변화율을 속도라고 한다.
④ 물체가 방향을 가지고 이동한 거리의 변화율을 속도라고 한다.

해설 속력은 물체가 방향에 구애받지 않고 얼마나 빠르게 이동하였는지를 나타내는 스칼라양이다.

02 포물선 운동 중 투사거리에 영향을 미치는 요인에 대한 설명으로 옳지 않은 것은?

① 투사속도가 빠를수록 투사거리는 증가한다.
② 투사높이와 착지높이가 같을 경우 투사체를 45도 이상으로 던질 때 최대거리를 얻을 수 있다.
③ 투사높이보다 착지높이가 클 경우 투사체를 45도 이상으로 던질 때 최대거리를 얻을 수 있다.
④ 투사높이가 착지높이보다 클 경우 투사체를 45도 이하로 던질 때 최대거리를 얻을 수 있다.

해설 투사높이와 착지높이가 같을 경우 투사체를 45도로 던질 때 최대거리를 얻을 수 있다.

03 다음 중 스칼라양에 해당되는 것만 묶인 것은?

① 거리, 속도
② 변위, 속도
③ 거리, 속력
④ 변위, 속력

해설 거리와 속력은 방향 없이 크기만을 나타내는 것으로 스칼라양이다.

정답 01 ② 02 ② 03 ③

04 다음 중 거리와 변위에 대한 설명으로 옳지 않은 것은?

① 물체가 처음 위치에서 나중 위치까지 움직인 경로의 길이를 거리라고 한다.
② 거리는 방향 없이 크기만을 나타내는 스칼라양이다.
③ 물체의 처음 위치부터 마지막 위치까지의 방향과 직선거리를 변위라고 한다.
④ 변위는 크기 없이 방향만을 나타내는 벡터양이다.

해설 변위는 크기와 방향을 모두 가지고 있는 벡터양이다.

05 다음 중 선속도와 각속도의 관계에 대한 설명으로 옳지 않은 것은?

① 선속도가 빠르면 회전하는 각속도의 속도도 빨라지는 비례관계가 성립한다.
② 각속도가 일정할 때 물체의 선속도는 회전반경에 비례한다.
③ 선속도가 일정할 때 물체의 각속도는 회전반경에 비례한다.
④ 선운동을 하는 상태에서 하나의 구심점을 가지고 회전하면 각운동이라 볼 수 있다.

해설 선속도(v) = 각속도(ω) × 회전반경(r) = 각변위(θ) / 이동시간(t) × 회전반경(r)
∴ 선속도가 일정할 때 물체의 각속도는 회전반경에 반비례한다.

정답 04 ④ 05 ③

05 운동역학의 스포츠 적용

학습목표
- 힘의 종류와 정의에 대해 설명할 수 있다.
- 뉴턴의 선운동법칙과 각운동법칙에 대해 설명할 수 있다.
- 스포츠 현장에서 적용되는 힘의 작용 방식을 이해하고, 힘의 크기를 계산할 수 있다.

20일 단기완성 학습 플랜
- 목표 학습 시간 : ___월 ___일
- 실제 학습 시간 : ___월 ___일

✚ 더 알아보기

힘의 단위
- 뉴턴(N) : 1N은 1kg의 물체를 1m/s^{2}으로 가속시키는 힘의 단위
- 킬로그램힘(kgf) : 중력단위계에서의 힘의 단위, 킬로그램중이라고도 한다. 질량 1kg인 물체에 작용했을 때, 그 방향으로 9.8m/s^{2}의 가속도를 갖게 하는 힘이다.
  (1kgf = 1kg × 9.8m/s^2 = 9.8N)

힘의 효과에 의한 구분
- 추진력 : 물체를 움직이도록 하는 힘
- 저항력 : 물체를 움직이지 못하도록 하는 힘을 말하며 중력, 마찰력, 공기 및 유체저항력 등이 있음

힘의 발현처에 의한 구분
- 외력(External Force) : 정해진 체계 밖에서 발생한 힘
- 내력(Internal Force) : 체계 안에서 발생한 힘

2020년 기출

힘에 관한 설명으로 옳지 않은 것은?

① 단위는 m/s이다.
② 벡터이다.
③ 중력은 힘이다.
④ 내력과 외력으로 구분할 수 있다.

정답 ①

01 선운동의 운동역학적 분석

선운동의 운동역학적 법칙에는 뉴턴의 3대 법칙(관성의 법칙, 가속도의 법칙, 작용-반작용의 법칙)이 있으며, 물체에 외력이 작용하지 않는 한 선운동량은 보존됨

1. 힘의 개념

(1) 힘의 정의와 단위

① 힘 : 운동을 일으키거나 운동을 변화시키는 요인이며, 물체를 움직이게 하거나 운동을 하고 있는 물체의 속도와 방향을 변화시키는 것

② 힘은 질량과 가속도에 비례하며 단위는 뉴턴(N)으로 표시함
   힘(F) = 질량(m) × 가속도(a) = 질량 × [(나중 속도 - 처음 속도)/시간]

(2) 힘의 벡터적 특성 : 힘은 벡터 물리량으로 3가지 요소(힘의 크기, 힘의 방향, 힘의 작용점)로 구성됨

힘의 크기	거리와 속도 결정
힘의 방향	물체의 이동방향 결정
힘의 작용점	힘의 능률이나 회전 결정

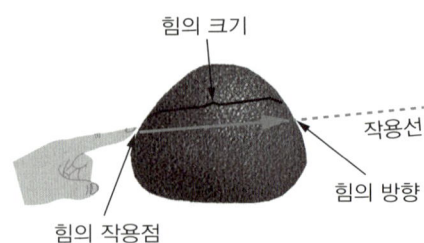

[힘의 벡터적 특성]

(3) 여러 가지 힘

① 중력

정의	• 지구가 물체를 잡아당기는 힘 • 정확히는 질량이 있는 모든 물체 사이에 작용하는 만유인력과 지구의 자전에 따르는 원심력을 더한 힘
중력가속도	• 중력의 크기는 물체의 질량에 비례하므로 자유낙하하는 물체는 질량에 상관없이 일정한 가속도로 떨어짐(약 9.8㎨) • 지구가 완전한 구체가 아니고 약간 평평한 타원체라서 정확한 중력가속도는 장소에 따라 다름
무중력	중력이 없어 물체의 외부 접촉에 의한 변형력이 작용하지 않는 상태

② 마찰력

정의	• 두 물체가 접촉하여 미끄러지거나 미끄러지려고 할 때 접촉면에 나란하게 물체가 미끄러지려는 반대방향으로 작용하는 힘 • 물체의 질량, 수직항력, 접촉면의 성질에 따라 그 크기가 달라짐
정지마찰력	• 물체가 외력이 작용하여도 정지해 있을 때 작용하는 마찰력 • 외력과 크기는 같지만 방향이 반대임 • 최대정지마찰력 : 물체가 움직이기 시작하는 순간에 작용하는 마찰력으로 정지마찰력의 최댓값
운동마찰력	운동하는 물체에 작용하는 마찰력으로 물체의 속력이나 가하는 힘과 관계없이 일정함

③ 탄성력

정의	물체가 변형되었을 때, 원래 상태로 돌아가려는 성질에 의해 나타나는 힘
탄성계수	• 외부에서 탄성체에 힘이 가해질 때 변형된 길이당 탄성력의 비율로, 충돌로 인한 에너지의 손실이 전혀 없으면 탄성계수는 1이고, 충돌 시 에너지가 다른 에너지로 전환되면 탄성계수는 1보다 작아짐 • 탄성계수 영향 요인으로는 표면, 충격강도, 충격속도, 온도 등이 있음 • $k = \dfrac{응력}{변형률}$ 이때, 응력은 압력의 변화이고 변형률은 부피 변화와 원래 부피의 비율
반발계수 (복원계수)	• 두 물체가 서로 충돌한 후, 충돌 후의 속도가 충돌 전에 비해 얼마나 작아지는지 나타내는 지수 • $e = \sqrt{\dfrac{h'}{h}}$ 이때, h'는 튕겨 올라간 높이이고 h는 떨어진 높이

④ 장력

정의	어떤 물체(주로 줄, 실, 와이어같이 가늘고 긴 물체)를 잡아당기는, 물체가 잡아당겨지는 힘
근육의 장력	근육은 근섬유 다발로 이루어져 있으므로 장력을 통해 신체가 움직임

➕ 더 알아보기

양력효율지수(양항비)

$$양력효율지수 = \dfrac{양력}{항력}$$

공기 중에서 이동하는 물체의 양력효율지수가 크다는 것은 항력으로 물체의 전진을 방해하는 것보다 양력으로 떠받치는 힘이 더 크다는 것을 의미

예 원반던지기에서 양력효율지수가 클수록 체공시간이 길어 더 멀리 날아감

⑤ 부력

정의	• 물체가 유체 속에 잠겨있을 때 중력의 반대 방향으로 물체를 밀어 올리려는 힘 • 부력 중심은 부력의 작용점인데, 부력 중심은 물체의 모양, 떠 있는 위치와 방향에 따라 달라짐
특성	• 부력은 액체와 기체 같은 유체에서 작용하는 힘이기 때문에 유체의 이학적 성질을 결정하는 온도·부피에 영향을 받음 • 부력은 유체의 밀도에 비례하므로 유체의 밀도가 커질수록 부력도 커짐 • 온도가 올라갈수록 유체는 부피가 커짐. 밀도는 부피에 반비례하므로 그 값이 작아지고, 부력은 밀도에 비례하므로 그 값이 작아짐

⑥ 항력

정의	유체저항력으로, 유체 내의 물체가 운동방향의 정면에서 받는 저항 힘
수직항력	• 가하는 힘에 수직이고 정반대 방향으로 작용하는 힘 • 접촉면이 물체를 수직으로 떠받치는 힘

⑦ 양력

정의	유체 속을 운동하는 물체에 운동 방향과 수직 방향으로 작용하는 힘
특징	• 밀도차로 발생하는 부력은 물체나 물체 주변에 있는 유체가 정지해 있어도 생기지만, 양력은 반드시 물체나 유체 둘 중 하나가 움직여야 발생함 • 유체의 흐름이 변화하면서 생기는 압력의 차이에 의해 발생함

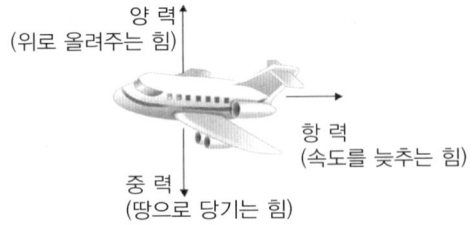

[비행기에 작용하는 힘의 종류]

2. 뉴턴의 선운동 법칙

(1) 관성의 법칙

① 관성은 원래의 운동 상태를 유지하려는 성질을 말함

② 정지해 있는 물체는 움직이지 않으려 함

③ 운동하고 있는 물체는 멈추려 하지 않음

④ 물체의 관성은 질량에 비례함

(2) 가속도의 법칙

① 움직이는 물체에 같은 방향으로 힘이 작용하면 가속도가 발생함

② 힘 → 운동 → 속도가 변화함 → 가속도가 있음

③ 가속도가 있다는 것은 힘이 작용하고 있다는 의미임

④ 힘이 두 배로 작용하면, 가속도도 두 배로 증가함

⑤ 무게를 두 배로 늘리면, 가속도는 1/2로 감소함
⑥ 힘 = 질량 × 가속도(F = ma)
⑦ 가속도 = 힘/질량

(3) 작용-반작용의 법칙
① 물체에 힘을 가하면, 가한 만큼의 힘을 그 물체로부터 되돌려 받는다는 법칙
② 지면에 가한 힘에 대해 지면으로부터 받는 반작용력을 지면반력(Ground Reaction Force)이라 하며, 중력과 더불어 인체운동에서 매우 중요한 역할을 함

3. 선운동량과 충격량

선운동량	• 각운동량과 구별하기 위하여 선운동량이라 칭함 • 선운동을 하는 물체에서의 질량과 속도에 따라 운동량이 증가함 　예 야구선수의 배트가 무거워지면 질량이 증가하고, 스윙을 빨리하면 　　속도가 증가하여 전체적인 운동량이 증가함 • 선운동량(p) = 질량(m) × 속도(v)
충격량	• 물체에 힘을 작용하여 운동 상태를 바꿀 때 가한 충격의 정도 • 충격량은 운동량의 변화량과 같음 　예 야구선수의 배트가 무거워지면 질량이 증가하고, 스윙을 빨리하면 　　속도가 증가하여 공에 가해지는 충격량이 증가함 • 충격량(I) = 충격 힘(F) × 작용한 시간(t) = 운동량의 변화량

4. 선운동량의 보존

두 개 이상의 물체가 충돌할 때 외부의 힘이 작용하지 않는다면, 뉴턴의 제3법칙에 의해 서로 크기가 같고 방향이 반대인 운동량을 전달하며, 충돌 전후의 총 운동량은 변하지 않고 일정하다는 것

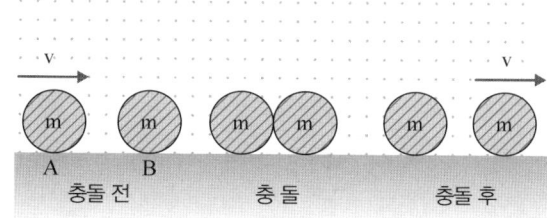

[선운동량 보존]

5. 충돌

운동하는 두 물체가 근접 또는 접촉해서 짧은 시간 동안 강한 상호작용을 하는 경우를 충돌이라고 하는데, 외력이 작용하지 않는 상황에서 충돌 전과 충돌 후의 운동량의 총합은 같음

(1) 완전 탄성 충돌(탄성계수 = 1)
충돌 전후의 운동량과 운동에너지가 모두 보존되는 충돌(에너지 손실 = 0)
　예 당구 등

2020년 기출

충격량에 관한 설명으로 옳지 않은 것은?

① 스칼라이다.
② 단위는 kg · m/s이다.
③ 운동량 변화의 원인이 된다.
④ 시간에 대한 힘의 곡선을 적분한 값이다.

정답 ①

2023년 기출

〈보기〉의 ㉠, ㉡에 들어갈 용어가 바르게 연결된 것은?

농구선수는 양손 체스트패스 캐치 동작에서 공을 몸쪽으로 당겨 받는다. 그 과정에서 공을 받는 (㉠)은 늘리고 (㉡)은 줄일 수 있다.

	㉠	㉡
①	시 간	충격력 (Impact Force)
②	충격력	시 간
③	충격량 (Impulse)	시 간
④	충격력	충격량

정답 ①

+ 더 알아보기

향심력(구심력)
힘이 물체의 무게중심을 통과하여 회전이 일어나지 않고 직선 방향으로 나아가도록 하는 힘

편심력
힘이 물체의 무게중심을 통과하지 않고 회전이 일어나도록 하는 힘

2022년 기출

다이빙 공중회전 동작을 수행할 때 신체 좌우축을 기준으로 회전속도를 가장 크게 만드는 동작으로 옳은 것은? (단, 해부학적 자세를 기준으로)

① 두 팔을 머리 위로 올리고, 머리를 뒤로 최대한 젖힌다.
② 신체를 최대한 좌우축에 가깝게 모으는 자세를 취한다.
③ 상체와 두 다리를 최대한 펴시킨다.
④ 두 팔을 머리 위로 올리고, 두 다리는 최대한 곧게 뻗는 자세를 취한다.

정답 ②

2023년 기출

〈보기〉의 ㉠~㉣에 들어갈 내용을 바르게 연결한 것은?

다이빙 선수의 공중회전 동작에서는 다이빙 플랫폼 이지(Take-off) 직후에 다리와 팔을 회전축 가까이 위치시켜 관성모멘트를 (㉠)시킴으로써 각속도를 (㉡)시켜야 한다. 입수 동작에서는 팔과 다리를 최대한 펴서 관성모멘트를 (㉢)시킴으로써 각속도를 (㉣)시켜야 한다.

	㉠	㉡	㉢	㉣
①	증가	감소	증가	감소
②	감소	증가	증가	감소
③	감소	감소	증가	증가
④	증가	증가	감소	감소

정답 ②

---

(2) 비탄성 충돌(0 < 탄성계수 < 1)

충돌 전후의 운동량은 보존되지만 운동에너지는 보존되지 않는 충돌

예 농구의 리바운드, 축구의 킥, 야구의 배팅, 테니스 등

(3) 완전 비탄성 충돌(탄성계수 = 0)

① 충돌 후 두 물체가 분리되지 않고 한 덩어리가 되어 움직이는 충돌
② 운동량은 보존되나 운동에너지가 보존되지 않아 에너지 손실이 큼

예 화살이 과녁에 꽂힌 경우, 사격 등

02 각운동의 운동역학적 분석

회전하는 물체의 운동을 각운동이라고 하며, 각운동에서 물체가 회전하는 힘을 토크(돌림힘, 힘의 모멘트)라고 함

1. 토크

(1) 물체를 회전시켜 각운동량을 만드는 힘으로, 힘의 모멘트라고도 함
(2) 토크의 크기는 작용된 힘과 힘의 연장선과 회전중심 사이의 수직거리에 비례함
(3) 외부에서 회전체에 토크를 가하지 않는 이상 각운동량은 보존된다는 운동량 보존법칙이 적용됨

> 토크(T) = 편심력(F) × 회전축(팔, 모멘트)에서 힘의 작용점까지의 거리(d)

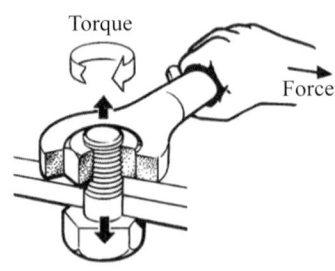

[토크의 예시]

2. 관성모멘트

(1) 회전운동에서 외부에서 가해진 회전력에 대해 물체의 운동 상태를 변화시키지 않으려는 특성(회전하는 물체가 계속해서 회전을 지속하려는 성질의 포기)
(2) 관성모멘트 크기는 물체의 질량과 회전반경이 클수록 증가함

예 다이빙 동작에서 회전할 때 몸을 펴게 되면 회전반경이 커져서 관성모멘트가 증가함

> 관성모멘트(I) = 질량(m) × 회전반경(r)²

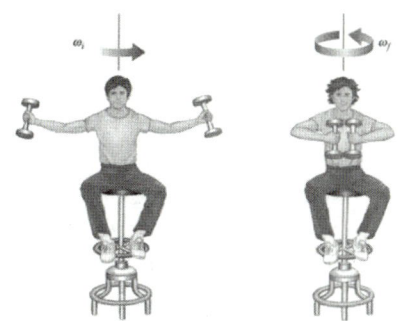

[관성모멘트의 예시]

3. 뉴턴의 각운동 법칙

(1) 각관성의 법칙(각운동량 보존의 법칙) : 외부에서의 토크가 작용하지 않는 한 회전체는 동일 축을 중심으로 일정한 각운동량을 가지며, 회전상태를 유지한다는 법칙

예 피겨스케이팅 회전, 다이빙 회전 등

(2) 각가속도의 법칙
① 토크는 관성모멘트와 각가속도에 비례함
② 물체의 각가속도(a)는 가속도를 유발하는 토크(T)에 비례하고, 토크가 작용하는 방향과 같은 회전방향에서 일어나며, 물체의 관성모멘트(I)에 반비례함

$$가해진\ 토크(T) = 관성모멘트(I) \times 각가속도(a)$$

(3) 각반작용의 법칙 : 어떤 물체에 각운동량의 토크를 가하면, 그 물체에 반대방향으로 같은 힘의 반작용토크가 발생하는 것을 말함

예 앞으로 넘어지려 할 때 팔을 뒤쪽으로 돌림

4. 각운동량과 회전충격량

각운동량	• 각운동하는, 즉 회전하는 물체의 운동량 • 더 큰 관성모멘트를 가질수록, 더 빠른 각속도로 움직일수록 각운동량 증가 • 각운동량 = 관성모멘트 × 각속도 = 질량 × 회전반경² × 각속도
회전충격량	주어진 시간 동안 가해진 회전력의 총량이며 각운동량의 변화를 만들어 냄

5. 각운동량 보존 및 전이

보 존	• 각운동량 보존의 법칙 : 만일 외부에서 돌림힘이 작용하지 않으면 각운동량은 변하지 않고 일정함 • 돌림힘이 작용하면 각운동량은 돌림힘의 방향으로 돌림힘의 크기와 같은 비율로 변화함
전 이	각운동량이 일정할 때 신체의 일부가 각운동량을 만들게 되면 신체의 나머지 부분이 그것을 보상하게 되는 원리임 예 다이빙에서의 공중동작 중 팔다리의 각운동량이 다른 신체 부위의 각운동량으로 전이되는 것

+ 더 알아보기

마그누스 효과

물체가 회전을 하면서 유체 속을 지나갈 때 물체의 외부에 압력이 발생하는데, 발생한 압력 차이에 의해 물체의 이동경로가 변경된다는 이론이다. 공이 회전하며 유체 속을 지나갈 때 한 쪽에서 공기의 압력이 커지면(고기압, 저속), 다른 쪽에서 공기의 압력이 작아지는데(저기압, 고속), 이 때 압력이 높은 쪽에서 낮은 쪽으로 공을 미는 힘(마그누스 힘)이 발생한다.

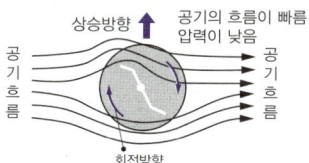

2023년 기출

마그누스 효과(Magnus Effect)에 관한 내용이 아닌 것은?

① 레인에서 회전하는 볼링공의 경로가 휘어지는 현상
② 커브볼로 투구된 야구공의 경로가 휘어지는 현상
③ 사이드스핀이 가해진 탁구공의 경로가 휘어지는 현상
④ 회전(탑스핀)이 걸린 테니스공이 아래로 빠르게 떨어지는 현상

정답 ①

+ 더 알아보기

베르누이 원리

1700년대 스위스 수학자이자 과학자인 베르누이가 밝힌 원리로 유체(공기나 물처럼 흐를 수 있는 기체나 액체)는 빠르게 흐르면 압력이 감소하고, 느리게 흐르면 압력이 증가한다는 법칙을 말한다.

- 공기의 흐름이 빠르면, 압력이 낮아진다.
- 공기의 흐름이 느려지면, 압력이 높아진다.
- [예] 비행기의 날개의 모습을 보면 아래쪽은 평평해서 공기의 흐름이 느리기 때문에 압력이 높고, 위쪽은 곡선 모양이라 공기의 흐름이 빨라서 압력이 낮다. 따라서 위로 올라가는 힘이 작용하는 것이다.

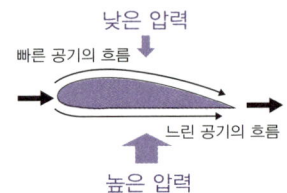

2017년 기출

운동 상황에서 구심력과 원심력에 대한 설명으로 옳지 않은 것은?

① 해머던지기 선수는 원심력에 저항하기 위해 투척할 때 후경 자세를 취한다.
② 쇼트트랙 선수는 곡선주로에서 원심력을 줄이려고 왼손으로 빙판을 짚는 동작을 취한다.
③ 육상 선수는 곡선주로에서 원심력을 줄이기 위해 질주속도를 증가시킨다.
④ 벨로드롬 사이클 곡선주로에서 지면마찰력이 구심력으로 작용한다.

[정답] ③

6. 구심력과 원심력

(1) 정 의

① 구심력 : 원운동(회전운동)을 하는 물체나 입자에 작용하는, 회전중심으로 가까워지려는, 원의 중심으로 운동을 추구하는 힘

$$구심력(F) = [질량(m) \times 속도(v)^2] \div 회전반경(r)$$

[예] 해머던지기, 쇼트트랙, 스피드스케이팅, 계주 등

② 원심력 : 원운동(회전운동)을 하는 물체나 입자에 작용하는, 회전중심에서 멀어지려는 힘, 실제로 존재하는 힘이 아니라 관념적인 힘임

$$원심력(F) = 질량(m) \times 회전반경(r) \times 각속도(\omega)^2$$

[예] 자동차가 커브길을 달릴 때 차 안의 사람이 원심력이 있는 것처럼 느끼는 이유는 원심력 때문이 아니라 자동차를 잡아당기는 구심력이 없기 때문

(2) 구심력과 원심력의 관계

① 원심력과 구심력은 크기가 같고 방향이 반대임
② 원심력은 물체를 잡아당기는 구심력에 대한 반작용임
③ 원심력을 극복하기 위해서는 원심력은 작게, 구심력은 크게 해야 함
- 구심력은 물체의 질량이 클수록, 물체의 회전속도가 빠를수록, 회전반경이 작을수록 커짐
- 원심력은 물체의 질량이 클수록, 운동하는 물체의 속도가 빠를수록, 회전반경이 클수록 커짐

단답형 문제

01 운동을 일으키거나 운동을 변화시키는 요인을 (   )(이)라고 한다.

02 힘은 벡터 물리량으로 3가지 요소인 크기, 방향, (   )(으)로 구성된다.

03 물체를 회전시켜 각운동량을 만드는 힘을 (   )(이)라고 한다.

04 물체가 원운동을 할 때 원의 중심방향으로 향하는 힘을 구심력이라고 하고, 물체를 잡아당기는 구심력에 대한 반작용의 힘을 (   )(이)라고 한다.

[정답] 01 힘 02 작용점 03 토크 04 원심력

05 출제예상문제

완벽하게 이해된 부분에 체크 하세요

01 다음 중 힘에 대한 설명으로 옳지 않은 것은?

① 힘은 질량과 가속도에 비례한다.
② 운동을 하고 있는 물체의 속도와 방향을 변화시키는 것을 힘이라고 한다.
③ 단위는 뉴턴(N)으로 표기하며 1N은 1kg의 물체에 $9.8m/s^2$ 로 작용하는 힘의 단위이다.
④ 힘은 크기, 방향, 작용점이라는 3가지 요소로 구성된다.

해설 킬로그램힘에 대한 설명이다. 힘의 단위인 뉴턴(N)은 1N은 1kg의 물체를 $1m/s^2$ 로 가속시키는 힘의 단위이다.

02 다음 중 힘의 종류에 대한 설명으로 옳지 않은 것은?

① 중력은 외력으로 지구 중심으로 당기는 힘을 말한다.
② 부력은 중력과 반대방향으로 작용하는 힘을 말한다.
③ 항력은 유체 내의 물체가 운동방향의 정면에서 받는 저항 힘을 말한다.
④ 양력은 이동하는 물체의 이동방향에 수평으로 작용하는 힘을 말한다.

해설 양력은 이동하는 물체의 이동방향에 수직으로 작용하는 힘을 말한다.

03 다음 중 뉴턴의 선운동 법칙에 대한 설명으로 옳지 않은 것은?

① 관성의 법칙에서 물체의 관성은 질량에 비례한다.
② 가속도의 법칙에서 힘이 두 배로 작용하면, 가속도도 두 배로 증가한다.
③ 가속도의 법칙에서 무게를 두 배로 늘리면, 가속도도 두 배로 증가한다.
④ 작용-반작용의 법칙에서 지면으로부터 받는 반작용력을 지면반력이라고 한다.

해설 가속도의 법칙에서 무게를 두 배로 늘리면, 가속도는 1/2로 감소한다.

정답 01 ③ 02 ④ 03 ③

04 다음 중 탄성계수의 영향 요인으로 옳지 않은 것은?

① 온 도
② 공기의 흐름
③ 충돌체의 재질
④ 충격 강도

해설 탄성계수 영향 요인에는 표면(충돌체의 재질), 충격 강도, 충격 속도, 온도(낮을수록 낮음) 등이 있다.

05 다음 중 충돌에 대한 설명으로 옳지 않은 것은?

① 상대적으로 운동하는 두 물체가 접촉해서 짧은 시간동안 강한 상호작용을 하는 경우를 충돌이라고 한다.
② 외력의 작용하에 충돌 전과 충돌 후의 운동량의 총합은 같다.
③ 비탄성 충돌은 충돌 전후의 운동량은 보존되지만 운동에너지는 보존되지 않는 충돌을 말한다.
④ 완전 비탄성 충돌은 충돌 후 두 물체가 분리되지 않고 한 덩어리가 되어 움직이는 충돌을 말한다.

해설 외력이 작용하지 않는 상황에서 충돌 전과 충돌 후의 운동량의 총합은 같다.

정답 04 ② 05 ②

06 일과 에너지

학습목표
- 일과 일률에 대해 이해하고, 실제 상황에서 그 값을 계산할 수 있다.
- 역학적 에너지 보존 법칙에 대해 이해하고, 위치에너지와 운동에너지 값을 구할 수 있다.
- 일과 에너지 관계를 이해하고, 실제 스포츠 사례에 적용할 수 있다.

20일 단기완성 학습 플랜
- 목표 학습 시간 : ___월 ___일
- 실제 학습 시간 : ___월 ___일

01 일과 일률

1. 일(Work)

(1) 일 : 물체에 힘이 작용하는 동안에 물체에 작용한 힘 또는 물체가 전달한 에너지로 힘이나 이동거리의 변화를 수반함

$$일(W) = 힘(F) \times 이동거리(S)$$

(2) 단위 : J(Joule), 1Joule은 1N의 힘으로 물체를 1m 움직이는 동안에 하는 일의 양임

① 마찰에 대한 일(힘 = 마찰력의 크기)

$$일(W) = 마찰력(F) \times 이동거리(S)$$

② 중력에 대한 일(힘 = 물체의 무게 = 9.8 × 질량)

$$일(W) = 물체의 무게(F) \times 이동거리(S)$$
$$일(W) = 9.8(중력가속도) \times 질량(m) \times 들어 올린 높이(S)$$

2. 일률(Power)

(1) 일률 : 단위 시간(1초) 동안 한 일의 양을 의미하며, 일을 얼마나 빠르게 수행하였는지를 나타내는 것으로 스포츠에서는 순발력이라는 용어로 사용됨

$$일률(P) = 일의 양(W) / 소요시간(t),$$
$$일률(P) = 힘(F) \times 속도(v)$$

(2) 단위 : W(Watt), 1W는, 1초에 1J의 일을 하는 경우를 뜻하며 일률의 단위임

+ 더 알아보기

- 양의 일(Positive Work) : 힘이 작용하는 방향과 이동방향이 같은 경우
- 음의 일(Negative Work) : 힘이 작용하는 방향과 이동방향이 다른 경우

2024년 기출

역학적 일(Work)과 일률(Power)의 개념을 바르게 설명한 것은?

① 일의 단위는 watt 또는 joule/sec 이다.
② 일률은 힘과 속도의 곱으로 산출 한다.
③ 일률은 이동한 거리를 고려하지 않는다.
④ 일은 가해진 힘의 크기에 반비례 한다.

정답 ②

2018년 기출

농구선수가 20N의 힘으로 농구공을 수직으로 2m 들어올렸을 때 역학적 일의 크기는?

① 0 N·m (J)   ② 10 N·m (J)
③ 22 N·m (J) ④ 40 N·m (J)

정답 ④

02 에너지

1. 에너지의 정의와 종류

(1) 에너지 : 물리적 일을 할 수 있는 능력

(2) 단위 : J(Joule), 1J은 1N의 힘으로 물체를 1m 움직이는 동안에 하는 일의 양임

에너지(Energy) = 일(W) = 힘(F) × 이동거리(S)

운동에너지	• 운동하는 물체가 갖고 있는 에너지 • 질량(m)이 크고 속도(v)가 빠른 물체일수록 큰 운동에너지를 가짐 운동에너지(E_k) = $\frac{1}{2}mv^2$($\frac{1}{2}$ × 질량 × 속도^2)
위치에너지	• 높은 곳에 위치한 물체가 중력에 의해 갖는 에너지 • 질량(m)이 크고 높이(h)가 큰 물체일수록 큰 위치에너지를 가짐 위치에너지(E_p) = mgh(질량 × 9.8 × 높이)

운동에너지의 공식 유도하기

일(W) = 힘(F) × 이동거리(S)
힘(F) = 질량(m) × 가속도(a)
속도(V) = 가속도(a) × 시간(t)
이동거리(S) = $\frac{1}{2}$ × 가속도(a) × 시간(t)^2

따라서, 일(W) = 힘(F) × 이동거리(S)에서 → 힘(F) 자리에 질량(m) × 가속도(a) 넣으면,
일(W) = 질량(m) × 가속도(a) × 이동거리(S)이고,
이동거리(S) 자리에 $\frac{1}{2}$ × 가속도(a) × 시간(t)^{2}을 넣으면,
일(W) = $\frac{1}{2}$ × 질량(m) × 가속도(a) × 가속도(a) × 시간(t) × 시간(t)이다.
가속도(a) × 시간(t) = 속도(v)이므로, 일(W) = 운동에너지 = $\frac{1}{2}mv^2$이 된다.

2. 역학적 에너지 보존 법칙

운동에너지와 위치에너지를 합한 것을 역학적 에너지라 하며, 운동하고 있는 물체에 공기의 저항력이나 마찰력이 작용하지 않는다면 그 역학적 에너지의 형태는 바뀌더라도 총량은 항상 일정하게 보존된다는 법칙

역학적 에너지 = 위치에너지(E_p) + 운동에너지(E_k) = mgh + $\frac{1}{2}mv^2$ = 일정

2023년 기출

스키점프 동작의 역학적 에너지에 대한 설명으로 옳지 않은 것은? (단, 공기저항은 무시함)

① 운동에너지는 지면 착지 직전에 가장 크다.
② 위치에너지는 수직 최고점에서 가장 크다.
③ 운동에너지는 스키점프대 이륙 직후부터 지면 착지 직전까지 동일하다.
④ 역학적 에너지는 스키점프대 이륙 직후부터 지면 착지 직전까지 보존된다.

정답 ③

2019년 기출

트램펄린 위에서 점프 동작을 할 때 신체의 위치에너지에 대한 설명으로 옳은 것은? (단, 공기 저항은 무시함)

① 위치에너지는 신체의 점프 높이에 상관없이 일정하다.
② 위치에너지는 신체가 트램펄린에 닿을 때 최대가 된다.
③ 위치에너지는 신체가 트램펄린에 근접할 때 최대가 된다.
④ 위치에너지는 신체가 수직으로 가장 높이 올라갔을 때 최대가 된다.

정답 ④

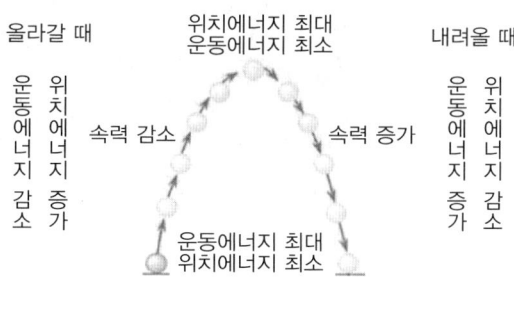

[역학적 에너지 보존 법칙]

3. 인체 에너지 효율

효율은 인체가 소모한 에너지 양에 대해 역학적으로 한 일의 비율을 말함

효율 = 역학적으로 한 일 / 인체가 소모한 에너지 양

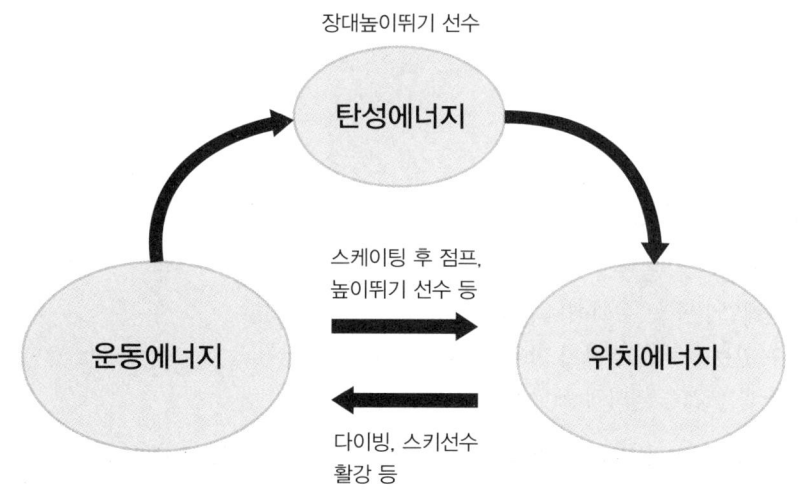

[종목별 운동선수의 에너지 작용 사례]

+ 더 알아보기

일과 에너지의 관계

일과 에너지는 서로 전환이 가능함
- 물체에 일을 해줄 때 → 물체의 에너지 증가
- 물체가 일을 할 때 → 물체의 에너지 감소

단답형 문제

01 단위 시간(1초) 동안 한 일의 양을 (　)(이)라고 한다.

02 (　)(이)란 운동의 원천으로 물리적 일을 할 수 있는 능력을 말한다.

03 에너지의 단위로 1(　)은/는 1N의 힘으로 물체를 1m 움직이는 동안에 하는 일을 말한다.

04 역학적 에너지 보존 법칙에 따르면 하늘로 던진 공이 올라갈 때 운동에너지는 (　)하고, 위치에너지는 (　)한다.

정답 01 일률 02 에너지 03 J 04 감소/증가

2015년 2급 전문

다음 중 운동, 탄성, 위치에너지가 모두 작용하는 종목으로 가장 적합한 것은?

① 높이뛰기
② 단거리 달리기
③ 장대높이뛰기
④ 멀리뛰기

정답 ③

06 출제예상문제

완벽하게 이해된 부분에 체크 하세요

01 다음 중 일에 대한 설명으로 옳지 않은 것은?

① 물체에 힘이 작용하는 동안에 물체에 작용한 힘을 말한다.
② 물체가 전달한 에너지도 일이라고 한다.
③ 역학적으로 힘이나 이동거리의 변화가 없으면 일이 아니다.
④ 역학적 의미의 일은 힘의 방향으로 이동방향이 변화되지 않는 것이다.

해설 역학적 의미의 일은 힘의 방향으로 이동방향이 변화된 것이다.

02 다음 중 위치에너지와 운동에너지에 대한 설명으로 옳지 않은 것은?

① 질량이 작고 속도가 빠른 물체일수록 큰 운동에너지를 갖는다.
② 질량이 크고 높이가 높은 물체일수록 큰 위치에너지를 갖는다.
③ 에너지는 물리적 일을 할 수 있는 능력을 말하며 단위는 J(Joule)로 표기한다.
④ 운동에너지와 위치에너지를 합한 것을 역학적 에너지라고 한다.

해설 운동에너지는 운동하는 물체가 갖고 있는 힘이며, 질량이 크고 속도가 빠른 물체일수록 큰 운동에너지를 갖는다.

03 다음 스포츠 용어 중 짧은 시간에 나오는 폭발적인 힘은?

① 모멘트
② 운동에너지
③ 순발력
④ 스피드

해설 스포츠에서 순발력이라는 용어는 짧은 시간에 나오는 폭발적인 힘을 의미한다.

정답 01 ④ 02 ① 03 ③

04 다음 중 운동에너지가 위치에너지로 변하는 운동 형태로 옳은 것은?

① 다이빙
② 높이뛰기 선수
③ 스키선수 활강
④ 스카이다이빙

> [해설] ② 높이뛰기 선수는 도약 지점까지 달려가는 동안의 운동에너지를 위치에너지로 전환한다.
> ① 다이빙선수는 다이빙할 때 출발점의 높이에 의한 위치에너지가 운동에너지로 변한다.
> ③ 스키선수의 활강 단계에서 출발점의 높이에 의한 위치에너지가 운동에너지로 변한다.
> ④ 스카이다이버가 낙하할 때, 중력에 의해 위치에너지가 감소하면서 열에너지로 변한다.

05 다음 중 다이빙 선수가 다이빙할 때의 역학적 에너지에 대한 설명으로 옳은 것은?

① 다이빙 선수가 다이빙 보드에 서 있을 때 운동에너지는 최대이다.
② 다이빙 선수가 다이빙 보드에 서 있을 때 위치에너지는 최소이다.
③ 다이빙 선수의 다이빙 시 운동에너지는 증가한다.
④ 다이빙 선수가 입수하기 직전에 운동에너지가 최소가 된다.

> [해설] 역학적 에너지 보존 법칙에 의해 다이빙 선수가 가지는 에너지의 양은 동일하다. 다이빙 선수가 다이빙 보드에 서 있을 때 위치에너지는 최대이며 운동에너지는 최소이다. 선수가 다이빙하며 내려오는 동안 위치에너지는 감소하며 운동에너지가 증가하고, 선수가 입수하기 직전 운동에너지는 최대가 된다.

[정답] 04 ② 05 ③

07 다양한 운동기술의 분석

학습목표
- 영상 분석의 특징에 대해 이해하고, 실제 사용 사례를 설명할 수 있다.
- 힘을 직접 측정하는 분석방법에 대해 이해하고, 스포츠 사례에 적용할 수 있다.
- 근전도가 무엇인지 이해하고, 근전도 분석에 대해 설명할 수 있다.

20일 단기완성 학습 플랜
- 목표 학습 시간 : ___월 ___일
- 실제 학습 시간 : ___월 ___일

➕ 더 알아보기

인체의 운동분석
- 운동학적 분석 : 운동 형태에 관한 분석, 운동의 변위, 속도, 가속도, 무게중심, 관절각 등 분석
- 운동역학적 분석 : 운동의 원인이 되는 힘을 측정·분석, 마찰력, 지면반력, 근모멘트 등 분석

2022년 기출

〈보기〉의 ㉠, ㉡ 안에 들어갈 내용으로 옳은 것은?

(㉠)은 다양한 장비를 활용하여 동작 및 힘 정보를 수치화하고 분석하는 방법이다. (㉡)을 통해 객관적이고 정확한 정보를 획득할 수 있으며, 주관적인 판단을 배제할 수 있다.

① ㉠ 정성적 분석, ㉡ 정량적 분석
② ㉠ 정량적 분석, ㉡ 정성적 분석
③ ㉠ 정성적 분석, ㉡ 정성적 분석
④ ㉠ 정량적 분석, ㉡ 정량적 분석

정답 ④

2018년 기출

운동학적 측정의 예가 아닌 것은?

① 자유투 시 농구공이 날아가는 궤적을 측정한다.
② 야구 스윙 시 배트의 각속도를 측정한다.
③ 컬링의 스위핑 시 브러쉬에 가해지는 압력을 측정한다.
④ 테니스 스트로크 동작 시 팔꿈치 각도를 측정한다.

정답 ③

01 동작 분석

다양한 매체와 방법을 통해서 인체의 운동을 분석하는 것을 통칭하여 동작분석(Motion Analysis)이라 하며, 인체의 움직임을 구체적 통계치에 의해 분석하는 운동역학 분야에서 활용도가 높음

1. 영상 분석의 개요

영상 분석은 분석의 대상이 되는 선수의 동작을 필름이나 비디오테이프에 기록한 후, 그 장면을 재생시키면서 분석을 하는 데 필요한 자료를 추출하는 모든 과정을 총칭한 용어임

예 과거 전통적 16mm 필름으로 동작 촬영, 최근 비디오 장치 활용

(1) 정성적 분석 : 분석자의 경험과 지식을 바탕으로 한 분석 방법으로 영상 분석 시 현장에서 빠른 피드백이 용이하며 분석자의 역량에 따라 결과가 달라짐

(2) 정량적 분석 : 측정을 통해 얻은 객관화된 수치 자료를 이용한 동작 분석 방법으로 데이터 분석 과정에서 시간과 노력이 필요하지만 객관성 확보에 용이함

2. 2차원 영상 분석의 활용

(1) 2차원인 평면에서 동작이 일어나는 것을 가정하여 운동정보를 얻는 방법
(2) 대부분의 동작들이 3차원에서 일어나므로 영상 왜곡을 줄이기 위해 보조기법을 많이 활용함

3. 3차원 영상 분석의 활용

(1) 동작을 2대 이상의 카메라를 사용하여 촬영한 후 3차원적으로 분석하는 방법
(2) 2차원 분석의 투시 오차를 해결해 주고 동시에 복잡한 인체의 움직임을 가능하게 해 줌

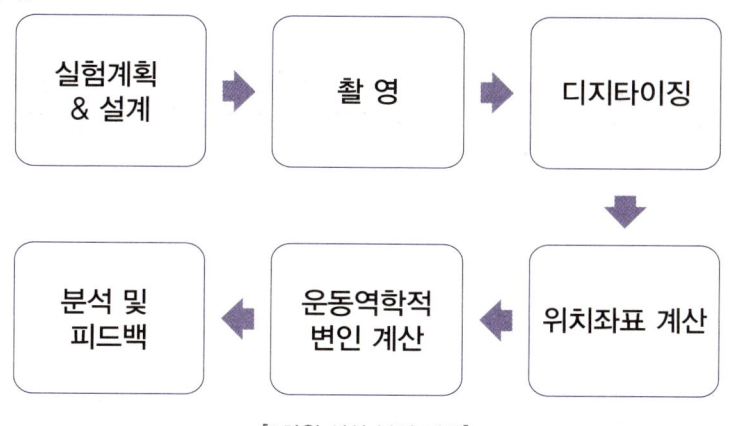

[3차원 영상 분석 절차]

+ 더 알아보기

- 디지타이징 : 3차원 공간과 함께 물리적 모형들을 스캐닝하여 컴퓨터로 보내는 것(파일로 변환)
- 지면반력 : 인체가 지면에 가한 힘에 대한 반작용력으로, 중력과 더불어 인체운동에서 매우 중요한 역할을 함

02 힘 분석

인체의 운동을 심층적으로 분석하기 위해 힘을 분석하는 것으로 인체가 어떤 물체를 변형시키는 정도를 측정하여 사용된 힘을 분석하는 것을 말함

1. 힘 측정 원리

힘은 육안으로 측정할 수 없기 때문에 힘 측정을 위해 작용-반작용의 법칙을 이용한 압력판을 통해 사용된 힘의 양을 측정함

2. 다양한 힘 측정 방법

(1) **지면반력기(Force Plate)** : 네모난 직육면체에 힘 센서가 내장되어 있어 그 위에서 일어난 전후, 좌우, 상하의 방향의 힘을 지면반력으로 측정함
  예 걷거나 도약 같이 지면에 가하는 힘의 세기 및 압력중심의 안정성 분석
(2) **압력분포 측정기(Pedar System)** : 수십 개 혹은 수백 개의 센서가 설치된 바닥판을 이용하여 압력이 가해지는 부분의 형태와 크기를 분석함 예 운동화 제작
(3) **스트레인 게이지(Strain Gauge)** : 힘을 측정할 수 있는 장치로 철봉, 다이빙 보트 등에 부착하여 여러 가지 운동을 할 때 힘을 측정하고 분석함

2023년 기출

지면반력기(Force Plate)를 통해 얻을 수 있는 변인이 아닌 것은?

① 걷기 동작에서 디딤발에 가해지는 힘의 방향
② 외발서기 동작에서 디딤발 압력중심(Center of Pressure)의 이동거리
③ 서전트 점프 동작에서 발로 지면에 힘을 가한 시간
④ 달리기 동작의 체공기(Non-supporting Phase)에서 발에 작용하는 힘의 크기

정답 ④

2019년 기출

걷기 동작에서 측정되는 지면반력에 대한 설명으로 옳지 않은 것은?

① 지면반력기로 측정할 수 있다.
② 발이 지면에 가하는 근력을 측정한 값이다.
③ 지면이 신체에 가하는 반력을 측정한 값이다.
④ 뉴턴의 작용-반작용 법칙으로 설명할 수 있다.

정답 ②

+ 더 알아보기

근전도(EMG) 측정을 통해 알 수 있는 정보
- 근수축의 세기
- 활동 근육의 종류(주동근)
- 근육의 활용 정도
- 근육의 피로
- 근육의 동원 순서
- 선형포락선(Linear Envelope) : 근전도의 정류된 신호를 필터링하여 얻은 신호. 이를 통해 근육의 활동을 명확히 알 수 있음

3. 지면반력 측정의 활용

인체는 중력이 작용하므로 대부분의 운동은 지면을 지지한 상태에서 수직으로의 지면반력과 수평으로의 지면마찰 등에 의해 측정되며, 이를 운동 중 부상 예방과 장비의 개발 등에 활용함

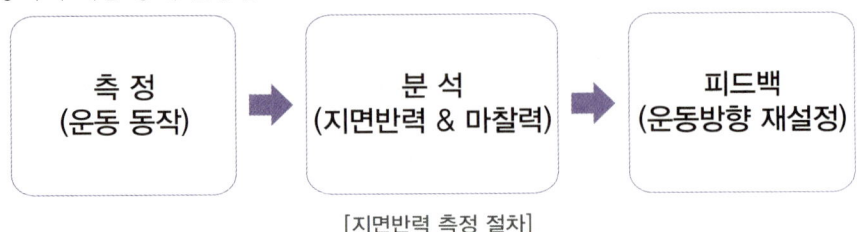

[지면반력 측정 절차]

03 근전도 분석

근전도 분석은 근육의 수축이 유발하는 전기적 신호를 측정하는 것으로 운동 수행이나 임상적 측면에서 신체활동을 분석하는 연구 수단으로 활용됨

1. 근전도의 원리

근육이 수축할 때 발생하는 미세한 전위차를 증폭시켜 기록하는 것

2. 근전도의 측정

(1) 신경전도 검사(Nerve Conduction Study ; NCS)
　① 말초신경의 한 부위에 전기 자극을 가하면 세포막에서 전해질의 교환이 일어나면서 활동전위가 발생하여 신경의 축삭을 따라 이동함
　② 이때 발생한 활동전위를 신경 또는 근육의 일정부위에서 기록하여, 자극점에서 기록점까지의 신경전달 경로상의 이상 유무를 가려내는 검사를 신경전도 검사라 함
　③ 측정 결과는 정상인에서 측정한 표준치와 비교하거나 건측에서 측정한 정상치와 비교하여 이상 유무를 판단함

(2) 침 근전도 검사(Needle EMG) : 바늘을 근육에 삽입하여 전기생리학적 파형을 분석하는 방법

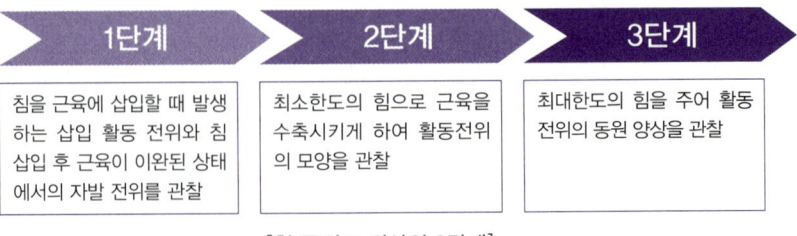

[침 근전도 검사의 3단계]

2020년 기출

근전도(Electromyography ; EMG) 신호에 관한 설명으로 옳은 것은?

① 양과 음의 값을 모두 가지고 있다.
② 신호의 분석을 통해 관절 각도를 측정할 수 있다.
③ 측정 시간을 곱한 값을 선형 포락선이라고 한다.
④ 진폭과 근력과의 관계는 근육의 수축 형태와 상관이 없다.

정답 ①

2019년 기출

근전도 검사와 평가에 대한 설명으로 옳지 않은 것은?

① 근수축과 관련된 전기적 신호를 측정하는 것이다.
② 근전도 검사를 통해 신체 분절의 위치를 측정할 수 있다.
③ 근전도 검사에 사용되는 전극은 표면전극과 삽입전극으로 구분된다.
④ 근전도 신호의 분석을 통해 근 피로에 대한 정보를 일부 추정할 수 있다.

정답 ②

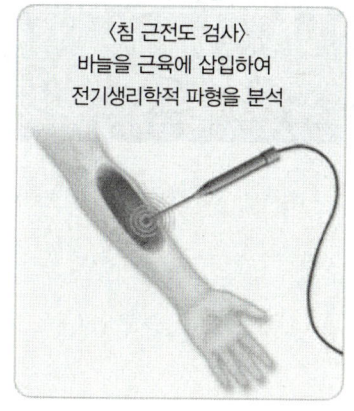 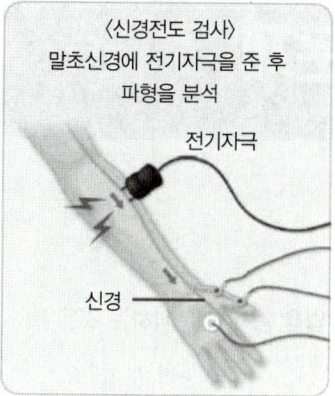

[침 근전도 검사와 신경전도 검사]

3. 근전도의 분석과 활용

(1) 근육의 활동 여부는 단순 근전도 관찰을 통한 정성적 분석과 신호 역치 수준의 도달 여부에 따른 정량적 분석으로 구분됨
(2) 근전도 분석은 근육의 동원 양상과 힘 측정을 통해 근육질환 진단 그리고 재활을 위한 근력 평가 등의 임상적 피드백을 줄 수 있어 운동 수행능력 향상에 기여함

단답형 문제

01 다양한 매체와 방법을 통한 인체의 운동 분석을 통칭하여 (   )(이)라고 한다.

02 (   )은/는 네모난 직육면체에 힘 센서가 내장되어 있어 그 위에서의 일어난 전후, 좌우, 상하의 방향의 힘을 지면반력으로 측정한다.

03 3차원 영상 분석에서 3차원 공간과 함께 물리적 모형들을 스캐닝하여 컴퓨터로 보내는 것을 (   )(이)라고 한다.

04 (   ) 분석은 근육의 수축이 유발하는 전기적 신호를 측정하는 것을 말한다.

정답 01 동작분석 02 지면반력기 03 디지타이징 04 근전도

제4과목 운동역학

07 출제예상문제

완벽하게 이해된 부분에 체크 하세요

01 인체의 운동을 다양한 매체와 방법을 통해서 분석하는 것은?

① 행동 분석　　　　　　　② 동작 분석
③ 매체 분석　　　　　　　④ 신체 분석

해설　다양한 매체와 방법을 통해서 인체의 운동을 분석하는 것을 통칭하여 동작 분석이라고 한다.

02 다음 중 동작 분석에 대한 설명으로 옳지 않은 것은?

① 정성적 분석은 현장에서 빠른 피드백은 안 되지만, 분석자의 역량에 따라 결과값이 달라진다.
② 정량적 분석은 분석자의 역량이 낮더라도 객관성이 확보된다.
③ 2차원 영상분석은 평면에서 일어나는 것을 가정하여 운동정보를 얻는 방법이다.
④ 3차원 영상 분석은 2대 이상의 카메라를 사용하여 복잡한 인체의 움직임의 분석을 가능하게 해 준다.

해설　정성적 분석은 분석자의 경험과 지식을 바탕으로 한 분석 방법으로, 영상 분석 시 현장에서의 빠른 피드백이 용이하며 분석자의 역량에 따라 결과가 달라진다.

03 다음 중 다양한 힘 측정 방법에 대한 설명으로 옳지 않은 것은?

① 힘을 측정하기 위해 작용과 반작용의 법칙을 이용한 압력판을 사용하기도 한다.
② 지면반력을 이용한 힘 측정은 인체 중력을 이용하여 상하로의 측정만 가능하다.
③ 압력분포 측정기는 센서를 이용하여 압력이 가해지는 부분의 형태를 측정한다.
④ 다양한 힘 측정을 통해 운동 중의 부상 예방과 장비 개발 등이 가능하다.

해설　인체에는 중력이 작용하기에 대부분의 운동은 지면을 지지한 상태에서 수직으로의 지면반력과 수평으로의 지면마찰 등에 의해 전후, 좌우, 상하 방향의 힘을 지면반력으로 측정한다.

정답　01 ②　02 ①　03 ②

04 다음 중 근전도 검사를 통해 알 수 있는 정보로 옳지 않은 것은?

① 근육의 피로
② 근파워
③ 근육의 동원순서
④ 근육의 활용정도

해설 근전도 검사를 통해 근육의 활용정도, 근육의 동원순서, 근육의 피로, 주동근 등을 알 수 있다.

05 다음 〈보기〉 중 운동역학에서 사용하는 분석방법으로 옳은 것을 모두 고른 것은?

┌─────────────────────────────┐
│ ㉠ 최대산소섭취량 분석법   │
│ ㉡ 동작 분석법   │
│ ㉢ 지면반력 분석법   │
│ ㉣ 근전도 분석법   │
│ ㉤ 운동부하검사법   │
└─────────────────────────────┘

① ㉠, ㉢, ㉣
② ㉠, ㉡, ㉢
③ ㉡, ㉢, ㉣
④ ㉡, ㉢, ㉣, ㉤

해설 최대산소섭취량 분석법과 운동부하검사법은 심폐기능을 검사하는 생리학적 검사방법이다.

정답 04 ② 05 ③

제4과목 | 과목별 예상문제

완벽하게 이해된 부분에 체크 하세요

01 욕조에서 목욕하다가 몸의 부피만큼 물이 넘치는 것을 보고 맨 몸으로 뛰쳐나가 유레카라고 외친 학자의 이름은?

① 아리스토텔레스
② 아르키메데스
③ 갈릴레오 갈릴레이
④ 피타고라스

해설 아르키메데스는 고대 그리스 수학자이자 물리학자로 아르키메데스의 원리, 지렛대의 원리 등을 발견하였다.

02 다음 중 해부학적 자세를 기준으로 가쪽굽힘(외측 굴곡, Lateral Flexion), 자측굽힘(척측 편위, Ulnar Deviation), 안쪽번짐(내번, Inversion) 동작이 가능한 면으로 옳은 것은?

① 수평면(Horizontal Plane)
② 관상면(Frontal Plane)
③ 대각면(Diagonal Plane)
④ 시상면(Sagittal Plane)

해설 관상면은 인체를 전후로 나눈 가상의 면을 말한다. 관상면에서의 관절 운동으로는 벌림(외전, Abduction), 모음(내전, Adduction), 가쪽굽힘(외측 굴곡, Lateral Flexion), 노측굽힘(요측 편위, Radial Deviation), 자측굽힘(척측 편위, Ulnar Deviation), 가쪽번짐(외번, Eversion), 안쪽번짐(내번, Inversion) 등이 있다.

정답 01 ② 02 ②

03 〈보기〉에서 설명하는 관절의 종류로 옳은 것은?

> 각 관절면이 두 개의 면을 가지고 있는데 한 면은 볼록이고 다른 한 면은 오목이며 서로에 대해 거의 직각인 모양의 관절이다.

① 경첩관절
② 타원관절
③ 안장관절
④ 구와관절

해설 　안장관절은 말안장과 같이 각 관절면이 두 개의 면을 가지고 있는데 한 면은 볼록이고 다른 한 면은 오목해서 서로에 대해 거의 직각 방향으로 움직임이 일어난다.

04 다음 중 〈보기〉에서 벡터양에 해당하는 것을 모두 고른 것은?

㉠ 질량	㉡ 속도
㉢ 거리	㉣ 온도
㉤ 힘	㉥ 운동량

① ㉠, ㉡, ㉤
② ㉠, ㉡, ㉥
③ ㉡, ㉣, ㉤
④ ㉡, ㉤, ㉥

해설 　벡터양은 크기와 방향을 모두 가지고 있는 양을 말하며 무게, 힘, 속도, 운동량 등이 있다.

정답　03 ③　04 ④

05 다음 중 인체의 물리적 특성 및 안정성에 대한 내용으로 옳지 않은 것은?

① 무게중심점은 중력에 의한 토크의 합이 0인 지점을 말한다.
② 인체의 자세가 중력 중심선에 가까울수록 효율적으로 에너지를 사용하게 된다.
③ 안정성은 무게중심 높이와 반비례한다.
④ 인체중심선의 위치가 기저면의 중심과 멀수록 안정성은 커진다.

해설 인체중심선의 위치가 기저면의 중심에 가까울수록, 외력이 작용하는 쪽으로 치우칠수록 안정성은 커진다.

06 다음 중 〈보기〉의 설명에 해당하는 지레의 유형은?

> 팔굽혀 펴기에서 발의 발허리뼈머리가 받침점이 되고, 체중이 저항점이 되며, 팔의 근력이 힘점으로 작용하는 지레이다.

① 1종 지레
② 2종 지레
③ 3종 지레
④ 해당 사항 없음

해설 팔굽혀 펴기 동작은 받침점, 저항점, 힘점 순서로 위치하는 2종 지레의 원리가 작용된다.

정답 05 ④ 06 ②

07 다음 중 〈보기〉의 빈칸에 들어갈 용어로 옳은 것은?

> 은혜와 다윤이가 처음 위치에서 출발하여 나중 위치에 동시에 도착했다면 두 사람의 (㉠)은/는 같다. 왜냐하면, 두 사람 모두 일정 시간 동안 이동하는 물체의 위치 변화율은 같기 때문이다. 그러나 은혜는 실제로 지그재그로 다윤이는 직선의 형태로 도착하였다면, (㉡)은/는 은혜가 더 빠르다고 볼 수 있다.

① ㉠ – 속력, ㉡ – 속도
② ㉠ – 속력, ㉡ – 속력
③ ㉠ – 속도, ㉡ – 속력
④ ㉠ – 속도, ㉡ – 속도

해설 속도는 단위 시간동안 변위의 변화율을 의미하며, 물체가 방향을 가지고 이동한 거리의 변화율을 나타내는 벡터양이다. 속력은 단위 시간동안 이동한 거리를 말하며, 물체가 방향에 구애받지 않고 얼마나 빠르게 이동하였는지를 나타내는 스칼라양이다.

08 다음 중 원운동에 대한 설명으로 옳은 것은?

① 원심력은 물체가 원운동할 때 원의 중심방향으로 향하는 힘이다.
② 구심력은 '질량 × 속도 ÷ 회전반경'의 식으로 산출한다.
③ 구심력은 물체가 원 궤도를 따르게 하는 힘이다.
④ 원심력은 '질량 × 회전반경 × 각속도'의 식으로 산출한다.

해설 구심력은 원운동할 때 원의 중심방향으로 향하는 힘으로서, 물체가 원 궤도를 따르게 한다. 구심력 = 질량 × 속도^2 ÷ 회전반경이다. 원심력은 물체를 잡아당기는 구심력에 대한 반작용의 힘으로서, 원심력 = 질량 × 회전반경 × 각속도^{2}이다.

정답 07 ③ 08 ③

09 다음 중 뉴턴의 가속도의 법칙에 대한 설명으로 옳지 않은 것은?

① 물체에 힘을 작용하면 움직인다.
② 힘이 두 배로 작용하면, 가속도도 두 배로 증가한다.
③ 가속도가 있다는 것은 힘이 작용하고 있다는 뜻이다.
④ 무게를 두 배로 늘리면, 가속도는 두 배로 증가한다.

해설 무게를 두 배로 늘리면, 가속도는 1/2로 감소한다.

10 다음 중 〈보기〉에서 설명하는 용어로 옳은 것은?

> 수십 개 혹은 수백 개의 센서가 설치된 바닥판을 이용하여 압력이 가해지는 부분의 형태와 크기를 분석하는 것을 말한다.

① 압력분포 측정기(Pedar System)
② 지면반력기(Force Plate)
③ 스트레인 게이지(Strain Gauge)
④ 신경전도 검사(Nerve Conduction Study, NCS)

해설 압력분포 측정기는 수십 개 혹은 수백 개의 센서가 설치된 바닥판을 이용하여 압력이 가해지는 부분의 형태와 크기를 분석하는 것으로 운동화 제작 시 이용되기도 한다.

정답 09 ④ 10 ①

목적과 그에 따른 계획이 없으면 목적지 없이 항해하는 배와 같다.

– 피츠휴 닷슨 –

끝까지 책임진다! 시대에듀!

QR코드를 통해 도서 출간 이후 발견된 오류나 개정법령, 변경된 시험 정보, 최신기출문제, 도서 업데이트 자료 등이 있는지 확인해 보세요! **시대에듀 합격 스마트 앱**을 통해서도 알려 드리고 있으니 구글 플레이나 앱 스토어에서 다운받아 사용하세요. 또한, 파본 도서인 경우에는 구입하신 곳에서 교환해 드립니다.

출제비중(2018~2024년)

(단위 : 개)

구 분	2024	2023	2022	2021	2020	2019	2018	합 계
스포츠교육의 배경과 개념	–	–	–	1	–	1	1	3
스포츠교육의 정책과 제도	4	2	5	2	2	3	3	21
스포츠교육의 참여자 이해론	1	–	–	2	–	–	1	4
스포츠교육의 프로그램론	1	2	3	4	1	3	3	17
스포츠교육의 지도방법론	12	9	10	9	14	11	11	76
스포츠교육의 평가론	1	2	2	2	3	3	1	14
스포츠교육자의 전문적 성장	1	1	–	–	–	–	–	2

※ 출제비중은 문제 분석에 따라 달라질 수 있습니다.

제**5**과목

스포츠교육학

기출 분석(2024년 기출)

스포츠교육학은 예년처럼 [스포츠교육의 지도방법론] 파트에서 집중적으로 문제가 출제되었으나, 체육평가에 관한 문제는 비교적 적게 출제되었다. 그와 더불어 「국민체육진흥법」과 「학교체육진흥법」을 포함한 법령 문제가 두 문제, 수업 모형 및 스타일의 문제가 수업주도성 프로파일에 근거하여 한 문제 출제되어 난도가 높아졌다. 한편, 가끔 출제되던 '국민체육100'에 관한 내용이 타 과목과 본 과목 각각 한 문제씩 출제되어 앞으로도 중요하게 학습해야 할 것으로 보인다. 대부분 [스포츠교육의 지도방법론]에서 출제되기 때문에 차기 시험을 위해 수업모형·스타일·지도전략 위주로 공부하고, 기존에 출제되었던 법령들(학교체육진흥법 등)보다 현재 스포츠교육학에서 중시하는 중요 법령(스포츠기본법, 국민체육진흥법) 위주로 공부할 것을 권장한다.

01 스포츠교육의 배경과 개념
02 스포츠교육의 정책과 제도
03 스포츠교육의 참여자 이해론
04 스포츠교육의 프로그램론
05 스포츠교육의 지도방법론
06 스포츠교육의 평가론
07 스포츠교육자의 전문적 성장

제5과목 스포츠교육학

01 스포츠교육의 배경과 개념

학습목표
- 스포츠교육의 변천사에 대해 연도순으로 나열할 수 있다.
- 스포츠교육의 개념과 연구범위에 대해 설명할 수 있다.
- 스포츠교육이 학교 현장, 생활체육, 경기에서 적용되는 양상을 설명할 수 있다.

20일 단기완성 학습 플랜
- 목표 학습 시간 : ___월 ___일
- 실제 학습 시간 : ___월 ___일

+ 더 알아보기

스포츠교육의 연구영역
- 체육교육과정
- 체육수업방법
- 체육교사(지도자)교육

NASPE의 체육교육을 받은 사람의 특성
- 다양한 신체활동을 수행하는 데 필요한 운동기능을 학습
- 정기적으로 신체활동에 참여
- 체력을 유지
- 신체활동에 참여하는 의미와 이점을 숙지
- 신체활동의 가치와 신체활동이 건강한 삶에 공헌하는 가치 숙지

01 스포츠교육의 역사

1. 스포츠지도방법의 변천

1960년대	• 미국의 체육학문화 운동으로 인해 지도방법 변화 촉진 • 직접적인 교육방법으로서의 체육이 학문적 정체성을 갖게 됨
1980년대	• 스포츠교육의 질적 연구 급성장 • 지도기술로 효율성 강조
1990년~현재	• 체육교육의 학문적 연구로 스포츠교육학 성립 및 발전 • 체육수업의 다양화 및 학생 중심적 수업으로 변화

신체의 교육 → **신체를 통한 교육** → **움직임 교육**

- 신체의 교육 : 심신이원론적 관점에서 신체발달 및 건강위생을 목표로 신체활동을 수단으로 하는 교육
- 신체를 통한 교육 : 심신일원론적 관점에서 신체적 발달보다는 정신적, 신체적, 사회적으로 완성된 인간형성을 목적으로 신체활동의 교육적 측면을 강조하는 교육
- 움직임 교육 : 체육의 학문화를 통해 신체를 통한 교육효과보다는 인간의 움직임을 총체적으로 다루는 것을 강조하는 교육

2. 스포츠교육의 향후 과제

실천적 과제 강조	이론과 실제의 문제 해결	• 현실문제 해결에 초점 • 데이터베이스 구축
	연구패러다임에 대한 문제 해결	• 연구패러다임의 성격에 대한 연구자의 생각을 고려 • 연구의 개념적 타당성 고려
	학문의 자립성 해결	• 한국스포츠교육학 이론의 토착화에 대한 노력 • 연구풍토의 개선 및 대학원 교육 강화

2019년 기출

스포츠교육이 지향하고 있는 내용으로 적절하지 않은 것은?

① 활동 목표와 내용, 방법에 있어 통합화와 다양화를 추진하고 있다.
② 훈련과정에서 지도자 자신의 직관에만 근거하여 지도한다.
③ 유아, 청소년, 성인, 노인, 장애인 등 다양한 학습자를 대상으로 한다.
④ 학교체육-생활체육-전문체육을 연계적으로 발전시키고자 한다.

정답 ②

02 스포츠교육의 이해

1. 스포츠교육의 개념

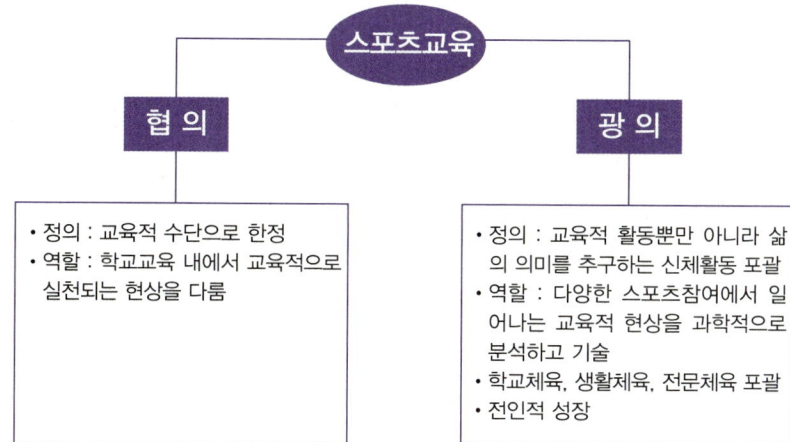

2. 스포츠교육의 가치 영역

(1) 정의적 가치 영역
   ① 스포츠나 신체활동은 스트레스나 긴장감을 해소하고, 공격성·경쟁성 등을 완화함으로써 심리적으로 건강하게 살아갈 수 있게 해 줌
   ② 스포츠조직 활동을 통해 구성원 간 상호작용 능력을 키우고 사회적 기술을 습득·향상할 수 있음
   ③ 스포츠 경기를 통해 협동, 인내, 성실 등 사회적·도덕적 인격을 기를 수 있음

(2) 인지적 가치 영역
   ① 적절한 신체활동은 어린이의 감각과 지각을 발달시키면서 인지능력의 발달에 중요한 역할을 하고 학업성적 향상에 기여함
   ② 스포츠활동은 성인·노인의 주의력과 집중력 등 인지기능 향상에 기여함

(3) 심동적 가치 영역
   ① **체력 발달** : 근력, 지구력, 순발력, 민첩성 등 체력을 발달시킴
   ② **신체기능 원활** : 신체의 순환, 대사, 소화 등 여러 신체기능을 유지·발달시킴
   ③ **신체적 능력 향상** : 움직임 능력, 조작능력, 조절능력, 협응력 등을 기를 수 있음

2015년 2급 전문

다음 중 현대 스포츠 교육의 특성을 총체적으로 가장 잘 표현한 것은 무엇인가?

① 건강 증진
② 스포츠 기술 습득
③ 정서 순화
④ 전인적 성장

정답 ④

2018년 기출

〈보기〉에서 지용이가 학교스포츠클럽 활동을 통해 얻은 교육적 가치로 가장 적절한 것은?

> 지용이는 학교스포츠클럽 농구팀에 소속되어 다양한 대회에 참여하면서 경기 규칙을 준수하고, 친구들과 서로 협동하고 배려하는 행동을 보여 주었다.

① 신체적 가치
② 인지적 가치
③ 정의적 가치
④ 기능적 가치

정답 ③

03 스포츠교육의 현재

1. **학교에서의 스포츠교육**

    (1) 학교체육의 의의
    ① 학생의 건강체력 증진을 위해 학교에서 이루어지는 체육활동
    ② 학교체육의 범위 : 체육교과활동, 비교과활동(창의적 체험활동), 방과 후 활동 및 기타 활동

    (2) 학교체육의 주요과제
    ① 학생 건강체력 증진을 위한 신체활동 강화
    ② 체육교육과정 및 자율체육활동으로 학습의 장 마련
    ③ 학교스포츠클럽 확대와 지역 연계로 다양한 활동 기회

2. **생활에서의 스포츠교육**

    (1) 생활체육의 의의
    ① 다양한 학습자를 대상으로 다양한 장소에서 이루어지는 체육활동
    ② 다양한 프로그램을 통해 이루어지는 개방형 체육시스템
    ③ 인간욕구 충족, 평생교육, 건강유지 및 증진, 지역사회 개발, 사회문제 해결, 여가선용의 기능 등을 함
    ④ 생활체육의 대상 : 유아, 아동, 청소년, 성인, 노인, 장애인 등

    (2) 생활체육의 특징
    ① 유아와 취학 전 아동 : 신체 움직임에 대한 즐거움 제공
    ② 아동와 청소년 : 스포츠활동을 통한 다양한 경험 제공
    ③ 성인 : 건강·체력 증진을 위한 스포츠활동 제공 또는 스포츠기술 성취를 통한 즐거움 제공
    ④ 노인 : 건강 유지 및 사회활동을 위한 스포츠활동 제공
    ⑤ 장애인 : 학습자의 장애한계에 적합한 발달활동 제공 또는 다양한 경험을 위한 스포츠활동 제공

2015년 2급 전문

다음 중 운동선수를 대상으로 한 스포츠교육을 가장 적절하게 표현한 것은?

① 운동 능력 개발을 최우선 목표로 설정하여 강력한 훈련 프로그램을 실행한다.
② 승리와 우승을 달성하기 위해 모든 수단과 방법을 동원한다.
③ 운동 과학의 지식을 응용하여 최고도의 기능을 발휘할 수 있도록 한다.
④ 운동기술을 익히고 시합을 하는 과정에서 참된 자신과 가능성을 깨닫고 삶 속에서 지속적으로 실천해가도록 한다.

정답 ④

3. 경기에서의 스포츠교육

(1) 전문체육의 의의
  ① 운동선수 및 지도자 양성을 위한 체육활동
  ② 운동기술을 익히고 시합하는 과정에서 참된 자신과 가능성을 깨닫고, 그 가치를 삶에서 지속적으로 실천해 가도록 함

(2) 전문체육의 주요과제
  ① 스포츠의 과학적 이론을 통한 각 종목별 기능 지도
  ② 선수의 경기력 수준에 적합한 훈련계획 수립
  ③ 다양한 매체를 활용하여 효율적인 스포츠교육 시행

단답형 문제

01 스포츠교육의 가치 영역은 ( ) 가치 영역, 인지적 가치 영역, 심동적 가치 영역으로 나뉜다.

02 1960년대 미국의 ( ) 운동 이후, 체육은 교육적 수단이 아닌 학문으로서의 체육으로 변화하였다.

03 광의의 스포츠교육은 학교체육, 생활체육, ( )을 모두 포괄한다.

04 ( )을/를 대상으로 한 스포츠교육의 목표는 운동기술을 익히고 시합하는 과정에서 참된 자신과 가능성을 깨닫고, 이를 삶에서 지속적으로 실천해 가도록 하는 것이다.

정답 01 정의적 02 체육 학문화 03 전문체육 04 운동선수

2015년 2급 생활

스포츠교육학의 실천 영역이 아닌 것은?

① 학교체육
② 생활체육
③ 전문체육
④ 전인체육

정답 ④

제5과목 스포츠교육학

01 | 출제예상문제

완벽하게 이해된 부분에 체크 하세요

01 다음 〈보기〉의 인물이 각자 주장하는 체육의 개념과 내용이 모두 일치하는 것은?

> 두용 : 난 체육이 심신이원론적 관점에서 신체를 수단으로 이용하여 건강함을 달성하는 것이라고 생각해.
> 항아 : 아냐. 이젠 체육의 학문화를 통해 신체발달뿐만 아니라 인간의 움직임을 총체적으로 다루는 것에 관심을 가지고 있어.
> 테오 : 물론 좋은 얘기이긴 해. 하지만 난 체육이 정신적, 신체적, 사회적으로 완성된 인간 형성을 목적으로 교육적 측면을 강조한다는 것이 더 어울리지 않을까 싶어.
>
> ㄱ. 두용 : 신체를 통한 교육
> ㄴ. 항아 : 움직임 교육
> ㄷ. 테오 : 신체의 교육

① ㄱ
② ㄱ, ㄷ
③ ㄴ, ㄷ
④ ㄴ

해설 두용은 신체를 수단으로 여기는 '신체의 교육', 항아는 인간의 움직임에 초점을 두는 '움직임 교육', 테오는 체육의 전인양성에 대한 교육적 측면을 강조하는 '신체를 통한 교육'을 주장하고 있다.

02 스포츠교육에 대한 설명으로 옳지 않은 것은?

① 스포츠교육은 모든 연령층을 대상으로 한 신체활동을 다룬다.
② 스포츠교육의 연구영역은 체육교육과정, 체육교육행정, 체육교사교육 등이다.
③ 스포츠교육은 학교체육, 생활체육, 전문체육을 모두 포괄한다.
④ 스포츠교육은 다양한 스포츠참여에서 일어나는 교육적 현상을 분석·기술한다.

해설 스포츠교육의 연구영역은 체육교육과정, 체육수업방법, 체육교사교육 등이다.

정답 01 ④ 02 ②

03 다음 〈보기〉에서 설명하는 스포츠교육의 가치 영역은?

- 스포츠나 신체활동은 스트레스나 긴장감을 해소하고, 공격성·경쟁성 등을 완화함으로써 심리적으로 건강하게 살아갈 수 있게 해 준다.
- 스포츠조직 활동을 통해 구성원 간 상호작용 능력을 키우고 사회적 기술을 습득하거나 향상시킬 수 있다.

① 정의적 가치 영역 ② 사회적 가치 영역
③ 심동적 가치 영역 ④ 인지적 가치 영역

해설 스포츠교육은 정의적 가치 영역, 심동적 가치 영역, 인지적 가치 영역을 추구한다. 스포츠활동을 통해 스트레스나 긴장감을 해소하고 공격성·경쟁성 등을 완화함으로써 심리적으로 건강하게 살아가도록 해 주는 것은 스포츠교육의 정의적 가치 영역이다.

04 스포츠교육의 가치에 대한 설명으로 옳은 것은?

① 조작능력, 조절능력, 협응력 등을 기르는 것은 스포츠교육의 인지적 가치이다.
② 신체의 순환, 대사, 소화 등 신체기능을 발달시키는 것은 스포츠교육의 정의적 가치이다.
③ 근력, 지구력, 순발력 등 체력을 발달시키는 것은 스포츠교육의 심동적 가치이다.
④ 스트레스나 긴장감을 해소하고 공격성을 완화함으로써 심리적 건강을 유지하는 것은 스포츠교육의 심동적 가치이다.

해설 ①·② 스포츠교육의 심동적 가치에 대한 설명, ④ 스포츠교육의 정의적 가치에 대한 설명이다.

05 다음 중 생활체육에서의 스포츠교육 기능으로 옳지 않은 것은?

① 인간욕구의 억제 ② 평생교육
③ 지역사회 개발   ④ 사회문제 해결

해설 인간욕구의 충족, 평생교육, 건강유지 및 증진, 지역사회 개발, 사회문제 해결, 여가선용이 생활체육에서의 스포츠교육의 기능이다.

정답 03 ① 04 ③ 05 ①

제5과목 스포츠교육학

02 스포츠교육의 정책과 제도

학습목표
- 체육 교과 교육과정의 변천을 시기별로 설명할 수 있다.
- 학교체육진흥법과 국민체육진흥법의 주요내용에 대해 설명할 수 있다.
- 스포츠 진흥을 위해 시행 중인 캠페인 및 정책에 대해 설명할 수 있다.

20일 단기완성 학습 플랜
- 목표 학습 시간 : ___월 ___일
- 실제 학습 시간 : ___월 ___일

+ 더 알아보기

체육과 교육과정의 특징
- 공식적임
- 계획을 담고 있음
- 교육적 의도를 담고 있음
- 실천을 지향함
- 잠재성을 가지고 있음

01 학교체육

1. 국가 체육교육과정

(1) 국가 체육교육과정

교육과정 종류	내용	목적 및 목표
제1차 교육과정	교과 자체를 중시	보건과 및 체육과는 신체활동을 통해 민주 사회의 활동에 최선을 발휘할 수 있는 능력을 가지도록 함
제2차 교육과정	생활중심 교육과정	1차 교육과정과 큰 차이가 없으나 일반목표와 학년목표로 나누어 제시
제3차 교육과정	학문중심 교육과정	체육교육을 통한 강건한 새 국민상을 부각(건민정책)
제4차 교육과정	인간중심 교육과정	체육과가 도달해야 할 모든 영역을 포괄하여 진술
제5차 교육과정	통합교육과정 개발 및 운영의 자율성 중시	심동적·인지적·정의적 가치 영역을 행동목표로 나누어 강조
제6차 교육과정	분권화를 통한 통합 교육과정	학년별 목표를 삭제하고 스포츠의 외재적 가치를 강화하여 건강 추구
제7차 교육과정	운동기능 중심 교육과정	내재적 가치와 외재적 가치를 동시에 추구하여 삶의 질을 높이는 데 공헌
2007 개정 교육과정	신체활동의 가치중심 교육과정	신체활동가치의 내면화와 실천
2011 개정 교육과정	창의·인성이 가중된 신체활동 가치중심	2007년 개정의 연장선에서 창의성과 인성을 강조
2015 개정 교육과정	역량기반 교육과정	신체활동을 체험하고 그 가치를 내면화하는 과정을 통해 습득되는 지식을 중시
2022 개정 교육과정	역량기반 교육과정	활동적이고 창의적인 삶, 건강하고 주도적인 삶, 신체활동 문화를 향유하며 사회 속에서 바람직하고 더불어 사는 삶을 영위할 수 있는 신체활동 역량을 기름

(2) 교육과정 개선의 관점
① 문화적 관점
㉠ 학교 교육에 참여하는 구성원 간의 상호작용을 통해 교육개선이 이루어진다고 보는 관점
㉡ 교사가 교육과정 개선의 구심점이 되며, 교사 스스로 변화의 정당성을 이해하고자 노력하며 능동적으로 의식 전환 도모
② 기능적 관점
㉠ 소규모 전문가들로 구성된 고등교육기관이나 정부산하 연구기관에서 교육과정 개편이 시작된다고 보는 관점
㉡ 교육과정 개편을 통해 어떤 내용과 지식을 제공할 것인지에 초점
③ 생태적 관점
㉠ 교사가 능동적으로 교육과정에 관한 의사결정에 참여하고 변화를 주도하는 세력이라고 보는 관점(교사 중심의 상향식 접근)
㉡ 안정과 변화를 위한 교육환경의 복잡성 이해

2. 학교체육진흥법(시행 2024. 3. 24.)

제2조	정의	① "학교체육"이란 학교에서 학생을 대상으로 이루어지는 체육활동을 말한다. ② "학교스포츠클럽"이란 체육활동에 취미를 가진 같은 학교의 학생으로 구성되어 학교가 운영되는 스포츠클럽을 말한다. ③ "스포츠강사"란 「초중등교육법」 제2조 제2호에 따른 초등학교에서 정규 체육수업 보조 및 학교스포츠클럽을 지도하는 체육전문강사를 말한다.
제4조	스포츠강사의 자격기준 등	① 초등학교의 장은 법 제13조 제2항에 따라 「국민체육진흥법」 제2조 제6호에 따른 체육지도사 중에서 스포츠강사를 임용할 수 있다. ② 초등학교의 장은 스포츠강사를 1년 단위로 계약하여 임용할 수 있다. ③ 초등학교의 장은 스포츠강사를 재임용할 때에는 다음의 사항을 평가한 후 그 결과에 따라 재임용 여부를 결정해야 한다. • 강사로서의 자질 • 복무 태도 • 학생의 만족도
제10조	학교스포츠클럽 운영	① 학교의 장은 학생들이 신체활동 프로그램에 참여할 수 있도록 학교스포츠클럽을 운영하여 학생들의 체육활동 참여기회를 확대해야 한다. ② 학교의 장은 학교스포츠클럽을 운영하는 경우 학교스포츠클럽 전담교사를 지정해야 한다. ③ 학교스포츠클럽 전담교사에게는 학교 예산 범위에서 소정의 지도수당을 지급한다. ④ 학교의 장은 학교스포츠클럽 활동내용을 학교생활기록부에 기록해 상급학교 진학자료로 활용할 수 있도록 한다. ⑤ 학교의 장은 일정 비율 이상의 학교스포츠클럽을 해당 학교의 여학생들이 선호하는 종목의 학교스포츠클럽으로 운영해야 한다.

+ 더 알아보기

학교체육진흥법 시행령(제3조의2, 제3조의3)
• 도핑 방지 교육 : 연 1회 이상
• 인권교육 : 학기별 1회, 1회 1시간 이상

2023년 기출

학교체육진흥법 시행령(시행 2021.4.21.) 제3조 '학교운동부지도자의 자격기준 등'에서 제시한 학교운동부지도자 재임용의 평가 내용이 아닌 것은?

① 복무 태도
② 학교운동부 운영 성과
③ 인권교육 연 1회 이상 이수 여부
④ 학생선수의 학습권 및 인권 침해 여부

정답 ③

2022년 기출

학교체육진흥법(시행 2021.6.24.)의 제10조에서 규정하고 있는 학교장의 역할에 관한 내용으로 옳지 않은 것은?

① 학생들이 신체활동 프로그램에 참여할 수 있도록 학교스포츠클럽을 운영하여 학생들의 체육활동 참여기회를 확대하여야 한다.
② 학교스포츠클럽을 운영하는 경우 전문코치를 지정하여야 한다.
③ 학교스포츠클럽 활동 내용을 학교생활기록부에 기록하여 상급학교 진학자료로 활용할 수 있도록 하여야 한다.
④ 교육부령으로 정하는 바에 따라 일정 비율 이상의 학교스포츠클럽을 해당 학교의 여학생들이 선호하는 종목으로 운영하여야 한다.

정답 ②

+ **더 알아보기**

창의적 체험활동
- 학교편제에서는 교과(군)와 창의적 체험활동으로 편성한다.
- 창의적 체험활동은 학생의 소질과 잠재력을 계발하고 공동체 의식을 기르는 데 중점을 둔다.
- 창의적 체험활동은 자율특색활동, 동아리활동, 봉사활동, 진로활동으로 구성되며, 학교에서 학생들의 발달수준, 학교의 여건 등을 고려하여 자율적으로 편성·운영가능하다.

제12조	학교운동부 지도자	① 학교의 장은 학생선수의 훈련과 지도를 위하여 학교운동부지도자를 둘 수 있다. ② 국가는 학교운동부지도자의 자질 향상 및 전문성 강화를 위하여 연수교육 계획을 수립하고, 이를 실시하여야 한다. ③ 국가 및 지방자치단체는 학교운동부지도자의 급여에 필요한 경비를 지원하도록 노력하여야 한다. ④ 학교의 장은 학교운동부지도자가 학생선수의 학습권을 박탈하거나 폭력, 금품·향응 수수 등의 부적절한 행위를 하였을 경우 학교운영위원회의 심의를 거쳐 계약을 해지할 수 있다. ⑤ 교육감은 학교운동부지도자의 지도 등을 위하여 학교운동부지도자관리위원회를 설치한다.
제13조	스포츠강사의 배치	① 국가 및 지방자치단체는 학생의 체육수업 흥미 제고 및 체육활동 활성화를 위해 초등학교에 스포츠강사를 배치할 수 있다. ② 스포츠강사의 자격기준, 임용에 필요한 사항은 대통령령으로 정한다.

3. 학교체육의 영역 및 정책

(1) 학교체육의 3대 영역
  ① 과외체육 : 학교스포츠클럽, 토요스포츠데이
  ② 정규과정 체육(정과체육) : 체육수업, 중학교 학교스포츠클럽
  ③ 엘리트체육 : 학교운동부

(2) 학교체육정책의 목표(운동하는 모든 학생, 공부하는 학생 선수)
  ① 학교체육교육 내실화
  ② 학교스포츠클럽 활성화
  ③ 학교운동부 운영 선진화
  ④ 학교체육 네트워크 운영 및 인식 개선

[2024년 기출]

「학교체육진흥법」(시행 2024.3.24.) 제10조 '학교스포츠클럽 운영'의 내용에 해당하지 않는 것은?

① 학교스포츠클럽을 운영하는 경우 전담교사를 지정해야 한다.
② 전담교사에게 학교 예산의 범위에서 소정의 지도수당을 지급한다.
③ 활동 내용은 학교생활기록부에 기록하지만, 상급학교 진학자료로 활용할 수 없다.
④ 학교의 장은 학교스포츠클럽을 운영하여 학생들의 체육활동 참여 기회를 확대해야 한다.

정답 ③

02 생활체육 및 전문체육

1. 국민체육진흥법(시행 2025. 1. 1.)

제2조	정의	① 이 법에서 사용하는 용어의 뜻은 다음과 같다. • 생활체육이란 건강과 체력증진을 위하여 행하는 자발적이고 일상적인 체육 활동을 말한다. • 전문체육이란 선수들이 행하는 운동경기 활동을 말한다. • 체육지도자란 학교·직장·지역사회 또는 체육단체 등에서 체육을 지도할 수 있도록 법에 따라 스포츠지도사, 건강운동관리사, 장애인스포츠지도사, 유소년스포츠지도사, 노인스포츠지도사 등 자격을 취득한 사람을 말한다. • 체육동호인조직이란 같은 생활체육 활동에 지속적으로 참여하는 자의 모임을 말한다. • 운동경기부란 선수로 구성된 국가, 지방자치단체, 학교나 직장 등의 운동부를 말한다. • 체육단체란 체육에 관한 활동이나 사업을 목적으로 설립된 법인이나 단체를 말한다. • 체육진흥투표권이란 운동경기 결과를 적중시킨 자에게 환급금을 내주는 표권으로서, 투표방법과 금액, 그 밖에 대통령령으로 정하는 사항이 적혀 있는 것을 말한다.
제11조	체육지도자의 양성	③ 연수과정에는 다음의 사항으로 구성된 스포츠윤리교육 과정이 포함되어야 한다. • 성폭력 등 폭력 예방교육 • 스포츠비리 및 체육계 인권침해 방지를 위한 예방교육 • 도핑 방지 교육 • 그 밖에 체육의 공정성 확보와 체육인의 인권보호를 위하여 문화체육관광부령으로 정하는 교육
제12조	체육지도자의 자격취소	① 문화체육관광부장관은 체육지도자가 다음의 어느 하나에 해당하면 체육지도자 자격운영위원회의 의결에 따라 그 자격을 취소하거나 5년의 범위에서 자격을 정지할 수 있다. 다만, 밑줄 그은 4가지 중 어느 하나에 해당하면 그 자격을 취소하여야 한다. • <u>거짓이나 그 밖의 부정한 방법으로 체육지도자의 자격을 취득한 경우</u> • <u>자격정지 기간 중에 업무를 수행한 경우</u> • <u>체육지도자 자격증을 타인에게 대여한 경우</u> • <u>체육지도자의 결격사유에 해당하는 경우</u> • 선수의 신체에 폭행을 가하거나 상해를 입히는 행위를 한 경우 • 선수에게 성희롱 또는 성폭력에 해당하는 행위를 한 경우 • 윤리 및 인권의식 향상을 위하여 매 2년마다 성폭력 등 폭력 예방교육 등의 내용이 포함된 재교육을 받지 아니한 경우 • 그 밖에 직무수행 중 부정이나 비위 사실이 있는 경우 ③ 자격검정을 받는 사람이 그 검정과정에서 부정행위를 한 때에는 현장에서 그 검정을 중지시키거나 무효로 한다. ④ 체육지도자 자격이 취소된 사람은 문화체육관광부령으로 정하는 바에 따라 체육지도자 자격증을 문화체육관광부장관에게 반납하여야 한다.

2024년 기출

〈보기〉에서 「국민체육진흥법」(시행 2024.3.15.) 제11조의 '스포츠윤리 교육 과정'에 관한 내용으로 옳은 것만을 모두 고른 것은?

> ㄱ. 도핑 방지 교육
> ㄴ. 성폭력 등 폭력 예방 교육
> ㄷ. 교육부령령으로 정하는 교육
> ㄹ. 스포츠 비리 및 체육계 인권침해 방지를 위한 예방 교육

① ㄱ, ㄴ
② ㄴ, ㄷ, ㄹ
③ ㄱ, ㄴ, ㄹ
④ ㄱ, ㄴ, ㄷ, ㄹ

정답 ③

2020년 기출

〈보기〉의 국민체육진흥법(시행 2020. 1. 16.)의 제12조에 명시된 내용 중 체육지도자의 자격 취소 사유를 모두 고른 것은?

> ㉠ 자격정지 기간에 업무를 수행한 경우
> ㉡ 체육지도자 자격증을 타인에게 대여한 경우
> ㉢ 선수의 신체에 폭행을 가하거나 상해를 입히는 행위를 한 경우
> ㉣ 거짓이나 그 밖의 부정한 방법으로 체육지도자의 자격을 취득한 경우

① ㉠, ㉢
② ㉡, ㉢
③ ㉡, ㉢, ㉣
④ ㉠, ㉡, ㉢, ㉣

정답 ④

2. 국민체육진흥법 시행령(시행 2024. 3. 15.)

제6조	학교체육의 진흥을 위한 조치	학생의 체력 증진과 체육 활동의 육성을 위하여 학교가 취하여야 할 조치는 다음과 같다. • 운동회나 체육대회의 실시 • 학생에 대한 한 종목 이상의 운동 권장과 지도 • 체육동호인조직의 결성 등 학생의 자발적 체육 활동의 육성 · 지원 • 운동경기부와 선수의 육성 · 지원 • 그 밖에 학교 체육의 진흥을 위하여 필요한 사항
제7조	직장 체육의 진흥을 위한 조치	① 체육동호인조직과 체육진흥관리위원회를 설치하고 체육지도자(체육동호인에게 생활체육을 지도할 수 있는 자격이 있는 체육지도자로 한정)를 두어야 하는 직장은 상시 근무하는 직장인이 1천명 이상인 국가기관과 공공단체로 한다. ② 한 종목 이상의 운동경기부를 설치 · 운영하고 체육지도자(운동경기부의 선수에게 전문체육을 지도할 수 있는 자격이 있는 체육지도자로 한정)를 두어야 하는 공공기관 및 직장은 상시 근무하는 직장인이 1천명 이상인 공공기관(「공공기관의 운영에 관한 법률」에 따른 공공기관. 이하 같음)과 공공단체로 한다. ③ 제1항이나 제2항에 해당하는 공공기관 및 직장이 지역을 달리하여 사무실이나 사업장을 가지고 있는 경우에는 체육지도자 및 운동경기부를 1개 이상의 사무실이나 사업장에 배치하거나 설치할 수 있다.
제9조	스포츠지도사	① 스포츠지도사는 1급 전문스포츠지도사, 2급 전문스포츠지도사, 1급 생활스포츠지도사, 2급 생활스포츠지도사로 구분한다. ② 1급 전문스포츠지도사는 2급 전문스포츠지도사 자격을 취득한 후 3년 이상 해당 자격 종목의 경기지도경력이 있는 사람으로서, 자격검정에 합격하고, 연수과정을 이수한 사람으로 한다. ③ 2급 전문스포츠지도사는 해당 자격 종목에 대하여 4년 이상의 경기경력이 있는 사람으로서, 자격검정에 합격하고, 연수과정을 이수한 사람으로 한다. ⑤ 1급 생활스포츠지도사는 2급 생활스포츠지도사 자격을 취득한 후 3년 이상 해당 자격 종목의 지도경력이 있는 사람으로서, 자격검정에 합격하고, 연수과정을 이수한 사람으로 한다. ⑥ 2급 생활스포츠지도사는 2급 생활스포츠지도사 자격을 취득하기 위한 자격검정에 합격하고, 연수과정을 이수한 사람으로 한다.

3. 생활체육진흥법(시행 2024. 2. 9.)

제3조	국민의 생활체육 권리	① 모든 국민은 건강한 신체활동과 건전한 여가 선용을 위하여 생활체육을 즐길 권리를 가진다. ② 모든 국민은 생활체육에 관하여 어떠한 차별도 받지 아니하고 평등하게 누릴 수 있어야 한다. ③ 국가 및 지방자치단체는 국민의 생활체육권 보장을 위하여 노력할 의무를 진다.
제8조	생활체육강좌의 설치	① 국가 및 지방자치단체는 국민이 적극적으로 생활체육을 누릴 수 있도록 생활체육강좌 설치 기관 또는 단체를 지정하여 생활체육을 보급할 수 있다. ② 국가 및 지방자치단체는 생활체육강좌의 설치 · 운영에 드는 경비를 지원할 수 있다.

제10조	체육동호인조직의 육성 및 지원	① 지방자치단체는 그 지역주민의 생활체육 활동을 위하여 체육동호인조직의 육성에 필요한 시책을 마련할 수 있다. ② 국가 및 지방자치단체는 예산의 범위에서 체육동호인조직과 장애인 체육동호인조직의 육성에 필요한 경비의 일부를 지원할 수 있다.
제12조	보험 등 가입	생활체육대회를 개최하거나 생활체육 강습을 하려는 생활체육단체 등은 대통령령으로 정하는 바에 따라 보험 또는 공제(共濟)에 가입하여야 한다.

4. 생활체육진흥법 시행령(시행 2022. 6. 16.)

제5조	보험가입	생활체육종목단체, 체육동호인조직, 생활체육회 및 그 지회·지부와 지역생활체육회는 생활체육대회를 개최하거나 생활체육 강습을 하려는 경우에는 다음의 기준에 맞게 손해보험이나 공제(共濟)에 가입하여야 한다. • 생활체육대회 : 해당 대회에 등록한 사람의 수와 대회참여 기간에 맞게 가입할 것 • 생활체육 강습 : 해당 강습에 등록한 사람의 수와 강습 기간에 맞게 가입할 것

5. 스포츠기본법(시행 2022. 6. 16.)

제3조	정의	• "스포츠"란 건강한 신체를 기르고 건전한 정신을 함양하며 질 높은 삶을 위하여 자발적으로 행하는 신체활동을 기반으로 하는 사회문화적 행태를 말하며, 「국민체육진흥법」 제2조 제1호에 따른 체육을 포함한다. • "전문스포츠"란 「국민체육진흥법」 제2조 제4호에 따른 선수(이하 "선수")가 행하는 스포츠활동을 말한다. • "생활스포츠"란 건강과 체력 증진을 위하여 행하는 자발적이고 일상적인 스포츠활동을 말한다. • "장애인스포츠"란 장애인이 참여하는 스포츠활동(생활스포츠와 전문스포츠를 포함)을 말한다. • "학교스포츠"란 학교(「유아교육법」 제2조 제2호에 따른 유치원, 「초·중등교육법」 제2조 및 「고등교육법」 제2조에 따른 학교를 말한다. 이하 같음)에서 이루어지는 스포츠활동(학교과정 외의 스포츠활동과 「국민체육진흥법」 제2조 제8호에 따른 운동경기부의 스포츠활동을 포함)을 말한다. • "스포츠산업"이란 스포츠와 관련된 재화와 서비스를 통하여 부가가치를 창출하는 산업을 말한다. • "스포츠클럽"이란 회원의 정기적인 체육활동을 위하여 「스포츠클럽법」 제6조에 따라 등록을 하고 지역사회의 체육활동 진흥을 위하여 운영되는 법인 또는 단체를 말한다.
제4조	국민의 권리	모든 국민은 스포츠 및 신체활동에서 차별을 받지 아니하고 자유롭게 스포츠활동에 참여하며 스포츠를 향유할 권리(이하 "스포츠권")를 가진다.

2023년 기출

스포츠기본법(시행 2022.6.16.) 제7조 '스포츠 정책 수립·시행의 기본원칙' 중 국가와 지방자치단체의 스포츠 정책에 관한 고려사항에 해당하지 않는 것은?

① 스포츠활동을 존중하고 사회 전반에 확산되도록 할 것
② 스포츠 대회 참가 목적을 국위선양에 두어 지원할 것
③ 스포츠활동 참여와 스포츠 교육의 기회가 확대되도록 할 것
④ 스포츠의 가치를 존중하고 스포츠의 역동성을 높일 수 있을 것

정답 ②

제8조	스포츠 진흥 기본계획의 수립	① 문화체육관광부장관은 스포츠 진흥을 위하여 국가스포츠정책위원회의 심의를 거쳐 5년마다 스포츠 진흥 기본계획을 수립하고 이를 시행하여야 한다.
제27조	스포츠의 날과 스포츠 주간	① 국민의 스포츠 의식을 북돋우고 스포츠를 보급하기 위하여 매년 10월 15일을 스포츠의 날로 지정하고, 매년 4월의 마지막 주간을 스포츠 주간으로 한다. ② 스포츠의 날과 스포츠 주간 행사에 필요한 사항은 대통령령으로 정한다.

6. 생활스포츠 지원사업

스포츠비전 2030	• 비전 : 사람을 위한 스포츠, 건강한 삶의 행복 • 정책 방향 : 운동하기 편한 나라, 스포츠클럽 시스템 정착, 스포츠 가치의 사회적 확산 • 4대 추진전략 : 신나는 스포츠, 함께하는 스포츠, 자랑스러운 스포츠, 풀뿌리 스포츠
생활체육광장 운영	• 마을 단위로 기초적인 생활체육 참여환경을 제공해 주는 것이 핵심 • 지역주민이 가장 가까운 곳에서 누구나 참여 가능한 장소·시간·종목을 선정할 수 있도록 함으로써 주민들이 쉽게 생활체육에 참여할 수 있도록 만드는 것이 주요 목적
스포츠강좌 이용권 지원	• 기초생활수급가정 유·청소년(5~18세)과 장애인(19~64세)에게 스포츠 강좌 이용권 카드(체크카드)를 지급 • 스포츠강좌 이용권 지정 시설 이용 시 강좌비를 일정 부분 지원
행복나눔 스포츠교실 운영	• 소외계층 청소년을 대상으로 한 스포츠 체험기회를 제공 • 다양한 종목을 대상으로 한 체험 교실 운영
찾아가는 맞춤형 여성체육활동 지원	• 대한민국에 거주하는 여성(20~60세)을 대상으로 여성체육 활동무료지원 • 찾아가는 미채움프로그램(여성환우 지원 저강도 프로그램) • 여성맞춤형 생활체육교실
생활체육 홍보 지원 사업	• 스포츠7330 홍보 : 일주일(7)에 세 번(3) 이상, 하루 30분 운동하자 • 스포츠 미디어 콘텐츠 활성화 • 체육포털 서비스 운영(sportal.or.kr)
국민체력 100	• 국민의 체력 및 건강증진에 목적을 두고 체력상태를 과학적 방법에 의해 측정, 평가하는 대국민 스포츠 복지서비스 • 평가한 결과를 토대로 체력수준 맞춤형 운동프로그램 제공

단답형 문제

01 (   )(이)란 건강과 체력증진을 위하여 행하는 자발적이고 일상적인 체육활동을 말한다.

02 (   )은/는 국민체육진흥에 관한 기본시책을 수립·시행하여야 한다.

03 학교체육의 3대 영역으로 과외체육, (   ), 엘리트체육이 있다.

정답 01 생활체육 02 문화체육관광부 장관 03 정규과정 체육

02 | 출제예상문제

01 학교체육진흥법에 명시된 학생 체력증진과 체육활동 활성화를 위한 조치를 모두 고른 것은?

㉠ 여학생 체육활동 활성화
㉡ 비만 판정 받은 학생에 대한 대책
㉢ 학생선수의 수준 향상을 위한 상시학습훈련
㉣ 학교재량에 따른 학교체육행사 개최
㉤ 유아 및 장애학생의 체육활동 활성화

① ㉠, ㉤
② ㉡, ㉢, ㉣
③ ㉠, ㉡, ㉢, ㉣, ㉤
④ ㉠, ㉡, ㉤

해설 ㉢ 학생선수의 학습권을 보장하고 인권을 보호해야 한다.
㉣ 학교체육행사를 정기적으로 개최해야 한다.

학교체육진흥의 조치 등 (「학교체육진흥법」 제6조 제1항)
학교의 장은 학생의 체력증진과 체육활동 활성화를 위하여 다음의 조치를 취하여야 한다.
- 비만 판정을 받은 학생에 대한 대책 (㉡)
- 학생선수의 학습권 보장 및 인권보호
- 여학생 체육활동 활성화 (㉠)
- 유아 및 장애학생의 체육활동 활성화 (㉤)
- 학교체육행사의 정기적 개최

02 학교체육진흥법에 따른 학교스포츠클럽 운영에 대한 설명으로 옳지 않은 것은?

① 학교스포츠클럽 전담교사에게는 학교 예산 범위에서 지도수당을 지급한다.
② 일정 비율 이상의 학교스포츠클럽을 해당 학교의 여학생들이 선호하는 종목으로 운영해야 한다.
③ 학교스포츠클럽 활동 내용을 학교생활기록부에 기록해 상급학교 진학자료로 활용할 수 있도록 한다.
④ 학교의 장의 재량에 따라, 학교스포츠클럽을 운영하는 경우 전담교사를 지정할 수 있다.

해설 학교스포츠클럽 운영(「학교체육진흥법」 제10조 제2항)
학교의 장은 학교스포츠클럽을 운영하는 경우 학교스포츠클럽 전담교사를 지정하여야 한다.

정답 01 ④ 02 ④

03 다음 중 국민체육진흥법에 대한 설명으로 옳지 않은 것은?

① 국민체육진흥법의 목적은 국민체력증진, 체육인 인권보호 등이 있다.
② 생활체육은 건강과 체력증진을 위한 일상적 체육활동을 의미한다.
③ 전문체육은 선수들이 행하는 운동경기 활동을 의미한다.
④ 체육지도자는 스포츠지도사, 유아스포츠지도사, 노인스포츠지도사 중 하나의 자격을 취득한 사람이다.

> 해설 정의(「국민체육진흥법」 제2조 제6호)
> 체육지도자란 학교·직장·지역사회 또는 체육단체 등에서 체육을 지도할 수 있도록 이 법에 따라 스포츠지도사, 건강운동관리사, 장애인스포츠지도사, 유소년스포츠지도사, 노인스포츠지도사 자격 중 하나를 취득한 사람을 말한다.

04 국민체육진흥 시책에 대한 설명으로 옳지 않은 것은?

① 문화체육관광부장관은 기본시책을 수립한 때에는 시·도지사에게 알려야 한다.
② 문화체육관광부장관은 체육진흥 계획과 추진 실적을 대통령에게 보고해야 한다.
③ 체육시설의 설치와 유지·보수 및 관리에 대한 시책을 포함한다.
④ 시·도지사는 기본시책에 따라 시·도 체육진흥 계획을 수립하고, 시장·군수·구청장에게 알려야 한다.

> 해설 지방체육진흥 계획(「국민체육진흥법 시행령」 제4조 제3항)
> 지방자치단체의 장은 체육진흥 계획과 그 추진 실적을 문화체육관광부령으로 정하는 바에 따라 문화체육관광부장관(시장·군수·구청장의 경우에는 시·도지사)에게 보고하여야 한다.

정답 03 ④ 04 ②

제5과목 스포츠교육학

03 스포츠교육의 참여자 이해론

학습목표
- 체육교사, 스포츠강사, 코치, 스포츠지도사 등을 역할별로 구분할 수 있다.
- 학습자의 유형에 따른 특성을 이해하고, 적합한 스포츠 교육 목표를 설정할 수 있다.
- 스포츠교육 행정가의 역할과 개념에 대해 설명할 수 있다.

20일 단기완성 학습 플랜
- 목표 학습 시간 : ___월 ___일
- 실제 학습 시간 : ___월 ___일

01 스포츠교육 지도자

1. 학교체육지도자

체육교사	개념	정규교과 체육 및 방과 후 체육을 포함한 학교체육 전반에 걸쳐 체육교육과정을 운영하는 교육 전문가
	역할	• 정규체육수업 및 운동부 업무, 행정업무, 교과업무 담당 • 학교체육활성화를 위한 체육프로그램 계획, 운영, 관리
스포츠강사	개념	초·중등학교에서 정규체육수업을 보조하거나 방과 후 스포츠클럽활동을 지도하는 사람
	역할	• 체육교사의 업무를 보조하는 것이 주된 업무 • 방과 후 스포츠클럽 활동을 통한 학생 체력증진, 학교폭력 예방

2. 스포츠지도사

생활스포츠 지도사	개념	시설이나 단체에서 일반인을 지도하는 체육전문가
	역할	생활스포츠활동의 목표설정, 효율적인 지도방법 개발, 인간관계 유지에 조력, 스포츠프로그램 개발, 재정관리, 기구 개발
전문스포츠 지도사	개념	스포츠 관련 단체에 소속되어 선수들을 지도하는 코치나 감독
	역할	선수 지도 및 훈련, 훈련프로그램 실행, 훈련방법과 전략 창조, 선수 배려, 선수의 신상변화를 관찰

+ 더 알아보기

학교체육 전문인 자질의 세부요소

수행(기능)	교육과정 운영 및 개발, 협력관계 구축
지식(인지)	학습자 이해, 교과 지식
태도(인성)	교직 인성, 사명감

2024년 기출

스포츠강사의 자격조건에 관한 설명으로 옳은 것은?

① 「초·중등교육법」 제2조 제2호에 따른 초등학교에 스포츠강사를 배치할 수 없다.
② 「국민체육진흥법」 제2조 제6호에 따른 체육지도자 중에서 스포츠강사를 임용할 수 있다.
③ 「학교체육진흥법」 제2조 제6항 학교에 소속되어 학교운동부를 지도·감독하는 사람을 말한다.
④ 「학교체육진흥법」 제4조 재임용 여부는 강사로서의 자질, 복무 태도, 학생의 만족도, 경기 결과에 따라 결정하여야 한다.

정답 ②

02 스포츠교육 학습자

1. 학습자에 대한 이해

(1) 학습자의 상태
① 스포츠교육의 효율을 높이기 위해 학습자의 상태를 먼저 파악하는 것이 중요함
② 학습자의 기능수준 : 학습자가 이미 습득한 기능수준 파악
③ 학습자의 체격 및 체력 : 학습자의 신체조건에 알맞은 운동을 선택·실행하기 위한 파악
④ 학습자의 동기유발 수준 : 학습자의 동기유발을 위한 노력
⑤ 학습자의 인지능력 및 감정코칭 능력 : 과제학습을 위한 인지능력과 감정조절능력 파악
⑥ 학습자의 발달수준 : 성별, 연령에 따른 발달수준과 환경에 따른 개인차 파악

(2) 생애주기별 발달 특성
① 유아기 : 대뇌 발달, 감각기관 발달, 근육 발달, 인지 및 언어 발달
② 아동기 : 신체 활동 발달, 운동기능 발달, 또래집단 형성
③ 청소년기 : 급격한 신체 성장, 성적 성숙, 인지 발달, 가치관 형성
④ 성인기 : 신체적 노화 시작, 사회적 책임과 역할 분담
⑤ 노년기 : 사회활동 감소, 체력 및 운동기능 감퇴, 감각 기능 퇴화

2. 생애주기별 평생체육 활동

유아체육	• 놀이를 중심으로 한 다양한 신체활동 • 서기, 걷기, 뛰기, 던지기, 잡기 등 기초 운동
아동체육	• 아동의 나이와 체력 수준에 적합한 운동프로그램 제시 • 달리기, 뜀뛰기, 체조, 물놀이, 춤과 리듬 활동 등
청소년체육	체력 증진, 정서 안정, 교우관계 개선, 여가선용, 자아실현 등 바람직한 가치관 형성을 위한 다양한 경험으로서의 체육활동 제공
성인체육	• 스트레스와 불안을 해소하고 삶의 질을 높여 주기 위한 활동 • 성인병 예방
노인체육	학습자의 건강상태와 체력수준에 적합한 운동 선택·실천

2016년 기출

〈보기〉에서 김 코치가 고려하고 있는 것은?

> 김 코치는 중학교 여학생을 대상으로 리듬체조를 지도할 때, 초보자에게는 기초기술을, 숙련자에게는 응용기술을 가르쳤다.

① 학습자의 기능수준
② 학습자의 인지적 능력
③ 학습자의 감정코칭 능력
④ 학습자의 신체 발달

정답 ①

2021년 기출

〈보기〉에서 설명하는 스포츠지도자가 고려해야 할 학습자 특성으로 옳은 것은?

> 학습자의 성별, 연령, 환경적 요인 등 학습자의 개인차를 고려해서 학습 단계를 결정하는 것이 중요하다.

① 감정조절
② 발달수준
③ 공감능력
④ 동기유발 상태

정답 ②

03 스포츠교육 행정가

1. 스포츠교육 행정가의 이해

(1) 스포츠교육 행정가의 개념
① 스포츠와 관련된 일을 하며, 프로젝트 기획, 행정, 사무, 개발, 교육 등 업무를 담당하는 사람
② 스포츠행정 업무를 전반적으로 관장하고, 조직의 목적 달성을 위해 업무를 조정하고 사람을 배치하며, 물적 자원을 적절히 사용해야 할 책임을 가짐

(2) 스포츠교육 행정가의 구분
① 학교체육 행정가 : 학교교육 정책과 절차를 수립하고, 체육관련 업무를 담당·운영
② 생활체육 행정가 : 국가의 생활체육정책을 수립·집행하고, 생활체육 관련 기관을 관장하거나 각종 대회를 유치하는 등 업무를 담당
③ 전문체육 행정가 : 엘리트스포츠와 관련된 기관에서 사무, 행정, 개발, 교육 등 업무를 담당

2. 스포츠교육 행정가의 역할

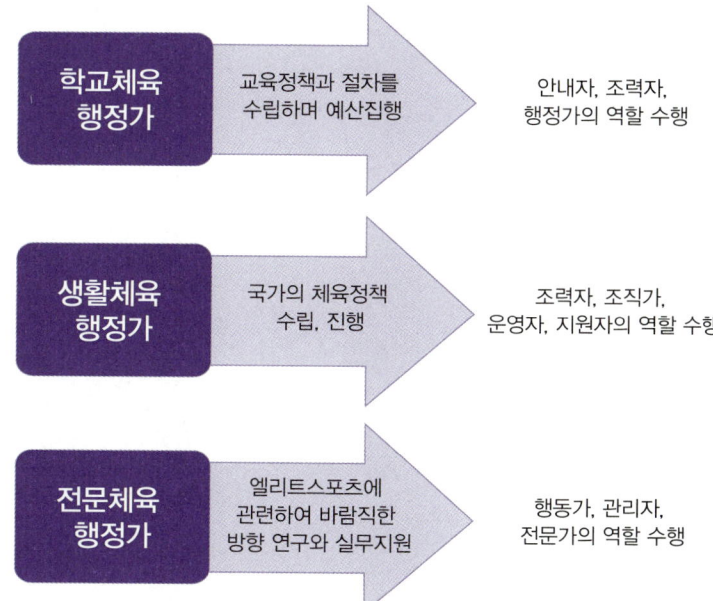

단답형 문제

01 (   )은/는 정규교과 체육 및 방과 후 체육을 포함한 학교체육 전반에 걸쳐 체육교육과정을 운영하는 교육 전문가이다.

02 (   )은/는 시설이나 단체에서 일반인을 지도하는 체육전문가이다.

03 (   )은/는 스포츠와 관련된 일을 하며, 프로젝트 기획, 행정, 사무, 개발, 교육 등 업무를 담당하는 사람을 말한다.

04 스포츠교육의 효율을 높이기 위해 (   )을/를 먼저 파악하는 것이 중요하다.

> **정답** 01 체육교사 02 생활스포츠지도사 03 스포츠교육 행정가 04 학습자의 상태

03 출제예상문제

완벽하게 이해된 부분에 체크 하세요

01 다음 중 학교체육지도자에 대한 설명으로 옳지 않은 것은?

① 체육교사는 학교체육활성화를 위한 체육프로그램을 계획·운영·관리한다.
② 스포츠강사는 체육교사의 업무를 보조하거나 방과 후 스포츠클럽활동을 지도한다.
③ 스포츠강사는 정규체육수업 및 운동부 업무, 행정업무, 교과업무 등을 담당한다.
④ 체육교사는 방과 후 체육을 포함한 학교체육 전반에 걸쳐 체육교육과정을 운영한다.

해설 정규체육수업 및 운동부 업무, 행정업무, 교과업무 등을 담당하는 것은 체육교사이다. 또한 체육교사는 학교체육활성화를 위한 체육프로그램을 계획하고 운영·관리한다.

02 다음 중 생활스포츠지도사의 역할로 옳지 않은 것은?

① 효율적인 지도방법 개발
② 선수 지도 및 훈련
③ 스포츠프로그램 개발
④ 재정관리

해설 선수 지도 및 훈련, 훈련 프로그램 실행 등 스포츠 훈련에 관한 지도를 하는 것은 전문스포츠지도사의 역할이다.

03 다음 중 스포츠교육 학습자에 대한 설명으로 옳지 않은 것은?

① 스포츠교육의 효율을 높이기 위해 학습자의 상태를 파악하는 것이 중요하다.
② 성별이나 연령에 따른 발달수준과 환경에 따른 개인차를 파악해야 한다.
③ 스포츠과제 학습을 위한 인지능력과 감정조절능력을 파악해야 한다.
④ 학습자가 이미 습득한 기능수준을 파악하는 것은 의미가 없다.

해설 학습자가 이미 습득한 기능수준을 잘 파악해야 한다. 이미 습득한 것을 지도하면 학습자의 동기유발 수준이 떨어지고, 전혀 학습되지 않은 기술을 가르치면 부상의 위험이 있다.

정답 01 ③ 02 ② 03 ④

04 다음 중 스포츠 행정가에 대한 설명으로 옳지 않은 것은?

① 학교체육 행정가는 교육정책과 절차를 수립하여 예산을 집행한다.
② 생활체육 행정가는 국가의 체육정책을 수립하고 진행한다.
③ 전문체육 행정가는 안내자, 조력자의 역할을 수행한다.
④ 생활체육 행정가는 조력자, 조직가, 운영자의 역할을 수행한다.

해설 전문체육 행정가는 엘리트스포츠와 관련하여 바람직한 실무지원을 하는 사람을 의미하며 행동가, 관리자, 전문가로서의 역할을 수행한다.

05 생애주기별 평생체육 활동에 대한 설명으로 옳지 않은 것은?

① 유아체육 – 놀이를 중심으로 한 다양한 신체활동
② 아동체육 – 달리기, 뜀뛰기, 체조, 물놀이, 춤과 리듬 활동 등
③ 노인체육 – 체력 증진, 정서 안정, 여가 선용, 자아실현 등을 위한 체육활동
④ 성인체육 – 스트레스와 불안을 해소하고 삶의 질을 높이기 위한 활동

해설 노인체육활동은 학습자의 건강상태와 체력 수준에 적합하게 선택 · 실천되어야 한다. 체력 증진, 정서 안정, 교우관계 개선, 여가선용, 자아실현 등 바람직한 가치관 형성을 위한 다양한 경험으로서의 체육활동은 청소년 체육에 대한 설명이다.

정답 04 ③ 05 ③

04 스포츠교육의 프로그램론

학습목표
- 학교체육 프로그램의 개발 및 실천 과정에 대해 설명할 수 있다.
- 연령에 맞춘 생활체육 프로그램의 개발 및 실천 과정에 대해 설명할 수 있다.
- 선수의 기량 향상을 위한 전문체육 프로그램 개발 및 실천 과정에 대해 설명할 수 있다.

20일 단기완성 학습 플랜
- 목표 학습 시간 : ___월 ___일
- 실제 학습 시간 : ___월 ___일

01 학교체육 프로그램

1. 체육수업 프로그램

(1) 체육수업 프로그램의 개념
  ① 정규교육과정에 포함되어 있는 학교체육수업
  ② 심동적, 인지적, 정의적 영역의 학습내용을 바탕으로 전인적 성장을 목적으로 함

(2) 체육수업 프로그램 설계 시 고려사항
  ① 지도계획 수립을 구체적이고 체계적으로 실시함
  ② 창의와 인성을 발달시킬 수 있는 환경 제공
  ③ 통합적 교수 방법 활용
  ④ 효율적 교수 방법 활용
  ⑤ 학교의 내적·외적 환경을 파악

(3) 체육교사가 갖춰야 할 지식
  ① 체육교사는 체육수업 프로그램을 계획·실행·평가하기 위해 전문지식을 갖춰야 함
  ② 슐만(Shulman)의 7가지 교사 지식

교육과정 지식	참여자 발달단계에 적합한 내용과 프로그램에 대한 지식
교육환경 지식	수업에 영향을 미치는 환경에 대한 지식
교육목적 지식	교육 목적·목표·교육시스템 구조에 대한 지식
내용 지식	교과 내용에 대한 지식
내용교수법 지식	교과나 주제를 참여자 특성에 맞게 지도할 수 있는 방법에 대한 지식
지도방법 지식	모든 교과에 적용되는 지도법에 대한 지식
학습자에 대한 지식	수업에 참여하는 학습자에 대한 지식

2024년 기출

슐만(L. Shulman)의 '교사 지식 유형' 중 가르칠 교과목 내용에 관한 지식에 해당하는 것은?

① 내용 지식(Content Knowledge)
② 내용교수법 지식(Pedagogical Content Knowledge)
③ 교육환경 지식(Knowledge of Educational Contexts)
④ 학습자와 학습자 특성 지식(Knowledge of Learners and Their Characteristics)

정답 ①

③ 메츨러(Metzler)의 3가지 교사지식

명제적 지식	교사가 구두나 문서로 표현할 수 있는 지식 예 개인 스포츠 경기의 규칙 지식
절차적 지식	교사가 실제로 수업 전, 중, 후에 적용할 수 있는 지식 예 과제 제시 일부분으로 올바른 규칙을 모방 할 수 있는 지식
상황적 지식	교사가 특수한 상황에서 적절하게 의사결정을 언제, 왜 해야 하는지에 관한 정보를 제공 예 규칙을 설명할 때 어린이와 노인에게 다른 용어와 언어로 설명할 수 있는 지식

- 명제적 지식은 절차적 지식에 선행함
- 3가지 유형의 지식은 서로 밀접하게 연관되어 있음

+ 더 알아보기

프로그램 지도계획
- 명확한 목표 설정
- 내용의 범위와 계열성 확인
- 가능한 시설·용구 및 시간 고려
- 참여자 수 파악
- 평가 방법 및 절차 확인

[2020년 기출]

〈보기〉에서 정 코치의 질문에 대한 각 지도자의 답변으로 적절하지 않은 것은?

- 정 코치 : 메츨러(M. Metzler)의 절차적 지식에 대해 간단히 설명해 주시기 바랍니다.
- 박 코치 : 지도자가 학습자에게 움직임 패턴을 연습할 수 있게 하고 이를 경기에 적용할 수 있는 지식입니다.
- 김 코치 : 학습자가 과제를 연습하는 동안 이를 관찰하고 정확한 피드백을 제공할 수 있는 지식입니다.
- 한 코치 : 지도자가 실제로 체육프로그램 전, 중, 후에 적용할 수 있는 지식입니다.
- 이 코치 : 지도자가 개념을 설명할 수 있는 지식입니다.

① 박 코치 ② 김 코치
③ 한 코치 ④ 이 코치

[정답] ④

[2019년 기출]

현행 학교스포츠클럽에 대한 설명으로 적절하지 않은 것은?

① 학교스포츠클럽은 방과 후, 점심시간, 토요일 등에 실시한다.
② 학교스포츠클럽 대회의 리그 유형에는 통합리그, 조별리그, 스플릿 리그 등이 있다.
③ 학교스포츠클럽의 활성화를 위해 단위학교는 학교스포츠 클럽 리그를 운영한다.
④ 학교스포츠클럽은 국가수준 교육과정 편성·운영 지침에 근거하여 운영된다.

[정답] ④

2. 학교스포츠클럽 프로그램

(1) 학교스포츠클럽 프로그램의 개념 : 운동선수가 아닌 일반학생들로 구성되어 자율적으로 운영되고, 체육동아리에서 사용되는 프로그램

(2) 학교스포츠클럽 프로그램 설계 시 고려사항
① 활동 시간 및 경기 일정 다양화
② 학생 중심의 흥미 고려
③ 학생 주도의 자발적 참여
④ 스포츠활동을 통한 인성 함양
⑤ 스포츠 문화 경험 제공

3. 기타 학교체육활동 프로그램

(1) 기타 학교체육활동 프로그램의 개념 : 정규과정의 학교체육과 스포츠클럽 외에 시행되고 있는 다양한 체육프로그램
   예 방과 후 체육활동, 토요스포츠데이

(2) 기타 학교체육활동 프로그램 설계 시 고려사항
① 정규교육과정 내 학교체육과의 연계성 확인
② 학습자의 미래를 위한 방향으로 프로그램 설정
③ 학습자의 적성과 흥미에 맞는 프로그램 설계
④ 프로그램을 실시할 지역의 주변 자원 활용

4. 교수-학습과정안

(1) 수업맥락의 간단한 작성 : 수업맥락(학습자, 시간, 시수, 장소, 차시 등)에 대한 간단한 작성은 교사가 다음 시간에 그 내용을 지도할 때 수업을 상기할 수 있도록 도와줌

(2) 학습목표 : 구체적 목표(수업당 1~3개의 목표)를 세워야 함

(3) 시간과 공간의 배정
(4) 학습 활동 목록 : 학생이 수행해야 하는 과제 순서로 만들어져야 함
(5) 과제 제시와 과제구조
   ① 학생의 흥미를 유발할 수 있는 수업 도입
   ② 과제 제시에 적합한 모형과 단서 사용
   ③ 학생에게 방향을 제시할 과제 구조에 대한 설명
   ④ 이해 정도 점검
   ⑤ 한 수업에서 복합 과제의 계열성과 진도
(6) 평가 : 수업목표를 평가할 수 있는 방법(평가 시간 배정, 평가 운영방법)이 서술되어야 함
(7) 수업 정리 및 종료 : 교수자와 학습자에게 목표달성과 성취감을 부여하면서 학습자의 해산이 신속하게 이루어지게 함

02 생활체육 프로그램

1. 생활체육 교육프로그램

(1) 생활체육 교육프로그램의 구성요소별 의미

목표 : 스포츠교육이 지향하는 방향
- 포괄적·궁극적·일반적·보편적 개념
- 지도의 철학, 이념, 비전이 담겨있음
- 교육의 구체적 방향을 제시함

내용 : 교육목표의 구체적인 표현
- 교육을 통해 생활스포츠 참여자에게 학습시키고자 하는 의도
- 설정된 목표를 반영시켜서 선정과 조직이 되어야 함

지도법 : 스포츠 교육프로그램의 체계적 지도방법
- 스포츠마다 확정된 지도법이 존재하는 것이 아니며, 선정된 프로그램에 따라 지도법이 결정됨
- 기존에 알려진 스포츠지도법은 특정 지도법이 아닌 보편적인 스포츠지도법

평가 : 스포츠지도사의 교육과정, 교수활동 등의 가치판단 과정
- 평가대상에게 가치를 부여함
- 가치판단은 평가를 측정이나 검사와 같은 활동과 구분해주는 본질적 특성을 가짐

(2) 생활체육 교육프로그램의 구성요소별 역할
   ① 목표 : 프로그램이 진행되는 동안 스포츠지도사의 교육활동을 체계적이고 일관성 있도록 운영

2017년 기출

생활체육 프로그램의 요구 조사 및 분석에 관한 설명으로 옳지 않은 것은?

① 요구조사에서는 연령, 성별, 선호도, 경제 수준 등을 고려해야 한다.
② 요구조사에서는 생활체육 참여도, 기존 프로그램 만족도, 지도자에 대한 만족도 등을 질문한다.
③ 요구분석 결과는 기존의 생활체육 프로그램을 개선하고 새로운 프로그램을 개발하는 데 활용한다.
④ 요구분석은 생활체육 프로그램을 추진하고자 하는 지역사회와 참여자에 대한 사후 분석 절차이다.

정답 ④

2017년 기출

〈보기〉의 생활체육 프로그램 목표 설정 시 고려해야 할 사항 중 옳은 것을 모두 고른 것은?

㉠ 프로그램 전개 시 일관된 지침 역할을 하도록 설정한다.
㉡ 프로그램 시행 후 목표 달성 여부를 검토할 수 있도록 기술한다.
㉢ 프로그램을 통해 달성하고자 하는 상태 및 운동 능력을 명시한다.
㉣ 프로그램을 구성하는 스포츠활동 내용을 구체적이고 세부적으로 기술한다.

① ㉠
② ㉠, ㉡
③ ㉠, ㉡, ㉢
④ ㉠, ㉡, ㉢, ㉣

정답 ④

일반적 목표	상위개념	• 하위개념인 구체적 목표 규제 • 기대하는 목표를 설정하는 데에 장기간의 시간이 요구됨
구체적 목표	하위개념	일반적인 목표의 틀 속에서 상세한 행동목표 측정 가능

② 내용
  ㉠ 스포츠 교육프로그램의 본질은 스포츠활동에 참여하는 것
  ㉡ 스포츠를 잘 알고(인지적 영역), 스포츠에 참여하면서(심동적 영역), 정서적인 측면을 함양(정의적 영역)할 수 있는 교육내용을 포함해야 함

③ 지도법
  ㉠ 프로그램 지도법의 선정방향
  ㉡ 창의적인 지도법 활용
  ㉢ 참여자 특성을 고려한 수준별 지도
  ㉣ 참여자 중심의 지도환경 조성

④ 평가
  ㉠ 평가는 교육효과의 향상을 목적으로 함
  ㉡ 결과지향적 활동
  ㉢ 평가방향 설정 시 교육프로그램과의 연계성, 평가내용의 균형성, 평가방법의 타당성과 신뢰성 확보를 통해 생활스포츠에 참여하는 다양한 계층과 욕구를 지닌 참여자의 개인적 역량을 고려해야 함

(3) 생활체육 교육프로그램의 목표설정 원리와 목표 진술

목표설정 원리	• 명료성 • 적합성 • 포괄성 • 타당성 • 실현가능성
목표 진술	• 목표 진술 조건을 포함해야 함(내용, 행동, 수락 기준 포함) • 생활스포츠 교육참여자의 행동 진술 • 스포츠활동 종료 시 참여자에게 나타난 최종적인 행동변화 용어 진술 • 학습내용과 기대되는 참여자의 행동을 동시에 진술 • 참여자에게 기대하는 행동의 변화에 따라 동사를 다르게 진술 • 학습되어야 할 수락 기준(준거)을 제시

(4) 생활체육 교육프로그램의 목표 진술방식
  ① 타일러(Tyler)의 진술방식 : 바람직하고 실현 가능한 지도목표 전제조건의 3요소
    ㉠ 참여자를 주어로 함
    ㉡ 학습내용 또는 학습자료와 함께 제시
    ㉢ 도착점 행동으로 진술할 것

2023년 기출

스포츠 교육프로그램의 구성요소에 관한 설명으로 적절하지 않은 것은?

① 평가 – 프로그램을 개선하는 데 도움을 준다.
② 내용 – 스포츠 지도의 철학, 이념 또는 비전이다.
③ 지도법 – 프로그램을 체계적으로 전달하는 방법이다.
④ 목적 및 목표 – 일반적인 목표와 구체적인 목표로 구분할 수 있다.

정답 ②

② 메이거(Mager)의 진술방식 : 프레임을 짜고 프로그램을 만드는 데에 적합한 진술 방법
  ㉠ 참여자(대상자의 관점)
  ㉡ 도착점 행동(학습자에게 기대되는 성취행위)
  ㉢ 도착점 행동이 일어나는 상황 및 조건
  ㉣ 도착점 행동이 어느 정도 숙련되어야 하는지 밝혀 놓은 기준(준거)

+ 더 알아보기

도착점 행동 그 자체가 지도목표일 경우
간접적으로도 도착점 행동이 나타난 것을 입증할 수 있는 외현적 행동으로 진술

(5) 생활체육 교육프로그램의 선정기준, 선정원리, 조직원리

선정기준	• 중요성 • 효율성 • 유용성	• 타당성 • 긴급성 • 가능성
선정원리	• 지도 가능성 • 목표와의 관련성 • 사회 전반의 삶의 질 개선 • 참여자의 흥미와 요구 반영 • 학교체육 프로그램과의 연계성	
조직원리	• 계속성의 원리 : 계속적인 반복학습이 중요함 • 계열성의 원리 : 교육내용은 일정한 위계성을 가지며, 상호 관련되어 있음 • 통합성의 원리 : 교육내용이 참여자의 경험과 통합되도록 다양하게 개발·운영함	

(6) 생활체육 교육프로그램 조직 시 원리
  ① 나선형의 원리
    ㉠ 동일한 생활스포츠의 교육내용 수준을 달리하면서 점진적으로 숙련·전문화함
    ㉡ 비교적 긴 시간을 통해 기본 운동기능이나 전술을 학습할 때 활용
  ② 계열성의 원리
    ㉠ 생활스포츠의 선행 교육내용을 기초로 후속 내용의 실행이 이루어지도록 조직
    ㉡ 나선형과 달리 교육의 내용이 새롭게 바뀜
    ㉢ 스포츠 참여자의 수준과 특성이 다른 상황의 교육에 적합함

(7) 생활체육 교육프로그램의 지도원리
  ① 개별성의 원리
    ㉠ 체력수준에 알맞게 개인차를 고려하고 다양한 수준별 지도를 제공
    ㉡ 참여자들의 학습 소외현상을 최소화할 수 있음
  ② **자발성의 원리** : 참여자들이 자기주도적으로 주어진 과제를 스스로 해결하도록 지도
  ③ **적합성의 원리**
    ㉠ 지도자의 창의적인 지도 활동의 선정과 활용을 도모
    ㉡ 다양한 전략지도를 활용하는 것에 관심을 둠

④ 통합성의 원리
  ㉠ 교수학습 내용의 다양화와 신체활동의 총체적 체험을 추구
  ㉡ 프로그램의 다양화를 지향

(8) 생활체육 교육프로그램의 지도전략

지도전략	목 적	지도자 기술	내 용	환 경
상호작용 지도	효과적인 기술 학습	명확성	구체적인 기술	전 체
과제 지도	기술학습과 독립심 강화	다면적 환경 점검	• 학습한 기술의 자기평가 • 생산지향적 업무	큰 공간
동료 지도	기술학습과 협동심 강화	활발한 점검	• 단순명료한 신호 • 제한된 수행	큰 공간 큰 모둠
유도발견학습	기술학습과 문제해결로의 전이	유도된 질문 설계	• 학습과제 탐구 • 많은 피드백	전 체
협동 학습	기술학습과 긍정적인 집단 상호의존·개인적인 책임감 강화	의미있고 구조화된 과제 설계	• 복합적인 시퀀스 • 기본적인 기술	모 둠
참여자설계 지도	기술학습과 자기책임 강화	안내하고 점검하는 능력	학습한 기술의 적용	모 둠

(9) 생활체육 교육프로그램 평가단계

평가목적의 결정	목적에 따라 평가가 달라지므로 가장 먼저 평가목적을 확인해야 함
학습성과 확인	참여자의 학습성과를 구체적으로 확인·진술·분류함
평가도구 제작	평가목적 달성에 필요한 자료나 정보를 효과적으로 수집할 수 있는 도구의 제작 및 선정
평가자료 수집	제작한 평가도구를 참여자 등과 같은 평가대상에게 실시하여 필요한 정보와 자료를 수집
평가자료 분석	평가도구로 수집한 정보와 자료를 양적이나 질적으로 분석 또는 해석
평가결과 보고	분석한 평가결과를 평가대상자에게 설명하고, 향후 보완해야 할 사항에 대해 논의
평가결과 활용	평가결과의 특징을 분석하여 교수-학습방법의 개선에 활용

(10) 생활체육 교육프로그램의 평가방향
  ① 생활체육 교육프로그램 요소 간의 연계성
  ② 평가방법과 평가도구의 다양성
  ③ 실기평가의 타당성

(11) 생활체육 교육프로그램의 설계단계

실행환경 분석	• 학습환경 고려 • 학습자의 특징 이해
프로그램 목표 설정	• 일관된 방향 제시 • 구체적으로 설정 • 실제적으로 설정
프로그램 내용 구성	'내용분석 – 내용선정 – 내용조직'의 과정을 거침
지도전략 설정	어떻게 가르칠 것인가에 대한 설계
평가방법 선정	프로그램의 성과 확인방법 및 참여자의 프로그램 달성여부 확인방법에 대해 고민

2. 유소년, 청소년, 성인 프로그램

(1) 유소년스포츠 프로그램

① 유소년스포츠 프로그램 유형
  ㉠ 개인운동형 : 개인의 운동 동작 습득 및 움직임 놀이, 인라인스케이트, 수영 등
  ㉡ 집단운동형 : 집단 운동 및 놀이, 축구, 야구, 농구 등
  ㉢ 경기대회형 : 종목별 체육대회, 스포츠클럽 리그전 등
  ㉣ 지도형 : 특별활동, 스포츠 강습, 스포츠교실 등
  ㉤ 축제형 : 가족체육대회, 스포츠체험 축제 등

② 유소년스포츠 프로그램 구성 시 고려사항
  ㉠ 자발적 스포츠활동 고려
  ㉡ 다양한 스포츠활동 경험 고려
  ㉢ 지역시설 연계 고려
  ㉣ 스포츠활동 시간 고려

(2) 청소년스포츠 프로그램

① 청소년스포츠 프로그램의 개념 : 청소년을 대상으로 삶의 즐거움 획득과 운동기능의 습득을 목표로 하는 효과적인 스포츠활동 프로그램

② 청소년스포츠 프로그램 설계 시 고려사항
  ㉠ 긍정적 코칭을 목표로 함
  ㉡ 지속할 수 있는 프로그램 설계
  ㉢ 학생들의 발달을 중심으로 한 프로그램 설계
  ㉣ 학생들의 흥미와 욕구를 충족시킬 수 있는 프로그램 설계
  ㉤ 학생들의 생활패턴을 고려한 프로그램 설계

2019년 기출

스포츠지도사가 생활체육 프로그램 설계 시 고려해야 하는 구성요소에 대한 설명으로 적절하지 않은 것은?

① 프로그램 설계 시 목적 및 목표, 내용, 장소, 예산, 홍보 등이 포함된다.
② 홍보는 시대에 적합하게 다양한 방법으로 실행한다.
③ 장소는 접근성보다 최신식 시설을 우선으로 고려한다.
④ 예산은 시설대여비, 용품구입비, 인건비, 홍보비 등의 경비를 예측해야 한다.

정답 ③

+ 더 알아보기

전문체육 프로그램 지도 개발 단계 (R. Martens)
- 선수에게 필요한 기술파악
- 선수 이해
- 상황 분석
- 우선순위 결정 및 목표 설정
- 지도 방법 선택
- 연습 계획 수립

(3) 성인스포츠 프로그램
  ① 성인스포츠 프로그램의 개념 : 성인을 대상으로 사회 전체적인 안정과 활력적인 삶을 위해 참여하는 건강한 신체활동 프로그램
  ② 성인스포츠 프로그램 설계 시 고려사항
    ㉠ 지속할 수 있는 프로그램의 설계
    ㉡ 스포츠 참여시설에 대한 편의성 및 접근성
    ㉢ 다양한 프로그램 설계
    ㉣ 전문적인 프로그램 설계
    ㉤ 성인 대상자의 특성 확인

03 전문체육 프로그램

1. **청소년 스포츠코칭 프로그램**
   (1) 청소년 스포츠코칭 프로그램의 개념 : 청소년 선수들의 스포츠기술뿐만 아니라 심동적 · 인지적 · 정의적의 조화로운 발달 즉, 전인적 성장을 위한 스포츠코칭 프로그램
   (2) 청소년 스포츠코칭 프로그램 설계 시 고려사항
     ① 선수의 인성교육을 위한 지도 계획 포함
     ② 인권침해로부터 보호할 수 있는 프로그램 설계
     ③ 스포츠 참여를 통해 배운 가치를 일상 생활로 전이할 수 있는 프로그램 설계
     ④ 선수 중심의 프로그램 설계

2. **성인 스포츠코칭 프로그램**
   (1) 성인 스포츠코칭 프로그램의 개념 : 성인들의 스포츠상황에서 이미 습득된 기술을 더욱 발전시키기 위한 스포츠코칭 프로그램
   (2) 성인 스포츠코칭 프로그램 설계 시 고려사항
     ① 지도계획 수립을 구체적이고 체계적으로 실시
     ② 학습자가 의사결정의 주체가 되는 프로그램 설계
     ③ 자아 성찰을 가능하게 하는 프로그램 설계

2022년 기출

〈보기〉의 발달특성을 가진 대상을 위한 스포츠 프로그램 구성 시 고려사항으로 옳지 않은 것은?

- 신체적 · 정서적 · 사회적 발달이 뚜렷하다.
- 개인의 요구와 흥미가 뚜렷하게 나타난다.
- 2차 성징이 나타난다.

① 생활패턴 고려
② 개인의 요구와 흥미 고려
③ 정적운동 위주의 프로그램 구성
④ 스포츠 프로그램의 지속적 참여 고려

정답 ③

04 토너먼트와 리그

1. 토너먼트

승자전이라고 불리며 최종승자를 가리기 위해 경기의 승자끼리 맞붙는 방식

녹다운 토너먼트	• 승리한 팀끼리 다음 경기를 진행하고 그 결과에 따라 순위 산정 • 패배 팀은 그 즉시 경기가 종료되고 순위 산정이 어려움(싱글 엘리미네이션 토너먼트)
더블 엘리미네이션 토너먼트	• 패한 팀에게 한 번 더 기회를 주는 시합 방식 • 두 번 패한 팀은 탈락하지만, 한 번 패한 팀은 남은 경기를 전부 승리하면 우승할 수 있음
스플릿 토너먼트	• 승자는 승자끼리 패자는 패자끼리 계속해서 경기를 진행, 각 팀의 최종 결과에 따라 순위를 결정함 • 동일한 경기 수 보장

2. 리그

각 팀이 다른 팀과 최소 한 번씩 경기를 치르는 방식

통합리그	• 모든 팀이 서로 1회 이상 경기하며 누적기록을 통해 순위를 산정함 • 누적 점수가 높은 팀이 우승 • 순위 고착화의 가능성이 높음
조별리그	• 여러 조를 형성하여 각 조별 경기 후 그 결과에 따른 순위를 산정함 • 토너먼트 대회보다 늦게 진행됨
스플릿리그	통합리그를 통해 순위를 산정하고, 순위에 따라 상위리그와 하위리그로 나눠 조별리그를 진행함(상위리그 우승팀이 대회 최종 우승)

단답형 문제

01 정규교육과정에 포함되어 있는 학교체육수업은 심동적, ( ), 정의적 영역의 학습내용을 바탕으로 한다.

02 ( )은/는 운동선수가 아닌 일반학생들로 구성되어 자율적으로 운영되고 체육동아리에서 사용되는 프로그램이다.

03 ( )은/는 생활체육 프로그램을 추진하는 지역사회와 참여자에 대한 사전분석 절차이다.

04 지역스포츠클럽 대회의 경기운영 방식 중 하나로, 경기의 승자끼리 대결하여 최종승자를 가리는 방식을 ( )(이)라고 한다.

정답 01 인지적 02 학교스포츠클럽 03 요구분석 04 토너먼트

2017년 기출

지역 스포츠클럽 대회의 경기 운영 방식에 관한 설명으로 옳은 것은?

① 통합리그는 순위가 고착화될 가능성이 높다.
② 조별리그는 토너먼트 대회보다 빠르게 진행된다.
③ 녹다운 토너먼트는 우승팀 이외의 순위를 산정하기 쉽다.
④ 스플릿 토너먼트는 모든 팀에게 동일한 경기 수를 보장하지 않는다.

정답 ①

04 출제예상문제

01 다음 중 학교스포츠클럽 프로그램 설계 시 고려사항으로 옳지 않은 것은?

① 활동 시간 및 경기일정 다양화
② 학생 주도의 자발적 참여
③ 스포츠활동을 통한 인성 함양
④ 학교의 내적·외적 환경을 파악

해설 학교의 내적·외적 환경을 파악하는 것은 학교체육수업 프로그램 설계 시의 고려사항이다.

02 다음 중 기타 학교체육활동 프로그램 설계 시 고려사항으로 옳지 않은 것은?

① 정규교육과정 내 학교체육과의 연계성 확인
② 스포츠 시설에 대한 편의성 및 접근성
③ 학생의 적성과 흥미에 맞는 프로그램 설계
④ 프로그램을 실시할 지역의 주변 자원 활용

해설 스포츠 시설에 대한 편의성 및 접근성은 생활체육 프로그램 중 성인스포츠 프로그램 설계 시 고려해야 할 사항이다.

03 다음 중 청소년스포츠 프로그램에 대한 설명으로 옳지 않은 것은?

① 삶의 즐거움 획득과 운동기능 습득을 목적으로 한다.
② 학생 선수의 인성교육을 위한 지도계획을 포함한다.
③ 학생들의 생활패턴을 고려한 프로그램을 설계해야 한다.
④ 학생들의 발달을 중심으로 한 프로그램에 설계되어야 한다.

해설 전문체육 프로그램인 청소년 스포츠코칭 프로그램 설계 시, 학생 선수의 인성교육을 위한 지도계획을 포함해야 한다.

정답 01 ④ 02 ② 03 ②

04 마튼스(R. Martens)의 전문체육 프로그램 지도개발 단계를 순서대로 나열한 것은?

㉠ 선수 이해
㉡ 연습 계획 수립
㉢ 상황 분석
㉣ 선수에게 필요한 기술 파악
㉤ 우선순위 결정 및 목표 설정
㉥ 지도방법 선택

① ㉣ → ㉠ → ㉢ → ㉤ → ㉡ → ㉥
② ㉠ → ㉣ → ㉢ → ㉤ → ㉥ → ㉡
③ ㉠ → ㉣ → ㉢ → ㉤ → ㉡ → ㉥
④ ㉣ → ㉠ → ㉢ → ㉤ → ㉥ → ㉡

해설 마튼스(R. Martens)는 전문체육 프로그램 지도개발 단계를 6단계로 구분한다. 선수에게 필요한 기술 파악 → 선수 이해 → 상황 분석 → 우선 순위 결정 및 목표 설정 → 지도 방법 선택 → 연습 계획 수립

05 생활체육 프로그램 목표 설정 시 고려사항으로 옳지 않은 것은?

① 프로그램을 통해 달성하고자 하는 상태 및 운동능력을 명시
② 프로그램 시행 후 목표 달성 여부를 검토할 수 있도록 기술
③ 프로그램 전개 시 상황에 따라 다양하게 변할 수 있도록 목표 설정
④ 프로그램을 구성하는 스포츠활동 내용을 구체적이고 세부적으로 기술

해설 프로그램 전개 시 일관된 지침 역할을 하도록 목표를 설정한다.

정답 04 ④ 05 ③

05 스포츠교육의 지도방법론

학습목표
- 스포츠지도를 위한 교육모형의 종류와 그 특성을 각각 설명할 수 있다.
- 지도 준비 과정과 지도 계획안 설계 과정에 대해 설명할 수 있다.
- 효과적인 스포츠지도를 위한 교수기법에 대해 설명할 수 있다.

20일 단기완성 학습 플랜
- 목표 학습 시간 : ___월 ___일
- 실제 학습 시간 : ___월 ___일

+ 더 알아보기

- 심동적 영역 : 신체적 기능 및 능력의 발달에 관한 영역
- 인지적 영역 : 지식, 사고 등의 정신능력을 포함하는 행동특성의 영역
- 정의적 영역 : 행동과 관련한 동기, 감정, 가치 등을 포함하는 영역

2023년 기출

스포츠 참여자 평가에서 심동적(Psychomotor) 영역에 해당하는 것은?

① 몰 입
② 심폐지구력
③ 협동심
④ 경기규칙 이해

정답 ②

2023년 기출

직접교수모형에 관한 설명으로 적절하지 않은 것은?

① 학습영역의 우선순위는 심동적 영역이다.
② 스키너(B. Skinner)의 조작적 조건화 이론에 근거한다.
③ 지도자 중심으로 의사결정이 이루어져 학습자의 과제참여 비율이 감소한다.
④ 수업의 단계는 전시과제 복습, 새 과제 제시, 초기과제 연습, 피드백과 교정, 독자적 연습, 본시 복습의 순으로 진행된다.

정답 ③

01 스포츠지도를 위한 교육모형

1. 직접교수모형

(1) 직접교수모형의 특징
  ① 모형의 주제 : 교사가 수업 리더 역할을 한다.
  ② 의사 결정의 중심이 교사인 교사 주도적 참여 형태
  ③ 수업시간을 가장 효과적으로 이용하는데 중점을 둠
  ④ 학습참여의 기회를 높이기 위해 긍정적 피드백과 교정적 피드백 사용

(2) 직접교수모형의 이론적 기초
  ① 행동주의에 근거
  ② 조작적 조건화 이론(강화와 벌 강조)

(3) 직접교수모형의 학습영역 우선순위

> 심동적 > 인지적 > 정의적

(4) 직접교수모형에서의 교사 역할
  ① 교사 주도적으로 수업을 직접 조직·운영
  ② 명확한 학습목표 제시
  ③ 학습자에게 적합한 기술 또는 개념을 보여주는 모형 제시
  ④ 학습활동 설계 및 연습과제 제시
  ⑤ 학습자가 연습과제와 기능연습에 많이 참여하도록 안내
  ⑥ 학습자가 연습하는 것을 관찰하고 피드백 제공

(5) 직접교수모형의 수업단계(Rosenshine, 1983)

1단계	전시과제 복습	이전 수업내용 복습
2단계	새로운 과제 제시	새로 배울 내용에 대해 간단하게 제시
3단계	초기과제 연습	학습자의 80% 이상이 성공하도록 연습 시작

4단계	피드백 및 교정	수행에 대한 교정 및 운동수행단서 제공
5단계	독자적 연습	독립적으로 연습할 수 있도록 과제제시(스스로 진도를 설정)
6단계	본시 복습	수업내용의 이해도 확인, 과제전개

(6) 로젠샤인(Rosenshine)과 퍼스트(Furst)가 제시한 학습성취 관련 지도자 변인
  ① 명확한 과제 제시
  ② 프로그램의 다양화
  ③ 과제지향적/능률적 지도행동
  ④ 지도자의 열의
  ⑤ 프로그램 내용의 적절성

2. 개별화지도모형

(1) 개별화지도모형의 특징
  ① 모형의 주제 : 수업진도는 학생이 결정한다.
  ② 학습자의 능력에 따라 학습진도 상이
  ③ 내용선정과 과제 제시는 교사가 계획·결정
  ④ 수업운영, 참여형태, 상호작용은 교사와 학습자 간 상호 결정
  ⑤ 학습 진도와 과제전개는 학생이 결정
  ⑥ 학습자가 정해진 수행기준을 충족했을 때 다음 단계로 과제전개
  ⑦ 학습자의 자기주도적 연습

(2) 개별화지도모형에서의 교사 역할
  ① 내용선정 : 학습내용, 학습과제, 수행기준 등 계획·결정
  ② 과제제시 : 문서와 시각자료 형태로 계획하여 학습자에게 제시
  ③ 개별화수업모형에 맞는 수업운영 방법과 절차 등을 결정

(3) 개별화지도모형에서의 이론적 기초
  ① 스키너의 응용 행동분석학에서 유래
  ② 창의적·실제적·즉각적 평가, 개인강조

(4) 개별화지도모형의 학습영역 우선순위

심동적 > 인지적 > 정의적

3. 협동학습모형

(1) 협동학습모형의 특징
  ① 모형의 주제 : 서로를 위해 함께 배우기
  ② 팀 보상, 개인책무성, 평등한 기회제공의 개념에 기초
  ③ 모든 학생이 동시에 학습과정 참여

+ 더 알아보기

교수·학습 주도성을 결정하는 요인
- 내용선정 : 학습할 내용과 성취기준을 누가 결정하는가?
- 수업운영 : 수업운영을 누가 계획하고 결정하는가?
- 과제제시 : 과제제시를 누가 계획하고 결정하는가?
- 참여형태 : 학습자의 수업참여 방법과 정도를 누가 결정하는가?
- 상호작용 : 교사와 학생의 상호작용이 누구 주도로 이루어지는가?
- 학습진도 : 연습의 시작과 종료를 누가 통제하는가?
- 과제전개 : 다음 학습과제로의 변경을 누가 결정하는가?

협동학습모형의 특징(Slavin)

팀 보상	평등하고 공정한 보상을 우수한 팀에게 제공
개인 책무성	능력수준과 관계없이 팀의 목표달성에 공헌
학습 성공에 대한 평등한 기회 제공	집단은 팀 내에서는 능력이 이질적이어야 하며 팀끼리는 동질적이어야 함

2023년 기출

메츨러(M. Metzler)의 개별화지도모형의 주제로 적절한 것은?

① 지도자가 수업 리더 역할을 한다.
② 나는 너를, 너는 나를 가르친다.
③ 유능하고, 박식하며, 열정적인 스포츠인으로 성장한다.
④ 학습자가 가능한 한 빨리, 필요한 만큼 천천히 학습 속도를 조절한다.

정답 ④

+ 더 알아보기

협동학습모형의 지도 목표
- 긍정적인 팀 관계 격려
- 자아존중감 개발
- 상호작용을 기반으로 개인의 책임감 증진

2022년 기출

〈보기〉의 교수 전략을 포함하는 체육수업모형으로 옳은 것은?

> - 모든 팀원은 자신의 팀에 할당된 과제를 익힌 후, 교사가 되어 다른 팀에게 자신이 학습한 내용을 지도한다.
> - 각 팀원들이 서로 다른 내용을 배운 다음, 동일한 내용을 배운 사람끼리 모여 전문가 집단을 구성한다. 이들은 자신이 배운 내용을 공유하며, 원래 자신의 집단으로 돌아가 배운 것을 다른 팀원들에게 지도한다.

① 직접교수모형
② 개별화지도모형
③ 협동학습모형
④ 전술게임모형

정답 ③

2019년 기출

〈보기〉의 효과적인 과제 제시 방법에 대한 설명이 적절한 것으로 묶인 것은?

> ㉠ 시각 정보보다는 언어 정보에 중점을 둔다.
> ㉡ 모든 학습자가 쉽게 보고 들을 수 있는 대형을 갖춘다.
> ㉢ 학습자가 이해할 수 있는 어휘를 사용한다.
> ㉣ 학습자에게 한 번에 최대한 많은 양의 정보를 제공한다.

① ㉠, ㉡
② ㉡, ㉢
③ ㉢, ㉣
④ ㉠, ㉣

정답 ②

---

④ 단시간 내의 소집단 협동
⑤ 팀 반성을 통한 사회성 강조
⑥ 학습과 팀의 상호작용을 평가
⑦ '협동 그 자체가 아닌 협동을 통한 학습' 강조

(2) 협동학습모형의 절차적 요인(CUSEO, 1992)
① 의도적인 팀 구성(균형적인 팀)
② 팀 상호작용의 연속성
③ 팀원들 간의 상호의존 관계
④ 개인의 책무성
⑤ 사회성 발달에 대한 외재적 관심
⑥ 격려자로서의 교사(교사가 과제에 대해 직접 말해 주지 않음)

(3) 협동학습모형의 이론적 기초

동기 이론	공동목표를 달성시키기 위한 팀 상호작용
인지 이론	적당량의 도전을 부여
사회학습 이론	배운 내용의 공유를 통한 상호학습과정
행동 이론	학습과제를 완성하는 방법에 대해 스스로 터득

(4) 협동학습모형의 학습영역 우선순위

> 정의적 = 인지적 > 심동적(인지적 학습에 초점)
> 정의적 = 심동적 > 인지적(심동적 학습에 초점)

(5) 협동학습모형의 과제 구조

학생 팀 성취배분	비경쟁적 팀으로 협동하여 모든 팀원들에게 분배된 과제에 대한 점수를 합산
팀게임 토너먼트	팀별로 순위를 나눈 뒤 같은 순위에 있는 팀원들끼리 경쟁
팀 보조 수업	지식영역 중 쉬운 것부터 어려운 단계로 팀원의 도움을 받으며 진행
직소(Jigsaw)	각 팀원이 학습의 주체가 되어 서로 가르치고 배우는 협동학습
집단연구	팀별로 과제를 할당하여 수업시간 외에 준비 후 발표

4. 스포츠교육모형

(1) 스포츠교육모형의 특징
① **모형의 주제** : 유능하고 박식하며 열정적인 스포츠인으로 성장하기
② 학교 체육수업에서 학생에게 실제적인 스포츠 경험 제공
③ 수업을 하나의 스포츠 '시즌'으로 구성하여 유능하고(심동적), 박식하고(인지적), 열정적인(정의적) 전인적 스포츠인을 양성하는 것이 목적
④ 학생이 의사결정에 적극적으로 참여(능동적)
⑤ 학생이 자신의 발달단계에 맞는 스포츠를 직접 설계

⑥ 경쟁은 학습을 촉진하는 수단이며 교육적 도구일 뿐 그 자체가 목적이 아님
⑦ 세 가지의 다른 수업모형(협동학습, 직접교수, 동료교수) 활용

직접교수	역할에 대한 지도
협동학습, 동료교수	선수기술에 대한 학습

(2) 스포츠교육모형의 이론적 기초 : 스포츠 문화 전승방식 설계
(3) 스포츠교육모형의 학습영역 우선순위

> 심 · 인 · 정 세 가지 영역에서 균형성 있는 학습목표가 가능

(4) 스포츠교육모형의 6가지 요소(Sidentop, 1994)

시 즌	연습기간, 시즌전 기간, 정규시즌 기간, 최종경기를 포함
팀 소속	한 팀의 일원으로 시즌 참여(팀의 정체성 확립)
공식경기	시즌을 조직하고 의사결정에 학생 참여
결승전 행사	팀경쟁, 개인경쟁 등 다양한 형태로 결승전 마무리
기록보존	기록원이 경기수행에 대해 기록 후 분석
축제화	결승전 행사 시 깃발 및 푯말로 각 팀의 상징성 표현, 축제분위기 조성

5. 동료교수모형

(1) 동료교수모형의 특징

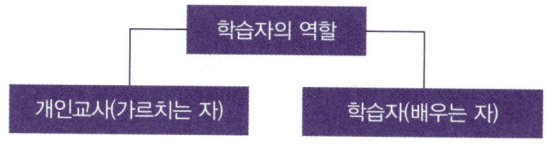

[2인 1개조로 구성되어 상호호흡]

① **모형의 주제** : 나는 너를 가르치고, 너는 나를 가르친다.
② 주기적으로 개인교사 - 학습자의 역할이 바뀜
③ 교사는 개인교사만 간접적인 형태로 상호작용함
④ 여러 명에게 피드백을 제공하기에 효과적
⑤ 직접교수모형의 변형으로 볼 수 있음
⑥ 사회성 학습을 강조
⑦ 학습참여 기회가 반으로 축소(개인교사, 학습자로 구분되기 때문)

(2) 동료교수모형의 이론적 기초
① 행동심리학에 기초
② **사회학습 이론** : 다른 사람들과 상호작용 강조
③ **인지학습 이론** : 인간의 연속적 지적발달에 목적
④ **구성주의 학습** : 민주주의적 학습환경 조성

2017년 기출

〈보기〉의 내용 중 스포츠교육모형의 6가지 요소에 해당하는 것으로만 묶인 것은?

> ㉠ 시 즌
> ㉡ 결승전 행사
> ㉢ 기록 보존
> ㉣ 팀 소속
> ㉤ 학생-팀 성취 배분
> ㉥ 과제포스터

① ㉠, ㉡, ㉤
② ㉠, ㉡, ㉣
③ ㉡, ㉢, ㉥
④ ㉡, ㉤, ㉥

정답 ②

2017년 기출

동료교수모형에 관한 설명으로 옳은 것은?

① 개인교사는 교사에게 역할 수행을 위한 훈련을 받지 않는다.
② 교사는 개인교사, 학습자 모두와 상호작용을 한다.
③ 학생은 개인교사 역할과 학습자 역할을 번갈아가며 경험한다.
④ 학습 활동의 직접적인 참여 기회가 증가한다.

정답 ③

(3) 동료교수모형의 학습영역 우선순위

> 심동적 > 인지적 > 정의적(학습자일 경우)
> 인지적 > 정의적 > 심동적(개인교사일 경우)

6. 탐구수업모형

(1) 탐구수업모형의 특징

① 모형의 주제 : 문제해결자로서의 학습자

② 질문중심의 수업 : 전체수업과정 중 질문이 독점적으로 사용됨

③ 학생의 문제해결력 및 포괄적 움직임 기능 발달을 지도

④ 뻔한 답이 아닌 창의적 대답을 요구

⑤ 인지적 발달의 각 단계가 쉬운 과제에서 어려운 과제로 구성

⑥ 각 단계에 따른 지도전략이 달라져야 함

(2) 탐구수업모형의 이론적 배경 : 인지학습이론에 기초

(3) 탐구수업모형의 학습영역 우선순위

> 인지적 > 심동적 > 정의적

(4) 탐구수업모형의 질문형태

낮은 질문수준	• 지식 – 기억 관련 질문 • 이해 – 기억한 내용의 해석 유도 • 적용 – 사전지식을 활용하여 문제해결 유도
높은 질문수준	• 분석 – 부분요소들과 기능을 설명 유도 • 종합 – 창의적 사고를 할 수 있도록 질문 • 평가 – 가치와 장점을 판단할 수 있도록 질문

(5) 탐구수업모형의 문제해결과정(Tilotson, 1970)

문제의 규명	배워야 할 개념·기능에 대해 학생의 자극 유발
문제의 제시	학습과제에 내재되어 있는 문제에 초점을 맞춰 질문
문제에 대한 유도 설명	학습자가 문제를 해결하기 위한 단서, 피드백 제공
최종 해답의 규명 및 정교화	학습자가 사고를 정교화할 수 있도록 단서, 피드백 활용
분석, 평가, 논의를 위한 발표	학습자가 완성한 결과에 대해 발표

7. 전술게임모형

(1) 전술게임모형의 특징

① 모형의 주제 : 이해중심의 게임 지도

② 이해중심게임모형 : 게임 구조에 대한 학생의 흥미를 활용하여 게임에 필요한 전술적 지식, 기술 학습

③ 변형게임, 정식게임으로 수업을 이끌어 감

④ 게임 참여 시 전술인지가 수행능력의 사전조건이 됨(전술이 중점)

2023년 기출

〈보기〉에서 메츨러(M. Metzler)의 탐구수업모형에 관한 설명으로 옳은 것을 모두 고른 것은?

㉠ 모형의 주제는 '문제해결자로서의 학습자'이다.
㉡ 학습 영역의 우선순위는 심동적, 인지적, 정의적 순이다.
㉢ 지도자는 학습자가 '생각하고 움직이기'를 할 수 있도록 과제를 제시한다.
㉣ 지도자의 질문에 학습자가 바로 대답하지 못하는 경우 즉시 답을 알려준다.

① ㉠, ㉢
② ㉡, ㉢
③ ㉠, ㉡, ㉢
④ ㉠, ㉡, ㉣

정답 ①

2018년 기출

문제해결 중심의 지도에 활용할 수 있는 체육수업 모형이나 방식으로 적절한 것은?

① 적극적 교수
② 직접교수모형
③ 탐구수업모형
④ 상호학습형 스타일

정답 ③

2022년 기출

그리핀, 미첼, 오슬린의 이해중심게임모형에서 변형게임 구성 시 반영해야 할 2가지 핵심 개념으로 옳은 것은?

① 전술과 난이도
② 연계성과 위계성
③ 공간의 특성과 학습자
④ 대표성과 과장성

정답 ④

⑤ 게임의 원리를 배움과 동시에 게임기능과 전술을 이해할 수 있음
⑥ 변형게임 시 게임의 대표성, 상황에 대한 과장성을 가지고 있어야 함
⑦ 기능적 가르치기에서 전술적 가르치기로 전환
⑧ 학습자의 발달상 측면 고려

(2) 전술게임모형의 이론적 기초

인지학습 이론	이해증진을 위한 사전지식 학습
구성주의	사전지식학습을 통한 새로운 지식 학습

(3) 전술게임모형의 학습영역 우선순위

인지적 > 심동적 > 정의적

(4) 전술게임모형의 단계(Bunker & Thorpe, 1982)

1단계	게임 소개	게임 수행 전 게임의 유형 및 개관 소개
2단계	게임 이해	게임의 역사 및 전통 교육(학습자의 흥미진작이 목적), 규칙에 대한 이해
3단계	전술 인지	게임에 대한 전술문제를 게임 상황 속에서 제시
4단계	의사 결정	무엇을, 어떻게 할 것인가 의사 결정
5단계	기술 연습	유사게임활동을 통한 전술 + 기능수행 학습
6단계	실제 게임 수행	전술 + 기능수행의 능숙함을 위한 학습

(5) 전술게임모형에서의 스포츠 분류(Almond)

영역형	농구, 축구, 하키, 핸드볼, 럭비
네트형	탁구, 테니스, 배구, 배드민턴
필드형	야구, 소프트볼, 킥볼
표적형	당구, 볼링, 골프

8. 개인적 · 사회적 책임감 모형

(1) 개인적 · 사회적 책임감 지도모형의 특징

① 모형의 주제 : 통합, 전이, 권한 위임, 교사와 학습자의 관계

통 합	심, 인, 정 통합
전 이	학교에서의 행동을 사회에서 똑같이 행동
권한 위임	학습자의 삶에 대한 주체성을 각인시킴
교사와 학습자 관계	상호작용을 통한 동등한 파트너

② 긍정적 행동, 바람직한 의사결정습관 발달이 목적
③ 역동적인 학습의 선호도
④ 교사와 학생이 항상 상호작용함
⑤ 교수기술로 상담, 경청과 질문, 농담 유머, 반성이 활용됨

2021년 기출

〈보기〉에서 설명하는 알몬드의 게임 유형으로 옳은 것은?

- 야구, 티볼, 크리켓, 소프트볼 등 팀 구성원 모두가 공격과 수비에 번갈아 참여한다.
- 개인의 역할 수행이 경기에 중요한 영향을 미치므로, 자신의 역할에 대한 이해와 책임감이 강조된다.

① 영역(침범)형
② 네트형
③ 필드형
④ 표적형

정답 ③

⑥ 교사는 책임감수준에 있어 학생의 '퇴보' 가능성을 고려

⑦ 서면계약서를 사용하여 부정적 상호작용을 방지

(2) 개인적 · 사회적 책임감 지도모형의 학습영역 우선순위

> 교사가 언급한 학습목표에 의해 결정

(3) 개인적 · 사회적 책임감 지도모형의 책임감 수준(Hellison, 2003)

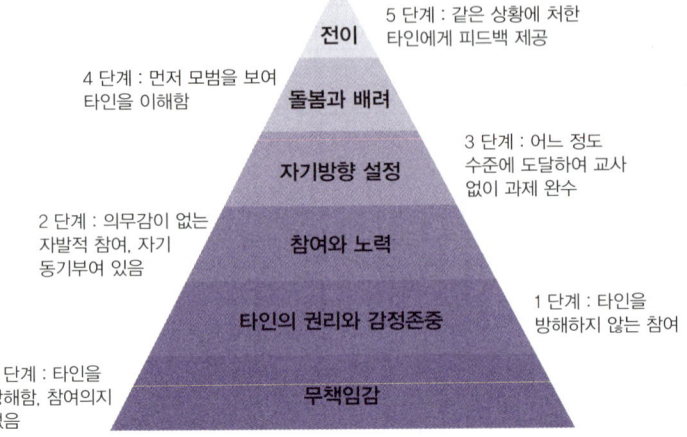

2017년 기출

개인적 · 사회적 책임감 지도모형에서 〈보기〉의 밑줄 친 내용에 해당하는 책임감 발달의 수준은?

> 동민이는 축구 클럽 활동 초기에는 연습에 관심이 없었고, 친구들의 연습을 방해하기도 했다. 그러나 박 코치의 지속인 관심과 지도로 점차 연습에 열심히 참여했고, 코치가 자리를 비운 상황에서도 스스로 목표를 세우고 과제를 완수할 수 있게 되었다.

① 1단계 - 타인의 권리와 감정 존중
② 2단계 - 참여와 노력
③ 3단계 - 자기 방향 설정
④ 4단계 - 돌봄과 배려

정답 ③

9. 하나로수업모형

(1) 하나로수업모형의 특징

① 인문적 체육교육을 근거로 실시

② 전인적 인간(Whole Person)으로 성장시키는 것이 목적

③ 게임(기법적 차원)과 문화(심법적 차원)로 구성

④ '게임으로서의 스포츠'에서 '문화로의 스포츠'로 입문시킴

(2) 활동 및 목표

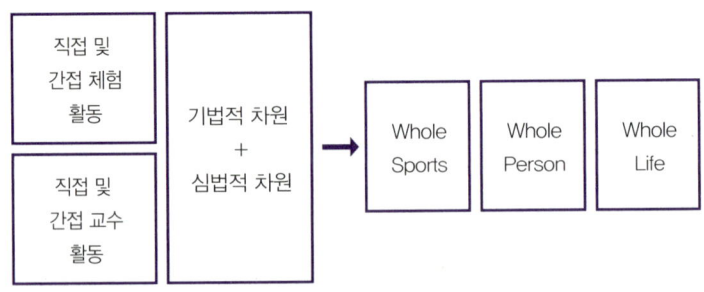

① 직접체험활동(기법적) : 스포츠를 잘 **하는** 것(기능, 전술, 게임)

② 간접체험활동(심법적) : 스포츠를 잘 **아는** 것(안목, 정신, 전통)

(3) 하나로수업모형의 구조

① 하기, 읽기, 쓰기, 보기, 듣기를 하나로

② 지식, 기능, 태도를 하나로

2017년 기출

하나로수업모형에서 〈보기〉의 내용이 의미하는 학습 활동은?

> • 스포츠의 심법적 차원(전통, 안목, 정신)을 가르친다.
> • 스포츠를 잘 알 수 있도록 한다.
> • 스포츠 문화로의 입문을 도와준다.

① 기능 체험
② 예술 체험
③ 직접 체험
④ 간접 체험

정답 ④

③ 체육활동과 일상생활을 하나로
④ 서로 다른 사람들을 하나로

02 스포츠지도를 위한 교수기법

1. 지도를 위한 준비

(1) 적합한 학습과제 선정(개발)
  ① 수업목표와 직접적으로 관련이 있는 활동
  ② 참여자의 운동능력과 경험수준에 적합한 활동
  ③ 모든 학생이 참여할 수 있는 활동

(2) 학습환경 조직 : 수업환경(시간, 공간, 사람, 용구)의 적절하고 효과적인 배합이 필수적

(3) 지도계획안의 설계
  ① 지도안 작성 시 유의사항
    ㉠ 프로그램 목표를 명확하게 진술
    ㉡ 정교한 계획 수립 : 단위목표에 기초하여 구성
    ㉢ 유연한 계획 수립 : 추가 학습 계획 및 대안계획 포함
    ㉣ 내용의 범위와 계열성 확인
    ㉤ 가능한 시설과 용구, 시간, 참여자 수 등 고려
  ② 지도안의 구성
    ㉠ 연속적인 경험의 구성

발달단계에 적합한 지도안	학습자의 발달단계에 맞는 수업 계획
순차적 지도안	지난 시간의 수업과 이번 수업이 연속선상에 위치하여 순차적 실시
나선형 지도안	전 시간의 내용 복습과 현 시간의 내용이 연계되어 확장
성공적인 연습에 근거한 지도안	학습자의 과거 경험이 현재와 미래에 영향을 미침

    ㉡ 상호작용적 연계성이 있는 경험의 구성
    ㉢ 개별적·개인적 경험의 구성
    ㉣ 실제적 경험의 구성
  ③ 효율적인 지도안 작성 : 체육에서의 학습시간(ALT-PE)을 중시

(4) 학습시간의 개념 분류

체육에 할당된 시간	학교에서 배정한 체육시간
운동참여시간	스포츠활동에 학습자들이 소비한 시간

+ 더 알아보기

학습환경을 조직하기 위해 중요한 요소
- 사람 : 모둠 짓기(규모와 기준)
- 시간 : 과제별 수행시간
- 공간 : 공간의 규모, 지역, 조직
- 용구 : 용구의 종류와 수량

관리시간
- 수업내용과 관련 없는 활동 등의 학습과제를 조직하는 데에 할당하는 시간
- 관리시간을 줄이는 것은 학습시간을 늘리는 것과 같음

2019년 기출

교수-학습 지도안을 작성할 때 고려해야 할 사항으로 가장 거리가 먼 것은?

① 진행할 학습 과제, 각 과제에 배정한 시간 등을 포함한다.
② 과제 전달 방법 및 과제 수행 조건, 교수단서 등을 포함한다.
③ 학습 목표는 학습자 특성보다 지도자 중심으로 작성한다.
④ 예상치 못한 상황이 발생했을 때를 대비하여 대안적 계획을 수립한다.

정답 ③

과제참여시간	학습자가 학습과제에 실제로 참여한 시간	
실제학습시간 (ALT-PE)	지도자가 교육하는 시간을 제외한 학습자가 실제 수업에 능동적으로 참여한 시간	

(5) 학습영역과 목표

인지적 영역	지식	사전에 학습된 정보 회상
	이해	정보의 의미 이해
	적용	정보를 구체적으로 적용 가능
	분석	정보의 구성요소를 분류하고 상호관계를 이해
	종합	부분을 전체로 통합(창의성, 독특성)
	평가	상반된 의견에 대해 가치를 판단
심동적 영역	반사	자극에 대한 무의식 행위
	기초기능	반사움직임과 결합된 선천적 움직임
	지각능력	감각을 해석하여 나타나는 행위
	신체능력	기초기능과 지각능력을 결합시킨 단순움직임
	복합기술	여러 신체능력의 결합을 요구
	운동능력해석	신체를 통한 의사소통 능력(움직임으로 감정을 표현)
정의적 영역	수용화	정보를 얻기 위해 관심을 가짐
	반응화	학습에 의해 얻은 지식을 논쟁, 토론, 동의함
	가치화	행위 또는 행사의 중요도를 결정
	조직화	가치를 비교하여 판단과 선택을 위해 조직화함
	인격화	가치를 내면화하여 일상생활에서 실천

(6) 움직임 기능의 분류

비이동 운동 기능	공간이동 X, 물체 도구 사용 X 예 균형 잡기, 구부리기, 비틀기
이동 운동 기능	공간이동 O, 물체 도구 사용 X 예 걷기, 달리기, 피하기
물체 조작 기능	물체를 몸에 고정하지 않고 도구 사용 예 던지기, 토스하기, 차기
도구 조작 기능	도구를 사용하여 물체를 움직이게 만듦 예 라켓 휘둘러 공 맞추기
전략적 움직임과 기능	역동적 상황에 적용되는 움직임 예 농구 수비하기
움직임 주제	복잡한 패턴을 발전시키기 위해 운동기능(비 이동, 이동, 조작)과 움직임(신체, 노력, 공간, 관계)을 결합 예 테니스 경기
표현 및 해석적 움직임	느낌, 개념, 생각, 주제를 표현하기 위한 움직임 예 '아리랑'을 듣고 몸으로 느낌 표현하기

2019년 기출

효율적인 지도의 특징으로 적절하지 않은 것은?

① 운영 시간에 배당된 시간의 비율이 낮다.
② 학습자가 과제에 참여하는 시간의 비율이 높다.
③ 학습 과제의 난이도가 적절하다.
④ 학습자가 대기하는 시간의 비율이 높다.

정답 ④

2019년 기출

움직임 기능에 적합한 학습과제가 바르게 연결된 것은?

① 이동 운동 기능 - 한 발로 뛰어 목표 지점까지 도달하기
② 비이동 운동 기능 - 훌라후프 던지고 받기
③ 물체 조작 기능 - 음악을 듣고 움직임 표현하기
④ 도구 조작 기능 - 평균대 위에서 균형 잡기

정답 ①

2. 지도내용의 전달

(1) 지도 내용의 발달적 조직 : 학습과제 단계화(Rink)

1단계	시 작	기초 단계의 학습 과제
2단계	확 장	난이도와 복잡성이 추가된 과제
3단계	세 련	자세나 기분 등 질적 측면이 향상된 과제
4단계	적용(응용)	학습 기능을 실제상황에서 활용

(2) 과제제시 전략

① 학습단서 조직
  ⊙ 정확성 : 학습단서는 정확해야 효과적임
  ⓒ 간결성 : 학습단서는 요점이 있고 간결해야 함
  ⓒ 적절성 : 학습자의 연령과 학습 단계에 적합해야 함

② 언어적 전달
  ⊙ 회상형(회고적) 질문 : 기억 수준의 질문
  ⓒ 수렴형(집중적) 질문 : 경험했던 내용을 분석·통합하는 데 필요한 질문
  ⓒ 확산형(분산적) 질문 : 경험한 적 없는 문제 상황을 해결하는 데 필요한 질문
  ⓔ 가치형(가치적) 질문 : 가치판단에 따른 선택·태도·의견을 표현하는 질문

3. 지도내용의 연습 및 교정

(1) 과제구조 및 참여전략
  ① 수준별로 수업할 것
  ② 참여자 스스로 난이도를 조절하게 함
  ③ 발달단계가 적합한지 확인하여 수업 진행
  ④ 연습과제의 적절한 활용

분습법	과제를 분할하여 연습
전습법	과제를 한 동작으로 연습

  ⑤ 폐쇄기능과 개방기능의 적절한 학습

폐쇄기능	기능수행 시 변화가 적음(양궁, 볼링)
개방기능	기능수행 시 변화가 많음(축구, 농구)

(2) 스포츠 학습 활동 유형

학습 스테이션	학습자를 소집단으로 나눠서 연습장소 주변에 지정된 몇 개의 센터(스테이지)를 순회하게 함
기능연습	단순하고 통제된 상황에서 하나의 과제를 여러 번 반복시킴

+ 더 알아보기

학습단서
어떤 학습과제에서 가장 중요한 특징을 학생에게 전달하기 위해 지도자가 사용하는 단어나 문장

언어 단서	말을 통해 제공하는 단서
조작 단서	신체감각을 동원시킬 수 있는 단서
시청각 단서	시각, 청각으로 자극 될 수 있는 단서

효과적인 단서의 특징
- 정확한 단서를 제공
- 수행과제에서 중요한 부분
- 분량이 적절해야 함
- 학습자의 연령과 학습단계에 적합

2021년 기출

〈보기〉에서 세 명의 지도자가 활용한 질문 유형이 순서대로 옳은 것은?

> 이코치 : 지난 회의에서 설명한 축구 규칙 기억나니?
> 윤코치 : 상대 선수가 다가올 때 수비하는 방법들은 무엇이 있을까?
> 정코치 : 상대 선수가 반칙을 하지 않았는데 심판에게 반칙했다고 판정을 받았을 때 너는 어떻게 하겠니?

① 회상형, 확산형, 가치형
② 회상형, 수렴형, 가치형
③ 가치형, 수렴형, 회상형
④ 가치형, 확산형, 회상형

정답 ①

2022년 기출

링크(J. Rink)의 내용발달 단계가 순서대로 연결된 것은?

① 시작 → 확대 → 세련 → 적용
② 적용 → 시작 → 확대 → 세련
③ 세련 → 적용 → 시작 → 확대
④ 확대 → 세련 → 적용 → 시작

정답 ①

리드-업 게임	정식게임을 단순화시킨 형태로 게임에서 반복되는 한두 가지의 기능 측면만 가지고 게임을 진행 예 축구공 패스 뺏기게임
변형 게임	필드나 골대크기, 인원수, 규칙 등을 변형하여 전략과 전술의 활용기회를 늘리는 경쟁 게임 예 풋살, 3대3 농구
스크리미지	• 전술연습게임 중에 티칭모멘트(지도자가 개입하여 경기를 중단시키고 피드백시키는 시간)가 존재함 • 언제든지 게임을 멈출 수 있는 특징을 가진 완전게임의 형태
역할수행	학습자들이 스포츠활동 내에서 심판, 기록자, 코치, 선수 등을 경험함
활동-지도-활동	학습자가 과제에 대한 정보를 거의 받지 않은 상태에서 먼저 활동을 시작하고 교사에게 문제점을 지도(피드백) 받은 후 다시 활동을 함

(3) 피드백 : 과제수행 후 그 결과에 대한 적절한 정보를 제공
  ① 피드백의 유형
    ㉠ 가치적 피드백 : 내용이 긍정적이거나 부정적 가치를 가짐
    ㉡ 중립적 피드백 : 사실적인 행동 진술, 판단이나 수정 지시가 없음
    ㉢ 교정적 피드백 : 실책과 관련하여 수정 지시를 받음
    ㉣ 애매모호한 피드백 : 잘못 해석될 여지가 있음
    ㉤ 내재적 피드백 : 본인 스스로 운동기능을 수행한 결과를 관찰하여 얻음
    ㉥ 외재적 피드백(보강적 피드백) : 다른 사람에 의해 운동수행 정보를 제공받음
    ㉦ 일반적 피드백 : 운동기능 자체와 관련 없음
    ㉧ 구체적 피드백 : 운동기능 정보와 관련 있음
    ㉨ 정확한 피드백 : 운동기능에 대해 정확히 설명된 정보
    ㉩ 부정확한 피드백 : 운동기능에 대해 부정확하게 설명된 정보
    ㉪ 즉각적 피드백 : 수행 직후 제공
    ㉫ 지연된 피드백 : 수행 후 시간이 지난 뒤 제공
  ② 피드백 제공 시 중요수칙
    ㉠ 피드백 제공은 많을수록 좋음
    ㉡ 일반적 피드백보다 구체적 피드백이 효과적
    ㉢ 즉각적 피드백이 지연된 피드백보다 효과적
    ㉣ 위험·소란 행동에 민감하게 반응해야 함
    ㉤ 주위와 관심을 학습자에게 공평하게 분산시켜야 함
    ㉥ 다양한 방법을 강구해야 함

(4) 교수전략
  ① 1인 연습 : 혼자 거울을 보거나 비디오 녹화를 이용하는 방법
  ② 동료교수 : 동료끼리 모의로 수업을 만들어 교수 기능을 연습하는 방법

2019년 기출

〈보기〉는 지역 스포츠클럽 강사 K의 코칭 일지의 일부이다. ㉠에 해당하는 스포츠교육의 학습 영역과 ㉡에 해당하는 체육 학습 활동이 바르게 묶인 것은?

코칭 일지

나는 스포츠클럽에서 배구의 기술뿐만 아니라 ㉠ 역사, 전략, 규칙과 같은 개념과 원리를 참여자들에게 가르쳤다. 배구 게임을 제대로 이해하기 위해서 전술 연습을 진행했다. ㉡ 게임을 진행하는 도중에 '티칭 모멘트'가 발생할 경우, 게임을 멈추고 전략과 전술을 지도하는 수업활동을 적용했다.

① 정의적 영역, 스크리미지
② 정의적 영역, 리드-업 게임
③ 인지적 영역, 스크리미지
④ 인지적 영역, 리드-업 게임

정답 ③

③ 마이크로티칭 : 제한된 범주 안에서 한 가지 구체적인 내용으로 소수 학생을 대상으로 실제 수업을 해 보는 방법. 예비지도자가 모의 상황에서 동료 또는 소수 참여자들을 대상으로 연습

④ 스테이션 교수(과제교수) : 둘 이상 과제를 동시에 진행하기 위한 교수방법으로서, 학습환경을 나누어 학생들이 스테이션을 이동하면서 학습하게 하는 방법. 기구가 부족한 상황에서 사용 가능

⑤ 반성적 교수 : 교사에 대한 평가를 통해 반성의 자료를 제공하는 방법

⑥ 대집단 단시간 교수 : 실제 상황에서 10~20분이나 단위 수업을 해 보는 방법

⑦ 소집단 단시간 교수 : 소수 집단을 대상으로 10~20분이나 단위 수업을 해 보는 방법

⑧ 실제 교수(교생실습) : 일정 기간 여러 학급에 대해 책임감을 갖고 실제 수업하는 방법

(5) 스포츠 관련 수업의 분류

효과적 수업	반성적 수업
• 과학적, 실증적, 객관적 관점 • 과학적 검증을 거친 자료를 바탕으로 지도 • 실제 학습시간 중요 • 스포츠 관련 수업의 효율성 중시	• 철학적, 윤리적, 사회적, 예술적 탐구 중시 • 계획-실천-관찰-반성-수정 과정을 거침 • 수업이 반성이자 반성이 수업 • 학생의 자아실현과 수업의 기회 균등 중시

4. 효과적 관리운영

(1) 절차

① 발생빈도가 높고 수업의 흐름을 방해하거나 저지할 가능성이 있는 모든 종류의 학생행동에 대해 대비하고, 교육해야 함

② 수업 시 어떤 과제와 학습 목표를 성취하기 위한 특정 방법을 뜻함

(2) 규칙의 지침

① 짧고 명확해야 함

② 발달수준에 적합한 언어나 기호로 전달해야 함

③ 내용이 5~8개의 범주정도가 되어야 기억하기 쉬움

④ 긍정적 어법을 사용해야 함

⑤ 규칙이 일관적이어야 함

⑥ 규칙을 어겼을 때와 지켰을 때의 일관성을 보여야 함

⑦ 강제적으로 부과할 수 없는 규칙은 만들지 말아야 함

(3) 규칙에 관련된 행동

① 안 전

② 타인 존중

③ 수업환경 존중

+ 더 알아보기

기타 예방적 관리계획
• 일관적인 수업관리
• 교사와 학생 사이의 계약
• 토큰수집(바람직한 행동 시 쿠폰을 제공)
• 타임아웃(교사의 시야 내에 위치하지만 수업활동에서 제외)

2022년 기출

〈보기〉의 설명에 해당하는 피드백 유형으로 옳은 것은?

• 모스턴이 제시한 피드백 유형이며, 사실적으로 행동을 기술한다.
• 판단이나 수정 지시를 하지 않으나, 피드백 진술의 의미를 변경할 수 있다.
• 다른 피드백 형태로 옮겨가는 특징을 가지고 있다.

① 교정적 피드백
② 가치적 피드백
③ 중립적 피드백
④ 불분명한 피드백

정답 ③

2024년 기출

〈보기〉에서 설명하는 박 코치의 '스포츠 지도 활동'에 해당하는 용어는?

박 코치는 관리시간을 줄이기 위해서 다음과 같이 지도 활동을 반복한다. 출석 점검은 수업 전에 회원들이 스스로 출석부에 표시하게 한다. 이후 건강에 이상이 있는 회원들을 파악한다. 수업 중에는 대기시간을 최소화하기 위해 모둠별로 학습 활동 구역을 미리 지정한다. 수업 후에는 일지를 회수한다.

① 성찰적 활동
② 적극적 활동
③ 상규적 활동
④ 잠재적 활동

정답 ①

④ 친구 학습지원
⑤ 최선

(4) 예방적 관리기법

초기활동의 통제	수업시작 시 절차를 만들어 초기행동 통제
수업의 정시시작	모든 수업을 정시에 시작
출석점검시간의 절약	출석에 대한 절차를 만들어 수업시간 절약
절차의 훈련	규칙과 절차를 빈번하게 상기시켜야 함
적극적 수업의 진행	지시, 격려, 열정을 초기단계에 보여 줘야 함
기대감의 전달	기대행동과 수행 기준을 반복 명시
피드백과 상호작용 증진	구체적 피드백과 긍정적 피드백을 자주 사용
수업흐름의 유지	• 수업흐름이 늦어지는 것을 피함 • 휴식시간을 피해야 함
관리행동	수업 운영 시간 및 학생 관리 기록
게임의 활용	정해진 관리목표를 달성 시 포상 제공

(5) 쿠닌(Kounine)의 수업관리법

예방적 수업관리	수업 중 활동흐름의 관리
• 상황파악 • 동시적 처리 • 활력 있는 수업 • 유연한 수업전개 • 집단경각 • 개인책무성	• 동시적 처리 • 학습활동의 침해 방지 • 탈선 방지 • 중도포기 및 회귀 • 과잉 설명 자제 • 집단세분화의 오류 수정

(6) 효과적인 벌의 방법

① 삭제훈련 : 나쁜 행동이 유발되는 상황에서 그러지 않았을 경우 점수를 부여하고 보상함
② 적극적 훈련(연습) : 나쁜 행동 발생 시 올바른 행동을 계속적으로 연습시킴
③ 타임아웃(퇴장) : 나쁜 행동 발생 시 현재 참여하는 수업에서 제외시킴
④ 보상철회 : 나쁜 행동이 발생했을 시 좋아하는 것을 뺏음 예 휴식시간, 간식 등

(7) 교사의 기여행동

직접기여	직접 가르치는 행동, 수업 시 중요역할을 하는 행동 예 동작설명과 시범, 과제명료화와 강화, 긍정적 학습 환경 유지, 피드백 제공, 개인과 소집단을 위한 과제변화, 수정, 학습자 반응의 관찰 분석
간접기여	수업과 관련 있지만 수업에 직접 기여하지 않는 행동 예 용변과 물 마시는 문제처리, 시설보수, 과제 외 문제토론에 참여, 부상학생의 처리
비기여	학습지도에 부정적 역할 예 소방연습, 전달방송, 교실을 방문한 손님과의 대화

+ 더 알아보기

적극적 감독의 특징
• 자주 훑어보고 학생들이 모두 시야에 들어오도록 함
• 미리 눈치챌 행동을 하지 않음
• 건너편이나 반대편을 보고 말을 건넴
• 위험행동, 소란행동에 민감하게 반응
• 주위와 관심을 학습자에게 공평하게 분산시킴
• 다양한 방법 강구

상호작용적 관리전략
• 용기구의 배분과 회수를 학습자가 돕도록 할 것
• 현재 활동이 진행되는 동안 다음 활동을 예비할 것
• 교정적 피드백이 부정적 피드백보다 효과적
• 언어적 피드백과 비언어적 피드백을 하나만 제시하는 것보다 둘 다 제시하는 것이 효과적
• 숙련된 학습자는 피드백을 적게, 대신 구체적으로 제공해야 함
• 초보 학습자는 학습동기를 유발하고 노력을 인정받을 수 있는 피드백 필요
• 학습환경의 전반적인 사태를 통찰할 것

2024년 기출

〈보기〉의 ㉠~㉢에 들어갈 교사 행동에 관한 용어가 바르게 제시된 것은?

• (㉠)은 안전한 학습 환경, 피드백 제공
• (㉡)은 학습 지도 중에 소방 연습과 전달 방송 실시
• (㉢)은 학생의 부상, 용변과 물 마시는 활동의 권리

	㉠	㉡	㉢
①	직접기여 행동	간접기여 행동	비기여 행동
②	직접기여 행동	비기여 행동	간접기여 행동
③	비기여 행동	직접기여 행동	간접기여 행동
④	간접기여 행동	비기여 행동	직접기여 행동

정답 ④

(8) 효과적인 학습활동 관찰

순회하면서 관찰	• 학습자가 학습환경에 분산되어 있는 경우 원활한 상호작용을 위해 순회할 계획을 세워야 함 • 예방적 수업관리의 "상황파악(상황이해)"과 같음
등은 벽으로 향하도록 함	체육관 중앙에만 있을 경우 시야가 협소해지므로, 크게 순회하며 모든 학습자가 지도자 시야 안에 들어오도록 함
근접거리를 조절	• 넓은 장소에 퍼져 있을 경우 지도자-학습자 간의 거리 조절 • 일탈가능성이 있는 학습자에게 다가가기 • 학습자를 지도자가 있는 곳으로 불러냄
상황 이해 (상황 파악)	수업환경에서 일어나는 모든 일을 알고 있는 것처럼 해야 함

5. 안전 및 예방

(1) 안전 및 예방을 위한 교수행동

① 안전규칙의 공지
② 규칙을 계속적으로 상기시키고 점검
③ 수업관리를 일관성 있게 진행
④ 동료가 다른 동료의 위험행동 시 경고
⑤ 다른 활동의 시작 시 완벽한 감독

(2) 부주의하고 파괴적인 행동을 감소시키는 데 효과적인 교수행동(Ornstein & Levine)

신호간섭	시선 마주침, 손 움직임 등 부주의한 행동을 감소시키는 그 밖의 교수행동을 이용함
접근통제	방해 행동을 하는 학생에게 가까이 접근함
긴장완화	유머를 활용함
상규적 행동의 지원	과제 제공, 스케줄과 같은 정해진 수업습관을 이용함
유혹적인 대상의 제거	파괴행동을 조장하게 되는 도구(야구배트 등)를 제거함
비정한 제거	파괴적인 학생에게 심부름을 시킴

(3) 부적합한 행동(비과제 행동) 감소유도

선택적 무시	부적합한 행동을 무시
밀착접근	과제에 몰입하지 않거나 부적합한 행동을 하는 참여자 옆으로 가까이 접근
순회지도	한곳에 머물지 않고 수시로 순회
긍정적 지적	• 바람직한 행동이나 기술을 습득하도록 스포츠 지도 가운데 학습자들을 지적 • 긍정적 지적을 너무 자주 사용하면 교육적 효과가 떨어짐
동시처리	의도하는 지도 방향을 유지하면서 동시에 발생하는 몇 가지 일을 해결
토큰수집	• 참여자가 바람직한 행동을 하였을 때 점수 또는 스티커 제공 • 스티커 개수만큼 물리적 보상(상품) 또는 특권(자유시간)을 제공 받음

+ 더 알아보기

수업 스펙트럼의 클러스터
• A-E : 교사의 행동을 모사하기 위한 수업구성
• F-K : 학생의 창의성을 위한 수업구성
• E와 F를 나누는 구분점을 발견역치라고 함

2022년 기출

〈보기〉에서 안전한 학습환경 유지에 관한 설명으로 옳은 것을 모두 고른 것은?

┌─────────────────────┐
│ ㉠ 위험한 상황이 예측되더라도 시 │
│   작한 과제는 끝까지 수행한다. │
│ ㉡ 안전한 수업운영에 필요한 절차 │
│   를 분명히 전달하고 상기시켜야 │
│   한다. │
│ ㉢ 사전에 안전 문제를 예측하고 교 │
│   구·공간·학생 등을 학습에 도 │
│   움이 되는 방향으로 배열 또는 │
│   배치한다. │
│ ㉣ 새로운 연습과제나 게임을 시작 │
│   할 때 지도자는 학생들의 활동을 │
│   주시하고 적극적으로 감독한다. │
└─────────────────────┘

① ㉠, ㉡
② ㉡, ㉢
③ ㉠, ㉢, ㉣
④ ㉡, ㉢, ㉣

정답 ④

2019년 기출

모스턴의 교수스타일에 대한 설명으로 옳지 않은 것은?

① 교수스타일 A~E까지는 모방이 중심이 된다.
② 교수스타일의 구조는 과제 활동 전, 중, 후 결정군으로 구성된다.
③ 교수는 지도자와 학습자의 연속되는 의사 결정 과정을 전제로 한다.
④ 교수스타일은 '대비접근' 방식에 근거를 둔다.

정답 ④

6. 모스턴(Mosston)의 교수 스타일

번호	유형	교수행동(T)	학생행동(L)	목표(O)
A	지시형	과제 전, 중, 후의 모든 사항 결정	교사의 지시에 따라 행동	정확한 수행이 목적
B	연습형	모든 교과의 운영절차 결정 및 피드백 제공	9가지 특정 사항(수업장소, 수업운영, 시작시간, 속도와 리듬, 정지시간, 질문, 인터벌, 자세, 복장과 외모) 의사결정 및 기억·모방 과제를 개별적으로 수행	교사의 피드백을 통해 학습자가 개별적으로 연습
C	상호 학습형	모든 교과의 내용과 기준 및 운영절차 결정, 관찰자에게 피드백 제공	• 학습자 : 주어진 과제 수행 • 관찰자(동료교수) : 즉각적, 지속적 피드백을 학습자에게 제공	교사 – 관찰자 – 학습자 간의 상호작용 및 피드백
D	자기 점검형	교과내용 및 평가기준, 수업절차 결정	독립적으로 과제 수행, 교사가 만든 평가기준으로 과제 점검	학습자가 과제를 수행(자기연습)하고 스스로 평가(자기평가)
E	포괄형	교과내용, 수업운영절차, 과제 난이도 선정	자신의 수준을 인식하고 출발점을 선택하여 과제 연습, 자신의 수행 점검	동일과제에 참여하여 자신들이 수행할 수 있는 난이도 선택
F	유도 발견형	학습자가 발견해야 할 해답에 대한 계열적 질문 선정	교사의 질문에 대한 해답을 발견	미리 예정된 해답이 나오도록 유도하여 학습자가 발견
G	수렴 발견형	교과내용 결정, 질문 계획	추리력, 호기심, 논리적 사고를 통한 해답 발견	미리 예정된 해답을 수렴적 과정을 통해 발견
H	확산 발견형	교과에 대한 문제와 주제 선정	다양한 설계, 해답, 반응을 발견	구체적 인지작용을 통한 확산적 해답을 발견
I	자기 설계형	세부적 공통교과내용 선정	교과내용에 대한 활동 결정(질문 만들기, 학습절차, 해답 발견)	학습절차에 대한 학습자의 독립성 제공
J	자기 주도형	학습자들의 학습경험에 대한 결정사항을 최대한 수렴, 요청이 있을 때만 참여	과제 전, 중, 후 활동에서 결정	학습설계, 학습경험을 학습자 주도하에 진행
K	자기 학습형	학습자가 교수자가 됨	학습자가 모든 의사결정에 참여, 스스로 성취	학습에 대한 학습자의 개인적 열망에 의해 한정

+ 더 알아보기

모스턴의 교수 스타일의 인지 과정 단계

단계	내용
자극	• 질문을 유발 • 인지적 불일치를 유도함
인지적 불일치	• 불안정하거나 흥분 상태를 유발 • 해답을 찾고자 하는 욕구에 의해 나타남
사색	구체적인 인지작용의 탐색
반응	• 인지작용 사이에서의 상호작용으로 인해 반응을 유도함 • 발견, 기억, 창조의 결과로 나타남

2023년 기출

모스턴(M. Mosston)의 포괄형(Inclusion) 교수 스타일에 관한 설명으로 적절하지 않은 것은?

① 지도자는 발견 역치(Discovery Threshold)를 넘어 창조의 단계로 학습자를 유도한다.
② 지도자는 기술 수준이 다양한 학습자들의 개인차를 수용한다.
③ 학습자가 성취 가능한 과제를 선택하고 자신의 수행을 점검한다.
④ 과제 활동 전, 중, 후 의사결정의 주체는 각각 지도자, 학습자, 학습자 순서이다.

정답 ①

7. 링크(Rink)의 체육 수업 방식

적극적 수업	• 지도자 주도로 진행 • 내용선택, 과제전달, 내용발달, 피드백과 평가에 대한 책임이 지도자에게 있음
과제식 수업 (스테이션 수업)	• 둘 이상의 과제들이 동시에 진행되도록 학습환경(스테이션)을 만듦 • 내용선택 가능성에 융통성이 많음(학습자가 능동적으로 참여 가능)
동료수업	• 학습자가 2인(3인) 1개조로 구성하여 관찰자-실행자의 역할 수행 • 지도자의 학습지도 책임을 학습자에게 위임함
자기지도식 학습	• 지도자는 운영을 하고 전반적인 학습을 학습자가 계획-실행-평가함 • 개별화 수업 : 모든 지도활동을 자료물(개인학습지)로 제시 • 계약 학습 : 학습자가 일련의 학습과제를 완수하겠다는 계약을 함 • 개인화 수업체계 : 개인진도에 맞춰서 단계별 학습과제를 달성
협동 수업	• 학습자가 팀이 되어 과제를 해결 • 학습자의 사회적(정의적)측면 발달 가능
질문식 수업 (인지적 수업)	• 단계화된 과제를 질문을 통해 가르침 • 학습과정이 학습결과만큼 중요함
팀 교수	여러 지도자가 한 그룹을 동시에 가르침 예 남, 여 지도자가 A반의 각각 남, 여 학습자를 가르침

+ 더 알아보기

체육과 핵심역량 요소(스포츠에서 창의성의 요소)
• 표현적 창의력
• 기술적 창의력
• 전술적 창의력
• 심미적 창의력

역순연쇄(Backward Chaining)
동작이 일어나는 순서에 따라 가르치지 않고, 마지막 동작부터 먼저 가르치는 것

과제 전이의 유형
• 과제 내 전이 : 같은 과제를 수행할 때 서로 다른 조건에서 수행에 영향을 받는 것
• 과제 간 전이 : 한 과제의 학습이 다른 과제의 수행에 영향을 미치는 것
• 대칭 전이 : 사지의 어느 쪽을 학습하는 것과 상관없이 양쪽 모두에 대한 전이효과가 유사하게 나타나는 것
• 비대칭 전이 : 한쪽 사지의 학습이 다른 쪽 사지의 운동기술 학습에 영향을 주는 것

03 세부지도목적에 따른 교수기법

1. 인성을 위한 지도기법

(1) 인성의 개념
   ① 교육을 통해 도달해야 할 가장 포괄적인 지향점을 제시해주는 개념
   ② 현재 체육과에서 추구하는 인간상은 '신체활동의 가치와 함께 창의 및 인성을 내면화하는 사람'으로, 인성을 강조하고 있음

(2) 인성의 범주 및 내용
   ① 도덕적 지식 : 의사결정, 팀워크, 자기이해, 타인이해
   ② 도덕적 정서 : 자기 책임감, 동정심, 자아존중감, 인내심, 겸손
   ③ 도덕적 행위 : 배려하기, 절제, 경기예절실천, 규범준수

2. 건강 활동 지도기법

(1) 체육에서의 건강
   ① 몸과 마음의 평안으로서, 지속적으로 행복한 삶을 가꾸어가는 기초가 됨
   ② 건강의 실천 내용과 방법으로 구분 : 체력 증진 및 관리, 보건과 안전, 건강관리 등

2018년 기출
스포츠 인성교육 조건에 대한 설명으로 적절하지 않은 것은?

① 스포츠활동에서 바람직한 행동을 지속적으로 반복하도록 한다.
② 학습자가 올바른 도덕적 의식을 가지고 자율적으로 실천하도록 한다.
③ 지도자가 바람직한 인성의 역할 모델로서 스포츠맨십의 모범을 보여준다.
④ 스포츠활동과 인성의 요소를 독립적으로 구분하여 지도한다.

정답 ④

(2) 교수기법
　① 다양한 홍보 영상물과 실습활동 활용
　② 체력운동과정을 점검, 격려, 칭찬하며 지도

3. 여가 활동 지도기법

(1) 체육에서의 여가 : 주어진 여가시간에 자기계발과 사회발전을 위해 유용하게 활용할 수 있는 태도를 추구

(2) 교수기법
　① 교내외 체육시설 및 수련장 적극 활용
　② 철저한 안전 점검

4. 경쟁 활동 지도기법

(1) 체육에서의 경쟁
　① 개인 혹은 집단 간의 경쟁상황에서 협동심, 책임감, 최선을 다함, 배려심, 정정당당함을 추구하는 것
　② 경쟁의 유형으로 구분

영역형	필드형	네트형	표적형
농구, 하키, 축구, 넷볼, 핸드볼, 럭비 등	야구, 발야구, 소프트볼 등	배드민턴, 탁구, 배구 등	볼링, 골프, 당구, 크로켓 등

(2) 교수기법
　① 놀이 및 게임중심으로 창의적인 사고력 증진
　② 간이게임 활용

5. 도전 활동 지도기법

(1) 체육에서의 도전
　① 자신의 수준을 이해하고 새로운 목표를 위해 노력하는 태도를 추구
　② 도전의 대상으로 구분 : 기록 도전, 동작 도전, 표적 및 투기 도전 등

(2) 교수기법
　① 놀이 중심의 움직임 지도
　② 지역사회 시설, 방송매체, 경기관람

2022년 기출

〈보기〉와 같이 종목을 구분하는 근거로 옳은 것은?

- 영역형 – 농구, 축구, 하키, 풋볼
- 네트형 – 배드민턴, 배구, 탁구
- 필드형 – 야구, 소프트볼, 킥볼
- 표적형 – 당구, 볼링, 골프

① 포지션의 수
② 게임전술의 전이 가능성
③ 기술(Skill)의 특성
④ 선수의 수

정답 ②

6. 표현 활동 지도기법

(1) 체육에서의 표현
  ① 신체활동을 통해 감정이나 생각을 적극적으로 아름답게 꾸밀 수 있는 능력을 추구
  ② 표현의 대상으로 구분 : 움직임 표현, 리듬 표현, 민속 표현, 주제 및 창작 표현 등

(2) 교수기법 : 다양한 신체적 표현 활동을 체험

단답형 문제

01 (　　)모형은 '교사가 수업 리더 역할을 한다'는 주제로 교사 주도적 수업이 이루어진다.

02 (　　)모형은 '유능하고 박식하며 열정적인 스포츠인으로 성장하기'를 주제로 학교 체육수업에서 학생에게 실제적으로 스포츠를 경험하도록 한다.

03 지도 내용의 발달적 조직을 위한 학습과제 단계화 순서는 '시작 → 확장 → (　　) → 적용'이다.

04 어떤 학습과제에서 가장 중요한 특징을 학생에게 전달하기 위해 지도자가 사용하는 단어나 문장을 (　　)라고 한다.

정답 01 직접교수　02 스포츠교육　03 세련　04 학습단서

05 출제예상문제

완벽하게 이해된 부분에 체크 하세요

01 다음 중 직접교수모형에서 교사의 역할로 옳지 않은 것은?

① 주도적으로 수업을 조직하고 운영한다.
② 많은 연습시간보다는 움직임에 대한 설명에 집중해야 한다.
③ 학습자에게 적합한 기술 또는 개념을 보여 주는 모형을 제시한다.
④ 학습활동을 설계하고, 연습과제를 제시한다.

해설 직접교수모형은 학습자에게 많은 연습시간을 제공해 주어야 한다.

02 다음 중 협동학습모형의 과제구조와 그 설명이 옳은 것은?

① 학생 팀 성취배분 – 비경쟁적 팀으로 협동하여 모든 팀원들에게 분배된 과제에 대한 점수를 합산
② 팀 게임 토너먼트 – 지식영역 중 쉬운 것부터 어려운 단계로 팀원의 도움을 받으며 진행
③ 팀 보조 수업 – 팀별로 순위를 나눈 뒤 같은 순위에 있는 다른 팀원들끼리 경쟁
④ 직소(Jigsaw) – 팀별로 과제를 할당하여 수업시간 외에 준비 후 발표

해설 '학생 팀 성취배분'은 비경쟁적 팀으로 협동하여 모든 팀원들에게 분배된 과제에 대한 점수를 합산하여 성적이 우수한 팀에게 보상을 부여하는 것이다. ② '팀 보조 수업', ③ '팀 게임 토너먼트', ④ '집단연구'에 대한 설명이다.

정답 01 ② 02 ①

03 각 수업모형에 대한 내용이 옳지 않은 것은?

① 직접교수모형의 '새로운 과제 제시'는 새로 배울 내용에 대해 간단하게 제시하는 것을 말한다.
② 스포츠교육모형은 심동적, 인지적, 정의적 영역을 균형있게 발달시키고자 한다.
③ 동료교수모형은 행동심리학에 기초하여 다른 사람과의 상호작용, 인간의 연속적 지적발달, 민주주의적 학습환경 조성에 관심을 갖는다.
④ 협동학습모형의 '팀 보상'은 우수한 팀에게 불평등하지만 거대한 보상을 제공하는 것을 말한다.

해설 슬라빈(Slavin)이 주장한 협동학습모형의 특징 중 '팀 보상'은 평등하고 공정한 보상을 우수한 팀에게 제공하는 것을 의미한다.

04 효과적인 학습단서의 특징으로 옳지 않은 것은?

① 지도자가 학습자에게 단서를 제공할 때는 정확한 단서를 제공해야 한다.
② 학습단서는 학습자가 수행하는 과제의 중요한 부분을 담고 있어야 한다.
③ 지도자가 학습단서를 제공할 때 모든 연령의 학습자에게 공통된 학습단서를 제공해야 한다.
④ 학습단서의 양은 너무 많거나 너무 적어도 안 되며 적절해야 한다.

해설 학습단서는 학습자의 연령과 학습단계에 적합해야 한다.

정답 03 ④ 04 ③

05 다음 중 피드백에 대한 설명의 연결이 옳은 것은?

① 가치적 피드백 – 긍정적이거나 부정적 내용에 대한 피드백
② 교정적 피드백 – 사실적인 행동진술로 판단이나 수정지시가 없는 피드백
③ 중립적 피드백 – 잘못 해석될 여지가 있는 피드백
④ 애매모호한 피드백 – 실책과 관련 수정에 대한 피드백

해설 가치적 피드백은 좋은 것인지 나쁜 것인지에 대한 내용이며, 긍정적 피드백과 부정적 피드백으로 나뉜다.

06 효율적인 수업 운영을 위한 교수기법으로 옳지 않은 것은?

① 수업을 시작할 때 초기 행동을 통제한다.
② 모든 수업을 정확한 시간에 시작한다.
③ 규칙과 절차를 인지시키고 지속적으로 강조한다.
④ 수업 후기 단계에 지시, 열의, 격려를 보여 지속성을 촉진한다.

해설 지시, 열의, 격려를 초기단계에 보여 학습자에게 동기를 부여하는 것이 좋다.

정답 05 ① 06 ④

제5과목 스포츠교육학

06 | 스포츠교육의 평가론

학습목표
- 평가의 개념과 목적을 설명할 수 있다.
- 평가의 종류와 그 활용에 대해 설명할 수 있다.
- 서로 다른 평가 기법을 구분하고, 그 방식과 목적을 설명할 수 있다.

20일 단기완성 학습 플랜
- 목표 학습 시간 : ___월 ___일
- 실제 학습 시간 : ___월 ___일

01 평가의 이론적 측면

1. 평가의 이해

(1) 평가의 정의

측 정	양을 수치화함(양적 자료)
검 사	측정을 위한 도구(측정도구)
사 정	대상자를 파악하기 위해 다양한 측정결과를 종합적으로 모아 분석
평 가	측정된 결과에 가치를 부여(질적 자료)

(2) 평가의 목적과 활용
① 측정한 데이터를 분석한 것에 대한 질적인 판단을 말함
② 학습자들에게 학습상태와 학습지도에 관한 정보를 제공함
③ 학습목표와 관련된 학습진행 상태를 평가하여 교수활동을 조정하는 데 도움이 됨
④ 교수의 효과를 판단하고 학습자들에게 운동수행 향상 동기를 유발함

(3) 평가의 기초원리

규준지향 평가	• 표준화된 검사 점수의 수집 • 점수비교 가능 • 백분율로 기록 • 능력을 파악하기 힘듦 • 등수를 중요시함(경쟁과열)
준거지향 평가	• 완전학습을 위한 평가 • 수준 도달 및 숙달 정도 평가 • 최선을 다하지 않을 가능성 존재
공식평가	평가를 계획하고 실행하는 것에 많은 시간이 소요됨
비공식평가	• 시간 계획이 필요 없음 • 이해 점검을 위해 필요한 평가

2019년 기출

〈보기〉의 대화에서 평가의 개념과 목적을 잘못 이해하고 있는 지도자는?

> 박 코치 : 평가의 유사개념에는 측정, 사정, 검사 등이 있는 것으로 알고 있습니다.
> 정 코치 : 네, 측정이나 검사는 가치지향적이고 평가는 가치중립적인 활동입니다.
> 김 코치 : 평가는 학습자의 학습 상태와 지도에 관한 정보를 제공할 수 있습니다.
> 유 코치 : 그래서 평가는 지도 활동에 대한 피드백이 될 수 있습니다.

① 박 코치
② 정 코치
③ 김 코치
④ 유 코치

정답 ②

2. 평가의 양호도

(1) 타당도 : 목적에 맞게 정확하게 측정하는 정도

내용타당도	특정내용을 정확하게 나타내는지 측정
준거관련타당도	척도와 평가하려는 내용을 비교하여 측정
└ 동시(공인)타당도	시험도구와 검증된 검사도구 간의 관계를 확인함
└ 예견타당도	준거척도가 앞으로의 행동을 나타냄
구인타당도	특정이론의 세부요소나 특성을 측정

(2) 신뢰도
① 검사도구가 측정내용을 일관성 있게 측정하는 정도
② 높은 타당도를 위해서는 신뢰도가 높아야 하지만, 신뢰도가 높다고 해서 타당도가 높은 것은 아님

도구의 신뢰도	점수를 정확히 측정할 수 있는 방법이 있을 때 높음
채점자 신뢰도	채점자가 정확하게 측정할 때 높음

※ 타당도와 신뢰도가 가장 중요

③ 스포츠 교육평가의 신뢰도 검사방법
　㉠ 상관계수를 이용한 신뢰도 추정

검사-재검사	동일검사를 동일한 집단에게 두 번 실시하여 두 검사 간 상관으로 신뢰도 추정
동형검사	두 개의 동형검사를 만들어 동일한 집단에게 두 개의 검사를 실시하여 신뢰도 추정

　㉡ 내적 일관성 신뢰도 추정

반분검사	• 한 번 시행한 검사점수를 두 개로 나누어 두 검사의 점수를 상관계수로 추정 • 스피어만 브라운 공식(Spearman-Brown)
내적 일관성 검사	• 검사를 인위적으로 반분하지 않고, 검사를 구성하는 문항의 분산을 이용하여 신뢰도 측정 • 크론바흐 알파 계수(Cronbach's Alpha 값)

(3) 객관도 : 2명 이상의 채점자들의 평가가 일치된 정도

2017년 기출

〈보기〉에서 이 감독이 고려하지 않은 평가의 양호도는?

> 준혁 : 서진아, 왜 이 감독님은 배구 스파이크를 평가할 때 공을 얼마나 멀리 보내는지를 가장 중요하게 평가하시는 걸까?
> 서진 : 그러게 말이야. 스파이크는 멀리 보내는 것이 중요한 게 아니라 코트 안으로 얼마나 정확하고 강하게 때리느냐가 중요한 것 같은데.

① 신뢰도
② 객관도
③ 타당도
④ 실용도

정답 ③

2020년 기출

맥티게(J. McTighe)가 제시한 개념으로 학습자가 배운 내용을 경기상황에서 구현하는 정도를 평가하는 방법은?

① 실제평가
② 총괄평가
③ 규준지향평가
④ 준거지향평가

정답 ①

02 평가의 실천적 측면

1. 평가의 유형과 효과적 평가

(1) 평가의 유형

진단평가	수업시작 전 참여자의 수준과 상태를 파악하고, 효과적인 교수·학습전략을 수립하기 위해 실시하는 평가
실제평가	학습자가 배운 내용을 경기상황이라는 실제상황에서 구현하는 정도를 평가
형성평가	수업 중 수업 진행 상황 파악하기 위한 평가
총괄평가	모든 수업과정을 마친 뒤 학습목표 달성도를 평가
임의평가	교사의 주관적 판단에 의한 평가
상대평가	학습자 간의 상대적 서열을 중심으로 평가
절대평가	학습자의 목표 달성도(정해진 기준) 평가
개인내차평가	학습자의 진도 정도를 계속적으로 측정하여 발전상태 평가
수행평가	실제상황에서 학습과제를 수행한 후 그것에 대한 결과를 통해 지식, 기능, 태도를 평가

(2) 효과적 평가

① 서로 다른 수준의 능력을 제대로 구별할 수 있는 평가
② 발달단계에 적합한 평가
③ 평가를 위해 특수한 도구나 채점자를 위해 필요한 훈련과정을 고려해야 함
   예 평가방법이 자연스러운 환경에서 진행되는가?, 평가를 위해 얼마나 많은 시간과 노력을 들였는가?

2. 평가의 기법과 사례

일화적 기록	수업관찰을 통한 교사의 짧은 서술사항 작성
체크리스트	어떤 사건이 벌어졌는지 체크하여 확인하는 도구
실제상황과제	실제상황에서 배운 내용과 관련된 기술 능력을 실제로 시범을 보임
포트폴리오	학습자가 만든 여러 자료들 중 가장 좋은 것을 모음
질문지	학습자들의 생각, 관심에 대해서 빠르게 자료를 얻을 수 있음
일기와 일지	생각, 느낌, 태도 등에 대한 정보를 얻게 함
루브릭	학습자의 학습과제 수행 시 나타나는 반응을 평가
보고서	할당된 업무에 대해 상세히 정리한 후 서면으로 제출하는 자료
평정척도	질적인 가치를 지닌 정보를 양적인 점수로 기록
사건기록법	특정 행동의 발생 횟수를 체크하여 기록
지속시간 기록법	특정 행동의 지속시간을 측정
기 타	인터뷰, 비디오분석, 자기평가, 동료평가

2022년 기출

〈보기〉의 ㉠, ㉡에 해당하는 평가 방법을 연결한 것으로 옳은 것은?

㉠ 수업 전 학습목표에 따른 참여자 수준을 결정하고, 학습과정에서 참여자가 계속적인 오류 상황을 발생시킬 때 적절한 의사결정을 하도록 한다.
㉡ 학생들에게 자신의 높이뛰기 목표와 운동계획을 수립하게 한 다음 육상 단원이 끝나는 시점에서 종합적 목표 달성여부 확인을 위해 평가를 실시한다.

	㉠	㉡
①	진단평가	형성평가
②	진단평가	총괄평가
③	형성평가	총괄평가
④	총괄평가	형성평가

정답 ②

단답형 문제

01 (　　)은/는 목적에 맞게 정확하게 측정하는 정도이다.

02 측정내용을 일관성 있게 측정하는 정도를 뜻하는 (　　)은/는 도구의 신뢰도, 채점자의 신뢰도로 나뉜다.

03 (　　)은/는 수업 시작 전에 학습자의 수준과 상태를 파악하고 효과적인 교수계획 및 학습전략을 수립하기 위해 실시하는 평가이다.

04 평가기법 중 (　　)은/는 생각, 느낌, 태도 등에 대한 정보를 얻게 한다.

정답 01 타당도 02 신뢰도 03 진단평가 04 일기와 일지

06 출제예상문제

완벽하게 이해된 부분에 체크 하세요

01 다음 중 평가의 양호도에 대한 설명으로 옳지 않은 것은?

① 신뢰도는 검사도구가 측정내용을 일관성 있게 측정하는 정도를 뜻한다.
② 채점자 신뢰도에 대한 객관도는 채점자가 정확하게 측정할 때 높다.
③ 신뢰도가 높으면 타당도가 높다.
④ 평가의 양호도를 구성하는 요소 중 타당도와 신뢰도가 가장 중요하다.

해설 높은 타당도를 위해서는 신뢰도가 높아야 하지만, 신뢰도가 높다고 해서 무조건 타당도가 높은 것은 아니다.

02 다음 중 타당도의 종류별 설명으로 옳은 것은?

① 내용타당도 – 시험도구와 검증된 검사도구 간의 관계를 확인함
② 준거관련타당도 – 척도와 평가하려는 내용을 비교하여 측정
③ 동시타당도 – 준거척도가 앞으로의 행동을 나타냄
④ 예견타당도 – 특정이론의 세부요소나 특성을 측정

해설 내용타당도는 특정 내용을 정확하게 나타내는지 측정하는 것이다. 준거관련타당도에 속하는 동시타당도는 시험도구와 검증된 검사도구 간의 관계를 확인하는 것이고, 예견타당도는 준거척도가 앞으로의 행동을 나타내는 것이다.

03 다음 중 규준지향평가와 준거지향평가에 대한 설명으로 옳지 않은 것은?

① 규준지향평가는 점수를 비교가능하며 백분율로 기록이 가능하다.
② 등수를 중요하게 여기는 것은 준거지향평가이다.
③ 준거지향평가는 최선을 다하지 않을 가능성이 존재한다.
④ 규준지향평가는 능력을 파악하기 힘들다는 단점이 있다.

해설 경쟁과열로 등수를 중요하게 여기는 것은 규준지향평가의 특징이다.

정답 01 ③ 02 ② 03 ②

04 다음 중 평가의 유형에 대한 설명으로 옳지 않은 것은?

① 형성평가는 수업 중 수업진행사항을 파악하기 위한 평가이다.
② 총괄평가는 모든 수업과정을 마친 뒤 학습목표 달성도를 평가한다.
③ 개인내차평가는 학습자의 진도정도를 계속적으로 측정하여 개인의 발전 정도를 평가한다.
④ 상대평가는 정해놓은 기준으로 학습자의 목표달성도를 평가한다.

해설 상대평가는 학습자 간의 상대적 서열을 중심으로 평가하며, 절대평가는 정해 놓은 기준으로 학습자의 목표달성도를 평가한다.

05 다음 중 평가의 기법에 대한 설명으로 사례로 옳은 것은?

① 일화적 기록 – 생각, 느낌, 태도 등에 대한 정보를 얻는다.
② 체크리스트 – 실제상황에서 배운 내용을 통해 실제로 시범을 보인다.
③ 실제상황과제 – 어떤 사건이 벌어졌는지 체크하여 확인하는 도구이다.
④ 포트폴리오 – 학습자가 만든 여러 자료 중 가장 좋은 것을 모은 것이다.

해설 포트폴리오는 대안적 평가방법 도구로서, 학습자가 장기간에 걸쳐 만든 여러 자료에 대해 노력, 진보과정, 성취수준 등을 평가하는 기법이다.

정답 04 ④ 05 ④

07 스포츠교육자의 전문적 성장

학습목표
- 스포츠 전문인이 지녀야 하는 전문적 자질에 대해 이해하고 설명할 수 있다.
- 학교·생활·전문 체육인이 지녀야 하는 자질을 근거를 들어 설명할 수 있다.
- 장기적 전문인 성장 및 발달 방법에 대해 사례를 들어 설명할 수 있다.

20일 단기완성 학습 플랜
- 목표 학습 시간 : ___월 ___일
- 실제 학습 시간 : ___월 ___일

01 스포츠교육 전문인의 전문적 자질

1. 스포츠교육 전문인의 전문적 자질

(1) 학교체육 전문인의 전문적 자질
  ① 인지적 자질
    ㉠ 학습자 이해 : 학습자 개인의 특성, 신체활동 학습 수준 및 발달 정도, 학습동기와 학습욕구 등 파악
    ㉡ 교과 지식 : 학교체육교과 내용 및 관련 지식
  ② 기능적 자질
    ㉠ 교육과정 개발 및 운영 : 체육교과, 학습자, 교육상황에 적합한 교육과정을 개발·운영
    ㉡ 수업 계획 및 운영 : 교육목표, 학습자 수준, 학습여건에 맞는 수업 계획, 다양한 수업 방법, 활동, 자료, 매체 등을 활용한 수업 운영
    ㉢ 학습 모니터 및 평가 : 학생의 신체활동 관련 학습을 관찰하고 평가
    ㉣ 협력관계 구축 : 교육공동체 구성원들의 참여와 협력을 유도하며 협력관계 구축
  ③ 인성적 자질
    ㉠ 교직인성·사명감 : 교육공동체 구성원 모두를 존중하는 태도와 인성, 가르치는 일에 대한 사명감
    ㉡ 전문성 개발 : 전문성 개발을 위해 자기의 교육 실천을 비판적으로 반성하고 연구·개선

(2) 생활체육 전문인의 전문적 자질
  ① 인지적 자질
    ㉠ 지도대상 관련 지식 : 참여자의 신체상황, 심리·사회적 특성 등 이해
    ㉡ 지도내용 관련 지식 : 스포츠 기술 및 전술, 스포츠과학 지식 등
    ㉢ 지도방법 관련 지식 : 스포츠 종목별 기술, 문제해결 지식 등

② 기능적 자질
  ㉠ 지도 능력
    - 종목 지도 : 서로 다른 종목을 지도할 수 있는 능력, 종목별 기술 동작 관찰 및 분석 능력
    - 일반 지도 : 지도 시 발휘되는 표현능력, 언어적 · 비언어적 피드백 능력, 목표 부여 및 동기 유발 능력
  ㉡ 프로그램 개발 능력 : 참여자 및 종목별 특성에 맞는 프로그램 개발, 참여자의 요구와 수준에 적합한 프로그램 개발 등
  ㉢ 관리 능력 : 회원관리, 조직관리, 안전관리, 시설관리
③ 인성적 자질
  ㉠ 체육인으로서의 자질 : 스포츠맨십, 스포츠윤리 준수
  ㉡ 교육자로서의 자질 : 리더십, 참여자를 이해 · 공감하는 태도
  ㉢ 전문가로서의 자질 : 책임감, 전문성을 향상시키려는 노력

(3) 전문체육 전문인의 전문적 자질
  ① 철학 및 윤리 : 선수 중심의 코칭철학 개발 · 실천, 근본이 되는 윤리적 행동
  ② 안전과 상해예방 : 선수들의 건강과 안전 보장을 위한 환경 제공, 건강관리 프로그램 운영, 응급처치 기술 보유
  ③ 신체적 컨디셔닝 : 선수들이 최상의 몸과 마음 상태를 유지할 수 있도록 돕는 프로그램 설계 및 제공
  ④ 성장 및 발달 : 선수의 사회적 성장과 정서적 성숙을 도움
  ⑤ 지도법 및 커뮤니케이션 : 선수 특성과 프로그램 목표에 맞는 긍정적 학습환경 제공
  ⑥ 운동기능 및 전술 : 종목별 운동기능 및 전술을 개발하고 적용
  ⑦ 조직과 운영 : 대회관리 및 운영, 재정관리, 인력관리, 문서관리, 조직관리
  ⑧ 평가 : 선수 · 코치 · 스태프들을 객관적으로 평가할 수 있는 평가기법 연구 및 개발

2. 스포츠교육 전문인으로서의 성장

형식적 성장	• 제도화되고 관료적이며, 교육과정에 의해 조직된 교육을 통해 이루어짐 • 기관에 의해 대규모로 이루어지고 학위 또는 자격증이 주어짐
비형식적 성장	• 과거 선수 경험, 비형식적인 멘토링, 실제 코칭 경험, 동료 코치나 선수들과의 대화를 통해 이루어짐 • 정보 수집, 독서, 스포츠과학 관련 동영상 시청, 자기반성 및 분석 등을 통한 자기주도적 학습으로 이루어짐
무형식적 성장	• 공식화된 교육기관 밖에서 행해지는 학습의 기회로서 비교적 단기간에 자발적으로 이루어짐 • 단기간의 세미나, 워크숍, 컨퍼런스 참여 등의 무형식 교육에 유용

2015년 기출

체육지도자의 전문가로서 성장방법이 아닌 것은?

① 형식적 성장
② 무형식적 성장
③ 반성적 성장
④ 비형식적 성장

정답 ③

2017년 기출

〈보기〉에서 최 코치가 추천한 스포츠 교육 전문인의 성장 방식은?

민 수 : 코치님, 어떻게 하면 저도 훌륭한 스포츠 교육 전문가가 될 수 있을까요?
최 코치 : 여러 가지가 있겠지만, 나는 네가 선수 시절 경험을 정리해 보거나, 코칭 관련 책과 잡지를 읽으면서 다양한 지식을 얻었으면 좋겠다.

① 경험적 성장
② 비형식적 성장
③ 의도적 성장
④ 무형식적 성장

정답 ① · ②

단답형 문제

01 스포츠교육 전문인은 학교체육 전문인, 생활체육 전문인, (　　) 전문인으로 분류할 수 있다.

02 스포츠교육 전문인은 (　　) 개발을 위해 자기의 교육 실천을 비판적으로 반성하고 연구·개선하려고 노력해야 한다.

03 과거 선수 경험, 비형식적인 멘토링, 실제 코칭 경험, 동료 코치나 선수들과의 대화를 통해 (　　) 성장이 이루어진다.

04 단기간의 세미나, 워크숍, 컨퍼런스 참여 등을 통해 (　　) 성장이 이루어진다.

정답　01 전문체육　02 전문성　03 비형식적　04 무형식적

07 출제예상문제

완벽하게 이해된 부분에 체크 하세요

01 다음 중 전문체육 전문인의 전문적 자질로 옳지 않은 것은?

① 신체적 컨디셔닝
② 안전 및 상해 예방
③ 교과지식
④ 조직과 운영

해설 교과지식은 학교체육 전문인의 인지적 자질이다.

02 학교체육 전문인의 전문적 자질에 대한 설명으로 옳지 않은 것은?

① 학교체육 교과 내용을 숙지하고, 관련 지식을 갖추어야 한다.
② 전문성 개발을 위해 자기 교육 실천을 비판적으로 반성하고 연구·개선한다.
③ 학생들의 참여와 협력을 유도하며 협력 관계를 구축한다.
④ 학생 개인의 특성보다 학교체육의 교육목표에 초점을 맞춰야 한다.

해설 학교체육 전문인은 학생의 특성, 신체활동 학습 수준 및 발달 정도, 학습동기와 학습욕구 등을 파악하고, 교육목표와 학생 수준과 학습여건에 맞는 수업을 계획·운영해야 한다.

정답 01 ③ 02 ④

03 생활체육 전문인의 전문적 자질에 대한 설명으로 옳지 않은 것은?

① 종목별 기술 동작을 관찰하고 분석하는 능력을 갖추어야 한다.
② 선수, 코치, 스태프들을 객관적으로 평가할 수 있는 평가기법을 연구·개발한다.
③ 언어적·비언어적 피드백 능력 및 표현능력을 갖추어야 한다.
④ 참여자의 신체상황, 심리·사회적 특성을 이해한다.

> **해설** 평가기법을 연구·개발하는 것은 전문체육 전문인의 전문적 자질에 대한 설명이다.

04 스포츠교육 전문인으로 성장하는 방법 중 다음 설명에 해당하는 것은?

- 과거 선수 경험, 비형식적인 멘토링, 실제 코칭 경험, 동료 코치나 선수들과의 대화를 통해 이루어짐
- 정보 수집, 독서, 스포츠과학 관련 동영상 시청, 자기반성 및 분석 등을 통한 자기주도적 학습으로 이루어짐

① 형식적 성장
② 탈형식적 성장
③ 무형식적 성장
④ 비형식적 성장

> **해설** 형식적 성장은 제도화되고 관료적이며 교육과정에 의해 조직된 교육을 통해 이루어지고, 무형식적 성장은 단기간의 세미나, 워크숍, 컨퍼런스 참여 등 공식화된 교육기관 밖에서 이루어진다.

정답 03 ② 04 ④

제5과목 | 과목별 예상문제

완벽하게 이해된 부분에 체크 하세요

01 스포츠교육의 가치에 대한 설명으로 옳지 않은 것은?

① 스포츠 경기를 통해 협동, 인내, 성실 같은 사회적·도덕적 인격을 기를 수 있다.
② 스포츠활동은 성인·노인의 주의력과 집중력 등 인지기능 향상에 기여한다.
③ 스포츠활동은 경쟁을 통해 긴장감과 공격성을 증진하여 운동기술을 향상시킨다.
④ 신체의 순환, 대사, 소화 등 여러 신체기능을 유지·발달시킨다.

해설 스포츠나 신체활동은 스트레스나 긴장감을 해소하고, 공격성·경쟁성 등을 완화함으로써, 심리적으로 건강하게 살아갈 수 있게 해 준다.

02 「학교체육진흥법」에 따른 학교운동부 운영에 대한 설명으로 옳지 않은 것은?

① 학교의 장은 학생선수의 훈련과 지도를 위해 학교운동부에 지도자를 반드시 배치해야 한다.
② 학교의 장은 학생선수의 학기 중 상시합숙훈련이 근절될 수 있도록 노력해야 한다.
③ 학생선수가 일정 수준의 학력기준에 도달하지 못한 경우 경기대회 출전을 제한할 수 있다.
④ 학교의 장은 기초학력보장 프로그램을 운영하여 학생선수의 최저학력이 보장되도록 노력해야 한다.

해설 학교의 장은 학생선수의 훈련과 지도를 위해 학교운동부에 지도자를 둘 수 있지만, 반드시 이행해야 하는 의무사항은 아니다.

학교운동부지도자(「학교체육진흥법」 제12조)
① 학교의 장은 학생선수의 훈련과 지도를 위하여 학교운동부에 지도자를 둘 수 있다.

정답 01 ③ 02 ①

03 다음 중 스포츠교육모형에 대한 설명으로 옳지 않은 것은?

① 팀 보상, 개인책무성, 평등한 기회제공의 개념에 기초한다.
② 수업을 하나의 스포츠 '시즌'으로 구성하여 전인적 스포츠인을 양성하는 데 주력한다.
③ 심동적, 인지적, 정의적 영역의 균형적 학습으로 각 영역의 우선순위가 동등하다.
④ 스포츠교육모형의 스포츠 조직 특성 중 공식경기는 시즌의 조직과 의사결정 과정에 학생이 참여할 수 있다.

해설 팀 보상, 개인책무성, 평등한 기회제공은 협동학습모형의 구성요소이다.

04 다음 중 동료교수모형에 대한 설명으로 옳지 않은 것은?

① 2인 1조로 구성되어 학습하는 상호학습과정을 중시한다.
② 개인교사의 경우 학습 우선순위는 '인지적 영역 > 정의적 영역 > 심동적 영역'이다.
③ 모형의 주제는 '문제해결자로서의 학습자'이다.
④ 수업 내에서 교사는 개인교사를 통해서 학습자에게 피드백을 간접적으로 제공하며, 개인교사와 학습자의 역할이 주기적으로 바뀐다.

해설 동료교수모형의 주제는 '나는 너를 가르치고 너는 나를 가르친다'이다. '문제해결자로서의 학습자'는 탐구수업모형의 주제이다.

05 다음 중 전술게임모형의 특징으로 옳지 않은 것은?

① 게임에 필요한 전술적 지식, 기술학습을 중심으로 변형게임, 정식게임으로 수업을 이끌어 간다.
② 학습 우선순위는 '심동적 영역 > 인지적 영역 > 정의적 영역' 순으로 진행된다.
③ 학습자의 발달상 측면을 기초하여 대표성, 과장성을 가지고 있는 변형게임을 구성한다.
④ 당구, 볼링, 골프는 스포츠 분류 중 표적형 스포츠에 포함된다.

해설 전술인지가 수행능력의 사전조건인 전술게임모형은 '인지적 영역 > 심동적 영역 > 정의적 영역' 순으로 우선순위를 가진다.

정답 03 ① 04 ③ 05 ②

06 다음 중 개인적 · 사회적 책임감 모형에 대한 설명으로 옳지 않은 것은?

① 학습영역의 우선순위는 교사가 언급한 학습목표에 의해 결정된다.
② 모형의 주제는 '서로를 위해 함께 배우기'이다.
③ 교사와 학생이 상호작용하기 때문에 교사는 경청, 질문, 농담, 반성 등을 수업에 활용한다.
④ 헬리슨(Hellison)이 제시한 책임감 수준은 총 6단계로 나눌 수 있으며, 이 중 3단계는 자기방향 설정단계이다.

해설 개인적 · 사회적 책임감 모형의 주제는 '통합, 전이, 권한 위임, 교사와 학습자의 관계'이다.

07 다음 설명에 해당하는 효과적인 처벌의 방법으로 옳은 것은?

> A 선생님은 단체 트레이닝 시간에 집중하지 못하고 다른 사람들과 대화하고 딴짓하는 빈도를 줄이기 위한 방법을 생각해냈다. 수업시간 동안 딴짓하지 않고 운동에 집중했을 경우 10점을 부여하고, 총점이 100점인 수강생은 트레이닝을 받는 비용을 10% 할인해 주었다.

① 삭제훈련
② 적극적 훈련
③ 타임아웃
④ 보상철회

해설 나쁜 행동이 유발되는 상황에서 그러지 않았을 경우 점수를 부여하고 보상하는 효과적인 벌의 형태는 삭제훈련이다.

08 다음 중 기여 행동에 대한 설명으로 옳지 않은 것은?

① 직접기여 행동은 수업 시 중요한 역할을 하며 지도하는 것을 말한다.
② 간접기여 행동은 수업과 관련있지만 직접 기여하지는 않는 행동이다.
③ 간접기여 행동의 예로 학생 관찰 및 피드백, 과제 명료화, 긍정적 학습환경 유지 등이 있다.
④ 비기여 행동은 학습지도에 부정적 역할을 한다.

해설 동작 설명과 시범, 학생 관찰 및 피드백, 과제 명료화, 긍정적 학습환경 유지 등은 직접기여 행동의 예이다.

정답 06 ② 07 ① 08 ③

09 다음 중 〈보기〉의 설명에 해당하는 타당도의 종류로 옳은 것은?

> "하버드 스텝검사는 VO_2max를 측정하는 가장 보편적인 검사인 트레드밀 운동부하검사와 비교했을 때 상관관계가 0.9로 나타났다. 따라서 하버드 스텝검사는 심폐지구력 측정 시 타당성이 높은 검사라고 할 수 있다."

① 내용타당도
② 동시(공인)타당도
③ 예견타당도
④ 구인타당도

해설 동시(공인)타당도는 공식적으로 인증된 시험도구와의 상관관계가 높을 경우, 그 시험도구를 타당도가 높다고 판단하는 평가의 양호도 중 하나이다.

10 다음 중 스포츠교육 전문인의 전문역량 강화에 대한 내용으로 옳지 않은 것은?

① 생활체육 전문인은 지도에 관련된 지식을 바탕으로 프로그램 개발, 지도, 회원 관리 등을 할 수 있는 자질이 있어야 한다.
② 모든 스포츠 전문인은 스포츠맨십, 스포츠 인권에 대한 규범적 가치를 가지고 있어야 한다.
③ 전문체육 전문인은 선수 중심의 코칭철학을 개발하고 실천해야 한다.
④ 스포츠교육자의 전문적 성장 방법 중 세미나, 워크숍과 같은 비공식적으로 조직화된 학습기회를 통한 성장을 비형식적 성장이라 한다.

해설 세미나, 워크숍 같은 비공식적으로 조직화된 학습기회를 통한 성장을 무형식적 성장이라고 한다.

정답 09 ② 10 ④

11 다음 중 모스턴(Mosston)의 교수스타일에 대한 설명으로 옳지 않은 것은?

구 분	교수행동(T)	학생행동(L)	목표(O)
① 지시형	모든 교과의 운영절차 결정 및 피드백 제공	9가지 의사결정 및 기억·모방 과제를 개별적으로 수행	교사의 피드백을 통해 학습자가 개별적으로 연습
② 상호 학습형	모든 교과의 내용과 기준 및 운영절차 결정, 관찰자에게 피드백 제공	학습자는 주어진 과제를 수행하고 동료교수는 지속적 피드백을 학습자에게 제공	교사-관찰자-학습자 간의 상호작용 및 피드백
③ 자기 점검형	교과내용 및 평가기준, 수업절차 결정	독립적으로 과제를 수행하고 교사가 만든 평가기준으로 과제를 점검	학습자가 과제를 수행(자기 연습)하고 스스로 평가
④ 포괄형	교과내용, 수업운영절차, 과제 난이도 선정	자신의 수준을 인식하고 출발점을 선택하여 과제 연습, 자신의 수행 점검	동일과제에 참여하여 자신들이 수행할 수 있는 난이도 선택

해설 ① 지시형 교수스타일이 아닌 연습형 교수스타일에 해당한다.

12 스포츠학습활동 유형에 대한 설명으로 옳지 않은 것은?

① 학습 스테이션은 학습자를 소그룹으로 나누어 연습장소 주변에 지정된 몇 개의 센터를 순회하게 만든다.
② 리드-업게임은 필드나 골대 크기, 인원수, 규칙 등을 변형하여 전략과 전술을 활용하게 만드는 경쟁게임으로, 실제 축구경기를 변형한 풋살경기를 예로 들 수 있다.
③ 역할수행은 학습자들이 스포츠활동 내에서 심판, 기록자, 코치, 선수 등을 경험하는 것을 말한다.
④ 활동-지도-활동은 학습자가 과제에 대한 정보를 거의 받지 않은 상태에서 먼저 활동을 시작하고, 교사에게 문제점을 피드백 받은 후 다시 활동을 재개하는 것을 말한다.

해설 필드나 골대 크기, 인원수, 규칙 등을 변형하여 전략과 전술을 활용하게 만드는 경쟁게임은 변형게임이다. 리드-업게임은 정식게임을 단순화시킨 형태로 게임에서 반복되는 한두 가지의 기능 측면만 가지고 게임을 진행한다.

정답 11 ① 12 ②

모든 전사 중 가장 강한 전사는 이 두 가지, 시간과 인내다.

– 레프 톨스토이 –

끝까지 책임진다! 시대에듀!

QR코드를 통해 도서 출간 이후 발견된 오류나 개정법령, 변경된 시험 정보, 최신기출문제, 도서 업데이트 자료 등이 있는지 확인해 보세요! **시대에듀 합격 스마트 앱**을 통해서도 알려 드리고 있으니 구글 플레이나 앱 스토어에서 다운받아 사용하세요. 또한, 파본 도서인 경우에는 구입하신 곳에서 교환해 드립니다.

출제비중(2018~2024년)

(단위 : 개)

구 분	2024	2023	2022	2021	2020	2019	2018	합 계
스포츠와 윤리	8	5	5	7	8	7	6	46
경쟁과 페어플레이	4	4	6	6	2	3	6	31
스포츠와 불평등	2	3	3	2	4	1	2	17
스포츠에서 환경윤리와 동물윤리	2	1	1	–	2	2	1	9
스포츠와 폭력	1	1	1	2	1	2	1	9
경기력 향상과 공정성	1	3	1	1	2	2	1	11
스포츠와 인권	1	–	2	2	–	2	1	8
스포츠 조직과 윤리	–	2	1	–	1	1	2	7
기타 및 통합문제	1	–	–	–	–	–	–	1

※ 출제비중은 문제 분석에 따라 달라질 수 있습니다.

스포츠지도사 2급 필기 20일 합격

제**6**과목

스포츠윤리

기출 분석(2024년 기출)

스포츠윤리는 2023년과 같이 스포츠와 관련된 법(스포츠기본법)에 대한 내용이 출제되고, 동물 및 환경윤리에 대한 문제가 많이 출제되었다. 한편, 스포츠윤리와 연관되지 않은 문제와, 새로운 윤리학 용어의 기초개념(아크라시아, 충서 등)에 대해 물어보는 문제가 많이 출제되어 난도가 높았을 것으로 예상된다. 여전히 스포츠윤리학의 기초 및 개념, 윤리이론이 빈출되고 있기 때문에 집중적으로 해당 챕터를 공부하는 것이 중요하다. 스포츠윤리는 예측하기 어렵기 때문에 기초적인 윤리이론, 개념에 대한 부분을 숙지함에 더해, 다양한 윤리·철학 서적을 읽어볼 것과 도덕교육 사상가와 그 도덕교육사상에 대한 내용을 숙지할 것을 권장한다.

01 스포츠와 윤리
02 경쟁과 페어플레이
03 스포츠와 불평등
04 스포츠에서 환경윤리와 동물윤리
05 스포츠와 폭력
06 경기력 향상과 공정성
07 스포츠와 인권
08 스포츠 조직과 윤리

제6과목 스포츠윤리

01 스포츠와 윤리

학습목표
- 스포츠와 윤리의 관계에 대해 설명할 수 있다.
- 스포츠윤리의 독자성을 이해하고, 그 필요성을 설명할 수 있다.
- 동서양의 다양한 윤리이론을 이해하고, 스포츠상황에 적용하여 사례를 들 수 있다.

20일 단기완성 학습 플랜
- 목표 학습 시간 : ___월 ___일
- 실제 학습 시간 : ___월 ___일

2019년 기출

스포츠윤리의 개념에 대한 설명으로 적절하지 않은 것은?

① 윤리는 실천의 자율성을 중시한다.
② 도덕은 양심, 자율성 등 개인의 내면성 문제를 주로 다룬다.
③ 절묘한 기술로서 '좋은 패스'는 도덕적 선(善)으로 해석된다.
④ 스포츠맨십은 합규칙성을 넘는 적극적인 도덕적 마음가짐이다.

정답 ③

2022년 기출

〈보기〉에서 가치판단으로 옳은 것을 모두 고른 것은?

㉠ 체조경기에서 선수들의 연기는 아름답다.
㉡ 건강을 위해서는 고지방 음식을 피해야 한다.
㉢ 시합이 끝난 후 상대방에게 인사를 하는 것은 옳은 행위이다.
㉣ 이상화는 2010년 밴쿠버동계올림픽에서 금메달을 획득하였다.

① ㉠, ㉢
② ㉡, ㉢
③ ㉠, ㉡, ㉢
④ ㉠, ㉡, ㉢, ㉣

정답 ③

---

01 스포츠의 윤리적 기초

1. 도덕·윤리·선

(1) 도덕·윤리·선의 개념

도 덕	윤 리	선
• 사람이 마땅히 행해야 할 도리 • 개인의 심성 또는 덕행 • 자발적 실천(주관적 격률, 도덕규칙) • 개인의 내면성(개인적 양심)	• 더불어 살아가는 인간관계의 이치 • 사회적 양심 • 도덕적 규범과 관습	• 도덕적 실천의 기본 가치 • 도덕적 행위를 가능하게 하는 근거 • 윤리와 도덕은 선의 표현

(2) 스포츠와 윤리의 관계
① 스포츠는 사회활동의 일환이므로 사회적 기준에 의한 윤리와 관계가 깊음
② 스포츠활동 중 이루어지는 윤리행동과 공정성은 스포츠의 본질적 가치임

2. 사실판단과 가치판단

(1) 사실판단
① 실제 사건과 현상에 대한 객관적 진술
② 측정을 통해 참과 거짓을 판단할 수 있음
③ **사례** : 박태환 선수는 아시아선수권 수영대회에서 자유형 200m대회 신기록을 수립했다.

(2) 가치판단
① 마땅히 그렇게 되어야 할 것을 지시하거나 어떤 기준·규범을 따르는 것
② 개인의 가치관에 따라 달라지는 주관적 판단
③ **사례** : 축구경기 중 넘어진 상대선수를 일으켜 준 박지성 선수의 행동은 훌륭하다.

02 스포츠윤리의 이해

1. 일반윤리와 스포츠윤리

(1) 일반윤리와 스포츠윤리의 차이

일반윤리	실제 도덕의 규범
스포츠윤리	• 일반윤리 포함 • 스포츠와 관련된 모든 상황에서 요구되는 도덕적 규범과 가치

(2) 스포츠윤리의 독자성

① 전통적 의미로 스포츠도덕은 스포츠규칙의 자발적 준수를 의미함
② 선수는 구성적인 조건규칙을 준수해야 함
③ 규칙의 자발적 준수가 선수의 도덕성을 평가하는 절대적인 기준은 아님
④ 스포츠에서의 규칙위반은 경기의 일부로 인정되기도 함
⑤ 경쟁의 도덕적 조건과 가치있는 승리의 의미를 밝힘
⑥ 비도덕적 행위의 유형과 공정성의 조건을 제시함
⑦ 스포츠를 통한 도덕적 자질과 인격의 함양을 추구함

2. 스포츠윤리의 목적

(1) 스포츠윤리의 목적과 필요성

목적	• 일반윤리학이 제시한 윤리적 원리와 덕목을 고찰함 • 도덕적 가치들의 선택과 판단에 대한 규칙 설정을 통해 참여자의 특정행동을 강화함
필요성	스포츠산업화·세계화를 통한 비윤리적 현상의 지속적인 발생으로 스포츠 윤리에 대한 교육이 필요함

(2) 스포츠인의 윤리 : 스포츠인의 윤리는 체육인이 갖추어야 할 기본적 도덕성을 의미함

  예 국가관, 사명감, 협동, 페어플레이, 품위유지

(3) 스포츠윤리의 연구동향

① 스포츠에서의 폭력 문제
② 스포츠에서의 경쟁의 문제
③ 경기력 향상을 위한 각종 도핑 문제
④ 대학 스포츠의 문제(예 부정적 장학금, 학업부진, 은폐 등)
⑤ 스포츠에서의 기회균등 문제
⑥ 스포츠에서의 남녀평등 문제

+ 더 알아보기

상대론적 윤리체계
도덕적 원칙이 절대성이 아닌 사람들의 계약·합의에 따라 상대성으로 정해짐

절대론적 윤리체계
보편적으로 타당한 삶의 원리가 인간에게 주어져 있다고 생각함

[2024년 기출]
스포츠윤리의 특징으로 적절하지 않은 것은?

① 스포츠 경쟁의 윤리적 기준이다.
② 올바른 스포츠 경기의 방향이 된다.
③ 보편적 윤리로는 다룰 수 없는 독자성이 있다.
④ 스포츠인의 행위, 실천의 기준이다.

정답 ③

[2023년 기출]
〈보기〉에서 스포츠윤리의 역할로 적절한 것으로만 고른 것은?

> ㉠ 스포츠상황에서 행동의 옳고 그름을 판단할 수 있는 원리 탐구
> ㉡ 스포츠 현상을 사실적으로 기술하는 방법 탐구
> ㉢ 스포츠 현상의 미학적 탐구
> ㉣ 윤리적 원리와 도덕적 덕목에 기초하여 스포츠인에게 요구되는 행위 탐구

① ㉠, ㉡   ② ㉠, ㉣
③ ㉡, ㉢   ④ ㉡, ㉣

정답 ②

[2021년 기출]
스포츠윤리의 목적으로 옳지 않은 것은?

① 스포츠 행위의 공정한 조건을 제시한다.
② 의도적 반칙에 대한 정당화의 근거를 제시한다.
③ 스포츠를 통한 도덕적 자질과 인격 함양을 추구한다.
④ 스포츠맨십, 페어플레이 등 스포츠 윤리규범을 통한 바람직한 공동체의 모습을 제시한다.

정답 ②

+ 더 알아보기

헤겔(Hegel)
- 윤리의 개인적 측면(칸트가 주장) 보다 사회적, 역사적 측면에 주목
- 공동체윤리로서 국가윤리를 강조

2024년 기출

〈보기〉의 내용에 해당하는 윤리적 태도는?

> 나는 경기에 참여할 때마다, 나의 행동 하나하나가 가능한 많은 사람이 만족하는 데 기여할 수 있도록 노력한다.

① 행위 공리주의
② 규칙 공리주의
③ 제도적 공리주의
④ 직관적 공리주의

정답 ①

2023년 기출

〈보기〉에서 A선수의 판단 근거가 되는 윤리이론의 난점에 관한 설명으로 적절한 것은?

> 농구경기 4쿼터 종료 3분 전, 감독에게 의도적 파울을 지시받은 A선수는 의도적 파울이 팀 승리에 기여할 수 있지만, 상대 선수에게 위협을 가하거나 자칫 부상을 입힐 수 있기 때문에 도덕적으로 옳지 않다고 판단했다.

① 사회 전체의 이익을 고려하지 않는 경우가 발생한다.
② 상식적이고 보편적인 도덕직관과 충돌하는 판단을 내릴 수 있다.
③ 행위의 결과를 즉각 산출하기 어려울 경우에 명료한 지침을 제시하지 못할 수 있다.
④ 도덕을 수단적으로 인식한다는 점에서 근본적인 도덕개념들과 양립하기 어렵다.

정답 ①

3. 도덕원리 검토방법

포섭검사	검사하고자 하는 도덕원리가 상위원리에 포함되는지 검사
반증 사례검사	상대방의 도덕적 원리가 부적절함을 주장할 수 있는 새로운 사례로 반박하여 반증하는 검사
역할교환검사	도덕원리가 다른 사람에게 적용되면 그것에 대해 동의할 수 있는지 검사
보편화 결과 검사	도덕원리가 누구에게나 적용되면 어떻게 될지 검사

03 윤리이론과 가치충돌

1. 목적론(결과론)적 윤리체계

(1) 개념
  ① 옳고 그름을 판단하는 기준으로 행위의 결과를 중시함
  ② 특정 행위가 결과적으로 행복을 가져오면 올바른 행위로 간주함
  ③ 인간이 추구하는 궁극적인 목적을 대체로 행복·쾌락이라고 가정함
  ④ 감각적 경험에 대한 신뢰를 바탕으로 목적 달성과 일의 효용성을 강조함
  ⑤ 목적론적 윤리체계의 대표적 이론은 공리주의

양적 공리주의(벤담)	다수에게 행복을 주는 행위를 옳은 행위로 여김(최대다수의 최대행복)
질적 공리주의(밀)	쾌락의 질을 구분하며 '배부른 돼지보다 배고픈 인간이 바람직하다'라고 주장
행위 공리주의	개별적 행위가 최대의 유용성을 낳는가에 관심을 가짐
규칙 공리주의	해당 규칙이 최대의 유용성을 낳는가에 관심을 가짐

(2) 한계점
  ① 근본적 도덕개념(정의, 인권 등)과 모순될 수 있음
  ② 양적으로 계산할 수 없는 다양한 가치가 존재함
  ③ 인간의 내적동기에 소홀할 수 있음

2. 의무론적 윤리체계

(1) 개념
  ① 옳고 그름을 판단하는 기준으로 행위의 동기를 중시함
  ② 경기 결과의 좋고 나쁨이 아니라, 행위 자체가 도덕적 의무를 준수했는가를 판단 기준으로 삼음
  ③ 모든 사람에게 동일하게 적용되는 도덕적 보편성을 추구함

④ 칸트의 의무론적 윤리설
  ㉠ 인간에게는 가장 세련된 권위인 실천이성(양심)이 존재함
  ㉡ 도덕의 정언적(의무의 성격을 띤 정언명령) 성격과 인간의 존엄성(개인적 측면)을 잘 표현
  ㉢ 도덕적 원리는 모두에게 똑같이 적용할 수 있는 보편적 타당성을 가져야 함을 주장

(2) 한계점
  ① 서로 다른 도덕규칙이 상충될 수 있음
  ② 도덕규칙 간의 갈등상황에서 실질적인 해결책을 제시하지 못할 수도 있음
  ③ 다수의 이익을 간과할 수 있음

3. 덕윤리체계

(1) 개념
  ① 목적론과 의무론의 한계로 나타난 윤리사상
  ② 덕윤리는 행위자에게 중점을 두고 행위자의 인성을 중요시함
  ③ '어떻게 살아야 하는가?'처럼 근본적인 질문을 하며, 어떤 사람이 되어야 할지에 관심을 가짐
  ④ 덕윤리는 도덕성을 인간 내면의 문제라고 여기고, 감정을 도덕적 동기로 인정함
  ⑤ 이상적 인격모델(예수, 공자, 석가 등)을 통해 도덕적 탁월성을 추구함

(2) 아리스토텔레스의 3가지 지적 덕목

덕 목	의 미
에피스테메(Episteme)	과학적 지식이나 이론을 의미
테크네(Techne)	• 기술적 지식 • 실무적인 솜씨에 대한 요소를 뒷받침
프로네시스(Phronesis)	• 도덕적으로 다룰 수 있는 내용을 의미 • 실재, 경험과 연관된 실무적 지혜를 의미

(3) 한계점
  ① 행위자가 아닌 스포츠조직이나 스포츠상황에 대한 가치판단이 난해함
  ② 표면상 미덕으로 보이지만 악덕으로 이어지는 경우가 발생함

+ 더 알아보기

노자의 상선약수(上善若水)
'선은 물과 같다'는 뜻으로 모든 것을 이롭게 하며 다투지 않고 가장 낮은 곳에 머무는 물과 같이 선 또한 남에게 이롭고 겸손해야 함을 주장

선의지
- 도덕적인 선수가 갖추어야 할 내적인 태도이자 도덕적 행위의 필요충분조건
- 의무론적 도덕 추론에서 칸트의 도덕성 기준이 됨
- 페어플레이라도 선의지가 없으면 도덕적이라고 볼 수 없음

아크라시아(Akrasia)
- '자제하지 못함'을 뜻함
- 실천지가 도덕적 덕과 불일치할 경우를 나타냄

2024년 기출
〈보기〉의 내용과 가장 밀접한 것은?

- 정정당당하게 경기에 임하라.
- 어떠한 경우에도 최선을 다해라.
- 운동선수는 페어플레이를 해야 한다.

① 모방욕구
② 가언명령
③ 정언명령
④ 배려윤리

정답 ③

2023년 기출
스포츠윤리 이론 중 덕윤리의 특징으로 적절하지 않은 것은?

① 스포츠상황에서의 행위의 정당성보다 개인의 인성을 강조한다.
② 비윤리적 행위는 궁극적으로 스포츠인의 올바르지 못한 품성에서 비롯된다.
③ '어떠한 행위를 하는 선수가 되어야 하는가'보다 '무엇이 올바른 행위인지'를 판단하는 데 더 주목한다.
④ 스포츠인의 미덕을 드러내는 행동은 옳은 것이며, 악덕을 드러내는 행동은 그릇된 것으로 간주한다.

정답 ③

4. 동양사상과 윤리체계

(1) 유교사상

① 공자의 사상

인	타고난 내면적 도덕성을 의미하며, 인의 실천덕목은 효도·우애·충성·신의임
예	인의 외면적 표출을 의미함
예시예종	'예'로 시작해서 '예'로 끝남
충(忠)	주로 자기 자신을 온전히 실현하는 것
서(恕)	타인에게까지 충이 이르게 되는 것
충서(忠恕)	조금의 속임이나 허식 없이 자기의 온 정성을 기울이는 것이 주로 타인에게 이르게 되는 경우
정 명	그 이름에 걸맞은 각 주체의 역할과 행위가 실현되어야 함
절차탁마	'옥돌을 자르고 줄로 쓸고 끌로 쪼고 갈아 빛을 내다'라는 뜻으로, 학문이나 인격을 갈고 닦음
극기복례	'사욕을 이기고 예로 돌아가는 것이 인의 실천이다'라는 뜻으로, 사람이라면 따뜻한 마음으로 서로 사랑하고 도우며 살아야 한다는 것을 의미함

② 맹자의 사단
- ⊙ 측은지심(惻隱之心) : 다른 사람을 불쌍히 여기는 마음으로, 인(仁)에서 우러나옴
- ⓒ 수오지심(羞惡之心) : 옳지 못함을 부끄러워하고 착하지 못함을 미워하는 마음으로, 의(義)에서 우러나옴
- ⓒ 사양지심(辭讓之心) : 겸손히 남에게 사양하는 마음으로, 예(禮)에서 우러나옴
- ⓔ 시비지심(是非之心) : 옳고 그름을 가릴 줄 아는 마음으로, 지(智)에서 우러나옴

(2) 불교사상
① 모든 차별을 극복하고 중생을 구제하는 것을 목표로 하는 자비의 윤리
② 올바른 길로 가기 위한 실천적 수행을 강조함(중도사상)

(3) 도교사상
① 노자에서 비롯되어 장자에 의해 발전함
② 노자는 무위자연을, 장자는 정신적으로 속세를 초탈한 유유자적을 주장함
③ 인간의 본질을 이해하고, 마음을 비울 것을 강조함

+ 더 알아보기

베버의 심정윤리와 책임윤리
심정윤리는 결과가 아닌 과정의 선함을 중요시하지만, 책임윤리는 심정윤리와 별개로 행동의 결과에 대해 엄중한 책임을 물음

니부어의 개인윤리와 사회윤리
개인은 윤리적(개인윤리)일 수 있으나 속해 있는 사회적 제도, 집단구조가 윤리적 문제를 야기할 수 있으며, 집단의 도덕과 행동은 개인의 도덕과 행동보다 도덕성이 떨어짐

나딩스의 정의윤리와 배려윤리
정의윤리(보편적 가치를 가지는 도덕성)를 비판하고 공동체적 관계에서 나오는 도덕성을 강조함. 정의윤리는 정의와 공정성을 강조하지만, 배려윤리는 소수자의 권리와 존엄성을 강조함

2023년 기출
〈보기〉의 ⊙, ⓒ과 관련된 맹자(孟子)의 사상이 바르게 연결된 것은?

> ⊙ 농구 경기에서 자신과 부딪쳐서 부상을 당해 병원으로 이송되는 상대 선수를 걱정해 주는 마음
> ⓒ 배구 경기에서 자신의 손에 맞고 터치 아웃된 공을 심판이 보지 못해서 자기 팀이 득점을 했을 때 스스로 부끄러워하는 마음

	⊙	ⓒ
①	수오지심(羞惡之心)	측은지심(惻隱之心)
②	측은지심(惻隱之心)	수오지심(羞惡之心)
③	사양지심(辭讓之心)	시비지심(是非之心)
④	측은지심(惻隱之心)	사양지심(辭讓之心)

정답 ②

5. 가치충돌의 문제와 대안

(1) 문제 : 스포츠상황에서 사실판단과 가치판단의 충돌이 발생할 수 있음

(2) 대 안

사실판단	객관적 자료와 근거를 제시함
가치판단	• 도덕적 우선순위를 적용함 • 모든 윤리이론을 적용하여 다각적 분석 • 모든 사람이 수용 가능할 만한 중간지점을 찾음

6. 윤리의 종류

구 분	내 용	주요 사상가
개인윤리	개인의 도덕성	니부어
사회윤리	개인이 속해져 있는 사회와 연관된 도덕성	니부어
덕윤리	개인의 내적 품성과 연관된 도덕성	아리스토텔레스, 매킨타이어
의무윤리	결과가 아닌 행동 그 자체의 도덕성	칸 트
배려윤리 (공동체윤리)	• 역지사지, 공동체적 관계를 강조하는 윤리 • 윤리적 가치의 근거를 페미니즘에서 찾음	나딩스, 길리건
심정윤리	순수한 심정을 추구하는 도덕성	베 버
책임윤리	자신의 행위에 책임을 지는 도덕성	요나스

7. 도덕성 4구성 요소(J. Rest)

도덕성 4구성 요소는 도덕적 행동을 산출하는 데에 필요한 내적 과정들을 나타내며, 4개의 요소는 서로 상호작용함

도덕적 감수성(민감성)	자신의 행동이 타인에게 어떻게 영향을 끼칠지에 대한 인식
도덕적 판단	가능한 행동 중 무엇이 가장 도덕적인지 판단
도덕적 동기	• 여러 가치들 중 도덕적 가치를 선택하고 행동할 힘을 갖게 하는 능력 • 실제 수행할 행동을 결정하는 과정 포함
도덕적 실행력	예기치 않은 위험상황에서 단호하게 결정한 바를 실천에 옮기는 능력

8. 도덕교육 사상가

쿨리 (Cooley)	인간은 자아의식을 획득하는 '거울자아 3단계'로 자신이 타인에게 어떻게 비쳐졌을지 상상하고, 타인이 어떻게 판단하는지 그린 다음, 타인의 판단을 기초로 자의식을 발전시킴
미드 (Mead)	개인이 일반화된 타인의 기대를 획득하는 과정으로 사회화를 설명
베넷 (Bennett)	도덕적 사회화 접근을 강조하고 구체적인 덕의 가르침을 제공
위인 (Wynne)	미국의 위대한 전통으로 회귀하여 과거의 전통적 도덕가치를 전수

2021년 기출

〈보기〉에서 은숙의 입장에 해당하는 레스트의 도덕성 구성요소로 옳은 것은?

> 상빈 : 직업 선수에게 가장 중요한 것은 무엇이라고 생각해?
> 은숙 : 연봉도 중요하지만 나는 연봉·명예 등의 가치보다 스포츠인으로서 스포츠맨십과 페어플레이가 가장 중요한 가치라고 생각해.

① 도덕적 감수성
② 도덕적 판단력
③ 도덕적 동기화
④ 도덕적 품성화

정답 ③

2021년 기출

빈칸 안에 들어갈 사상가로 옳은 것은?

> ( )은/는 "도덕적 가치들은 중요한 타자들(Significant Others)이 어떻게 행동하고 있는가를 관찰하는 것에 의하여 학습된다."고 하였다. 스포츠도덕교육에서 스포츠지도자는 중요한 타자에 해당된다. 스포츠의 도덕적 가치는 스포츠지도자의 도덕적 모범에 의해 학습되며, 참여자는 스포츠지도자를 통해 관찰학습과 사회적 모델링을 하게 된다.

① 맥페일(P. McPhail)
② 피아제(J. Piajet)
③ 피터스(R. Peters)
④ 콜버그(L. Kohlberg)

정답 ①

＋ 더 알아보기

- 개인윤리 : 개인의 도덕성
- 사회윤리 : 개인이 속해져 있는 사회와 연관된 도덕성
- 책임윤리 : 자신의 행위에 책임을 지는 도덕성
- 덕윤리 : 개인의 내적 품성과 연관된 도덕성
- 의무윤리 : 결과가 아닌 행동 그 자체의 도덕성
- 배려윤리(공동체윤리) : 역지사지적, 공동체적 관계를 강조하는 윤리
- 심정윤리 : 순수한 심정을 추구하는 도덕성

피아제(Piaget)	도덕적 판단능력의 발달은 지적능력 발달과 밀접한 연관성 존재(4개의 지적능력의 발달과정 존재)
콜버그(Kohlberg)	• 피아제에 영향을 받음 • 도덕적 판단이 인지발달 단계와 관련있음(도덕성 발달을 3수준 6단계로 체계화)
피터스(Peters)	• 자아중심적 단계, 규칙준수의 단계, 자율성 성취의 단계를 거쳐 '합리적 도덕성을 갖춘 사람'이 되는 것을 이상적 결과로 봄 • 바람직한 도덕성을 형성하기 위해 타율적이고 인습적인 도덕성으로부터 자율적이고 합리적인 도덕성으로 발달이 도모됨
루소(Rousseau)	자연상태인 '완전가능성' 조건에서 정념이 이성에 의하여 인도되고 동정에 의해 변화되어 도덕으로 일반화됨
맥페일(McPhail)	• 고려모델(Consideration Model)을 주장 • 중요타인들이 어떻게 행동하는지 관찰하는 것을 통해 도덕적 가치가 학습됨
악셀 호네트(Axel Honneth)	• 자신이 속한 집단 속에서 사회적으로 가치 있는 존재로 인정받아야 자신의 '좋은 삶(Gutes Leben)'을 영위할 수 있는 것으로 봄 • 인정욕구가 훼손되면 단순한 박탈감이 아닌 삶에 위협을 받기 때문에 인정받기 위한 투쟁을 하는 것을 '인정투쟁(Kampf um Anerkennun)'이라 함
막스 쉴러(Max Scheler)	• 선은 마땅히 해야하는 것이고 악은 행해서는 안 되는 것으로 규정함(선과 악의 가치가 당위의 근거로 봄) • 가치에는 서열이 있으며, 서열 그 자체는 절대적이고 불변적임 • 가치의 높이는 질적인 방향에서 선천적으로 결정됨 • 가치는 지속성이 높을수록, 만족도가 높을수록, 덜 분화될수록 높으며 파생된 가치보다는 기초 가치가 높음

단답형 문제

01 ( )은/는 개인의 가치관에 따라 달라지는 주관적 판단으로, 마땅히 그렇게 되어야 할 것을 지시하거나 어떤 기준·규범을 따르는 것을 의미한다.

02 옳고 그름을 판단할 때 행위의 결과를 중요시하여, 특정 행위에 대한 결과가 좋으면 올바른 행위로 간주하는 윤리이론을 ( )(이)라고 한다.

03 '어떻게 살아야 하는가?'라는 근본적인 질문을 하며, 어떤 사람이 되어야 할지에 관심을 갖는 윤리이론을 ( )(이)라고 한다.

04 목적론적(결과론적) 윤리체계의 대표적 이론은 ( )이다.

정답 01 가치판단 02 결과론적 윤리체계(목적론적) 03 덕윤리체계 04 공리주의

01 출제예상문제

완벽하게 이해된 부분에 체크 하세요

01 다음 중 사실판단에 대한 설명으로 옳지 않은 것은?

① 개인의 가치관에 따라 달라지는 주관적 판단이다.
② 실제 사건과 현상에 대한 객관적 진술을 의미한다.
③ 측정을 통해 참과 거짓을 판단할 수 있다.
④ A선수는 아시아선수권 수영대회에서 자유형 200m 대회 신기록을 수립했다.

해설 개인의 가치관에 따라 달라지는 주관적 판단은 가치판단이다.

02 다음 중 스포츠윤리의 독자성에 대한 설명으로 옳지 않은 것은?

① 스포츠 도덕은 스포츠규칙의 자발적 준수를 원칙으로 한다.
② 선수에게 구성적 조건의 규칙준수가 필요하지 않다.
③ 규칙의 자발적 준수가 선수의 도덕성을 평가하는 절대적인 기준은 아니다.
④ 스포츠에서의 규칙 위반은 경기의 일부분으로 인정하기도 한다.

해설 **스포츠윤리의 독자성**
- 전통적 의미로 스포츠도덕은 스포츠규칙의 자발적 준수를 의미함
- 선수는 구성적인 조건규칙을 준수해야 함
- 규칙의 자발적 준수가 선수의 도덕성을 평가하는 절대적 기준은 아님
- 스포츠에서의 규칙위반은 경기의 일부로 인정되기도 함

정답 01 ① 02 ②

03 다음 중 윤리체계와 윤리체계에 대한 설명으로 알맞게 짝지어진 것은?

윤리체계	설 명
㉠ 결과론적 윤리체계	Ⓐ 행위 그 자체에 중점을 둠
㉡ 의무론적 윤리체계	Ⓑ 도덕적 규칙의 상충
㉢ 덕론적 윤리체계	Ⓒ 행위의 결과에 중점을 둠
	Ⓓ 스포츠 조직이 아닌 경우 설명하기 어려움

① ㉠ - Ⓑ   ② ㉡ - Ⓓ   ③ ㉢ - Ⓐ   ④ ㉠ - Ⓒ

해설 결과론적 윤리체계는 행위 그 자체보다 옳고 그름에 대한 결과에 중점을 두는 윤리체계로서, 인간의 내적동기에 소홀하다는 문제가 있다.

04 가치충돌의 대안 중 가치판단에 대한 설명으로 옳지 않은 것은?

① 도덕적 우선순위를 적용함
② 모든 윤리이론을 적용하여 다각적으로 분석함
③ 객관적인 자료와 근거를 제시함
④ 모든 사람이 수용 가능할 만한 중간지점을 찾음

해설 가치판단은 마땅히 그렇게 되어야 할 것을 지시하거나 어떤 기준·규범을 따르는 것으로 개인의 가치관에 따라 달라지는 주관적 판단이다. 객관적인 자료와 정보에 의한 판단은 사실판단이다.

05 윤리체계에 대한 설명으로 옳지 않은 것은?

① 공리주의 윤리체계는 벤담이 주장하였으며 결과주의와 극대화의 원리를 특징으로 한다.
② 계약론적 윤리체계는 옳고 그름을 판단하는 기준으로 상호계약을 중시한다.
③ 덕론적 윤리체계의 한계는 스포츠윤리가 사회윤리에 해당하는 것처럼 보일 수 있다는 점이다.
④ 목적론적 윤리체계는 공리주의와 연관되어있다.

해설 덕론적 윤리체계는 스포츠윤리가 개인윤리에 해당하는 것처럼 보일 가능성이 있다는 한계점이 존재한다.

정답 03 ④ 04 ③ 05 ③

02 경쟁과 페어플레이

학습목표
- 아곤(Agon)과 아레테(Arete)의 특성과 차이점을 설명할 수 있다.
- 놀이, 게임, 스포츠의 차이를 이해하고 사례를 들어 설명할 수 있다.
- 스포츠맨십과 페어플레이가 무엇인지 이해하고, 차이를 설명할 수 있다.

20일 단기완성 학습 플랜
- 목표 학습 시간 : ___월 ___일
- 실제 학습 시간 : ___월 ___일

01 스포츠경기의 목적

1. 아곤(Agon)과 아레테(Arete)의 차이

아곤(Agon)보다는 아레테(Arete)를 추구하는 것이 바람직함

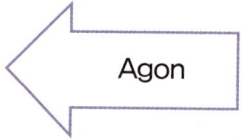

Agon
- 고대그리스 경기에서 경쟁을 의미
- 승리추구, 결과중시, 자기중심적

Arete
- 개인이 가진 본질적 탁월성 의미
- 노력추구, 과정중시, 덕, 탁월성 추구

+ 더 알아보기
- 에토스(Ethos) : 사전적 의미는 사람의 특징적인 성질이나 태도이며, 보편적인 도덕·이성 요소를 말함
- 로고스(Logos) : 보편적 법칙과 준칙을 인식하고 분별하는 이성을 말함

2. 승리 추구와 탁월성 성취

승리 추구(Agon)	탁월성 성취(Arete)
• 경쟁이 치열하다면 승리는 대전상대의 도전에 대응했다는 기준이 됨 • 실제 플레이의 좋고 나쁨을 재는 중요 지표 • 경쟁적 성공에 대해 가장 신뢰할 수 있는 지표	• 승패보다도 인간이 모두 협력하는 그 순간을 시사 • 인간으로서의 자기표현과 자기발견 • 상대가 걸어온 도전을 이기려고 하는 과정을 추구(도전과 탁월성의 상호추구)

2021년 기출

〈보기〉에서 빈칸 안에 들어갈 용어로 옳은 것은?

> 운동선수로서 아무리 뛰어난 능력을 갖추었더라도 인간의 본질인 도덕성(덕)이 부족하면 훌륭한 선수가 될 수 없다. 이런 까닭에 운동선수에게는 두 가지 ( )이/가 동시에 요구된다. 즉 신체적 탁월성과 도덕적 탁월성을 겸비하였을 때 비로소 훌륭한 선수가 되는 것이다.

① 아곤(Agon)
② 퓌시스(Physis)
③ 로고스(Logos)
④ 아레테(Arete)

정답 ④

+ 더 알아보기

- 스포츠맨십 : 공정한 경기를 위해 스포츠인이 준수해야 할 태도
- 게임스맨십 : 부정행위는 아니지만 선의의 경쟁을 무시하고 오로지 승리만 추구하는 태도

2024년 기출

〈보기〉에 담긴 윤리적 규범과 관련이 없는 것은?

> 나는 운동선수로서 경기의 규칙을 숙지하고 준수하여 공정하게 시합을 한다.

① 페어플레이(Fair Play)
② 스포츠딜레마(Sport Dilemma)
③ 스포츠에토스(Sport Ethos)
④ 스포츠퍼슨십(Sportpersonship)

정답 ②

2023년 기출

〈그림〉은 스포츠윤리규범의 구조이다. ㉠~㉢에 해당하는 용어가 바르게 연결된 것은?

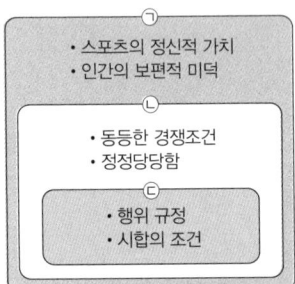

	㉠	㉡	㉢
①	규칙 준수	스포츠 맨십	페어 플레이
②	스포츠 맨십	페어 플레이	규칙 준수
③	페어 플레이	규칙 준수	스포츠 맨십
④	스포츠 맨십	규칙 준수	페어 플레이

정답 ②

02 스포츠맨십

1. 놀 이

(1) 놀이·게임·스포츠의 비교

놀 이	게 임	스포츠
• 허구성(비현실성) • 비생산성 • 자유로운 활동 • 쾌락성	• 허구성(비현실성) • 비생산성 • 규칙있는 활동 • 불확실성 • 경쟁성 • 전술성	• 허구성(비현실성) • 비생산성 • 규칙있는 활동 • 불확실성 • 경쟁성 • 전술성 • 제도화 • 신체활동성

(2) 놀이의 도덕 – 규칙 준수와 게임 자체의 존중

① 규칙의 요소

조리적 행위규범	단어로 규정되지 않았으나 스포츠상황에서 인정되는 규범
행정법적 행위규범	과학적 법칙이나 윤리적 규범의 유추가 허락되지 않는 규범
형법적 행위규범	불법적인 행위의 규제
조직규범	조직 내에서 자동적으로 적용되는 규범

② 게임 자체의 존중
  ㉠ 규칙에 대한 존중
  ㉡ 페어플레이를 통해 스포츠맨십을 실현
  ㉢ 상호 간의 입장을 존중

(3) 놀이 이론 정리

구 분	내 용
메이어	• 놀이는 필수적 활동으로 강요해서는 안 됨 • 놀이는 그 자체에 목적을 가짐
카유아 (R. Caillois)	• 아곤 : 시합, 경기(스포츠) • 아레아 : 요행, 우연(제비뽑기, 룰렛) • 일링크스 : 현기증 유발(번지 점프) • 미미크리 : 흉내, 모방(연극)
하위징아 (J. Huizinga)	• 임의 : 고정된 시간에서 수행 • 선택 : 자유롭지만 절대적인 구속력이 있음 • 자유 : 자발적 자유를 가짐 • 목적 : 놀이자체가 궁극적 목적임 • 즐거움 : 긴장감과 즐거움 가짐 • 비일상 : 일상과 다른 느낌
노바크	놀이는 내재적 특성을 가짐

2. 스포츠맨십

(1) 스포츠맨십의 이해
① 이상적인 신사의 인간상이 스포츠에 적용되면서 만들어진 가치
② 스포츠의 가장 포괄적인 도덕규범으로, 스포츠를 즐기는 사람들 상호간에 존중하고 규칙을 준수하는 정신을 말함
③ 경기에서 일반적인 윤리덕목을 지키고 강화하려는 정신을 말함
④ 일반적인 도덕규범을 통해 경쟁의 부정적 요소를 억제하려는 태도

(2) 스포츠에서의 도덕적 행동과 좋은 스포츠 경기

도덕적 행동	• 결과주의, 이기심, 자기중심적 속성을 극복함 • 스포츠맨십은 스포츠에서 도덕으로 표현 가능함
좋은 스포츠 경기	• 바람직한 경쟁을 통한 승리추구와 탁월성을 추구함 • 스포츠상황에서 규칙을 준수하고 과정을 중시하면서 최선을 다함 • 스포츠맨십으로 좋은 경쟁을 통해 훌륭한 경기를 실현 가능함

03 페어플레이

1. 페어플레이의 의의

(1) 페어플레이의 개념
① 공평한 조건에서의 공정한 경쟁을 의미하는 보편적인 스포츠윤리
② 행위나 동작을 강조할 때 공정행위로 표현할 수 있음
③ 스포츠맨십보다 더 구체적이고 상대적인 윤리규범

(2) 페어플레이의 종류

형식적 페어플레이	규칙 내에서 행하는 경쟁
비형식적 페어플레이	• 참여자 간의 존중과 공정한 가치 태도 • 경기의 관습을 지키며 행하는 경쟁

2. 규칙과 의도적 반칙

(1) 구성적 규칙과 규제적 규칙
① 구성적 규칙
㉠ 해당 종목 스포츠를 구성하는 규칙
㉡ 종목마다 명문화되어 있는 경기규칙으로서, 경기를 관할함
㉢ 구성적 규칙을 지키지 않는다면 더 이상 스포츠를 하지 않음을 의미함
예 축구 경기는 11명이 한 팀이 되어 이루어진다.

2018년 기출

페어플레이에 대한 설명으로 적절하지 않은 것은?

① 선수 개인의 의도나 목적에 따라 변화하는 도덕적 행위이다.
② 규칙 준수, 상대 존중 등 근대적 시민의 도덕규범과 일치한다.
③ 규칙의 준수로서 페어플레이는 행위에 대한 요구와 제재를 의미한다.
④ 패자 앞에서 과도한 승리 세리모니를 하는 것은 규범으로서의 페어플레이를 위반한 것이다.

정답 ①

2019년 기출

공정시합에 관한 견해 중 비형식주의에 대한 설명으로 가장 적절한 것은?

① 명확한 판정기준을 제공한다.
② 규제적 규칙의 준수를 강조한다.
③ 구성적 규칙과 규제적 규칙을 준수하면 공정시합은 실현된다고 강조한다.
④ 공정의 개념을 규칙의 준수보다 더 포괄적으로 적용할 것을 제안한다.

정답 ④

+ 더 알아보기

자연적 정의
정의는 어디에서나 동일하며 항상 존재함

2024년 기출

〈보기〉의 설명에 해당하는 반칙의 유형은?

- 동기, 목표가 뚜렷하다.
- 스포츠의 본질적인 성격을 부정하는 의미로 해설할 수 있다.
- 실격, 몰수패, 출전 정지, 영구 제명 등의 처벌이 따른다.

① 의도적 구성 반칙
② 비의도적 구성 반칙
③ 의도적 규제 반칙
④ 비의도적 규제 반칙

정답 ①

2019년 기출

스포츠에서 규제적 규칙을 위반한 행위가 아닌 것은?

① 야구에서 배트에 철심을 넣어 보다 강력한 타격이 나오게 만드는 행위
② 태권도에서 전자호구를 조작하여 타격이 없더라도 점수를 높이는 행위
③ 수영에서 화상자국을 은폐하기 위해 전신수영복을 입고 출전하는 행위
④ 사이클에서 산소운반능력을 높이기 위하여 도핑을 하고 출전하는 행위

정답 ②

---

② 규제적 규칙
　㉠ 경기운영방식을 결정하는 규칙
　㉡ 해당 종목 스포츠의 규칙에 논리적으로 독립적인 규칙
　㉢ 규제적 규칙을 지키지 않는다고 해당 스포츠에 참여하지 않는 것은 아님
　예 수영 경기에서 전신수영복의 착용은 금지된다.

(2) 의도적 반칙
　① 스포츠 경기 중 의도적으로 행한 규칙 위반 행위
　② 전술적 수단으로 활용하기도 함
　③ 경쟁 우위 수단으로 활용됨

3. 승부조작의 문제와 해결방안

(1) 승부조작의 정의 : 스포츠경기에서 외적 이득을 위해 경기과정과 결과를 왜곡시키는 행위

(2) 승부조작의 윤리적 문제
　① 스포츠의 공정성 하락
　② 경기수준의 하락
　③ 스포츠의 근본적 가치 훼손
　④ 스포츠의 산업화

(3) 승부조작의 해결방안
　① 내적통제 : 스포츠윤리교육 강화
　② 외적통제 : 제도적(법적) 처벌 강화, 관리감독 강화

4. 스포츠에서의 정의

(1) 정의의 유형

절차적 정의	• 분배의 원칙을 합의해 나가는 과정의 공정성을 중시함 • 사람들이 결과를 도출하기 위한 절차를 합의했다면 그 절차로 얻어진 결과는 합리적이고 정의롭다고 판단함
분배적 정의	• 개인의 권리 및 이익, 부담 등을 공정하게 분배함 • 형식적 정의(평등적 정의) : 모두에게 절대적으로 공평하게 적용되는 것(빈부, 지위, 인종, 학력과 무관하게 똑같이 대우) • 실질적 정의(배분적 정의) : 개인의 차이를 고려하여 상대적으로 공평하게 적용하는 것(개인의 조건이나 처지가 다른 경우에 서로 다르게 대우)
법률적(교정적) 정의	불법행위를 바로잡고 법을 공정하게 적용함으로써 실현되는 것

(2) 절차적 정의를 구성하는 핵심요소

원초적 입장	• 사회 구성원들에 의해 정의의 원칙이 채택되는 최초의 상황에 대한 철학적 해석 • 우연성에 의해 자신이 유리하거나 불리해서는 안됨
무지의 베일	• 원초적 입장을 공정하게 설정하기 위함 • 원초적 입장에서 정의의 원칙을 합의할 계약의 당사자들이 서로 평등한 존재가 되기 위해서 자신에 대한 정보를 차단

(3) 롤스의 정의의 원칙

제1원칙 자유의 평등 원칙	개개인은 다른 사람들의 유사한 자유와 양립할 수 있는 한도 내에서 광범위한 기본적 자유를 누릴 수 있는 동등한 권리를 가짐
제2원칙 사회·경제적 불평등의 허용기준	• 사회적·경제적 불평등은 차등의 원리와 공정한 기회균등원리를 만족하도록 분배 및 재분배 되어야 함 • 기회 균등의 원리 : 불평등하게 분배되는 직위와 직무가 모든 사람에게 균등하게 공개되어야 함 예 국가대표 선발 모집 공고 • 차등의 원리 : 최소 수혜자에게 최대이익이 되도록 불평등한 분배를 제공해야 함 예 기초 수급자에게 스포츠시설 무료이용권 지급 • 제1원칙이 제2원칙에 우선하며, 기회 균등의 원리가 차등의 원리에 우선함

단답형 문제

01 운동선수가 갖춰야 할 덕목으로서 (   )은/는 노력과 과정을 중시하고 덕과 탁월성을 추구한다.

02 (   )은/는 스포츠의 가장 포괄적인 도덕규범으로, 스포츠를 즐기는 사람들 상호 간에 존중하고 규칙을 준수하는 정신이다.

03 스포츠 경기에서 외적 이득을 위해 경기과정과 결과를 왜곡시키는 행위를 (   )(이)라고 한다.

04 (   )은/는 공평한 조건에서 공정한 경쟁을 하는 것을 의미하며, 스포츠맨십보다 더 구체적이고 상대적인 윤리규범이다.

정답 01 아레테(Arete) 02 스포츠맨십 03 승부조작 04 페어플레이

2023년 기출

〈보기〉의 괄호 안에 들어갈 정의(Justice)의 유형은?

> 운동선수의 신체는 훈련으로 만들어지기도 하지만 유전적 요인으로 결정되는 경우가 많다. 농구와 배구선수의 키는 타고난 우연성에 해당한다. 일반적으로 스포츠 경기에서는 이러한 불평등 문제에 (   ) 정의를 적용하지 않는다. 왜냐하면 스포츠는 전적으로 개인의 자발적인 선택의 문제이기 때문이다.

① 자연적 ② 절차적
③ 분배적 ④ 평균적

정답 ④

2020년 기출

〈보기〉의 ㉠, ㉡과 스포츠에서의 정의에 대한 개념이 바르게 묶인 것은?

> ㉠ 핸드볼 – 양 팀에 동일한 골대의 규격을 적용
> ㉡ 테니스 – 시합 전에 동전던지기로 선공/후공을 결정

	㉠	㉡
①	평균적 정의	분배적 정의
②	평균적 정의	절차적 정의
③	분배적 정의	평균적 적의
④	분배적 정의	절차적 정의

정답 ②

2019년 기출

〈보기〉에서 설명하는 롤스의 '정의의 원칙'으로 가장 적절한 것은?

> 상대적으로 사회적 약자인 저소득층 자녀들에게 지역의 시설 스포츠센터 무료 이용권, 건강운동 강좌 수강이 가능한 스포츠 바우처를 제공하여 누구나 경제적 형편에 상관없이 공평하게 스포츠를 누릴 수 있도록 정책을 마련한다.

① 자유의 원칙
② 차등의 원칙
③ 기회균등의 원칙
④ 원초적 원칙

정답 ②

02 출제예상문제

완벽하게 이해된 부분에 체크 하세요

01 다음 중 놀이, 게임, 스포츠에 대한 설명으로 옳은 것은?

놀 이	게 임	스포츠
• 활동 자체가 목적 • (①)	• 사전에 규칙이 부여된 놀이 • (②)	• 규칙있는 활동 • (③) • (④)

① 규칙이 있는 활동　　② 제도화
③ 경쟁성　　　　　　④ 쾌락성

해설 ① 놀이는 규칙이 있는 활동이 아니라 자유로운 활동이다.
② 제도화는 스포츠의 특징이다.
④ 쾌락성은 놀이의 특징이다.

02 〈보기〉에 나온 상황에 대한 설명으로 옳지 않은 것은?

> 김시대 : 난 스포츠에서 공정한 규칙을 제정하기 위해서는 규칙을 서로 합의해 나가는 과정 자체에 대한 공정성이 우선시 된다고 봐. 과정이 공정하면 그 과정으로 얻어진 결과도 공정하겠지?
> 박고시 : 그렇긴 하겠다. 근데 나는 스포츠에서의 공정한 규칙이라고 할 수 있는 것은 개인의 권리나 이익, 부담이 공정하게 분배되었을 때라고 생각해. 예를 들면 기초수급자 자녀들의 스포츠 참여를 위한 재정적 지원과 같이 개인의 조건이나 처지가 다르다면 다르게 대우하여 출발선을 맞추는 것처럼 말야.

① 김시대는 절차적 정의를 주장하고 있다.
② 박고시는 실질적 정의에 대한 예시를 들고 있다.
③ 박고시가 주장하는 정의의 핵심요소로는 원초적 입장, 무지의 베일이 있다.
④ 박고시는 분배적 정의를 주장하고 있다.

해설 김시대는 절차적 정의, 박고시는 분배적 정의 중 실질적 정의를 주장하고 있다. 김시대가 주장하는 절차적 정의를 구성하는 요소로는 원초적 입장, 무지의 베일 등이 있다.

정답　01 ③　02 ③

03 다음 중 아곤(Agon)과 아레테(Arete)의 설명으로 옳은 것은?

① 아곤(Agon)은 본질적 탁월성을 의미한다.
② 아레테(Arete)는 승리를 추구하고 결과를 중시하는 경향이 있다.
③ 아레테(Arete)는 인간으로서의 자기표현과 자기발견을 중시한다.
④ 아곤(Agon)은 도전을 이기려고 하는 과정을 중시한다.

해설 아레테(Arete)는 승리보다 노력을 추구하고 본질적 탁월성, 인간으로서 자기표현과 자기발견을 중시하는 것이다. 아곤(Agon)은 승리를 추구하고 결과를 중시한다.

04 다음 중 페어플레이에 대한 설명으로 옳지 않은 것은?

① 페어플레이는 형식적 페어플레이와 비형식적 페어플레이로 구분된다.
② 페어플레이는 공평한 조건에서 공정한 경쟁을 하는 것을 의미한다.
③ 규칙 내에서 행하는 경쟁을 추구하는 것이 형식적 페어플레이이다.
④ 경기의 관습을 지키며 행하는 경쟁은 비형식적 페어플레이, 참여자 간에 서로 존중하는 경쟁은 형식적 페어플레이이다.

해설 참여자 간의 존중과 공정한 가치태도, 경기의 관습을 지키며 행하는 경쟁 모두 비형식적 페어플레이의 특징이다.

정답 03 ③ 04 ④

05 롤스의 정의의 원칙 중 기회균등의 원리에 대한 예시로 적절한 것은?

① 높은 연봉을 받는 월드컵대표팀을 전 국민을 대상으로 공개 모집하였다.
② 기초수급자인 B씨의 아들은 야구에 재능이 있어 야구장비, 월회비에 대한 국가적 지원을 받고 있다.
③ 왼쪽 손가락에 장애가 있는 C씨는 비장애인들과 똑같은 조건으로 프로야구팀 입단테스트를 받았다.
④ 기초수급자인 D씨의 아들이 명문대학교 특례입학을 하였고, 학교 게시판에 특례입학에 대한 사유가 기초소득임을 공지하였다.

해설
- 기회균등의 원리는 사회경제적 불평등이 허용기준에 있으며 불평등의 모체가 되는 직위, 직무에 대해 모든 사람들이 지원할 수 있게끔 균등하게 공개되어야 한다는 것이다.
- ② 차등의 원리에 대한 내용. ③ 자유평등의 원칙에 대한 내용이다. ④ 롤스의 정의와 직접적인 관련이 없다.

정답 05 ①

03 스포츠와 불평등

학습목표
- 스포츠상황에서 발생하는 성차별의 사례와 극복방법에 대해 설명할 수 있다.
- 스포츠상황에서 발생하는 인종차별의 사례와 극복방법에 대해 설명할 수 있다.
- 스포츠상황에서 발생하는 장애인 차별의 사례와 극복방법에 대해 설명할 수 있다.

20일 단기완성 학습 플랜
- 목표 학습 시간 : ___월 ___일
- 실제 학습 시간 : ___월 ___일

01 성차별

1. 스포츠에서 성차별의 과거와 현재

고대스포츠	고대 그리스 올림픽에서 여성은 참가할 수도 없고 관람할 수도 없었음
근대스포츠	• 남성의 신체적 기술과 능력을 중심으로 여성을 배제함 • 스포츠가 여성스럽지 못한 인간을 만든다는 인식이 팽배함 • 남성성과 여성성에 대한 고정관념이 존재함 • 근대올림픽의 부활에 있어서 여성들은 경기 참여에 제한적이었음
현대스포츠	• 미국의 타이틀 나인(Title 9)은 여성의 스포츠참여를 활성화하는 계기가 됨 • 2012년 런던올림픽에서 여성이 참가하지 못한 종목이 없음 • 현대 올림픽에서는 싱크로나이즈드스위밍이나 리듬체조 등 여성들만 참가할 수 있는 경기종목들이 생겨남

2. 여성주의(페미니즘)의 종류

자유주의 페미니즘	• 성차별의 원인이 선천적인 것이 아니라 차별적 사회학습에 기인하는 것이라 봄 • 양성성을 주장(법률개정을 통한 양성평등 성취가능) • 여성에 대한 동등한 스포츠 참여권리를 제공해야 한다고 주장함
마르크스주의 페미니즘	• 성차별의 원인이 법적 문제가 아닌 성별 분업체계(계층)에 있다고 봄 • 자본주의 구조의 개혁을 통해 성차별의 극복이 가능하다고 봄 • 생산수단의 사회화 및 혁명적인 경제 변혁, 경제 재구성이 필요하다고 주장함
급진주의 페미니즘	• 성 그 자체에 근거한 독자적 이론이 필요하다고 봄(생물학적 근원에 관심) • 자유주의와 마르크스주의를 모두 비판함 예) 여성만이 생물학적으로 임신하는 것이 아닌 남성도 인공생식기를 통해 임신하는 것이 가능할 수 있다고 생각 • 남녀 공동 스포츠를 개발하고 여성의 특성에 부합하는 새로운 운동경기를 창안할 것을 주장함
사회주의 페미니즘	• 여성 해방을 달성하기 위해서는 계급차별(마르크스)과 가부장적 지배구조(급진주의)를 개혁해야 한다고 봄 • 여성스포츠 장려를 위한 재정적 지원이 필요하다고 주장함

2023년 기출

스포츠에서 나타나는 성차별의 원인이 아닌 것은?

① 사회적 성 역할의 고착화
② 차이를 차별로 정당화하는 논리
③ 신체구조와 운동능력에 대한 편견
④ 여성성을 해치는 스포츠에의 여성 참가 옹호

정답 ④

2015년 2급 전문

다음 중 스포츠에 있어서 여성 경기에 관한 과거와 현재의 내용 중 사실과 다른 것은?

① 고대 그리스 올림픽에서 여성은 관람을 할 수 있었으나 참가는 할 수 없었다.
② 근대올림픽의 부활에 있어서 여성 경기인들의 참여는 제한적이었다.
③ 2012년 런던올림픽에서 여성이 참가하지 못한 종목은 하나도 없었다.
④ 현대 올림픽에서는 싱크로나이즈드스위밍이나 리듬체조 등 여성들만 참가할 수 있는 경기종목들이 있다.

정답 ①

3. 스포츠에서의 성차별 극복방안

(1) 스포츠에서의 성차별
   ① 여성의 스포츠 참여 기회와 권리를 제한하거나 불이익을 주는 제반 행위를 말함
   ② 성역할 고정관념은 스포츠의 제반영역에서 여성의 참여를 제한하는 논리로 이어짐
   ③ 생물학적 환원주의 : 남성은 여성에 비해 선천적으로 우월한 신체 능력을 소유하고 있기 때문에 스포츠에서 남녀차별은 불가피하다는 주장

(2) 성차별 극복방안
   ① 평등의 보장 법제화
   ② 공정한 기회와 능력에 대한 공정한 평가
   ③ 가족과 사회에서 여성의 지위 보장
   ④ 전통적인 여성상에서 탈피하려는 여성 선수의 노력
   ⑤ 남성 선수와의 연봉 불균형 개선

02 인종차별

1. 스포츠에서의 인종차별

(1) 스포츠 관련 규정

> 올림픽 헌장 – 올림픽이념의 기본원칙 6
> 올림픽 헌장에 명시된 권리 및 자유는 인종, 피부색, 성별, 성적 지향성, 언어, 종교, 정치 등의 견해 차이, 국적 또는 사회적 출신, 재산, 출생 등의 지위를 이유로 차별 없이 보장되어야 한다.

(2) 스포츠에서 인종차별의 과거와 현재

과 거	• 스태킹(수비 위치에서의 차별) • 야구 메이저리그에서 흑인선수를 비중심적 수비 위치로 격리
현 재	• 사회경제적 장벽을 통한 제한 • 포지션의 제한 • 미디어에서의 인종의식에 대한 편향적 보도 • 프로스포츠의 세계화를 통한 인종차별문제 극대화

+ 더 알아보기

아파르트헤이트(Apartheid)
아프리칸스어로 분리·격리를 뜻하는 남아프리카공화국의 극단적인 인종차별정책과 제도

2023년 기출
스포츠에서 나타나는 인종차별에 관한 설명으로 적절하지 않은 것은?

① 경기실적 향상을 위해 우수한 외국 선수를 귀화시키기도 한다.
② 개인의 운동기량을 인종 전체로 일반화시켜 편견과 차별이 심화되기도 한다.
③ 스포츠미디어는 인종에 대한 편견과 차별을 재생산하기도 한다.
④ 일부 관중들은 노골적으로 특정 인종을 비하하는 모욕 행위를 표출하기도 한다.

정답 ①

2022년 기출
〈보기〉에서 설명하는 사건으로 옳지 않은 것은?

• 1964년 리마에서 개최된 페루·아르헨티나의 축구 경기에서 경기장 내 폭력으로 300여 명 사망
• 1969년 온두라스와 엘살바도르의 축구 전쟁
• 1985년 벨기에 헤이젤 경기장에서 열린 리버풀과 유벤투스의 경기에서 응원단이 충돌하여 39명 사망

① 경기 중 관중의 폭력
② 아파르트헤이트
③ 위협적 응원문화
④ 훌리거니즘

정답 ②

2. 다문화사회에서의 스포츠 정책

(1) 다문화사회에서의 스포츠

① 다문화사회는 민족, 인종, 종교, 언어 등 다양한 문화가 존재하는 사회

② 다문화사회에서 스포츠는 만국 공통어로서 소통의 도구로 작용함

③ 스포츠의 사회통합 기능으로 다문화사회 구성원의 응집력을 강화시킬 수 있음

④ 스포츠활동을 통해 이주민에게 사회적 활동의 기회를 제공하여 사회 적응에 기여함

⑤ 스포츠는 다문화사회에서 사회적 갈등과 비용을 최소화시키기 위한 중요한 정책적 수단임

⑥ 다문화가정의 체육활동 지원, 이민자 생활체육 욕구 및 실태조사, 다문화가정의 체육교육 프로그램 개발 등 노력이 필요함

(2) 스포츠에서 인종차별을 극복하기 위한 방안

① 인종적 고정관념 경계

② 인종차별 극복을 위한 교육 제공

③ 스포츠에 대한 사회경제적 제약을 낮출 수 있는 제도 제공

④ 인종차별적 행동과 언어에 대한 처벌 강화

03 장애차별

1. 장애인의 스포츠권

(1) 장애인의 스포츠 관련 법규

> **체육활동의 차별금지(「장애인차별금지 및 권리구제 등에 관한 법률」 제25조 제1항)**
> 체육활동을 주최·주관하는 기관이나 단체, 체육활동을 목적으로 하는 체육시설의 소유·관리자는 체육활동의 참여를 원하는 장애인을 장애를 이유로 제한·배제·분리·거부하여서는 아니 된다.

(2) 장애인의 스포츠권

① 우리나라에서는 1998년 장애인 인권헌장이 선포되어 장애인의 문화, 예술, 체육, 여가 활동에 참여할 권리를 규정하고 있음

② 장애인은 비장애인과 차별 없이 스포츠에 참여할 권리와 기회를 누려야 함

③ 장애인의 스포츠권은 기본 권리의 충족 이후가 아닌, 동시에 보장되어야 할 중요한 권리임

④ 장애를 이유로 스포츠 참여 제한·배제·분리·거부는 기본권 침해에 해당함

+ 더 알아보기

블랙파워 설루트(Black Power Salute)
제19회 멕시코올림픽의 200m 육상 입상자인 토미 스미스와 존 카를로스가 시상대 위에서 검은 장갑을 끼고 주먹을 높이 들어 흑인 차별에 항의하는 시위를 벌임

2024년 기출

〈보기〉의 ㉠~㉢에 들어갈 용어로 바르게 묶인 것은?

- (㉠) - 생물학적, 형태학적 특징에 따라 분류된 인간 집단
- (㉡) - 특정 종목에 유리하거나 불리한 인종이 실제로 존재한다는 사고 방식
- (㉢) - 선수의 능력 차이를 특정 인종의 우월이나 열등으로 과장하여 차등을 조장하는 것

	㉠	㉡	㉢
①	인종	인종주의	인종차별
②	인종	인종차별	젠더화 과정
③	젠더	인종주의	인종차별
④	젠더	인종차별	젠더화 과정

정답 ①

2018년 기출

장애인의 스포츠권에 대한 설명으로 옳지 않은 것은?

① 스포츠에서 장애차별이란 장애로 인해 스포츠 참여의 권리와 기회를 비장애인과 동등하게 누리지 못하는 불평등을 말한다.

② 우리나라에서는 장애인이 체육에 참여할 권리에 관한 규정이 아직 마련되어 있지 않다.

③ 장애인의 스포츠권은 장애인의 기본적인 권리의 충족 이후가 아니라 동시에 보장되어야 한다.

④ 장애를 이유로 스포츠 참여를 원하는 장애인에 대한 제한, 배제, 분리, 거부는 기본권의 침해에 해당한다.

정답 ②

2. 스포츠에서의 장애인 차별

(1) 개념 : 스포츠에서 '장애차별'이란 장애로 인해 스포츠 참여의 권리와 기회를 비장애인과 동등하게 누리지 못하는 불평등을 말함

(2) 스포츠에서의 장애인 차별 원인

장애인 스포츠지도자의 부족	체계적 교육과 활동 부족
이동 및 접근의 차별	시설 부족 및 이용시설까지의 이동 불편
학교스포츠의 차별	스포츠 참여에 대한 보장이 부족
부정적 시선	동료참여자들의 편견과 부정적 시선

(3) 장애차별이 없는 스포츠의 조건
 ① 장애인의 스포츠 접근성 향상을 위한 시설 확충
 ② 장애인 참여 스포츠 대회 진흥을 통한 참여 및 관심 증대
 ③ 장애인 스포츠 전문인력인 특수체육지도자 양성
 ④ 다양한 장애 참여자를 고려한 스포츠 프로그램과 용기구 개발

2023년 기출

장애인의 스포츠 참여를 지원하는 방법으로 적절하지 않은 것은?

① 장애인이 접근 가능한 장소의 확보
② 활동에 필요한 장비 및 기구의 안정적 지원
③ 비장애인과의 통합수업보다 분리수업 지향
④ 일회성 체험이 아닌 지속적인 클럽활동 보장

정답 ③

단답형 문제

01 여성의 스포츠 참여 기회와 권리를 제한하거나 불이익을 주는 제반 행위를 스포츠에서의 (　　)(이)라고 한다.

02 미국의 (　　)은/는 여성의 스포츠참여를 활성화하는 계기가 되었다.

03 (　　)은/는 다문화사회에서 사회적 갈등과 비용을 최소화하기 위한 중요한 정책적 수단이 되기도 한다.

04 우리나라에서는 1998년 (　　)이/가 선포되어 장애인의 문화, 예술, 체육, 여가 활동에 참여할 권리를 규정하였다.

정답 01 성차별 02 타이틀나인 03 스포츠 04 장애인 인권헌장

03 출제예상문제

완벽하게 이해된 부분에 체크 하세요

01 다음 중 성차별 극복방안을 모두 고른 것은?

> ㉠ 남성 선수와의 연봉 불균형 개선
> ㉡ 법적 평등의 보장 제도화
> ㉢ 가족과 사회에서 여성의 지위 보장
> ㉣ 전통적인 여성상에 적합한 스포츠 개발
> ㉤ 공정한 기회와 능력에 대한 공정한 평가

① ㉡, ㉢, ㉣, ㉤
② ㉠, ㉡, ㉢, ㉣
③ ㉠, ㉡, ㉣, ㉤
④ ㉠, ㉡, ㉢, ㉤

해설 전통적인 여성상에서 탈피하려는 여성선수의 노력이 필요하다.

02 다문화사회에서의 스포츠에 대한 설명으로 옳지 않은 것은?

① 다문화사회에서 스포츠는 만국 공통어로서 소통의 도구이다.
② 스포츠는 다문화사회에서 사회적 갈등과 비용을 최소화시키기 위한 정책적 수단이 된다.
③ 다문화사회 구성원들의 스포츠활동으로 인해 스포츠 세계화가 촉진된다.
④ 스포츠활동을 통해 이주민에게 사회적 활동의 기회를 제공하여 사회 적응에 기여한다.

해설 다문화사회는 민족, 인종, 종교, 언어 등 다양한 문화가 존재하는 사회를 의미한다. 스포츠는 다문화사회에서 갈등과 인종차별이 발생하지 않도록 사회통합의 수단이 되지만 스포츠 세계화와는 직접적인 관계가 없다.

정답 01 ④ 02 ③

03 다음 중 장애인의 스포츠권에 대한 설명으로 옳지 않은 것은?

① 우리나라에서는 1998년 장애인 인권헌장이 선포되어 장애인의 스포츠권을 규정하였다.
② 장애인은 비장애인과 차별 없이 스포츠에 참여할 권리와 기회를 누려야 한다.
③ 장애인의 스포츠권은 기본 권리의 충족 이후에 보장되어야 한다.
④ 장애를 이유로 하는 스포츠 참여 제한·배제·분리·거부는 기본권 침해에 해당한다.

해설 장애인의 스포츠권은 기본 권리의 충족 이후가 아니라 동시에 보장되어야 한다.

04 다음 중 장애차별이 없는 스포츠의 조건으로 옳지 않은 것은?

① 장애인의 스포츠 접근성 증대를 위한 시설 확충
② 장애인 참여 스포츠 대회 증대를 통한 참여 및 관심 증대
③ 장애인 스포츠 전문인력인 특수체육지도자 양성
④ 장애인을 위해 비장애인과 동등한 프로그램 적용

해설 다양한 장애 참여자를 고려한 스포츠 프로그램과 용기구 개발이 필요하다.

정답 03 ③ 04 ④

04 | 스포츠에서 환경윤리와 동물윤리

학습목표
- 스포츠에서 파생되는 환경윤리적 문제가 무엇인지 사례를 들 수 있다.
- 환경윤리학 이론을 이해하고, 스포츠 환경윤리 문제에 적용하여 설명할 수 있다.
- 스포츠에서 발생하는 종차별주의를 이해하고, 이론적 관점에서 해결책을 제시할 수 있다.

20일 단기완성 학습 플랜
- 목표 학습 시간 : ___월 ___일
- 실제 학습 시간 : ___월 ___일

01 스포츠와 환경윤리

1. 스포츠와 환경의 상호작용

(1) 스포츠 환경
  ① 경기가 이루어지는 공간·훈련시설 등을 포함한 모든 스포츠활동에 직간접적으로 영향을 미치는 물리적 조건을 의미함
  ② 부올레(P. Vuolle)는 스포츠와 자연의 관계를 기준으로 스포츠환경을 순수환경, 개발환경, 시설환경으로 구분함
    ㉠ 순수환경 : 원래의 야생지, 공원, 보전구역
    ㉡ 개발환경 : 트레일, 슬로프, 스포츠 필드, 실외수영장 등 야외 스포츠 공간
    ㉢ 시설환경 : 실내체육관, 경기장, 아이스링크 등 실내 스포츠 공간

(2) 스포츠에서 파생되는 환경윤리적 문제
  ① 스포츠는 문화적 산물이기 때문에 자연과의 대립이 불가피함
  ② 스포츠 시설물 확보로 인해 환경이 파괴됨
  ③ 스포츠활동 자체로 인해 자연이 훼손되고 생태계가 위협을 받는 경우가 있음

2. 스포츠에 적용 가능한 환경윤리학의 이론

(1) 인간중심주의 환경윤리
  ① 인간만이 유일한 가치의 척도
  ② 인간의 목적을 위한 수단적 가치
  ③ 패스모어, 베이컨, 칸트, 아리스토텔레스, 베르크가 주장

더 알아보기

책임의 원칙(한스 요나스)
인간 중심의 환경문제를 벗어나 자연을 지키기 위한 새로운 생태윤리학을 주장

베르크의 환경윤리
모든 개체에 적합한 좁은 의미의 환경보다는 모든 개체의 환경 전체를 뜻하는 넓은 의미의 환경을 추구

패스모어의 인간중심 환경윤리
의무라는 도덕적관계는 공동의 이익을 갖는 자들 사이에선 존재하나, 인간과 자연적 존재자(동물, 식물, 대지)들 사이에 존재하지 않음을 주장

2022년 기출
〈보기〉의 설명과 관계있는 자연중심주의 사상가로 옳은 것은?

- 생태윤리에 대한 규칙 – 불침해, 불간섭, 신뢰, 보상적 정의
- 스포츠에 의한 환경오염 발생 시 스포츠 폐지 권고
- 인간의 욕구를 위해 동물의 생존권을 유린하는 스포츠 금지

① 베르크
② 테일러
③ 슈바이처
④ 하이젠베르크

정답 ②

(2) 자연중심주의 환경윤리
　① 생명중심주의 윤리

슈바이처	• 생명 외경사상 주장 • 생명 그 자체로 선(신성한 것)이며 존중받을 만한 가치가 있음
테일러	• 고유한 선을 갖는 생명체는 인격체와 같은 내재적 존엄성을 지니고 있기 때문에 인간은 인간 자신뿐만 아니라 자연에 대한 존중의 태도를 지녀야 함 • 자연존중의 기본태도에서 파생되는 의무 <table><tr><td>불침해</td><td>고유 선을 가진 자연환경 내 모든 실체들에게 해를 끼치면 안 됨(소극적이고 기본적 의무)</td></tr><tr><td>불간섭</td><td>개별 유기체뿐만 아니라 생명 공동체에 대해 간섭하지 말 것(소극적 의무)</td></tr><tr><td>성 실</td><td>야생동물은 도덕행위자에 의해 속임, 기만을 당해서는 안 됨 (예 낚시, 사냥, 덫)</td></tr><tr><td>보상적 정의</td><td>인간이 다른 생명체에 손해를 입혔을 경우, 인간이 그것에 대한 보상을 진행해야 함(갈등을 피할 수 없을 때 최우선)</td></tr></table>※ 우선순위 : 불침해 → 보상적 정의 → 성실 → 불간섭 • 해결책 : ① 자기방어, ② 비례, ③ 최소악, ④ 분배 정의, ⑤ 보상적 정의의 원리

　② 생태중심주의(레오폴드, 네스)

레오폴드	• "땅의 윤리"를 제창 　- 인간을 포함한 그 밖의 생명체, 무생명체까지도 도덕 공동체의 구성원으로 받아들일 것을 권고함 　- 개인-개인 간의 관계 → 개인-사회 간의 관계 → 인간-대지의 관계 → 발전되는 인간 → 동식물 간의 관계로 전개되어야 함
네스&세션	• "심층 생태운동 강령" 　- 인간과 인간 이외의 존재인 지구 생명 번성은 본래의 가치를 가짐 　- 인간이 인간 이외의 세계에 간섭하는 것은 지나치며, 그리고 그 상황은 빠르게 악화하고 있음

02 스포츠와 동물윤리

1. 스포츠의 종차별 문제

종차별주의	반종차별주의
다른 종의 이익을 배척하는 동종이기주의	종의 차이를 인정하고 그에 대한 대우를 제공
• 스포츠 현장에서의 동물의 도구화 • 동물이 약물투여나 실험으로 희생 • 고통을 주는 폭력적 훈련 • 동물을 인간의 유희대상으로 간주	• 동물은 인간과의 공존 대상임을 인지 • 동물도 고통, 쾌락의 인지능력이 있음을 고려

2. 동물스포츠와 윤리

(1) 동물스포츠의 이해
  ① 동물과 인간의 투쟁 : 투우 등
  ② 동물을 이용한 스포츠 경기 : 승마, 경마, 폴로 등
  ③ 동물 간의 투쟁 : 소싸움, 투견, 투계 등

(2) 동물스포츠의 윤리적 관점
  ① 동물이 인간의 유희를 위한 도구가 되어서는 안 됨
  ② 인간을 위한 동물실험의 희생물이 되어서는 안 됨
  ③ 혹독한 훈련이나 폭력으로 인한 동물의 고통을 간과해서는 안 됨

단답형 문제

01 부올레(P. Vuolle)는 스포츠와 자연의 관계를 기준으로 스포츠환경을 순수환경, 개발환경, (   )으로 구분하였다.

02 고통을 느낄 수 있는 존재는 모두 도덕적 고려의 대상이 되어야 한다고 주장함으로써, 동물 학대 가능성 있는 스포츠 종목의 폐지 당위성을 제시한 윤리학자는 (   )이다.

03 스포츠의 (   )는 다른 종의 이익을 배척하는 동종 이기주의를 말한다.

04 테일러가 주장한 생태윤리 4대 의무는 불침해의 의무, (   )의 의무, 신뢰의 의무, 보상적 정의의 의무이다.

정답 01 시설환경 02 싱어(P. Singer) 03 종차별주의 04 불간섭

+ 더 알아보기

싱어(P. Singer)
쾌락과 고통을 느낄 수 있는 존재는 모두 도덕적 고려의 대상이 되어야 한다고 주장함으로써, 동물 학대 가능성 있는 스포츠 종목의 폐지 당위성을 제시한 윤리학자

2020년 기출

〈보기〉의 내용과 연관된 학자의 이론으로 적절하지 않은 것은?

> 자연중심주의 환경윤리는 환경에 있어서 도덕적 고려의 대상을 자연의 생명체를 포함한 생태계 전체로 확대할 것을 주문한다. 이런 점에서 보면 동물 스포츠라 불리는 스페인의 투우, 한국의 전통 민속놀이인 소싸움 등은 동물을 인간의 오락 대상으로 삼았다는 점에서 윤리적으로 허용되기 어렵다.

① 베르크(A. Berque)의 환경윤리
② 레오폴드(A. Leopold)의 대지윤리
③ 네스(A. Naess)의 심층적 생태주의
④ 슈바이처(A. Schweitzer)의 생명중심주의

정답 ①

2017년 기출

고통을 느낄 수 있는 존재는 모두 도덕적 고려의 대상이 되어야 한다고 주장함으로써, 동물 학대 가능성이 있는 스포츠 종목의 폐지 당위성을 제시한 윤리학자는?

① 싱어
② 베르크
③ 레오폴드
④ 패스모어

정답 ①

04 출제예상문제

01 다음 중 스포츠환경에 대한 설명으로 옳지 않은 것은?

① 자연환경은 원래의 야생지, 공원, 보전구역 등을 말한다.
② 개발환경은 트레일, 슬로프, 스포츠 필드, 실외수영장 등 야외 스포츠 공간을 말한다.
③ 시설환경은 실내체육관, 경기장, 아이스링크 등 실내 스포츠 공간을 말한다.
④ 부올레(P. Vuolle)는 스포츠와 자연의 관계를 기준으로 스포츠환경을 구분하였다.

해설 부올레(P. Vuolle)는 스포츠와 자연의 관계를 기준으로 스포츠환경을 순수환경, 개발환경, 시설환경으로 구분하였다. ①은 순수환경에 대한 설명이다.

02 다음 중 환경윤리학에 대한 이론의 설명으로 옳은 것은?

① 인간중심주의 환경윤리는 인간의 목적을 위한 수단적 가치로서 환경을 이용한다.
② 패스모어와 베르크가 주장한 것은 자연중심주의 환경윤리이다.
③ 인간중심주의 환경윤리는 생명중심주의, 생태중심주의로 나뉜다.
④ 생명이 본래적 가치를 가지는 것을 뜻하는 생태중심주의는 테일러, 레오폴드 등이 주장하였다.

해설 인간중심의 환경윤리는 인간만이 유일한 가치척도이며, 인간의 목적을 위해 환경을 수단화한다.

03 다음 중 테일러가 주장한 생태윤리의 4가지 의무에 대한 설명으로 옳은 것은?

① 불침해의 의무 – 야생동물들이 사는 환경을 침범하지 않아야 하는 의무
② 보상적 정의의 의무 – 야생동물에 위해를 가해 정의를 훼손하지 않아야 하는 의무
③ 불간섭의 의무 – 생태계의 자유로운 발전을 제한하지 않아야 하는 의무
④ 신뢰의 의무 – 인간이 망가뜨린 자연상태를 회복하기 위해 노력해야 하는 의무

해설
• 불침해의 의무 : 다른 생명체를 해치지 않아야 하는 의무
• 보상적 정의의 의무 : 인간이 망가뜨린 자연상태를 회복하기 위해 노력해야 하는 의무
• 신뢰의 의무 : 야생동물에 위해를 가해 신뢰를 훼손하지 않아야 하는 의무

정답 01 ① 02 ① 03 ③

04 다음 중 종차별주의에 대한 설명으로 옳지 않은 것은?

① 스포츠 현장에서 인간이 아닌 다른 동물들을 도구화한다.
② 사람을 대상으로 약물투여와 실험처치를 수행한다.
③ 동물에게 고통을 제공하는 폭력적 훈련을 실시한다.
④ 스포츠에 참가하는 동물들을 인간의 유희대상으로 간주한다.

해설 종차별은 다른 종의 이익을 배척하는 동종 이기주의로 인체실험은 종차별이 아니다.

05 스포츠에서 파생되는 환경윤리적 문제를 극복하는 방법으로 옳지 않은 것은?

① 스포츠행사에서 쓰레기를 줄이기 위한 대책 마련
② 에너지소비의 최소화를 통한 스포츠시설의 효율적 운영
③ 자연생태계에 미치는 영향을 최소화한 스포츠시설 건립
④ 순수환경을 수준 높은 개발환경으로 전환

해설 트레일, 슬로프, 스포츠 필드, 실외수영장 등 개발환경으로의 전환은 환경파괴를 야기한다.

정답 04 ② 05 ④

제6과목 스포츠윤리

05 스포츠와 폭력

학습목표
- 공격성과 폭력에 대해 이해하고 스포츠 사례에 적용하여 설명할 수 있다.
- 선수에 의해 행해지거나 선수를 대상으로 발생하는 폭력에 대해 설명할 수 있다.
- 관중 폭력이 발생하는 이유를 이해하고, 사례를 분석할 수 있다.

20일 단기완성 학습 플랜
- 목표 학습 시간 : ___월 ___일
- 실제 학습 시간 : ___월 ___일

01 스포츠폭력

1. 스포츠폭력의 이해

(1) 스포츠 고유의 공격적 특성
① 스포츠에서 나타나는 공격성은 상대방을 이기기 위한 행동을 촉발하는 정서 상태
② 스포츠는 폭력적인 성향의 분출을 자극하면서 동시에 감시하고 제어하는 이중성이 있음
③ 스포츠에서 통제된 힘의 사용은 정당한 폭력으로 인정됨
④ 적절한 공격성은 스포츠경기에서 긍정적으로 표현됨
⑤ 승리지상주의에 따른 부적절한 공격성은 반칙 또는 폭력상황으로 이어짐

(2) 스포츠인권센터의 규정
① **스포츠인권** : 모든 스포츠인이 인간 존재의 보편적 가치로서 지니게 되는 기본적인 자유와 동등한 권리
② **스포츠폭력** : 스포츠 영역에서 스포츠인(선수, 지도자, 학부모, 관계자 등)을 대상으로 구타하거나 상처가 나게 하는 것, 어느 장소에 가두어 두는 것, 겁을 먹게 하는 것, 강요하는 것, 물건이나 돈을 빼앗는 것, 사실 또는 사실이 아닌 일로 인격이나 마음에 상처를 주는 것, 남들 앞에서 창피를 주는 것, 계속해서 반복하여 따돌림하는 것 등을 말함

(3) 스포츠폭력에 대한 인식
① 폭력 자체가 나쁜 것이라면 스포츠에서 격투 종목은 존재가 불가능함
② 폭력은 정당성의 기준에 따라 가변적임(절대악으로 구분 불가)

2019년 기출

〈보기〉의 법 또는 헌장이 지향하고 있는 개념으로 가장 적절한 것은?

- 모든 국민은 인간으로서 존엄과 가치를 가지며, 행복을 추구할 권리를 가진다(헌법 제10조).
- 어느 국가 또는 개인에 대해서도 인종·종교 또는 정치상의 이유로 차별대우해서는 안 된다(올림픽 헌장 6조).
- 학교의 장은 학생선수가 일정 수준의 학력기준에 도달하지 못한 경우에는 별도의 기초학력보장 프로그램을 운영하여 최저학력이 보장될 수 있도록 노력하여야 하며, 필요할 경우 경기대회 출전을 제한할 수 있다(학교체육진흥법 제11조).

① 스포츠와 평등
② 스포츠와 인권
③ 스포츠와 환경
④ 스포츠와 교육

정답 ②

(4) 스포츠상황에서 폭력의 유형

유 형	특 징
직접적 폭력	• 상해를 입히려는 의도가 있는 행위 • 가시적이고 파괴적임
구조적 폭력	• 의도가 노골적이지 않지만 관습처럼 반복됨 • 비가시적이며 장기간 이루어짐
문화적 폭력	• 언어, 행동양식 등의 상징적 행위를 통해 가해짐 • 위해를 옳은 것이라 정당화하여 문제가 되지 않게끔 만들기도 함

2. 격투 스포츠의 윤리적 논쟁

찬 성	반 대
• 스포츠 규칙에 따른 용인된 폭력임 • 스포츠의 폭력성은 인간 본능의 표현임 • 신체의 탁월성을 겨루는 경쟁스포츠임	• 정당한 폭력은 존재하지 않음 • 스포츠 내 폭력도 도덕적으로 용인될 수 없음 • 폭력에 대한 무감각 및 중독을 초래할 수 있음 • 지속적으로 폭력성이 증대된 스포츠 생성의 가능성이 있음 • 폭력이 훈련되는 것은 스포츠 가치에 위배됨

3. 공격성을 설명한 학자

아렌트 (악의 평범성)	폭력에 길들여져 폭력에 대한 습관화가 일어나면 악행이 평범하게 느껴짐을 주장
아리스토텔레스 (분노)	분노의 긍정적 측면을 강조하였으며 분노해야 할 때 분노해야 함을 주장
로렌츠 (본능)	동물은 종의 생존을 위한 공격성 본능을 가지고 있다고 주장
푸코 (규율과 권력)	• 권력은 개개인의 행동을 지배하여 종속시킴 • 스포츠계의 위계적 권력 관계는 폭력으로 변질되어 작동
홉스 (폭력론)	• 자연상태에서 인간을 폭력행사의 권리를 가진 주체로 바라봄 • 인간은 생명보존을 위해 다른 인간을 해치거나 폭력적으로 물건을 탈취할 권리가 있음
르네 지라르 (모방적 욕망)	• 인간은 모방하는 인간(Homo Mimeticus)이라고 주장 • 특정모델(매개)에 대한 모방적 욕망에서 시작하여 모방적 경쟁관계가 갈등, 폭력을 발생시킨다고 지적
뒤르켐 (자살론)	개인이 아닌 외적요인에 의한 사회적 힘이 자살에 영향을 주는 것이라고 주장

+ 더 알아보기

폭력상황이 발생하는 이유
라이벌 선수와 상대팀에 대한 폭력상황이 발생하는 이유는 승리가 가장 중요한 가치로 여겨지는 승리지상주의로 인함

2022년 기출

폭력을 설명한 학자의 개념과 그에 대한 설명으로 옳은 것은?

① 푸코의 '분노' – 스포츠 현장에서 인간 내면의 분노로 시작된 폭력은 전용되고 악순환을 반복하는 경향이 있다.
② 아리스토텔레스의 '규율과 권력' – 스포츠계에서 위계적 권력 관계는 폭력으로 변질되어 표출된다.
③ 홉스의 '악의 평범성' – 폭력이 관행화 된 스포츠계에서는 폭력에 대한 죄책감이 없어진다.
④ 지라르의 '모방적 경쟁' – 자신이 닮고자 하는 운동선수를 모방하게 되듯이 인간 폭력의 원인을 공격 본능이 아닌 모방적 경쟁관계에서 찾는다.

정답 ④

2018년 기출

〈보기〉의 내용을 가장 잘 설명할 수 있는 개념과 학자가 바르게 연결된 것은?

> 스포츠계에서는 오랫동안 폭력이 아무런 죄책감 없이 습관처럼 행해지고 있다. 폭력에 길들여진 위계질서와 문화가 폭력을 폭력으로 인식하지 못하게 하고 있다. 이러한 사회에서는 사유의 부재로 인해 폭력적이고 억압적인 행위가 지속될 수밖에 없다.

① 악의 평범성 – 한나 아렌트
② 책임의 원칙 – 한스 요나스
③ 분노 – 아리스토텔레스
④ 본능 – 로렌츠

정답 ①

02 선수폭력

1. 선수폭력의 유형

선수 간의 폭력	• 경기 중 감정폭발로 인해 우발적 행동으로 발생함 • 경기 중 승리를 위한 전술적 차원으로 폭력이 사용되기도 함 • 선수 간의 위계질서를 강조하는 문화로 인한 폭력이 발생하기도 함
선수의 심판 폭력	• 선수 또는 지도자가 심판에게 가하는 폭력은 판정에 대한 불만으로 인해 발생함 • 선수 또는 지도자의 '자기분노조절의 실패'라고 할 수 있음
선수의 관중 폭력	관중의 반응에 대한 감정폭발로 폭력이 발생하기도 함
일상에서의 선수폭력	사회적 일탈행위가 되기도 함

2. 선수폭력의 대안

(1) 대한체육회 스포츠공정위원회 규정(개정 2024. 5. 31)

제22조	스포츠 공정위원회 설치의무	회원종목단체 및 시·도체육회는 '회원종목단체규정' 제38조와 '시·도체육회규정' 제38조 및 이 규정에 따라 해당 단체에 스포츠공정위원회를 설치하여야 한다.
제25조	징계사유 및 대상	① 위원회는 다음의 경우에 대하여 징계 심사할 수 있다. 1. 단체 및 대회운영과 관련한 금품수수, 횡령·배임, 회계부정, 권한남용, 직무태만 등 비위의 사건 2. 체육 관련 입학비리 3. 폭력, 성폭력 4. 승부조작, 편파판정 5. 음주운전, 강화훈련 기간 중 음주소란 행위, 불법도박 6. 체육인으로서 품위를 심히 훼손하는 경우 7. 부정 참가, 대회진행 방해 등 각종 대회 중 발생한 대회 질서 문란 행위 8. 인권 침해, 괴롭힘 9. 선거 관련 비위행위 10. 징계 중인 자가 행한 제1호부터 제9호까지의 어느 하나에 해당하는 사건이나 행위 11. 그 밖에 제1호부터 제9호까지의 어느 하나에 해당하는 사건이나 행위
별표	위반행위별 징계기준	• 폭력 - 흉기사용, 집단폭행 등 매우 비난할 만한 동기에 의한 폭행 : 제명 - 폭력행위가 치료기간 2주 이하의 경미한 경우거나 우발적이고 참작할 사유가 있는 경우 : 6개월 이상 1년 이하의 출전정지 또는 1년 이상 5년 이하의 자격정지 - 위의 경우에 해당하지 않는 경우 : 5년 이상 10년 이하의 자격정지 • 성폭력 - 강간, 유사강간 및 이에 준하는 성폭력 행위 : 제명

- 성추행 등 행위
  - 성추행 등의 정도가 약한 경우 : 6개월 이상 1년 이하의 출전정지 또는 1년 이상 3년 이하의 자격정지
  - 위의 경우에 해당하지 않는 경우 : 3년 이상 5년 이하의 자격정지
- 성희롱 등 행위
  - 성희롱 등의 정도가 약한 경우 : 3개월 이상 1년 이하의 출전정지 또는 3개월 이상 1년 이하의 자격정지
  - 위의 경우에 해당하지 않는 경우 : 1년 이상 3년 이하의 자격정지
- 인권침해
  - 침해 행위가 상습적일 경우 : 1년 이상 3년 이하의 자격정지
  - 침해 행위가 우발적일 경우 : 3개월 이상 1년 이하의 출전정지 또는 3개월 이상 1년 이하의 자격정지
- 괴롭힘
  - 괴롭힘 행위가 상습적일 경우 : 6개월 이상 2년 이하의 자격정지
  - 괴롭힘 행위가 우발적일 경우 : 6개월 이하의 출전정지 또는 6개월 이하의 자격정지

(2) 선수폭력의 대안

① 선수인권 보호 정책
② 스포츠지도자, 선수, 부모 인권교육
③ 스포츠인권 지원센터 활용
④ 전면적인 체벌 금지

03 관중폭력

1. 관중폭력

(1) 관중폭력의 발생

① 집단 내 무책임성·몰개성화에 의해 발생함
② 경기 결과에 따른 좌절감과 분노에 따라 폭력행동이 발생함
③ 선수폭력에 동조하는 관중에 의해 발생함
④ 팀 지지를 통한 집단적 과시로 발생하기도 함
⑤ 경기성격, 라이벌 의식, 배타적 응원문화 등이 원인이 되어 발생함

(2) 관중폭력의 증가

① 신체접촉이 많은 종목일수록 증가함
② 관중에 대한 사회적 통제가 미흡한 경우 증가함
③ 안전장치가 미흡한 경우 증가함

2. 스포츠 응원문화의 배타성

(1) 훌리거니즘(Hooliganism)
  ① 스포츠팀 응원을 빌미로 폭력적 행동을 조장하는 것을 훌리거니즘이라 하고, 이러한 무리를 훌리건이라 함
  ② 훌리건의 행동은 경기 전후, 경기 도중에 장소를 가리지 않고 어디서든 발생할 수 있음
(2) 스포츠 응원문화의 개선 : 관중도 스포츠를 완성하는 구성원으로, 스포츠 관람 및 응원을 통해 스포츠 가치와 문화를 발전시켜야 함

2019년 기출

관중폭력에 대한 설명으로 적절하지 않은 것은?

① 선수나 심판에 대한 욕설이나 비방도 넓은 의미에서 관중폭력에 해당한다.
② 신체적 폭행이 아닌 경기 시설물을 파괴하는 행위도 관중폭력에 해당한다.
③ 군중으로 있을 때보다 선수와 단 둘이 있을 때, 상대적으로 발생하기 쉽다.
④ 축구팬의 훌리거니즘은 관중폭력의 실제 사례 중 하나이다.

정답 ③

단답형 문제

01 스포츠에서 일어나는 폭력은 근본적으로 (　　)이/가 있어, 폭력적인 성향의 분출을 자극하면서 동시에 감시하고 제어한다.

02 모든 스포츠인이 인간 존재의 보편적 가치로서 지니게 되는 기본적인 자유와 동등한 권리를 (　　)(이)라고 한다.

03 강간, 유사강간 및 이에 준하는 성폭력 사건이 발생하였을 때는 (　　)한다.

04 스포츠팀 응원을 빌미로 폭력적 행동을 조장하는 것을 (　　)(이)라고 한다.

정답 01 이중성 02 스포츠인권 03 영구제명 04 훌리거니즘

05 출제예상문제

완벽하게 이해된 부분에 체크 하세요

01 스포츠폭력에 대한 설명으로 옳지 않은 것은?

① 스포츠는 폭력 분출을 자극하면서 동시에 감시하고 제어한다.
② 폭력을 길들이는 장치로서 스포츠를 이용할 수 있다.
③ 정당한 폭력이라는 것은 존재하지 않는다.
④ 스포츠폭력은 절대악으로 구분할 수 없다.

해설 ③은 격투스포츠를 반대하는 입장의 주장이다. 스포츠에서 일어나는 폭력은 근본적으로 이중성이 있으며, 정당한 폭력은 통제된 힘의 사용으로 탁월성을 표현하며 자기목적성을 지닌 폭력을 의미한다.

02 선수폭력에 대한 설명으로 옳지 않은 것은?

① 경기 중 감정폭발로 인한 우발적 행동으로 발생한다.
② 경기 중 선수 간의 폭력은 무조건 반칙이다.
③ 사회적 일탈행위가 되기도 한다.
④ 선수 간의 위계질서를 강조하는 문화로 인해 폭력이 발생하기도 한다.

해설 경기 중 승리를 위한 전술적 차원으로 선수 간의 폭력이 사용되기도 한다.

03 스포츠인권센터에서 규정한 스포츠폭력에 해당하지 않는 것은?

① 어느 장소에 가두거나 겁을 먹게 하는 것
② 사실 또는 사실이 아닌 일로 인격이나 마음에 상처를 주는 것
③ 남들 앞에서 창피를 주는 것
④ 강도 높은 훈련을 지시하는 것

해설 스포츠인권센터에서는 스포츠 영역에서 스포츠인(선수, 지도자, 학부모, 관계자 등)을 대상으로 구타하거나 상처가 나게 하는 것, 어느 장소에 가두어 두는 것, 겁을 먹게 하는 것, 강요하는 것, 물건이나 돈을 빼앗는 것, 사실 또는 사실이 아닌 일로 인격이나 마음에 상처를 주는 것, 남들 앞에서 창피를 주는 것, 계속해서 반복하여 따돌림하는 것 등을 스포츠폭력으로 규정하고 있다.

정답 01 ③ 02 ② 03 ④

04 대한체육회 스포츠공정위원회 규정에 명시된 행위 가해자에 대한 처벌기준으로 옳지 않은 것은?

① 흉기사용, 집단폭행 등 매우 비난할 만한 동기에 의한 폭행 – 제명
② 성추행 등의 정도가 약한 경우 – 6개월 이상 1년 이하의 출전정지 또는 1년 이상 3년 이하의 자격정지
③ 강간, 유사강간 및 이에 준하는 성폭력 행위 – 3년 이상 5년 이하의 자격정지
④ 괴롭힘 행위가 상습적일 경우 – 6개월 이상 2년 이하의 자격정지

해설 강간, 유사강간 및 이에 준하는 성폭력 행위는 제명에 해당한다.

05 경기 중 관중폭력의 특징으로 옳지 않은 것은?

① 집단 내 책임성과 지나친 개성에 의해 발생한다.
② 선수폭력에 동조하는 관중에 의해 발생한다.
③ 팀 지지를 통한 집단적 과시로 발생하기도 한다.
④ 배타적 응원문화가 원인이 되어 발생한다.

해설 관중폭력은 집단 내 무책임성과 몰개성화에 의해 발생한다.

정답 04 ③ 05 ①

06 경기력 향상과 공정성

학습목표
- 도핑이 무엇인지 이해하고, 도핑의 금지 이유와 그 방안을 제시할 수 있다.
- 스포츠상황에서 발생하는 유전자조작의 문제점과 방지책을 설명할 수 있다.
- 용기구와 생체 공학 기술이 스포츠의 공정성에 미치는 영향에 대해 설명할 수 있다.

20일 단기완성 학습 플랜
- 목표 학습 시간 : ___월 ___일
- 실제 학습 시간 : ___월 ___일

01 도 핑

1. 도핑의 이해

(1) 도핑의 의미
① 선수의 스포츠 기능 향상을 위해 약물을 사용하거나 특수한 이학적 처리를 행하는 것을 도핑이라고 함
② 승리지상주의로 인하여 나타난 현상으로, 페어플레이 정신을 저버리는 행위임
③ 세계반도핑기구(WADA)는 선수의 경기력 향상 효력이 있거나 선수 건강에 위협이 될 수 있다고 판단되는 약물이나 방법을 선정·목록화한 '금지목록 국제표준'을 매년 발표함
④ 세계반도핑기구(WADA)는 '금지목록 국제표준'에서 금지한 약물 복용·흡입·주사·피부접착 및 혈액제제·수혈·인위적 산소섭취 등 금지된 방법을 사용하거나, 사용행위를 은폐하거나, 부정거래 행위, 부정행위 시도까지 도핑방지규정 위반으로 규정함

(2) 도핑의 역사
① 1964년, 동경대회에서 도핑국제회의 개최 및 IOC 의무분과위원회 발족
② 1968년, 프랑스 그레노빌 동계올림픽에서 첫 도핑 검사 실시
③ 1988년, 서울올림픽에서 벤 존슨 금메달 박탈사건 발생
④ 1999년, 세계반도핑기구(WADA) 창설
⑤ 2006년, 한국도핑방지위원회(KADA) 설립

2015년 2급 생활
다음은 무엇에 대한 설명인가?

> 선수가 운동경기에서 성적을 향상시킬 목적으로 약물을 사용하거나 특수한 이학적 처치를 하는 일

① 심폐소생술
② 운동처방 및 재활
③ 도 핑
④ 웨이트 트레이닝

정답 ③

2. 도핑금지 방안

(1) 도핑을 금지해야 하는 이유

공정성의 위배	• 동등한 경쟁조건의 위배 • 노력에 의한 차등적 분배의 정의에 어긋남
부정적 역할모델	우수 선수의 도핑을 청소년 선수가 따라할 가능성 존재
건강상의 부작용	• 신체에 심각한 부작용 초래 가능 • 도핑은 건강의 추구를 방해하고 스포츠의 아레테를 부정하는 행위
자연성의 훼손	• 인위적으로 변형된 신체로 스포츠에 참여하는 것은 순수성에 위배됨 • 순수한 신체적 탁월성으로 경쟁을 해야 도덕적 요청에 대해 충족시킬 수 있음

(2) 효과적인 도핑금지 방안

① 윤리교육 강화
　㉠ 스포츠 윤리교육을 강화하여 올바른 가치관을 형성하도록 도와야 함
　㉡ 도핑의 문제, 규정, 정책을 숙지시켜 무지에 의한 사고를 예방해야 함
② 강력한 처벌 : 도핑 적발 시 강력한 처벌로 재발을 방지해야 함
③ 도핑검사 강화 : 도핑 검사 강화로 일탈행위를 사전에 예방해야 함

(3) 금지약물 및 금지방법

① 어떤 약물 또는 방법이 다음 3개 기준 중 2개 기준에 해당하는 경우, 그 약물 또는 방법은 금지목록에 포함됨
　㉠ 선수의 경기력을 향상시키거나 경기력 향상 잠재력을 가지고 있는 경우
　㉡ 선수의 건강에 실제적 또는 잠재적 위험이 되는 경우
　㉢ 스포츠 정신에 위배되는 경우

② 금지목록 국제표준

상시 금지 약물 및 방법		경기기간 금지 약물 및 방법		특정스포츠 금지약물
금지약물	금지방법	금지약물	금지방법	
• 비승인 약물 • 동화작용제 • 펩티드 호르몬, 성장인자, 관련 약물 및 유사제 • 베타-2 작용제 • 호르몬 및 대사 변조제 • 이뇨제 및 기타 은폐제	• 혈액 및 혈액 성분의 조작 • 화학적, 물리적 조작 • 유전자 및 세포 도핑	• 흥분제 • 마 약 • 카나비노이드 • 부신피질호르몬 (당질코르티코이드) *상시 금지 약물 포함	• 혈액 및 혈액 성분의 조작 • 화학적, 물리적 조작 • 유전자 도핑	베타차단제

+ 더 알아보기

치료목적사용면책(TUE)
• 금지약물에 대한 투여시도가 국제표준에 따라 부여된 치료목적사용면책 규정에 합치된다면 도핑방지규정 위반으로 간주되지 않음
• 도핑방지위원회에서 승인한 치료목적사용면책은 국내수준에서만 유효함

[2020년 기출]

도핑검사에서 선수의 역할 및 책임으로 적절하지 않은 것은?

① 시료채취가 언제든 가능하도록 해야 한다.
② 의료진에게 운동선수임을 고지해야 한다.
③ 도핑방지규정위반을 조사하는 도핑방지기구에 협력해야 한다.
④ 치료목적으로 처방되어 사용(복용)한 물질에 대해서는 책임지지 않는다.

정답 ④

02 유전자 조작

1. 스포츠에서의 유전자 조작 현황

(1) 유전자 도핑의 의미 : 유전치료를 순수한 치료목적으로 사용하지 않고 스포츠 선수의 운동수행능력 향상을 위해 사용하는 것을 의미함

(2) 유전자 도핑의 종류

체세포 변형	적혈구를 늘릴 수 있는 유전자의 삽입
성장호르몬 투여	뇌하수체 전엽에서 분비되는 호르몬으로 근육이 자라게 도움
유전 배아 선택	특정 운동에 뛰어난 능력을 가진 선수를 선택적으로 만들 수 있음
생식세포 변형	다음 세대에 영향을 주는 유전자를 재구성 가능

2. 유전자 조작 방지 대책

(1) 유전자 조작 반대 이유

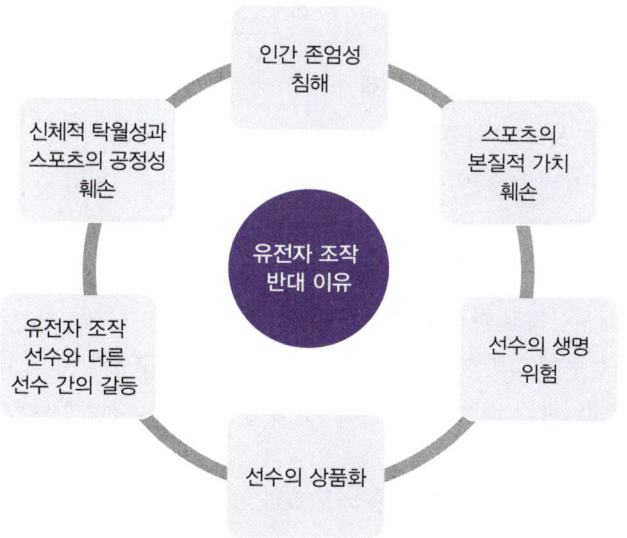

(2) 스포츠에서의 유전자 조작 방지 대책
  ① 강력한 법적 규제
  ② 지속적 윤리교육
  ③ 적극적 검사 실시
  ④ 신뢰할 수 있는 검사도구 연구 및 개발

2023년 기출

〈보기〉에서 스포츠 선수의 유전자 도핑을 반대해야 하는 이유로 적절한 것을 모두 고른 것은?

㉠ 선수의 신체를 실험 대상화하여 기계나 물질로 이해하도록 만들기 때문
㉡ 유전자조작 인간과 자연적 인간 사이에 갈등을 초래하기 때문
㉢ 생명체로서 인간의 본질을 훼손하고 존엄성을 부정하기 때문
㉣ 선수를 우생학적 개량의 대상으로 만들기 때문

① ㉠, ㉢
② ㉡, ㉢
③ ㉠, ㉡, ㉣
④ ㉠, ㉡, ㉢, ㉣

정답 ④

03 용기구와 생체공학기술 활용

1. **스포츠에서 생체공학기술의 역할**
   (1) 긍정적 역할
     ① 선수들의 운동기능 증가를 위한 기술 : 과학적 훈련방법, 운동장비 개발 등에서 활용되는 기술
     ② 선수의 안전을 위한 기술 : 선수의 부상 위험에 대비하기 위한 선수 보호차원에서 이루어지는 안전 기술
     ③ 감시를 위한 기술 : 스포츠현장에서 정확한 판정을 돕고, 도핑 등의 감시를 위한 기술
   (2) 부정적 역할로 인해 파생되는 윤리문제
     ① 첨단기술 또는 기구를 사용함으로써 스포츠의 공정성을 해칠 수 있음
     ② 스포츠 탁월성의 기준이 인간이 아닌 기술로 변질될 수 있음
     ③ 스포츠정신과 가치를 훼손할 수 있음

2. **생체공학기술과 관련된 윤리문제**
   (1) 전신수영복 착용 금지 이유
     ① 전신수영복 착용은 기구나 장비에 의존하는 기술도핑임
     ② 스포츠는 장비가 아니라 신체적 탁월성으로 경쟁해야 함
     ③ 스포츠의 가치와 공정성을 훼손하는 행위임
   (2) 의족장애선수의 일반경기 참가에 대한 윤리문제
     ① 장애선수의 일반경기 참여는 스포츠 평등권에 부합될 수 있음
     ② 비장애인과의 경쟁에서 의족이 불공정한 이점을 제공한다면 사용을 제한해야 함
     ③ 의족 첨단화에 대한 의존은 스포츠의 가치를 훼손할 수 있음

2021년 기출

스포츠에 도입된 과학기술의 긍정적인 효과로 옳지 않은 것은?

① 운동선수의 인격 형성에 기여한다.
② 기록의 객관성과 신뢰성을 높인다.
③ 운동선수의 안전과 부상 방지에 도움을 준다.
④ 오심과 편파판정을 최소화하여 경기의 공정성을 향상시킨다.

정답 ①

2023년 기출

〈보기〉에서 국제수영연맹(FINA)이 기술도핑을 금지한 이유는?

> 2008년 베이징올림픽 수영종목에서는 25개의 세계신기록이 쏟아져 나왔다. 주목할만한 것이 23개의 세계신기록이 소위 최첨단 수영복이라 불리는 엘지알 레이서(LZR Racer)를 착용한 선수들에 의해 수립되었다는 것이다. 그러나 이 같은 수영복을 하나의 기술도핑으로 간주한 국제수영연맹은 2010년부터 최첨단 수영복의 착용을 금지하였다.

① 효율성 추구
② 유희성 추구
③ 공정성 추구
④ 도전성 추구

정답 ③

단답형 문제

01 1999년에 창설되어 매년 9월 국제 표준 금지약물을 선정하는 단체는 (   )이다.

02 선수의 스포츠 기능 향상을 위해 약물을 사용하거나 특수한 이학적 처리를 행하는 것을 (   )(이)라고 한다.

03 유전자 치료를 순수한 치료 목적으로 하지 않고 스포츠선수의 운동수행능력 향상을 목적으로 사용하는 것을 (   )(이)라고 한다.

04 장애선수의 일반경기 참여는 (   )에 부합하지만, 비장애인과의 경쟁에서 의족이 불공정한 이점을 제공한다면 사용을 제한해야 한다.

정답   01 세계반도핑기구(WADA)   02 도핑   03 유전자 도핑   04 스포츠 평등권

06 출제예상문제

완벽하게 이해된 부분에 체크 하세요

01 다음 중 도핑에 대한 설명으로 옳은 것은?

① 직접약물을 사용하는 것만 포함된다.
② 도핑은 불법적으로 운동수행능력 향상을 꾀하는 제반행위를 말한다.
③ 상시, 경기기간 금지약물을 제외하고 처방 가능하다.
④ 금지약물은 스포츠 정신에 위배되지만 않는다면 복용할 수 있다.

> 해설 도핑은 직접 또는 특수한 이학적 처치를 포함하고 특정스포츠 금지약물 또한 복용해서는 안된다. 스포츠정신에 위배되지 않더라도 금지약물기준 3개 중 2개 이상 포함할 경우 도핑에 해당한다.

02 다음 중 세계반도핑기구(WADA)에서 '상시 금지 약물'로 지정한 것이 아닌 것은?

① S2. 펩티드 호르몬
② S5. 이뇨제 및 기타 은폐제
③ S9. 부신피질호르몬
④ S4. 호르몬 및 대사 변조제

> 해설 상시 금지 약물은, S0. 비승인 약물, S1. 동화작용제, S2. 펩티드 호르몬, 성장인자, 관련약물 및 유사제, S3. 베타-2 작용제, S4. 호르몬 및 대사 변조제, S5. 이뇨제 및 기타 은폐제이다. S9. 부신피질호르몬은 경기기간 금지되는 약물에 해당한다.

03 다음 중 유전자 도핑에 대한 대응방안으로 옳지 않은 것은?

① 지속적 윤리교육
② 유전자 도핑 특별법 제정
③ 적극적 도핑검사 실시
④ 검증된 성장호르몬 투여

> 해설 성장호르몬을 투여하는 것은 유전자 도핑을 하는 방법 중 하나로, 선수의 건강을 해칠 수 있다.

정답 01 ② 02 ③ 03 ④

04 다음 중 유전자 도핑을 반대하는 이유로 옳은 것을 모두 고른 것은?

> ㉠ 인간 존엄성 침해
> ㉡ 프로페셔널리즘의 부재
> ㉢ 도핑기술 개발의 비용 증대
> ㉣ 선수의 상품화
> ㉤ 유전자 조작의 기회를 얻지 못한 선수의 차별
> ㉥ 선수의 생명 위협

① ㉡, ㉢, ㉤
② ㉠, ㉡, ㉢
③ ㉢, ㉣, ㉤, ㉥
④ ㉠, ㉣, ㉤, ㉥

해설 유전자 도핑을 반대하는 이유로 ㉠, ㉣, ㉤, ㉥과 함께 스포츠의 본질적 가치 훼손, 신체의 탁월성과 스포츠의 공정성 훼손, 유전자 조작-비조작 선수 간의 갈등 등이 있다.

05 다음 중 기술도핑에 관련된 설명으로 옳지 않은 것은?

① 첨단용품 기구의 사용으로 인해 스포츠의 공정성을 해칠 가능성이 존재한다.
② 스포츠 평등권에 의해 의족장애선수는 일반경기에 항상 참가할 수 있다.
③ 스포츠 정신과 가치를 훼손할 수 있다.
④ 탁월성의 기준이 인간이 아닌 기술이라는 문제점이 존재한다.

해설 장애선수의 일반경기 참여는 스포츠 평등권에 부합하지만, 비장애인과의 경쟁에서 의족이 불공정한 이점을 제공한다면 사용을 제한해야 한다.

정답 04 ④ 05 ②

07 스포츠와 인권

제6과목 스포츠윤리

학습목표
- 학생선수의 인권이 침해받는 현 상황에 대해 설명하고, 대책을 제시할 수 있다.
- 스포츠지도자의 책임과 권한을 이해하고, 역할에 대해 설명할 수 있다.
- 스포츠를 통한 인성교육의 효과와 가치에 대해 설명할 수 있다.

20일 단기완성 학습 플랜
- 목표 학습 시간 : ___월 ___일
- 실제 학습 시간 : ___월 ___일

➕ 더 알아보기

스포츠 인권
누구나 스포츠를 동등하게 누릴 수 있는 권리로 인간의 존엄성 및 인간의 자유에 대한 권리

[2024년 기출]

〈보기〉에서 학생운동선수의 학습권 보호와 관련된 것으로 옳은 것만 모두 고른 것은?

> ㄱ. 최저 학력 제도
> ㄴ. 리그 승강 제도
> ㄷ. 주말 리그 제도
> ㄹ. 학사 관리 지원 제도

① ㄱ, ㄴ, ㄷ
② ㄱ, ㄴ, ㄹ
③ ㄱ, ㄷ, ㄹ
④ ㄴ, ㄷ, ㄹ

정답 ③

01 학생선수의 인권

1. 인권 사각지대인 학교운동부의 문제

(1) 인권 및 생활권 침해
  ① 승리지상주의, 결과주의를 지향함으로써 발생하는 인권 침해
  ② 운동부의 위계적 문화로 신체적 · 언어적 폭력에 노출
  ③ 장기 합숙훈련 등으로 정상적인 생활권 침해

(2) 학습권 침해
  ① 정규수업시간에 진행되는 훈련과 시합 참여로 학습권 침해
  ② 학기 중 장기 합숙훈련으로 학습권 침해
  ③ 운동기량만으로 대학진학이 가능한 입시제도의 문제

2. 최저학력제

(1) 최저학력제도의 정의 : 선수가 최저성적에 미달할 경우 선수로서의 활동을 제한하고, 학습권을 보장하기 위한 제도

(2) 학생선수의 학습권을 위한 노력

공부하는 학생선수 만들기 프로젝트
• 전국대회 참가횟수 제한
• 주말, 지역제 리그제도 도입 및 확대
• 체육계열 대학진학을 의무화시키고 운동특기자의 수능 최저등급 적용
• 최저학력제도 도입
• 체육특기자의 학습권을 보장할 수 있는 제도의 도입
• 정규수업 이수 및 수업결손 보충 의무화
• 맞춤형 학습지원 프로그램 개설
• 합숙소 개선 및 점진적 폐지

02 스포츠지도자의 윤리

1. 지도자의 폭력 문제

(1) 지도자에 의한 폭력이 일어나는 이유
  ① 선수의 진로, 학습, 생활 전반에 걸친 절대적인 권력을 가지고 있음
  ② 단기적인 성과 수단으로 폭력이 이용됨
  ③ 경기력 강화 또는 정신력 강화라는 명목으로 지도자의 폭력이 정당화되는 경향이 있음
  ④ 지도방법에 대한 잘못된 인습이 이어짐

(2) 선수체벌 문제
  ① 선수체벌 : 선수를 비인간화하는 훈련태도
  ② 선수체벌의 유형

구 분	내 용	결 과
과부하	동일한 훈련을 반복시키고 명령함	무의미한 결속력과 적개심 유발
지속적 체벌	신체적 처벌과 함께 인격 무시	패배감과 반항심 형성
공포분위기 조성	심야훈련이나 산중훈련 등 공포를 유발하는 환경에서 훈련	맹목적 복종심 가속화
부상선수 훈련강요	부상이 완치되기 전에 선수에게 훈련참가를 직·간접적으로 압박함	상해의 장기화, 무기력감 조성

(3) 성폭력 문제
  ① 성폭력의 개념
    ㉠ 상대방의 의사에 반하여 이루어지는 성적 언동으로 상대의 성적자기결정권을 침해하는 모든 행위를 말함
    ㉡ 선수가 지도자 또는 다른 선수 등으로부터 성폭력을 당한 경우, 선수 또는 그 사실을 아는 사람이 실명으로 스포츠인권익센터에 진정할 수 있음
    ㉢ 강간 외에도 원치 않는 신체적 접촉과 추근댐, 불쾌한 성적인 언어, 음란한 눈빛으로 바라보는 것 등 성적으로 가해지는 신체적·언어적·정신적 폭력이 포함됨
    ㉣ 성폭력에 대한 막연한 불안감이나 공포심을 조장하거나 그로 인한 행동의 제약도 포함됨

+ 더 알아보기

스포츠지도자의 비윤리적 행위의 원인
- 학부모의 지도자 금품 제공
- 팀 성적에 대한 부담
- 지도자의 불안정한 근무 형태

② 미국 고교체육연맹(NFHS)의 학교운동부 성폭력 예방 10계명

- 성적 농담 금지
- 성적 영상물 제공 금지
- 과도한 사적 대화 금지
- 과도한 사적 편지·선물 금지
- 외모에 대한 언급 금지
- 신체접촉 최소화
- 단둘이 차량 동승 금지
- 학교 밖에서 1:1 만남 금지
- 단체여행 시 보호자와 동행
- 사적인 데이트 절대 금지

③ 성폭력에 대한 보호 방안
  ㉠ 잠재적 피해자의 의식 변화
  ㉡ 잠재적 가해자의 의식 변화
  ㉢ 성폭력 가해자에 대한 철저한 감시와 엄격한 처벌 집행
  ㉣ 선수들의 성폭력 상담소 이용 활성화 및 예방교육 강화
  ㉤ 지도자의 성폭력 예방교육 강화 및 의무화

2. 폭력 해결을 위한 지도자·교육자로서의 역할

지도자로서의 역할	교육자로서의 역할
• 비전 및 목표를 제시함 • 팀 목표달성에 도움을 줌 • 윤리, 도덕을 가르침 • 동기 유발 • 갈등 해결 • 선수와 지도자의 소통	• 교육적 방법을 사용하여 훈련함 • 폭력을 행사하지 않음 • 학생들의 민주적 의사결정을 존중함 • 비인간적 승리지상주의를 거부해야 함 • 선수를 하나의 인격체로 존중함

[2020년 기출]

성폭력 예방 또는 대처에 대한 설명으로 적절하지 않은 것은?

① 선수는 피해 사실을 기록하도록 한다.
② 선수는 가능한 한 피해 상황에서 즉시 벗어나도록 한다.
③ 성폭력 사실을 고발한 선수가 피해받지 않는 분위기를 조성한다.
④ 여성 선수와 남성 지도자 위주로 성폭력 예방 교육이 이루어져야 한다.

정답 ④

03 스포츠와 인성교육

1. 학교체육의 인성교육적 가치

(1) 목적과 덕목

학교에서의 도덕교육의 목적	스포츠에서의 도덕적 덕목
• 규범과 덕목의 이치를 깨우침 • 도덕적 갈등상황에서 어떤 도덕적 가치를 선택해야 할지 교육함	• 규칙의 준수 • 페어플레이 • 타인과의 협조와 배려 • 인내와 용기

(2) 학교체육의 인성교육적 가치
  ① **도덕적 정서 발달** : 긍정적 정서를 증진시키고 타인에 대한 정서적 공감능력을 함양해 줌
  ② **인지 발달** : 전략이나 창의적 사고가 발달하고 판단 능력이 발달함
  ③ **사회성 발달** : 친사회적 행동 및 사회생활 기술 발달에 기여함

2. 스포츠에서의 인성교육

(1) 새로운 학교문화를 위한 스포츠의 역할
  ① **인성교육의 장** : 협동, 책임, 정직, 공정, 인내, 사회성 등 인성교육의 장
  ② **학교폭력의 예방과 해결** : 신체발달과 욕구 실현을 통해 폭력문제 해소
  ③ **학교공동체 형성** : 스포츠클럽이나 새로운 스포츠문화를 바탕으로 학교공동체 형성

(2) 인성교육의 방법
  ① **인지주의적 접근** : 인간의 이성적 능력과 도덕성을 가장 중요한 요소로 강조
  ② **덕 교육적 접근** : 스포츠맨십, 페어플레이 같은 윤리적 품성의 실천과 습관화를 강조
  ③ **통합적 접근** : 인지주의적 접근과 덕 교육적 접근의 강점 통합

단답형 문제

01 최저 성적에서 미달할 경우 선수로서 활동을 제한하는 (   )(으)로 학생선수의 생활권과 학습권을 보장한다.

02 선수체벌 유형에서 동일한 훈련을 반복시키고 명령하는 것을 (   ) 유형이라고 한다.

03 상대방의 의사에 반하여 이루어지는 성적 언동으로 상대의 성적자기결정권을 침해하는 모든 행위를 (   )(이)라고 한다.

04 학교체육은 협동, 책임, 정직, 공정, 인내, 사회성 등을 함양하도록 도와주는 (   )교육의 장으로서 역할을 한다.

정답 01 최저학력제도 02 과부하 03 성폭력 04 인성

2017년 기출

스포츠맨십, 페어플레이와 같은 윤리적 품성의 실천과 습관화를 강조하는 교육은?

① 정서 교육
② 인지 교육
③ 덕 교육
④ 지식 교육

정답 ③

07 출제예상문제

완벽하게 이해된 부분에 체크 하세요

01 다음 중 학생선수의 학습권을 위한 방법으로 옳지 않은 것은?

① 전국대회 참가횟수를 늘려 학습에 동기를 부여
② 정규수업 이수 및 수업결손 보충 의무화
③ 최저학력제도 도입
④ 합숙소 개선 및 점진적 폐지

해설 전국대회 참가횟수를 줄이고 주말·지역제 리그를 도입하여 학습시간을 늘려 주어야 한다.

02 다음 중 성폭력에 대하여 선수를 보호할 수 있는 방법에 대한 설명으로 옳지 않은 것은?

① 잠재적 피해자와 가해자의 의식을 변화시켜야 한다.
② 성폭력 가해자에 대한 인권을 보장하고자 감시와 처벌은 약하게 실시한다.
③ 선수들의 성폭력 상담소 이용을 활성화한다.
④ 지도자의 성폭력 예방교육을 강화하고 의무화한다.

해설 성폭력 가해자에 대한 철저한 감시와 엄격한 처벌 집행을 시행해야 선수를 성폭력으로부터 보호할 수 있다.

정답 01 ① 02 ②

03 학교체육의 인성교육적 가치에 대한 설명으로 옳지 않은 것은?

① 협동, 책임, 정직, 공정, 인내 등 인성교육의 장이 된다.
② 타인에 대한 정서적 공감능력을 함양해 준다.
③ 위계적 문화로 질서정연한 학교생활을 유지시킨다.
④ 욕구 실현을 통해 학교폭력문제를 해소해 준다.

해설 학교운동부의 위계적 문화는 선수들을 신체적·언어적 폭력에 노출시켜 문제를 야기할 수 있다.

04 다음 중 지도자에 의한 폭력이 일어나는 이유로 옳지 않은 것은?

① 선수의 진로, 학습, 생활 전반에 걸친 절대적인 권력을 가지고 있다.
② 단기적인 성과 수단으로 폭력이 이용된다.
③ 폭력 가해자에 대한 처벌이 너무 엄격하다.
④ 지도방법에 대한 잘못된 인습이 이어진다.

해설 지도자의 폭력을 막기 위한 방안으로 폭력 가해자에 대한 철저한 감시와 엄격한 처벌이 이행되어야 한다.

정답 03 ③ 04 ③

제6과목 스포츠윤리

08 스포츠 조직과 윤리

학습목표
- 스포츠의 정책 결정과정에서 고려해야 할 윤리성에 대해 설명할 수 있다.
- 심판이 지녀야 할 도덕적 조건을 이해하고, 사회적 역할과 과제에 대해 설명할 수 있다.
- 스포츠 조직의 윤리경영을 위해 필요한 경영자의 윤리적 리더십에 대해 설명할 수 있다.

20일 단기완성 학습 플랜
- 목표 학습 시간 : ___월 ___일
- 실제 학습 시간 : ___월 ___일

01 스포츠와 정책윤리

1. 정치와 스포츠

(1) 정치와 스포츠의 관계
① 스포츠는 국위선양과 국민화합에 기여함
② 스포츠는 사회통합과 사회통제의 기능을 함
③ 스포츠문화가 발전하면서 정치조직과 관계를 형성함
④ 스포츠경기와 정치적 상황이 상호작용하며 공생관계를 형성함
⑤ 스포츠는 국제사회, 국가, 지역사회에서 정치적으로 이용될 수 있음

(2) 스포츠의 사회적 이슈와 윤리성 문제
① 스포츠윤리의 결여로 불법스포츠도박, 승부조작, 도핑, 폭력 등 문제가 발생함
② 문화체육관광부가 지정한 스포츠 4대 악 : 조직 사유화, 승부조작 및 편파판정, (성)폭력, 입시비리
③ 신념윤리와 책임윤리의 조화가 필요함
　㉠ 신념윤리 : 결과를 생각하지 않고 신념의 실현 자체가 목적인 윤리
　㉡ 책임윤리 : 사람에 의해 발생하는 결함을 인정하고, 자기 행동에 책임져야 한다는 원칙

2. 스포츠정책과 윤리성 문제

(1) 스포츠정책
① 정책이란 정부에 의해 결정되는 미래를 지향하는 행동방침을 뜻함
② 합리적인 정책분석과 효율적인 정책집행과 평가가 이루어져야 함
③ 정책 과정에서 윤리성 확보가 중요함
④ 스포츠정책이 특정집단이나 개인 중심으로 이루어지면서 윤리적 문제가 발생함

(2) 스포츠정책의 윤리적 문제
   ① 엘리트 중심의 스포츠정책과 생활체육 정책의 이원화
   ② 스포츠 참여의 불평등과 스포츠 복지 소외
   ③ 스포츠조직의 비윤리성과 체육특기자의 입시비리 문제

3. 스포츠윤리센터
   (1) 정의 : 「국민체육진흥법」 제18조의3에 따라 체육인의 인권보호와 스포츠 비리 근절을 위해 설립된 문화체육관광부 산하 독립 법인
   (2) 역할
      ① 체육계 인권침해 및 스포츠비리 등에 대한 신고 접수와 조사
      ② 신고자 및 피해자에 대한 치료 및 상담, 법률 지원, 임시보호 및 연계
      ③ 긴급보호가 필요한 신고자 및 피해자를 위한 임시보호시설 운영
      ④ 체육계 현장의 인권침해 조사·조치 상황 등을 상시 점검할 수 있는 인권감시관 운영
      ⑤ 스포츠비리 및 체육계 인권침해에 대한 실태조사 및 예방을 위한 연구
      ⑥ 스포츠비리 및 체육계 인권침해 방지를 위한 예방교육
      ⑦ 그 밖에 체육의 공정성 확보 및 체육인의 인권보호를 위하여 필요한 사업
   (3) 권한
      ① 대통령령 : 스포츠윤리센터의 운영, 이사회의 구성 및 권한, 임원의 선임, 감독 등 스포츠윤리센터의 정관에 기재할 사항
      ② 문화체육관광부령
         ㉠ 스포츠윤리센터 감독(센터가 독립적으로 수행할 수 있도록 보장해야 함)
         ㉡ 스포츠윤리센터장이 행정기관 소속 공무원이나 관계 기관·단체 소속 임직원의 스포츠윤리센터 파견 또는 지원을 요청한 것에 대한 승인

2022년 기출
체육의 공정성 확보와 체육인의 인권보호를 위해 설립된 스포츠윤리센터의 역할로 옳지 않은 것은?

① 스포츠비리 및 체육계 인권침해에 대한 실태조사
② 스포츠비리 및 체육계 인권침해 방지를 위한 예방교육
③ 신고자 및 가해자에 대한 치료와 상담, 법률 지원, 임시보호 연계
④ 체육계 인권침해 및 스포츠비리 등에 대한 신고 접수와 조사

정답 ③

02 심판의 윤리

1. 심판의 윤리
   (1) 심판의 도덕적 조건
      ① 심판의 공정성과 청렴성 필요
      ② 도덕성과 성품을 포함한 덕성 요구
   (2) 심판의 직업윤리
      ① 스포츠 경기를 공정하게 진행하는 실천자로서 사명을 가져야 함
      ② 심판으로서 갖춰야 할 도덕적 조건과 페어플레이 정신을 바탕으로 스포츠 가치를 바르게 인식해야 함

2023년 기출
스포츠에서 심판윤리에 관한 설명으로 옳지 않은 것은?

① 심판의 사회윤리는 협회나 종목단체의 도덕성과 밀접한 관련이 있다.
② 심판은 공정하고 엄격한 도덕적 원칙을 적용해야 한다.
③ 심판의 개인윤리는 청렴성, 투명성 등의 인격적 도덕성을 의미한다.
④ 심판은 '이익동등 고려의 원칙'에 따라 전력이 약한 팀에게 유리한 판정을 할 수 있다.

정답 ④

③ 윤리적 대상이 되어 스포츠 경기에 대해 전반적으로 윤리적 가치로 판단하고 알려야 함
④ 외부의 지시나 간섭을 단호히 뿌리칠 수 있는 자율성을 지녀야 함

2. 심판의 역할과 과제

(1) 심판의 역할
① 스포츠 경기 상황에서 규칙이 준수되도록 외적 통제를 직접 담당함
② 원활한 경기 진행·운영으로 선수를 보호하고 선수가 경기력을 발휘할 수 있도록 기여함
③ 스포츠정신을 바탕으로 사심 없이 공정한 판정과 승패를 결정함
④ 판정 과정에서 절제된 행동으로 편견과 차별 없이 판정함

(2) 오심을 줄이기 위한 과제
① 심판의 질적 향상을 위한 교육기회 확대
② 판정능력 향상을 위한 반복훈련
③ 상임심판 제도의 확립과 적절한 보수를 통한 전문성 제고

03 스포츠 조직의 윤리경영

1. 스포츠경영자의 윤리적 의식 – 윤리적 리더십

(1) 사회적 책임을 실천함
(2) 윤리적 문화를 확산시킴
(3) 사회공헌 활동을 실천함

2. 스포츠 조직의 불공정 행위와 윤리적 조직행동

불공정 행위	윤리적 조직행동
• 승리지상주의 • 맹목적 이익만을 추구 • 승부조작 • 편파 판정	• 행동기준에 대한 윤리규범을 제시 • 윤리헌장, 윤리강령, 행동강령, 실천지침으로 구성

2022년 기출

〈보기〉의 빈칸에 들어갈 말로 순서대로 옳은 것은?

스포츠 조직에서 (㉠)은/는 기업의 가치경영을 넘어 정성적 규범기준까지 확장된 스포츠 사회·윤리적 가치체계를 의미한다. 이러한 체계가 실효성 있게 작동되기 위해서는 경영자의 윤리적 (㉡)와 경영의 (㉢) 확보가 선행되어야 한다.

① 기업윤리, 공동체, 투명성
② 윤리경영, 실천의지, 투명성
③ 기업윤리, 실천의지, 공정성
④ 윤리경영, 공동체, 공정성

정답 ②

단답형 문제

01 (   )의 결여로 불법스포츠도박, 승부조작, 도핑, 폭력 등 문제가 발생한다.

02 문화체육관광부가 지정한 스포츠 4대 악은 조직 사유화, 승부조작 및 편파판정, (성)폭력, (   )이다.

03 스포츠의 사회적 이슈와 윤리성 문제를 해결하기 위해서는 신념윤리와 (   ) 윤리의 조화가 필요하다.

04 (   )은/는 스포츠 경기를 공정하게 진행하는 실천자로서 사명을 가져야 한다.

정답   01 스포츠윤리   02 입시비리   03 책임   04 심판

08 출제예상문제

완벽하게 이해된 부분에 체크 하세요

01 스포츠정책의 윤리적 문제에 대한 설명으로 옳지 않은 것은?

① 스포츠정책이 특정집단이나 개인 중심으로 이루어지면서 윤리적 문제가 발생한다.
② 생활체육 중심의 정책으로 전문체육이 소외된다.
③ 스포츠 참여의 불평등으로 스포츠 복지 소외계층이 발생한다.
④ 스포츠조직의 비윤리성과 체육특기자의 입시비리 문제가 발생한다.

[해설] 엘리트 중심의 스포츠정책으로 생활체육 정책이 분리·소외되는 경향이 있다.

02 다음 중 심판의 도덕적 조건과 직업 윤리에 대한 설명으로 옳지 않은 것은?

① 심판은 공정성과 청렴성을 겸비해야 한다.
② 심판은 도덕성과 성품을 포함한 덕성이 요구된다.
③ 스포츠 경기에 대해 주관적 가치로 판단하고 결정한다.
④ 스포츠 경기를 공정하게 진행하는 실천자로서 사명을 가진다.

[해설] 심판은 윤리적 대상이 되어 스포츠 경기에 대해 윤리적으로 판단하고 알려야 한다.

[정답] 01 ② 02 ③

03 심판의 역할과 과제에 대한 설명으로 옳지 않은 것은?

① 스포츠 경기 상황에서 규칙이 준수되도록 외적 통제를 직접 담당한다.
② 스포츠정신을 바탕으로 사심없이 공정하게 판정해야 한다.
③ 판정능력 향상을 위해 고도의 반복훈련을 해야 한다.
④ 공공에 대한 봉사로 사명감을 갖고 판정해야 한다.

해설 심판은 스포츠 경기를 공정하게 진행하는 실천자로서 사명을 가진다. 공공에 대한 봉사는 아니며, 적절한 보수를 지급함으로써 전문성을 제고해야 한다.

04 다음 중 스포츠 조직의 불공정 행위에 대한 설명으로 옳지 않은 것은?

① 승리지상주의가 원인이다.
② 맹목적 이익만을 추구하는 경향이 있다.
③ 승부조작이 대표적인 예시이다.
④ 아마추어리즘이 원인이 되어 발생한다.

해설 아마추어리즘은 승리지상주의와 반대되는 의미로 스포츠 그 자체에 의미를 부여하는 것이다. 따라서 스포츠 조직의 불공정 행위의 원인이라고 할 수 없다.

정답 03 ④ 04 ④

제6과목 | 과목별 예상문제

완벽하게 이해된 부분에 체크 하세요

01 놀이와 스포츠에 대한 설명으로 옳지 않은 것은?

① 룰렛, 제비뽑기 같은 우연을 위주로 놀이가 진행되는 것을 아레아라고 한다.
② 놀이는 경쟁의 속성을 가지고 있지 않다.
③ 스포츠는 놀이의 특성에 경쟁성, 제도성, 신체활동성을 추가로 가지고 있다.
④ 게임은 스포츠의 하위항목으로, 스포츠가 게임을 포함하고 있다.

해설 게임은 스포츠의 상위항목으로 놀이의 특성에 경쟁성을 추가로 가지고 있다.

02 스포츠에서 장애차별의 원인으로 옳지 않은 것은?

① 장애인이 이용할 수 있는 스포츠시설 부족
② 동료 참여자들의 부정적 시선
③ 장애인스포츠지도자의 적은 급여
④ 스포츠시설과의 접근성 결여

해설 장애인을 위한 전문스포츠지도자가 부족하다. 또한 장애인에 대한 이해와 교수방법도 부족한 형편이다.

03 다음 중 윤리체계와 윤리적 판단기준의 연결로 옳은 것은?

	윤리체계 종류	판단기준
①	의무론적 윤리체계	행위의 결과
②	목적론적 윤리체계	행위의 동기
③	덕윤리적 윤리체계	내면적 도덕성
④	계약론적 윤리체계	쾌락의 극대화 여부

해설 덕윤리적 윤리체계는 성품이나 내면적 도덕성을 윤리판단의 중요한 요소로 간주한다.

정답 01 ④ 02 ③ 03 ③

04 다음의 대화에서 두용이가 추구하는 윤리체계와 그에 대한 한계점이 올바른 것은?

> 두용 : 오늘 축구팀 감독님이 내가 조금 규칙을 어겼다고 해도 욕을 심하게 하는 것은 너무 비윤리적이지 않았어? 나는 사람이 도덕법칙을 아무리 잘 지킨다고 해도 성품이 안 좋으면 그 사람이 윤리적으로 옳지 않다고 생각해. 정말 마음에 안 들어.
> 명성 : 맞아, 두용아. 그래도 네 생각은 (　　)라는 한계점이 있기 때문에 이점을 감안하는 것이 좋아.

	윤리체계	한계점
①	덕윤리적 윤리체계	스포츠윤리가 개인윤리에 해당하는 것으로 간주
②	덕윤리적 윤리체계	도덕규칙과의 상충
③	의무론적 윤리체계	다수의 이익 간과
④	의무론적 윤리체계	스포츠상황에 적용하기 어려움

해설 덕윤리적 윤리체계는 스포츠윤리가 개인윤리에 해당하는 것으로 간주될 수 있다는 것과 스포츠상황에서 적용하기 어렵다는 한계점을 가지고 있다.

05 다음의 스포츠상황 중 A선수의 '구성적 규칙'과 '규제적 규칙'의 판단으로 옳은 것은?

> "A선수는 B선수가 자유투를 못하는 선수임을 알고 B선수가 레이업슛을 할 때 의도적으로 파울을 하였다. A선수는 경고를 받았고 B선수는 자유투를 했지만 공이 들어가지 않았다."

    구성적 규칙   규제적 규칙
① 규칙을 지킴   규칙을 지킴
② 규칙을 어김   규칙을 지킴
③ 규칙을 지킴   규칙을 어김
④ 규칙을 어김   규칙을 어김

해설 A선수는 의도적으로 파울을 했다는 점에서 규제적 규칙을 어겼으나, 반칙 후 B선수가 자유투를 하게 되는 농구의 구성적 규칙을 어기지 않았다.

정답 04 ①   05 ③

06 다음 중 정의에 대한 설명으로 옳지 않은 것은?

① 절차적 정의는 결과를 도출하기 위한 절차에 합의 했다면 그 결과를 합리적인 것으로 판단하는 것이다.
② 분배적 정의는 개인의 권리 및 이익 부담을 공정하게 분배하는 것으로 형식적 정의와 법률적 정의로 구분된다.
③ 실질적 정의는 상대적으로 공평하게 적용되는 정의로 개인의 조건이나 처지가 다른 경우에 다르게 대우하는 것을 말한다.
④ 법률적 정의는 교정적 정의로써 불법행위를 바로잡고 법을 공정하게 적용하는 것을 말한다.

해설 분배적 정의는 형식적 정의와 실질적 정의로 구분된다.

07 스포츠 성폭력에 대한 설명으로 옳지 않은 것은?

① 성적 언동으로 상대의 성적자기결정권을 침해하는 모든 행위를 말한다.
② 성폭력에 대한 막연한 불안감이나 공포심을 조장하는 것도 성폭력에 포함된다.
③ 성폭력을 당한 경우 스포츠윤리센터에 진정할 수 있다.
④ 스포츠 성폭력은 스포츠 고유의 특성상 성추행을 포함하지 않는다.

해설 스포츠 성폭력에는 강간 외에도 원치 않는 신체적 접촉과 추근댐, 불쾌한 성적인 언어, 음란한 눈빛으로 바라보는 것 등 성적으로 가해지는 신체적·언어적·정신적 폭력이 포함된다. 또한 성폭력에 대한 막연한 불안감이나 공포심을 조장하거나 그로 인한 행동의 제약도 포함된다.

08 다음 중 환경윤리학 이론에 대한 설명으로 옳지 않은 것은?

	인간중심주의 환경윤리		자연중심주의 환경윤리
①	인간만이 유일한 가치척도	②	생태계 전체가 도덕적 고려 대상
③	패스모어, 네스가 주장	④	테일러, 레오폴드, 슈바이처가 주장

해설 네스는 자연중심주의 환경윤리를 주장했다.

정답 06 ② 07 ④ 08 ③

09 <보기>에 대한 상황에 대한 설명으로 옳지 않은 것은?

> 혜인 : 난 스포츠경기의 목적은 승리하는 것이라고 봐. 참여자 간의 존중과 공정한 가치태도를 가지고 경기에 참여한다면 공정한 승리를 쟁취할 수도 있잖아.
> 순호 : 혜인아 넌 실제 스포츠 플레이의 좋고 나쁨을 재는 중요한 요소로 승리를 추구하는구나. 난 도전과 탁월성이 스포츠에서의 중요한 목적이라고 봐. 물론 경기의 관습을 지키며 행하는 경쟁 또한 좋은 페어플레이가 될 수 있겠지.

① 혜인이는 스포츠의 목적을 승리추구(Agon)의 입장에서 설명하였다.
② 혜인이가 주장하는 페어플레이는 비형식적 페어플레이이다.
③ 순호는 스포츠의 목적을 탁월성(Arete)의 입장에서 설명하였다.
④ 순호가 주장하는 페어플레이는 형식적 페어플레이이다.

해설
- 스포츠에서 형식적 페어플레이는 규칙 내에서 행하는 경쟁을 뜻하고, 비형식적 페어플레이는 참여자 간 존중과 공정한 가치태도를 중시하고 경기의 관습을 지키며 행하는 경쟁을 뜻한다.
- 순호와 혜인은 모두 비형식적 페어플레이를 주장하고 있다.

10 다음 중 <보기>의 선수체벌의 유형, 내용, 결과의 연결로 옳은 것은?

> A 코치는 B 선수를 체육관으로 불러내어 팔굽혀 펴기 1000개를 쉬지 않고 하도록 강요하였으며, 중간에 팔굽혀 펴기 자세가 잘못되었을 경우 처음부터 다시 실시하도록 시켰다.

	유 형	내 용	결 과
①	과부하	신체적 처벌과 함께 인격무시	맹목적 복종심 가속화
②	과부하	동일한 훈련을 반복시키고 명령함	무의미한 결속력과 적개심
③	지속적 체벌	동일한 훈련을 반복시키고 명령함	맹목적 복종심 가속화
④	지속적 체벌	신체적 처벌과 함께 인격무시	상해의 장기화 및 무력감

해설 과부하는 동일한 훈련을 반복시키고 명령하는 것으로 그 결과로 무의미한 결속력과 적개심을 가지게 될 수 있다.

정답 09 ④ 10 ②

11 도덕교육 사상가에 대한 설명으로 옳지 않은 것은?

① 쿨리는 자아의식을 획득하는 거울자아 3단계를 통해 도덕성이 발달됨을 주장하였다
② 피아제는 도덕적 판단능력의 발달이 지적능력 발달과 밀접한 연관이 있음을 강조하였다.
③ 콜버그는 합리적 도덕성을 갖춘 사람을 목적으로, 3개의 단계를 걸쳐 타율적 도덕성에서 자율적 도덕성으로 발달이 도모됨을 주장하였다.
④ 맥페일은 중요타인들이 어떻게 행동하는지 관찰하는 것을 통해 도덕적 가치가 학습됨을 주장하였다.

해설 피터스는 합리적 도덕성을 갖춘 사람을 목적으로 3개의 단계에 걸쳐 타율적 도덕성에서 자율적 도덕성으로 발달이 도모됨을 주장하였고, 콜버그의 도덕성 발달 6단계를 비판하였다.

12 폭력에 관한 이론 중 〈보기〉의 내용을 주장한 학자로 옳은 것은?

> 인간은 모방하는 인간(Homo Mimeticus)이라고 주장하며, 특정모델(매개)에 대한 모방적 욕망에서 시작하여 모방적 경쟁관계가 갈등·폭력을 발생시킨다고 지적하였다.

① 지라르
② 뒤르켐
③ 맥페일
④ 피터스

해설 지라르는 인간의 폭력발생이 모방적 경쟁관계에 의해 생긴다는 '모방적 욕망'을 주장하였다.

정답 11 ③ 12 ①

얼마나 많은 사람들이 책 한 권을 읽음으로써 인생에 새로운 전기를 맞이했던가.

– 헨리 데이비드 소로 –

끝까지 책임진다! 시대에듀!

QR코드를 통해 도서 출간 이후 발견된 오류나 개정법령, 변경된 시험 정보, 최신기출문제, 도서 업데이트 자료 등이 있는지 확인해 보세요! **시대에듀 합격 스마트 앱**을 통해서도 알려 드리고 있으니 구글 플레이나 앱 스토어에서 다운받아 사용하세요. 또한, 파본 도서인 경우에는 구입하신 곳에서 교환해 드립니다.

출제비중(2018~2024년)

(단위 : 개)

구 분	2024	2023	2022	2021	2020	2019	2018	합 계
체육사의 의미	1	1	2	2	-	1	2	9
선사·삼국시대 체육	3	4	3	3	2	2	4	21
고려·조선시대 체육	6	5	5	5	6	5	4	36
한국 근·현대 체육	10	10	10	10	12	12	10	74

※ 출제비중은 문제 분석에 따라 달라질 수 있습니다.

제**7**과목

한국체육사

기출 분석(2024년 기출)

한국체육사는 예년처럼 [고려·조선시대 체육], [한국 근·현대 체육]파트에서 대다수가 출제되었다. 2023년도와 달리 국제대회 관련 문제가 적게 출제되고 새로운 문제가 다수 출제 되었으나, 기존 출제된 기출문제들을 충분히 공부했다면 수월하게 합격 가능한 정도의 문제 난이도로 출제되었다. 차기 시험을 위해 [고려·조선시대 체육], [한국 근·현대 체육] 파트 위주로 공부하고, 새롭게 출제될 체육사 문제를 고민하기보다는 기존에 출제되었던 체육사 문제들에 대해 더 깊게 파고들어 공부할 것을 권장한다.

01 체육사의 의미
02 선사·삼국시대 체육
03 고려·조선시대 체육
04 한국 근·현대 체육

제7과목 한국체육사

01 체육사의 의미

학습목표
- 체육사의 의미와 연구영역에 대해 설명할 수 있다.
- 체육사 연구가 필요한 이유에 대해 설명할 수 있다.
- 체육사에서의 시대구분에 대해 설명할 수 있다.

20일 단기완성 학습 플랜
- 목표 학습 시간 : ___월 ___일
- 실제 학습 시간 : ___월 ___일

01 체육사의 이해

1. 체육사의 의의

(1) 개 념
　① 체육과 스포츠를 역사적 방법으로 연구하는 학문
　② 신체활동의 여러 현상을 문화사 또는 교육사 측면으로 고찰함
　③ 각 나라의 역사와 문화를 살펴보는 것이 중요함

(2) 체육사의 필요성과 목적
　① 체육의 역사적 가치를 정립해야 함
　② 과거 체육학적 사실에 대한 분석을 통해 미래 체육을 전망함
　③ 현대 체육의 제반 현상을 이해하는 역사적 자료가 됨
　④ 선수, 감독, 심판 등 체육전문가의 지식을 확장함
　⑤ 한국체육사의 연구는 광복 이후부터 본격적으로 이루어짐

2. 체육사 연구대상과 내용

(1) 체육사 연구대상
　① 역사적 자료를 중심으로 역사 속에서 전개된 체육활동에 대해 연구함
　② 체육활동과 관련된 시간, 인간, 공간이 고려대상으로, 체육활동의 시대적 배경과 인간의 신체문화적 특성을 연구함

(2) 체육사 연구내용
　① 스포츠의 기원 또는 발달 과정
　② 스포츠를 통해 시대별로 파생된 여러 문화 현상
　③ 스포츠 종목의 발생원인 및 조건
　④ 체육사상사, 스포츠문화사, 스포츠종목사 등

2022년 기출

체육사에 관한 설명으로 옳지 않은 것은?

① 연구대상은 시간, 인간, 공간 등이 고려된다.
② 체육과 스포츠를 역사적 방법으로 연구하는 학문이다.
③ 연구내용은 스포츠문화사, 전통스포츠사 등을 포함한다.
④ 체육과 스포츠의 도덕적 가치판단에 대한 근거를 탐구한다.

정답 ④

2024년 기출

〈보기〉에서 한국체육사에 관한 설명으로 옳은 것만을 모두 고른 것은?

ㄱ. 한국 체육과 스포츠의 시대별 양상을 연구한다.
ㄴ. 한국 체육과 스포츠를 역사학적 방법으로 연구한다.
ㄷ. 한국 체육과 스포츠에 관한 역사기술은 사실확인보다 가치평가가 우선한다.
ㄹ. 한국 체육과 스포츠의 과거를 살펴보고, 이를 통해 현재를 직시하고 미래를 조망한다.

① ㄱ, ㄴ, ㄷ
② ㄱ, ㄴ, ㄹ
③ ㄱ, ㄷ, ㄹ
④ ㄴ, ㄷ, ㄹ

정답 ②

02 체육사 연구영역 및 방법

1. 체육사 연구영역

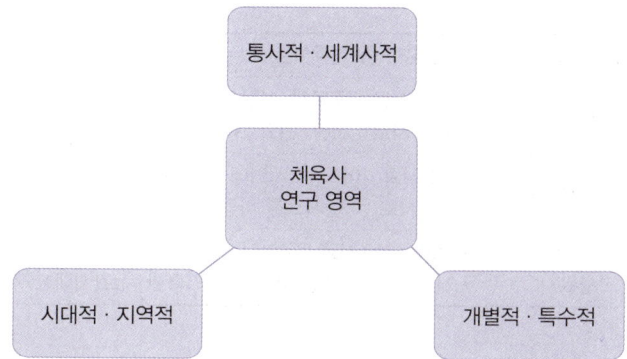

2. 체육사 연구방법

(1) 체육사의 연구단계
  ① 역사적 연구 문제에 대한 선택
  ② 자료 수집 및 대상 자료에 대한 분류와 비판
  ③ 해당 자료에 대한 상태와 사건을 설명하는 가설의 구성
  ④ 새로운 사실의 발견 및 결론 도출
  ⑤ 풀이 및 서술

(2) 체육사의 시대구분
  ① 독자성 : 시대구분은 역사가들의 임의적 수단이자 도구이므로, 기존 시대구분 방식을 따를 필요 없이 지역과 주제에 따라 시대구분을 새롭게 할 수 있음
  ② 체육사의 시대구분은 철저한 고증 후에 이루어져야 함

3. 사관과 사료

(1) 사 관
  ① 역사가의 역사에 대한 의식
  ② 사관의 유형

유물사관 (물질주의적 사관)	역사의 결과를 도출하는 중심은 사회계급과 경제적제약임을 강조함 (마르크스)
관념사관	역사를 움직이는 궁극적인 힘을 '이성'이라고 강조함(헤겔)
진보사관	역사는 끊임없이 더 나은 방향으로 발전한다는 것을 강조함(칸트)
순환사관	역사에는 어떠한 규칙이 있기 때문에 일반적 법칙을 추구함(폴리비우스)

2023년 기출

체육사 연구에서 사관(史觀)에 관한 설명으로 적절하지 않은 것은?

① 유물사관, 관념사관, 진보사관, 순환사관 등이 있다.
② 체육 역사에 대한 견해, 해석, 관념, 사상 등을 의미한다.
③ 체육 역사가의 관점으로 다양한 과거의 역사적 사실을 해석한다.
④ 과거 체육과 관련된 사실을 담고 있는 역사자료를 의미한다.

정답 ④

2022년 기출

체육사 연구의 사료에 관한 설명으로 옳은 것을 모두 고른 것은?

㉠ 기록 사료는 문헌 사료와 구전 사료가 있다.
㉡ 물적 사료는 물질적 유산인 유물과 유적이 있다.
㉢ 기록 사료 중 민요, 전설, 시가, 회고담 등은 문헌 사료이다.
㉣ 전통적인 분류 방식에 따르면, 물적 사료와 기록 사료로 구분된다.

① ㉠, ㉡
② ㉡, ㉢
③ ㉠, ㉡, ㉣
④ ㉡, ㉢, ㉣

정답 ③

(2) 사료

① 역사연구에 필요한 자료

② 역사적 진실에 접근할 수 있는 기초자료

③ 사료의 종류

물적 사료	유물, 유적 등 현존하는 모든 물질적 유산
기록 사료	• 문헌 사료 : 공문서, 사문서, 출판물 등의 사료 예 무예도보통지 • 구전 사료 : 석판, 민요, 시가 등의 사료
시기에 따른 사료	• 1차 사료 : 어느 한 시기에 직접 기술된 사료 • 2차 사료 : 1차 사료를 바탕으로 후대에 기술된 사료
편찬 주제에 따른 사료	• 국가 · 기관사료 : 국가나 기관에서 기록한 사료(통치이념 확인가능) • 개인사료 : 사람들 개개인이 기록한 사료(시대상황 확인가능)

단답형 문제

01 (　　)은/는 체육과 스포츠를 역사적 방법으로 연구하는 학문이다.

02 한국체육사는 (　　) 이후부터 본격적으로 이루어졌다.

03 체육사 연구영역으로는 (　　) · 세계사적, 시대적 · 지역적, 개별적 · 특수적 연구영역이 있다.

04 체육사 연구의 고려대상은 체육활동과 관련된 시간, 공간, (　　) 이다.

정답　01 체육사　02 광복　03 통사적　04 인간

01 출제예상문제

완벽하게 이해된 부분에 체크 하세요

01 다음 중 체육사에 대한 설명으로 옳지 않은 것은?

① 과거에 어떠한 체육적 사실이 있었는지 확인한다.
② 체육 내용과 방법 그리고 형태가 당시 사람들의 사상과 어떠한 관계를 맺었는지 관심을 가진다.
③ 한국체육사는 일제강점기부터 본격적으로 연구되었다.
④ 정치, 경제, 문화, 교육, 예술, 군사, 지리적 환경과 어떠한 관계가 있는지 밝힌다.

[해설] 한국체육사는 광복 이후부터 본격적으로 연구되었다.

02 체육사의 연구내용을 모두 고른 것은?

> ㉠ 스포츠교육과정과 수업방법
> ㉡ 스포츠를 통해 시대별로 파생된 여러 문화 현상
> ㉢ 스포츠 종목의 발생원인 및 조건
> ㉣ 체육사상사, 스포츠문화사, 스포츠종목사
> ㉤ 스포츠의 기원 또는 발달 과정

① ㉠, ㉢, ㉣, ㉤
② ㉠, ㉡, ㉣, ㉤
③ ㉠, ㉡, ㉢, ㉤
④ ㉡, ㉢, ㉣, ㉤

[해설] 스포츠교육과정, 체육수업방법, 체육교사교육은 스포츠교육학의 연구영역이다.

03 체육사 연구에 대한 설명으로 옳지 않은 것은?

① 시대구분은 체계화된 기존 시대구분 방식을 따른다.
② 체육사 연구 고려대상은 체육활동과 관련된 시간, 인간, 공간이다.
③ 체육사의 시대구분은 철저한 고증 후에 이루어져야 한다.
④ 역사적 자료를 중심으로 역사 속에서 전개된 체육활동에 대해 연구한다.

[해설] 시대구분은 역사가들의 임의적 수단이자 도구이므로, 기존 시대구분 방식을 따를 필요 없이 지역과 주제에 따라 시대구분을 새롭게 할 수 있다.

[정답] 01 ③ 02 ④ 03 ①

04 다음 중 체육사의 연구단계가 아닌 것은?

① 역사적 문제에 대한 선택
② 대상 자료에 대한 분류 및 비판 및 가설 구성
③ 과거의 사실 관찰
④ 풀이 및 서술

해설 체육사의 연구단계
역사적 문제에 대한 선택 → 대상 자료에 대한 분류와 비판 → 해당 자료에 대한 상태와 사건을 설명하는 가설의 구성 → 새로운 사실의 발견 → 풀이 및 서술

05 체육사 연구영역에 해당되는 것을 모두 고른 것은?

| ㄱ. 통사적 · 세계사적 연구영역 |
| ㄴ. 시대적 · 지역적 연구영역 |
| ㄷ. 통합적 · 보편적 연구영역 |
| ㄹ. 개별적 · 특수적 연구영역 |

① ㄴ, ㄷ, ㄹ　　　　　② ㄱ, ㄷ, ㄹ
③ ㄱ, ㄴ, ㄹ　　　　　④ ㄱ, ㄴ, ㄷ

해설 체육사 연구영역은, 통사적 · 세계사적 연구영역, 시대적 · 지역적 연구영역, 개별적 · 특수적 연구영역으로 구분할 수 있다.

정답 04 ③　05 ③

02 선사·삼국시대 체육

학습목표
- 선사시대와 부족국가시대의 생활과 신체문화에 대해 설명할 수 있다.
- 삼국시대와 통일신라시대의 체육사상에 대해 설명할 수 있다.
- 삼국시대와 통일신라시대의 무예와 민속스포츠, 오락에 대해 설명할 수 있다.

20일 단기완성 학습 플랜
- 목표 학습 시간 : ___월 ___일
- 실제 학습 시간 : ___월 ___일

01 선사 및 부족국가시대의 체육

1. 선사시대의 생활과 신체문화

(1) 선사시대의 특징

- 씨족중심의 혈연사회
- 샤머니즘 (태양숭배사상과 같은 원시신앙)
- 수렵 및 채집

(2) 선사시대의 신체문화
① 생존수단으로서의 신체활동 : 궁술, 사냥, 춤이 존재
② 성인식과 주술의 신체문화
    ㉠ 수렵 및 채취 중심의 생활에서 농경사회로 접어들어 성인식 거행
    ㉡ 〈삼국지〉 "위지·동이전"에 따르면 등가죽을 뚫어 줄을 꿰고 나무를 꽂는 의식 거행 후 통과하면 '큰사람'이라고 부름
    ㉢ 샤머니즘의 일종으로 태양숭배를 바탕으로 한 춤이 있음

2. 부족국가시대의 생활과 신체문화

(1) 부족국가시대의 특징

- 청동기
- 농경사회 (병농일치에서 농민과 병사로 분리됨)
- 철기문화의 부족국가

(2) 부족국가시대의 신체문화

제천행사	고구려 – 동맹	10월의 추수감사제
	부여 – 영고	섣달에 지내던 추수감사제

2024년 기출

〈보기〉에 해당하는 부족국가시대 신체활동의 목적은?

> 중국 역사 자료인 『위지·동이전(魏志·東夷傳)』에 따르면, "나이 어리고 씩씩한 청년들의 등가죽을 뚫고 굵은 줄로 그곳을 꿰었다. 그리고 한 장(一丈) 남짓의 나무를 그곳에 매달고 온종일 소리를 지르며 일을 하는데도 아프다고 하지 않고, 착실하게 일을 한다. 이를 큰사람이라 부른다."

① 주술의식
② 농경의식
③ 성년의식
④ 제천의식

정답 ③

2017년 기출

부족국가시대의 신체활동에 대한 설명으로 옳지 않은 것은?

① 제천행사와 민속놀이가 있었다.
② 교육적 신체활동으로 궁술과 기마술이 있었다.
③ 생존과 연관된 사냥 활동이 있었다.
④ 신체미 숭배사상이 제천의식의 목적이었다.

정답 ④

+ 더 알아보기

삼국시대의 교육기관
- 고구려 : 태학, 경당
- 신라 : 화랑도, 국학
- 백제 : 박사제도

사희(저포, 윷놀이)
- 정월 초하루부터 대보름까지 즐기며, 4개의 윷가락을 던지는 놀이
- 부여의 사출도라는 관직 이름에서 유래됨
- 짐승의 크기와 빠르기에 따라 도(돼지), 개(개), 걸(양), 윷(소), 모(말)로 정함

2019년 기출

〈보기〉에서 설명하는 부족국가시대의 신체활동은?

- 두 사람이 맨손으로 허리의 띠를 맞잡고 힘과 기를 겨루어 넘어뜨리는 경기이다.
- 현재 국가무형문화재 제131호로 지정되었다

① 수박(手搏)
② 각저(角觝)
③ 격검(擊劍)
④ 사예(射藝)

정답 ②

2023년 기출

〈보기〉에서 설명하는 민속놀이는?

- 사희(柶戱)라고도 불리었다.
- 부여의 사출도(四出道)라는 관직명에서 유래되었다.
- 남녀노소 누구나 즐길 수 있으며, 장소에 크게 구애받지 않은 놀이였다.

① 바 둑
② 장 기
③ 윷놀이
④ 주사위

정답 ③

제천행사	동예 – 무천	삼한시대 예의 10월 제천의식
	신라 – 가배	• 신라 유리왕 때 한가윗날 궁중에서 벌인 놀이 • 8월 열나흘까지 밤낮 길쌈짜기를 겨뤄 대소 판정 (진 쪽에서 보름날 음식을 내어 옴)
	삼한 – 계절제	• 5월에는 풍성한 수확을 기원 • 10월에는 추수감사제의 성격
민속스포츠		기마, 덕견이, 수박, 격검, 사예(궁술), 각저(씨름), 저포(윷놀이)

02 삼국 및 통일신라시대의 체육

1. 삼국시대의 사회와 교육

(1) 삼국시대의 특징

- 유교와 불교 문화
- 무속신앙과 낭가사상이 조화를 이룸
- 윤리의식과 정치제도 발달

(2) 삼국시대의 무예교육

고구려	태 학	• 최초의 관학이며 고등교육기관의 시초 : 귀족 자제들 교육 • 문무 겸비한 인재양성을 목적으로 궁술, 마술, 검술, 창술 등 각종 무예 연마
	경 당	• 평민들의 교육기관 • 경서와 활쏘기 교육
백 제	박사제도	모시박사, 의박사, 역박사, 오경박사 등
신 라	화랑도	• 무예수련을 통한 인재 양성 : 귀족 자제들 교육 • 기본정신 : 원광의 세속오계(사군이충, 사친이효, 교우이신, 임전무퇴, 살생유택) • 입산수행 : 산속에 들어가 고행을 통해 신체와 정신 강화 활동 • 편력 : 시와 음악과 신체활동을 포함한 야외교육활동 • 풍류도, 국선도, 원화도라고도 함 • 단체생활을 통한 심신 연마
	국 학	• 유학 교육 및 관리양성 목적 • 귀족 자제들 교육

(3) 삼국시대의 무예

기마술	• '마숙'이라는 놀이 용어 등장, 6세기경 '마희'라는 용어 등장 • 기마는 말을 타고 달리며 활을 쏘는 것을 의미 • 기마는 훗날 조선시대 무과시험 과목이 됨

궁술	• 중국 : 논어에 활쏘기가 하나의 교육활동이라는 기록 존재 • 고구려 : 경당에서 궁술을 가르침 • 신라 : 원성왕 4년, 독서삼품과를 두었고 '궁전법'으로 인재를 등용 • 백제 : 기사를 중요하게 취급, 궁술은 백성이나 임금이 갖춰야 할 중요한 자질 중 하나로 취급

2. 삼국시대의 민속스포츠와 체육사상

(1) 삼국시대의 민속스포츠와 오락

수렵	정치 · 군사적 시위 성격, 고대 사회와 공통됨
방응	• 매사냥으로서 동서고금을 통해 보이는 사냥의 한 종류 • 고려시대에 '응방' 설치
축국	가죽주머니에 겨를 넣거나 공기를 불어 넣어 만든 공을 발로 차고 노는 게임
석전	돌싸움, 놀이성격과 전투훈련으로의 성격을 가짐
각저	두 사람이 서로 맞잡고 힘을 겨루는 경기로 씨름으로 추정됨
투호	화살과 같은 막대기를 항아리 안에 던져 넣는 게임(여성도 참여), 예절교육의 성격
저포	백제 때부터 성행하던 윷놀이
위기	혁기, 박혁이라고도 하며 지금의 바둑과 같음
악삭, 쌍륙	주사위를 던져서 나오는 대로 말을 이동하여 목적지에 도착하는 것을 겨룸
마상재	말 위에서 여러 동작을 보이는 것으로 곡마, 말놀음, 말광대라고도 함

(2) 삼국시대의 체육사상

화랑도	신체미 숭배사상	신체에 높은 가치를 부여함
	심신일체론 체육관	신체활동을 통한 수련을 덕의 함양 수단으로 여김
	군사주의 체육사상	전사 단체로서의 특성을 가지고 있음
	불국토 사상	• 신라의 입산수행과 편력활동은 '산의 신과 하늘의 신을 숭배'라는 종교 의식과 연관된 행동 • 국토를 신성하고 존엄하게 생각하여 목숨을 걸고 지켜내야 한다는 불국토 사상과 연결됨

단답형 문제

01 화랑도의 교육방식인 (　)은/는 시와 음악과 신체활동을 포함한 야외교육활동을 말한다.

02 선사시대의 민속스포츠인 저포는 현대의 (　)와/과 형태가 유사하다.

03 삼국시대에는 군사훈련을 위해 (　)와/과 (　)을/를 매우 중요시했다.

04 삼국시대의 민속스포츠 중 (　)은/는 화살과 같은 막대기를 항아리 안에 던져 넣는 게임이다.

정답 01 편력 02 윷놀이 03 기마술/궁술 04 투호

2021년 기출

삼국시대 민속놀이의 명칭으로 옳은 것은?

① 석전 – 제기차기
② 마상재– 널뛰기
③ 방응 – 매사냥
④ 수박 – 장기

정답 ③

2024년 기출

〈보기〉에서 삼국시대의 무예에 관한 설명으로 옳은 것만을 모두 고른 것은?

> ㄱ. 신라 – 궁전법(弓箭法)을 통해 인재를 등용하였다.
> ㄴ. 고구려 – 경당(扃堂)에서 활쏘기 교육이 이루어졌다.
> ㄷ. 백제 – 훈련원(訓鍊院)에서 무예 시험과 훈련이 행해졌다.

① ㄱ, ㄴ
② ㄱ, ㄷ
③ ㄴ, ㄷ
④ ㄱ, ㄴ, ㄷ

정답 ①

2023년 기출

화랑도에 관한 설명으로 옳지 않은 것은?

① 진흥왕 때에 조직이 체계화되었다.
② 세속오계는 도의교육(道義敎育)의 핵심이었다.
③ 신체미 숭배 사상, 국가주의 사상, 불국토 사상이 중시되었다.
④ 서민층만을 대상으로 한 청소년 단체로서 문무겸전(文武兼全)을 추구하였다.

정답 ④

02 출제예상문제

완벽하게 이해된 부분에 체크 하세요

01 다음 중 부족국가시대의 특징으로 옳지 않은 것은?

① 청동기를 사용하였다
② 철기문화의 부족국가가 나타났다.
③ 농경사회가 발달하였다.
④ 병농일치가 지속되었다.

[해설] 부족국가시대부터 과거의 병농일치에서 농민과 병사로 분리되었다.

02 다음 중 궁술과 기마술에 대한 설명으로 옳은 것은?

① 삼국시대부터 '마희'라는 용어가 등장하였고, 6세기부터 '마숙'이라는 용어가 등장하였다.
② 논어에 활쏘기가 교육활동이었다는 기록이 존재한다.
③ 고구려에서 궁전법을 통해 인재를 등용하였다.
④ 편력은 산속에 들어가 신체적 고행을 통해 신체강화를 목적으로 한 활동이다.

[해설] ① 삼국시대에 기마술과 관련하여 마숙이라는 용어가 등장하고, 6세기경 마희라는 용어가 등장했다.
③ 궁전법으로 인재를 등용한 나라는 신라이다.
④ 편력은 화랑도의 교육방식으로 명산대천을 두루 다니는 일종의 야외 교육활동을 말한다.

03 다음 중 신라의 화랑도에서 실시된 무예로 옳지 않은 것은?

① 궁 술
② 마 술
③ 기 마
④ 활인심방

[해설] 활인심방은 조선시대 이황이 설파한 도인체조이다.

[정답] 01 ④ 02 ② 03 ④

04 다음 중 삼국시대 민속스포츠와 설명의 연결이 옳지 않은 것은?

① 방응 – 매사냥으로 동서고금을 막론하고 나타나는 사냥의 한 종류
② 축국 – 가죽주머니에 겨를 넣거나 공기를 불어넣어 만든 공을 발로 차고 노는 게임
③ 석전 – 돌싸움, 놀이성격과 전투훈련으로의 성격을 가짐
④ 각저 – 예절교육의 성격을 가짐

해설 각저는 두 사람이 서로 맞잡고 힘을 겨루는 경기로 현대의 씨름과 유사하다. 예절교육의 성격을 갖는 민속스포츠는 투호이다.

05 다음 중 삼국시대의 체육사상에 대한 설명으로 옳지 않은 것은?

① 신체미 숭배사상은 신체에 높은 가치를 부여하는 것으로 화랑도의 여러 사상 중 하나이다.
② 화랑도의 체육은 전사단체의 특징으로 군사주의적 모습 또한 가지고 있다.
③ 화랑도는 역사적으로 심신이원론적 사상을 바탕으로 전인 양성을 목적으로 한다.
④ 화랑도는 수련을 통한 신체적 강화를 통해 폭넓은 인간성 함양을 목적으로 한다.

해설 화랑도는 신체활동을 통한 수련을 덕의 함양수단으로 여기는 심신일체론적 사상을 바탕으로 한다.

정답 04 ④ 05 ③

제7과목 한국체육사

03 고려·조선시대 체육

학습목표
- 고려시대의 무예와 민속스포츠, 오락에 대해 설명할 수 있다.
- 조선시대의 무예와 민속스포츠, 오락에 대해 설명할 수 있다.
- 조선시대의 체육사상이 체육활동에 미친 영향에 대해 설명할 수 있다.

20일 단기완성 학습 플랜
- 목표 학습 시간 : ___월 ___일
- 실제 학습 시간 : ___월 ___일

2023년 기출

고려시대 수박(手搏)에 관한 설명으로 옳지 않은 것은?

① 관람형 무예 경기로 성행되었다.
② 응방도감(鷹坊都監)에서 관장하였다.
③ 무인 선발의 기준과 수단이 되었다.
④ 무예 수련과 군사훈련 등의 목적으로 활용되었다.

정답 ②

2022년 기출

고려시대 무예의 특징으로 옳은 것을 모두 고른 것은?

㉠ 격구는 군사훈련의 수단이었다.
㉡ 수박희는 무인 인재 선발의 중요한 방법이었다.
㉢ 마술은 육예 중 어(御)에 속하며, 군자의 중요한 덕목 중 하나였다.
㉣ 궁술은 문인과 무인의 심신 수양과 인격도야의 방법으로 중시되었다.

① ㉠
② ㉡, ㉢
③ ㉡, ㉢, ㉣
④ ㉠, ㉡, ㉢, ㉣

정답 ④

2022년 기출

고려시대의 무학 전문 강좌인 강예재가 개설된 교육기관으로 옳은 것은?

① 국자감   ② 성균관
③ 응방도감   ④ 오부학당

정답 ①

01 고려시대의 체육

1. 고려시대의 사회와 교육

(1) 고려시대의 특징

- 신분 제도
- 유교와 불교를 동시에 수용 (불교 장려)

(2) 고려시대의 교육
① 체계적인 교육기관 설립
㉠ 관 학
- 국자감 : 국립교육기관으로 7재에 강예재를 두어 무예를 실시함
- 향교 : 지방교육기관으로 궁사와 음악 교육 등이 이루어짐
㉡ 사학 : 12도, 서당
② 과거제도를 통한 인재등용

2. 고려시대의 무예

(1) 무예 체육 : 국자감(중앙교육기관)과 향교(지방교육기관)에서 무예 체육을 담당함
(2) 강예재
① 고려시대 국자감의 7재 중 무학을 공부하는 장소를 말함
② 무인선발에서 수박희의 능력은 인재 선발의 기준이 됨
③ 충·효·의를 기반으로 함
④ 수박, 궁술, 마술, 기사, 기창을 실시함

(3) 체육으로서의 무예

수 박	• 체계화된 운동경기로 발달되었음 • 고려시대 무용총의 수박도는 구도, 내용, 품, 복장, 기법 등에서 중국과 비슷 • 수박이 처음 등장한 문헌은 「고려사」 • 「고려사」에서는 수박기법으로 비협(치기), 당(주먹 지르기) 등을 소개 • 고려말기 무과가 설치되었고, 인재 등용 시 수박은 매우 중요한 과목이었음
궁 술	• 신라시대에 궁술로 인재를 뽑던 전통이 이어짐 • 관사 왕이 행차하여 궁술대회를 관람하고 상을 내리는 것을 '관사'라고 하였으며 후에 '열사'로 바뀜 • 군사 목적, 운동경기적 성격도 지님
마 술	• 무마, 원기, 마상재라고도 함 • '마상재'란 말을 타고 여러가지 자세나 기예를 보여 주는 것 • 6예 중 '어'에 해당하는 군자의 중요한 덕목임

+ 더 알아보기

석 전
• 세시풍속의 민속스포츠
• 군사훈련으로 활용
• 관람스포츠의 형태
• 운동경기로서 활용

오병 수박희
• '5명이 벌이는 단체 수박 경기'라는 설과 '5개의 병부(부서)별 수박 경기'라는 설이 있음
• 씨름의 단체전 룰과 같은 승발시험으로 추측
• 무신정변이 발생하게 된 계기가 됨

3. 고려시대의 민속스포츠와 오락

(1) 귀족스포츠와 오락

격 구	• 페르시아의 폴로에서 기원, 중국-한국-일본 순으로 전래됨 • 군사훈련 수단, 귀족들의 여가 활동 수단(무예적 요소와 유희적 요소) • 사치로 인해 대중스포츠가 되지 못함
방 응	• 매를 놓아 사냥하는 것으로 고려시대에 매우 성행 • 응방도감 설치 : 사냥과 연계되어 궁술과 같은 무예 훈련으로 체력 및 용맹성 단련
투 호	왕실과 귀족사회에서 성행한 유희

(2) 서민스포츠와 오락 : 각저(씨름), 그네뛰기(추천), 축국, 석전, 연날리기 등

2023년 기출

〈보기〉에서 설명하는 신체활동은?

• 가죽 주머니로 공을 만들어 발로 차는 놀이였다.
• 한 명, 두 명, 열 명 등 다양한 형식으로 실시되었다.
• 〈삼국사기(三國史記)〉와 〈삼국유사(三國遺事)〉에 따르면 김유신과 김춘추가 이 신체활동을 하였다.

① 석전(石戰)
② 축국(蹴鞠)
③ 각저(角抵)
④ 도판희(跳板戲)

정답 ②

02 조선시대의 체육

1. 조선시대의 사회와 교육

(1) 조선시대의 특징

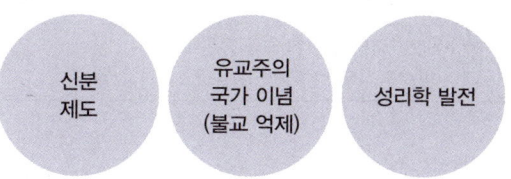

(2) 조선시대의 교육
 ① 교육기관
  ㉠ 관학 : 성균관, 사학, 향교
  ㉡ 사학 : 서원, 서당

2023년 기출

〈보기〉에서 민속놀이와 주요 활동 계층이 바르게 연결된 것으로만 묶인 것은?

㉠ 풍연(風鳶) - 귀족
㉡ 격구(擊毬) - 서민
㉢ 방응(放鷹) - 귀족
㉣ 추천(鞦韆) - 서민

① ㉠, ㉡
② ㉢, ㉣
③ ㉠, ㉣
④ ㉡, ㉢

정답 ②

제7과목 한국체육사 **399**

+ 더 알아보기

조선시대 활쏘기의 의의
- 군사훈련의 수단으로 활용
- 심신수련의 중요한 교육활동
- 무과 시험에서 인재를 선발하는 실기과목

2023년 기출

〈보기〉에서 조선시대의 훈련원에 관한 설명으로 옳은 것을 모두 고른 것은?

> ㉠ 성리학 교육을 담당하였다.
> ㉡ 활쏘기, 마상무예 등의 훈련을 실시하였다.
> ㉢ 무인 양성과 관련된 공식적인 교육기관이었다.
> ㉣ 〈무경칠서(武經七書)〉, 〈병장설(兵將說)〉 등의 병서 습득을 장려하였다.

① ㉠, ㉡ ② ㉢, ㉣
③ ㉡, ㉢, ㉣ ④ ㉠, ㉡, ㉢, ㉣

정답 ③

2023년 기출

조선시대 궁술(弓術)에 관한 설명으로 옳지 않은 것은?

① 육예(六藝) 중 어(御)에 해당하였다.
② 무관 선발을 위한 무과 시험의 한 과목이었다.
③ 대사례(大射禮), 향사례(鄕射禮) 등으로 행해졌다.
④ 왕, 무관, 유학자 등 다양한 계층에서 실시하였다.

정답 ①

2023년 기출

〈보기〉에서 설명하는 조선시대의 무예는?

> - 24종류의 무예가 기록되어 있다.
> - 정조의 명령하에 국가사업으로 간행되었다.
> - 한국, 중국, 일본의 관련 문헌 145권이 참조되었다.

① 무예제보(武藝諸譜)
② 무예신보(武藝新譜)
③ 무예도보통지(武藝圖譜通志)
④ 무예제보번역속집(武藝諸譜翻譯續集)

정답 ③

② 과거제도
  ㉠ 문관, 무관, 기술관 채용 시험
  ㉡ 과거제도를 통해 탁월한 무인 선발

2. 조선시대의 무예

(1) 무예 교육기관

훈련원	• 무예의 시험 및 훈련과 병서 강습 • 공식교육기관
사 정	• 한량들이 어울려 놀기 위한 정자 • 전국 각지에서 무사 양성교육기관을 대신함 • 비공식교육기관

(2) 무예도보통지
  ① 정조의 지시로 이덕무, 박제가, 백동수에 의해 간행됨
  ② 무예제보(6기) + 무예신보(18기)를 근간으로 발전시켜 24기의 기예를 다룸
  ③ 전투동작을 그림과 글로 해설한 실전 훈련서의 성격을 가짐
  ④ 왜적에게 당한 전철을 밟지 않기 위해 기예와 창 연습을 주로 실시하였으며, 활쏘기 내용은 없음

(3) 체육으로서의 무예
  ① 육예(예, 악, 사, 어, 서, 수)를 강조함
  ② 사(활쏘기)와 어(말타기)는 무예에 해당됨
  ③ 궁술과 격구가 발달함

궁 술	• 무예와 스포츠의 성격을 함께 가짐 • 성균관에서의 대사례는 조선시대 중요한 의례 중 하나로 거론됨 • 대사례는 육일각에서 진행되었으며, 육예의 하나로서 궁술교육 또한 실시되었음 • 서유구의 '임원경제지'에서 과학적 활쏘기를 강조
격 구	• 승마하여 채를 가지고 승부를 가림 • 마상타구, 보타구로 나뉨 • 귀족스포츠의 성격을 가짐 • 체육의 성격을 지닌 무예로 가치가 높게 평가됨
수박희	• 맨손 격투기로 한국의 전통무술 • 민속경기로 보급되어 스포츠 성격을 띰

(4) 활인심방
  ① 이황이 도가계열의 의료 서적인 활인심을 구하여 도인체조를 실시한, 대표적인 조선시대의 건강법
  ② 주요 내용 : 정신집중법, 혀를 놀려 침 삼키기, 신당법(배꼽을 덥히는 방법), 녹로법(어깨를 돌리고 다리를 뻗는 방법)

(5) 고등 무관시험

시작년도	고려말기		
단 계	소과, 대과 구분 없이 초시, 복시, 전시의 3단계		
과 목	• 무예 : 궁술, 기창, 격구, 조총 등		• 병법 : 경서, 병서 등
시험장소	초 시	• 서울 : 훈련원	• 지방 : 각 도의 병사
	복시, 전시	병조와 훈련원	

- 전시의 경우 기격구를 통해 우열을 정하여 갑(4명), 을(5명), 병(20명)을 선발함
- 합격 시 선달이라 부름

3. 조선시대의 민속스포츠와 오락

(1) 조선시대의 귀족스포츠

봉 희	골프와 유사한 유희
방 응	매사냥, 매 사육과 사냥을 담당하는 응방 설치
투 호	• 궁중오락으로 매우 성행 • 덕으로의 스포츠 : 사교 목적 • 경으로의 스포츠 : 승부에 승복함

(2) 편사(활쏘기 대회)

① 조선시대의 귀족스포츠로 '궁도'의 일종임

② 5인 이상으로 구성되며, 자기 사정을 대표하여 승부함

③ 경기의 성격을 띤 궁술대회 단체전임

④ 편사의 종류

사정편사	사정 간에 열리는 궁술 경기
동편사	동네 간 열리는 경기
장안편사	도성 안에 3개 팀이 벌이던 경기
사랑편사	사랑채를 중심으로 벌이던 경기
사계편사	계원 사이에 열리는 경기
한량편사	사정 간 편사로 한량으로 참가가 제한
한출편사	사정의 한량과 출신(무과에 합격한 자) 사이의 경기
삼동편사	당상관급 퇴직자, 출신, 한량 3계급 연합 경기
남북촌편사	고종 병자년에 거행된 남촌과 북촌 간 한량 경기
아동편사	동리 단위로 열리던 16세 미만 총각들 경기

+ 더 알아보기

조선시대 민속놀이
- 세시풍속은 농경의례라고도 함
- 기풍의례 민속놀이 : 지신밟기, 쥐불놀이, 사자놀이, 차전놀이 등
- 여성중심 민속놀이 : 도판희(널뛰기)와 추천(그네) 등

조선시대의 주요사상
- 단련주의 : 욕구를 억제하고 바람직한 행동을 하기 위해서 좋은 사고방식을 단련해야 함을 주장
- 금욕주의 : 욕구를 억제하는 것이 도덕실현의 길임을 주장
- 심신일여 : 몸과 마음은 하나

2022년 기출

조선시대 무과제도에 관한 설명으로 옳지 않은 것은?

① 초시, 복시, 전시 3단계로 실시되었다.
② 무과는 강서와 무예 시험으로 구성되었다.
③ 증광시, 별시, 정시는 비정규적으로 실시되었다.
④ 선발 정원은 제한이 없었으며, 누구나 응시할 수 있었다.

정답 ④

2019년 기출

〈보기〉에서 설명하는 조선 시대의 무예는?

- 무과 시험 과목의 하나였다.
- 각 사정을 대표하는 궁수 5인 이상이 편을 나누어 활을 쏘는 단체 경기였다.

① 편사(便射)
② 기창(騎槍)
③ 기사(騎射)
④ 본국검(本國劍)

정답 ①

(3) 조선시대 서민의 민속스포츠

장치기	필드하키와 비슷한 유형으로 조선 후기까지 유행
석 전	국속으로의 석전, 무예로의 석전, 관람스포츠로의 석전, 운동경기로서의 석전 등
씨 름	각저, 각력, 상박, 각지, 각희 등으로 불리며 삼국시대부터 행해진 민속스포츠
그네뛰기	추천이라 불리며 단오절에 가장 많이 행해짐, 여성 참여
연날리기	• 「동국세시기」에 언급 • 삼국시대부터 있었으며 군사목적이나 놀이의 성격을 띠고 조선시대까지 전승
줄다리기	• 삭전(索戰)·갈전(葛戰)이라고 불림 • 줄을 경계로 두고 두 편으로 갈라 서로 잡아 당겨 승부를 내는 민속놀이 • 촌락 공동체의 의례적 연중행사로 세시풍속이었음 • 단순한 놀이 성격뿐만 아니라 농사의 결과를 점치는 주술적 속성도 가짐
투 호	• 궁중과 사대부 집안에서 활성화되어 조선 후기에는 민중들의 유희로도 널리 확산 • 작은 화살을 의미하는 '방퉁이'로도 불리며 도박의 성격을 내포함
기 타	제기차기(축치구), 팽이치기, 썰매, 널뛰기(도판희), 줄넘기(도삭희)

4. 조선시대의 체육사상

(1) 숭문천무와 문무겸전의 대립
① 숭문천무 : 문존무비 사상으로 성리학이 변질되면서 신체문화가 활성화되지 못함
② 문무겸전 : 문과 무를 함께 갖추어 군사력을 강화함

(2) 학사사상
① 활쏘기는 심신수련의 중요한 교육수단임
② 인재 등용 수단으로 활용되기도 함
③ 공자로부터 유래되어, 조선시대에도 유교국가로서 활쏘기가 강조됨

2024년 기출

석전(石戰)의 성격에 관한 설명으로 옳지 않은 것은?

① 관료 선발에 활용되었다.
② 명절에 종종 행해지던 민속놀이였다.
③ 전쟁에 대비한 군사훈련에 활용되었다.
④ 실전 부대인 석투군(石投軍)과 관련이 있었다.

정답 ①

2024년 기출

조선시대 서민층이 주로 행했던 민속놀이와 설명으로 옳지 않은 것은?

① 추천(鞦韆) – 단오절이나 한가위에 즐겼다.
② 각저(角觝), 각력(角力) – 마을 간의 겨룸이 있었는데, 풍년 기원의 의미도 있었다.
③ 종정도(從政圖), 승경도(陞卿圖) – 관직 체계의 이해와 출세 동기 부여의 뜻이 담겨 있었다.
④ 삭전(索戰), 갈전(葛戰) – 농경사회의 대표적인 민속놀이로서 농사의 풍흉(豊凶)을 점치는 의미도 있었다.

정답 ③

단답형 문제

01 (　　)은/는 고려시대 국립교육기관으로 7재에 강예재를 두어 무예를 실시했다.

02 (　　)은/는 정조 때 만들어진 무예서로서, 24가지 무(武)에 관한 기예를 그림으로 설명한 종합무예서이다.

03 (　　)은/는 이황이 중국의 수련서를 요약·정리하여 만든 책으로서, 도인체조를 활용한 건강법을 소개했다.

04 조선시대 민속스포츠 중 (　　)은/는 '추천'으로 불리며 단오절에 가장 많이 행해졌다.

정답　01 국자감　02 무예도보통지　03 활인심방　04 그네뛰기

03 출제예상문제

완벽하게 이해된 부분에 체크 하세요

01 다음 중 고려시대의 무예와 스포츠에 대한 설명으로 옳은 것은?

① 국학에서만 무예체육을 실시하였다.
② 강예재는 국학의 7재 중 문학을 공부하는 곳이다.
③ 강예재에서 수박, 궁술, 마술, 기사를 실시하였다.
④ 투호는 왕실, 귀족, 서민에게까지 고루 성행하였다.

해설 국학과 향학에서 무예체육을 실시하였고, 국학의 강예재는 무학을 공부하는 곳이었다. 투호는 왕실과 귀족사회에서 성행하던 민속스포츠이다.

02 다음 중 고려시대의 서민스포츠로 옳지 않은 것은?

① 씨 름
② 그네뛰기
③ 연날리기
④ 격 구

해설 고려시대의 서민스포츠는 씨름, 그네뛰기, 연날리기, 축국, 석전 등이며, 귀족스포츠로는 격구, 방응, 투호가 성행하였다.

03 다음 중 조선시대의 체육 및 스포츠에 대한 특징으로 옳은 것은?

① 조선시대에는 무관을 채용하기 위한 과거제도가 존재하였다.
② 국립교육기관인 국자감에서 무예를 실시했다.
③ 무예기관으로 훈련원만 존재하였다.
④ 훈련원은 전국각지에서 무사양성을 대신하는 비공식적인 기관이었다.

해설 국자감은 고려시대 교육기관이다. 조선시대 무예교육기관으로는 공식적 교육기관인 훈련원, 비공식적 교육기관인 사정이 존재하였다.

정답 01 ③ 02 ④ 03 ①

04 개화기 이전 스포츠에 대한 설명으로 옳지 않은 것은?

① 조선시대의 귀족스포츠인 투호는 사교목적의 경으로의 스포츠, 승부에 승복하는 덕으로의 스포츠를 강조하였다.
② 고려시대의 격구는 중국-한국-일본 순으로 전래되었으며 귀족들의 여가활동 수단으로 여겨졌다.
③ 삼국시대 민속스포츠로 석전은 놀이와 전투훈련의 성격을 가지고 있었다.
④ 조선시대의 편사는 귀족스포츠로, 5인 이상이 자기 사정을 대표하여 승부한다.

해설 조선시대의 투호는 궁중오락으로 유행했으며 사교목적의 덕으로의 스포츠, 승부에 승복하는 경으로의 스포츠를 강조하였다.

05 다음 중 조선시대의 체육사상에 대한 설명으로 옳지 않은 것은?

① 숭문천무와 문무겸전이 대립하였다.
② 심신수련으로서의 활쏘기를 강조하였다.
③ 학사사상은 인재등용의 수단으로 활용되었다.
④ 국가의 불교 장려 정책이 체육을 발전시켰다.

해설 불교 장려는 조선시대가 아닌 고려시대의 주된 특징이다.

정답 04 ① 05 ④

04 | 한국 근·현대 체육

제7과목 한국체육사

학습목표
- 개화기의 체육 변천을 사회적 상황에 맞추어 설명할 수 있다.
- 일제강점기의 각 시기별 체육사적 특징을 연도순으로 나열할 수 있다.
- 광복 이후의 체육과 스포츠의 특징을 연도순으로 나열할 수 있다.

20일 단기완성 학습 플랜
- 목표 학습 시간 : ___월 ___일
- 실제 학습 시간 : ___월 ___일

01 개화기의 체육

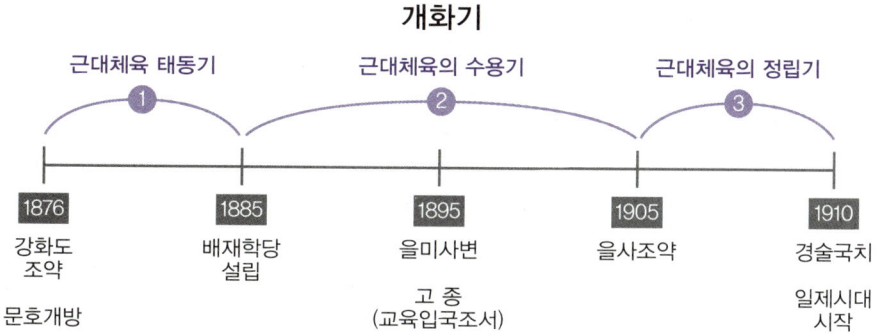

1. 개화기의 사회와 교육

(1) 개화기의 사회

문호의 개방	근대화와 함께 반제국주의적 민족운동의 계기가 됨
갑오개혁 (1894년)	• 과거제 폐지와 임용시험제도의 채택 • 신분계급을 타파한 인재 등용제도 도입 • 문존무비의 차별을 철폐함 • 우수한 청년의 해외 유학을 장려함
교육입국조서 (1895년)	• 고종이 새로운 교육 제도의 필요성을 인식하고 1895년 발표 • 교육의 기회가 전 국민으로 확대되는 데에 기여 • 덕양-체양-지양, 즉 삼양(3양)에 힘쓸 것을 주장 • 전통적 유교 중심 교육에서 벗어나 지·덕·체 조화의 전인교육 발전 계기 • 소학교 및 고등과정에서 체조가 정식과목으로 채택되는 데 영향

2019년 기출

개화기 교육입국조서가 반포된 이후의 체육사적 사실이 아닌 것은?

① 한국 YMCA가 설립되어 서구 스포츠가 본격적으로 도입되었다.
② 한국 최초의 운동회가 화류회라는 이름으로 개최되었다.
③ 우리나라 최초의 근대적인 체육 단체인 대한체육구락부가 결성되었다.
④ 언더우드학당이 설립되어 체조가 정식교과목에 편성되었다.

정답 ④

(2) 개화기의 교육

① 개화기 교육의 흐름도

1883년	1886년	1894년	1894년	1895년
원산학사 설립	• 육영공원 설립 • 동문학 개편	• 갑오개혁 • 과거제 폐지 • 육영공원 폐지	• 소학교령 • 소학교, 사범학교 설치	고종의 홍범 14조 공포(최초의 근대적 헌법)

② 개화기에 설립된 학교

구 분	연 도	특징(설립자)	비 고
육영공원	1886	관립교육기관, 통역관 양성(정부)	-
원산학사	1883	• 정식으로 승인받고 설립한 최초의 근대학교 • 정현석, 어윤중 등 추진 • 문사양성을 위한 문예반 50명과 무사양성을 위한 무예반 200명 • 무사양성에 주력하여 무예반에서 별군관 양성	무예반이 있어 전통 무예가 교육과정으로 포함됨
광혜원	1885	선교단체 교육기관, 의료인 양성(알렌)	-
배재학당	1885	• 선교단체 교육기관(아펜젤러) • 배재학당의 기독교학생회가 YMCA의 전신	1897년 이후 체육이 정식교육과정으로 편성
이화학당	1886	선교단체 교육기관, 최초 여성교육기관(스크랜튼)	1890년에 체조과 교과목으로 편성
경신학교	1886	많은 민족운동가 배출(언더우드)	체조가 정식교과목으로 편성
오산학교	1907	• 이승훈이 민족운동가 양성을 목적으로 세운 학교 • 민족의식과 관련된 교육, 과학 교육과 더불어 체조 및 훈련과 같은 신체 활동도 병행	-
대성학교	1908	• 도산 안창호가 설립한 사립학교 • 민족운동가 및 인재의 양성, 건전한 인격 및 체력단련에 힘씀 • 조선총독부에 의해 강제 폐교됨	국권회복운동의 일환으로 군대식 조련을 실시

2. 개화기의 체육

(1) 개화기 체육의 특징

① 서구문화 도입으로 인해 전통적 무예 및 민속적 유희중심 내용에서 체조, 유희, 스포츠로 확대됨

② 갑오개혁 이후 근대학교에서 서구식 체육이 공식적으로 채택되어, 여러 운동회가 개최됨

2023년 기출

〈보기〉에서 설명하는 개화기 민족사립학교는?

- 1907년에 이승훈이 설립하였다.
- 대운동회를 매년 1회 실시하였다.
- 체육은 주로 군사훈련의 성격을 띠었다.

① 오산학교
② 대성학교
③ 원산학사
④ 숭실학교

정답 ①

2017년 기출

근대식 학교인 원산학사에 대한 설명으로 옳은 것은?

① 1885년 아펜젤러가 설립하였다.
② 조선의 신교육을 위하여 일본인들이 설립한 학교이다.
③ 동래 무예학교의 영향을 받았으며 무사양성 교육에 힘썼다.
④ 오늘날 경신중·고등학교의 전신으로 '오락'이라는 체조시간이 배정되었다.

정답 ③

(2) 개화기 체육의 시대 구분

제1기(1876~1884년) 근대체육의 태동기
무예학교와 원산학사(최초의 근대학교)의 정규교육과정에 무예체육 포함

제3기(1905~1910년) 근대체육의 정립기
- 학교체조, 병식체조, 유희 등이 필수교과로 지정
- 민족주의적 노력으로 체육활동 강화

제2기(1885~1904년) 근대체육의 수용기
- 기독교계 사립학교와 관립학교의 정규교육과정에 체조 과목 편성
- 과외활동으로 서구스포츠도입, 운동회와 체육구락부 활동 활성화

① 근대체육의 태동기 : 원산학사에서 무예가 교육과정에 편성됨
② 근대체육의 수용기
  ㉠ 기독교 선교계 학교의 체육

미션스쿨	• 체육, 스포츠, 예술교육을 통한 전인교육 실천 • 정규교육과정에 체육이 편성되어 있지는 않으나 오락시간이 존재 • 미션스쿨은 한국 근대 체육의 발달에 지대한 영향 제공
배재학당	1897년 이후 정규교육과정에 체육이 편성
경신학교	언더우드학당이라고도 하며 1891년 이후 체조를 정식교과목으로 편성
이화학당	1890년 이후 체조를 교과목으로 편성

  ㉡ 관공립학교의 체육
  - 체육을 강조하는 내용인 교육입국조서가 반포됨
  - 소학교 및 고등과에 정식교과로 채택됨
③ 근대체육의 정립기
  ㉠ 병식체조 중심의 학교체육이 실시됨
  ㉡ 교육과정 가운데 체육이 교과목으로 설정됨
  ㉢ 민족주의, 국방체육의 성격을 가짐

3. 개화기의 스포츠

(1) 학교스포츠의 발달

최초의 운동회	화류회(1896년 영어학교에서 개최함)
운동회의 성격과 기능	• 영어학교나 기독교계 학교를 중심으로 운동회 확산 • 학생대항이나 마을대항 같은 단체전 중심 • 초창기 운동회에서 주로 실시된 종목은 육상(달리기) • 향촌축제의 성격 • 민족운동의 요람으로 사회체육 발달 촉진 : 스포츠사회화에 기여

+ 더 알아보기

체조의 유형
- 라디오체조 : 일본의 국민체조
- 스웨덴체조 : 맨손체조가 중심이 되며 신체의 조화적 발달을 지향 (P. H. Ling이 창시)
- 병식체조 : 군대식 체조

미션스쿨이 한국교육에 미친 영향 (오천석)
- 서구식교육과 신학문 도입
- 진정한 의미의 자유교육실현
- 여성교육을 통한 남녀의 평등의식 고양
- 체육, 스포츠, 예술교육을 통한 전인교육 실현

2024년 기출

〈보기〉에서 설명하는 개화기의 기독교계 학교는?

- 헐버트(H.B. Hulbert)가 도수체조를 지도하였다.
- 1885년 아펜젤러(H.G. Appenzeller)가 설립하였다.
- 과외활동으로 야구, 축구, 농구 등의 스포츠를 실시하였다.

① 경신학당
② 이화학당
③ 숭실학교
④ 배재학당

정답 ④

2019년 기출

〈보기〉에서 설명하는 인물은?

- 1903년 황성기독교청년회 초대 총무를 역임하였다.
- 우리나라 최초로 야구와 농구를 소개하였다.
- 개화기 YMCA를 통해서 우리나라 근대스포츠의 발달에 큰 역할을 담당했다.

① 푸트
② 반하트
③ 허치슨
④ 질레트

정답 ④

+ 더 알아보기

개화기의 근대스포츠의 도입과 보급
1890년대 교육과정에 체육도입 후 근대스포츠가 우리나라에 소개됨

종목	소개년도	소개자
육상	1896	허치슨, 핼리펙트, 터너
야구	1905	YMCA 질레트
농구	1907	YMCA 질레트
정구	1884	미국 공사 푸트
검도	1896	경무청
유도	1906	우치다 효헤이
싸이클링	1906	권원식, 요시카와
빙상	1890	알렌

2022년 기출

개화기에 도입된 근대스포츠 종목으로 옳지 않은 것은?

① 농구
② 역도
③ 야구
④ 육상

정답 ②

2023년 기출

개화기의 체육단체에 관한 설명으로 옳은 것은?

① 청강체육부 - 탁지부 관리들이 친목 도모를 위해 1902년에 조직하였고, 최초로 연식정구를 도입하였다.
② 회동구락부 - 최성희, 신완식 등이 1910년에 조직하였고, 정례적으로 축구 시합을 하였다.
③ 무도기계체육부 - 우리나라 최초 기계체조 단체로서 이희두와 윤치오가 1908년에 조직하였다.
④ 대동체육구락부 - 체조 교사인 조원희, 김성집, 이기동 등이 주축이 되어 보성중학교에서 1909년에 조직하였고, 병식체조를 강조하였다.

정답 ③

(2) 근대 스포츠의 도입과 보급

초기 운동회	육상경기와 신체적 유희활동 → 점차 각종 구기와 투기종목을 소개함

(3) 근대 스포츠의 종류

체조	• 한성사범학교 설치령에 체조 교과가 정식으로 채택됨(도수체조, 병식체조, 기계체조) • 배재학당에서 도수체조와 철봉을 지도함 • 이화학당에서 여학교 최초로 체조를 실시함
육상	• 화류회를 통해 처음 소개됨 • 달리기, 뜀뛰기, 공 던지기로 구성됨
수영	• 무관학교칙령에서 처음 소개됨 • 최초의 수영대회 : 동아일보사 주최 전조선 수영대회
구기	• 축구(영국 군함 플라잉호스의 승무원에 의해 소개) • 야구, 농구(YMCA 선교사 질레트에 의해 소개) • 정구
투기	검도, 유도, 씨름 등
기타	사격, 사이클링, 빙상(스케이팅), 조정 등

(4) 체육단체의 결성 : 각종 체육단체가 민족주의를 더욱 강화함

구분	설립연도	주 설립자	설립목적 및 활동
대한체육구락부	1906	현양운	• 국가 위기극복을 위한 체육의 강화 • 최초의 체육단체
황성기독교청년회	1903	헐버트 외 37인	• 근대스포츠를 우리나라에 전파 • 현재의 서울 YMCA로, 스포츠 발전에 중요한 역할
황성기독교청년회운동부	1906	곽승한	복음전파, 애국정신 고취, 청년의 체질 강화, 근대스포츠의 보급
대한국민체육회	1907	노백린	• 병식체조 중심 체육 비판 • 체육 계몽운동을 통한 강력한 국가 건설 목표
회동구락부	1902	탁지부(재경부) 관리	• 바둑, 장기, 정구 등을 통한 직장인 여가활동 • 최초의 연식정구활동 • 직장체육의 효시
대동체육부	1908	권성연	• 진화론적 자강론에 입각 • 체육발달을 통한 강력한 국가 수립
무도기계체육부	1908	윤치호	• 청년 및 일반 국민 체육발전 • 최초의 기계체조단 • 군인체육기관의 효시
광학구락부	1908	남상목	정신과 육체의 배양·강장
대한흥학회운동부	1909	윤기현 외 (동경유학파 청년)	회원 친목 및 스포츠 소개 및 보급
궁사회	1909	이상필	민족 공유 스포츠 궁술의 계승 발전
소년광창체육회	1909	-	청년의 체력강화 체조와 타구 보급

체조연구회	1909	조원희, 김성집, 이기동	체육 지도, 개선 및 국민 심신 강건
청강체육부	1910	중동학교 학생 (최성희)	• 수·일요일 축구클럽 • 최초의 교내 체육단체

(5) 개화기 체육의 역사적 의미

① 체육의 개념 및 가치에 대한 근대적 각성

② 체육이 교육체계 속에 포함되기 시작

③ 근대적인 체육 및 스포츠문화 창출

④ 체육의식의 성장

4. 개화기의 체육사상

(1) 개화기의 체육사상

① 전통적 유교주의는 체육과 스포츠문화의 확산을 저해하는 요인이 되었으며, 기독교가 유입되면서 선교사들에 의해 스포츠가 소개되기 시작하였음

② **사회진화론적 민족주의** : 학교체육이 민족운동의 양성이라는 측면에서 운영되면서 체육문화를 사회에 보급한 계기가 되었음

(2) 체육사상가

이 기	• 대한자강회 조직, 체육의 필요성을 강조함 • 지덕체의 균형적 교육을 강조함
문일평	• 태극학보에 '체육론'을 씀(실학주의) • 체육이 국가를 작동한다고 주장함
이기동	'신체조교수서'(보통학교 체조과 교원교수서)를 출판함
이종만	'체육의 국가에 대한 효력'(완전한 정신은 완전한 신체에서 나옴을 강조)을 씀
조원희	일반 국민 체육 위상 향상에 대한 문제를 연구함
노백린	• 덕·지 중심의 교육을 비판함, 병식체조 중심의 학교체육을 비판함 • 독립운동가로 체육이 국방의 기초임을 강조함(대한국민체육회) • 체조 강습회 개최 • 체육 활동을 통한 애국심 고취를 위해 광무학당 설립
이종태	• 관립외국어 학교 교장, 체육교과 소홀 시 퇴학 처리함 • 체육을 중시하는 실천주의자로 지·덕·체를 교육의 필수 영역으로 규정함
여운형	• 조선체육회 회장 역임 • '체육조선의 건설'에서 여러 교육의 기초는 체육임을 강조
박은식	• 학문 위주의 전통교육을 지적함, 선진외국의 체조교육을 제시함 • 체육의 강화를 통해 강건한 인재 육성 주장

(3) 문일평의 제언

① 체육학교를 특설하고 체육교사를 양성할 것

② 과목에 체조, 승마 등을 편성 할 것

③ 평단보필이 차에 대하여 특히 주의할 것

2023년 기출

개화기의 체육사적 사실에 관한 설명으로 옳은 것은?

① 동래무예학교는 문예반 50명, 무예반 200명을 선발하였다.
② 개화기 최초의 운동회는 일본인 학교에서 주관한 화류회(花柳會)였다.
③ 양반들이 주도하여 배재학당, 이화학당, 경신학당 등 미션스쿨을 설립하였다.
④ 고종은 「교육입국조서(敎育立國詔書)」를 반포하고, 덕양, 체양, 지양을 강조하였다.

정답 ④

2018년 기출

개화기 체육사상가인 문일평이 체육 발전을 위하여 제안한 내용으로 옳지 않은 것은?

① 체육학교를 설치하고, 체육교사를 양성하자.
② 과목에 체조, 승마 등을 개설하자.
③ 체육에 관한 학술을 연구하기 위하여 청년을 해외에 파견하자.
④ 체육활동을 총괄할 단체를 설립하자.

정답 ④

원문은 '評壇報筆(演壇報筆)이 此에 대하여 奬勵를 勿怠할 事'이다. 우리 말로 '평단보필(연단보필)이 차에 대하여 장려를 물태할 사'라고 읽으며, 그 뜻은 '평단과 연단의 보필이 이에 대하여 장려를 게을리하지 말 것'이다. 좀 더 풀어서 말하자면 언론이 체육의 중요성·체육 정책의 실시·체육의 생활화를 알리고 힘쓰는 데에 게을리하지 말 것을 힘주어 말하는 것이다.

④ 학교, 가정에서 특히 주의할 것
⑤ 체육에 관한 학술을 정구키 위하여 품행단정하고 신체 강장한 청년을 해외에 파견할 것

2023년 기출

일제강점기 체육에 관한 사실로 옳지 않은 것은?

① 박승필은 1912년에 유각권구락부를 설립해 권투를 지도하였다.
② 조선체육협회는 1920년에 동아일보사 후원으로 설립되었다.
③ 서상천은 1926년에 일본체육회 체조학교를 졸업하고, 역도를 소개하였다.
④ 손기정은 1936년에 베를린올림픽 경기대회 마라톤 종목에서 우승하였다.

정답 ② · ③

2023년 기출

〈보기〉에서 설명하는 단체는?

- 외국인 선교사가 근대스포츠인 야구, 농구, 배구를 도입하였다.
- 1916년에 실내체육관을 준공하여, 다양한 실내스포츠를 활성화하였다.

① 황성기독교청년회
② 대한체육구락부
③ 조선체육회
④ 조선체육협회

정답 ①

2018년 기출

일제강점기의 학교체조교수요목(1914)에 대한 설명으로 옳지 않은 것은?

① 식민지통치하 학교체육을 본격적 궤도에 올려놓았다.
② 유희, 보통체조, 병식체조가 체조과 교재로 도입되었다.
③ 일본식 유희가 도입되었다.
④ 체조과 교수시간 이외에 여러 가지 운동을 실시하였다.

정답 ②

02 일제강점기의 체육

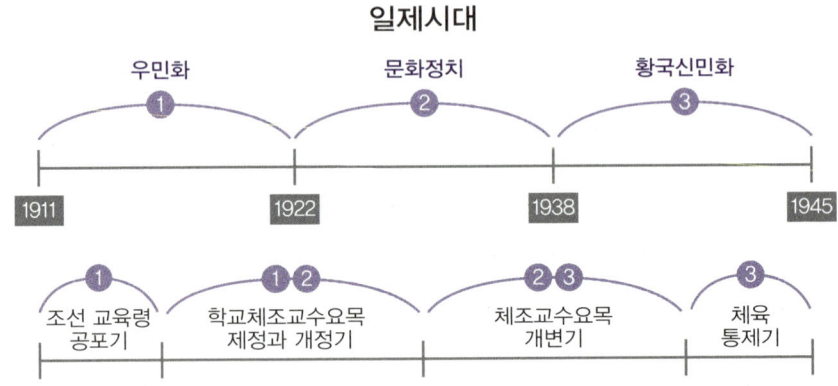

1. 일제강점기의 사회와 교육

(1) 일제강점기의 특징
① 민족이 주권을 잃고 국가활동이 단절됨
② 독립 쟁취를 위한 투쟁의 시대임
③ 민족교육의 억압과 스포츠활동의 탄압이 이루어짐

(2) 일제의 조선교육령 시행

제1차 조선교육령(1911~1922년)
조선의 우민화교육 실시(교육과정에 '일본어'를 국어로 칭함)

제3~4차 조선교육령(1938~1945년)
- 민족말살정책 본격화
- 황국신민화 정책
- 전쟁인력을 확보하기 위한 조치를 취함

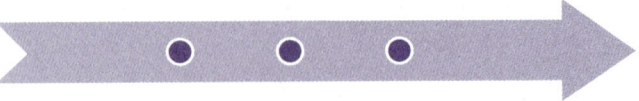

제2차 조선교육령(1922~1938년)
- 일본 문화정치 실시
- 각 학급의 편제와 수업연한을 조정
- 일본어 교육을 통한 민족의식 말살 시도
- 경성제국대학의 설립으로 대학교육의 기회를 제공

2. 일제강점기의 학교체육

(1) 조선교육령 공포기의 체육(1911~1914)
  ① 학교체조가 보통체조로 명칭이 변경됨
  ② 조선총독부는 민족주의 체육활동 통제를 위해 체조교원을 배치함

(2) 학교체조교수요목의 제정과 개정기의 체육(1914~1927)
  유희, 병식체조, 보통체조 → 체조, 교련, 유희로 구분됨

유 희	경쟁적 유희, 표현동작적 유희
과외활동	수영, 야구, 테니스 실시
체조교육	단체운동의 지도, 신체 및 정신의 도야, 운동의 생활화
학교교육체계	체육이 필수화됨
교과서	체조교수서가 개발됨

(3) 체조교수요목 개편기의 체육(1927~1941)
  ① 체조 중심에서 유희 및 스포츠 중심의 체육으로 변화
  ② 과외활동으로 학교 간 경기대회 성행
  ③ 학교스포츠 열풍이 사회체육으로 이어지면서 민족의식 고취

(4) 체육 통제기의 체육(1941~1945)
  ① 체육의 내용이 군사 훈련 관련 활동으로 변함 : 교련화
  ② 전쟁수행을 위해 체육경기를 완전히 통제함

3. 일제강점기의 스포츠

(1) 근대스포츠 도입과 발달

종 목	관련인	주요 내용
권 투	박승필	• 유곽권구락부를 조직하여 회원에게 처음 행해짐 • 본격적인 시작은 1925년 YMCA 실내운동회에서 진행됨
탁 구	-	• 1914년 조선 체육회의 경성구락부 원유회 탁구시합이 최초로 보고됨 • 1924년 경성일일신문사 주최 제1회 핑퐁경기대회가 개최
배 구	반하트, 김영구	1917년 3월 30일 YMCA 회원과 최초 친선경기
스 키	나카무라	원산중학교로 오면서 오스트리아식 스키를 가져와 지도
럭 비	사카구치 (조선철도국)	1929년 보성전문학교 럭비팀 조직
역 도	서상천	• 1923년 일본체육회 체조학교 졸업 • 1928년 YMCA 주최 역도대회 개최
골 프	-	• 1925년 제1회 조선골프선수권대회 개최 • 최초의 프로골퍼인 연덕춘은 일본 관동골프대회에서 프로자격 획득

+ 더 알아보기

일장기 말소사건
베를린 올림픽에서 우승한 손기정 선수의 가슴에 달려있던 일장기를 동아일보 이길용 기자가 지워버리고 신문에 실은 사건. 이 사건으로 동아일보는 무기한 정간조치 당했다.

황국신민체조(1937)
• 일본 무도의 정신을 담은 체조를 통해 조선인을 황국신민화시킬 목적으로 제정
• 기본자세와 오행자세, 14개의 동작으로 구성
• 자국민을 통제하기 위한 수단으로 이용
• 실제 전시체제하에 전쟁을 수행할 수 있는 검술 기본동작으로 구성

2022년 기출
일제강점기에 설립된 체육 단체로 옳지 않은 것은?
① 대한국민체육회
② 관서체육회
③ 조선체육협회
④ 조선체육회
정답 ①

2021년 기출
일제강점기에 발생한 체육사적 사실로 옳지 않은 것은?
① 경성운동장이 설립되어 각종 스포츠대회가 개최되었다.
② 덴마크의 닐스 북(Neils Bukh)이 체조강습회를 개최했다.
③ 남승룡이 베를린 올림픽경기대회에서 동메달을 획득했다.
④ 영어 학교에서 한국 최초의 운동회인 화류회가 개최되었다.
정답 ④

+ **더 알아보기**

조선체육회
1920년 4월 1일 창간된 동아일보가 같은 해 7월 13일 우리 민족의 통합 체육 단체인 조선체육회를 설립

2024년 기출

〈보기〉에서 일제강점기의 조선체육회에 대한 설명으로 옳은 것만을 모두 고른 것은?

> ㄱ. '전조선축구대회'를 창설하였다.
> ㄴ. 조선체육협회에 강제로 흡수되었다.
> ㄷ. 국내 운동가, 일본 유학 출신자 등이 설립하였다.
> ㄹ. 종합체육대회 성격의 전조선종합경기대회를 개최하였다.

① ㄱ, ㄴ
② ㄷ, ㄹ
③ ㄴ, ㄷ, ㄹ
④ ㄱ, ㄴ, ㄷ, ㄹ

정답 ④

2019년 기출

〈보기〉에서 설명하는 단체의 활동으로 옳은 것은?

> • 1903년 '황성기독교청년회'라는 이름으로 창설된 단체이다.
> • 외국인 선교사를 주축으로 근대 스포츠를 도입, 보급하여 한국 근대스포츠 발전에 많은 영향을 미쳤다.
> • 1910년 한일병합 이후에도 스포츠 보급 활동에 기여하였다.

① 첫 사업으로 제1회 전조선야구대회를 개최했다.
② 1916년 우리나라 최초의 체육관을 개관하여 스포츠활동의 활기를 도모했다.
③ 조선에서 최초의 종합경기대회라고 할 수 있는 조선신궁 경기대회를 개최했다.
④ 우리나라 근대체육의 선구자였던 노백린이 병식체조 중심의 체육을 비판하며 설립한 단체였다.

정답 ②

연식정구, 테니스	론 테니스	1927년 용산 철도국에서 제1회 경식정구선수권 대회 개최
레슬링	-	• 1937년 YMCA 레슬링부 창단을 통해 소개됨 • 일본 레슬링선수권대회에서 우승(김종석, 곽동윤, 황병관, 김석영)

(2) 민족주의적 체육활동

① YMCA 스포츠교육 운동
   ㉠ 1903년 황성기독교청년회 창설 : 영국 성공회의 신부 터너와 질레트 중심
   ㉡ 1905년 황성기독교청년회 체육부 조직
   ㉢ 1914년 조선기독교청년회 전국연합회 발족 : 전국적인 청년운동으로 발전
   ㉣ 한국 최초의 실내체육관 준공

② YMCA가 체육에 미친 영향
   ㉠ 한국민속스포츠의 부활 및 명맥 유지
   ㉡ 서구스포츠를 도입하고 활성화함
   ㉢ 조직망을 통해 스포츠를 전국으로 확산시킴
   ㉣ 많은 스포츠 지도자를 배출함
   ㉤ 스포츠에 대한 올바른 인식을 제공함

③ YMCA 체육활동과 민족주의 운동
   ㉠ 독립협회 해산 후 민족운동가들이 YMCA로 대거 합류하면서, 스포츠를 통한 민족운동의 지휘자 역할을 함
   ㉡ YMCA가 전개한 대중 민족운동의 흐름 : 서구 스포츠의 보급, 한국민속스포츠(그네뛰기, 국궁, 씨름 등) 부활, 운동경기대회에서 일본인 제압

④ 체육단체의 결성과 청년회 활동
   ㉠ 반일민족운동단체의 성격을 가짐
   ㉡ 운동부를 두고 지역 체육발전을 주도함

조선 체육회	• 1920년 7월 조선인 중심으로 창립 • 일본체육단체인 조선체육협회에 대한 대응으로 창립 • 조선인의 체육을 지도 · 장려함을 목적으로 함 • 체육에 관한 조사 연구 및 선전, 체육 도서의 발행 • 각종 경기대회의 주최 및 후원, 기타 체육회 사업 활동 • 1948년 9월 대한체육회로 명칭 변경 • 첫 사업으로 제1회 전조선야구대회 개최 : 오늘날 전국체육대회의 효시
관서 체육회	• 평양기독교청년회관에서 결성됨 • 전국적 체육단체의 성격, 민족주의적 체육단체 • 각종 운동대회를 개최함

⑤ 운동경기를 통한 저항과 제압 : 1936년 베를린 올림픽 손기정(금메달) · 남승룡(동메달) 수상, 이를 계기로 일장기 말소사건 발생
   ㉠ 민족적 긍지를 높임
   ㉡ 국민의 울분을 해소하는 장이 됨

(3) 체육·스포츠의 탄압
① 체육의 교련화와 연합운동회의 탄압
② 체육 단체의 해산과 통합 : 조선체육회, 조선학생체육총연맹 등
③ 일장기 말소 의거와 일제의 탄압

4. 일제강점기의 체육사상

(1) 민족주의 체육사상의 특징
① 일제탄압에 대한 저항 문화의 일부로 체육활동을 장려함
② YMCA를 중심으로 순수체육을 지향
③ 민족의식을 토대로 전통경기 부활과 보급이 이루어짐

(2) YMCA 복음주의운동과 강건한 기독교주의
① 스포츠교육운동·복음전파가 목적
② 민족주의 체육운동과 강건한 기독교주의 운동은 연결되어 있음

+ 더 알아보기

서윤복
- 1947년 제51회 보스턴마라톤 대회에서 세계 신기록을 세워 우승
- 동양인으로서는 대회 사상 첫 우승

03 광복 이후의 체육

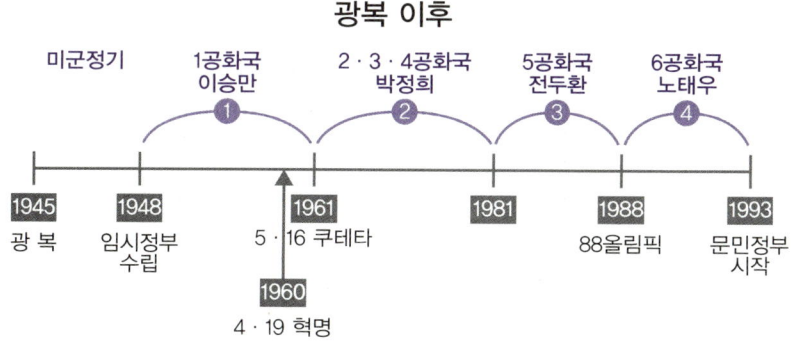

1. 광복 이후의 사회와 교육

(1) 광복 이후의 사회

1945년 8월 15일	광복을 맞이함
1950년 6월 25일	이념 차이로 인해 한국전쟁이 발발함
1960년 4월 19일	4·19 혁명이 발생함
1961년 5월 16일	• 군사정변이 발생함 • 제3공화국이 수립됨
1990년 이후	• 문민정부가 들어섬 • 민주화가 진척됨

(2) 광복 이후의 교육
　① 민주교육 이념 확산
　② 민주주의를 기본이념으로 한 교육법 제정·공포
　③ 초등학교 교육의 정상화와 의무교육 연한 연장
　④ 고등교육의 기회와 평생교육 확대

2. 광복 이후의 학교체육

(1) 미군정기와 교수요목 시대의 체육(1945~1954)
　① 신체육(New Physical Education)의 영향을 받은 체육이념 설정
　② 교수요목이 제정된 후 체계적 모습을 갖춤

체육의 편제 및 목적	조국애와 근로정신을 강조 → 국방력 증강에 기여
체육교원의 충원과 양성	조선대, 신흥대(경희대)에 2년제 체육학과 설치

(2) 교육과정 시대의 체육

한국체육의 발달	• 건강한 인간의 육성을 목적으로 교육방향을 설정함 • 초등학교부터 대학교까지 체육을 필수 교과로 지정함	
학교체육 제도	• 학교 체육의 기반조성 • 입시제도의 개선과 체력검사 : 체력장 제도 • 체육의 학문적 발전(한국체육학회 창립)	
교육과정별 체육목표 주요변천	제1차 교육과정	생활경험을 중요시하여 여가활동 강조
	제2차 교육과정	'보건·체육'에서 '체육'으로 교과목 명칭 통일
	제3차 교육과정	순환운동과 질서운동을 새롭게 채택
	제4·5차 교육과정	통합교육과정 개발과 운영의 자율성
	제6차 교육과정	초등학교에서 놀이를 벗어난 '운동' 용어 사용
	제7차 교육과정	체육의 목적 제시

3. 광복 이후의 스포츠

(1) 학교스포츠의 발달

교기육성제도	우수선수를 발굴하기 위한 스포츠정책
소년체전	'몸도 튼튼, 마음도 튼튼, 나라도 튼튼'을 모토로 개최

(2) 사회스포츠의 발달

미군정기 1945~1948년	• 조선체육회의 부활 • 전국체전 개회 • 국제 스포츠활동 시작
이승만 정권 (제1공화국) 1948~1960년	• 뚜렷한 스포츠 진흥정책이 없었음 • 조선체육회가 대한체육회로 명칭 변경(1948) • 한국전쟁 발발(1950)

2021년 기출

〈보기〉의 내용을 실시한 정권의 스포츠 정책으로 옳지 않은 것은?

> 1982년 중앙정부행정조직에 체육부를 신설하고, 아시안게임과 올림픽 경기대회의 준비, 우수선수육성 및 지도자의 양성 등 스포츠 진흥운동을 전개하였다.

① 프로축구의 출범
② 프로야구의 출범
③ 태릉선수촌의 건립
④ 국군체육부대의 창설

정답 ③

2018년 기출

〈보기〉의 체육정책이 추진된 정부는?

> • 국민체육진흥법 제정
> • 태릉선수촌 건립
> • 체력장 제도 실시

① 박정희 정부
② 김대중 정부
③ 노태우 정부
④ 문재인 정부

정답 ①

박정희 정권 (제2·3·4공화국) 1961~1981년	• '체력은 국력'이라는 슬로건으로 보급 • 스포츠 진흥정책 – 우수선수를 통한 국위선양 • 체육의 날과 체육주간 제정 • 국민체육진흥법 공포(1962) • 태릉선수촌 완공(1966) • 우수선수 병역면제(1973)
전두환·노태우 정권 (제5·6공화국) 1981~1993년	• 서울올림픽 개최, 스포츠 정책을 추진 • Sports for All Movement – 생활체육의 확산 • 엘리트스포츠에서 대중스포츠로 전환시기 • 한국프로야구 출범(1982) • 제10회 아시안게임 유치(1986) • 제24회 서울올림픽 유치(1988)
2000년대 이후	• 2002년, FIFA 월드컵 일본과 공동 개최 • 2003년, 생활체육 활성화를 위한 '국민체육진흥 5개년 계획' 정책 추진 • 2005년, 대한장애인체육회 설립 • 생애주기별 맞춤형 프로그램 보급, 종합형 스포츠클럽 육성

(3) 체력장 제도

① 목적 : 국민의 체위향상, 체육인구의 저변확대 도모

② 실시연도

  ㉠ 1971년 문교부에서 10~17세 전 학년을 대상으로 체력검사 실시

  ㉡ 1973년 「대학입학예비고사령」(제12조)에 의해 대학입시 내신을 위한 체력장 제도 실시

③ 기준 : 국제체력검사표준위원회에서 기준과 종목 설정

④ 시행종목

  ㉠ 100m 달리기, 제자리멀리뛰기, 팔굽혀매달리기(여), 턱걸이(남), 윗몸일으키기, 던지기, 오래달리기 등 6종목을 실시

  ㉡ 1979년부터 일부 종목(오래달리기)을 변경 및 축소하여 상대평가로 전환함

⑤ 점수 및 등급

  ㉠ 5개의 종목의 측정치를 종목별로 구분하여 절대평가(각 과목 20점 만점)

  ㉡ 총 과목 점수(5×20 = 100점 만점)를 기준

80점 이상	70~79점	60~69점	50~59점	40~49점	39점 이하
특급	1급	2급	3급	4급	5급

+ 더 알아보기

국민체육진흥공단

• '서울 올림픽 기념 국민체육진흥공단'이라는 이름으로 1989년에 설립

• 국민체육진흥공단의 사업

기금지원 사업	체육지도자 자격시험 등
스포츠산업 육성	스포츠산업 융자 등
기금조성 사업	경정, 경륜, 스포츠토토
체육진흥 문화사업	국민체력100 등

태릉선수촌

1964년 동경올림픽에 대비한 '우수선수강화훈련'이 결성되어 국가대표선수들의 훈련이 이루어졌고, 동경올림픽 이후 대한체육회는 우수선수의 지속적인 강화훈련을 위해 서울 공릉동에 태릉선수촌을 짓고 1966년 준공식을 가졌다.

2019년 기출

〈보기〉에서 설명하는 장소는?

• 대한체육회가 1966년 우수선수의 육성을 위해 건립했다.
• 스포츠를 통한 국위선양 및 국민통합 실현의 목적이 있다.
• 국가대표선수들을 과학적으로 육성하는 기반이 되었다.

① 장충체육관
② 태릉선수촌
③ 동대문운동장
④ 효창운동장

정답 ②

4. 광복 이후의 체육사상

(1) 스포츠민족주의
   ① 국위선양을 위한 엘리트체육 육성
   ② 민족주의(국가주의)적 이데올로기가 내재된 체육 : 국민통합의 수단

(2) 건민체육사상
   ① 건민주의 : 건전한 정신과 강인한 체력 육성으로 강건한 국민성을 함양하고자 하는 사상
   ② 범국민적인 체육활동을 위한 체육진흥운동의 근간

5. 광복 이후 한국 스포츠의 역사

1945	• 조선체육회 재결성 및 12개 경기단체 창립 • 제26회 전국체전 개최
1947	IOC 정식가입
1948	• 한국 최초 올림픽 참가(14회 런던) • 조선체육회가 대한체육회로 개칭
1949	이화여대체육과에서 최초 졸업생 13명 배출
1951	문교부 학교 신체검사 규정 공포
1952	아시아경기연맹에 가입
1955	한국체육학회지 '체육' 발간
1960	한국 최초로 데이비스컵테니스대회 예선참가

1961	• 군사혁명정부 대한체육회 예산을 정부가 지원
	• 혁명정부의 재건국민운동본부
	  - '체력은 국력' 슬로건 채택
	  - '국민체조' 보급 운동 전개

1962	• 국민 체육진흥법 공포 • 10월 15일을 체육의 날로 지정 • 매월 마지막 주를 '체육주간'으로 제정
1963	• 장충체육관 개관 • 각 시 · 도청 소재지에 체육관 건립
1966	• 태릉선수촌 완공 • 대한체육회회관 개관
1968	• 정부의 체육조직 일원화 방침 공포 • 대한체육회, 대한올림픽위원회, 대한학교체육회 3개 사단법인을 대한체육회로 통합
1974	대한체육회에서 메달리스트들에게 종신연금계획 확정(대상 : 올림픽, 세계선수권, 아시안게임, 아시안선수권 메달리스트)
1976	올림픽 사상 최초로 금메달 획득(제21회 몬트리올 올림픽 양정모, 레슬링)
1979	• 잠실체육관 개관 • 제24회 서울 올림픽 유치 계획
1981	• 국민체육 : 스포츠진흥재단 상해보험 제도 실시 • IOC 총회 1988년 서울올림픽 개최 확정

2019년 기출

〈보기〉에서 설명하는 올림픽 경기대회는?

• 분단 후 남한과 북한의 선수가 최초로 동시에 입장한 대회였다.
• 남한과 북한의 대표선수단은 KOREA라는 표지판과 한반도기를 앞세우고 함께 입장하여 세계인의 박수를 받았다.
• 태권도가 올림픽 정식 종목으로 시행되었다.

① 1996년 제26회 애틀란타올림픽경기대회
② 2000년 제27회 시드니올림픽경기대회
③ 2004년 제28회 아테네올림픽경기대회
④ 2008년 제29회 베이징올림픽경기대회

정답 ②

2020년 기출

〈보기〉에서 대한체육회에 대한 옳은 설명을 모두 고른 것은?

㉠ 1920년-조선체육회가 창립되었다.
㉡ 1948년-대한체육회로 개칭되었다.
㉢ 1966년-태릉선수촌을 건립하였다.
㉣ 2016년-국민생활체육회와 통합되었다.

① ㉡, ㉢
② ㉡, ㉣
③ ㉠, ㉡, ㉢
④ ㉠, ㉡, ㉢, ㉣

정답 ④

2019년 기출

우리나라가 대한민국 국호를 걸고 최초로 참가한 동계올림픽 경기대회는?

① 1948년 제5회 생모리츠올림픽경기대회
② 1992년 제16회 알베르빌올림픽경기대회
③ 2002년 제19회 솔트레이크시티올림픽경기대회
④ 2018년 제23회 평창올림픽경기대회

정답 ①

1982	• 체육부 발족(초대 체육부장관 : 노태우) • 한국 프로야구 개막
1983	한국 최초 프로 씨름대회 개막
1984	• 국군체육부대 창설 • 노태우 대한체육회 회장으로 선임
1985	국가대표 사격선수를 위한 1988사격 훈련단 창설
1986	• 86 아시안게임 '스포츠 과학학술대회' 개최 • 제10회 서울 아시안게임 개최
1988	• 88 서울 올림픽 '스포츠 과학학술대회' 개최 • 제24회 서울 올림픽 개최
1989	• 국민스포츠진흥공단 발족 • 지방자치행정조직에 생활체육과 설치
1991	국민생활스포츠협의회 설립
2016	국민생활체육회와 대한체육회가 통합됨

+ 더 알아보기

1990년대 남북한 단일팀 구성 합의 내용
- 선수단의 단가는 1920년대 '아리랑'으로 한다.
- 선수단의 호칭은 '코리아, KOREA'이다.
- 선수단의 단기는 '흰색 바탕에 하늘색 한반도 지도'를 넣는다.
- 단일팀 공동추진기구에서 협의하여 선수를 선발한다.

2002년 미국 솔트레이크시티 동계 올림픽
- 스피드스케이팅 세계신기록이 쏟아진 대회
- 모호한 판정시비(김동성이 쇼트랙에서 1위로 골인하였으나 오노 선수의 헐리웃 액션으로 실격)

04 국제스포츠대회 참가

1. 올림픽대회 참가 역사

(1) 하계올림픽 대회

① 1936년 독일 베를린 올림픽

㉠ 손기정 선수가 일장기를 달고 마라톤 경기에 출전하여 우승

㉡ 마라톤에서 남승룡 선수가 3위

② 1948년 영국 런던 올림픽

㉠ 최초로 '코리아'라는 국가 명칭 사용

㉡ 역도에서 김성집 선수 동메달 획득, 대한민국 국적 최초의 메달

③ 1976년 캐나다 몬트리올 올림픽 : 양정모 선수가 레슬링에서 대한민국 최초의 금메달 획득

④ 1988년 대한민국 서울 올림픽

㉠ 대한민국 종합 4위

㉡ 스포츠외교를 통해 공산국가들이 대거 참가한 대회

㉢ 생활체육 활성화 계기 및 엘리트스포츠 발전에 획기적 역할

⑤ 1992년 스페인 바르셀로나 올림픽

㉠ 올림픽 사상 처음 도입된 배드민턴 종목에서 한국이 금메달 2개와 은메달, 동메달 획득

㉡ 마라톤에서 황영조 선수 우승

2020년 기출

〈보기〉의 ㉠, ㉡에 들어갈 알맞은 국제대회의 명칭은?

- 1988년 개최된 (㉠)의 마스코트는 '호돌이'이다.
- 2018년 개최된 (㉡)의 마스코트는 '수호랑'과 '반다비'이다.

	㉠	㉡
①	서울올림픽 경기대회	서울아시아 경기대회
②	서울아시아 경기대회	부산아시아 경기대회
③	서울올림픽 경기대회	평창올림픽 경기대회
④	부산아시아 경기대회	평창올림픽 경기대회

정답 ③

⑥ 2000년 호주 시드니 올림픽
  ㉠ 태권도가 정식 종목으로 채택
  ㉡ 최초로 남북한 선수단 동시 입장

(2) 동계올림픽 대회
  ① 1948년 스위스 생모리츠 동계올림픽 : 하계·동계올림픽 통틀어 대한민국이 처음으로 참가한 올림픽
  ② 1964년 오스트리아 인스부르크 동계올림픽 : 북한이 처음으로 참가한 동계올림픽
  ③ 1992년 프랑스 알베르빌 동계올림픽 : 스피드스케이팅 김윤만이 한국빙상경기 역사상 최초 은메달 획득, 새롭게 쇼트트랙 추가(김기훈 금메달 획득)
  ④ 2018년 대한민국 평창 동계올림픽
    ㉠ 금메달 5개 획득, 종합 7위
    ㉡ 올림픽 마스코트는 수호랑(백호), 패럴림픽 마스코트는 반다비(반달가슴곰)

2. 남북체육교류

(1) 남북체육회담과 교류
  ① 1963년 최초 남북체육회담 : 1964년 로잔과 홍콩에서 '제18회 도쿄올림픽경기대회 단일팀 출전 문제' 논의
  ② 1970년~1980년대 : 남북 정부의 지원 부족으로 회담 결렬
  ③ 1990년 베이징 남북체육정상회담 : 남북통일체육대회 개최 결정, 최초의 '남북통일축구대회'가 평양과 서울에서 번갈아 열림
  ④ 1991년 남북체육회담 : 각종 국제대회 참가 단일팀 구성 합의, 지바에서 열린 제41회 세계탁구선수권대회와 포르투갈에서 열린 제6회 세계청소년축구대회에서 남북단일팀 구성 '코리아'란 이름으로 출전
  ⑤ 1999년 : '남북통일농구대회'를 서울에서 개최
  ⑥ 2000년 : '남북통일탁구대회' 개최, 시드니올림픽 개회식에서 남북 동시 입장
  ⑦ 2003년 : 제주도 '민족통일평화체육축전' 개최

(2) 남북체육교류의 의의
  ① 남북한 간 정치적 화해의 시작
  ② 남북한 간 사회문화 교류 확대의 가능성
  ③ 민족의식과 공동체 의식 고취

2023년 기출

〈보기〉에서 설명하는 스포츠 경기 종목은?

- 1988년 제24회 서울올림픽경기대회에서 시범 종목으로 채택되었다.
- 2000년 제27회 시드니올림픽경기대회에서 정식 종목으로 채택되었다.
- 2007년에 정부는 이 종목을 진흥하기 위한 법률을 제정하였다.

① 유 도   ② 복 싱
③ 태권도 ④ 레슬링

정답 ③

2023년 기출

1991년에 남한과 북한이 단일팀으로 탁구 종목에 참가한 국제경기대회는?

① 제41회 지바세계선수권대회
② 제27회 시드니올림픽경기대회
③ 제28회 아테네올림픽경기대회
④ 제6회 포르투갈세계청소년선수권대회

정답 ①

단답형 문제

01 고종이 새로운 교육 제도의 필요성을 인식하고 1895년 발표한 (　)은/는 전통적 유교 중심 교육에서 벗어나 지·덕·체 조화의 전인교육 발전의 계기가 되었다.

02 (　)은/는 정식으로 승인받고 설립한 우리나라 최초의 근대학교이다.

03 (　)은/는 일본체육단체인 조선체육협회에 대한 대응으로 1920년 7월 조선인 중심으로 창립한 체육단체이다.

04 1970년대에 체력증진 교육목적으로 전국 중고등학생을 대상으로 실시한 (　)은/는 입시과열현상 등 부작용을 일으키기도 했다.

정답 01 교육입국조서　02 원산학사　03 조선체육회　04 체력장 제도

04 출제예상문제

완벽하게 이해된 부분에 체크 하세요

01 개화기 스포츠에 대한 설명으로 옳지 않은 것은?

① 체조 – 한성사범대학교 설치령에 체조교과가 정식으로 채택되었고 이화학당에서 여학생 최초로 체조를 지시하였다.
② 구기 – 축구, 야구, 농구는 YMCA 선교사 질레트에 의해 소개되었다.
③ 수영 – 무관학교칙령에 의해 처음 소개가 되었으며 동서일보사에서 주최한 제1회 조선 수영대회가 우리나라 최초의 수영대회이다.
④ 육상 – 화류회를 통해 처음 소개되었으며, 달리기 · 뜀뛰기 · 공 던지기로 구성되었다.

해설 축구는 영국 군함 플라잉호스의 승무원에 의해 소개된 것으로 전해지며, 야구 · 농구는 질레트에 의해 소개되었다.

02 다음 중 개화기 체육의 역사적 의미로 옳지 않은 것은?

① 체육의 개념 및 가치에 대한 근대적 각성이 일었다.
② 교육체계 속에 체육이 아직 포함되지 않았다.
③ 근대적인 체육 및 스포츠문화가 창출되기 시작했다.
④ 체육의식이 성장하기 시작했다.

해설 개화기부터 체육이 교육체계 속에 포함되기 시작했다.

03 다음 중 학교체조교수요목에 대한 설명으로 옳지 않은 것은?

① 과외활동으로 수영, 야구, 테니스 등을 소개했다.
② 유희는 경쟁적 유희와 표현동작적 유희로 구분했다.
③ 유희, 병식체조, 보통체조를 체조와 유희로 통합 · 변경하였다.
④ 체조교육의 개념 및 교수방법을 제시했다.

해설 유희, 병식체조, 보통체조로 구분하던 것을 체조, 교련, 유희로 변경하였다.

정답 01 ② 02 ② 03 ③

04 다음 중 근대 체육단체에 대한 설명으로 옳지 않은 것은?

① 대한체육구락부(1906) – 최초의 근대적 체육단체
② 황성기독교청년회운동회(1906) – 현재의 서울 YMCA로서 근대스포츠의 발달에 중요한 역할
③ 대한국민체육회(1907) – 병식체조를 촉진함
④ 대동체육구락부(1908) – 사회체육 단체로 체육의 가치를 국가와 결부시킴

[해설] 대한국민체육회는 기존의 지육, 덕육에 치우친 교육의 문제점과 병식체조 중심의 체육을 비판하였다.

05 다음 중 개화기의 체육사상과 체육사상가에 대한 설명으로 옳은 것은?

① 기독교의 유입은 스포츠발달에 큰 영향을 제공하였으나, 유교관습은 스포츠를 억제하는 요인이었다.
② 노백린은 지덕체의 균형적 교육을 강조하며 대한자강회를 조직했다.
③ 체육사상가 중 이종만은 지덕체의 균형적 교육을 강조하였다.
④ 체육사상가 중 이기동은 '체육의 국가에 대한 효력'을 집필하였다.

[해설] ② 체육사상가 이기에 대한 설명이다. 노백린은 우리나라 최초의 체육단체인 대한국민체육회을 발족하였다.
③·④ 체육사상가 이종만은 '체육의 국가에 대한 효력'을 집필하였고, 이기동은 신체조교수서를 출판하였다.

06 다음 중 일제강점기 YMCA 스포츠교육 운동에 대한 설명으로 옳지 않은 것은?

① 조직망을 통해 스포츠를 전국으로 확산시키는 역할을 했다.
② 많은 스포츠지도자를 배출했다.
③ 서구스포츠를 보급하면서 민속스포츠를 간과했다.
④ 1903년 황성기독교청년회 창설로 시작되었다.

[해설] YMCA가 전개한 대중 민족운동으로 서구스포츠의 보급, 한국민속스포츠(그네뛰기, 국궁, 씨름 등)의 부활, 운동경기대회에서 일본인 제압 등이 이루어졌다.

[정답] 04 ③ 05 ① 06 ③

07 다음 중 한국스포츠 발달을 연대순으로 바르게 나열한 것은?

> ㉠ 한국프로야구 출범
> ㉡ 태릉선수촌 완공
> ㉢ 서울올림픽 유치
> ㉣ 국민체육진흥법 공포
> ㉤ 서울아시안게임 유치

① ㉣ → ㉠ → ㉡ → ㉤ → ㉢
② ㉣ → ㉡ → ㉠ → ㉤ → ㉢
③ ㉡ → ㉣ → ㉠ → ㉤ → ㉢
④ ㉡ → ㉣ → ㉤ → ㉠ → ㉢

해설 국민체육진흥법 공포(1962년) → 태릉선수촌 완공(1966년) → 한국프로야구 출범(1982년) → 서울아시안게임 유치(1986년) → 서울올림픽 유치(1988년)

08 다음 중 대한민국의 올림픽대회 참가 역사에 대한 설명으로 옳은 것은?

① 2000년 호주 시드니 올림픽 – 최초로 남북한 선수단 동시 입장
② 1948년 스위스 생모리츠 올림픽 – 최초로 '코리아'라는 국가 명칭 사용
③ 1976년 캐나다 몬트리올 올림픽 – 마라톤에서 황영조 선수 우승
④ 2018년 대한민국 평창 올림픽 – 금메달 8개 획득, 종합 4위

해설 ② 최초로 '코리아'라는 국가 명칭으로 참가한 올림픽은 1948년 영국 런던 올림픽이다.
③ 마라톤에서 황영조 선수가 우승한 올림픽은 1992년 스페인 바르셀로나 올림픽이다.
④ 2018년 대한민국 평창 올림픽에서 우리나라는 금메달 5개 획득으로 종합 7위였다.

정답 07 ② 08 ①

제7과목 | 과목별 예상문제

완벽하게 이해된 부분에 체크 하세요

01 다음 중 삼국시대 무예와 민속스포츠에 대한 설명으로 옳은 것은?

① 기마와 궁술은 주된 삼국시대의 무예로 놀이적 성격이 강했다.
② 입산수행은 화랑도의 신체교육의 독특한 방법으로 신체, 정신, 영적 힘을 체득하고 단련시키는 방법이었다.
③ 쌍륙은 혁기, 박혁이라고 하여 지금의 바둑과 유사한 민속놀이었다.
④ 신라시대에 시행된 궁전법은 기마술로 인한 인재등용법이었다.

해설 기마와 궁술은 체육적 성격이 강한 무예이고, 쌍륙은 주사위 놀이이며, 신라시대의 궁전법은 궁술로 인한 인재등용법이다.

02 다음 중 고려시대 무예와 연관이 있던 강예재에 대한 설명으로 옳지 않은 것은?

① 고려시대의 중앙교육기관으로 무학을 공부하는 장소이다.
② 중앙교육기관인 향학에서 궁술, 마술, 기사, 기창, 방응을 실시하였다.
③ 충, 효, 의를 기반으로 하였다.
④ 무인 선발의 기준으로 수박희를 수행하는 중앙교육기관의 7재 중 하나이다.

해설 중앙교육기관인 국자감에 강예재를 두어 무예를 실시했다.

03 다음 중 고려시대 민속스포츠에 대한 설명으로 옳지 않은 것은?

① 격구는 사치적 성격으로 인해 대중스포츠가 되지 못했다.
② 석전은 세시풍속의 민속스포츠로서 군사훈련으로 활용되었다.
③ 서민스포츠로 씨름, 그네뛰기, 축국, 석전, 투호 등이 있다.
④ 방응은 매를 놓아 사냥하는 것으로 고려시대에 매우 성행했다.

해설 투호는 왕실과 귀족사회에서 성행하던 민속스포츠이다.

정답 01 ② 02 ② 03 ③

04 다음 중 조선시대 스포츠에 대한 설명으로 옳지 않은 것은?

① 정조 때 18가지 무예를 그림으로 설명한 무예도보통지가 만들어졌다.
② 편사는 5인 이상이 참가하는 궁술대회 단체전이다.
③ 이황은 명나라의 활인심방을 요약·정리하여 도인체조를 소개했다.
④ 여성 중심의 민속놀이로 도판희와 추천이 있다.

해설 정조 때 만들어진 무예도보통지는 24가지 무(武)에 관한 기예를 설명한 종합무예서이다. 전투동작을 그림과 글로 해설한 실전 훈련서의 성격을 띤다.

05 다음 중 개화기 학교에 대한 내용의 연결이 옳지 않은 것은?

① 원산학사 – 최초의 근대학교로 무예가 교육과정으로 포함되어 있다.
② 배재학당 – YMCA의 전신인 기독교학생회가 있었으며 아펜젤러가 설립하였다.
③ 이화학당 – 최초의 남녀공학 교육기관으로 1890년에 체조를 교과목으로 편성하였다.
④ 경신학교 – 언더우드가 설립하였으며 많은 민족 운동가를 배출하였다.

해설 이화학당은 최초의 여성교육기관으로 알려져 있다.

정답 04 ① 05 ③

06 다음 중 개화기 교육기관의 설립 순서로 옳은 것은?

> ㉠ 원산학사
> ㉡ 이화학당
> ㉢ 대성학교
> ㉣ 배재학당

① ㉠ → ㉢ → ㉣ → ㉡
② ㉠ → ㉡ → ㉣ → ㉢
③ ㉠ → ㉣ → ㉡ → ㉢
④ ㉠ → ㉣ → ㉢ → ㉡

해설 개화기 교육기관의 설립 순서는 다음과 같다.
- 원산학사 : 1883년 설립된 최초의 근대학교로 문사양성을 위한 문예반 50명과 무사양성을 위한 무예반 200명으로 운영되었다.
- 배재학당 : 1885년 선교사 아펜젤러가 설립한 선교단체 교육기관으로, 배재학당의 기독교학생회는 YMCA의 전신이 되었다.
- 이화학당 : 1886년 선교사 스크랜튼이 설립한 최초의 여성교육기관이다.
- 대성학교 : 1908년 도산 안창호가 설립한 사립학교로 국권회복운동의 일환으로 군대식 조련을 실시하였다.

07 다음 중 일제강점기의 교육, 체육, 스포츠, 사상가에 대한 내용으로 옳은 것은?

① 일제의 정책은 조선 식민화 정책, 우민화 정책, 황국신민화 정책 순으로 진행된다.
② 조선교육령 발표 시 학교체조는 보통체조로 명칭이 변경되었다.
③ YMCA에서 보급한 스포츠는 야구, 농구 뿐만 아니라 배구, 스키, 테니스가 있다.
④ 노백린은 덕, 지 중심의 교육을 주장했고 병식체조를 강조하여 국방력 증진에 힘썼다.

해설 ① 일제의 정책은 조선 우민화 정책, 식민화 정책, 황국신민화 정책 순으로 진행되었다.
③ YMCA가 보급한 스포츠는 권투, 농구, 배구, 야구, 유도, 철봉, 역도, 무용, 텀블링, 곤봉 등이 있다. 스키는 1921년 일본인 나카무라, 테니스(정구)는 1883년 미국인 푸트에 의해 도입되었다.
④ 일제강점기 체육사상가인 노백린은 병식체조를 비판하였다.

정답 06 ③ 07 ②

08 다음 중 개화기의 운동회에 대한 설명으로 옳지 않은 것은?

① 초창기 운동회에서 주로 실시된 종목은 체조이다.
② 학교와 사회가 어우러지는 향촌축제의 성격을 띤다.
③ 학생대항이나 마을대항 같은 단체전이 많았다.
④ 우리나라 최초의 운동회는 외국어학교의 영어학교에서 열린 화류회이다.

해설 초창기 운동회에서 주로 실시된 종목은 육상(달리기)이다.

09 다음 중 같은 정권 시기에 이루어진 일이 아닌 것은?

① 태릉선수촌 완공
② 한국프로야구 출범
③ 국민체육진흥법 공포
④ 체육의 날과 체육주간 제정

해설 한국프로야구 출범은 전두환 정권 시기에 이루어진 일이고, ① · ③ · ④는 박정희 정권 시기에 이루어진 일이다.

10 다음 중 1990년대 남북한 단일팀 구성 합의내용이 아닌 것은?

① 선수단의 호칭은 '코리아, KOREA'이다.
② 선수단의 단기는 '흰색 바탕에 하늘색 한반도 지도'를 넣는다.
③ 단일팀 선수 선발을 위해 미리 예선 경기를 치른다.
④ 선수단의 단가는 1920년대 '아리랑'으로 한다.

해설 단일팀 선수 선발은 단일팀 공동추진기구에서 협의하여 이루어진다.

정답 08 ① 09 ② 10 ③

11 오천석이 주장한 미션스쿨이 한국교육에 미친 영향에 대한 내용으로 옳지 않은 것은?

① 미션스쿨은 서구식교육과 신학문 도입을 주도하였다.
② 미션스쿨은 민족주의적 성향이 강하여 자유교육보다는 강제교육의 특성을 가지고 있다.
③ 여성교육을 통한 남녀의 평등의식을 고양하였다.
④ 체육, 스포츠, 예술교육을 통한 전인교육을 실현하였다.

해설 오천석은 미션스쿨을 진정한 의미의 자유교육을 실현할 수 있는 장소로 보았다.

12 체육사상에 대한 설명으로 옳지 않은 것은?

① 화랑도는 신체미 숭배사상, 심신일체론 체육관, 군사주의 체육사상, 불국토사상을 가지고 있다.
② 조선시대의 학사사상은 인재등용·심신수련의 중요수단으로 활쏘기를 강조하였다.
③ 개화기의 사회진화론적 민족주의는 한국체육의 발달을 저해시켰고, 스포츠문화 확산에 악영향을 주었다.
④ 박정희 정권의 건민사상은 역동적인 국민성 함양에 초점을 두었다.

해설 사회진화론적 민족주의는 다원주의적 인식을 가진 민족주의 운동으로 한국체육의 발달과 스포츠문화 확산에 긍정적인 영향을 주었다.

13 조선시대 서민의 민속스포츠에 대한 설명으로 옳지 않은 것은?

① 연날리기는 동국세시기에서 언급되었으며 놀이의 성격뿐만 아니라 군사의 목적으로 활용되었다.
② 줄다리기는 촌락공동체의 세시풍속으로 단순히 놀이뿐만 아니라 농사의 결과를 점치는 주술적 속성을 가졌다.
③ 투호는 궁중사대부 집안에서 주로 행해졌으며, 작은 화살을 의미하는 '축지구'라 불렸다.
④ 조선시대에 팽이치기, 썰매, 널뛰기(도판희), 줄넘기(도삭희) 등이 민속스포츠로 성행하였다.

해설 투호는 '방통이'라고 불렸으며 이는 작은 화살을 의미한다.

정답 11 ② 12 ③ 13 ③

무언가를 위해 목숨을 버릴 각오가 되어 있지 않는 한
그것이 삶의 목표라는 어떤 확신도 가질 수 없다.

- 체 게바라 -

  **끝까지 책임진다! 시대에듀!**

QR코드를 통해 도서 출간 이후 발견된 오류나 개정법령, 변경된 시험 정보, 최신기출문제, 도서 업데이트 자료 등이 있는지 확인해 보세요! **시대에듀 합격 스마트 앱**을 통해서도 알려 드리고 있으니 구글 플레이나 앱 스토어에서 다운받아 사용하세요. 또한, 파본 도서인 경우에는 구입하신 곳에서 교환해 드립니다.

2026 최신개정판

14년간 22만 독자가 선택한 **원조** 스포츠지도사

스포츠 지도사

2급 필기

SPORTS

20일 합격

2급 전문 + 2급 생활

3개년 기출문제

2011년 생활체육지도사 출간 이후, 14년간 22만부 판매! (시리즈 전체)

- 스포츠 전문가의 예리한 기출분석
- 실무진이 직접 간추린 핵심이론
- 3개년 (2023~2025년) 기출문제 + 상세한 해설
- 최신 기출 해설 강의 무료 제공

스포츠지도사 2급 필기 20일 합격

3개년 기출문제

2025년 기출문제
2024년 기출문제
2023년 기출문제
정답 및 해설

2025년 2급 선택과목 기출문제

▶ 정답과 해설 526p

01 스포츠사회학

01 스포츠사회학의 주요 연구 영역에 관한 설명으로 적절하지 않은 것은?

① 스포츠 기능 향상의 심리적 기전을 연구한다.
② 스포츠 맥락에서 인간의 행위와 상호작용 현상을 연구한다.
③ 스포츠 사회 내 규범, 신념, 이데올로기, 환경의 변화를 연구한다.
④ 스포츠 집단의 유형, 특성, 기능, 구조, 변화 과정을 연구한다.

02 스포츠의 교육적 순기능에 관한 설명으로 옳지 않은 것은?

① 사회화를 촉진하여 전인교육 기능을 한다.
② 승리 지상주의를 학습시켜 사회통합 기능을 한다.
③ 장애인의 적응력 배양으로 사회선도 기능을 한다.
④ 여성의 참여 증가를 통한 여권신장으로 사회선도 기능을 한다.

03 〈보기〉의 사례에 해당하는 버렐(S. Birrell)과 로이(J. Loy)의 미디어스포츠 수용자의 욕구 유형으로 가장 적절한 것은?

- NBA 팀의 정보를 얻으려고 인터넷 검색을 한다.
- 스포츠뉴스를 시청하며 이정후 선수가 속한 팀의 경기 결과와 리그 순위를 확인한다.

① 인지적 욕구
② 도피적 욕구
③ 소비적 욕구
④ 심동적 욕구

04 국제스포츠이벤트가 지역사회에 미치는 긍정적 영향으로 적절하지 않은 것은?

① 도시 브랜드 가치 향상
② 사회간접자본 시설의 확충
③ 지역사회 구성원의 문화 정체성 약화
④ 스포츠 참여 기회 확대 및 건강 증진 효과

05 〈보기〉의 미래 스포츠 특성에 관한 설명으로 적절한 것을 모두 고른 것은?

> ㉠ 노년층 스포츠 참가에 대한 중요성이 증가한다.
> ㉡ 프로스포츠에서 스포츠과학의 중요성이 감소한다.
> ㉢ 정보 기술의 발달로 스포츠 참여 형태가 다양해진다.
> ㉣ 탄소배출을 최소화한 친환경스포츠의 중요성이 증가한다.

① ㉠
② ㉠, ㉡
③ ㉠, ㉢, ㉣
④ ㉡, ㉢, ㉣

06 〈보기〉에서 ㉠에 해당하는 투민(M. Tumin)의 계층 특성과 ㉡에 해당하는 베블런(T. Veblen)의 이론은?

> ㉠ 민철이는 취미로 골프를 시작하려 했지만, 골프 장비가 비싸서 포기했다. 결국 민철이는 초기 비용이 적게 드는 배드민턴을 하기로 했다. 반면, 부유한 집안에서 자란 준형이는 어렸을 때부터 부모님을 따라 자연스럽게 골프를 접할 수 있었고, 현재도 일주일에 한 번은 골프를 하고 있다.
> ㉡ 선영이는 요트에 흥미가 없지만 주변 지인들에게 자신의 경제력을 자랑하려고 요트를 구매했다. 선영이는 지인들과 요트를 함께 즐기면서 자연스럽게 자신의 부를 드러낸다.

	㉠	㉡
①	영향성	자본론
②	영향성	유한계급론
③	역사성	자본론
④	역사성	유한계급론

07 〈보기〉 중 스포츠가 미디어에 미친 영향에 해당하는 것으로만 묶은 것은?

> ㉠ 탁구공의 색이 흰색에서 주황색으로 변경되었다.
> ㉡ 월드컵, 올림픽은 미디어 보급 및 확산에 기여하였다.
> ㉢ 정지 화면, 느린 화면, 클로즈업 등의 방송 기법이 발달하였다.
> ㉣ 스포츠 관람 인구가 증가하고, 스포츠 활동이 생활의 일부로 확산되었다.

① ㉠, ㉡
② ㉠, ㉣
③ ㉡, ㉢
④ ㉡, ㉣

08 〈보기〉에서 설명하는 스포츠사회학 이론으로 적절한 것은?

> • 미시적 관점의 이론이다.
> • 스포츠 참여 과정에 대한 이해와 하위문화 특성에 관심을 가진다.
> • 인간은 사회구조 및 제도에 대해 능동적으로 사고하며 행동하게 된다.

① 갈등 이론
② 비판 이론
③ 구조기능주의 이론
④ 상징적 상호작용론

09 국제스포츠 사례에 관한 설명으로 옳지 않은 것은?

① 1969년 온두라스와 엘살바도르의 월드컵 예선전은 양국의 정치적·사회적 갈등이 격화되는 계기가 되었으며, 이후 무력 충돌로 이어졌다.
② 2008년 베이징올림픽경기대회 개최를 앞두고 중국의 티베트 인권탄압에 대한 국제사회의 비판이 제기되었다.
③ 1988년 서울올림픽경기대회에는 모스크바올림픽경기대회와 LA올림픽 경기대회의 보이콧 사례와 달리 미국과 소련 등 동서 진영 국가들이 참여하였다.
④ 1995년 남아프리카공화국 럭비월드컵경기대회에서는 아파르트헤이트(Apartheid)에 대한 국제사회의 반발로 다수 국가의 보이콧이 발생했다.

10 〈보기〉의 ㉠에 해당하는 로버트슨(R. Robertson)이 제시한 스포츠 세계화의 결과와 ㉡에 해당하는 매기(J. Magee)와 서덴(J. Sugden)이 제시한 스포츠 노동이주 유형으로 가장 적절한 것은?

㉠ A 스포츠 업체는 글로벌 브랜드 정체성을 유지하면서 뉴질랜드 럭비 대표팀인 올 블랙스(All Blacks)의 경기 전 의식으로 잘 알려진 마오리족의 하카(Haka)댄스를 광고에 포함함으로써 지역 문화를 브랜드 메시지에 자연스럽게 녹여냈다.
㉡ 축구 선수 B는 현재 베트남의 C팀에서 활동 중이다. 그의 관심은 오로지 더 높은 연봉을 제시하는 팀으로 이적하는 것이다. 베트남의 문화를 즐긴다거나 사람과의 관계를 맺는 것에는 관심이 없다. 그는 언제든 떠날 준비를 하고 있다. 이전에 활동했던 중국의 D팀, 사우디의 E팀이 위치한 지역에 오래 머무른 적도 없다.

	㉠	㉡
①	세방화 (Glocalization)	용병형 (Mercenaries)
②	세방화 (Glocalization)	개척자형 (Pioneers)
③	국제적 고립 (Global Isolation)	용병형 (Mercenaries)
④	국제적 고립 (Global Isolation)	개척자형 (Pioneers)

11 〈보기〉의 사례에 해당하는 머튼(R. Merton)의 일탈행동 유형은?

> ㉠ 승리지상주의에 염증을 느껴 선수 생활을 포기하는 경우
> ㉡ 프로스포츠 선수가 경기력 향상을 목적으로 불법 약물을 복용한 경우
> ㉢ 스포츠 경기 참가에 의의를 두지만, 경기 성적을 중시하지 않는 경우

	㉠	㉡	㉢
①	도피주의	혁신주의	의례주의
②	도피주의	동조주의	의례주의
③	반역주의	도피주의	혁신주의
④	반역주의	동조주의	혁신주의

12 〈보기〉의 스포츠 계층 이동 유형과 사례에 관한 설명으로 옳은 것을 모두 고른 것은?

> ㉠ 프로야구 선수가 대회에서 부진한 모습을 보여 2군으로 강등된 것은 수직이동의 사례이다.
> ㉡ 1980년대 프로스포츠 출범 후 운동선수의 지위가 전반적으로 높게 평가받게 된 것은 집단이동의 사례이다.
> ㉢ 프로배구 선수가 되면서 일용직 노동자였던 부모님에 비해 많은 수입과 높은 명성을 얻게 된 것은 세대 내 이동의 사례이다.
> ㉣ 고등학교 배구 선수가 전학 간 후에도 같은 포지션으로 활동한 것은 수평이동의 사례이다.

① ㉠, ㉡
② ㉢, ㉣
③ ㉠, ㉡, ㉣
④ ㉡, ㉢, ㉣

13 스포츠사회화 이론에 관한 설명으로 적절하지 않은 것은?

① 사회학습 이론에서는 다른 구성원의 행동을 관찰학습하여 사회화가 이루어진다고 설명한다.
② 사회학습 이론에서는 모방, 강화 등을 통해 새로운 행동을 학습하여 사회화가 이루어진다고 설명한다.
③ 준거집단 이론에서는 구성원이 속한 집단의 규칙을 따르지 않아도 사회화가 이루어진다고 설명한다.
④ 역할 이론에서는 개인을 무대 위의 특정 역할을 부여받은 배우로 간주하여 그 역할을 수행하며 사회화가 이루어진다고 설명한다.

14 〈보기〉는 스포츠사회학 수업에서 교수와 학생의 대화이다. ㉠, ㉡에 들어갈 내용으로 적절한 것은?

> 학생 1 : 최근 테니스와 마라톤이 인기를 끌고 있는데, 사람들이 왜 이런 스포츠에 열광하는지 다양한 사례를 심층적으로 알아보려면 어떤 연구 방법이 좋은가요?
> 교 수 : 참여관찰, 심층면담 등으로 자료를 수집하고 해석적인 절차에 따라 원인을 파악하는 (㉠) 방법이 적합해요.
> 학생 2 : 그러면 스포츠 육성 모델에는 어떤 것이 있나요?
> 교 수 : 국가별로 다양한 스포츠육성정책을 시행하고 있는데, 그릭스*에 따르면, 스포츠 선진국은 엘리트 스포츠의 성과가 일반시민의 스포츠 참가를 촉진하고, 그렇게 형성된 자원 속에서 다시 우수한 엘리트 선수가 탄생하여 국가이미지 향상에 기여하는 (㉡)을 구축하고 있다고 해요.
> * J. Grix(2016)

	㉠	㉡
①	질적 연구	선순환 모델
②	양적 연구	선순환 모델
③	질적 연구	피라미드 모델
④	양적 연구	피라미드 모델

15 〈보기〉의 내용에 해당하는 거트만(A. Guttmann)이 제시한 근대스포츠의 특징은?

> ⊙ 인종·성별과 관계없이 누구나 스포츠에 참여할 기회를 동등하게 부여받는다.
> ⓒ 현대 축구가 발전하면서 점차 수비수, 미드필더, 공격수 등의 포지션이 다양화되었다.
> ⓒ 현대스포츠 참여자는 신에 대한 숭배가 아니라 기분 전환과 오락, 이익과 보상을 추구한다.
> ㉣ 국제스포츠연맹은 규칙 제정, 기록 공인, 국제대회 운영 및 관리, 종목 진흥 등의 역할을 담당한다.

	⊙	ⓒ	ⓒ	㉣
①	합리화	평등성	세속화	관료화
②	합리화	수량화	전문화	세속화
③	평등성	관료화	세속화	전문화
④	평등성	전문화	세속화	관료화

16 〈보기〉의 사례에 해당하는 베커(H. Becker)의 스포츠 일탈 이론은?

> 생활체육 배드민턴 동호회에서 신입 회원이 실력이 부족하다는 이유로 민폐 회원이라는 별명을 듣게 되었다. 어떤 회원은 게임에서 그를 배제하거나 눈치를 주었고, 몇몇은 노골적으로 비난했다. 시간이 지날수록 신입 회원은 자신이 정말 방해가 된다고 느끼며 위축되었고, 결국 동호회를 그만두고 운동도 포기하였다.

① 중화 이론(Neutralization Theory)
② 낙인 이론(Labeling Theory)
③ 욕구위계 이론(Hierarchy of Needs Theory)
④ 인지발달 이론(Cognitive Development Theory)

17 코클리(J. Coakley)가 제시한 상업주의 스포츠 출현의 사회적·경제적 조건에 해당하지 않는 것은?

① 자본주의 시장 경제 체제
② 스태그플레이션(Stagflation)
③ 소비가 장려되는 문화 형성
④ 인구 밀도가 높은 대도시 형성

18 〈보기〉의 사례에 해당하는 정치가 스포츠를 이용하는 방법으로 가장 적절한 것은?

> 스포츠는 정치인에게 권력을 강화하는 수단이 되기도 한다. 12.12 군사쿠데타와 5.18 민주화운동을 거치며, 당시 사회는 극도의 불안감과 정권에 대한 불신이 극에 달했다. 정권은 언론을 통제하고 정치적 발언을 통제하려 했지만, 뜻대로 되지 않았다. 그래서 국민의 관심을 돌리고 정권을 유지하기 위해 프로스포츠를 장려했다.
> 출처 : M사, 시사교양(2005.6.)

① 상 징
② 조 작
③ 동일화
④ 전문화

19 〈보기〉의 사례에 해당하는 스포츠사회화 과정이 바르게 연결된 것은?

> ㉠ 소영이는 '골때리는 그녀'라는 TV 프로그램을 보고 축구에 매력을 느껴 축구클럽에 가입하게 되었다.
> ㉡ 소영이는 축구에 흥미를 잃어 축구클럽을 탈퇴하였고, 6개월이 지났을 무렵, 친구의 권유로 테니스클럽에 가입하게 되었다.
> ㉢ 소영이는 테니스 활동을 하며 테니스 규칙, 기술, 매너 등을 잘 숙지한 테니스 동호인이 되었다.
> ㉣ 소영이는 무릎과 팔꿈치 부상이 잦아지면서 결국 좋아하는 테니스를 그만두게 되었다.

	㉠	㉡	㉢	㉣
①	스포츠로의 재사회화	스포츠로의 사회화	스포츠를 통한 사회화	스포츠 탈사회화
②	스포츠로의 재사회화	스포츠를 통한 사회화	스포츠로의 사회화	스포츠 탈사회화
③	스포츠로의 사회화	스포츠를 통한 사회화	스포츠로의 재사회화	스포츠 탈사회화
④	스포츠로의 사회화	스포츠로의 재사회화	스포츠를 통한 사회화	스포츠 탈사회화

20 〈보기〉의 사례에 해당하는 사회화 주관자는?

> ㉠ 지영이는 배드민턴 동호회 활동을 하는 부모님의 권유로 배드민턴을 시작하게 되었다.
> ㉡ 민수는 동네 주민센터에서 청소년 농구 프로그램 회원 모집 공고를 보고, 직접 센터를 방문하여 등록하였다.

	㉠	㉡
①	가족	학교
②	학교	동료
③	동료	지역사회
④	가족	지역사회

02 스포츠교육학

01 생활스포츠교육프로그램의 내용 선정 원리에 관한 설명으로 적절하지 않은 것은?

① 좋은 교육 내용이라면 실천 가능성과 관계없이 선정한다.
② 스포츠의 가치를 경험할 수 있도록 다양한 활동을 구성한다.
③ 생활스포츠의 교육목표를 성취하는 데 적합한 내용을 선정한다.
④ 참여자의 성별, 연령별 흥미와 요구를 반영하기 위한 조사를 실시한다.

02 학교스포츠클럽 지도 시 효과적인 과제 제시 방법으로 적절하지 않은 것은?

① 실제 상황처럼 정확하게 시범을 보인다.
② 동작 설명과 시각적 정보를 함께 활용한다.
③ 은유나 비유보다는 개념 자체를 그대로 전달한다.
④ 학생이 이해할 수 있는 적절한 속도로 분명하게 전달한다.

03 다음 설문지를 활용하는 데 가장 적절한 평가 단계는?

기출▶ 15 16 17 19 22

영역	질문 내용	응답(✓ 표기)
준비	준비된 개인 장비는?	☐ 라켓 ☐ 운동화 ☐ 운동복
준비	테니스 강습 시 희망하는 강습 형태는?	☐ 개인강습 ☐ 그룹강습 ☐ 상관없음
준비	최근 3년 이내 테니스 강습을 받은 경험은?	☐ 있다 ☐ 없다
수준	포핸드 그립을 잡을 수 있는가?	☐ 그렇다 ☐ 보통이다 ☐ 아니다
수준	백핸드 그립을 잡을 수 있는가?	☐ 그렇다 ☐ 보통이다 ☐ 아니다
수준	스플릿 스텝을 할 수 있는가?	☐ 그렇다 ☐ 보통이다 ☐ 아니다

① 진단평가
② 종합평가
③ 형성평가
④ 총괄평가

04 〈보기〉에서 설명하는 생활스포츠교육프로그램의 지도 원리로 가장 적절한 것은?

기출▶ 16 19 23

• 프로그램의 다양화를 지향한다.
• 직접 참여 활동과 간접 학습 활동을 균형 있게 제공한다.
• 스포츠 활동을 총체적으로 체험시켜 스포츠 학습의 질을 높인다.

① 개별성
② 자발성
③ 적합성
④ 통합성

05 〈보기〉에서 설명하는 링크(J. Rink)의 내용 발달 과제는?

기출▶ 15 19 21 23

• 과제 내 발달과 과제 간 발달이 있다.
• 단순한 과제에서 복잡한 과제로 전개한다.
• 쉬운 과제에서 어려운 과제 순으로 참여한다.

① 시작형 과제
② 확대형 과제
③ 세련형 과제
④ 응용형 과제

06 〈보기〉에서 설명하는 협동 학습 모형의 전략은?

기출 ▶ 18 23

- 1차 평가에서 모든 팀원의 점수를 합산하여 팀 점수로 발표한다.
- 지도자는 학생들과 토론하고 팀의 상호작용을 높일 수 있도록 조언한다.
- 모든 팀은 1차 평가와 동일한 과제를 반복해서 연습하고, 팀원 모두의 점수를 높이는 데 중점을 둔다.
- 2차 평가를 하여 1차 평가보다 향상된 정도에 따라 팀 점수를 부여한다.

① 직소(Jigsaw)
② 팀-보조수업(Team-assisted Instruction)
③ 팀 게임 토너먼트(Team Games Tournament)
④ 학생 팀-성취 배분(Student Teams-achievement Division)

07 「생활체육진흥법」의 내용에 해당하지 않는 것은?

① 모든 국민은 건강한 신체활동과 건전한 여가 선용을 위해 생활체육을 즐길 권리를 가진다.
② 국가 및 지방자치단체는 생활체육강좌의 설치·운영에 드는 경비를 지원할 수 있다.
③ 문화체육관광부장관은 생활체육의 진흥을 위한 기본계획을 10년마다 수립·시행해야 한다.
④ 지방자치단체는 그 지역주민의 생활체육 활동을 위하여 체육동호인 조직의 육성에 필요한 시책을 마련할 수 있다.

08 〈보기〉에서 설명하는 링크(J. Rink)의 교수 전략은?

기출 ▶ 15 19 21 22 23

- 상황에 따라 지시형 또는 연습형 스타일로 활용될 수 있다.
- 지도자는 과제의 단서를 선정하고 명확하게 전달해야 한다.
- 주로 집단 전체를 대상으로 하는 움직임 과제를 내용으로 선정한다.

① 동료교수(Peer Teaching)
② 상호작용 교수(Interactive Teaching)
③ 스테이션 교수(Station Teaching)
④ 자기교수 전략(Self-instruction Strategies)

09 〈보기〉에서 모스턴(M. Mosston)의 교수 스타일에 관한 설명으로 옳은 것을 모두 고른 것은?

기출 ▶ 18 19 20 21 22 23 24

㉠ 교수 스타일은 비대비 접근 방식에 근거를 둔다.
㉡ 교수 스타일마다 의사결정의 주도권은 교사에게 있다.
㉢ 교수 스타일의 A~E까지는 창조(Production)가 중심이 된다.
㉣ 교수 스타일은 과제 활동 전, 중, 후의 의사결정으로 구분된다.

① ㉠, ㉡
② ㉠, ㉣
③ ㉠, ㉢, ㉣
④ ㉡, ㉢, ㉣

10 그리핀(L. Griffin), 미첼(S. Mitchell), 오슬린(J. Oslin)의 게임수행평가도구(GPAI)를 활용하여 학생의 게임수행 능력을 측정한 표이다. 게임수행 점수가 높은 학생 순으로 바르게 나열한 것은?

측정항목 이름	의사결정		기술실행		보조하기	
	적절	부적절	효율적	비효율적	적절	부적절
다 은	3회	1회	3회	1회	3회	1회
세 연	2회	2회	5회	0회	2회	2회
유 나	2회	2회	2회	0회	2회	0회

① 유나 → 세연 → 다은
② 다은 → 세연 → 유나
③ 유나 → 다은 → 세연
④ 다은 → 유나 → 세연

11 〈보기〉의 내용에 해당하는 모스턴(M. Mosston)의 교수 스타일은?

- 지도자는 난이도가 다른 과제를 선정하고 조직한다.
- 학생은 자신에게 맞는 난이도의 과제를 선택하고 참여한다.
- 높이뛰기의 경우, 학생들은 바(Bar)의 높이가 다른 연습 과제를 선택할 수 있다.

① 연습형
② 포괄형
③ 자기점검형
④ 상호학습형

12 〈보기〉의 소프(R. Thorpe), 벙커(D. Bunker), 알몬드(L. Almond)의 이해중심게임 수업모형의 단계 중 ㉠, ㉡에 들어갈 용어는?

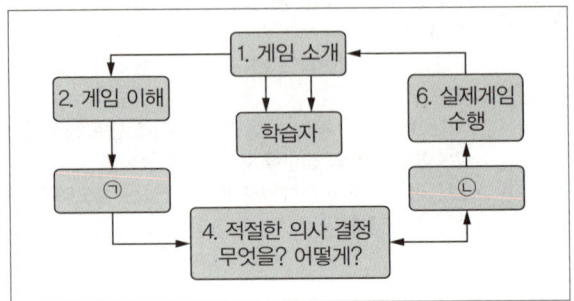

	㉠	㉡
①	전술 이해	기술 연습
②	과제 제시	기술 연습
③	기술 연습	전술 이해
④	전술 이해	게임 설계

13 학교스포츠클럽 대회 운영 방식에 관한 설명으로 적절하지 않은 것은?

① 통합리그 유형은 조별리그 유형보다 경기 수가 많다.
② 스플릿(Split) 리그는 통합리그의 성적을 바탕으로 그룹을 나누어 리그전을 진행하는 방식이다.
③ 더블 엘리미네이션(Double Elimination) 토너먼트는 모든 팀의 순위 산정이 가능한 방식이다.
④ 싱글 엘리미네이션(Single Elimination) 또는 녹아웃(Knockout) 토너먼트의 패배 팀은 패자부활전으로 상위 라운드 진출이 가능하다.

14 〈보기〉에서 「국민체육진흥법」 시행령 제6조 '학교 체육의 진흥을 위한 조치'의 내용 중 학생 체력증진 및 체육 활동 육성을 위한 학교의 역할을 모두 고른 것은?

> ㉠ 운동회나 체육대회의 실시
> ㉡ 운동경기부와 선수의 육성·지원
> ㉢ 학생에 대한 한 종목 이상의 운동 권장과 지도
> ㉣ 체육동호인조직의 결성 등 학생의 자발적 체육 활동의 육성·지원

① ㉠, ㉢
② ㉠, ㉡, ㉢
③ ㉠, ㉡, ㉣
④ ㉠, ㉡, ㉢, ㉣

15 다음은 지도자의 교수 행동을 사건 기록법으로 관찰·기록한 표이다. 이 체계적 관찰 방법에 관한 설명으로 가장 적절한 것은?

행 동	피드백 유형			
	긍정적	부정적	교정적	가치적
횟 수	正正正正	正正	正正正	正
합 계	20회	10회	15회	5회
비 율	40%	20%	30%	10%

① 교수-학습에 관한 질적 정보를 얻기 위해 주로 활용한다.
② 지도자와 학생의 상호작용에 관한 기록을 간단히 측정할 수 있다.
③ 일정한 시간 간격을 기준으로 학생의 행동을 관찰하고 측정한다.
④ 교수-학습 시간 활용에 관한 구체적 정보가 필요할 때 사용한다.

16 〈보기〉에서 인지적 영역이 학습 영역의 1순위인 학습자를 모두 고른 것은?

> ㉠ 직접교수모형에서의 학습자
> ㉡ 개별화지도모형에서의 학습자
> ㉢ 전술게임모형에서의 학습자
> ㉣ 스포츠교육모형에서 코치의 역할을 부여받은 학습자
> ㉤ 동료교수모형에서 개인교사 역할을 부여받은 학습자

① ㉠, ㉡, ㉤
② ㉡, ㉢, ㉣
③ ㉢, ㉣, ㉤
④ ㉡, ㉢, ㉣, ㉤

※ 다음은 배구스포츠클럽을 지도하는 박 코치의 지도일지이다. [17~18]

> 오늘 수업 내용은 배구 서브였다. ㉠ <u>출석 점검 후</u>, ㉡ <u>A팀은 서브 연습을 하였고</u>, B팀은 서브 정확성이 낮은 학생이 많아 ㉢ <u>내가 서브 시범을 보여 주었다</u>. C팀은 장난하는 학생이 많아 그때그때 ㉣ <u>손가락으로 학생의 부정적 행동을 가리키며 제지했다</u>. 배구공이 부족해서 ㉤ <u>D팀은 경기장 밖에서 대기하게 했다</u>. 연습을 마친 후에는 ㉥ <u>학생들이 배구공과 네트를 정리하도록 했다</u>.

17 〈보기〉의 ㉠~㉥ 중 수업 운영 시간에 해당하는 것을 모두 고른 것은?

① ㉠, ㉣
② ㉡, ㉢
③ ㉠, ㉡, ㉢
④ ㉠, ㉣, ㉥

18 〈보기〉의 ⓐ에 해당하는 온스타인(A. Ornstein)과 레빈(D. Levine)이 제시한 부정적 행동 관리 전략은?

① 퇴장(Time-out)
② 삭제훈련(Omission Training)
③ 신호간섭(Signal Interference)
④ 접근통제(Proximity Control)

19 〈보기〉는 마튼스(R. Martens)의 전문체육 프로그램 개발 단계이다. ㉠, ㉡에 들어갈 용어는? 기출 ▶ 17

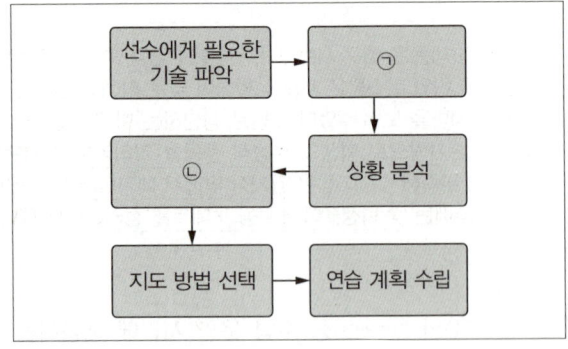

	㉠	㉡
①	선수 이해	우선순위 결정 및 목표 설정
②	선수 이해	전술 선택
③	종목 이해	우선순위 결정 및 목표 설정
④	종목 이해	전술 선택

20 〈보기〉는 사회인 야구팀을 지도하는 조 코치의 지도일지이다. ㉠에 해당하는 질문 유형과 ㉡에 해당하는 운동 기능 유형은?

- 투수의 투구 시간이 너무 오래 걸려 지난 시간에 배운 '피치 클락'을 알고 있는지 확인하기 위해 ㉠ "투구 제한 시간이 몇 초이지?"라고 질문했지만 선수가 제대로 대답하지 못해 다시 한번 알려줌
- 투수의 제구력이 불안정하여 ㉡ 포구 그물에 공을 정확하게 던져 넣는 연습을 반복하게 함

	㉠	㉡
①	회상형(회고적) 질문	개방기능
②	회상형(회고적) 질문	폐쇄기능
③	수렴형(집중적) 질문	개방기능
④	수렴형(집중적) 질문	폐쇄기능

03 스포츠심리학

01 스포츠심리학자의 역할로 적절하지 않은 것은?

① 스포츠심리학 이론을 가르친다.
② 체력 향상을 위한 의약품을 판매한다.
③ 스포츠심리학 관련 연구를 수행하고 현장에 응용한다.
④ 심리기술훈련을 적용해 선수들의 경기력 향상을 돕는다.

02 심상에 관한 설명으로 옳지 않은 것은? 기출 ▶ 18 22

① 동기를 유발하고 강화한다.
② 감정을 조절하는 데 도움이 된다.
③ 스포츠 전략을 습득하고 연습할 수 있다.
④ 통증과 부상을 대처하는 데 도움이 되지 않는다.

03 〈보기〉 중 내적 동기를 향상하는 전략으로 옳은 것만을 모두 고른 것은? 기출 ▶ 18 21 24

> ㉠ 성공 경험을 갖게 한다.
> ㉡ 언어적, 비언어적 칭찬을 자주 한다.
> ㉢ 팀의 의사결정에 선수를 참여시킨다.
> ㉣ 물질적 보상과 처벌을 주로 활용한다.
> ㉤ 최대한 높은 결과목표를 설정하여 도전하게 한다.

① ㉠, ㉡, ㉢
② ㉠, ㉡, ㉣
③ ㉡, ㉢, ㉣
④ ㉢, ㉣, ㉤

04 목표 설정 원리로 적절하지 않은 것은? 기출 ▶ 23

① 수행목표보다 결과목표를 강조한다.
② 구체적이고 객관적인 목표를 설정한다.
③ 부정적인 목표보다 긍정적인 목표를 강조한다.
④ 단기목표, 중기목표, 장기목표를 함께 설정한다.

05 〈보기〉가 설명하는 가설은?

> 운동은 세로토닌, 노르에피네프린, 도파민과 같은 신경전달물질 분비를 증가시켜 우울증을 개선한다.

① 열발생 가설
② 모노아민 가설
③ 사회심리적 가설
④ 생리적 강인함 가설

06 〈보기〉에 해당하는 학자는?

> • 주요 활동은 1921~1938년
> • 최초로 스포츠심리학 실험실 설립
> • 북미 스포츠심리학의 아버지라고 불림
> • 시카고 컵스 야구팀 스포츠심리 상담사
> • 코칭심리학(Psychology of Coaching, 1926) 책 출판

① 프랭클린 헨리(Franklin Henry)
② 콜먼 그리피스(Coleman Griffith)
③ 레이너 마틴즈(Rainer Martens)
④ 노먼 트리플렛(Norman Triplett)

07 그림에서 ㉠의 고원현상에 관한 설명으로 옳지 않은 것은?

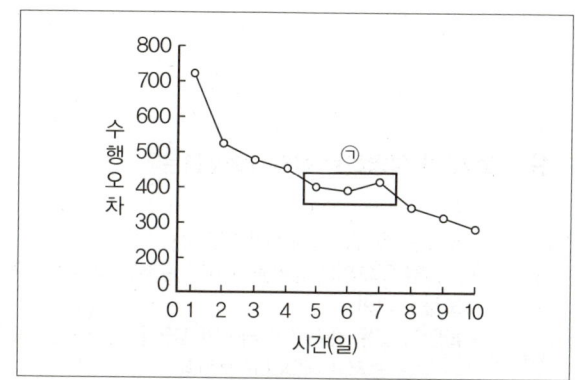

① 수행은 정체되지만, 학습은 진행된다.
② 연습 기간에 쌓인 피로나 동기 저하로 인해서 발생할 수 있다.
③ 협응 구조가 완성되어 더 이상의 질적인 변화가 없는 시기이다.
④ 하나의 동작 유형에서 다른 동작 유형으로 전환이 발생하는 시기이다.

08 루틴(Routine)에 관한 설명으로 적절하지 않은 것은?

① 다음 수행을 준비할 때 도움이 된다.
② 경기 직전에 수정하면 경기력 향상에 도움이 된다.
③ 정신이 산만해질 때 운동과 무관한 것을 차단해 준다.
④ 최고의 경기력을 위해 필요한 자신만의 심리적·행동적 절차이다.

09 〈보기〉가 설명하는 심리기술훈련은?

- 1958년 월피(J. Wolpe)가 개발함
- 불안을 일으키는 상황을 중요도 순서에 따라 10단계 정도를 준비함
- 불안이 낮은 순서부터 극도의 불안을 일으키는 중요도가 높은 순서로 배열하고 훈련함
- 불안이나 스트레스를 유발하는 자극에 노출될 때 불안 반응 대신 편안한 반응을 나타냄으로써 불안이나 스트레스를 감소하는 기법임

① 자생훈련(Autogenic Training)
② 점진적 이완(Progressive Relaxation)
③ 인지 재구성(Cognitive Restructuring)
④ 체계적 둔감화(Systematic Desensitization)

10 〈보기〉의 스포츠 상황과 반응 시간 유형이 바르게 연결된 것은?

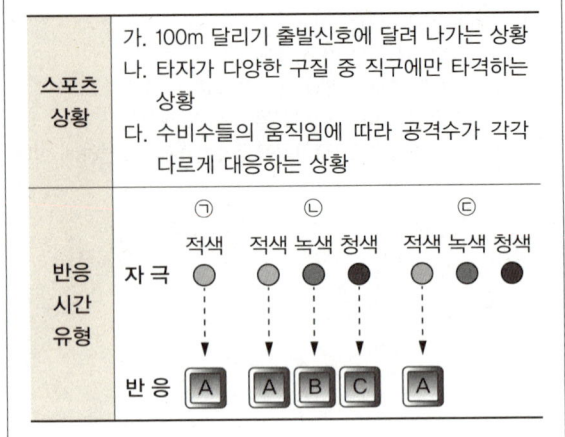

	가	나	다
①	㉠	㉡	㉢
②	㉠	㉢	㉡
③	㉡	㉢	㉠
④	㉢	㉠	㉡

11 스포츠심리상담사의 상담 윤리에 관한 설명으로 옳은 것은? 기출 17 19 20 21 24

① 내담자와 상담실 밖에서 사적인 관계를 유지한다.
② 비언어적 메시지보다 언어적 메시지에만 집중한다.
③ 알고 지내는 사람과 전문적인 상담을 진행하지 않는다.
④ 상담 내용은 내담자의 동의가 없어도 타인과 공유할 수 있다.

12 추동 이론(Drive Theory)에 관한 설명으로 옳은 것은?

① 각성 수준과 운동 수행은 비례한다.
② 각성을 어떻게 해석하느냐에 따라 각성과 정서의 관계가 달라진다.
③ 인지적 불안과 신체적 불안이 각성 수준에 따라 수행에 다르게 영향을 미친다.
④ 적절한 각성 수준에서는 최고의 수행을 보이고 각성 수준이 낮거나 높으면 운동 수행이 감소한다.

13 〈보기〉의 ㉠, ㉡에 해당하는 용어가 바르게 나열된 것은?

> 교 사 : 줄다리기의 경우, 집단이 내는 힘의 총합은 개인의 힘을 모두 합친 것보다 작아지게 된다. 이것을 (㉠) 효과라고 해.
> 학 생 : "나 하나쯤이야." 하는 생각 때문에 힘을 덜 쓰는 거 같아요.
> 교 사 : 게으름을 피우는 사람으로 인해 집단 내에 동기의 손실이 생기는데 이것을 (㉡)이라고 해.

	㉠	㉡
①	링겔만	사회적 태만
②	링겔만	사회적 촉진
③	플라시보	사회적 태만
④	플라시보	사회적 촉진

14 질문지 측정법 도구가 아닌 것은?

① POMS(Profile of Mood States)
② MBTI(MyersBriggs Type Indicator)
③ 16PF(16 Personality Factor Questionnaire)
④ 주제통각검사(Thematic Apperception Test)

15 그림에서 무관심 단계의 운동 실천 전략으로 가장 적절한 것은?

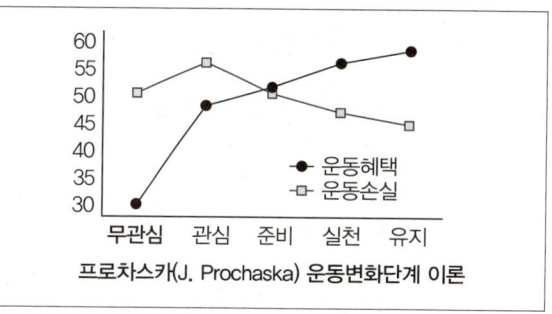

프로차스카(J. Prochaska) 운동변화단계 이론

① 장시간 고강도 운동에 참여하도록 조언한다.
② 다른 사람의 운동 멘토 역할을 하도록 한다.
③ 운동의 긍정적 효과에 관한 정보를 제공한다.
④ 운동중독의 위험성에 관한 자료를 공유한다.

16 본능 이론(Instinct Theory)에 관한 설명으로 옳은 것은?

① 인간은 목표 달성이 좌절되면 공격성을 표출한다.
② 인간은 사회적 행위와 관찰학습으로 공격성을 배우고 표출한다.
③ 인간의 내부에는 공격성을 유발하는 에너지가 있어 공격성을 표출한다.
④ 인간은 목표가 좌절되면 무조건 공격행동을 유발하지 않고, 공격 행동이 적절하다는 단서가 있을 때 공격성을 표출한다.

17 〈보기〉의 ㉠~㉢에 해당하는 베일리(R. Vealey)의 스포츠 자신감 원천을 바르게 연결한 것은?

> ㉠ 시합에서 좋은 성과를 낸다.
> ㉡ 주변 사람들이 나를 믿어준다.
> ㉢ 시합에 필요한 체력, 전략, 정신력을 갖춘다.

	㉠	㉡	㉢
①	성취 경험	자기조절	사회적 분위기
②	자기조절	사회적 분위기	성취 경험
③	성취 경험	사회적 분위기	자기조절
④	사회적 분위기	성취 경험	자기조절

18 주의집중을 높이는 방법으로 가장 적절한 것은?

① 테니스 선수가 경기 중 루틴을 변경해 서브를 시도한다.
② 야구 선수가 지난 이닝의 수비 실책을 생각하면서 수비한다.
③ 멀리뛰기 선수가 1등의 최고 기록을 직접 확인하고 도움닫기를 한다.
④ 골프 선수가 실제 시합과 유사한 상황을 만들어 놓고 모의훈련을 한다.

19 지도자의 처벌 행동 지침으로 옳은 것은?

① 처벌이 필요한 경우에는 처벌의 이유를 정확하게 말한다.
② 동일한 규칙을 위반하면 주장과 상급 학년 선수부터 처벌한다.
③ 규칙 위반에 대한 처벌 규정을 정할 때 선수의 의견은 반영하지 않는다.
④ 처벌이 필요할 때는 단호함을 보여주고 전체 선수 앞에서 본보기로 삼는다.

20 〈보기〉는 맥락간섭의 양에 따른 연습 형태이다. ㉠~㉢에 해당하는 코치를 바르게 나열한 것은?

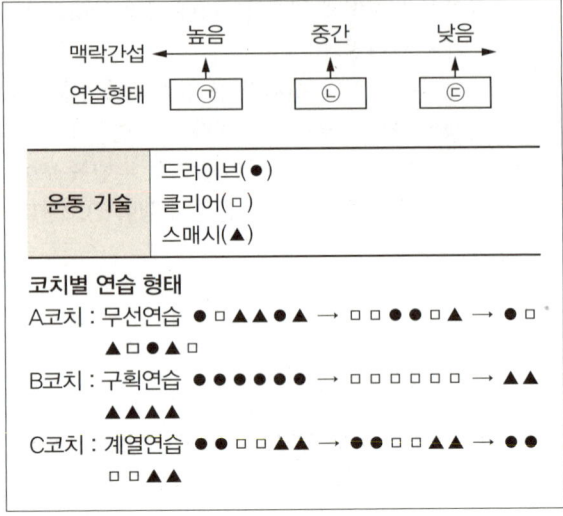

	㉠	㉡	㉢
①	A코치	B코치	C코치
②	B코치	C코치	A코치
③	C코치	A코치	B코치
④	A코치	C코치	B코치

04 한국체육사

01 고구려의 씨름에 관한 물적 사료는?

① 『경국대전(經國大典)』
② 각저총(角抵塚) 벽화
③ 무녕왕릉(武寧王陵) 벽화
④ 김홍도(金弘道)의 「씨름」 풍속화

02 〈보기〉에서 체육사관(體育史觀)에 관한 옳은 설명을 모두 고른 것은?

> ㉠ 체육과 스포츠의 역사에 관한 견해, 관념 등을 의미한다.
> ㉡ 체육과 스포츠의 역사적 사실이나 사건 등을 기록한 것이다.
> ㉢ 진보사관, 순환사관 등에 따라 체육사적 해석이 다른 경우도 있다.
> ㉣ 체육과 스포츠의 역사 서술과 역사가의 견해 형성에 바탕이 되기도 한다.

① ㉠, ㉡
② ㉡, ㉢
③ ㉠, ㉡, ㉣
④ ㉠, ㉢, ㉣

03 부족국가 시대에 신체활동이 이루어진 행사가 아닌 것은?

① 대향사례(大鄕射禮)
② 성년의식(成年儀式)
③ 주술의식(呪術儀式)
④ 제천행사(祭天行事)

04 신라 화랑도의 체육 활동과 사상에 관한 설명으로 옳지 않은 것은? 기출 16 17 18 20 21 22 23

① 무예 활동을 통한 덕(德)의 함양
② 효(孝)와 신(信) 등의 윤리를 강조
③ 무과 별시(別試) 응시를 위한 무예 수련
④ 무사정신과 임전무퇴의 군사주의 체육 사상을 내포

05 〈보기〉의 ㉠~㉢에 들어갈 용어는?

> 고구려에 관한 사료인 (㉠)에 따르면, "풍속에 독서를 즐긴다. 천민의 집까지 이르는 거리에 큰 집을 지어 이를 (㉡)이라고 한다. 여기서 미혼의 자제들이 밤새워 책을 읽으며 (㉢)을/를 익힌다."라고 하였다.

	㉠	㉡	㉢
①	『구당서(舊唐書)』	경당(扃堂)	각저(角抵)
②	『구당서(舊唐書)』	경당(扃堂)	궁술(弓術)
③	『삼국지(三國志)』	학당(學堂)	각저(角抵)
④	『삼국지(三國志)』	학당(學堂)	궁술(弓術)

06 고려의 민속놀이에 관한 설명으로 옳은 것은?

① 석전(石戰) : 공놀이
② 추천(鞦韆) : 널뛰기
③ 풍연(風鳶) : 연날리기
④ 축국(蹴鞠) : 그네뛰기

07 〈보기〉에서 방응(放鷹)에 관한 설명을 모두 고른 것은?

> ㉠ 매를 조련하여 수렵에 활용하였다.
> ㉡ 응방도감(鷹坊都監)에서 관장하였다.
> ㉢ 무예 훈련의 성격을 띠기도 하였다.
> ㉣ 삼국시대에도 전담하는 관청이 있었다.

① ㉠, ㉡, ㉢
② ㉠, ㉢, ㉣
③ ㉠, ㉡, ㉣
④ ㉡, ㉢, ㉣

08 조선시대의 훈련원(訓鍊院)에 관한 설명으로 옳지 않은 것은?

① 국왕의 친위 부대였다.
② 군사의 시재(試才)를 담당하였다.
③ 무예 교육과 훈련을 담당하였다.
④ 『무경칠서(武經七書)』 등의 병서 습득을 장려하였다.

09 〈보기〉에서 『활인심방(活人心房)』에 관한 옳은 설명을 모두 고른 것은?

㉠ 『활인심(活人心)』을 근거로 하였다.
㉡ 도인법(導引法)은 신체 단련 방법이다.
㉢ 조선시대에 간행된 보건 실용서이다.
㉣ 양생지법(養生之法)과 도인법 등을 다루고 있다.

① ㉠, ㉡
② ㉢, ㉣
③ ㉠, ㉡, ㉢
④ ㉠, ㉡, ㉢, ㉣

10 조선시대의 식년무과(式年武科)에 관한 설명으로 옳은 것은?

① 소과(小科)와 대과(大科)로 구분하여 실시하였다.
② 초시(初試), 복시(覆試), 전시(殿試)의 단계로 실시하였다.
③ 초시(初試), 복시(覆試), 전시(殿試)에는 강서 시험을 포함하였다.
④ 전시(殿試)는 목전, 철전, 기사, 기창, 격구 등 무예 종목을 실시하였다.

11 〈보기〉의 설명에 해당하는 체조는?

개화기 학교에서는 정규과목으로 체조가 편성되었으며 연령과 성별에 따라서 다양하게 실시되었다. 당시의 체조는 군사적 목적을 고려하여 규율에 반응하는 신체를 만드는 데 유효한 방법이었다.

① 유희체조
② 병식체조
③ 리듬체조
④ 기공체조

12 〈보기〉에 해당하는 시기는?

황국신민체조와 함께 검도, 유도, 궁도 등을 여학생에게 실시하게 한 것은 일본의 군국주의를 드러낸 것이었다. 학교체육의 성격은 점차 교련에 가까워졌다.

① 무단통치기
② 민족말살기
③ 문화통치기
④ 체조교습기

13 〈보기〉에서 문곡(文谷) 서상천(徐相天)의 활동을 모두 고른 것은?

> ㉠ 우리나라에 역도를 도입하였다.
> ㉡ 조선체력증진법연구회를 설립하였다.
> ㉢ 『현대체력증진법』, 『현대철봉운동법』 등을 발간하였다.
> ㉣ 조선체육회의 임원으로 병식체조를 개선한 교육체조를 가르쳤다.

① ㉠, ㉡
② ㉡, ㉢
③ ㉠, ㉡, ㉢
④ ㉠, ㉡, ㉢, ㉣

14 〈보기〉의 설명에 해당하는 교육기관은?

> 이 교육기관은 개항 이후에 일본인의 세력에 대응하고자 설립되었다. 무예반에는 병서와 사격 과목이 편성되었고, 무예반의 비중이 컸다는 점에서 무비자강(武備自强)을 지향했다고 할 수 있다.

① 무예학교
② 원산학사
③ 배재학당
④ 경신학당

15 1991년에 있었던 남북한 단일팀의 국제대회 참가에 관한 설명으로 옳지 않은 것은?

① 단일팀은 '코리아', 'KOREA'라는 명칭을 사용하였다.
② 제6회 포르투갈 세계청소년축구대회에서 8강에 진출하였다.
③ 제41회 지바 세계탁구선수권대회의 여자단체전에서 우승하였다.
④ 제24회 서울 올림픽경기대회 중에 열린 남북회담을 계기로 이루어졌다.

16 제5공화국의 스포츠 정책으로 옳지 않은 것은?

① 태릉선수촌이 건립되었다.
② 국군체육부대를 창설하였다.
③ 제10회 서울 아시아경기대회를 개최하였다.
④ 야구, 축구, 씨름의 프로리그가 시작되었다.

17 광복 이후 우리나라 선수단이 최초로 참가한 올림픽경기대회는?

① 제14회 런던 하계올림픽경기대회
② 제6회 오슬로 동계올림픽경기대회
③ 제15회 헬싱키 하계올림픽경기대회
④ 제5회 생모리츠 동계올림픽경기대회

18 광복 이후 제5공화국까지의 체육에서 나타난 사상적 특징으로 옳지 않은 것은?

① 우수선수의 육성을 우선하는 엘리트주의가 나타났다.
② 「국민체육진흥법」의 국위선양은 국가주의를 나타낸다.
③ 국가 주도의 강한 신체 훈련을 앞세우는 실존주의가 나타났다.
④ 건전하고 강인한 국민성의 함양을 강조하는 건민주의가 나타났다.

19 '국민생활체육진흥종합계획(호돌이 계획)'의 내용으로 옳은 것은?

① 제24회 서울 올림픽경기대회를 대비하고자 추진되었다.
② 「국민체육진흥법」을 제정하여 스포츠 클럽을 체계적으로 관리하였다.
③ 국민생활체육협의회의 창설과 직장체육 프로그램의 보급이 이루어졌다.
④ 전문체육 육성을 위한 국가대표 연금과 우수선수 병역 혜택의 제도가 도입되었다.

20 〈보기〉에서 광복 이후 1940년대 말까지 체육의 내용을 모두 고른 것은?

> ㉠ 미국 '신체육'의 영향을 받았다.
> ㉡ 일제강점기에 해산되었던 조선체육회가 재건되었다.
> ㉢ 조선체육동지회의 결성은 민족 체육 재건의 계기가 되었다.
> ㉣ 학도호국단이 결성되었고, 많은 체육 교사들이 교관으로 활동하였다.

① ㉠, ㉡
② ㉡, ㉢
③ ㉠, ㉡, ㉢
④ ㉠, ㉡, ㉢, ㉣

05 운동생리학

01 400m 트랙을 약 60초로 전력 질주 시 가장 많이 기여하는 에너지 공급 시스템에서 1분자의 글루코스(Glucose) 분해로 얻을 수 있는 ATP 수는?

① 2
② 4
③ 16
④ 18

02 중-고강도 운동 시 필요한 ATP 합성에 사용되지 않는 기질(Substrate)은?

① 혈중 알부민
② 혈중 포도당
③ 근육 글리코겐
④ 근육 중성지방

03 〈보기〉에서 장기간의 무산소 트레이닝에 따른 생리학적 적응으로 옳은 것만을 모두 고른 것은?

> ㉠ 산화 능력 증가
> ㉡ 근육의 수축 속도 증가
> ㉢ 미토콘드리아 밀도 증가
> ㉣ PCr 또는 PFK 효소의 양 및 활성도 증가

① ㉠, ㉡
② ㉡, ㉣
③ ㉠, ㉡, ㉣
④ ㉠, ㉢, ㉣

04 〈보기〉에서 설명하는 에너지 대사 과정은?

기출 ▶ 17 18 19 20 21 24

> • 무산소성 에너지 시스템이다.
> • 에너지 투자와 에너지 생산 단계로 구성된다.
> • 대사 과정의 최종 산물로 피루브산염 또는 젖산염을 생성한다.

① 지방분해(Lipolysis)
② 해당과정(Glycolysis)
③ 동화작용(Anabolism)
④ 산화적 인산화(Oxidative Phosphorylation) 과정

05 〈보기〉에서 설명하는 감각수용기는?

> • 주동근의 수축을 억제한다.
> • 근육 손상을 예방하는 기능을 한다.
> • 근육-건 복합체의 장력 변화를 감지한다.

① 근방추
② 파치니소체
③ 골지건기관
④ 마이스너소체

06 〈보기〉에서 장기간 유산소 트레이닝에 의한 생리적 적응 현상으로 옳은 것만을 모두 고른 것은?

기출 ▶ 17 20 21 23

> ㉠ 좌심실 용적 증가
> ㉡ 마이오글로빈 함유량 증가
> ㉢ 1회 박출량(Stroke Volume) 증가
> ㉣ 골격근 내 모세혈관 밀도 증가

① ㉠, ㉡
② ㉠, ㉢, ㉣
③ ㉡, ㉢, ㉣
④ ㉠, ㉡, ㉢, ㉣

07 〈보기〉의 골격근 수축 과정에 관한 설명 중 ㉠~㉢에 들어갈 용어로 옳은 것은?

> • 활동전위(Action Potential)는 가로세관(T-tubles)으로 이동하여 (㉠)에서 (㉡) 방출을 자극한다.
> • (㉠)에서 방출된 (㉡)이 트로포닌(Troponin)과 결합하게 되면 (㉢)의 위치를 이동시켜 마이오신 머리(Myosin Head)와 액틴 필라멘트(Actin Filament)가 강하게 결합하게 한다.

	㉠	㉡	㉢
①	원형질막	아세틸콜린	근 절
②	원형질막	칼슘이온	트로포마이오신
③	근형질세망	아세틸콜린	근 절
④	근형질세망	칼슘이온	트로포마이오신

08 그림의 산소-헤모글로빈 해리 곡선을 참고하여 〈보기〉에서 옳은 것만을 모두 고른 것은?

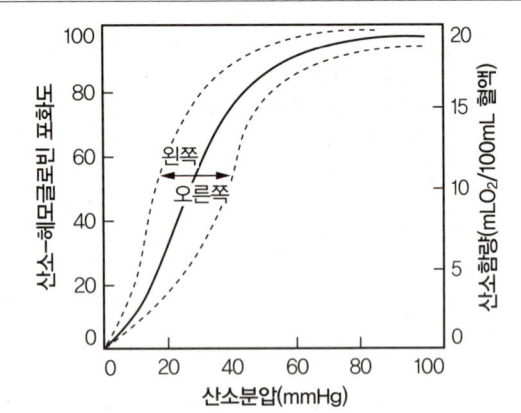

㉠ 운동에 의한 체온상승(예 심부온도 상승)은 헤모글로빈의 산소 친화력(Affinity)을 높인다.
㉡ 고강도 운동 시 동-정맥 산소 차이(Arteriovenous Oxygen Difference)는 안정 시와 비교하여 감소한다.
㉢ 고강도 운동에 의한 혈중 젖산 농도 증가는 산소-헤모글로빈 해리 곡선을 오른쪽으로 이동시킨다.
㉣ 운동 중 증가한 혈중 이산화탄소는 헤모글로빈의 산소 해리(Dissociation)를 높이는데, 이를 보어 효과(Bohr Effect)라고 한다.

① ㉠, ㉡
② ㉠, ㉢
③ ㉡, ㉣
④ ㉢, ㉣

09 〈보기〉에서 건강관련체력 요인으로 옳은 것만을 모두 고른 것은?

㉠ 근 력
㉡ 유연성
㉢ 근지구력
㉣ 신체구성
㉤ 심폐지구력

① ㉠, ㉡, ㉣
② ㉠, ㉢, ㉤
③ ㉡, ㉢, ㉣, ㉤
④ ㉠, ㉡, ㉢, ㉣, ㉤

10 〈보기〉에서 동방결절(SA Node)에 관한 특성으로 옳은 것만을 모두 고른 것은?

㉠ 심장의 페이스메이커(Pacemaker)로 불림
㉡ 전도체계 중 가장 빠른 내인성 박동률을 가짐
㉢ 심실이 혈액을 충만하게 모을 수 있도록 자극전도 시간을 지연시킴
㉣ 다른 심장 전도 시스템보다 약 6배 빠르게 전기적 자극을 심실 전체로 전달하여 심실의 거의 모든 부위가 동시에 수축할 수 있게 함

① ㉠, ㉡
② ㉠, ㉡, ㉢
③ ㉠, ㉢, ㉣
④ ㉡, ㉢, ㉣

11. 안정 시와 운동 중 심장 주기에 따른 좌심실의 용적과 압력을 나타낸 곡선을 참고하여 〈보기〉에서 옳은 것만을 모두 고른 것은?

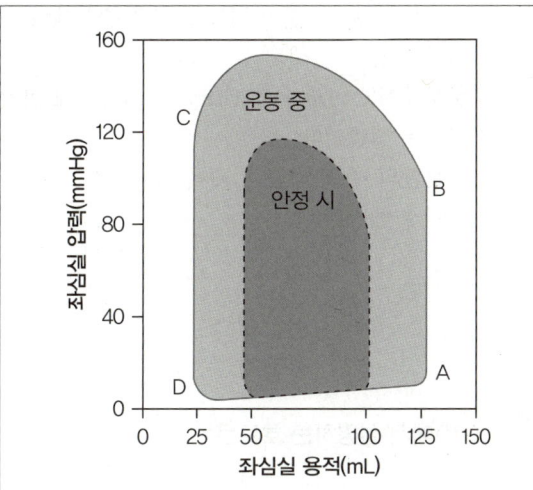

ㄱ. A~B 구간은 이첨판(Bicupid Valve)과 대동맥 판막(Aortic Valve)이 모두 닫힌 상태이며, 이를 등용적 수축(Isovolumic Contraction)이라고 한다.
ㄴ. 운동 중 좌심실 수축력의 증가는 C시점에서의 좌심실 용적 증가로 이어진다.
ㄷ. 안정 시와 운동 중 좌심실 박출률(Ejection Fraction)은 동일하다.
ㄹ. D~A 구간의 증가는 1회 박출량 증가로 이어진다.

① ㄱ, ㄴ ② ㄱ, ㄹ
③ ㄴ, ㄷ ④ ㄷ, ㄹ

12. 〈보기〉에서 고지대 환경에서 장기간 노출 시 나타나는 생리학적 적응으로 옳은 것만을 모두 고른 것은?

ㄱ. 심박출량 증가
ㄴ. 모세혈관 밀도 증가
ㄷ. 근육 단면적 증가
ㄹ. 산소운반능력 증가

① ㄱ, ㄷ ② ㄴ, ㄹ
③ ㄱ, ㄷ, ㄹ ④ ㄴ, ㄷ, ㄹ

13. 운동 자극에 관한 신체 내 기관(Organs)과 기능에 대한 설명이다. ㉠~㉢에 해당하는 것으로 옳은 것은?

기능 \ 기관	뇌하수체	부신	㉠
고온다습한 환경에서 운동 중 체액량 조절을 위한 호르몬을 분비한다.	㉡	○	×
중강도 이상 운동 중 교감신경의 영향을 받아 호르몬 (㉢)을 분비한다.	×	○	×
부교감신경인 미주 신경(Vagus Nerve)이 위치하며, 운동 종료 후 심박수를 낮춘다.	×	×	○

○ : 맞음, × : 틀림

	㉠	㉡	㉢
①	연수	○	에피네프린
②	뇌간	×	알도스테론
③	대뇌피질	○	에피네프린
④	대뇌피질	×	알도스테론

14 단축성 수축 시 그림의 골격근 초미세구조를 참고하여 〈보기〉에서 옳은 것만을 모두 고른 것은?

㉠ I 밴드의 길이는 변하지 않는다.
㉡ A 밴드의 길이는 변하지 않는다.
㉢ 근절(Sarcomere)의 길이는 짧아진다.
㉣ 액틴(Actin)과 마이오신(Myosin)의 길이는 짧아진다.

① ㉠, ㉡
② ㉠, ㉣
③ ㉡, ㉢
④ ㉢, ㉣

15 〈보기〉에서 속근섬유(Type II)에 관한 특성으로 옳은 것만을 모두 고른 것은?　기출 17 19 20 21 24

㉠ 피로 저항이 높음
㉡ 수축 속도가 빠름
㉢ 산화 능력이 높음
㉣ 칼슘이온 방출 속도가 빠름

① ㉠, ㉡
② ㉠, ㉢
③ ㉡, ㉣
④ ㉢, ㉣

16 순환계의 구조와 기능에 관한 설명으로 옳지 않은 것은?

① 혈액의 역류를 막기 위해 하지동맥 내에 판막이 존재한다.
② 호르몬 수송 및 면역 기능 조절은 순환계의 기능 중 하나이다.
③ 관상동맥(Coronary Artery)은 심장근에 혈액을 공급하는 혈관이다.
④ 폐순환의 주요 기능은 폐에서의 가스 교환(예 이산화탄소 배출)이다.

17 〈보기〉에서 설명하는 호르몬은?

• 간의 글리코겐을 분해한다.
• 췌장 알파세포에서 분비된다.
• 혈중 글루코스 농도를 높인다.

① 인슐린
② 코티졸
③ 글루카곤
④ 에피네프린

18 골격근의 운동단위(Motor Unit) 동원에 관한 설명으로 옳지 않은 것은?

① 동원된 운동단위의 증가는 근 수축력 증가로 이어진다.
② 운동단위는 운동신경과 그에 연결된 근섬유를 지칭한다.
③ 저강도 운동(예 VO2max 30% 이하) 시 Type II x 근섬유가 가장 먼저 동원된다.
④ Type I 근섬유의 운동단위는 Type II 근섬유 운동단위보다 활성화 역치가 낮다.

19 〈보기〉의 ㉠, ㉡에 들어갈 용어는?

> • (㉠)은 근육조직에서 산소를 저장하고, 운반하는 데 중요한 역할을 한다.
> • 적혈구용적률이 증가하면 혈액의 점성은 (㉡)한다.

	㉠	㉡
①	헤모글로빈	감 소
②	헤모글로빈	증 가
③	마이오글로빈	감 소
④	마이오글로빈	증 가

20 〈보기〉에서 운동 중 혈류 재분배(Blood Re-distribution)에 관한 설명으로 옳은 것만을 모두 고른 것은?

> ㉠ 운동 시 골격근의 산소 요구량을 충족하기 위해 비활동 조직으로의 혈류량은 감소한다.
> ㉡ 최대 운동 시 심박출량은 증가하지만 안정 시와 비교하여 기관별(예 신장, 내장, 골격근 등) 혈류 분배 비율은 동일하다.
> ㉢ 고강도 운동에 참여하는 골격근의 세동맥(Arterioles) 혈관 저항은 안정 시와 비교하여 감소한다.

① ㉠, ㉡
② ㉠, ㉢
③ ㉡, ㉢
④ ㉠, ㉡, ㉢

06 운동역학

01 운동역학의 내용과 목적이 아닌 것은?

기출 ▶ 15 16 17 18 19 21

① 운동 기술의 향상
② 운동 수행 시 힘의 측정
③ 운동 수행 안전성의 향상
④ 인체 내 에너지 대사의 측정

02 〈보기〉에서 설명하는 동작분석 방법으로 옳지 않은 것은?

> 동작을 측정하거나 계산하지 않는 비수치적 방법으로 지도자의 시각적 관찰로 움직임의 오류를 찾아 운동 기술 향상을 도모한다.

① 정량적 자료로 분석한다.
② 현장에서 즉각적인 분석이 가능하다.
③ 지도자 성향에 따라 결과가 달라진다.
④ 분석의 결과는 객관성을 담보할 수 없다.

03 운동의 종류에 관한 설명으로 옳지 않은 것은?

① 직선운동은 병진운동의 한 종류이다.
② 곡선운동은 회전운동에 포함되는 운동이다.
③ 병진운동은 직선운동과 곡선운동 모두를 말한다.
④ 복합운동은 병진운동과 회전운동이 혼합된 운동이다.

04 운동역학 사슬(Kinetic Chain)에 관한 설명으로 옳지 않은 것은?

① 힘의 적용 대상이 연결된 일련의 사슬고리이다.
② 사슬에 있는 연결 동작은 힘 전달에 영향을 미친다.
③ 닫힌형 운동역학 사슬(CKC)은 기능적이며, 스포츠에 특화될 수 있다.
④ 열린형 운동역학 사슬(OKC)에는 스쿼트, 팔굽혀펴기와 같은 동작이 있다.

05 신체에 작용하는 역학적 부하(Load)에 관한 정의로 옳지 않은 것은?

① 전단응력(Shear) : 조직의 장축을 따라 대칭으로 가해지는 힘
② 인장응력(Tension) : 두 힘이 서로 떨어지게끔 반대 방향으로 가해지는 힘
③ 압축응력(Compression) : 반대쪽의 두 힘이 서로 향하는 방향으로 가해지는 힘
④ 휨(Bending) : 축에서 벗어나는 두 힘이 가해져 한쪽에서 인장응력, 다른 한쪽에서 압축응력이 발생하는 힘

06 〈보기〉에서 내력(Internal Force)에 관한 설명으로 옳은 것만 모두 고른 것은?

> ㉠ 다이빙 동작에서 작용하는 중력
> ㉡ 높이뛰기의 도약 동작에서 선수가 발휘한 힘
> ㉢ 환경과의 상호작용으로 시스템에 작용하는 힘
> ㉣ 내력만으로 인체 전체의 위치는 이동할 수 없음

① ㉠, ㉡
② ㉡, ㉣
③ ㉠, ㉢, ㉣
④ ㉡, ㉢, ㉣

07 〈보기〉에서 제시한 A 학생의 항속 구간 평균 보행속도는? (단, 반올림하여 소수점 둘째 자리까지 표기)

> A 학생이 총 30m의 직선 구간을 걸었을 때, 가속과 감속 구간 각 5m씩 총 10m를 제외한 항속 구간에서의 스텝 수는 25회였고, 16초가 소요되었다.

① 0.80m/s
② 1.25m/s
③ 1.56m/s
④ 1.88m/s

08 각가속도에 관한 설명으로 옳지 않은 것은?

① 회전하는 물체의 각가속도가 0이 되면 물체는 멈추게 된다.
② 각가속도는 각속도의 변화량을 시간의 변화량으로 나눈 값이다.
③ 처음 각속도가 30°/s에서 6초 후 90°/s로 변화했을 때 평균 각가속도는 10°/s²이다.
④ 각속도가 양(+)의 방향으로 선형적인 증가를 할 때 각가속도는 일정한 양(+)의 값을 가진다.

09 그림에 관한 설명으로 옳지 않은 것은?(단, 착지전략을 제외한 모든 조건은 동일함)

기출 ▶ 19 21 23

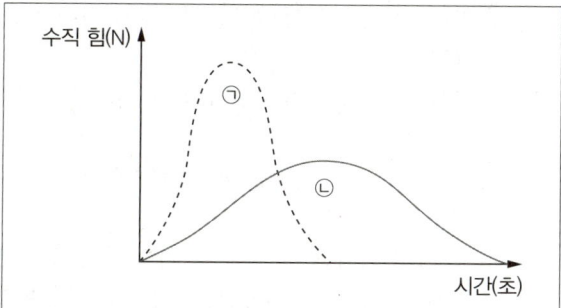

그림은 기계체조 선수가 경기 중 각 1회의 ㉠ 뻣뻣한 착지와 ㉡ 부드러운 착지를 수행하였을 때 착지구간에서 시간에 따른 수직 힘의 변화를 나타낸다.

① ㉠과 ㉡의 운동량의 변화량은 동일하다.
② ㉠의 경우 신체에 작용하는 수직 충격력이 더 크다.
③ ㉠의 경우 신체에 작용하는 수직 충격량이 더 크다.
④ 착지 직전의 무게중심의 속도는 ㉠과 ㉡ 모두 동일하다.

10 〈보기〉에서 임팩트 직후 골프공의 선속도는?(선운동량 보존의 법칙 적용)

- 골프 클럽의 질량 : 600g, 골프공의 질량 : 40g
- 스윙 시 클럽의 임팩트 직전 선속도 : 50m/s, 임팩트 직후 선속도 : 45m/s(외부에서 따로 작용하는 힘은 없으며, 운동량의 손실 없이 정확하게 전달됨을 가정함)

① 65m/s
② 70m/s
③ 75m/s
④ 80m/s

11 스포츠에 적용된 각속도(Angular Velocity)에 관한 사례로 옳지 않은 것은?

① 숙련된 운동선수일수록 각속도를 잘 조절한다.
② 철봉의 대차돌기(휘돌기) 하강 국면에서 발의 무게중심점은 일정한 각속도를 유지한다.
③ 골프 클럽헤드의 각속도는 0에서 시작하여 최댓값으로 증가했다가 다시 0으로 돌아온다.
④ 야구에서 배트의 각속도가 일정하다면 회전반경이 클수록 임팩트된 공의 선속도는 증가한다.

12 인체의 움직임에서 토크(Torque)에 관한 개념이 적용된 사례로 옳지 않은 것은?

① 사지의 근육은 각 관절을 돌림시키는 토크를 생성한다.
② 덤벨 컬 시 덤벨의 무게는 팔꿈치를 폄하는 토크를 가진다.
③ 외적 토크보다 내적 토크가 크면 근육은 신장성 수축을 한다.
④ 동일한 힘을 낼 때 팔꿈치 각도 90°보다 굽히거나 폄에 따라 모멘트팔이 짧아져 내적 토크도 감소한다.

13 〈보기〉에서 설명한 내용 중 인체의 관성모멘트(Moment of Inertia)를 감소시킨 사례로 옳은 것만 모두 고른 것은?

> ㉠ 피겨스케이팅에서 양팔을 벌리고 회전한다.
> ㉡ 달리기 시 체공기(Swing Phase)에 있는 다리를 굽힌다.
> ㉢ 다이빙에서 공중 앞돌기 시 터크(움크린) 자세를 만든다.
> ㉣ 골프 아이언 헤드의 질량 분포를 양 끝으로 넓게 하여 클럽 헤드의 관성을 조작한다.

① ㉠, ㉡
② ㉡, ㉢
③ ㉠, ㉡, ㉢
④ ㉠, ㉢, ㉣

14 그림에 관한 설명으로 옳지 않은 것은?(단, 공의 높이는 무게중심을 기준으로 함)

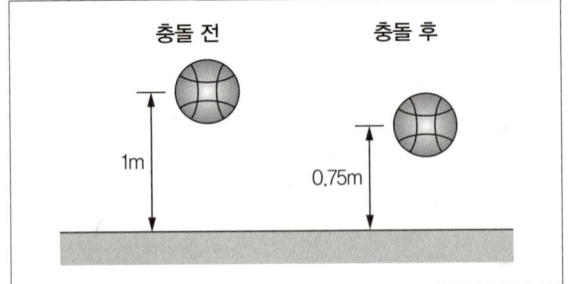

① 비탄성충돌이다.
② 충돌 전, 후 농구공의 속도는 다르다.
③ 운동에너지가 보존되지 않았다는 것을 의미한다.
④ 반발계수(복원계수, Coefficient of Restitution)는 0.75이다.

15 압력중심점(COP ; Center of Pressure)에 관한 설명으로 옳지 않은 것은?

① 압력중심점은 균형능력을 평가하기 위한 자료로 활용된다.
② 보행 시 한발 지지기(Stance Phase)에서 압력중심점은 변한다.
③ 허리를 앞으로 굽혔을 때, 압력중심점은 기저면 밖에 위치한다.
④ 압력중심점이란 지면에 접촉하는 부분 중 지면반력 전체가 작용된다고 가정되는 어느 한 점을 말한다.

16 일과 에너지에 관한 설명으로 옳지 않은 것은?

① 에너지는 일을 할 수 있는 능력이다.
② 위치에너지는 운동에너지로 변환될 수 있다.
③ 질량이 일정하면 속도 변화는 운동에너지의 변화를 의미한다.
④ 어떤 물체가 에너지를 갖기 위해서는 움직임이 있어야만 한다.

17 〈보기〉에서 설명한 A 선수의 이동거리와 변위가 옳은 것은?

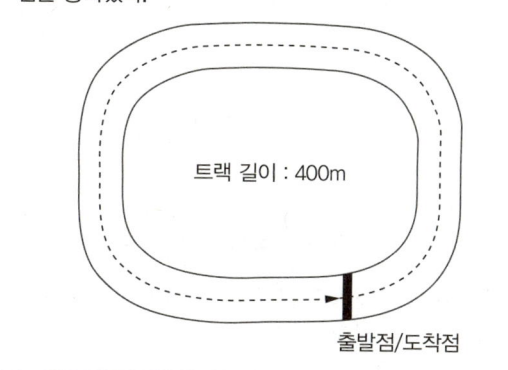

육상 장거리 종목의 선수 A는 트랙의 길이가 400m인 경기장을 총 25바퀴를 달렸고, 28분 30초의 기록으로 결승점을 통과했다.

트랙 길이 : 400m
출발점/도착점

	이동거리(m)	변위(m)
①	0	400
②	0	10,000
③	10,000	10,000
④	10,000	0

18 〈보기〉에서 수행한 일과 일률이 바르게 나열된 것은?

물체에 2초 동안 2N의 힘을 가하여 2m를 움직였을 때 수행한 일은 (㉠) J이며 일률은 (㉡) J/s이다(단, 힘의 작용 방향과 물체의 이동 방향은 일치함).

	㉠	㉡
①	2	1
②	2	2
③	4	2
④	4	4

19 인체의 안정성을 결정짓는 요인이 아닌 것은?

① 기저면의 크기와 관련이 있으며 형태와는 관련이 없다.
② 무게중심선이 기저면 밖에 있으면 불안정한 상태가 된다.
③ 무게중심선이 기저면의 중심에 가까울수록 안정성은 높아진다.
④ 무게중심의 높이와 관련이 있으며 낮을수록 안정성은 높아진다.

20 마찰력에 관한 설명으로 옳지 않은 것은?

① 최대정지마찰력은 운동마찰력보다 크다.
② 마찰력은 마찰계수와 물체 질량의 곱으로 구한다.
③ 마찰력은 물체 표면에 수직으로 작용하는 힘(수직항력, Normal Force)과 관계가 있다.
④ 마찰력은 접촉면과 평행하게 작용하며 물체의 운동 방향과 반대 방향으로 작용한다.

07 스포츠윤리

01 스포츠윤리센터의 주요 역할에 해당하지 않는 것은?

기출 ▶ 21 22 23

① 체육 관련 입시 비리에 관한 조사
② 스포츠 산업 종사자의 직업 안정성 확보와 처우 개선
③ 스포츠 비리 및 스포츠 인권 침해 방지를 위한 예방 교육
④ 승부 조작 또는 편파 판정 등 불공정에 관한 신고 접수와 조사

02 스포츠에 관한 가치판단에 해당하지 않는 것은?

기출 ▶ 16 17 18 20 21 22

① 도핑을 이용한 실력 향상은 옳지 않다.
② 스포츠에서 희생과 헌신은 승리보다 가치가 있다.
③ 하얀색 복장 착용은 윔블던 테니스대회의 규정이다.
④ 스포츠에서 승리 추구는 규정 준수보다 더 중요하다.

03 〈보기〉의 스포츠 상황에 부합하는 개념과 해석은?

> 태권도 겨루기에서 소극적인 자세로 경기에 임하는 선수는 제재를 받는다. 적극적이고 공격적인 태도의 요구는 투쟁심을 독려하는 것이지만, 그 폭력적인 성향이 지나치면 또 다른 제재의 대상이 되기도 한다. 이처럼 스포츠는 폭력적인 성향의 분출을 자극함과 동시에 그것을 감시하고 제어한다.

① 게발트(Gewalt) - 스포츠 폭력의 부당성
② 게발트(Gewalt) - 스포츠 폭력의 이중성
③ 희생양(Scapegoat) - 스포츠 폭력의 부당성
④ 희생양(Scapegoat) - 스포츠 폭력의 이중성

04 '타이틀 나인(Title IX)'에 따른 스포츠계의 변화로 가장 적절한 것은?

① 미국 프로야구리그의 도핑 실태에 관한 보고서 발간
② 남아프리카공화국에서 흑인에 대한 차별 정책의 시행
③ 학교 스포츠 프로그램에서 의도적인 성차별 발생 시 재정 지원의 제한
④ 공공 및 민간 스포츠 시설의 출입구 등에 휠체어 이동 통로의 설치 및 확충

05 세계도핑방지기구(World Anti-Doping Agency)가 정한 '금지 방법'의 분류 목록에 해당하지 않는 것은?

① 기술 도핑
② 화학적, 물리적 조작
③ 유전자 및 세포 도핑
④ 혈액 및 혈액 성분의 조작

06 레건(T. Regan)의 동물권리론에 가장 부합하는 태도는?

① 모든 동물에게 자유를 보장하고 스포츠에 동물을 이용하지 않도록 한다.
② 세계시민주의적 사고에 따라 재활승마에서는 기수와 말의 친화를 강조한다.
③ 천연 거위털 셔틀콕의 성능이 인조 거위털 셔틀콕보다 더 좋으므로 생산을 장려한다.
④ 경마나 소싸움은 합법적으로 동물을 활용할 수 있는 종목이며 경제적으로도 유용하다.

07 〈보기〉의 대화 내용에 해당하는 정의(Justice)의 유형에 가장 가까운 것은?

기출 ▶ 17 18 20 21 22 23

> A : 오늘 테니스 경기 봤어? 한쪽 코트는 해가 정면에서 비치고 다른 쪽은 완전 그늘이더라.
> B : 응. 그런 조건이면 한쪽 선수가 불리할 것 같아.
> C : 그래서 테니스는 계속 코트를 바꾸면서 경기를 진행해.
> A : 그러면 시합을 시작할 때 코트나 서브권은 어떻게 정해?
> C : 동전 던지기로 정하는 경우가 많아.

① 평균적 정의
② 절차적 정의
③ 분배적 정의
④ 보상적 정의

08 롤랜드(S. Loland)가 분류한 규칙 위반의 유형에 연결한 사례로 옳지 않은 것은?

① 의도적 구성 규칙 위반 – 축구 경기에서 수비수가 실점을 당하지 않기 위해 손으로 공을 막았다.
② 의도적 규제 규칙 위반 – 육상 100m 경기에서 경쟁 선수를 방해하기 위해 레인을 침범했다.
③ 비의도적 구성 규칙 위반 – 골프 경기 중 페어웨이에서 흙이 묻은 볼을 무의식적으로 닦고 진행했다.
④ 비의도적 규제 규칙 위반 – 농구 경기 중 상대 수비를 피하는 과정에서 의도치 않게 3걸음을 걷고 슛을 쏘았다.

09 칸트(I. Kant)의 의무론에서 〈보기〉 속 A와 B의 태도에 부합하는 행위 유형은?

> 선생님 : 도핑을 하면 경기 결과가 달라질 수 있는데, 여러분은 왜 하지 않나요?
> A : 저는 도핑이 공정하지 못한 행위이기 때문에 하지 않아요. 제 실력으로 인정받고 싶어요.
> B : 저는 사실 도핑 검사에 걸리면 처벌을 받으니까 하고 싶어도 못 하고 있어요.

	A	B
①	의무에서 나온 (Aus Pflicht) 행위	의무에 합치하는 (Pflichtmäßig) 행위
②	의무에 합치하는 (Pflichtmäßig) 행위	의무에 위배되는 (Pragmatische) 행위
③	의무에 합치하는 (Pflichtmäßig) 행위	의무에서 나온 (Aus Pflicht) 행위
④	의무에 위배되는 (Pragmatische) 행위	의무에서 나온 (Aus Pflicht) 행위

10 부올레(P. Vuolle)가 분류한 스포츠 환경이 아닌 것은?

① 시설(Built) 환경 – 농구, 탁구
② 개발(Developed) 환경 – 골프, 스키
③ 가상(Virtual) 환경 – e스포츠, 버츄얼 태권도
④ 순수(Genuine) 환경 – 스쿠버다이빙, 트레일러닝

11 뒤르켐(E. Durkheim)의 도덕교육론에 근거한 스포츠윤리 교육의 내용과 방법으로 옳지 않은 것은?

① 감독의 지도에 의존하는 도덕적 판단력을 길러준다.
② 스포츠를 통한 도덕적 습관과 행동의 변화에 초점을 맞춘다.
③ 스포츠윤리 교육을 스포츠 인성 교육의 유용한 틀로 활용한다.
④ 스포츠맨십을 경험하는 실천적 교육으로 도덕적 인격 형성을 유도한다.

12 스포츠조직의 윤리경영에 관한 설명으로 옳지 않은 것은?

① 스포츠조직을 투명하고 합리적으로 운영한다.
② 과대 선전 등으로 스포츠 소비자를 속이지 않는다.
③ 스포츠 시설 운영에서 공해, 소음 등으로 인한 사회적 비용을 고려한다.
④ 스포츠센터의 운영 수익을 더 늘이기 위해 지도자의 노동 강도를 높인다.

13 〈보기〉의 사례에서 ㉠에 해당하는 심판의 자질과 ㉡에 해당하는 맹자의 사단(四端)은?

기출 ▶ 19 23

> 배구 경기의 주심인 ㉠ A 심판은 최근 개정된 규정을 정확하게 숙지하지 못하여 오심을 범했다. 부심으로 경기를 관장하던 B 심판은 오심임을 알았으나 A 심판에 대한 징계가 걱정되어 침묵했다. 시합이 끝난 후 ㉡ B 심판은 양심의 가책을 지우지 못하고 활동을 중단했다.

	A	B
①	심판의 청렴성	사양지심(辭讓之心)
②	심판의 전문성	수오지심(羞惡之心)
③	심판의 자율성	시비지심(是非之心)
④	심판의 공정성	측은지심(惻隱之心)

14 공리주의 윤리 규범을 스포츠에 바르게 적용한 것이 아닌 것은?

① 스포츠에서 결과에 따른 만족을 중시한다.
② 스포츠 규칙 제정은 공정과 평등의 원칙에 근거한다.
③ 스포츠 상황에서 행위의 유용성보다 인성의 바름을 강조한다.
④ 스포츠에서 소수보다 다수의 이익을 우선하는 것이 정당화될 수 있다.

15 〈보기〉에서 장애 차별의 개선을 위한 스포츠 실천의 조건만을 고른 것은?

> ㉠ 참여 종목과 대회는 지도자의 결정에 맡겨야 한다.
> ㉡ 비장애인과 분리하여 수업하는 것을 원칙으로 한다.
> ㉢ 활동 장비와 기구에 대한 재정적인 지원을 확보해야 한다.
> ㉣ 다양한 사람과의 관계를 통해 사회성 함양의 기회를 제공해야 한다.

① ㉠, ㉡
② ㉡, ㉢
③ ㉡, ㉣
④ ㉢, ㉣

16 〈보기〉의 내용에 부합하는 철학자와 개념의 연결이 옳은 것은?

> • 지도자와 선배의 체벌과 폭력이 일상화되어 있다.
> • 악은 포악한 괴물이나 악마처럼 괴이하지 않고 합숙소 생활과 같은 일상에 함께 있다.
> • 폭력을 멈추게 할 방법은 행위의 내용과 책임을 묻고 반성하는 '사유' 또는 '이성'에 있다.

① 홉스(T. Hobbes) - 리바이어던
② 홉스(T. Hobbes) - 악의 평범성
③ 아렌트(H. Arendt) - 리바이어던
④ 아렌트(H. Arendt) - 악의 평범성

17 의무주의 윤리 규범에 근거할 경우, 〈보기〉의 괄호 안에 들어갈 내용으로 옳은 것은?

> 나는 반칙을 하지 않으려고 노력한다. 왜냐하면 (   ) 때문이다.

① 퇴장을 당하면 손해를 보기
② 반칙을 하는 것은 옳지 않기
③ 나의 플레이를 보는 사람들을 만족시켜야 하기
④ 사람들이 나를 훌륭한 선수라고 칭송할 것이기

18 〈보기〉는 트랜스젠더 여성의 여성 스포츠 참여에 관한 설명이다. 이를 지지하는 견해의 근거가 아닌 것은?

> 국제올림픽위원회(IOC)는 2016년 1월에 올림픽 대회를 비롯한 국제 경기대회에서 외과적인 수술을 받지 않은 성전환자들도 선수로 출전할 수 있도록 허용해야 한다는 새로운 지침을 발표했다. 이에 따라 트랜스젠더 선수들은 꼭 성 전환 수술을 받지 않더라도 일정 요건만 충족하면 올림픽 등 국제 대회에 참가할 수 있게 되었다.

① 전통적인 젠더 이분법을 극복하고 양성 평등을 지향
② 트랜스젠더 여성의 스포츠 접근권은 공정성보다 우선
③ 트랜스젠더에 대한 차별과 배제가 아닌 관용과 포용의 정책
④ 트랜스젠더 여성 선수가 불공평한 이득을 가져 스포츠 본연의 의미 변화

19 함무라비 법전의 탈리오 법칙(Lex Talionis)이 정확하게 적용된 상황은?

① 농구 경기에서 한 경기에 5개의 파울을 한 선수를 퇴장시킨다.
② 축구 경기에서 부상 선수가 발생하면 선수의 안전을 위해 공을 밖으로 걷어낸다.
③ 야구 경기에서 빈볼을 맞게 되면, 상대팀에게도 동일하게 빈볼을 던져 보복을 한다.
④ 수영과 육상 경기의 결승전에서 준결승의 기록이 좋은 선수를 가운데 레인에 우선으로 배정한다.

20 인종 차별과 관련된 사례로 맞지 않은 것은?

① 1936년 베를린 올림픽경기대회에서 히틀러는 육상 종목 4관왕 제시 오웬스에게 시상 거부
② 1948년 런던 올림픽경기대회에서 독일과 일본 선수의 참가를 불허
③ 1968년 멕시코 올림픽경기대회 시상식에서 미국의 토미 스미스와 존 카롤로스의 저항 표현
④ 2008년 미국여자프로골프협회(LPGA) 출전 선수의 영어 사용 의무화

2024년 | 2급 선택과목 기출문제

▶ 정답과 해설 538p

01 스포츠사회학

01 〈보기〉에서 훌리한(B. Houlihan)이 제시한 '정부(정치)의 스포츠 개입 목적'에 관한 사례인 것을 모두 고른 것은? 기출 21

> ㄱ. 시민들의 건강 및 체력유지를 위해 체육단체에 재원을 지원한다.
> ㄴ. 체육을 포함한 교육 현장의 양성평등을 위해 Title IX을 제정했다.
> ㄷ. 공공질서를 보호하기 위해 공원에서 스케이트보드 금지, 헬멧 착용 등의 도시 조례가 제정되었다.

① ㄱ
② ㄱ, ㄷ
③ ㄴ, ㄷ
④ ㄱ, ㄴ, ㄷ

02 「스포츠클럽법」의 내용으로 옳지 않은 것은?

① 지정스포츠클럽은 전문선수 육성 프로그램을 운영할 수 없다.
② 스포츠클럽의 지원과 진흥에 필요한 사항을 규정하고 있다.
③ 국민체육진흥과 스포츠 복지 향상 및 지역사회 체육 발전에 기여함을 목적으로 한다.
④ 국가 및 지방자치 단체는 스포츠클럽의 지원 및 진흥에 필요한 시책을 수립·시행하여야 한다.

03 〈보기〉에서 스티븐슨(C. Stevenson)과 닉슨(J. Nixon)이 구조기능주의 관점으로 설명한 스포츠의 사회적 기능 중 옳은 것만을 모두 고른 것은? 기출 19

> ㄱ. 사회·정서적 기능
> ㄴ. 사회갈등 유발 기능
> ㄷ. 사회 통합 기능
> ㄹ. 사회계층 이동 기능

① ㄱ, ㄴ
② ㄱ, ㄷ
③ ㄴ, ㄹ
④ ㄱ, ㄷ, ㄹ

04 〈보기〉의 ㉠~㉢에 해당하는 스포츠 육성 정책 모형이 바르게 제시된 것은?

> ㉠ 학생들의 스포츠 참여 저변이 확대되면, 이를 기반으로 기량이 좋은 학생선수가 배출된다.
> ㉡ 우수한 학생선수들을 육성하면 그들의 영향으로 학생들의 스포츠 참여가 확대된다.
> ㉢ 스포츠 선수들의 우수한 성과는 청소년의 스포츠 참여를 촉진하고, 이를 통해 형성된 스포츠 참여 저변 위에서 우수한 스포츠 선수들이 성장한다.

	㉠	㉡	㉢
①	선순환 모형	낙수효과 모형	피라미드 모형
②	피라미드 모형	선순환 모형	낙수효과 모형
③	피라미드 모형	낙수효과 모형	선순환 모형
④	낙수효과 모형	피라미드 모형	선순환 모형

05 〈보기〉에서 스포츠 세계화의 동인으로 옳은 것만을 모두 고른 것은?   기출▶ 16 17 19 20 21 22 23

ㄱ. 민족주의
ㄴ. 제국주의 확대
ㄷ. 종교 전파
ㄹ. 과학기술의 발전
ㅁ. 인종차별의 심화

① ㄱ, ㄴ, ㄷ
② ㄴ, ㄷ, ㅁ
③ ㄱ, ㄴ, ㄷ, ㄹ
④ ㄱ, ㄷ, ㄹ, ㅁ

06 투민(M. Tumin) 제시한 사회계층의 특성을 스포츠에 적용한 설명으로 옳은 것은?   기출▶ 16 18 23 25

① 보편성 – 대부분의 스포츠 현상에는 계층 불평등이 나타난다.
② 역사성 – 현대 스포츠에서 계층은 종목 내, 종목 간에서 나타난다.
③ 영향성 – 스포츠에서 계층 불평등은 역사발전 과정을 거치며 변천해 왔다.
④ 다양성 – 스포츠 참여에서 나타나는 사회적 불평등은 일상 생활에도 유사하게 나타난다.

07 스포츠에서 나타나는 사회계층 이동에 대한 설명으로 옳지 않은 것은?   기출▶ 19 20 22 25

① 스포츠는 계층 이동을 위한 수단으로 활용된다.
② 사회계층의 이동은 사회적 상황과 개인적 상황을 반영한다.
③ 사회 지위나 보상 체계에 차이가 뚜렷하게 발생하는 계층 이동은 '수직이동'이다.
④ 사회계층의 이동 유형은 이동 방향에 따라 '세대내이동', '세대간이동'으로 구분한다.

08 〈보기〉에서 설명하는 스포츠 일탈과 관련된 이론은?   기출▶ 19 20

• 스포츠 일탈을 상호작용론 관점으로 설명한다.
• 일탈 규범을 내면화하는 사회화 과정이 존재한다.
• 다른 사람과 상호작용을 통해 스포츠 일탈 행동을 학습한다.

① 문화규범 이론
② 차별교제 이론
③ 개인차 이론
④ 아노미 이론

09 스미스(M. Smith)가 제시한 경기장 내 신체 폭력 유형 중 〈보기〉의 설명에 해당하는 것은?

> • 경기의 규칙을 위반하는 행위지만, 대부분의 선수나 지도자들이 용인하는 폭력 행위의 유형이다.
> • 이 폭력 유형은 경기 전략의 하나로 활용되며, 상대방의 보복 행위를 유발할 수 있다.

① 경계 폭력
② 범죄 폭력
③ 유사 범죄 폭력
④ 격렬한 신체 접촉

10 코클리(J. Coakley)가 제시한 상업주의와 관련된 스포츠 규칙 변화에 따른 결과로 옳지 않은 것은?
기출 > 22 23 25

① 극적인 요소가 늘어났다.
② 득점이 감소하게 되었다.
③ 상업 광고 시간이 늘어났다.
④ 경기의 진행 속도가 빨라졌다.

11 파슨즈(T. Parsons)의 AGIL이론에 관한 설명으로 옳지 않은 것은?
기출 > 21 22

① 상징적 상호작용론 관점의 이론이다.
② 스포츠는 체제 유지 및 긴장 처리 기능을 한다.
③ 스포츠는 사회구성원을 통합시키는 기능을 한다.
④ 스포츠는 사회구성원이 사회체제에 적응하게 하는 기능을 한다.

12 에티즌(D. Eitzen)과 세이지(G. Sage)가 제시한 스포츠의 정치적 속성 중 〈보기〉의 설명에 해당하는 것은?
기출 > 20 22 23

> • 국가대표 선수는 스포츠를 통해 국위를 선양하고 국가는 선수에게 혜택을 준다.
> • 국가대표 선수가 올림픽에 출전하여 메달을 획득하면 군복무 면제의 혜택을 준다.

① 보수성
② 대표성
③ 상호의존성
④ 권력투쟁

13 <보기>의 ㉠~㉣에 들어갈 스트렌크(A. Strenk)의 '국제정치 관계에서 스포츠 기능'을 바르게 제시한 것은?

> - (㉠) – 1936년 베를린 올림픽
> - (㉡) – 1971년 미국 탁구팀의 중화인민공화국 방문
> - (㉢) – 1972년 뮌헨올림픽에서의 검은구월단 사건
> - (㉣) – 남아프리카공화국의 아파르트헤이트에 대한 국제사회의 대응

	㉠	㉡	㉢	㉣
①	외교적 도구	외교적 항의	정치이념 선전	갈등 및 적대감의 표출
②	정치이념 선전	외교적 도구	갈등 및 적대감의 표출	외교적 항의
③	갈등 및 적대감의 표출	정치이념 선전	외교적 항의	외교적 도구
④	외교적 항의	갈등 및 적대감의 표출	외교적 도구	정치이념 선전

14 베일(J. Bale)이 제시한 스포츠 세계화의 특징에 관한 설명으로 옳지 않은 것은?

① IOC, FIFA 등 국제스포츠 기구가 성장하였다.
② 다국적 기업의 국제적 스폰서십 및 마케팅이 증가하였다.
③ 글로벌 미디어 기업의 스포츠에 관한 개입이 증가하였다.
④ 외국인 선수 증가로 팀, 스폰서보다 국가의 정체성이 강화되었다.

15 스포츠의 교육적 역기능에 해당하는 것은?

① 정서 순화
② 사회 선도
③ 사회화 촉진
④ 승리지상주의

16 스포츠미디어가 생산하는 성차별 이데올로기에 관한 설명으로 옳지 않은 것은?

① 경기의 내용보다는 성(性)적인 측면을 강조한다.
② 여성 선수를 불안하고 취약한 존재로 묘사한다.
③ 여성들이 참여하는 경기를 '여성 경기'로 부른다.
④ 여성성보다 그들의 성과에 더 많은 관심을 보인다.

17 <보기>의 사례에 관한 스포츠 일탈 유형과 휴즈(R. Hughes)와 코클리(J. Coakley)가 제시한 윤리규범이 바르게 연결된 것은?

> - 2002년 한일월드컵 당시 황선홍 선수, 김태영 선수의 부상 투혼
> - 2022년 카타르 월드컵에서 손흥민 선수의 마스크 투혼

	스포츠 일탈 유형	스포츠 윤리규범
①	과소동조	한계를 이겨내고 끊임없이 도전해야 한다.
②	과소동조	경기에 헌신해야 한다.
③	과잉동조	위험을 감수하고 고통을 인내해야 한다.
④	과잉동조	탁월성을 추구해야 한다.

18 레오나르드(W. Leonard)의 사회학습 이론에서 〈보기〉의 설명과 관련된 사회화 기제는?

> • 새로운 운동기능과 반응이 학습된다.
> • 학습자에게 동기를 부여할 수 있게 된다.
> • 지도자가 적합하다고 생각하는 새로운 지식을 알게 된다.

① 강 화
② 코 칭
③ 보 상
④ 관찰학습

19 스포츠로부터의 탈사회화에 관한 설명으로 옳은 것은?

① 부상, 방출 등의 자발적 은퇴로 탈사회화를 경험한다.
② 스포츠 참여를 통한 행동의 변화를 스포츠로부터의 탈사회화라고 한다.
③ 개인의 심리상태, 태도에 의해 참여가 제한되는 것을 내재적 제약이라고 한다.
④ 재정, 시간, 환경적 상황에 의해 참여가 제한되는 것을 대인적 제약이라고 한다.

20 과학기술의 발전에 따른 스포츠의 변화에 관한 설명으로 옳지 않은 것은?

① IoT, 웨어러블 디바이스 발전으로 경기력 측정의 혁신을 가져왔다.
② 프로야구 경기에서 VAR 시스템 적용은 인간심판의 역할을 강화시켰다.
③ 4차 산업혁명에 따른 초지능, 초연결은 스포츠 빅데이터의 활용을 확대시켰다.
④ VR, XR 디바이스의 발전으로 가상현실 공간을 활용한 트레이닝이 가능해졌다.

02 스포츠교육학

01 슐만(L. Shulman)의 '교사 지식 유형' 중 가르칠 교과목 내용에 관한 지식에 해당하는 것은?

① 내용 지식(Content Knowledge)
② 내용교수법 지식(Pedagogical Content Knowledge)
③ 교육환경 지식(Knowledge of Educational Contexts)
④ 학습자와 학습자 특성 지식(Knowledge of Learners and Their Characteristics)

02 동료평가(Peer Assessment)에 관한 설명으로 적절하지 않은 것은?

① 학생들의 비평 능력이 향상될 수 있다.
② 교사는 학생에게 평가의 정확한 방법을 숙지시킨다.
③ 학생은 교사에게 받은 점검표를 통해 서로 평가한다.
④ 교사와 학생 간 대화를 통해 심층적인 정보를 수집한다.

03 〈보기〉에서 설명하는 박 코치의 '스포츠 지도 활동'에 해당하는 용어는?

> 박 코치는 관리시간을 줄이기 위해서 다음과 같이 지도 활동을 반복한다. 출석 점검은 수업 전에 회원들이 스스로 출석부에 표시하게 한다. 이후 건강에 이상이 있는 회원들을 파악한다. 수업 중에는 대기시간을 최소화하기 위해 모둠별로 학습 활동 구역을 미리 지정한다. 수업 후에는 일지를 회수한다.

① 성찰적 활동
② 적극적 활동
③ 상규적 활동
④ 잠재적 활동

04 글로버(D. Glover)와 앤더슨(L. Anderson)이 인성을 강조한 수업 모형 중 〈보기〉의 ㉠, ㉡에 해당하는 것을 바르게 제시한 것은?

> ㉠ '서로를 위해 서로 함께 배우기'를 통해 팀원 간 긍정적 상호의존, 개인의 책임감 수준 증가, 인간관계 기술 및 팀 반성 등을 강조한 수업
> ㉡ '통합, 전이, 권한 위임, 교사와 학생의 관계'를 통해 타인의 권리와 감정 존중, 자기 목표 설정 가능, 훌륭한 역할 본보기 되기 등을 강조한 수업

	㉠	㉡
①	스포츠교육모형	협동학습모형
②	협동학습모형	개인적·사회적 책임감 지도모형
③	협동학습모형	스포츠교육모형
④	개인적·사회적 책임감 지도모형	협동학습모형

05 〈보기〉의 ㉠~㉢에 들어갈 교사 행동에 관한 용어가 바르게 제시된 것은?

> • (㉠)은 안전한 학습 환경, 피드백 제공
> • (㉡)은 학습 지도 중에 소방 연습과 전달 방송 실시
> • (㉢)은 학생의 부상, 용변과 물 마시는 활동의 권리

	㉠	㉡	㉢
①	직접기여 행동	간접기여 행동	비기여 행동
②	직접기여 행동	비기여 행동	간접기여 행동
③	비기여 행동	직접기여 행동	간접기여 행동
④	간접기여 행동	비기여 행동	직접기여 행동

06 <보기>의 ㉠~㉢에 들어갈 기본 움직임 기술을 바르게 제시한 것은?

기본 움직임	예 시
(㉠)	걷기, 달리기, 뛰기, 피하기 등
(㉡)	서기, 앉기, 구부리기, 비틀기 등
(㉢)	치기, 잡기, 배팅하기 등

	㉠	㉡	㉢
①	이동 움직임	비이동 움직임	표현 움직임
②	전략적 움직임	이동 움직임	표현 움직임
③	전략적 움직임	이동 움직임	조작 움직임
④	이동 움직임	비이동 움직임	조작 움직임

07 「학교체육진흥법」 제10조 '학교스포츠클럽 운영'의 내용에 해당하지 않는 것은? 기출 19 22

① 학교스포츠클럽을 운영하는 경우 전담교사를 지정해야 한다.
② 전담교사에게 학교 예산의 범위에서 소정의 지도수당을 지급한다.
③ 활동내용은 학교생활기록부에 기록하지만, 상급학교 진학자료로 활용할 수 없다.
④ 학교의 장은 학교스포츠클럽을 운영하여 학생들의 체육활동 참여 기회를 확대해야 한다.

08 다음 중 모스턴(M. Moston) '상호학습형 교수 스타일'에 관한 설명으로 적절하지 않은 것은?

① 학습자는 교과내용을 선정한다.
② 학습자는 수행자나 관찰자의 역할을 수행한다.
③ 관찰자는 지도자가 제시한 수행 기준에 따라 피드백을 제공한다.
④ 지도자는 관찰자의 질문에 답하고, 관찰자에게 피드백을 제공한다.

09 <보기>에서 '학교체육 전문인 자질'로 ㉠~㉢에 들어갈 용어를 바르게 제시한 것은?

(㉠)	(㉡)	(㉢)
학습자 이해 교과지식	교육과정 운영 및 개발 수업 계획 및 운영 학습 모니터 및 평가 협력관계 구축	교직 인성 사명감 전문성 개발

	㉠	㉡	㉢
①	교 수	기 능	태 도
②	지 식	수 행	태 도
③	지 식	기 능	학 습
④	교 수	수 행	학 습

10 ⟨보기⟩에서 설명하는 모스턴(M. Moston)의 교수 스타일의 '인지(사고)과정' 단계는?

> • 학습자가 해답을 찾고자 하는 욕구가 있는 단계이다.
> • 학습자에 대한 자극(질문)이 흥미, 욕구, 지식 수준과 적합할 때 이 단계가 발생한다.
> • 학습자에게 알고자 하는 욕구를 실행에 옮기도록 동기화시키는 단계이다.

① 자극(Stimulus)
② 반응(Response)
③ 사색(Meditation)
④ 인지적 불일치(Dissonance)

11 ⟨보기⟩에서 「국민체육진흥법」 제11조의 '스포츠윤리 교육 과정'에 관한 내용으로 옳은 것만을 모두 고른 것은?

> ㄱ. 도핑 방지 교육
> ㄴ. 성폭력 등 폭력 예방 교육
> ㄷ. 교육부장관령으로 정하는 교육
> ㄹ. 스포츠 비리 및 체육계 인권침해 방지를 위한 예방 교육

① ㄱ, ㄴ
② ㄴ, ㄷ, ㄹ
③ ㄱ, ㄴ, ㄹ
④ ㄱ, ㄴ, ㄷ, ㄹ

12 ⟨보기⟩의 '수업 주도성 프로파일'에 해당하는 체육수업 모형은?

기출 17 22

① 동료교수모형
② 직접교수모형
③ 개별화지도모형
④ 협동학습모형

13 ⟨보기⟩에서 설명하는 시덴탑(D. Siedentop)의 교수(Teaching) 기능 연습법에 해당하는 용어는?

> 김 교사는 교수 기능의 향상을 위해 다음과 같은 절차로 연습을 했다.
> • 학생 6~8명의 소집단을 대상으로 학습 목표와 평가 방법을 설명한 후, 수업을 진행한다.
> • 수업에 참여한 학생들의 질문지 자료를 토대로 김 교사와 학생, 다른 관찰자들이 모여 김 교사의 교수법에 대해 '토의'를 한다.
> • 객관적인 자료를 근거로 교수 기능 효과를 살핀다.

① 동료 교수
② 축소 수업
③ 실제 교수
④ 반성적 교수

14 스포츠강사의 자격조건에 관한 설명으로 옳은 것은?

① 「초·중등교육법」 제2조 제2호에 따른 초등학교에 스포츠강사를 배치할 수 없다.
② 「국민체육진흥법」 제2조 제6호에 따른 체육지도자 중에서 스포츠강사를 임용할 수 있다.
③ 「학교체육진흥법」 제2조 제6항 학교에 소속되어 학교운동부를 지도·감독하는 사람을 말한다.
④ 「학교체육진흥법」 제4조 재임용 여부는 강사로서의 자질, 복무 태도, 학생의 만족도, 경기 결과에 따라 결정하여야 한다.

15 메츨러(M. Metzler)가 제시한 '체육학습 활동' 중 정식 게임을 단순화하고 몇 가지 기능에 초점을 두며 진행하는 것은?

① 역할 수행(Role-playing)
② 스크리미지(Scrimmage)
③ 리드-업 게임(Lead-up Game)
④ 학습 센터(Learning Centers)

16 〈보기〉는 시덴탑(D. Siedentop)이 제시한 '스포츠교육모형'의 특징을 설명한 것이다. ㉠~㉢에 들어갈 용어가 바르게 제시된 것은?

- 이 모형의 주제 중에 (㉠)은 스포츠를 참여하는 태도와 관련된 정의적 영역이다.
- 시즌 중 심판으로서 역할을 할 때 학습영역 중 우선하는 것은 (㉡) 영역이다.
- 학습자 수준에 적합하게 경기 방식을 (㉢)해서 참여를 유도한다.

	㉠	㉡	㉢
①	박식	정의적	고정
②	열정	인지적	변형
③	열정	정의적	변형
④	박식	인지적	고정

17 〈보기〉에서 설명하는 체육수업 연구 방법으로 적절한 것은?

- 연구의 특징은 집단적(협동적), 역동적, 연속적으로 이루어짐
- 연구의 절차는 문제파악-개선계획-실행-관찰-반성 등으로 순환하는 과정임
- 연구의 주체는 지도자가 동료나 연구자의 도움을 받아 자신의 수업을 탐구함

① 문헌(Literature)연구
② 실험(Experiment)연구
③ 현장 개선(Action)연구
④ 근거 이론(Grounded Theory)연구

18 학습자 비과제 행동을 예방하고 과제 지향적인 수업을 유지하기 위한 교수 기능 중 쿠닌(J. Kounin)이 제시한 '동시처리(Overlapping)'에 해당하는 것은?

① 수업의 흐름을 유지하면서 수업 이탈 행동 학생을 제지하는 것이다.
② 학생들의 행동을 항상 인지하고 있다는 것을 알리는 것이다.
③ 학생의 학습 활동을 중단시키고 잠시 퇴장시키는 것이다.
④ 모든 학생에게 과제에 몰입하도록 경각심을 주는 것이다.

19 〈그림〉은 '국민체력100'의 운영 체계이다. 체력인증센터가 이용자에게 제공하는 서비스가 아닌 것은?

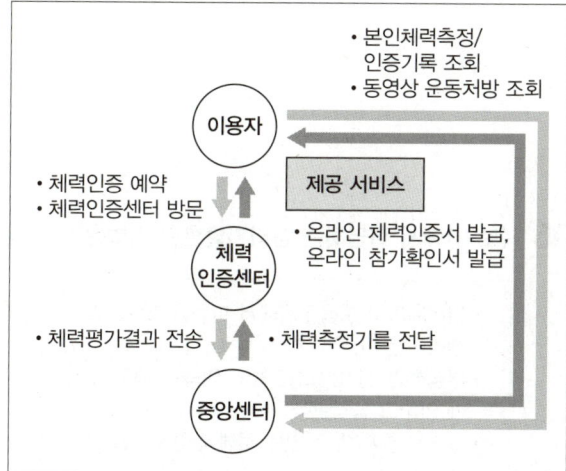

① 체력측정 서비스
② 맞춤형 운동처방
③ 국민체력인증서 발급
④ 스포츠클럽 등록 및 운영지원

20 〈보기〉에서 해당하는 평가기법으로 적절한 것은?

> • 운동 수행을 평가하는 데 자주 사용하는 평가 방법이다.
> • 운동 수행의 질적인 면을 파악하여 수준이나 숫자를 부여하는 평가 방법이다.

① 평정척도
② 사건기록법
③ 학생저널
④ 체크리스트

03 스포츠심리학

01 〈보기〉가 설명하는 성격 이론은?

> 자기가 좋아하는 국가대표선수가 무더위에서 진행된 올림픽 마라톤 경기에서 불굴의 정신력으로 완주하는 모습을 보고, 자기도 포기하지 않는 정신력을 10km 마라톤을 완주하였다.

① 특성 이론
② 사회학습 이론
③ 욕구위계 이론
④ 정신역동 이론

02 개방운동기술(Open Motor Skills)에 해당하지 않는 것은? `기출 19`

① 농구 경기에서 자유투하기
② 야구 경기에서 투수가 던진 공을 타격하기
③ 자동차 경주에서 드라이버가 경쟁하면서 운전하기
④ 미식축구 경기에서 쿼터백이 같은 팀 선수에게 패스하기

03 〈보기〉의 ㉠~㉢에 들어갈 개념을 바르게 나열한 것은? `기출 18 21`

- (㉠) - 노력의 방향과 강도로 설명된다.
- (㉡) - 스포츠 자체가 좋아서 참여한다.
- (㉢) - 보상을 받거나 처벌을 피하고자 스포츠에 참여한다.

	㉠	㉡	㉢
①	동 기	외적 동기	내적 동기
②	동 기	내적 동기	외적 동기
③	귀 인	내적 동기	외적 동기
④	귀 인	외적 동기	내적 동기

04 〈보기〉의 ㉠, ㉡에 들어갈 정보처리 단계를 바르게 나열한 것은? `기출 16 19 20 21`

- (㉠) - 테니스 선수가 상대 코트에서 넘어오는 공의 궤적, 방향, 속도에 관한 환경정보를 탐지한다.
- (㉡) - 환경정보를 토대로 어떤 종류의 기술로 어떻게 받아쳐야 할지 결정한다.

	㉠	㉡
①	반응 선택	자극 확인
②	자극 확인	반응 선택
③	반응/운동 프로그래밍	반응 선택
④	반응/운동 프로그래밍	자극 확인

05 〈보기〉에서 설명하는 심리기술훈련 기법은?

- 멀리뛰기의 도움닫기에서 파울을 할 것 같은 부정적인 생각이 든다.
- 부정적인 생각은 그만하고 연습한 대로 구름판을 강하게 밟자고 생각한다.
- 스스로 통제할 수 있는 것에 집중하자고 다짐한다.

① 명 상
② 자생 훈련
③ 인지재구성
④ 인지적 왜곡

06 운동발달의 단계가 순서대로 바르게 제시된 것은?

① 반사단계 → 기초단계 → 기본움직임단계 → 성장과 세련단계 → 스포츠기술단계 → 최고수행단계 → 퇴보단계
② 기초단계 → 기본움직임단계 → 반사단계 → 스포츠기술단계 → 성장과 세련단계 → 최고수행단계 → 퇴보단계
③ 반사단계 → 기초단계 → 기본움직임단계 → 스포츠기술단계 → 성장과 세련단계 → 최고수행단계 → 퇴보단계
④ 기초단계 → 기본움직임단계 → 반사단계 → 성장과 세련단계 → 스포츠기술단계 → 최고수행단계 → 퇴보단계

07 반두라(A. Bandura)가 제시한 4가지 정보원에서 자기효능감에 가장 큰 영향력을 미치는 것은?

① 대리경험
② 성취경험
③ 언어적 설득
④ 정서적/신체적 상태

08 〈보기〉에서 연습방법에 관한 설명으로 옳은 것만을 모두 고른 것은?

> ㄱ. 집중연습은 연습구간 사이의 휴식시간이 연습시간보다 짧게 이루어진 연습방법이다.
> ㄴ. 무선연습은 선택된 연습과제들을 순서에 상관없이 무작위로 연습하는 방법이다.
> ㄷ. 분산연습은 특정 운동기술과제를 여러 개의 하위 단위로 나누어 연습하는 방법이다.
> ㄹ. 전습법은 한 가지 운동기술과제를 구분 동작 없이 전체적으로 연습하는 방법이다.

① ㄱ, ㄴ
② ㄷ, ㄹ
③ ㄱ, ㄴ, ㄹ
④ ㄱ, ㄷ, ㄹ

09 미국 응용스포츠심리학회(AAASP)의 스포츠심리상담 윤리 규정이 아닌 것은?

① 스포츠에 참여하는 모든 사람과 전문적인 상담을 진행한다.
② 직무수행상 자신의 한계를 인식하고 한계를 넘는 주장과 행동은 하지 않는다.
③ 회원 스스로 윤리적인 행동을 실천하고 남에게 윤리적 행동을 하도록 적극적으로 권장한다.
④ 다른 전문가에 의한 서비스 수행 촉진, 책무성 확보, 기관이나 법적 의무 완수 등의 목적을 위해 상담이나 연구 결과를 기록으로 남긴다.

10 〈보기〉가 설명하는 기억의 유형은?

> - 학창 시절 자전거를 타고 학교에 등하교했던 A는 오랜 기간 자전거를 타지 않았음에도 불구하고 여전히 자전거를 탈 수 있다.
> - 어린 시절 축구선수로 활동했던 B는 축구의 슛 기술을 어떻게 수행하는지 시범 보일 수 있다.

① 감각 기억(Sensory Memory)
② 일화적 기억(Episodic Memory)
③ 의미적 기억(Semantic Memory)
④ 절차적 기억(Procedural Memory)

11 〈보기〉는 피들러(F. Fiedler)의 상황부합 리더십 모형이다. 〈보기〉의 ㉠, ㉡에 들어갈 내용을 바르게 나열한 것은?

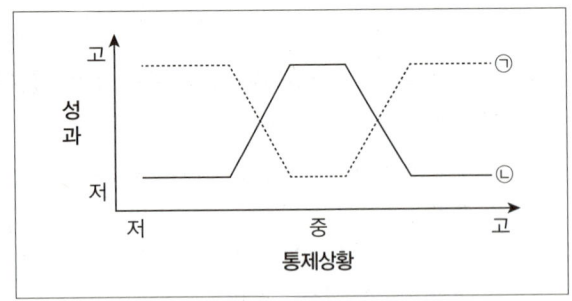

	㉠	㉡
①	관계지향형리더	과제지향형리더
②	과제지향형리더	관계지향형리더
③	관계지향형리더	민주주의리더
④	과제지향형리더	권의주의리더

12 운동학습에 의한 인지역량의 변화에 관한 설명으로 옳지 않은 것은?

① 정보를 처리하는 속도가 빨라진다.
② 주의집중 역량을 활용하는 주의 체계의 역량이 좋아진다.
③ 운동과제 수행의 수준과 환경의 요구에 대한 근골격계의 기능이 효율적으로 좋아진다.
④ 새로운 정보와 기존의 정보를 연결하여 정보를 쉽게 보유할 수 있는 기억체계 역량이 좋아진다.

13 〈보기〉는 아젠(I. Ajzen)의 계획행동 이론이다. 〈보기〉의 ㉠~㉣에 들어갈 개념을 바르게 나열한 것은?

> (㉠)는 행동을 수행하는 것에 대한 개인의 정서적이고 평가적인 요소를 반영한다. (㉡)은/는 어떤 행동을 할 것인지 또는 안 할 것인지에 대해 개인이 느끼는 사회적 압력을 말한다. 어떠한 행동은 개인의 (㉢)에 따라 그 행동 여부가 결정된다. (㉣)은/는 어떤 행동을 하기가 쉽거나 어려운 정도에 대한 인식 정도를 의미한다.

	㉠	㉡	㉢	㉣
①	태도	의도	주관적 규범	행동통제 인식
②	의도	주관적 규범	행동통제 인식	태도
③	태도	주관적 규범	의도	행동통제 인식
④	의도	태도	행동통제 인식	주관적 규범

14 〈보기〉에서 정보처리 이론에 관한 설명으로 옳은 것만을 모두 고른 것은?

기출 ▶ 16 19 20 21

> ㄱ. 정보처리 이론은 인간을 능동적인 정보처리자로 설명한다.
> ㄴ. 도식 이론은 기억흔적과 지각흔적의 작용으로 움직임을 생성하고 제어한다고 설명한다.
> ㄷ. 개방회로 이론은 대뇌피질에 저장된 운동프로그램을 통해 움직임을 생성하고 제어한다고 설명한다.
> ㄹ. 폐쇄회로 이론은 정확한 동작에 관한 기억을 수행 중인 움직임과 비교한 피드백 정보를 활용하여 움직임을 생성하고 제어한다고 설명한다.

① ㄱ, ㄴ
② ㄷ, ㄹ
③ ㄱ, ㄴ, ㄹ
④ ㄱ, ㄷ, ㄹ

15 〈보기〉의 ㉠~㉢에 들어갈 개념을 바르게 나열한 것은?

> • (㉠) – 타인의 존재가 과제수행에 미치는 영향을 말한다.
> • (㉡) – 타인의 존재만으로도 각성과 욕구가 생긴다.
> • (㉢) – 타인의 존재가 운동과제에 대한 집중을 방해하기도 하지만, 수행자의 욕구 수준을 증가시키기도 한다.

	㉠	㉡	㉢
①	사회적 촉진	단순 존재 가설	주의 분산/갈등 가설
②	사회적 촉진	단순 존재 가설	평가 우려설
③	단순 존재 가설	관중효과	주의 분산/갈등 가설
④	단순 존재 가설	관중효과	평가 우려설

16 힉(W. Hick)의 법칙에 관한 설명으로 옳은 것은?

기출 ▶ 22

① 자극–반응 대안의 수가 증가할수록 반응시간은 길어진다.
② 근수축을 통해 생성한 힘의 양에 따라 움직임의 정확성이 달라진다.
③ 두 개의 목표물 간의 거리와 목표물의 크기에 따라 움직임 시간이 달라진다.
④ 움직임의 속력이 증가하면 정확도가 떨어지는 속력–정확성 상쇄(Speed-accuracy Trade-off)현상이 나타난다.

17 〈보기〉의 ㉠에 들어갈 용어는?

> • 복싱선수가 상대의 펀치를 맞고 실점하는 장면이 계속해서 떠오른다.
> • 이 선수는 (㉠)을/를 높이는 훈련이 필요하다.

① 내적 심상
② 외적 심상
③ 심상 조절력
④ 심상 선명도

18 〈보기〉의 ㉠, ㉡에 들어갈 운동 수행에 관한 개념이 바르게 제시된 것은?

- 운동 기술 과제가 너무 쉬울 때 (㉠)가 나타난다.
- 운동 기술 과제가 너무 어려울 때 (㉡)가 나타난다.

	㉠	㉡
①	학습 고원 (Learning Plateau)	슬럼프 (Slump)
②	천장 효과 (Ceiling Effect)	바닥 효과 (Floor Effect)
③	웜업 감소 (Warm-up Decrement)	수행 감소 (Performance Decrement)
④	맥락 간섭 효과 (Contextual-interference Effect)	부적 전이 (Negative Transfer)

19 〈보기〉에서 운동 실천을 위한 환경적 영향요인을 모두 고른 것은? 기출 16 17

ㄱ. 지도자
ㄴ. 교육수준
ㄷ. 운동집단
ㄹ. 사회적 지지

① ㄱ, ㄴ
② ㄷ, ㄹ
③ ㄱ, ㄴ, ㄹ
④ ㄱ, ㄷ, ㄹ

20 〈보기〉가 설명하는 개념은? 기출 22

농구 경기에서 수비수가 공격수의 첫 번째 페이크 슛 동작에 반응하면서, 바로 이어지는 두 번째 실제 슛 동작에 제대로 반응하지 못하는 현상이 발생한다.

① 스트룹 효과(Stroop Effect)
② 무주의 맹시(Inattention Blindness)
③ 지각 협소화(Perceptual Narrowing)
④ 심리적 불응기(Psychological-refractory Period)

04 한국체육사

01 〈보기〉에서 한국체육사에 관한 설명으로 옳은 것만을 모두 고른 것은? 기출 15 16 17 22

ㄱ. 한국 체육과 스포츠의 시대별 양상을 연구한다.
ㄴ. 한국 체육과 스포츠를 역사학적 방법으로 연구한다.
ㄷ. 한국 체육과 스포츠에 관한 역사기술은 사실확인보다 가치평가가 우선한다.
ㄹ. 한국 체육과 스포츠의 과거를 살펴보고, 이를 통해 현재를 직시하고 미래를 조망한다.

① ㄱ, ㄴ, ㄷ
② ㄱ, ㄴ, ㄹ
③ ㄱ, ㄷ, ㄹ
④ ㄴ, ㄷ, ㄹ

02 〈보기〉에서 신체활동이 행해진 제천의식과 부족국가가 바르게 연결된 것만을 모두 고른 것은? 기출▶ 17 19 22

> ㄱ. 무천 – 신라
> ㄴ. 가배 – 동예
> ㄷ. 영고 – 부여
> ㄹ. 동맹 – 고구려

① ㄱ, ㄴ
② ㄷ, ㄹ
③ ㄱ, ㄴ, ㄹ
④ ㄴ, ㄷ, ㄹ

03 〈보기〉에 해당하는 부족국가시대 신체활동의 목적은? 기출▶ 20

> 중국 역사 자료인 『위지·동이전(魏志·東夷傳)』에 따르면, "나이 어리고 씩씩한 청년들의 등가죽을 뚫고 굵은 줄로 그곳을 꿰었다. 그리고 한 장(一丈) 남짓의 나무를 그곳에 매달고 온종일 소리를 지르며 일을 하는데도 아프다고 하지 않고, 착실하게 일을 한다. 이를 큰사람이라 부른다."

① 주술의식
② 농경의식
③ 성년의식
④ 제천의식

04 〈보기〉에서 삼국시대의 무예에 관한 설명으로 옳은 것만을 모두 고른 것은? 기출▶ 15 16 17 22

> ㄱ. 신라 – 궁전법(弓箭法)을 통해 인재를 등용하였다.
> ㄴ. 고구려 – 경당(扃堂)에서 활쏘기 교육이 이루어졌다.
> ㄷ. 백제 – 훈련원(訓鍊院)에서 무예 시험과 훈련이 행해졌다.

① ㄱ, ㄴ
② ㄱ, ㄷ
③ ㄴ, ㄷ
④ ㄱ, ㄴ, ㄷ

05 고려시대 최고 교육기관과 무학(武學) 교육이 바르게 연결된 것은? 기출▶ 16 21 22

① 성균관(成均館) – 대빙재(待聘齋)
② 성균관(成均館) – 강예재(講藝齋)
③ 국자감(國子監) – 대빙재(待聘齋)
④ 국자감(國子監) – 강예재(講藝齋)

06 고려시대의 신체활동에 관한 설명으로 옳지 않은 것은? 기출▶ 15 17 18 20 21 22 23

① 기격구(騎擊毬) – 서민층이 유희로 즐겼다.
② 궁술(弓術) – 국난을 대비하여 장려되었다.
③ 마술(馬術) – 무인의 덕목 중 하나로 장려되었다.
④ 수박(手搏) – 무관이나 무예 인재의 선발에 활용되었다.

07 석전(石戰)의 성격에 관한 설명으로 옳지 않은 것은?

기출 ▶ 16 19 22

① 관료 선발에 활용되었다.
② 명절에 종종 행해지던 민속놀이였다.
③ 전쟁에 대비한 군사훈련에 활용되었다.
④ 실전 부대인 석투군(石投軍)과 관련이 있었다.

08 조선시대 서민층이 주로 행했던 민속놀이와 설명으로 옳지 않은 것은?

기출 ▶ 17 21

① 추천(鞦韆) - 단오절이나 한가위에 즐겼다.
② 각저(角觝), 각력(角力) - 마을 간의 겨룸이 있었는데, 풍년 기원의 의미도 있었다.
③ 종정도(從政圖), 승경도(陞卿圖) - 관직 체계의 이해와 출세 동기 부여의 뜻이 담겨 있었다.
④ 삭전(索戰), 갈전(葛戰) - 농경사회의 대표적인 민속놀이로서 농사의 풍흉(豊凶)을 점치는 의미도 있었다.

09 조선시대의 무예서에 관한 설명으로 옳지 않은 것은?

기출 ▶ 20 23

① 『무예도보통지(武藝圖譜通志)』 - 정조의 명에 따라 24기의 무예가 수록, 간행되었다.
② 『무예신보(武藝新譜)』 - 사도세자의 주도하에 18기의 무예가 수록, 간행되었다.
③ 『권보(拳譜)』 - 광해군의 명에 따라 『무예제보』에 수록되지 않은 4기의 무예가 수록, 간행되었다.
④ 『무예제보(武藝諸譜)』 - 선조의 명에 따라 전란 중에 긴급하게 필요했던 단병기 6기가 수록, 간행되었다.

10 〈보기〉에서 조선시대의 궁술에 관한 설명으로 옳은 것만을 모두 고른 것은?

기출 ▶ 15 16 21 23

ㄱ. 군사훈련의 수단이었다.
ㄴ. 무과(武科) 시험의 필수 과목이었다.
ㄷ. 심신 수련을 위한 학사사상(學射思想)이 강조되었다.
ㄹ. 불국토사상(佛國土思想)을 토대로 훈련이 이루어졌다.

① ㄱ, ㄴ
② ㄷ, ㄹ
③ ㄱ, ㄴ, ㄷ
④ ㄴ, ㄷ, ㄹ

11 고종(高宗)의 교육입국조서(敎育立國詔書)에서 삼양(三養)이 표기된 순서는?

① 덕양(德養), 체양(體養), 지양(智養)
② 덕양(德養), 지양(智養), 체양(體養)
③ 체양(體養), 지양(智養), 덕양(德養)
④ 체양(體養), 덕양(德養), 지양(智養)

12 〈보기〉에서 설명하는 개화기의 기독교계 학교는?

- 헐버트(H.B. Hulbert)가 도수체조를 지도하였다.
- 1885년 아펜젤러(H.G. Appenzeller)가 설립하였다.
- 과외활동으로 야구, 축구, 농구 등의 스포츠를 실시하였다.

① 경신학당
② 이화학당
③ 숭실학교
④ 배재학당

13 개화기 학교 운동회에 관한 설명으로 옳지 않은 것은?

① 민족의식을 고취하는 역할을 하였다.
② 초기에는 구기 종목이 주로 이루어졌다.
③ 사회체육 발달의 촉진제 역할을 하였다.
④ 근대스포츠의 도입과 확산에 기여하였다.

14 다음 중 개화기에 설립된 체육단체가 아닌 것은?

① 대한체육구락부
② 조선체육진흥회
③ 대동체육구락부
④ 황성 기독교청년회운동부

15 〈보기〉의 활동을 주도한 체육사상가는?

- 체조 강습회 개최
- 체육 활동의 저변 확대를 위해 대한국민체육회 창립
- 체육 활동을 통한 애국심 고취를 위해 광무학당 설립

① 서재필
② 문일평
③ 김종상
④ 노백린

16 일제강점기의 체육사적 사실에 관한 설명으로 옳지 않은 것은?

① 원산학사가 설립되었다.
② 체조교수서가 편찬되었다.
③ 학교에서 체조가 필수 과목이 되었다.
④ 황국신민체조가 학교체육에 포함되었다.

17 〈보기〉에서 일제강점기의 조선체육회에 대한 설명으로 옳은 것만을 모두 고른 것은?

기출 16 19 20 22 23

> ㄱ. '전조선축구대회'를 창설하였다.
> ㄴ. 조선체육협회에 강제로 흡수되었다.
> ㄷ. 국내 운동가, 일본 유학 출신자 등이 설립하였다.
> ㄹ. 종합체육대회 성격의 전조선종합경기대회를 개최하였다.

① ㄱ, ㄴ
② ㄷ, ㄹ
③ ㄴ, ㄷ, ㄹ
④ ㄱ, ㄴ, ㄷ, ㄹ

18 〈보기〉의 괄호 안에 들어갈 일제강점기의 체육사상가는?

> (   )은/는 '체육 조선의 건설'이라는 글에서 사회를 강하게 하는 것은 구성원의 힘을 강하게 하는 것이며, 그 방법은 교육이며, 여러 교육의 기초는 체육이라고 강조하였다.

① 박은식
② 조원희
③ 여운형
④ 이 기

19 대한민국 정부의 체육정책 담당 부처의 변천 순서가 옳은 것은?

기출 15 20 21

① 체육부 → 문화체육관광부 → 문화체육부
② 체육부 → 문화체육부 → 문화체육관광부
③ 문화체육부 → 체육부 → 문화체육관광부
④ 문화체육부 → 문화체육관광부 → 체육부

20 〈보기〉는 국제대회에서 한국 여자 대표팀이 거둔 성과를 나타낸 것이다. 〈보기〉의 ㉠~㉢에 들어갈 종목이 바르게 제시된 것은?

> • (㉠) - 1973년 사라예보 세계선수권대회에서 단체전 우승 달성
> • (㉡) - 1976년 몬트리올 올림픽대회에서 구기 종목 사상 최초의 동메달 획득
> • (㉢) - 1988년 서울 올림픽대회에서 당시 최강국을 이기고 금메달 획득

	㉠	㉡	㉢
①	배구	핸드볼	농구
②	배구	농구	핸드볼
③	탁구	핸드볼	배구
④	탁구	배구	핸드볼

05 운동생리학

01 지구성 훈련에 의한 지근섬유(Type I)의 생리적 변화로 옳지 않은 것은?

기출 ▶ 19 21

① 모세혈관 밀도 증가
② 마이오글로빈 함유량 감소
③ 미토콘드리아의 수와 크기 증가
④ 절대 운동강도에서의 젖산 농도 감소

02 유산소성 트레이닝을 통한 근육 내 미토콘드리아 변화와 관련된 설명으로 옳지 않은 것은?

기출 ▶ 19 20 21 22 23

① 근원섬유 사이의 미토콘드리아 밀도 증가
② 근육 내 젖산과 수소이온(H^+)생성 감소
③ 손상된 미토콘드리아 분해 및 제거율 감소
④ 근육 내 크레아틴인산(Phosphocreatine) 소모량 감소

03 운동 중 지방분해를 촉진하는 요인으로 옳지 않은 것은?

기출 ▶ 19 20

① 인슐린 증가
② 글루카곤 증가
③ 에피네프린 증가
④ 순환성(Cyclic) AMP 증가

04 운동에 대한 심혈관 반응에 관한 설명으로 옳은 것은?

기출 ▶ 16 18 19 20

① 점증 부하 운동 시 심근산소소비량 감소
② 고강도 운동 시 내장 기관으로의 혈류 분배 비율 증가
③ 일정한 부하의 장시간 운동 시 시간 경과에 따른 심박수 감소
④ 고강도 운동 시 활동근의 세동맥(Arterioles) 확장을 통한 혈류량 증가

05 〈보기〉의 ㉠, ㉡에 들어갈 용어가 바르게 나열된 것은?

기출 ▶ 22

> • 심장의 부담을 나타내는 심근산소소비량은 심박수와 (㉠)을 곱하여 산출한다.
> • 산소섭취량이 동일한 운동 시 다리 운동이 팔 운동에 비해 심근산소소비량이 더 (㉡) 나타난다.

	㉠	㉡
①	1회 박출량	높게
②	1회 박출량	낮게
③	수축기 혈압	높게
④	수축기 혈압	낮게

06 골격근의 수축 특성을 결정하는 요인에 대한 설명 중 〈보기〉의 ㉠, ㉡에 들어갈 용어가 바르게 연결된 것은?

```
• 특이장력 = 근력/( ㉠ )
• 근파워 = 힘 × ( ㉡ )
```

	㉠	㉡
①	근횡단면적	수축속도
②	근횡단면적	수축시간
③	근파워	수축속도
④	근파워	수축시간

07 〈보기〉의 ㉠~㉢에 들어갈 용어가 바르게 나열된 것은?

기출 ▶ 17 19 23

수용기	역할
근방추	(㉠) 정보 전달
골지 건기관	(㉡) 정보 전달
근육의 화학수용기	(㉢) 정보 전달

	㉠	㉡	㉢
①	근육의 길이	근육 대사량	힘 생성량
②	근육 대사량	힘 생성량	근육의 길이
③	근육 대사량	근육의 길이	힘 생성량
④	근육의 길이	힘 생성량	근육 대사량

08 〈그림〉은 도피반사(Withdrawal Reflex)와 교차신전반사(Crossed-extensor Reflex)를 나타낸 것이다. 이에 관한 설명으로 옳지 않은 것은?

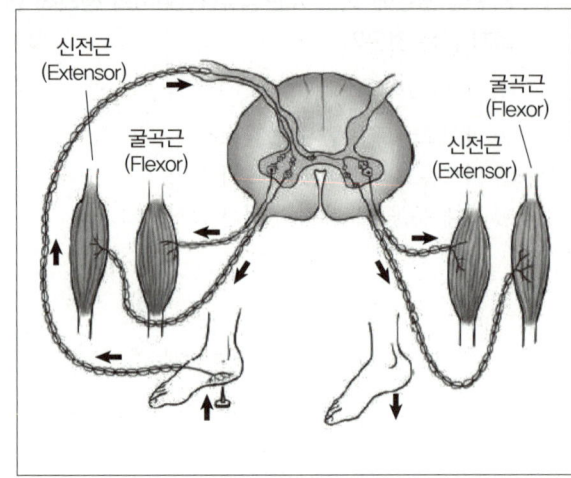

① 반사궁 경로를 통해 통증 자극에 대한 빠른 반사가 일어난다.
② 통증 수용기로부터 활동전위가 발생하여 척수로 전달된다.
③ 신체 균형을 유지하기 위해 반대편 대퇴의 굴곡근 수축이 억제된다.
④ 통증을 회피하기 위해 통증 부위 대퇴의 굴곡근과 신전근이 동시에 수축된다.

09 <보기>에서 고온 환경의 장시간 최대하 운동 시 운동수행능력을 저하시키는 요인으로 옳은 것만을 모두 고른 것은? (단, 심각한 탈수 현상은 발생하지 않는 환경)

기출 15 17 18

```
ㄱ. 글리코겐 고갈 가속
ㄴ. 근혈류량 감소
ㄷ. 1회 박출량 감소
ㄹ. 운동단위 활성 감소
```

① ㄱ, ㄷ
② ㄱ, ㄴ, ㄹ
③ ㄴ, ㄷ, ㄹ
④ ㄱ, ㄴ, ㄷ, ㄹ

10 <보기>의 조건으로 트레드밀 운동 시 운동량은?

```
• 체중=50kg
• 트레드밀 속도=12km/h
• 운동시간=10분
• 트레드밀 경사도=5%
(단, 운동량(일) : 힘×거리)
```

① 300kpm
② 500kpm
③ 5,000kpm
④ 30,000kpm

11 에너지 대사 과정과 속도조절효소의 연결이 옳지 않은 것은?

기출 15 17 18 21 22

	에너지 대사 과정	속도조절효소
①	ATP-PC 시스템	크레아틴 키나아제 (Creatine Kinase)
②	해당작용	젖산 탈수소효소 (Lactate Dehydrogenase)
③	크렙스 회로	이소시트르산탈수소효소 (Isocitrate Dehydrogenase)
④	전자전달체계	사이토크롬산화효소 (Cytochrome Oxidase)

12 <보기>에서 근육의 힘, 파워, 속도의 관계에 대한 설명 중 옳은 것만을 모두 고른 것은?

기출 20 21

```
ㄱ. 단축성(Concentric) 수축 시 수축 속도가 빨라짐에 따
   라 힘(장력) 생성은 감소한다.
ㄴ. 신장성(Eccentric) 수축 시 신장 속도가 빨라짐에 따라
   힘(장력) 생성은 증가한다.
ㄷ. 근육이 발현할 수 있는 최대 근파워는 등척성(Isometric)
   수축 시에 나타난다.
ㄹ. 단축성 수축 속도가 동일할 때 속근섬유가 많을수록
   큰 힘을 발휘한다.
```

① ㄱ, ㄴ, ㄷ
② ㄱ, ㄴ, ㄹ
③ ㄴ, ㄷ, ㄹ
④ ㄴ, ㄷ, ㄹ

13 카테콜라민에 대한 설명으로 옳지 않은 것은? 기출 15

① 부신피질에서 분비
② 교감신경의 말단에서 분비
③ α1 수용체 결합 시 기관지 수축
④ β1 수용체 결합 시 심박수 증가

15 운동 중 혈중 포도당 농도를 유지하기 위한 호르몬에 대한 설명으로 옳지 않은 것은? 기출 15 16 17 18 19 20 21 23

① 성장호르몬 – 간에서 포도당신생합성 증가
② 코르티솔 – 중성지방으로부터 유리지방산으로 분해 촉진
③ 노르에피네프린 – 골격근 조직 내 유리지방산 산화 억제
④ 에피네프린 – 간에서 글리코겐 분해 촉진 및 조직의 혈중 포도당사용 억제

14 〈보기〉의 에너지 대사 과정에 관한 설명 중 옳은 것만을 모두 고른 것은? 기출 16 17 18 19 20 21

> ㄱ. 해당과정 중 NADH는 생성되지 않는다.
> ㄴ. 크렙스 회로와 베타산화는 미토콘드리아에서 관찰되는 에너지 대사 과정이다.
> ㄷ. 포도당 한 분자의 해당과정의 최종산물은 ATP 2분자와 피루브산염 2분자(또는 젖산염 2분자)이다.
> ㄹ. 낮은 운동강도(예 VO_2max 40%)로 30분 이상 운동 시 점진적으로 호흡교환율이 감소하고 지방 대사 비중은 높아진다.

① ㄱ, ㄴ
② ㄱ, ㄹ
③ ㄴ, ㄷ
④ ㄴ, ㄷ, ㄹ

16 운동 중 수분과 전해질 균형에 관한 설명으로 옳은 것만을 모두 고른 것은? 기출 16 17 18 21 22

> ㄱ. 장시간의 중강도 운동 시 혈장량과 알도스테론 분비는 감소한다.
> ㄴ. 땀 분비로 인한 혈장량 감소는 뇌하수체 후엽의 항이뇨호르몬 분비를 유도한다.
> ㄷ. 충분한 수분 섭취 없이 장시간 운동 시 체내 수분 재흡수를 위해 레닌-안지오텐신 Ⅱ 호르몬이 분비된다.
> ㄹ. 운동에 의한 땀 분비는 수분 상실을 초래하며 혈중 삼투질 농도를 감소시킨다.

① ㄱ, ㄴ
② ㄱ, ㄹ
③ ㄴ, ㄷ
④ ㄴ, ㄹ

17 ⟨표⟩는 참가자의 폐환기 검사 결과이다. ⟨보기⟩에서 옳은 것만을 모두 고른 것은?

참가자	1회 호흡량 (mL)	호흡률 (회/min)	분당 환기량 (mL/min)	사강량 (mL)	폐포 환기량 (mL/min)
주은	375	20	( )	150	( )
민재	500	15	( )	150	( )
다영	750	10	( )	150	( )

ㄱ. 세 참가자의 분당환기량은 동일하다.
ㄴ. 다영의 폐포 환기량은 분당 6L/min이다.
ㄷ. 주은의 폐포 환기량이 가장 크다.

① ㄱ, ㄴ
② ㄱ, ㄷ
③ ㄴ, ㄷ
④ ㄱ, ㄴ, ㄷ

18 1회 박출량(Stroke Volume) 증가 요인으로 옳지 않은 것은?

① 심박수 증가
② 심실 수축력 증가
③ 평균 동맥혈압(MAP) 감소
④ 심실 이완기말 혈액량(EDV) 증가

19 골격근 섬유에 관한 설명으로 옳은 것은?

① 근수축에 필요한 칼슘(Ca^{2+})은 근형질세망에 저장되어 있다.
② 운동단위(Motor Unit)는 감각뉴런과 그것이 지배하는 근섬유의 결합이다.
③ 신경근 접합부(Neuromuscular Junction)에서 분비되는 근수축 신경전달물질은 에피네프린이다.
④ 지연성 근통증은 골격근의 신장성(Eccentric) 수축보다 단축성(Concentric) 수축 시 더 쉽게 발생한다.

20 지근섬유(Type I)와 비교되는 속근섬유(Type II)의 특성으로 옳은 것은?

① 높은 피로 저항력
② 근형질세망의 발달
③ 마이오신 ATPase의 느린 활성
④ 운동신경세포(뉴런)의 작은 직경

06 운동역학

01 뉴턴(I. Newton)의 3가지 법칙과 관련이 없는 것은?

기출 15 18 19 21

① 외력이 가해지지 않으면, 정지하고 있는 물체는 계속 정지하려 한다.
② 가속도는 물체에 가해진 힘에 비례한다.
③ 수직 점프를 할 때, 지면을 강하게 눌러야 높게 올라갈 수 있다.
④ 외력이 가해지지 않으면, 물체가 가진 각운동량은 변하지 않는다.

02 <보기>에서 힘(Force)에 관한 설명으로 옳은 것을 모두 고른 것은?

기출 17 20 22

> ㄱ. 움직임을 일으키는 원인으로 에너지이다.
> ㄴ. 질량과 가속도의 곱으로 결정된다.
> ㄷ. 단위는 N(Newton)이다.
> ㄹ. 크기를 갖는 스칼라(Scalar)이다.

① ㄱ, ㄴ
② ㄱ, ㄹ
③ ㄴ, ㄷ
④ ㄷ, ㄹ

03 쇼트트랙 경기에서 원운동을 할 때 원심력과 구심력에 관한 설명으로 옳은 것은?

기출 17 20

① 원심력과 구심력은 크기가 같고, 방향이 반대이다.
② 원심력은 원운동을 하는 선수의 질량과 관계가 없다.
③ 원심력을 극복하는 방법으로 반지름을 작게 하여 원운동을 한다.
④ 신체를 원운동 중심의 방향으로 기울이는 것은 접선 속도를 크게 만들기 위함이다.

04 선운동량 또는 충격량에 관한 설명으로 옳은 것은?

기출 17 18 20

① 선운동량은 질량과 속도를 더하여 결정되는 물리량이다.
② 충격량은 충격력과 충돌이 가해진 시간의 곱으로 결정되는 물리량이다.
③ 시간에 따른 힘 그래프에서 접선의 기울기는 충격량을 의미한다.
④ 충격량이 선운동량으로 전환되기 위해서는 먼저 충격량이 토크로 전환되어야 한다.

05 운동학적(Kinematic) 분석과 운동역학적(Kinetic) 분석에 관한 설명으로 옳지 않은 것은? 기출▶ 16 17 18 20 21 22

① 일률, 속도, 힘은 운동역학적 분석요인이다.
② 운동학적 분석은 움직임을 공간적·시간적으로 분석한다.
③ 근전도 분석, 지면반력 분석은 운동역학적 분석방법이다.
④ 신체중심점의 위치변화, 관절각의 변화는 운동학적 분석요인이다.

06 〈보기〉에서 물리량에 대한 설명으로 옳은 것만 고른 것은? 기출▶ 18 22

> ㄱ. 압력은 단위면적당 가해지는 힘이며 벡터이다.
> ㄴ. 일은 단위시간당 에너지의 변화율이며 벡터이다.
> ㄷ. 마찰력은 두 물체의 마찰로 발생하는 힘이며 스칼라이다.
> ㄹ. 토크는 회전을 일으키는 효과이며 벡터이다.

① ㄱ, ㄴ
② ㄱ, ㄹ
③ ㄴ, ㄷ
④ ㄷ, ㄹ

07 〈보기〉에서 항력과 관련된 설명으로 옳은 것만 고른 것은?

> ㄱ. 육상의 원반 투사 시, 최적의 공격각(Attack Angle)은 $\frac{항력}{양력}$이 최대일 때의 각도이다.
> ㄴ. 야구에서 투구 시 공에 회전을 넣어 커브 구질을 만든다.
> ㄷ. 파도와 같이 물과 공기의 접촉면에서 형성되는 난류에 의하여 발생하기도 한다.
> ㄹ. 날아가는 골프공의 단면적(유체의 흐름방향에 수직인 물체의 면적)에 비례한다.

① ㄱ, ㄴ
② ㄱ, ㄹ
③ ㄴ, ㄷ
④ ㄷ, ㄹ

08 2차원 영상 분석에서 배율법(Multiplier Method)에 관한 설명으로 옳지 않은 것은?

① 동작이 수행되는 평면에 직교하게 카메라를 설치한다.
② 분석대상이 운동평면에서 벗어나면 투시오차(Perspective Error)가 발생할 수 있다.
③ 체조의 공중회전(Somersault)과 트위스트(Twist)와 같은 운동 동작을 분석하는 데 주로 활용된다.
④ 기준자(Reference Ruler)는 영상평면에서의 분석 대상 크기를 실제 운동 평면에서의 크기로 조정하기 위해 사용된다.

09 〈보기〉에서 각운동에 관한 설명으로 옳은 것만 고른 것은?

기출 ▶ 16 19 20 22

> ㄱ. 각속력은 벡터이고, 각속도(Angular Velocity)는 스칼라이다.
> ㄴ. 각속력(Angular Speed)은 시간당 각거리(Angular Distance)이다.
> ㄷ. 각가속도(Angular Acceleration)는 시간당 각속도의 변화량이다.
> ㄹ. 각거리는 물체의 처음과 마지막 각위치의 변화량이다.

① ㄱ, ㄴ　　② ㄱ, ㄹ
③ ㄴ, ㄷ　　④ ㄷ, ㄹ

10 〈보기〉의 ㉠~㉣에 들어갈 내용이 바르게 제시된 것은?

> • (㉠)가 커질수록 부력도 커진다.
> • (㉡)가 올라갈수록 부력은 작아진다.
> • (㉢)는 수중에서의 자세 변화에 따라 달라진다.
> • (㉣)은 물에 잠긴 신체의 부피에 비례하여 수직으로 밀어 올리는 힘이다.

	㉠	㉡	㉢	㉣
①	신체의 밀도	신체의 온도	무게중심의 위치	부력
②	유체의 밀도	신체의 온도	무게중심의 위치	항력
③	신체의 밀도	물의 온도	부력중심의 위치	항력
④	유체의 밀도	물의 온도	부력중심의 위치	부력

11 〈보기〉와 같이 조건을 (A)에서 (B)로 변경하였을 때, ㉠~㉢에 들어갈 내용으로 바르게 나열한 것은? (단, 각운동량 그리고 줄과 공의 질량은 변화가 없는 것으로 가정)

기출 ▶ 17 18 21 22 23

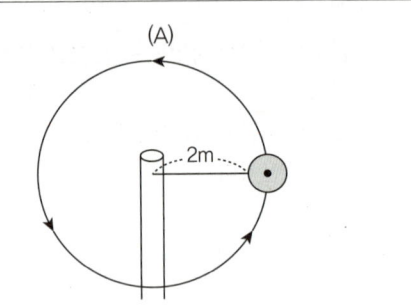

(A)

• 회전축에서 공의 중심까지 거리 : 2m
• 회전속도 : 1회전/sec
⇩
(B)
회전축에서 공까지의 거리를 1m로 줄이면, 회전반경이 (㉠)로 줄어들고 관성모멘트가 (㉡)로 감소하기 때문에 공의 회전속도는 (㉢)로 증가한다.

	㉠	㉡	㉢
①	$\frac{1}{2}$	$\frac{1}{2}$	2회전/sec
②	$\frac{1}{2}$	$\frac{1}{4}$	2회전/sec
③	$\frac{1}{4}$	$\frac{1}{2}$	4회전/sec
④	$\frac{1}{2}$	$\frac{1}{4}$	4회전/sec

12 인체에 적용되는 지레(Levers)의 원리에 관한 설명으로 옳지 않은 것은?

기출 ▶ 18 20 22 23

① 1종 지레에서 축(받침점)은 힘점과 저항점(작용점) 사이에 위치하고 역학적 이점이 1보다 크거나 작을 수 있다.
② 2종 지레는 저항점이 힘점과 축 사이에 위치하고 역학적 이점이 1보다 크다.
③ 3종 지레에서 힘점은 축과 저항점 사이에 위치하고 역학적 이점이 1보다 크다.
④ 지면에서 수직 방향으로 발뒤꿈치를 들고 서는 동작(Calf Raise)은 2종 지레이다.

13 〈그림〉의 수직점프(Vertical Jump) 동작에 관한 운동역학적 특성을 바르게 설명한 것은? (단, 외력과 공기 저항은 작용하지 않는 것으로 가정)

기출 ▶ 15 16 17 19 20 21 22 23

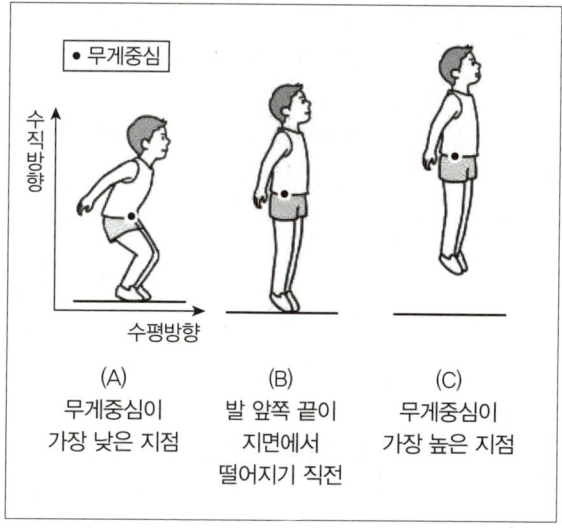

① (A)부터 (B)까지 한 일(Work)은 위치에너지의 변화량과 같다.
② (A)부터 (B)까지 넙다리네갈래근(대퇴사두근, Quadriceps)은 신장성 수축(Eccentric Contraction)을 한다.
③ (B)부터 (C)까지 무게중심의 수직가속도는 증가한다.
④ (C)지점에서 인체 무게중심의 수직속도는 0m/sec 이다.

14 회전운동에 관한 설명으로 옳지 않은 것은?

① 회전하는 물체의 접선속도는 각속도와 반지름의 곱으로 구한다.
② 회전하는 물체의 각속도는 호의 길이를 소요시간으로 나누어 구한다.
③ 인체의 관성모멘트(Moment of Inertia)는 회전축의 방향에 따라 변한다.
④ 토크는 힘의 연장선이 물체의 중심에서 벗어난 지점에 작용할 때 발생한다.

15 인체의 무게중심에 관한 설명으로 옳지 않은 것은?

기출 ▶ 15 16 17 19 20 21 22 23

① 무게중심은 인체 외부에 위치할 수 있다.
② 무게중심의 위치는 안정성에 영향을 준다.
③ 무게중심은 토크의 합이 '0'인 지점이다.
④ 무게중심의 위치는 동작의 변화와 관계없이 일정하다.

16 중력가속도의 개념에 관한 설명으로 옳지 않은 것은?

기출 ▶ 18

① 중력가속도의 크기는 9.8m/sec²이다.
② 중력가속도는 지구 중심방향으로 작용한다.
③ 인체의 무게는 질량과 중력가속도의 곱으로 산출한다.
④ 토스한 배구공이 상승하는 과정에서는 중력가속도의 영향을 받지 않는다.

17 인체의 근골격계에 관한 설명으로 옳은 것은?

① 골격근의 수축은 관절에서 회전운동을 일으키지 못한다.
② 인대(Ligament)는 골격근을 뼈에 부착시키는 역할을 한다.
③ 작용근(주동근, Agonist)은 의도한 운동을 발생시키는 근육이다.
④ 팔꿈치관절에서 굽힘근(굴근, Flexor)의 수축은 관절의 각도를 커지게 한다.

18 기저면의 변화를 통해 안정성을 증가시킨 동작으로 옳지 않은 것은?

기출 ▶ 15 17 18 21 23

① 산에서 내려오며 산악용 스틱을 사용하여 지면을 지지하기
② 씨름에서 상대방이 옆으로 당기자 다리를 좌우로 벌리기
③ 평균대 외발서기 동작에서 양팔을 좌우로 벌리기
④ 스키점프 착지 동작에서 다리를 앞뒤로 교차하여 벌리기

19 역학적 일(Work)과 일률(Power)의 개념을 바르게 설명한 것은?

기출 ▶ 15 16 17 18 19 21 23

① 일의 단위는 watt 또는 joule/sec이다.
② 일률은 힘과 속도의 곱으로 산출한다.
③ 일률은 이동한 거리를 고려하지 않는다.
④ 일은 가해진 힘의 크기에 반비례한다.

20 운동역학을 스포츠 현장에 적용한 사례로 적절하지 않은 것은?   기출 15 16 17 19 20 21 22 23

① 멀리뛰기에서 도약력 측정을 위한 지면반력 분석
② 다이빙에서 각운동량 산출을 위한 3차원 영상 분석
③ 축구에서 운동량 측정을 위한 웨어러블 센서(Wearable Sensor)의 활용
④ 경기장 적응을 위해 가상현실을 활용한 양궁 심상훈련 지원

07 스포츠윤리

01 〈보기〉에서 설명하는 법령은?

> 이 법은 국민 모두가 스포츠 및 신체활동에 자유롭고 평등하게 참여하여 건강하고 행복한 삶을 영위할 수 있도록 스포츠의 가치가 교육, 문화, 환경, 인권, 복지, 정치, 경제, 여가 등 우리 사회 영역 전반에 확산될 수 있게 국가와 지방자치단체가 그 역할을 다하며, 개인이 스포츠활동에서 차별받지 아니하고, 스포츠의 다양성, 자율성과 민주성의 원리가 조화롭게 실현되도록 하는 것을 기본 이념으로 한다.

① 스포츠클럽법
② 스포츠기본법
③ 국민체육진흥법
④ 학교체육진흥법

02 〈보기〉에서 스포츠에서 발생하는 폭력의 유형과 특징으로 옳은 것만을 모두 고른 것은?

> ㄱ. 직접적 폭력은 가시적, 파괴적이다.
> ㄴ. 직접적 폭력은 상해를 입히려는 의도가 있는 행위이다.
> ㄷ. 구조적 폭력은 비가시적이며 장기간 이루어진다.
> ㄹ. 구조적 폭력은 의도가 노골적이지 않지만 관습처럼 반복된다.
> ㅁ. 문화적 폭력은 언어, 행동양식 등의 상징적 행위를 통해 가해진다.
> ㅂ. 문화적 폭력은 위해를 '옳은 것'이라 정당화하여 '문제가 되지 않게' 만들기도 한다.

① ㄱ, ㄷ, ㅁ
② ㄱ, ㄷ, ㄹ, ㅂ
③ ㄱ, ㄴ, ㄷ, ㄹ, ㅁ
④ ㄱ, ㄴ, ㄷ, ㄹ, ㅁ, ㅂ

03 스포츠에서 여성에 대한 차별이 발생하거나 심화되는 원인으로 볼 수 없는 것은?   기출 16 17 20 23

① 생물학적 환원주의
② 남녀의 운동 능력 차이
③ 남성 문화에 기반한 근대스포츠
④ 여성 참정권

04 〈보기〉에서 (가)의 문제를 해결하기 위해 생명중심주의 입장에서 (나)를 제시한 학자는?

기출 20

(가)
스포츠에서 환경문제가 발생하는 근본 원인은 스포츠의 사회문화적 가치와 환경 혹은 자연의 보전 가치 사이의 충돌이다.

(나)
- 불침해의 의무 – 다른 생명체에 해를 끼쳐서는 안 된다.
- 불간섭의 의무 – 생태계에 간섭해서는 안 된다.
- 신뢰의 의무 – 낚시나 덫처럼 동물을 기만하는 행위를 해서는 안 된다.
- 보상적 정의의 의무 – 부득이하게 해를 끼친 경우 피해를 보상해야 한다.

① 테일러(P. Taylor)
② 베르크(A. Berque)
③ 콜버그(L. Kohlberg)
④ 패스모어(J. Passmore)

05 〈보기〉의 ㉠~㉢에 들어갈 용어로 바르게 묶인 것은?

기출 15 18 19 20 21 22 23

- (㉠) – 생물학적, 형태학적 특징에 따라 분류된 인간 집단
- (㉡) – 특정 종목에 유리하거나 불리한 인종이 실제로 존재한다는 사고 방식
- (㉢) – 선수의 능력 차이를 특정 인종의 우월이나 열등으로 과장하여 차등을 조장하는 것

	㉠	㉡	㉢
①	인 종	인종주의	인종차별
②	인 종	인종차별	젠더화 과정
③	젠 더	인종주의	인종차별
④	젠 더	인종차별	젠더화 과정

06 〈보기〉의 축구 경기 비디오 판독(VAR)에서 심판 B의 판정 견해를 지지하는 윤리 이론에 가장 부합하는 것은?

기출 16 17 18 19 20 22 23

- 심판 A – 상대 선수가 부상을 입었지만 퇴장은 가혹하다.
- 심판 B – 그 선수가 충돌을 피할 수 있는 시간은 충분했다. 그러나 그는 피하려 하지 않았다. 따라서 퇴장의 처벌은 당연하다.

① 최대다수의 최대행복
② 의무주의
③ 쾌락주의
④ 좋음은 옳음의 근거

07 〈보기〉에 담긴 윤리적 규범과 관련이 없는 것은?

기출 18 19 21 23

나는 운동선수로서 경기의 규칙을 숙지하고 준수하여 공정하게 시합을 한다.

① 페어플레이(Fair Play)
② 스포츠딜레마(Sport Dilemma)
③ 스포츠에토스(Sport Ethos)
④ 스포츠퍼슨십(Sportpersonship)

08 〈보기〉의 사례로 나타나는 품성으로 스포츠인에게 권장하지 않는 것은?

> • 경기 규칙의 위반은 옳지 않음을 알면서도 불공정한 파울을 행하기도 한다.
> • 도핑이 그릇된 일이라는 점을 알고 있지만, 기록갱신과 승리를 위해 도핑을 강행한다.

① 테크네(Techne)
② 아크라시아(Akrasia)
③ 에피스테메(Episteme)
④ 프로네시스(Phronesis)

09 〈보기〉의 내용과 가장 밀접한 것은?

> • 정정당당하게 경기에 임하라.
> • 어떠한 경우에도 최선을 다해라.
> • 운동선수는 페어플레이를 해야 한다.

① 모방욕구
② 가언명령
③ 정언명령
④ 배려윤리

10 〈보기〉의 내용에 해당하는 윤리적 태도는?

> 나는 경기에 참여할 때마다, 나의 행동 하나하나가 가능한 한 많은 사람이 만족하는 데 기여할 수 있도록 노력한다.

① 행위 공리주의
② 규칙 공리주의
③ 제도적 공리주의
④ 직관적 공리주의

11 〈보기〉의 설명에 해당하는 스포츠에서의 정의(Justice)는?

> 정의는 공정과 준법을 요구한다. 모든 선수에게 동등한 기회를 보장해야 한다는 공정의 원칙은 지켜지지 않을 때가 있다. 스포츠에서는 완전한 통제가 어려운 불평등을 줄이기 위해 공수교대, 전후반 진영 교체, 홈·원정 경기, 출발 위치 제비뽑기 등을 한다.

① 자연적 정의
② 평균적 정의
③ 분배적 정의
④ 절차적 정의

12 〈보기〉의 ㉠~㉢에 해당하는 용어가 바르게 제시된 것은? 19 21

> 공자의 사상은 (㉠)(으)로 설명할 수 있다. (㉡)은/는 마음이 중심을 잡아 한쪽으로 치우치지 않는 상태를 의미하고, (㉢)은/는 나와 타인의 마음이 서로 다르지 않다는 뜻으로 배려와 관용을 나타낸다. 공자는 (㉢)에 대해 "내가 원하지 않는 일을 남에게 하지 말라(己所不欲 勿施於人)"는 정언명령으로 규정한다. 이는 스포츠맨십과 상통한다.

	㉠	㉡	㉢
①	충효(忠孝)	충(忠)	효(孝)
②	정의(正義)	정(正)	의(義)
③	정명(正名)	정(正)	명(名)
④	충서(忠恕)	충(忠)	서(恕)

13 〈보기〉의 주장과 가장 밀접한 관련이 있는 것은? 17 18 21

> 스포츠 경기에서 승자의 만족도는 '1'이고, 패자의 만족도는 '0'이라고 말하는 사람이 있다. 그러나 스포츠 경기에서 양자의 만족도 합은 '0'에 가까울 수 있고, '2'에 가까울 수도 있다. 승자와 패자의 만족도가 각각 '1'에 가까울 수 있기 때문이다.

① 칸트
② 정언명령
③ 공정시합
④ 공리주의

14 〈보기〉의 설명에 해당하는 반칙의 유형은? 기출 21

> - 동기, 목표가 뚜렷하다.
> - 스포츠의 본질적인 성격을 부정하는 의미로 해설할 수 있다.
> - 실격, 몰수패, 출전 정지, 영구 제명 등의 처벌이 따른다.

① 의도적 구성 반칙
② 비의도적 구성 반칙
③ 의도적 규제 반칙
④ 비의도적 규제 반칙

15 〈보기〉의 대화에서 '윤성'의 윤리적 관점은? 기출 17 18

> 진서 : 나 어젯밤에 투우 중계방송 봤는데, 스페인에서 엄청 인기더라구! 그런데 동물을 인간 오락의 대상으로 삼는 것은 윤리적으로 허용될 수 없는 거 아니야?
> 윤성 : 난 다르게 생각해! 스포츠활동은 인간의 이상을 추구하기 위한 것이고, 그 이상의 실현을 위해 동물은 수단으로 활용될 수 있는 거 아닐까? 승마의 경우 인간과 말이 훈련을 통해 기량을 향상시키고 결국 사람 간의 경쟁에 동물을 도구로 활용한다고 볼 수 있잖아.

① 동물해방론
② 동물권리론
③ 종차별주의
④ 종평등주의

16 〈보기〉의 사례에서 나타나는 윤리적 태도와 가장 밀접한 관련이 있는 것은?

> 선수는 윤리적 갈등을 겪을 때면, 우리 사회에서 오랫동안 본보기가 되어온 위인들을 떠올린다. 그리고 그 위인들처럼 행동하려고 노력한다.

① 매킨타이어(A. MacIntyre)
② 의무주의(Deontology)
③ 쾌락주의(Hedonism)
④ 메타윤리(Metaethics)

17 스포츠윤리의 특징으로 적절하지 않은 것은?

① 스포츠 경쟁의 윤리적 기준이다.
② 올바른 스포츠 경기의 방향이 된다.
③ 보편적 윤리로는 다룰 수 없는 독자성이 있다.
④ 스포츠인의 행위, 실천의 기준이다.

18 〈보기〉에서 학생운동선수의 학습권 보호와 관련된 것으로 옳은 것만 모두 고른 것은?

> ㄱ. 최저 학력 제도
> ㄴ. 리그 승강 제도
> ㄷ. 주말 리그 제도
> ㄹ. 학사 관리 지원 제도

① ㄱ, ㄴ, ㄷ
② ㄱ, ㄴ, ㄹ
③ ㄱ, ㄷ, ㄹ
④ ㄴ, ㄷ, ㄹ

19 〈보기〉의 주장에 나타난 윤리적 관점은?

> 스포츠 행위의 도덕적 가치는 사회에 따라, 또는 사람에 따라 다를 수 있다. 물론 도덕적 준거가 없는 것은 아니다.

① 윤리적 절대주의
② 윤리적 회의주의
③ 윤리적 상대주의
④ 윤리적 객관주의

20 〈보기〉의 대화에서 논란이 되고 있는 도핑의 종류는?

> 지원 : 스포츠 뉴스 봤어? 케냐의 마라톤 선수 킵초게가 1시간 59분 40초의 기록을 세웠대!
> 사영 : 우와! 2시간의 벽이 드디어 깨졌네요! 인간의 한계는 끝이 없나요?
> 성현 : 그런데 이번 기록은 특수 제작된 신발을 신고 달렸으니 킵초게 선수의 능력만으로 달성했다고 볼 수 없는 거 아니야? 스포츠에 과학기술의 도입은 필요하지만 이러다가 스포츠에서 탁월성의 근거가 인간에서 기술로 넘어가는 거 아니야?
> 혜름 : 맞아! 수영의 전신 수영복, 야구의 압축 배트가 금지된 사례도 있잖아!

① 약물도핑(Drug Doping)
② 기술도핑(Technology Doping)
③ 브레인도핑(Brain Doping)
④ 유전자도핑(Gene Doping)

2023년 2급 선택과목 기출문제

▶ 정답과 해설 550p

01 스포츠사회학

01 〈보기〉에서 스포츠의 교육적 순기능으로만 묶인 것은?

기출 ▶ 15 17 20 22 25

> ㉠ 학교와 지역사회의 통합
> ㉡ 평생체육의 연계
> ㉢ 스포츠의 상업화
> ㉣ 학업활동의 격려
> ㉤ 참여기회의 제한
> ㉥ 승리지상주의

① ㉠, ㉡, ㉣
② ㉠, ㉢, ㉤
③ ㉡, ㉢, ㉣
④ ㉡, ㉤, ㉥

02 〈보기〉에서 코클리(J. Coakley)의 상업주의에 따른 스포츠의 변화에 관한 설명으로 옳은 것을 모두 고른 것은?

기출 ▶ 15 17 18 19 21 22 24 25

> ㉠ 스포츠 조직의 변화 – 스포츠 조직은 경품 추첨, 연예인의 시구와 같은 의전행사에 관심을 갖게 되었다.
> ㉡ 스포츠 구조의 변화 – 스포츠의 심미적 가치보다 영웅적 가치를 중시하게 되었다.
> ㉢ 스포츠 목적의 변화 – 아마추어리즘보다 흥행에 입각한 프로페셔널리즘을 추구하게 되었다.
> ㉣ 스포츠 내용의 변화 – 프로 농구의 경우, 전·후반제에서 쿼터제로 변경되었다.

① ㉠, ㉡
② ㉠, ㉢
③ ㉡, ㉢, ㉣
④ ㉠, ㉢, ㉣

03 〈보기〉에서 설명하는 스포츠 세계화의 원인은?

기출 ▶ 16 19 21 22

> '코먼웰스 게임(Commonwealth Games)'은 영연방국가들이 참가하는 스포츠 메가이벤트로, 영연방국가의 통합에 기여하는 측면이 있다. 영국의 스포츠로 알려진 크리켓과 럭비는 대부분 영국의 식민지였던 영연방국가에서 인기가 있다.

① 제국주의
② 민족주의
③ 다문화주의
④ 문화적 상대주의

04 〈보기〉에 해당하는 케년(G. Kenyon)의 스포츠 참가유형은?

기출 ▶ 17

> • 특정 선수의 사인볼 수집
> • 특정 스포츠 관련 SNS 활동
> • 특정 스포츠 물품에 대한 애착

① 일탈적 참가
② 행동적 참가
③ 정의적 참가
④ 인지적 참가

05 〈보기〉의 ㉠, ㉡에 해당하는 거트만(A. Guttmann)의 근대스포츠 특징은?   기출 16 25

- (㉠) - 국제스포츠조직은 규칙의 제정, 대회의 운영, 종목 진흥 등의 역할을 담당한다.
- (㉡) - 투수라는 같은 포지션 내에서도 선발, 중간, 마무리 등으로 구분된다.

	㉠	㉡
①	관료화	평등성
②	합리화	평등성
③	관료화	전문화
④	합리화	전문화

06 스나이더(E. Snyder)가 제시한 스포츠 사회화의 전이 조건이 아닌 것은?   기출 17

① 참가의 가치
② 참가의 정도
③ 참가의 자발성 여부
④ 사회화 주관자의 위신과 위력

07 〈보기〉는 버렐(S. Birrell)과 로이(J. Loy)의 스포츠 미디어를 통해 충족할 수 있는 욕구에 관한 설명이다. ㉠~㉢에 해당하는 용어가 바르게 연결된 것은?   기출 19 21 22 25

- (㉠) 욕구 - 스포츠 경기의 결과, 선수와 팀에 대한 통계적 지식을 제공해 준다.
- (㉡) 욕구 - 스포츠에 대한 흥미와 흥분을 제공해 준다.
- (㉢) 욕구 - 다른 사회집단과 경험을 공유하게 하며 공동체 의식을 갖게 한다.

	㉠	㉡	㉢
①	정의적	인지적	통합적
②	인지적	통합적	정의적
③	정의적	통합적	인지적
④	인지적	정의적	통합적

08 〈보기〉의 ㉠, ㉡에 해당하는 용어가 바르게 연결된 것은?   기출 15 16 17 18 19 20 22

- (㉠) - 국민의 관심이 높은 스포츠 경기를 무료 혹은 저렴한 비용으로 시청할 수 있는 권리를 말한다.
- (㉡) - 선수 개인의 사생활을 중심으로 대중을 자극하고 호기심에 호소하는 흥미 위주의 스포츠 관련 보도를 지칭한다.

	㉠	㉡
①	독점 중계권	뉴 저널리즘 (New Journalism)
②	보편적 접근권	옐로 저널리즘 (Yellow Journalism)
③	독점 중계권	옐로 저널리즘 (Yellow Journalism)
④	보편적 접근권	뉴 저널리즘 (New Journalism)

09 〈보기〉에서 설명하는 프로스포츠의 제도는? `기출` 19 22

> - 프로스포츠 구단이 소속 선수와의 계약을 해지하고 다른 구단에게 해당 선수를 양도받을 의향이 있는지 공개적으로 묻는 제도이다.
> - 기량이 떨어지거나 심각한 부상을 당한 선수를 방출하는 수단으로 이용하고 있다.

① 보류 조항(Reserve Clause)
② 웨이버 조항(Waiver Rule)
③ 선수대리인(Agent)
④ 자유계약(Free Agent)

10 스포츠 일탈의 순기능에 관한 사례로 적절하지 않은 것은? `기출` 19 21 22

① 승부조작 사례를 보고 많은 선수들이 경각심을 갖는다.
② 아이스하키 경기에서 허용된 주먹다짐은 잠재된 공격성을 해소시켜 준다.
③ 스포츠에서 선수들의 약물복용이 지속되면 경기의 공정성이 훼손된다.
④ 높이뛰기에서 배면뛰기 기술의 창안은 기록경신에 기여하고 있다.

11 〈보기〉는 스트렝크(A. Strenk)가 제시한 국제정치에서 스포츠의 기능에 관한 설명이다. ㉠~㉢에 해당하는 내용이 바르게 연결된 것은? `기출` 15 18 19 20 22 24

> - (㉠) - 2002년 한일월드컵 4강 진출로 대한민국이 축구 강국으로 인식
> - (㉡) - 1980년 모스크바올림픽에서 서방 국가들의 보이콧 선언
> - (㉢) - 1936년 베를린올림픽에서 나치즘의 정당성과 우월성 과시

	㉠	㉡	㉢
①	외교적 도구	정치이념 선전	국위선양
②	국위선양	외교적 항의	정치이념 선전
③	국위선양	외교적 도구	외교적 항의
④	외교적 도구	외교적 항의	정치이념 선전

12 〈보기〉에서 설명하는 부르디외(P. Bourdieu)의 문화자본 유형은? `기출` 17 19

> - 테니스의 경기 기술뿐만 아니라 경기 매너도 습득하게 된다.
> - 스포츠활동처럼 몸으로 체득하게 되는 성향을 의미한다.
> - 획득하는 데 시간이 오래 걸리고, 타인에게 양도나 전이, 교환이 어렵다.

① 체화된(Embodied) 문화자본
② 객체화된(Objectified) 문화자본
③ 제도화된(Institutionalized) 문화자본
④ 주체화된(Subjectified) 문화자본

13 〈보기〉에서 투민(M. Tumin)이 제시한 스포츠계층의 특성 중 보편성(편재성)에 해당하는 것으로만 묶인 것은?

> ㉠ 스포츠는 인기종목과 비인기종목으로 구분된다.
> ㉡ 과거에 비해 운동선수들의 지위가 향상되고 있다.
> ㉢ 종합격투기는 체급에 따라 대전료와 중계권료 등에 차등이 있다.
> ㉣ 계층에 따라 스포츠 참여 빈도, 유형, 종목이 달라지며, 이러한 차이는 개인의 삶에 영향을 미친다.

① ㉠, ㉡
② ㉠, ㉢
③ ㉡, ㉣
④ ㉢, ㉣

14 〈보기〉의 밑줄 친 ㉠, ㉡을 설명하는 집합행동 이론이 바르게 연결된 것은?

> 이 코치 : 어제 축구 봤어? 경기 도중 관중폭력이 발생했잖아.
> 김 코치 : ㉠ 나는 그 경기를 경기장에서 직접 봤는데 관중들의 야유 소리가 점점 커지면서 관중폭력이 일어났어.
> 이 코치 : 맞아! ㉡ 그 경기 이전에 이미 관중의 인종차별 사건이 있었잖아. 만약 인종차별이 먼저 발생하지 않았다면, 어제 경기에서 그런 관중폭력은 없었을 거야.

	㉠	㉡
①	전염 이론	규범생성 이론
②	수렴 이론	부가가치 이론
③	전염 이론	부가가치 이론
④	수렴 이론	규범생성 이론

15 메기(J. Magee)와 서덴(J. Sugden)이 제시한 스포츠 노동이주의 유형에 관한 설명 중 적절하지 않은 것은?

① 개척자형 – 스포츠 보급을 통해 금전적 보상을 추구하는 유형
② 정착민형 – 영구적으로 정착할 수 있는 곳을 찾는 유형
③ 귀향민형 – 해외에서의 스포츠 경험을 바탕으로 자국으로 복귀하는 유형
④ 유목민형 – 개인의 취향대로 흥미로운 장소를 돌아다니면서 스포츠에 참여하는 유형

16 〈보기〉는 코클리(J. Coakley)가 제시한 스포츠 일탈에 관한 설명이다. ㉠, ㉡에 해당하는 용어가 바르게 연결된 것은?

> • (㉠)에 따르면 스포츠 일탈이 용인되는 범위는 사회적으로 타협하는 과정을 통해 구성된다.
> • (㉡)는 과훈련(Over-training), 부상 투혼 등을 거부감 없이 무비판적으로 수용하는 것이다.

	㉠	㉡
①	상대론적 접근	과소동조
②	절대론적 접근	과잉동조
③	절대론적 접근	과소동조
④	상대론적 접근	과잉동조

17 스포츠사회화를 이해하기 위한 사회학습 이론의 관점으로 적절하지 않은 것은?

① 상과 벌을 통해 행동이 변화한다.
② 다른 사람의 행동을 관찰하여 모방이 일어난다.
③ 사회화 주관자의 가르침을 통해 행동이 변화한다.
④ 개인은 자신이 처해있는 상황을 스스로 학습하고 변화한다.

18 〈보기〉에서 설명하는 스포츠의 정치적 속성은?

> 에티즌(D. Eitzen)과 세이지(G. Sage)에 의하면 다양한 팀, 리그, 선수단체 및 행정기구는 각각의 특성에 따라 불평등하게 배분된 자원과 권한을 갖게 되고, 더 많은 권한을 갖기 위해 대립적 갈등을 겪게 된다.

① 보수성
② 긴장관계
③ 권력투쟁
④ 상호의존성

19 〈보기〉에서 설명하는 맥퍼슨(B. McPherson)의 스포츠 미디어 이론은?

> • 대중매체를 통한 개인의 스포츠 소비 형태는 중요타자의 가치와 소비행동에 의해 영향을 받는다.
> • 스포츠 수용자 역할로의 사회화는 스포츠에 참여하는 가족 구성원으로부터 받은 스포츠 소비에 대한 승인 정도가 중요하게 작용한다.

① 개인차 이론
② 사회범주 이론
③ 문화규범 이론
④ 사회관계 이론

20 〈보기〉에서 설명하는 스포츠사회학 이론은?

> • 일상에서 특정 물건을 소비하는 것은 자신의 계급 위치를 상징화하는 행위이다.
> • 자원과 시간의 소비가 요구되는 스포츠에 참여하는 것은 계급 표식 행위이다.
> • 고가의 스포츠용품, 골프 회원권 등의 과시적 소비 양상이 나타난다.

① 갈등 이론
② 구조기능 이론
③ 비판 이론
④ 상징적 상호작용론

02 스포츠교육학

01 〈보기〉에서 설명하는 스포츠 교육 평가의 신뢰도 검사 방법은?

> • 동일한 검사에 대해 시간 차이를 두고 2회 측정해서 측정값을 비교해 차이가 작으면 신뢰도가 높고, 크면 신뢰도가 낮은 것으로 판단한다.
> • 첫 번째와 두 번째 측정 사이의 시간 차이가 너무 길거나 짧으면 신뢰도가 낮게 나올 수 있다.

① 검사-재검사
② 동형 검사
③ 반분 신뢰도 검사
④ 내적 일관성 검사

02 〈보기〉의 수업 장면에서 활용한 모스턴(M. Mosston)의 교수 스타일에 관한 설명으로 적절하지 않은 것은?

기출▶ 16 18 19 20 21 22

신체활동	축구
학습목표	인프런트킥으로 상대방 수비수를 넘겨 동료에게 패스할 수 있다.

수업 장면
지도자 : 네 앞에 상대방 수비수가 있을 때, 수비수를 넘겨 동료에게 패스하려면 어떻게 공을 차야 할까? 학습자 : 상대방 수비수를 넘길 수 있을 정도의 높이로 공을 띄워야 해요. 지도자 : 그럼, 발의 어느 부분으로 공의 밑 부분을 차면 수비수를 넘길 수 있을까? 학습자 : 발등과 발 안쪽의 중간 지점이요. (손가락으로 엄지발가락을 가리킨다) 지도자 : 좋은 대답이야. 그럼, 우리 한번 상대방 수비수를 넘기는 킥을 연습해 볼까?

① 지도자는 논리적이며 계열적인 질문을 설계해야 한다.
② 지도자는 질문에 대한 학습자의 해답을 검토하고 확인한다.
③ 지도자는 학습자에게 예정된 해답을 즉시 알려 준다.
④ 지도자는 학습자와 지속적으로 상호작용하며 의사 결정을 한다.

03 로젠샤인(B. Rosenshine)과 퍼스트(N. Furst)가 제시한 학습성취와 관련된 지도자 변인에 해당하지 않는 것은?

① 지도자의 경력
② 명확한 과제제시
③ 지도자의 열의
④ 프로그램의 다양화

04 링크(J. Rink)가 제시한 교수 전략(Teaching Strategy) 중 한 명의 지도자가 수업에서 공간을 나누어 두 가지 이상의 과제를 동시에 진행하는 것은?

기출▶ 15 19 21 22

① 자기 교수(Self Teaching)
② 팀 티칭(Team Teaching)
③ 상호 교수(Interactive Teaching)
④ 스테이션 교수(Station Teaching)

05 〈보기〉는 「국민체육진흥법」 제18조의3 '스포츠윤리센터의 설립'에 관한 내용이다. ㉠, ㉡에 들어갈 용어가 바르게 연결된 것은?

기출▶ 22

체육의 (㉠) 확보와 체육인의 (㉡)를 위하여 스포츠윤리센터를 설립한다.

	㉠	㉡
①	정당성	권리 강화
②	정당성	인권 보호
③	공정성	권리 강화
④	공정성	인권 보호

06 스포츠 교육 프로그램의 지도원리에 관한 설명이 적절하지 않은 것은?

① 개별성의 원리 – 개인차를 고려한 다양한 수준별 지도
② 효율성의 원리 – 학습자 스스로 내용을 파악하고 문제해결
③ 적합성의 원리 – 지도자의 창의적인 지도 활동의 선정과 활용
④ 통합성의 원리 – 교수·학습 내용의 다양화와 신체활동의 총체적 체험

07 직접교수모형에 관한 설명으로 적절하지 않은 것은?
기출 16 19 22

① 학습영역의 우선순위는 심동적 영역이다.
② 스키너(B. Skinner)의 조작적 조건화 이론에 근거한다.
③ 지도자 중심으로 의사결정이 이루어져 학습자의 과제참여 비율이 감소한다.
④ 수업의 단계는 전시과제 복습, 새 과제 제시, 초기 과제 연습, 피드백과 교정, 독자적 연습, 본시 복습의 순으로 진행된다.

08 「스포츠기본법」 제7조 '스포츠 정책 수립·시행의 기본원칙' 중 국가와 지방자치단체의 스포츠 정책에 관한 고려사항에 해당하지 않는 것은?
기출 22

① 스포츠활동을 존중하고 사회 전반에 확산되도록 할 것
② 스포츠 대회 참가 목적을 국위선양에 두어 지원할 것
③ 스포츠활동 참여와 스포츠 교육의 기회가 확대되도록 할 것
④ 스포츠의 가치를 존중하고 스포츠의 역동성을 높일 수 있을 것

09 모스턴(M. Mosston)의 포괄형(Inclusion) 교수 스타일에 관한 설명으로 적절하지 않은 것은?
기출 16 18 19 20 21 22

① 지도자는 발견 역치(Discovery Threshold)를 넘어 창조의 단계로 학습자를 유도한다.
② 지도자는 기술 수준이 다양한 학습자들의 개인차를 수용한다.
③ 학습자가 성취 가능한 과제를 선택하고 자신의 수행을 점검한다.
④ 과제 활동 전, 중, 후 의사결정의 주체는 각각 지도자, 학습자, 학습자 순서이다.

10 〈보기〉에서 설명하는 링크(J. Rink)의 학습 과제 연습 방법은?
기출 15 19 21 22

- 복잡한 운동 기술의 경우, 기술의 주요 동작이나 마지막 동작을 초기 동작보다 먼저 연습하게 한다.
- 테니스 서브 과제에서 공을 토스하는 동작을 연습하기 전에 공을 라켓에 맞추는 동작을 먼저 연습한다.

① 규칙 변형
② 역순 연쇄
③ 반응 확대
④ 운동수행의 목적 전환

11 〈보기〉에 해당하는 쿠닌(J. Kounin)의 교수 기능은?
기출 24

- 지도자가 자신의 머리 뒤에도 눈이 있다는 듯이 학습자들의 행동을 파악하는 것
- 지도자가 학습자들 간에 발생하는 사건을 인지하는 것

① 접근통제(Proximity Control)
② 긴장완화(Tension Release)
③ 상황이해(With-it-ness)
④ 타임아웃(Time-out)

12 〈보기〉에서 활용된 스포츠 지도 행동의 관찰기법은?

구 분	피드백의 유형	표기(빈도)	비 율
대 상	전 체	∨∨∨∨∨ (5회)	50%
	소집단	∨∨∨ (3회)	30%
	개 인	∨∨ (2회)	20%
성 격	긍 정	∨∨∨∨∨∨∨∨ (8회)	80%
	부 정	∨∨ (2회)	20%
구체성	일반적	∨∨∨ (3회)	30%
	구체적	∨∨∨∨∨∨∨ (7회)	70%

- 지도자 : 강 감독
- 관찰자 : 김 코치
- 수업내용 : 농구 수비전략
- 시간 : 19:00 ~ 19:50

① 사건 기록법(Event Recording)
② 평정 척도법(Rating Scale)
③ 일화 기록법(Anecdotal Recording)
④ 지속시간 기록법(Duration Recording)

13 배구 수업에서 운동기능이 낮은 학습자의 참여 증진을 위한 스포츠지도 방법으로 적절하지 않은 것은?

① 네트 높이를 낮춘다.
② 소프트한 배구공을 사용한다.
③ 서비스 라인을 네트와 가깝게 위치시킨다.
④ 정식 게임(Full-sided Game)으로 운영한다.

14 메이거(R. Mager)가 제시한 학습 목표 설정의 요소가 아닌 것은?

① 설정된 운동수행 기준
② 운동수행에 필요한 상황과 조건
③ 학습자에게 기대되는 성취행위
④ 목표 달성이 불가능할 경우의 대처방안

15 〈보기〉에서 메츨러(M. Metzler)의 탐구수업모형에 관한 설명으로 옳은 것을 모두 고른 것은?

㉠ 모형의 주제는 '문제해결자로서의 학습자'이다.
㉡ 학습 영역의 우선순위는 심동적, 인지적, 정의적 순이다.
㉢ 지도자는 학습자가 '생각하고 움직이기'를 할 수 있도록 과제를 제시한다.
㉣ 지도자의 질문에 학습자가 바로 대답하지 못하는 경우 즉시 답을 알려 준다.

① ㉠, ㉢
② ㉡, ㉢
③ ㉠, ㉡, ㉢
④ ㉠, ㉡, ㉣

16 스포츠 참여자 평가에서 심동적(Psychomotor) 영역에 해당하는 것은?

① 몰 입
② 심폐지구력
③ 협동심
④ 경기규칙 이해

17 〈보기〉에 해당하는 운동기능의 학습 전이(Transfer) 유형은?　기출▶ 16 17 19

> 야구에서 배운 오버핸드 공 던지기가 핸드볼에서 오버핸드 공 던지기 기능으로 전이되는 경우이다.

① 대칭적 전이
② 과제 내 전이
③ 과제 간 전이
④ 일상으로의 전이

18 스포츠 교육프로그램의 구성요소에 관한 설명으로 적절하지 않은 것은?　기출▶ 15 16 17 19 22

① 평가 – 프로그램을 개선하는 데 도움을 준다.
② 내용 – 스포츠 지도의 철학, 이념 또는 비전이다.
③ 지도법 – 프로그램을 체계적으로 전달하는 방법이다.
④ 목적 및 목표 – 일반적인 목표와 구체적인 목표로 구분할 수 있다.

19 메츨러(M. Metzler)의 개별화지도모형의 주제로 적절한 것은?　기출▶ 21 22

① 지도자가 수업 리더 역할을 한다.
② 나는 너를, 너는 나를 가르친다.
③ 유능하고, 박식하며, 열정적인 스포츠인으로 성장한다.
④ 학습자가 가능한 한 빨리, 필요한 만큼 천천히 학습 속도를 조절한다.

20 「학교체육진흥법」 시행령 제3조 '학교운동부지도자의 자격기준 등'에서 제시한 학교운동부지도자 재임용의 평가 내용이 아닌 것은?　기출▶ 16 17 18 19 20 21 22

① 복무 태도
② 학교운동부 운영 성과
③ 인권교육 연 1회 이상 이수 여부
④ 학생선수의 학습권 및 인권 침해 여부

03　스포츠심리학

01 스포츠심리학의 주된 연구의 동향과 영역에 포함되지 않는 것은?　기출▶ 21

① 인지적 접근과 현장 연구
② 경험주의에 기초한 성격 연구
③ 생리학적 항상성에 관한 연구
④ 사회적 촉진 및 각성과 운동수행의 관계 연구

02 데시(E. Deci)와 라이언(R. Ryan)이 제시한 자기결정이론(Self-determination Theory)에서 외적동기 유형으로 분류되지 않는 것은?　기출▶ 16 19 21

① 무동기(Amotivation)
② 확인규제(Identified Regulation)
③ 통합규제(Integrated Regulation)
④ 의무감규제(Introjected Regulation)

03 〈보기〉에서 설명하는 개념은?   기출 20 21

> 체육관에서 관중의 함성과 응원 소리에도 불구하고, 작전 타임에서 코치와 선수는 서로 의사소통이 가능하다.

① 스트룹 효과(Stroop Effect)
② 지각협소화(Perceptual Narrowing)
③ 무주의 맹시(Inattention Blindness)
④ 칵테일파티 효과(Cocktail Party Effect)

04 〈표〉는 젠타일(A. Gentile)의 이차원적 운동기술분류이다. 야구 유격수가 타구된 공을 잡아서 1루로 송구하는 움직임이 해당하는 곳은?   기출 17 18 19

구 분		동작의 요구(기능)			
		신체 이동 없음 (신체의 안정성)		신체 이동 있음 (신체의 불안정성)	
		물체 조작 없음	물체 조작 있음	물체 조작 없음	물체 조작 있음
환경적 맥락	안정적인 조절 조건	동작 시도 간 환경 변이성 없음			
		동작 시도 간 환경 변이성			
	비안정적 조절 조건	동작 시도 간 환경 변이성 없음	①	③	
		동작 시도 간 환경 변이성		②	④

05 뉴웰(K. Newell)이 제시한 움직임 제한(Constraints) 요소의 유형이 다른 것은?

① 운동능력이 움직임을 제한한다.
② 인지, 동기, 정서상태가 움직임을 제한한다.
③ 신장, 몸무게, 근육형태가 움직임을 제한한다.
④ 과제목표와 특성, 규칙, 장비가 움직임을 제한한다.

06 〈보기〉에서 설명하는 게셀(A. Gesell)과 에임스(L. Ames)의 운동발달의 원리가 아닌 것은?   기출 16 17 19 21

> • 머리에서 발 방향으로 발달한다.
> • 운동발달은 일련의 방향성을 갖는다.
> • 운동협응의 발달순서가 있다.
> – 양측 : 상지 혹은 하지의 양측을 동시에 움직이는 형태를 보인다.
> – 동측 : 상하지를 동시에 움직이는 형태를 보인다.
> – 교차 : 상하지를 동시에 움직이는 형태를 보인다.
> • 운동기술의 습득 과정에서 몸통이나 어깨 근육을 조절하는 능력을 먼저 갖추고, 이후에 팔, 손목, 손, 그리고 손가락 근육을 조절하는 능력을 갖춘다.

① 머리-꼬리 원리(Cephalocaudal Principle)
② 중앙-말초 원리(Proximodistal Principle)
③ 개체발생적 발달 원리(Ontogenetic Development Principle)
④ 양측-동측-교차 운동협응의 원리(Bilateral-unilateral(Ipsilateral)-crosslateral Principle)

07 스포츠를 통한 인성 발달 전략에 대한 설명으로 옳지 않은 것은?

① 상황에 맞는 바람직한 행동을 설명한다.
② 도덕적으로 적절한 행동에 대하여 설명한다.
③ 바람직한 행동을 강화하고, 적대적 공격행동은 처벌한다.
④ 격한 상황에서 자신의 감정을 공격적으로 표출하도록 격려한다.

08 〈보기〉에서 설명하는 목표의 유형은? 기출 18 19

> • 운동기술을 잘 수행하기 위해서 필요한 핵심 행동에 중점을 둔다.
> • 자기효능감과 자신감을 높이고 인지 불안을 낮추는 데 도움이 된다.
> • 자신의 운동수행에 대한 목표를 달성하는 데 중점을 두는 목표로 달성의 기준점이 자신의 과거 기록이 된다.

① 과정목표와 결과목표
② 수행목표와 과정목표
③ 수행목표와 객관적목표
④ 객관적목표와 주관적목표

09 스미스(R. Smith)와 스몰(F. Smol)이 개발한 유소년 지도자 훈련 프로그램인 CET(Coach Effectiveness Training)의 핵심 원칙이 아닌 것은?

① 자기관찰
② 운동도식
③ 상호지원
④ 발달모델

10 균형유지와 사지협응 및 자세제어에 주된 역할을 하는 뇌 구조(영역)는? 기출 16 22

① 소뇌(Cerebellum)
② 중심고랑(Central Sulcus)
③ 대뇌피질의 후두엽(Occipital Lobe of Cerebrum)
④ 대뇌피질의 측두엽(Temporal Lobe of Cerebrum)

11 골프 퍼팅 과제를 100회 연습한 뒤, 24시간 후에 동일 과제에 대해 수행하는 검사는? 기출 16 17 19

① 속도검사(Speed Test)
② 파지검사(Retention Test)
③ 전이검사(Transfer Test)
④ 지능검사(Intelligence Test)

12 〈보기〉에서 설명하는 일반화된 운동프로그램(Generalized Motor Program)의 불변 특성(Invariant Feature) 개념은?

기출 22

A 움직임 시간(Movement Time) = 500ms			
하위 움직임 1 = 25%	하위 움직임 2 = 25%	하위 움직임 3 = 25%	하위 움직임 4 = 25%

B 움직임 시간(Movement Time) = 900ms			
하위 움직임 1 = 25%	하위 움직임 2 = 25%	하위 움직임 3 = 25%	하위 움직임 4 = 25%

- A 움직임 시간은 500ms, B 움직임 시간은 900ms로 서로 다르다.
- 4개의 하위 움직임 구간의 시간적 구조 비율은 변하지 않는다.
- 단, A와 B 움직임은 모두 동일인이 수행한 동작이며, 하위 움직임 구성도 4개로 동일하다.

① 어트랙터(Attractor)
② 동작유도성(Affordance)
③ 상대적 타이밍(Relative Timing)
④ 절대적 타이밍(Absolute Timing)

13 〈보기〉에서 구스리(E. Guthrie)가 제시한 '운동기술 학습으로 인한 변화'에 관한 설명으로 옳은 것을 모두 고른 것은?

㉠ 최대의 확실성(Maximum Certainty)으로 운동과제를 수행할 수 있다.
㉡ 최소의 인지적 노력(Minimum Cognitive Effect)으로 운동과제를 수행할 수 있다.
㉢ 최소의 움직임 시간(Minimum Movement Time)으로 운동과제를 수행할 수 있다.
㉣ 최소의 에너지 소비(Minimum Energy Expenditure)로 운동과제를 수행할 수 있다.

① ㉠, ㉡, ㉢
② ㉠, ㉢, ㉣
③ ㉡, ㉢, ㉣
④ ㉠, ㉡, ㉢, ㉣

14 〈보기〉에 제시된 공격성에 관한 설명과 이론(가설)이 바르게 연결된 것은?

기출 17

- (㉠) 환경에서 관찰과 강화로 공격행위를 학습한다.
- (㉡) 인간의 내부에는 공격성을 유발하는 에너지가 존재한다.
- (㉢) 좌절(예, 목표를 추구하는 행위가 방해받는 경험)이 공격 행동을 유발한다.
- (㉣) 좌절이 무조건 공격행동을 유발하지 않고, 공격행동이 적절하다는 외부적 단서가 있을 때 나타난다.

	㉠	㉡	㉢	㉣
①	사회학습 이론	본능 이론	좌절-공격 가설	수정된 좌절-공격 가설
②	사회학습 이론	본능 이론	수정된 좌절-공격 가설	좌절-공격 가설
③	본능 이론	사회학습 이론	좌절-공격 가설	수정된 좌절-공격 가설
④	본능 이론	사회학습 이론	수정된 좌절-공격 가설	좌절-공격 가설

15 〈보기〉에서 하터(S. Harter)의 유능성 동기 이론 모형에 관한 설명으로 옳은 것을 고른 것은?

> ㉠ 심리적 요인과 관련된 단일차원의 구성개념이다.
> ㉡ 실패 경험은 부정적 정서를 갖게 하여 유능성 동기를 낮추고, 결국에는 운동을 중도 포기하게 한다.
> ㉢ 성공 경험은 자기효능감과 긍정적 정서를 갖게 하여 유능성 동기를 높이고, 숙달(Mastery)을 경험하게 한다.
> ㉣ 스포츠상황에서 성공하기 위한 능력이 있다는 확신의 정도나 신념으로 특성 스포츠 자신감과 상태 스포츠 자신감으로 구분한다.

① ㉠, ㉡
② ㉠, ㉣
③ ㉡, ㉢
④ ㉡, ㉣

17 〈보기〉에서 연구 결과를 통해 확인할 수 있는 목표설정에 관한 설명으로 옳은 것을 고른 것은?

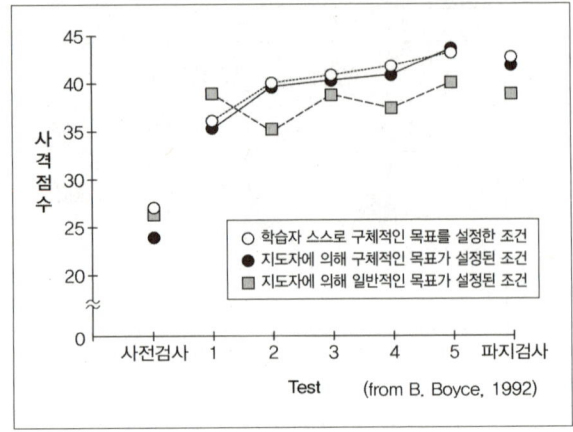

> ㉠ 목표설정이 운동의 수행과 학습에 효과적이다.
> ㉡ 학습자에게 어려운 목표를 설정하도록 조언해야 한다.
> ㉢ 구체적인 목표를 설정했던 집단에서 더 높은 학습 효과가 나타났다.
> ㉣ 구체적이고 도전적인 목표를 향해 전념하도록 격려하는 것은 운동의 수행과 학습의 효과를 감소시킨다.

① ㉠, ㉡
② ㉠, ㉢
③ ㉡, ㉢
④ ㉡, ㉣

16 〈보기〉에서 설명하는 용어는?

> 번스타인(N. Bernstein)은 움직임의 효율적 제어를 위해 중추신경계가 자유도를 개별적으로 제어하지 않고, 의미 있는 단위로 묶어서 조절한다고 설명하였다.

① 공동작용(Synergy)
② 상변이(Phase Transition)
③ 임계요동(Critical Fluctuation)
④ 속도-정확성 상쇄 현상(Speed-accuracy Trade-off)

18 〈보기〉에서 설명하는 피드백 유형은?

> 높이뛰기 도약 스텝 기술을 연습하게 한 후에 지도자는 학습자의 정확한 도약 기술 습득을 위해 각 발의 스텝번호(지점)을 바닥에 표시해 주었다.

① 내적 피드백(Intrinsic Feedback)
② 부적 피드백(Negative Feedback)
③ 보강 피드백(Augmented Feedback)
④ 부적합 피드백(Incongruent Feedback)

19 〈보기〉는 칙센트미하이(M. Csikszentmihalyi)가 주장한 몰입의 개념이다. ㉠~㉣에 들어갈 개념이 바르게 연결된 것은?

> • (㉠)과 (㉡)이 균형을 이루는 상황에서 운동 수행에 완벽히 집중하는 것을 몰입(Flow)이라 한다.
> • (㉡)이 높고, (㉠)이 낮으면 (㉢)을 느낀다.
> • (㉡)이 낮고, (㉠)이 높으면 (㉣)을 느낀다.

	㉠	㉡	㉢	㉣
①	기술	도전	불안	이완
②	도전	기술	각성	무관심
③	기술	도전	각성	불안
④	도전	기술	이완	지루함

20 학습된 무기력(Learned Helplessness) 상태에 있는 학습자에게 귀인 재훈련(Attribution Retraining)을 위한 적절한 전략은?

① 실패의 원인을 외적 요인에서 찾게 한다.
② 능력의 부족을 긍정적으로 받아들이게 한다.
③ 운이 따라 준다면 다음에 성공할 수 있다고 지도한다.
④ 실패의 원인을 노력 부족이나 전략의 미흡으로 받아들이게 한다.

04 한국체육사

01 체육사 연구에서 사관(史觀)에 관한 설명으로 적절하지 않은 것은?

① 유물사관, 관념사관, 진보사관, 순환사관 등이 있다.
② 체육 역사에 대한 견해, 해석, 관념, 사상 등을 의미한다.
③ 체육 역사가의 관점으로 다양한 과거의 역사적 사실을 해석한다.
④ 과거 체육과 관련된 사실을 담고 있는 역사자료를 의미한다.

02 〈보기〉의 ㉠~㉢에 들어갈 용어가 바르게 연결된 것은? (단, 시대구분은 나현성의 방식을 따름) 〔기출〕 18 22

- (㉠) 이전은 무예를 중심으로 한 무사 체육 등의 (㉡) 체육을 강조하였다.
- (㉠) 이후는 「교육입국조서(敎育立國詔書)」를 통한 학교 교육에 기반을 둔 (㉢) 체육을 강조하였다.

	㉠	㉡	㉢
①	갑오경장(1894)	전 통	근 대
②	갑오경장(1894)	근 대	전 통
③	을사늑약(1905)	전 통	근 대
④	을사늑약(1905)	근 대	전 통

03 〈보기〉에서 설명하는 민속놀이는? 〔기출〕 16 19 22

- 사희(柶戲)라고도 불리었다.
- 부여의 사출도(四出道)라는 관직명에서 유래되었다.
- 남녀노소 누구나 즐길 수 있으며, 장소에 크게 구애받지 않은 놀이였다.

① 바 둑
② 장 기
③ 윷놀이
④ 주사위

04 화랑도에 관한 설명으로 옳지 않은 것은? 〔기출〕 15 16 17 18 20 21 22

① 진흥왕 때에 조직이 체계화되었다.
② 세속오계는 도의교육(道義敎育)의 핵심이었다.
③ 신체미 숭배 사상, 국가주의 사상, 불국토 사상이 중시되었다.
④ 서민층만을 대상으로 한 청소년단체로서 문무겸전(文武兼全)을 추구하였다.

05 〈보기〉에서 설명하는 신체활동은? 〔기출〕 16 19 22

- 가죽 주머니로 공을 만들어 발로 차는 놀이였다.
- 한 명, 두 명, 열 명 등 다양한 형식으로 실시되었다.
- 〈삼국사기(三國史記)〉와 〈삼국유사(三國遺事)〉에 따르면 김유신과 김춘추가 이 신체활동을 하였다.

① 석전(石戰)
② 축국(蹴鞠)
③ 각저(角抵)
④ 도판희(跳板戲)

06 〈보기〉에서 민속놀이와 주요 활동 계층이 바르게 연결된 것으로만 묶인 것은? 〔기출〕 18 19 20 21 22 24

| ㉠ 풍연(風鳶) – 귀족 | ㉡ 격구(擊毬) – 서민 |
| ㉢ 방응(放鷹) – 귀족 | ㉣ 추천(鞦韆) – 서민 |

① ㉠, ㉡
② ㉢, ㉣
③ ㉠, ㉣
④ ㉡, ㉢

07 고려시대 수박(手搏)에 관한 설명으로 옳지 않은 것은?

① 관람형 무예 경기로 성행되었다.
② 응방도감(鷹坊都監)에서 관장하였다.
③ 무인 선발의 기준과 수단이 되었다.
④ 무예 수련과 군사훈련 등의 목적으로 활용되었다.

08 〈보기〉에서 조선시대의 훈련원에 관한 설명으로 옳은 것을 모두 고른 것은?

> ㉠ 성리학 교육을 담당하였다.
> ㉡ 활쏘기, 마상무예 등의 훈련을 실시하였다.
> ㉢ 무인 양성과 관련된 공식적인 교육기관이었다.
> ㉣ 〈무경칠서(武經七書)〉, 〈병장설(兵將說)〉 등의 병서 습득을 장려하였다.

① ㉠, ㉡
② ㉢, ㉣
③ ㉡, ㉢, ㉣
④ ㉠, ㉡, ㉢, ㉣

09 조선시대 궁술(弓術)에 관한 설명으로 옳지 않은 것은?

① 육예(六藝) 중 어(御)에 해당하였다.
② 무관 선발을 위한 무과 시험의 한 과목이었다.
③ 대사례(大射禮), 향사례(鄕射禮) 등으로 행해졌다.
④ 왕, 무관, 유학자 등 다양한 계층에서 실시하였다.

10 〈보기〉에서 설명하는 조선시대의 무예서는?

> • 24종류의 무예가 기록되어 있다.
> • 정조의 명령하에 국가사업으로 간행되었다.
> • 한국, 중국, 일본의 관련 문헌 145권이 참조되었다.

① 무예제보(武藝諸譜)
② 무예신보(武藝新譜)
③ 무예도보통지(武藝圖譜通志)
④ 무예제보번역속집(武藝諸譜翻譯續集)

11 〈보기〉에서 설명하는 개화기 민족사립학교는?

> • 1907년에 이승훈이 설립하였다.
> • 대운동회를 매년 1회 실시하였다.
> • 체육은 주로 군사훈련의 성격을 띠었다.

① 오산학교
② 대성학교
③ 원산학사
④ 숭실학교

12 개화기의 체육사적 사실에 관한 설명으로 옳은 것은?

① 동래무예학교는 문예반 50명, 무예반 200명을 선발하였다.
② 개화기 최초의 운동회는 일본인 학교에서 주관한 화류회(花柳會)였다.
③ 양반들이 주도하여 배재학당, 이화학당, 경신학당 등 미션스쿨을 설립하였다.
④ 고종은 「교육입국조서(敎育立國詔書)」를 반포하고, 덕양, 체양, 지양을 강조하였다.

13 개화기의 체육단체에 관한 설명으로 옳은 것은?

기출 ▶ 16 18 19 22 24

① 청강체육부 - 탁지부 관리들이 친목 도모를 위해 1902년에 조직하였고, 최초로 연식정구를 도입하였다.
② 회동구락부 - 최성희, 신완식 등이 1910년에 조직하였고, 정례적으로 축구 시합을 하였다.
③ 무도기계체육부 - 우리나라 최초 기계체조 단체로서 이희두와 윤치오가 1908년에 조직하였다.
④ 대동체육구락부 - 체조 교사인 조원희, 김성집, 이기동 등이 주축이 되어 보성중학교에서 1909년에 조직하였고, 병식체조를 강조하였다.

14 일제강점기 체육에 관한 사실로 옳지 않은 것은?

기출 ▶ 17 20 22 24

① 박승필은 1912년에 유각권구락부를 설립해 권투를 지도하였다.
② 조선체육협회는 1920년에 동아일보사 후원으로 설립되었다.
③ 서상천은 1926년에 일본체육회 체조학교를 졸업하고, 역도를 소개하였다.
④ 손기정은 1936년에 베를린올림픽경기대회 마라톤 종목에서 우승하였다.

15 〈보기〉에서 설명하는 단체는?

기출 ▶ 16 19 22

• 외국인 선교사가 근대스포츠인 야구, 농구, 배구를 도입하였다.
• 1916년에 실내체육관을 준공하여, 다양한 실내스포츠를 활성화하였다.

① 황성기독교청년회
② 대한체육구락부
③ 조선체육회
④ 조선체육협회

16 〈보기〉에서 박정희 정부 때 실시한 체력장 제도에 관한 설명으로 옳은 것을 모두 고른 것은?

기출 ▶ 20 21 22

㉠ 1971년부터 실시되었다.
㉡ 1973년부터는 대학입시에 체력장 평가가 포함되었다.
㉢ 국제체력검사표준화위원회에서 정한 기준과 종목을 대상으로 하였다.
㉣ 시행 종목에는 100m 달리기, 제자리멀리뛰기, 팔굽혀매달리기(여자), 턱걸이(남자), 윗몸일으키기, 던지기가 있었다.

① ㉠, ㉡
② ㉢, ㉣
③ ㉠, ㉡, ㉢
④ ㉠, ㉡, ㉢, ㉣

17 〈보기〉에서 설명하는 스포츠 경기 종목은?

기출 ▶ 16 18 19 20 21 22

• 1988년 제24회 서울올림픽경기대회에서 시범 종목으로 채택되었다.
• 2000년 제27회 시드니올림픽경기대회에서 정식 종목으로 채택되었다.
• 2007년에 정부는 이 종목을 진흥하기 위한 법률을 제정하였다.

① 유 도
② 복 싱
③ 태권도
④ 레슬링

18 1948년 제5회 동계올림픽경기대회에 관한 설명으로 옳지 않은 것은?

기출 ▶ 16 18 19 20 21 22

① 개최지는 스위스 생모리츠였다.
② 제2차 세계대전을 일으킨 독일과 일본도 출전하였다.
③ 광복 이후 최초로 태극기를 단 선수단이 파견되었다.
④ 이효창, 문동성, 이종국 선수는 스피드스케이팅 종목에 출전하였다.

19 대한민국에서 개최된 하계아시아경기대회가 아닌 것은?   기출 ▶ 17 18 19 21

① 1986년 제10회 서울아시아경기대회
② 2002년 제14회 부산아시아경기대회
③ 2014년 제17회 인천아시아경기대회
④ 2018년 제18회 평창아시아경기대회

20 1991년에 남한과 북한이 단일팀으로 탁구 종목에 참가한 국제경기대회는?   기출 ▶ 17 18 19 21

① 제41회 지바세계선수권대회
② 제27회 시드니올림픽경기대회
③ 제28회 아테네올림픽경기대회
④ 제6회 포르투갈세계청소년선수권대회

05 운동생리학

01 ATP를 합성하는 데 사용되는 에너지원이 아닌 것은?   기출 ▶ 16 17 18 19

① 근중성지방   ② 비타민C
③ 글루코스   ④ 젖 산

02 근수축에 필수적인 Ca^{2+}이온을 저장, 분비하는 근육 세포 내 소기관은?   기출 ▶ 15 21 22

① 근형질세망(Sarcoplasmic Reticulum)
② 위성세포(Satellite Cell)
③ 미토콘드리아(Mitochondria)
④ 근핵(Myonuclear)

03 운동 후 초과산소섭취량(EPOC)에 영향을 미치는 요인으로 적절하지 않은 것은?   기출 ▶ 19

① 운동 중 증가한 체온
② 운동 중 증가한 젖산
③ 운동 중 증가한 호르몬(에피네프린, 노르에피네프린)
④ 운동 중 증가한 크레아틴인산(Phosphocreatine, PC)

04 수중 운동 시 체온유지를 위한 요인으로 옳지 않은 것은?   기출 ▶ 16 18 19 21

① 폐활량
② 체지방량
③ 운동강도
④ 물의 온도

05 운동강도 증가에 따라 동원되는 근섬유 순서로 옳은 것은?   기출 ▶ 16 17 18 19 21

① TypeⅡa섬유 → TypeⅡx섬유 → TypeⅠ섬유
② TypeⅡx섬유 → TypeⅡa섬유 → TypeⅠ섬유
③ TypeⅠ섬유 → TypeⅡa섬유 → TypeⅡx섬유
④ TypeⅠ섬유 → TypeⅡx섬유 → TypeⅡa섬유

06 장기간 규칙적 유산소 훈련의 결과로 최대 운동 시 나타나는 심폐기능의 적응으로 옳은 것을 모두 고른 것은?

- ㉠ 최대산소섭취량 증가
- ㉡ 심장용적과 심근수축력 증가
- ㉢ 심박출량 증가

① ㉠, ㉡
② ㉠, ㉢
③ ㉡, ㉢
④ ㉠, ㉡, ㉢

07 항상성 유지를 위한 신체 조절 중 부적피드백(Negative Feedback)이 아닌 것은?

① 세포외액의 CO_2 조절
② 체온 상승에 따른 땀 분비 증가
③ 혈당 유지를 위한 호르몬 조절
④ 출산 시 자궁 수축 활성화 증가

08 운동 중 1회 박출량(Stroke Volume) 증가 원인으로 옳지 않은 것은?

① 대동맥압 증가에 따른 후부하(After Load) 증가
② 호흡펌프작용에 의한 정맥회귀(Venous Return) 증가
③ 골격근 수축에 의한 근육펌프작용 증가
④ 교감신경 자극에 의한 심근 수축력 증가

09 〈보기〉의 ㉠, ㉡에 들어갈 내용이 바르게 연결된 것은?

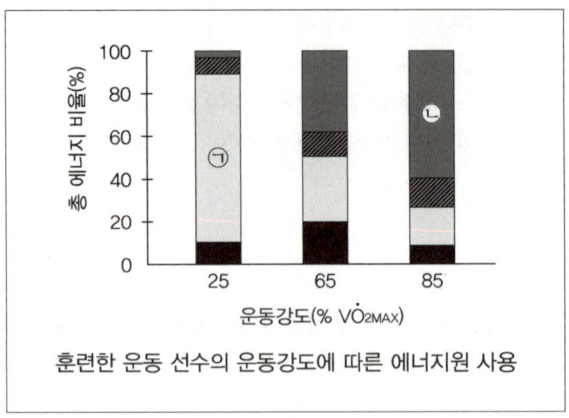

훈련한 운동 선수의 운동강도에 따른 에너지원 사용

	㉠	㉡
①	혈중 포도당	근중성지방
②	혈중유리지방산	근글리코겐
③	근글리코겐	혈중 포도당
④	근중성지방	혈중유리지방산

10 운동 중 소뇌의 기능에 대한 설명으로 옳은 것을 모두 고른 것은?

- ㉠ 골격근 운동 조절의 최종 단계 역할
- ㉡ 빠른 동작의 정확한 수행을 위한 통합 조절
- ㉢ 고유수용기로부터 유입되는 정보를 활용하여 동작 수정

① ㉠, ㉡
② ㉠, ㉢
③ ㉡, ㉢
④ ㉠, ㉡, ㉢

11 운동에 따른 환기량의 변화로 옳은 것을 모두 고른 것은?

- ㉠ 운동 시작 직전에는 운동 수행에 대한 기대감으로 환기량이 증가할 수 있다.
- ㉡ 운동 초기 환기량 변화의 주된 요인은 경동맥에 위치한 화학수용기 반응이다.
- ㉢ 운동강도가 증가하면 1회 호흡량은 감소하고 호흡수는 현저히 증가한다.
- ㉣ 회복기 환기량은 운동 중 생성된 체내 수소이온 및 이산화탄소 농도와 관련 있다.

① ㉠, ㉡
② ㉠, ㉢
③ ㉠, ㉣
④ ㉡, ㉢, ㉣

12 〈보기〉의 ㉠, ㉡에 들어갈 내용이 바르게 연결된 것은?

1개의 포도당 분해에 따른 유산소성 ATP 생성		
대사적 과정	고에너지 생산	ATP 누계
해당작용	2 ATP	2
	2 NADH	7
피루브산에서 아세틸조효소A까지	2 NADH	12
㉠	2 ATP	14
	6 NADH	29
	2 FADH₂	㉡
합 계		㉡ ATP

	㉠	㉡
①	크렙스 회로	32
②	β 산화	32
③	크렙스 회로	35
④	β 산화	35

13 체중이 80kg인 사람이 10METs로 10분간 달리기 했을 때 소비칼로리는? (단, 1MET=3.5mL·kg⁻¹·min⁻¹, O₂ 1L 당 5kcal 생성)

① 130kcal
② 140kcal
③ 150kcal
④ 160kcal

14 〈보기〉는 신경 세포의 안정 시 막전위에 영향을 주는 Na^+과 K^+에 대한 그림이다. ㉠~㉣에 들어갈 내용이 바르게 연결된 것은?

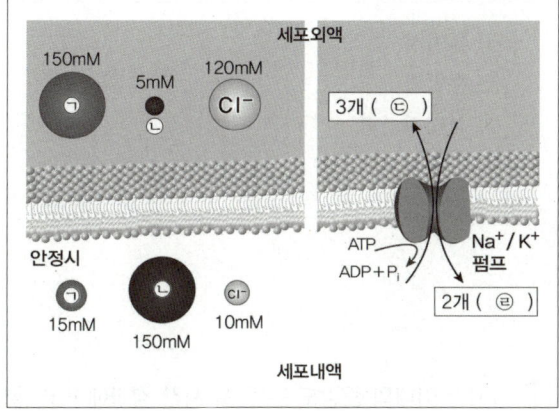

	㉠	㉡	㉢	㉣
①	K^+	Na^+	Na^+	K^+
②	Na^+	K^+	Na^+	K^+
③	K^+	Na^+	K^+	Na^+
④	Na^+	K^+	K^+	Na^+

15 〈보기〉의 최대산소섭취량 공식에서 장기간 지구성 훈련에 의해 증가되는 요소를 모두 고른 것은?

기출 ▶ 16 17 18 19 22

> 최대산소섭취량 = ㉠ 최대1회박출량 × ㉡ 최대심박수 × ㉢ 최대동정맥산소차

① ㉠
② ㉠, ㉡
③ ㉠, ㉢
④ ㉡, ㉢

16 〈보기〉의 내용이 모두 증가되었을 때 향상되는 건강체력 요소는?

기출 ▶ 16 19 22

> • 모세혈관의 밀도
> • 미토콘드리아의 수와 크기
> • 동정맥산소차(Arterial-venous Oxygen Difference)

① 유연성
② 순발력
③ 심폐지구력
④ 근 력

17 1시간 이내의 중강도 운동 시 시간 경과에 따라 혈중 농도가 점차 감소하는 호르몬은?

기출 ▶ 16 17 18 19

① 에피네프린(Epinephrine)
② 인슐린(Insulin)
③ 성장호르몬(Growth Hormone)
④ 코르티솔(Cortisol)

18 〈보기〉에서 설명하는 고유수용기는?

기출 ▶ 24

> • 감각 및 운동신경의 말단이 연결되어 있다.
> • 감마운동뉴런을 통해 조절된다.
> • 근육의 길이 정보를 중추신경계로 보낸다.

① 근방추(Muscle Spindle)
② 골지 건기관(Golgi Tendon Organ)
③ 자유신경종말(Free Nerve Ending)
④ 파치니안 소체(Pacinian Corpuscle)

19 근력 결정요인으로 옳지 않은 것은?

① 근육 횡단면적
② 근절의 적정 길이
③ 근섬유 구성비
④ 근섬유막 두께

20 상완이두근의 움직임에 대한 근육 수축 형태로 옳지 않은 것은?

기출 ▶ 18 20 21 22

① 자세를 유지할 때 – 등척성 수축
② 턱걸이 올라갈 때 – 단축성 수축
③ 턱걸이 내려갈 때 – 신장성 수축
④ 공을 던질 때 – 등속성 수축

06 운동역학

01 운동역학(Sports Biomechanics)의 내용으로 적절한 것은? 기출 15 16 17 18 19 21 22

① 스포츠 현상을 사회학적 연구 이론과 방법으로 설명하는 학문이다.
② 운동에 의한 생리적·기능적 변화를 기술하고 설명하는 학문이다.
③ 스포츠 수행에 영향을 주는 심리적 요인을 설명하는 학문이다.
④ 스포츠상황에서 인체에 발생하는 힘과 그 효과를 설명하는 학문이다.

02 근육의 신장(원심)성 수축(Eccentric Contraction)이 아닌 것은? 기출 19 21

① 스쿼트의 다리를 굽히는 동작에서 큰볼기근(대둔근, Gluteus Maximus)의 수축
② 팔굽혀 펴기의 팔을 펴는 동작에서 위팔세갈래근(상완삼두근, Triceps Brachii)의 수축
③ 턱걸이의 팔을 펴는 동작에서 넓은등근(광배근, Latissimus Dorsi)의 수축
④ 윗몸일으키기의 뒤로 몸통을 펴는 동작에서 배곧은근(복직근, Rectus Abdominis)의 수축

03 단위 시간당 이동한 변위(Displacement)를 나타내는 벡터양은? 기출 16 18 22

① 속도(Velocity)
② 거리(Distance)
③ 가속도(Acceleration)
④ 각속도(Angular Velocity)

04 지면반력기(Force Plate)를 통해 얻을 수 있는 변인이 아닌 것은? 기출 16 17 18 20 21 22

① 걷기 동작에서 디딤발에 가해지는 힘의 방향
② 외발서기 동작에서 디딤발 압력중심(Center of Pressure)의 이동거리
③ 서전트 점프 동작에서 발로 지면에 힘을 가한 시간
④ 달리기 동작의 체공기(Non-supporting Phase)에서 발에 작용하는 힘의 크기

05 인체의 시상(전후)면(Sagittal Plane)에서 수행되는 움직임이 아닌 것은? 기출 16 18 19 21

① 인체의 수직축(종축)을 중심으로 회전하는 피겨스케이팅 선수의 몸통분절 움직임
② 페달링하는 사이클 선수의 무릎관절 굴곡/신전 움직임
③ 100m 달리기를 하는 육상 선수의 발목관절 저측/배측굴곡 움직임
④ 앞구르기를 하는 체조 선수의 몸통분절 움직임

06 〈보기〉에서 복합운동(General Motion)에 해당하는 것을 모두 고른 것은?

> ㉠ 커브볼로 던져진 야구공의 움직임
> ㉡ 페달링하면서 직선구간을 질주하는 사이클 선수의 대퇴(넙다리) 분절 움직임
> ㉢ 공중회전하면서 낙하하는 다이빙 선수의 몸통 움직임

① ㉠
② ㉠, ㉢
③ ㉡, ㉢
④ ㉠, ㉡, ㉢

07 인체 무게중심에 대한 설명으로 옳은 것은? (단, 공기저항은 무시함)   기출 ▶ 15 16 17 19 20 21 22 24

① 무게중심은 항상 신체 내부에 위치한다.
② 체조 선수는 공중회전하는 동안 무게중심을 지나는 축을 중심으로 회전하게 된다.
③ 지면에 선 상태로 팔을 위로 올리면 무게중심은 아래로 이동한다.
④ 서전트 점프 이지(Take-off) 후, 공중에서 팔을 위로 올리면 무게중심은 위로 이동한다.

08 농구 자유투에서 투사된 농구공의 운동에 대한 설명으로 옳은 것은? (단, 공기저항은 무시함)

① 농구공 질량중심의 수직속도는 일정하다.
② 최고점에서 농구공 질량중심의 수평속도는 0m/s가 된다.
③ 최고점에서 농구공 질량중심은 수평방향으로 등속도 운동을 한다.
④ 최고점에서 농구공 질량중심은 수직방향으로 등속도 운동을 한다.

09 〈그림〉과 같이 공이 지면(수평고정면)에 충돌하는 상황에 관한 설명으로 옳은 것은? (단, 공의 충돌 전 수평속도 및 수직속도는 같음)   기출 ▶ 20 22

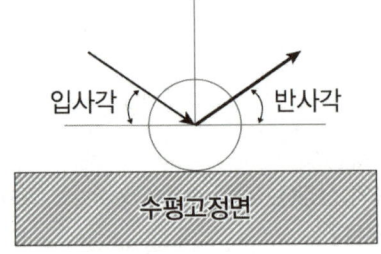

① 충돌 후, 무회전에 비해 백스핀된 공의 수평속도가 크다.
② 충돌 후, 무회전에 비해 톱스핀된 공의 수직속도가 크다.
③ 충돌 후, 무회전에 비해 톱스핀된 공의 반사각이 크다.
④ 충돌 후, 무회전된 공과 백스핀된 공의 리바운드 높이는 같다.

10 〈그림〉에서 달리기 선수의 질량은 60kg이며 오른발 착지 시 무게중심의 수평속도는 2m/s이다. A와 B의 면적이 각각 80N·s와 20N·s일 때, 오른발 이지(Take-off) 순간 무게중심의 수평속도는?

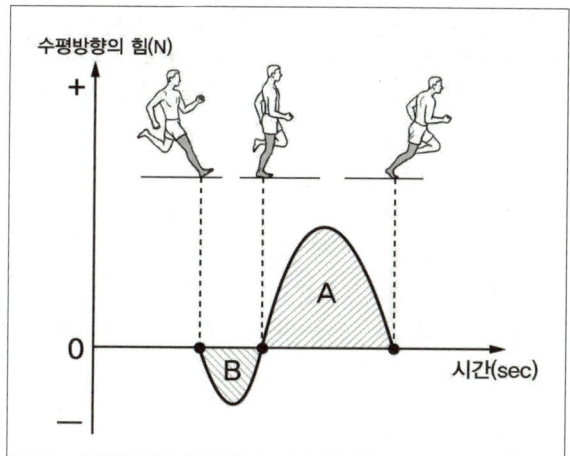

① 3m/s
② 4m/s
③ 5m/s
④ 6m/s

11 〈보기〉의 ㉠, ㉡에 들어갈 용어가 바르게 연결한 것은? 기출 18 21 22

농구선수는 양손 체스트패스 캐치 동작에서 공을 몸쪽으로 당겨 받는다. 그 과정에서 공을 받는 (㉠)은 늘리고 (㉡)은 줄일 수 있다.

	㉠	㉡
①	시 간	충격력(Impact Force)
②	충격력	시 간
③	충격량(Impulse)	시 간
④	충격력	충격량

12 역학적 일(Work)을 하지 않은 것은? 기출 17 18 19 22

① 역도 선수가 바닥에 있던 100kg의 바벨을 1m 높이로 들어 올렸다.
② 레슬링 선수가 상대방을 굴려서 1m 옆으로 이동시켰다.
③ 체조 선수가 철봉에 매달려 10초 동안 정지해 있었다.
④ 육상 선수가 달려서 100m를 이동했다.

13 마그누스 효과(Magnus Effect)에 관한 내용이 아닌 것은? 기출 18 21 22

① 레인에서 회전하는 볼링공의 경로가 휘어지는 현상
② 커브볼로 투구된 야구공의 경로가 휘어지는 현상
③ 사이드스핀이 가해진 탁구공의 경로가 휘어지는 현상
④ 회전(탑스핀)이 걸린 테니스공이 아래로 빠르게 떨어지는 현상

14 스키점프 동작의 역학적 에너지에 대한 설명으로 옳지 않은 것은? (단, 공기저항은 무시함) 기출 16 17 18 20 21

① 운동에너지는 지면 착지 직전에 가장 크다.
② 위치에너지는 수직 최고점에서 가장 크다.
③ 운동에너지는 스키점프대 이륙 직후부터 지면 착지 직전까지 동일하다.
④ 역학적 에너지는 스키점프대 이륙 직후부터 지면 착지 직전까지 보존된다.

15 〈보기〉의 그림에 제시된 덤벨 컬(Dumbbell Curl) 운동에서 팔꿈치관절 각도(θ)와 팔꿈치관절에 발생되는 회전력(Torque)의 관계를 옳게 나타낸 그래프는? (단, 덤벨 컬 운동은 등각속도 운동임)

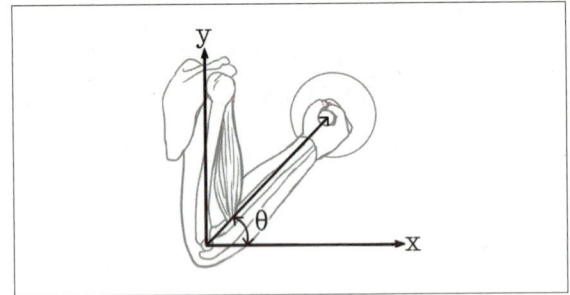

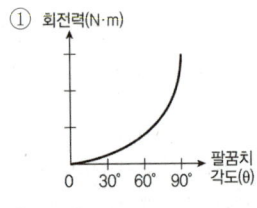 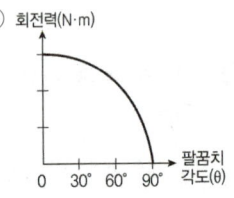

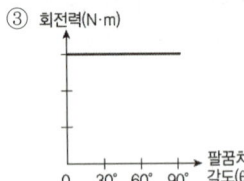 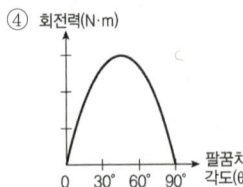

16 인체 지레에 대한 설명 중 옳은 것은?

기출 ▶ 15 17 18 19 20 21 22 24

① 지레에서 저항팔이 힘팔보다 긴 경우에는 힘에 있어서 이득이 있다.
② 1종 지레는 저항점이 받침점과 힘점 사이에 있는 형태로, 팔굽혀 펴기 동작이 이에 속한다.
③ 2종 지레는 받침점이 힘점과 저항점 사이에 있는 형태로, 힘에 있어서 이득이 있다.
④ 3종 지레는 힘점이 받침점과 저항점 사이에 있는 형태로, 운동의 범위와 속도에 있어서 이득이 있다.

17 〈보기〉의 ㉠~㉣에 들어갈 내용을 바르게 연결한 것은?

기출 ▶ 16 18 19 21 22

다이빙 선수의 공중회전 동작에서는 다이빙 플랫폼 이지(Take-off) 직후에 다리와 팔을 회전축 가까이 위치시켜 관성모멘트를 (㉠)시킴으로써 각속도를 (㉡)시켜야 한다. 입수 동작에서는 팔과 다리를 최대한 펴서 관성모멘트를 (㉢)시킴으로써 각속도를 (㉣)시켜야 한다.

	㉠	㉡	㉢	㉣
①	증가	감소	증가	감소
②	감소	증가	증가	감소
③	감소	감소	증가	증가
④	증가	증가	감소	감소

18 30m/s의 수평투사속도로 야구공을 던질 때, 야구공의 체공시간이 2초라면 투사거리는? (단, 공기저항은 무시함)

① 15m
② 30m
③ 60m
④ 90m

19 일률(Power)의 단위가 아닌 것은?

기출 ▶ 17 18 21

① N · m/s
② kg · m/s^2
③ Joule/s
④ Watt

20 〈보기〉의 ㉠~㉢에 들어갈 내용을 바르게 연결한 것은?

기출 ▶ 15 16 17 18 19 20 21 22 24

> 신체의 정적 안정성을 높이기 위해서는 기저면(Base of Support)을 (㉠), 무게중심을 (㉡), 수직 무게중심선을 기저면의 중앙과 (㉢) 위치시키는 것이 효과적이다.

	㉠	㉡	㉢
①	좁히고	높이고	가깝게
②	좁히고	높이고	멀게
③	넓히고	낮추고	가깝게
④	넓히고	낮추고	멀게

07 스포츠윤리

01 스포츠맨십(Sportsmanship) 행위가 아닌 것은?

기출 ▶ 15 16 17 18 19 21 22

① 패자에게 승리의 우월성 과시
② 악의 없는 순수한 경쟁
③ 패배에 대한 겸허한 수용
④ 승자에 대한 아낌없는 박수

02 〈보기〉에서 스포츠에 관한 결과론적 윤리관에 해당하는 것으로만 고른 것은?

기출 ▶ 16 17 18 19 20 22

> ㉠ 경기에서 지더라도 경기규칙은 반드시 준수해야 한다.
> ㉡ 개인의 최우수선수상 수상보다 팀의 우승이 더 중요하다.
> ㉢ 운동선수는 훈련과정보다 경기에서 승리하는 것이 더 중요하다.
> ㉣ 스포츠 경기는 페어플레이를 중시하기 때문에 승리를 위한 불공정한 행위를 해서는 안 된다.

① ㉠, ㉢   ② ㉠, ㉣
③ ㉡, ㉢   ④ ㉢, ㉣

03 스포츠에서 나타나는 인종차별에 관한 설명으로 적절하지 않은 것은?

기출 ▶ 15 18 19 20 21 22 24

① 경기실적 향상을 위해 우수한 외국 선수를 귀화시키기도 한다.
② 개인의 운동기량을 인종 전체로 일반화시켜 편견과 차별이 심화되기도 한다.
③ 스포츠미디어는 인종에 대한 편견과 차별을 재생산하기도 한다.
④ 일부 관중들은 노골적으로 특정 인종을 비하하는 모욕 행위를 표출하기도 한다.

04 스포츠윤리 이론 중 덕윤리의 특징으로 적절하지 않은 것은?

기출 ▶ 17 18 22 24

① 스포츠상황에서의 행위의 정당성보다 개인의 인성을 강조한다.
② 비윤리적 행위는 궁극적으로 스포츠인의 올바르지 못한 품성에서 비롯된다.
③ '어떠한 행위를 하는 선수가 되어야 하는가'보다 '무엇이 올바른 행위인지'를 판단하는 데 더 주목한다.
④ 스포츠인의 미덕을 드러내는 행동은 옳은 것이며, 악덕을 드러내는 행동은 그릇된 것으로 간주한다.

05 〈보기〉에서 스포츠윤리의 역할로 적절한 것으로만 고른 것은?　기출▶ 15 19 20 21

> ㉠ 스포츠상황에서 행동의 옳고 그름을 판단할 수 있는 원리 탐구
> ㉡ 스포츠 현상을 사실적으로 기술하는 방법 탐구
> ㉢ 스포츠 현상의 미학적 탐구
> ㉣ 윤리적 원리와 도덕적 덕목에 기초하여 스포츠인에게 요구되는 행위 탐구

① ㉠, ㉡
② ㉠, ㉣
③ ㉡, ㉢
④ ㉡, ㉣

06 〈보기〉의 괄호 안에 공통으로 들어갈 용어는?　기출▶ 16 17 18 19 20 21

> • 칸트(I. Kant)에게 도덕성의 기준은 (　　)이다.
> • 칸트에 의하면, 페어플레이도 (　　)이/가 없으면 도덕적이라 볼 수 없다.
> • (　　)은/는 도덕적인 선수가 갖추어야 할 내적인 태도이자 도덕적 행위의 필요충분 조건이다.

① 행복
② 선의지
③ 가언명령
④ 실천

07 〈보기〉에서 스포츠 선수의 유전자 도핑을 반대해야 하는 이유로 적절한 것을 모두 고른 것은?　기출▶ 16 17 18 19

> ㉠ 선수의 신체를 실험 대상화하여 기계나 물질로 이해하도록 만들기 때문
> ㉡ 유전자조작 인간과 자연적 인간 사이에 갈등을 초래하기 때문
> ㉢ 생명체로서 인간의 본질을 훼손하고 존엄성을 부정하기 때문
> ㉣ 선수를 우생학적 개량의 대상으로 만들기 때문

① ㉠, ㉢
② ㉡, ㉢
③ ㉠, ㉡, ㉣
④ ㉠, ㉡, ㉢, ㉣

08 〈보기〉의 괄호 안에 들어갈 정의(Justice)의 유형은?　기출▶ 17 18 20 21 22

> 운동선수의 신체는 훈련으로 만들어지기도 하지만 유전적 요인으로 결정되는 경우가 많다. 농구와 배구선수의 키는 타고난 우연성에 해당한다. 일반적으로 스포츠 경기에서는 이러한 불평등 문제에 (　　) 정의를 적용하지 않는다. 왜냐하면 스포츠는 전적으로 개인의 자발적 선택의 문제이기 때문이다.

① 자연적
② 절차적
③ 분배적
④ 평균적

09 〈보기〉에서 A선수의 판단 근거가 되는 윤리이론의 난점에 관한 설명으로 적절한 것은?

> 농구경기 4쿼터 종료 3분 전, 감독에게 의도적 파울을 지시받은 A선수는 의도적 파울이 팀 승리에 기여할 수 있지만, 상대 선수에게 위협을 가하거나 자칫 부상을 입힐 수 있기 때문에 도덕적으로 옳지 않다고 판단했다.

① 사회 전체의 이익을 고려하지 않는 경우가 발생한다.
② 상식적이고 보편적인 도덕직관과 충돌하는 판단을 내릴 수 있다.
③ 행위의 결과를 즉각 산출하기 어려울 경우에 명료한 지침을 제시하지 못할 수 있다.
④ 도덕을 수단적으로 인식한다는 점에서 근본적인 도덕개념들과 양립하기 어렵다.

10 〈보기〉의 괄호 안에 공통으로 들어갈 용어는?

> 예진 : 스포츠에는 규칙으로 통제된 ( )이 존재해. 대표적으로 복싱과 태권도와 같은 투기종목은 최소한의 안전장치가 마련되고, 그 속에서 힘의 우열이 가려지는 것이지. 따라서 스포츠 내에서 폭력은 용인된 폭력과 그렇지 않은 폭력으로 구분할 수 있어!
> 승현 : 아니, 내 생각은 달라! 스포츠 내에서의 폭력과 일상생활에서의 폭력은 본질적으로 동일하지. 그래서 ( )은 존재할 수 없어.

① 합법적 폭력
② 부당한 폭력
③ 비목적적 폭력
④ 반사회적 폭력

11 〈보기〉에서 국제수영연맹(FINA)이 기술도핑을 금지한 이유는?

> 2008년 베이징올림픽 수영종목에서는 25개의 세계신기록이 쏟아져 나왔다. 주목할 만한 것이 23개의 세계신기록이 소위 최첨단 수영복이라 불리는 엘지알 레이서(LZR Racer)를 착용한 선수들에 의해 수립되었다는 것이다. 그러나 이 같은 수영복을 하나의 기술도핑으로 간주한 국제수영연맹은 2010년부터 최첨단 수영복의 착용을 금지하였다.

① 효율성 추구
② 유희성 추구
③ 공정성 추구
④ 도전성 추구

12 〈보기〉에서 나타난 현준과 수연의 공정시합에 관한 관점이 바르게 연결된 것은?

> 현준 : 승부조작은 경쟁적 스포츠의 본래적 가치를 훼손시키는 행위지만, 경기규칙을 위반하지 않았다면 윤리적으로 문제없는 것이 아닌가?
> 수연 : 나는 경기규칙을 위반하지 않았다 하더라도, 스포츠의 역사적·사회적 보편성과 정당성 속에서 형성되고 공유된 에토스(Shared Ethos)에 충실해야 한다고 생각해! 그래서 스포츠의 가치를 근본적으로 훼손시키는 승부조작은 추구해서도, 용인되어서도 절대 안 돼!

	현 준	수 연
①	물질만능주의	인간중심주의
②	형식주의	비형식주의
③	비형식주의	형식주의
④	인간중심주의	물질만능주의

13 〈보기〉의 ㉠, ㉡과 관련된 맹자(孟子)의 사상이 바르게 연결된 것은?

> ㉠ 농구 경기에서 자신과 부딪쳐서 부상을 당해 병원으로 이송되는 상대 선수를 걱정해 주는 마음
> ㉡ 배구 경기에서 자신의 손에 맞고 터치 아웃된 공을 심판이 보지 못해서 자기 팀이 득점을 했을 때 스스로 부끄러워하는 마음

	㉠	㉡
①	수오지심(羞惡之心)	측은지심(惻隱之心)
②	측은지심(惻隱之心)	수오지심(羞惡之心)
③	사양지심(辭讓之心)	시비지심(是非之心)
④	측은지심(惻隱之心)	사양지심(辭讓之心)

14 장애인의 스포츠 참여를 지원하는 방법으로 적절하지 않은 것은?

① 장애인이 접근 가능한 장소의 확보
② 활동에 필요한 장비 및 기구의 안정적 지원
③ 비장애인과의 통합수업보다 분리수업 지향
④ 일회성 체험이 아닌 지속적인 클럽활동 보장

15 스포츠의 지속 가능한 발전에 관한 설명으로 적절하지 않은 것은?

① 새로운 스포츠 시설의 개발 금지
② 스포츠 시설의 개발과 자연환경의 공존
③ 건강한 인간과 건강한 자연환경의 공존
④ 스포츠만의 환경 운동이 아닌 국가적, 국제적 협력과 공조

16 〈그림〉은 스포츠윤리규범의 구조이다. ㉠~㉢에 해당하는 용어가 바르게 연결된 것은?

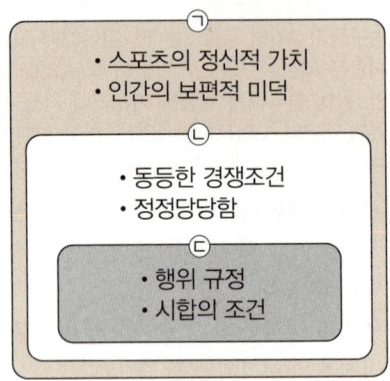

	㉠	㉡	㉢
①	규칙준수	스포츠맨십	페어플레이
②	스포츠맨십	페어플레이	규칙준수
③	페어플레이	규칙준수	스포츠맨십
④	스포츠맨십	규칙준수	페어플레이

17 「국민체육진흥법」 제18조의3 '스포츠윤리센터의 설립'에 관한 사항으로 옳지 않은 것은?

① 스포츠윤리센터는 문화체육관광부 장관이 감독한다.
② 스포츠윤리센터의 정관에 기재할 사항은 국무총리령으로 정한다.
③ 스포츠윤리센터가 아닌 자는 스포츠윤리센터 또는 이와 비슷한 명칭을 사용하지 못한다.
④ 스포츠윤리센터의 장은 문화체육관광부 장관의 승인을 받아 관계 행정기관 소속 임직원의 파견 또는 지원을 요청할 수 있다.

18 〈보기〉에서 국제육상경기연맹(IFFA)이 출전금지를 판단한 이유는?

> 2011년 대구세계육상선수권대회에서 남아프리카공화국의 의족 스프린터 피스토리우스(O. Pistorius)는 비장애인육상경기에 참가 신청을 했으나, 국제육상경기연맹은 경기에 사용되는 의족의 탄성이 피스토리우스에게 유리하다는 이유로 출전을 허용하지 않았다고 한다.

① 인종적 불공정
② 성(性)적 불공정
③ 기술적 불공정
④ 계급적 불공정

19 스포츠에서 나타나는 성차별의 원인이 아닌 것은?

① 사회적 성 역할의 고착화
② 차이를 차별로 정당화하는 논리
③ 신체구조와 운동능력에 대한 편견
④ 여성성을 해치는 스포츠에의 여성 참가 옹호

20 스포츠에서 심판윤리에 관한 설명으로 옳지 않은 것은?

① 심판의 사회윤리는 협회나 종목단체의 도덕성과 밀접한 관련이 있다.
② 심판은 공정하고 엄격한 도덕적 원칙을 적용해야 한다.
③ 심판의 개인윤리는 청렴성, 투명성 등의 인격적 도덕성을 의미한다.
④ 심판은 '이익동등 고려의 원칙'에 따라 전력이 약한 팀에게 유리한 판정을 할 수 있다.

2025년 2급 선택과목 정답 및 해설

01 스포츠사회학

01	02	03	04	05	06	07	08	09	10
①	②	①	③	③	②	③	④	④	①
11	12	13	14	15	16	17	18	19	20
①	③	③	①	④	②	②	②	④	④

01 스포츠 기능 향상의 심리적 기전을 연구하는 분야는 '스포츠심리학'에 해당한다.

02 ② 스포츠의 교육적 순기능은 사회통합(학교 내, 학교와 지역사회), 전인교육(학업활동, 사회화, 정서 순화), 사회선도(여성 권리, 장애인 및 노인 권리)가 있다. 승리 지상주의는 사회통합 기능이 아니라 교육목표를 훼손하는 '스포츠의 교육적 역기능'에 해당한다.

03 버렐과 로이의 미디어스포츠 수용자 욕구 유형은 총 4개의 유형(통합적, 인지적, 정의적, 도피적)이 있다. 〈보기〉의 인터넷 검색이나 스포츠뉴스를 통해 팀의 정보 및 리그 순위를 확인하는 정보적 기능을 의미하는 것은 '인지적 욕구'에 해당한다.

04 국제스포츠이벤트(메가이벤트)는 다국적 기업의 적극적 참여로 인한 고용 창출, 수출 증대, 관광수입 증가, 지역경제 활성화를 촉진하기 때문에 '지역사회 구성원의 문화 정체성 약화'는 해당되지 않는다.

05 미래 스포츠는 노년층의 스포츠 참가, 스포츠 과학, 친환경 스포츠의 중요성이 증가하고, 스포츠 참여형태가 다양해지는 특성을 가지고 있다.

미래 스포츠의 특성
- 노년층 스포츠 참가에 대한 중요성 증가
- 프로스포츠에서 스포츠과학의 중요성 증가
- 정보 기술의 발달로 스포츠 참여 형태 다양화
- 탄소배출을 최소화한 친환경스포츠의 중요성 증가
- 다양한 신소재의 개발은 스포츠의 용품 및 장비 개발에 활용
- 통신 및 전자 매체의 발달로 스포츠에서 미디어의 영향력 증가

06 민철이가 골프를 포기하고 배드민턴을 시작한 이유와 준형이가 골프를 취미로 참여할 수 있는 이유 모두 각자가 처한 현재의 생활 기회와 양식의 차이로 인한 것임을 알 수 있다(영향성). 또한 선영이가 본인의 경제력을 과시하기 위한 취미생활로 요트를 구입한 것은 베블런의 '유한계급론'에 해당한다.

07 스포츠가 미디어에 미치는 영향은 미디어 기술의 발전(방송기법 발달), 대중매체의 스포츠 의존도 증가, 미디어 콘텐츠 제공 및 미디어 보급 확대 등이 있다. ㉠과 ㉣은 미디어가 스포츠에 미치는 영향을 의미한다.

08 스포츠 과정에 대한 이해와 하위문화 특성에 관심을 갖는 미시적 관점의 스포츠사회학 이론은 '상징적 상호작용론'이다.

상징적 상호작용론
- 인간은 사회제도나 규칙에 대해 능동적으로 사고하고 의미를 부여하며 행동한다.
- 스포츠 팀의 주장은 리더십이 필요하기 때문에 점차 그 역할에 맞는 리더십을 발휘한다.

09 남아프리카공화국에서 아파르트헤이트 정책과 같은 인종차별 정책을 시행한 것에 대한 국제사회의 반발로 남아프리카공화국의 국제스포츠 참여를 금지시켰다.

10 ㉠ 세방화 : 지역화와 세계화가 동시에 일어나는 현상
㉡ 용병형 : 경제적인 보상을 꾀하는 추구하는 유형

11 ㉠ 도피주의 : 만연해진 승리지상주의로 인해 스포츠 참여에 대한 목적과 수단을 모두 상실
㉡ 혁신주의 : 목표를 달성하기 위해 정당한 수단을 거부
㉢ 의례주의 : 친선경기처럼 승리를 위한 목표가 상실되고 오로지 공정한 스포츠 참가에만 의미를 둠

12 ㉢은 부모보다 자식이 더 많은 수입과 명성을 얻고 있는 것이기 때문에 세대 간, 수직 이동이라고 볼 수 있다.

기든스의 사회이동 유형

이동 주체	개 인	개인의 능력과 노력에 의하여 사회적 상승의 기회가 실현되는 경우
	집 단	유사한 조건을 갖추고 있는 집단이 어떤 촉매적 계기를 통하여 집단적으로 이동하는 현상
이동 방향	수직이동	집단 또는 개인이 지녔던 종전의 계층적 지위가 상하로 변화하는 경우
	수평이동	계층적 지위의 변화가 없는 단순한 자리 바꿈
시간적 거리	세대 내 이동	개인의 생애주기 가운데 발생하는 지위의 변화로 경력이동이라고도 함
	세대 간 이동	한 세대로부터 다음 세대로 이어지는 과정에서 발생하는 사회·경제적 지위의 변화

13 준거집단 이론은 준거집단(규범, 비교, 청중 집단)의 행동, 감정, 태도 등을 자신의 준거의 척도로 사회화가 일어나는 것을 강조하고 있기 때문에, 집단을 스포츠사회화의 중요한 요소로 보고 있다.

14 ㉠ 질적 연구 : 참여관찰, 심층면담 등으로 양적 평가가 아닌 특정 가치의 해석절차에 따라 연구를 진행하는 방법
㉡ 선순환 모델 : 스포츠 선진국은 일반 시민의 스포츠 참가를 통해 다시 우수한 엘리트 선수를 탄생시켜 국가적 이미지 향상을 도모

15
• 평등성 : 인종과 성별에 상관없이 누구나 동등한 참여기회를 얻음
• 전문화 : 스포츠 내에서 포지션의 분화와 리그의 세분화가 촉진
• 세속화 : 전문 스포츠 참여를 통해 경제적 이익, 명예, 재미 등 세속적 욕구를 충족
• 관료화 : 스포츠는 관련 협회를 통해 규칙을 정하고 조직적으로 운영

16 낙인 이론은 남들이 본인들만의 사회적 규정에 근거하여 대상자를 낙인(예 민폐회원)을 찍었을 때, 대상자가 스포츠에 대한 일탈(예 스포츠 탈사회화)을 하게 된다는 이론이다.

17 스포츠의 상업화는 산업화, 도시화, 교통과 통신의 발달 등 자본주의적 시장 경제 체제에서 본격적으로 일어나게 되었다. 스태그플레이션은 경제침체와 물가상승이 동시에 나타나는 현상으로 상업주의 스포츠 출현의 사회, 경제적 조건이라고 볼 수 없다.

18
• 조작 : 특정 상황(쿠데타로 인한 불안감)에서 정치 권력의 인위적 개입(프로스포츠 장려)을 통해 목적(국민의 관심 돌리기, 정권 유지)을 달성하고자 수단과 방법을 가리지 않는 스포츠의 정치적 결합방법
• 상징 : 스포츠 경기에서의 승리가 개인의 성취보다 그가 속한 성, 인종, 지역, 민족, 국가의 영광으로 해석되는 것으로, 대표팀이 소속 국가의 국기를 부착하거나 경기 시작 전 국가가 연주되는 등의 행위
• 동일화 : 대중이 선수나 대표팀과 자신을 일치시키는 태도로, 경기 장면에서 선수의 상황에 몰입하는 것뿐 아니라, 선수나 대표팀에 대해 강력한 기대를 품는 것도 포함

19 ㉠ 스포츠로의 사회화 : 소영이가 축구 관련 TV 프로그램을 접하고 축구라는 스포츠를 참여하게 된 것
㉡ 스포츠로의 재사회화 : 스포츠 클럽을 탈퇴하였다가 재참여하게 된 것
㉢ 스포츠를 통한 사회화 : 스포츠에 참여하면서 소속 집단의 가치 및 태도를 학습하는 것
㉣ 스포츠 탈사회화 : 스포츠를 참여하지 않게 된 상태

20 〈보기〉의 사례에서 사회화 주관자는 ㉠ 부모님(가족), ㉡ 동네 주민센터(지역사회)이다. 스포츠사회화 주관자(주요 타자)는 가정, 동료집단, 학교, 지역사회, 대중매체 등을 말하며, 개인의 스포츠사회화에 큰 영향을 미친다.
㉠ 부모의 권유로 스포츠를 참여하게 되었기 때문에 스포츠사회화의 주관자는 '가족'이 된다.
㉡ 지역사회에 위치한 동네 주민센터의 공고를 보고 스포츠에 참여한 것이기 때문에 스포츠사회화의 주관자는 '지역사회'가 된다.

02 스포츠교육학

01	02	03	04	05	06	07	08	09	10
①	③	①	④	②	④	③	②	②	③
11	12	13	14	15	16	17	18	19	20
②	①	④	④	②	③	④	③	①	②

01 스포츠교육프로그램은 내용 선정 시 대상자가 스포츠 활동에 참여하는 것이 중요한 본질이기 때문에 "좋은 교육 내용이라면 실천 가능성과 관계없이 선정"하는 것은 적절하지 않다.

02 **학습자에게 지도 과제를 전달하는 방법**
• 스포츠 경험이 많지 않은 학습자는 구체적인 언어 전달이 필요하다.
• 개방기능의 단서는 복잡한 환경을 폐쇄기능의 연습 조건 수준으로 단순화한다.
• 집중력이 높지 않은 어린 학습자는 말이나 행동 정보 외에 매체를 활용하면 효과적이다.

03 제시된 설문지는 수업시작 전 참여자의 수준을 확인하기 위해 실시할 수 있는 체크리스트로 '진단평가'에 해당된다.

04 생활체육교육프로그램의 지도원리 중 교수학습 내용의 다양화와 신체를 통한 총체적 경험을 추구하는 '통합성'에 해당된다.

05 링크의 내용 발달과제 중 난이도와 복잡성이 추가된 과제를 의미하는 '확대(확장)형' 과제이다.

06 비경쟁적인 팀으로 협동하여 모든 팀원들에게 분배된 과제에 대한 점수를 합산하여 제공하는 '학생 팀-성취 배분'에 대한 설명이다.

07 「생활체육진흥법」에 따르면 문화체육관광부장관은 생활체육의 진흥을 위한 기본계획을 5년마다 수립·시행해야 한다.

08 상호작용 교수는 상황에 따라 지시형 또는 연습형 스타일로 활용될 수 있고 지도자가 과제 단서를 미리 선정하여 명확히 전달한다.

09 ㉡ 교수 스타일에 따라 의사결정의 주도권이 교사-학습자 사이에서 변화되며, A에 가까울수록 교사 중심, K에 가까울수록 학습자 중심이 된다.
㉢ A~E 스타일은 모방(Reproduction)이 중심이 되고, F~K 스타일은 창조(Production)가 중심이다.

10 게임수행평가도구 계산 수식

게임 수행 점수=[(적절한 의사결정/적절한 의사결정+부적절한 의사결정)+(효율적 기술실행/효율적 기술실행+비효율적 기술실행)+(적절한 보조/적절한 보조+부적절한 보조)]/3
∴ 유나(0.83점), 다은(0.75점), 세연(0.67점)

11 모스턴의 교수 스타일 중 지도자가 교과내용 및 과제 난이도를 선정하고, 학습자가 자신의 수준에 맞는 출발점을 선택하여 과제를 연습하는 것은 '포괄형'에 해당된다.

12 이해중심게임 수업모형

게임 소개 → 게임 이해 → ㉠ 전술 인지(이해) → 의사 결정 → ㉡ 기술 연습 → 실제 게임 수행

13 싱글 엘리미네이션은 패배한 팀이 즉시 경기가 종료되고 순위 산정이 어려운 특징을 가지고 있다. 패배한 팀에게 한 번의 기회를 더 주는 방식은 '더블 엘리미네이션'이다.

14 학교 체육의 진흥을 위한 조치(「국민체육진흥법」 시행령 제6조)
- 운동회나 체육대회의 실시
- 학생에 대한 한 종목 이상의 운동 권장과 지도
- 체육동호인조직의 결성 등 학생의 자발적 체육 활동의 육성·지원
- 운동경기부와 선수의 육성·지원
- 그 밖에 학교 체육의 진흥을 위하여 필요한 사항

15 사건 기록법

사건 기록법은 양적 정보를 얻기 위해 활용된 기록법이다. 제시된 표는 일정 시간 간격이 아닌 특정 교수행동(피드백)이 나타난 횟수를 기록하였다. 이는 교수학습 시간보다는 행동 발생 빈도를 구체적으로 확인하기 위해 실시하는 방법이다.

16 직접교수모형과 개별화지도모형은 신체적 영역이 1순위(심동적>인지적>정의적)이다.

17 수업 운영 시간은 지도자가 학습자에게 효과적인 체육활동 참여를 위해 수업을 조직하고 관리하는 시간을 의미한다. 따라서 '㉡ A팀이 서브 연습을 하는 시간'은 학습자의 실제 운동참여시간, '㉢ 지도자의 시범 제공 시간'은 교수학습 시간이라 볼 수 있다.

18 ⓐ는 부정적인 행동이 나타났을 때(신호) 손가락으로 제지(간섭)하는 것이기 때문에 '신호간섭'이다.

19 마튼스의 전문체육 프로그램 개발 단계

선수에게 필요한 기술 파악 → 선수 이해 → 상황 분석 → 우선순위 결정 및 목표 설정 → 지도 방법 선택 → 연습 계획 수립

20 ㉠ 지난 시간에 배운 '피치 클럽'을 알고 있는지 기억 수준의 질문을 제시하였기에 '회상형 질문'이다.
㉡ 환경이 변하지 않은 상태에서 수행하는 '폐쇄기능'에 해당한다.

03 스포츠심리학

01	02	03	04	05	06	07	08	09	10
②	④	①	①	②	②	③	②	④	②
11	12	13	14	15	16	17	18	19	20
③	①	①	④	③	③	④	①	④	

01 스포츠심리학자는 심리적·사회적 요인이 스포츠 경기력에 미치는 영향에 대한 원인 규명 및 분석의 역할을 수행한다. 체력 향상을 위한 의약품 판매는 스포츠심리학자의 역할에 해당되지 않는다.

02 심상은 모든 감각을 동원하여 마음속으로 어떤 경험을 떠올리거나 새로 만드는 것이다. 어떠한 일을 겪지 않고도 이미지를 상상하고 느끼고, 소리 등을 마음속으로 떠올리는 것은 통증과 부상을 대처하는 데 도움이 된다.

03 내적 동기를 향상하기 위해 기쁨이나 만족감을 추구하며 스스로 활동에 참여하고, 경기 자체에 대한 보람이나 즐거움을 느끼게 해야 한다. ㉣, ㉤은 외적 동기를 향상하는 방법에 해당된다.

04 ① 목표 설정 원리는 수행목표보다 결과목표를 강조하지는 않는다.

목표 설정 원리
- 가능한 한 구체적인 목표 설정
- 성취 가능한 목표 설정
- 장기목표와 단계적 단기목표를 함께 설정
- 자신의 수행 목표 설정
- 참가자의 성격과 능력을 고려한 목표 설정
- 팀 목표를 고려하며 개인 목표 설정

05 모노아민 가설은 운동 시 세로토닌과 노르에피네프린, 도파민 등의 신경전달물질의 분비로 감정과 정서가 개선된다는 가설을 말한다.

06 **콜먼 그리피스(C. Griffith)**
스포츠심리학의 창립기(1921~1938) 때 미국 일리노이 주립대학에 운동연구소(Athletic Research Laboratory)를 설립하였으며 심리학의 아버지라고 불린다.

07 ③ 운동학습 수행 과정이 완성된 단계에 관한 설명이라 고원현상에 대한 설명으로 볼 수 없다. 고원현상은 연습을 해도 운동기능 수준이 발달하지 않고 일시적으로 제자리에 머물러 있는 상태를 말한다.

08 루틴은 선수들이 최상의 운동수행을 발휘하는 데 필요한 이상적인 상태를 갖추기 위해서 시행하는 자신만의 고유한 동작이나 절차를 말한다. 경기 직전에 수정하는 것은 루틴을 오히려 깨는 행위로 볼 수 있다.

09 중요도가 높은 순서대로 배열하고 훈련하는 것은 체계적 둔감화이다. 체계적 둔감화는 불안감을 야기하는 자극에 대해서 계획적이고 단계적이며 점진적으로 안정감을 강화하는 프로그램이다.

10 가. 하나의 자극에 대한 단일 반응만 필요한 단순반응인 ㉠이다.
나. 여러 자극 중 하나에 대한 반응을 선택해야 하는 변별반응으로 ㉢이다.
다. 두 가지 이상의 자극을 구별하고 적절한 반응을 하는 선택반응으로 ㉡이다.

11 ③ 상담 윤리 측면에서 가까운 사람과 상담은 '다중 관계' 문제로 이어질 수 있다. 이는 객관성과 전문적인 판단에 영향을 미칠 수 있어 상담심리사가 피해야 할 윤리적 문제로 간주된다.

12 ② 전환 이론, ③ 다차원적 불안 이론, ④ 적정각성 수준 이론

13 ㉠ 스포츠 응집력에 관한 내용이기에 팀원의 수가 많아질수록 개인이 노력을 덜하게 되는 링겔만 효과임을 알 수 있다.
㉡ "나 하나쯤이야."라는 부분에서 사회적 태만임을 유추할 수 있다.

14 주제통각검사(TAT)는 개인이 제시된 그림에 대한 이야기를 만들어냄으로써 자신의 성격, 감정 그리고 환경과의 상호작용을 드러내는 투사적 심리 검사법이다.

15 ③ 프로차스카(J. Prochaska) 운동변화단계 이론 중 무관심 단계에서는 운동 실천 동기부여를 위해 운동이나 스포츠에 대한 긍정적인 면을 강조하고, 개인의 목표와 가치관에 연결하여 동기를 부여하는 것이 중요하다.

16 ③ 공격성 이론(본능 이론, 사회학습 이론, 좌절-공격 가설 이론, 단서촉발 이론) 중 본능 이론에 대한 문제로 본능에 숨어 있는 공격성이 표출되어 나타나는 것을 말한다.

17 베일리(R. Vealey)의 스포츠 자신감은 스포츠나 운동과 같은 성취 영역에서 개인의 자신감 수준을 이해하고 예측하는 데 도움을 주는 이론이다. 이 이론의 원천은 성취, 자기조절, 사회적 분위기에서 비롯된다. ㉠은 '성취 경험' ㉡은 '사회적 분위기' ㉢은 '자기조절'에 해당된다.

18 ④ 모의훈련은 실제 경기와 똑같은 상황을 만들어 훈련하는 심리적 연습으로 주의집중을 높일 수 있다.

19 지도자의 처벌 행동 지침에 있어 처벌이 필요한 경우에는 이유를 명확하게 말해주는 것이 중요하다.
불가피하게 처벌이 필요할 경우의 지침
- 동일 규칙 위반과 동일 처벌의 일관성
- 사람이 아닌 행동을 처벌
- 처벌 규정 제정 시 선수의 의견 반영
- 신체 활동을 처벌로 사용하지 않음
- 개인감정으로 처벌하지 않음
- 연습 상황의 실수를 처벌하지 않음
- 창피를 주지 않음
- 처벌 실행은 단호하게 함

20 맥락간섭의 효과가 높은 연습으론 무선연습이 있다. 순서 없이 운동기술에 포함된 하위요소들을 무작위로 연습하는 방법으로 파지와 전이에 효과적이다. 맥락간섭의 효과가 낮은 연습으론 구획연습이 있다. 하위요소를 나누어 한 요소의 운동기술을 주어진 시간에 연습하는 방법으로 연습수행에 효과가 높다. 따라서 ㉠은 A코치 무선연습, ㉡은 C코치 계열연습, ㉢은 B코치 구획연습이다.

04 한국체육사

01	02	03	04	05	06	07	08	09	10
②	④	①	③	②	③	①	①	④	②
11	12	13	14	15	16	17	18	19	20
②	②	③	②	④	①	④	③	③	④

01 각저(角骶)는 고구려를 포함한 부족국가 시대에 시행되었다. 두 사람이 맨손으로 허리의 띠를 맞잡고 하는 씨름의 전신인 신체활동이다.

02 체육사관은 체육역사가의 관점으로 체육 및 스포츠의 역사에 대해 다양한 과거의 해석이 가능하다. ㉡은 사료에 해당된다.

03 대향사례(대사례)는 조선시대에 시행된 활쏘기 의례로 육일각에서 진행되었다.

04 무과 별시를 응시하기 위한 무예 수련을 진행한 것은 조선시대이다.

05 고구려의 사료인 '구당서'에 따르면, "풍속에 독서를 즐긴다. 천민의 집까지 이르는 거리에 큰 집을 지어 이를 '경당'이라고 한다. 여기서 미혼의 자제들이 밤새워 책을 읽으며 '궁술'을 익힌다."라고 하였다.

06 석전은 돌싸움, 추천은 그네뛰기, 축국은 축구의 성향을 가진 민속놀이이다.

07 방응은 매사냥으로 삼국 시대에 민속스포츠로 존재하여 크게 번성하였다. 고려 시대에는 관리 관청인 '응방'이라는 기관이 설치되었다.

08 조선시대의 훈련원은 무예 시험 및 훈련과 병서 강습을 하는 공식 교육기관이다.

09 활인심방은 조선시대에 이황이 간행한 도인체조 실용서로, 도가계열의 의료서적인 『활인심』을 근거로 하였다. 주요 내용으로는 양생법(양생지법, 신방법, 녹로법), 도인법 등이 있다.

10 조선시대의 식년무과는 고등 무관시험으로 소과 대과 구분 없이 초시, 복시, 전시 단계로 구성되어 있었고, 강서는 복시에만 존재하였다.

11 개화기 학교에서는 체조가 정식 교과로 지정되었다. 특히 병식체조는 군사적 목적을 고려하여 규율에 반응하는 신체를 만드는 데에 유효한 방법이었다.

12 제3~4차 조선교육령(1938~1945년)에 따르면 민족말살정책을 본격화하였고, 황국 신민화 정책을 통해 전쟁 인력을 확보하기 위한 조치를 교육에서 시행하였다.

13 서상천은 일본체육회 체조학교를 졸업하고 YMCA 주최 역도대회를 개최하였다. 우리나라에 역도를 도입하였으며, 조선체력증진법연구회 설립, 『현대체력증진법』 집필 등의 활동을 하였다.

14 원산학사는 최초의 근대학교로 무예가 교육과정에 포함된 교육기관이다. 이 교육기관은 병서와 사격 과목이 무예반에 편성되어 있었고, 무예반의 비중이 문예반보다 컸기 때문에 무비자강을 지향했다고 볼 수 있다.

15 1991년 남북체육회담을 통해 각종 국제대회 참가 단일팀 구성을 합의했고, 제41회 세계탁구선수권대회와 제6회 세계청소년축구대회에서 남북단일팀을 구성하여 'KOREA'란 이름으로 출전하게 된 계기가 되었다. 제24회 서울 올림픽경기대회는 1988년에 진행되었다.

16 태릉선수촌의 건립은 1966년으로 제2~4공화국(1961~1981년)에 있었던 정책이다.

17 1948년에 개최된 스위스 생모리츠 동계올림픽대회는 하계, 동계 올림픽 통틀어 대한민국이 처음 참가한 올림픽이다.

18 제5공화국 이전까지 우수선수의 국위선양을 목표로 엘리트체육을 육성하였고 「국민체육진흥법」을 공포하여 생활체육 활성화를 이룩하고자 하였다. 건민사상으로 건전한 정신과 강인한 체력육성을 위한 범국민적 체육활동을 촉구하였다.

19 국민생활체육종합계획은 1989년 체육부가 수립한 종합정책으로 국민의 스포츠 참여 확대, 생활체육시설 확충 및 개선, 선진형 생활체육 프로그램 개발 및 보급, 생활체육 정보 제공 및 홍보, 생활체육동호회 육성 및 지원 등을 포함하고 있다. 이러한 계획을 추진하기 위해 국민생활체육협의회가 1991년에 창설되었다.

20 미군정기와 교수 요목 시대의 체육은 신체육의 영향을 받은 체육이념을 설정하였고, 1945년 조선체육동지회를 중심으로 조선체육회가 재결성되었고, 1949년 향토방위를 위한 학도호국단이 조직되었다.

05 운동생리학

01	02	03	04	05	06	07	08	09	10
①	①	②	②	③	④	④	④	④	①
11	12	13	14	15	16	17	18	19	20
②	②	①	③	③	①	③	③	④	②

01 1분 전후로 실시하는 과격한 운동에서 사용되는 에너지 시스템은 해당과정으로 60초 전력 질주 시 1분자의 글루코스 분해로 얻을 수 있는 ATP 수는 2개이다(Total If Anaerobic).

02 알부민은 ATP 합성에 직접적인 역할을 하지 않지만, 혈액 내에서 물질을 수송하여 대사 과정에 필요한 에너지원이나 재료를 제공하는 데 중요한 역할을 한다.

03 장시간 무산소 트레이닝을 하면 ⓒ 근육의 수축 속도가 증가하고 ⓔ PCr 또는 PFK 효소의 양 및 활성도가 증가한다. ㉠과 ㉢은 장시간 유산소 트레이닝에 따른 생리적 적응이다.

04 해당과정은 무산소성 에너지 시스템의 하나로 포도당 또는 당원을 분해하여 젖산 또는 피르부산을 만드는 시스템을 말하며, 에너지 4개 투자를 통해 2개를 최종 생산해 낸다.

05 골지건기관은 근육과 건 복합체의 장력을 감지하여 과도한 근장력 발생을 억제한다. 따라서 골격근의 예방과 안정장치 역할을 수행하며 추외근섬유와는 직렬연결 구조로 존재한다.

06 장기간 유산소 트레이닝에 의한 생리적 적응 현상
- 좌심실 용적 증가
- 마이오글로빈 함유량 증가
  - 근육이 산소를 받아들임
  - 근육 수축에 필요한 에너지를 생산하는 데 도움
- 1회 박출량 증가
  - 골격근 내 모세혈관 밀도 증가
  - 근육 조직 내 혈관 수 증가

07 골격근 수축 과정

근형질세망에서 칼슘이온을 자극하여 자극된 칼슘이온이 트로포닌과 결합하면 액틴 필라멘트와의 결합부를 막고 있던 트로포미오신의 위치를 이동해 마이오신 머리와 액틴 필라멘트가 강하게 결합하게 한다.

08 ㉠ 운동에 의한 체온 상승은 헤모글로빈의 산소 친화력을 낮춰 산소 포화도를 감소한다.
㉡ 고강도 운동 시 동-정맥 산소 차이는 안정 시에 비해 커진다.

09 • 건강관련체력 요인은 사람이 활동하는 데 필요한 능력을 말하며, 근력, 근지구력, 심폐지구력, 유연성, 신체조성 등이 있다.
• 기술관련체력 요인으로는 순발력, 민첩성, 평형성, 협응성, 스피드 등이 있다.

10 ㉢ 심실이 혈액을 충만하게 모을 수 있도록 자극전도 시간을 지연하는 것은 방실결절(AV Node)의 기능에 해당한다.
㉣ 다른 심장 전도 시스템보다 약 6배 빠르게 전기적 자극을 심실 전체로 전달하여 심실의 거의 모든 부위가 동시에 수축할 수 있게 하는 것은 푸르킨예 섬유(Purkinje Fibers)의 특성이다.

11 A는 확장기말로 좌심실이 혈액을 최대로 받아들인 지점이다.
㉠ A~B 구간은 좌심방과 좌심실 사이 이첨판과 대동맥 판막이 모두 닫힌 채 부피가 일정하게 일전하게 추구하는 시기로 등용적 수축이라 한다.
㉣ D~A 구간의 증가는 확장기말 용적의 증가로 이는 프랭크-스털링 법칙에 의해 1회 박출량 증가로 이어진다.
㉡ 운동 중 좌심실 수축력의 증가는 C시점에서의 좌심실 용적 감소로 이어진다.
㉢ 좌심실 박출률은 좌심실에 들어온 혈류량 대비 대동맥으로 빠져나간 혈류량의 비율을 의미한다. 안정 시에 비해 운동 시 심박수와 수축력이 증가하므로 좌심실 박출률이 증가한다.

12 고지대 환경에서 장시간 노출 시 생리적 적응으로는 호흡중추에서 이산화탄소에 대한 감수성 증가로 환기량을 증가하고, ㉣ 저산소 상태에 따른 혈중 적혈구 수 증가로 산소운반능력이 증가하며, ㉡ 근육 조직의 모세혈관과 미토콘드리아 밀도가 증가한다.

13 ㉠ 연수에는 부교감 신경의 중요한 구성 요소인 미주 신경(Vagus Nerve)이 위치하며, 운동 종료 후 심박수를 낮추는 데 도움을 준다.
㉡ 고온다습한 환경에서 운동 중 체액량 조절을 위해 뇌하수체는 바소프레신(항이뇨 호르몬)을 분비한다.
㉢ 중강도 이상의 운동은 교감신경 활성화로 인해 아드레날린(에피네프린)이 분비된다.

14 ㉡ A 밴드는 마이오신이 있는 지역으로 액틴 필라멘트와 겹쳐 어둡게 보인다. 하지만 길이가 변하지 않는다.
㉢ 근절은 근섬유의 반복 단위로 액틴과 마이오신 섬유의 근세사 활주로 인해 짧아진다.

15 속근섬유(Type Ⅱ)는 White Muscle이라고 하며, 수축이 빠른 골격근 섬유로 무산소성 대사 능력이 좋다. 따라서 ㉡ 수축 속도가 빠르고 ㉣ 칼슘이온 방출 속도가 빠르다.

16 ① 혈액의 역류를 막기 위한 판막으로는 승모판, 삼첨판, 대동맥판, 폐동맥판이 있다. 하지정맥 내 판막은 정맥에서 혈액이 심장 방향으로 흐르는 것을 도와주는 역할을 한다.

17 글루카곤은 혈당이 낮아졌을 때 췌장의 알파 세포에서 분비되어 혈당을 높이는 데 관여하는 호르몬이다. 간에서 글리코겐을 포도당으로 분해하고, 포도당 생성을 촉진하여 혈당을 올리는 역할을 한다.

18 저강도 운동 시에는 운동단위 내 지근섬유(Type I)가 우선 동원된다. 지근섬유는 느리고 지속적인 수축이 특징이다. 운동 강도가 증가함에 따라 속금섬유가 동원된다.

19 ㉠ 마이오글로빈은 주로 척추동물의 근육 세포 내에서 발견되는 산소 결합 단백질로 산소를 저장하고 운반하는 역할을 한다.
㉡ 혈액 내 적혈구용적률(HCT)이 증가하면 혈액의 점성이 증가하는데, 이는 혈액 내 적혈구의 비율이 높아질수록 혈액의 점도가 높아지기 때문이다.

20 혈류 재분배에 의해 ㉠ 운동 시 골격근의 산소 요구량을 충족하기 위해 비활동 조직으로의 혈류량이 감소하며, ㉢ 고강도 운동을 하는 동안 골격근의 세동맥 혈관 저항은 안정 시에 비해 감소한다. 이는 운동 시 혈관이 확장되고 혈액 흐름이 증가하면서 혈관 저항이 감소하기 때문이다. ㉡ 최대 운동 시 기관별 혈류 재분배 비율이 동일하지 않으며, 운동 중 신체가 필요한 부분에 혈액을 더 많이 공급하기 위해 다른 부위의 혈류가 줄어들게 된다.

06 운동역학

01	02	03	04	05	06	07	08	09	10
④	①	②	④	①	②	②	①	③	③
11	12	13	14	15	16	17	18	19	20
②	③	②	④	③	④	④	③	①	②

01 인체 에너지 대사의 측정은 운동생리학에 대한 내용이다.
운동역학의 연구 목적
- 동작의 효율적 수행으로 운동 기술의 향상
- 스포츠 상해의 원인 규명과 예방을 통한 안정성 향상
- 과학적인 스포츠 장비 개발
- 효과적인 지도와 학습
- 운동 수행 시 힘의 측정

02 정성적 분석에 대한 내용이다. 정성적 분석은 분석자의 경험과 지식을 바탕으로 영상 분석 시 현장에서 빠른 피드백에 용이하며 분석자의 역량에 따라 결과가 달라질 수 있다. 정량적 분석은 측정을 통해 얻은 객관화된 수치 자료를 이용한 동작 분석 방법으로 데이터 분석 과정에서 시간과 노력이 필요하지만 객관성 확보에 용이하다.

03 운동역학에서는 운동을 병진운동, 회전운동, 복합운동으로 나눌 수 있다. 병진운동에는 직선운동과 곡선운동이 포함된다. 회전운동은 중심선을 기준으로 물체 전체가 돌아가는 운동으로 곡선운동과는 다른 운동이다.

04 열린형 운동역학 사슬은 사지의 말단이 자유롭게 움직이는 운동이다. 체중의 지지 없이 이루어지는 운동이기 때문에 불안정성은 높을 수 있으나 비교적 고립적인 운동이 가능하다. 스쿼트나 푸시업은 사지말단이 지지면에 안정되거나 고정된 상태에서 하는 운동으로 닫힌형 운동역학 사슬에 해당된다.

05 전단응력은 조직의 장축을 따라 대칭으로 가해지는 힘이 아닌 조직의 단면을 따라 미끄러지듯 작용하는 힘이다.

06 내력이란 시스템 체계나 신체 내부에서 발생하는 힘을 의미한다. ㉠과 ㉢은 외력에 관한 설명이다.

07
- 속도 = 거리/시간
- 걸은 총거리(30m) − 감속 거리(10m) = 실제 항속거리
- 실제 항속거리(20m) ÷ 걸린 시간(16초) = 평균 속도
∴ 1.25m/s

08 ① 각가속도는 일정 시간에 대한 각속도의 변화량을 나타내는 벡터양으로, 원운동을 하는 물체에 힘의 모멘트가 작용하여 속도와 방향을 변화하는 물리량을 말한다. 각가속도 0은 회전속도가 변하지 않는 상태를 의미할 뿐, 회전이 멈췄다는 뜻은 아니다.

09 ③ 착지전략을 제외한 모든 조건이 동일하기 때문에 수직 충격량은 동일하다.

10 선운동량 보존 법칙을 적용해야 되는 문제로 선운동량의 단위계는 kg·m/s이다. 따라서 현재 질량 g인 것을 kg 단위로 변경하여 계산하며 식을 세우면 다음과 같다.
(클럽 질량×임팩트 직전 선속도)=(클럽 질량×임팩트 직후 선속도)+(공 질량×임팩트 직후 공 속도)
→ 0.6×50=0.6×45+0.04×v
→ 3=0.04×골프공의 임팩트 직후 선속도
∴ 골프공의 임팩트 직후 선속도=75m/s

11 ② 철봉 대차돌기의 하강 국면에서는 중력의 영향으로 점점 가속이 붙어 시간이 지남에 따라 무게중심점의 각속도는 점점 빠르게 회전한다.

12 토크는 물체를 회전해 각운동량을 만드는 힘으로, 힘의 모멘트라고도 한다. 외적 토크보다 내적 토크가 크면 근육은 등장성 수축을 한다.

13 관성모멘트는 회전운동에서 외부에서 가해진 회전력에 대해 물체의 운동 상태를 변화시키지 않으려는 특성을 말한다. 관성모멘트 크기는 물체의 질량과 회전반경이 클수록 증가한다.
㉠ 피겨스케이팅에서 양팔을 벌리고 회전하면 회전반경이 커져 관성모멘트가 증가한다.
㉡ 달리기할 때 공중에서 다리를 굽히면 몸 중심으로 회전반경이 줄어 관성모멘트가 줄어든다.
㉢ 다이빙에서 터크(움크린) 자세를 하면 질량이 회전축 가까이에 모이면서 관성모멘트가 줄어든다.
㉣ 골프 아이언 헤드의 질량을 양 끝으로 퍼트리면, 질량 분포가 회전축에서 멀어져 헤드 전체의 관성모멘트가 증가한다.

14 반발계수는 두 물체가 서로 충돌한 후, 충돌 후의 속도가 충돌 전에 비해 얼마나 작아지는지 나타내는 지수이다.

공의 반발계수(복원계수) $= \sqrt{\dfrac{H_{up}(튀어오른 높이)}{H_{down}(자유낙하 높이)}}$
$= \sqrt{0.75} ≒ 0.87$

15 압력중심점이란 유체 역학에서 물체 표면에 작용하는 전체 압력의 효과를 단일 힘으로 나타낼 수 있는 지점을 말한다. 허리를 앞으로 굽혔을 때 압력중심점도 앞으로 이동하지만, 여전히 기저면 안에서 무게중심을 잡는다. 기저면 밖에 위치하지 않는다.

16 에너지는 일을 할 수 있는 능력으로 특정 일을 수행하기 위해 필요한 힘이나 자원의 양을 의미한다. 위치에너지, 운동에너지, 열에너지, 전기에너지, 화학에너지 등 다양한 형태로 존재하는 에너지는 움직임이 있어야만 하는 것은 아니다.

17 거리는 물체가 처음 위치에서 나중 위치까지 움직인 경로의 길이를 의미하고, 변위는 물체의 처음 위치부터 마지막 위치까지의 방향과 직선거리를 말한다. A 선수는 400m 트랙을 25바퀴 달렸으므로 거리는 10,000m이다. 변위(최종 위치－시작 위치)는 출발점과 결승점이 같으므로 0이다.

18 • 일=힘×이동거리=2N×2m ∴ 4J
• 일률=일÷시간=4J÷2초 ∴ 2J/s

19 기저면은 신체의 중심이 바닥의 지면에 미치는 면적으로 신체와 그 신체를 지지하는 부분이 만나는 면과 그 면들 사이의 면적을 말한다. 기저면이 넓을수록 안정적이며, 기저면의 모양과 방향에 따라서 안정성이 달라진다. 기저면의 형태 또한 안정성에 영향을 미치게 된다.

20 마찰력은 마찰계수와 접촉면에 수직으로 작용한 힘(수직항력)의 곱으로 구한다.

07 스포츠윤리

01	02	03	04	05	06	07	08	09	10
②	③	②	③	①	①	②	전항 정답	①	③
11	12	13	14	15	16	17	18	19	20
①	④	②	③	④	④	②	④	③	②

01 스포츠윤리센터는 「국민체육진흥법」에 따라 체육인의 인권보호와 스포츠 비리근절을 위해 설립된 센터이다. 스포츠 산업 종사자의 직업 안정성 확보와 처우 개선은 해당되지 않는다.

02 가치판단은 도덕적 우선순위를 적용하는 것이다. 윔블던 테니스 대회에서 하얀색 복장 착용은 객관적인 근거를 제시하는 것으로 '사실판단'에 해당된다.

03 게발트
스포츠의 공격성 및 폭력성을 의미하는 말이다. 스포츠는 투쟁심, 욕구분출 등의 폭력을 독려함과 동시에 규칙으로 폭력을 제어하고 있는 '스포츠 폭력의 이중성'을 띄고 있다고 본다.

04 타이틀 나인은 미국에서 제정된 법률로 성별에 관계 없이 모든 기회를 제공해야 한다는 내용이다. 타이틀 나인으로 인한 스포츠계 변화로 '학교 스포츠 프로그램에서 의도적인 성차별 발생 시 재정 지원의 제한'이 적절하다.

05 기술 도핑은 WADC의 금지 방법의 분류에 해당되지 않는다.
세계도핑방지기구(WADC)에서 규정한 도핑의 금지 방법의 분류 목록
- 혈액 및 혈액성분의 조작
  - 모든 분량의 자가혈액, 동종혈액 또는 이종혈액 및 모든 출처의 적혈구 제제를 순환계에 투여 또는 재주입
  - 산소의 섭취, 운반 또는 전달의 인위적 향상
  - 물리적 또한 화학적 수단을 이용한 혈액 또는 혈액성분에 대한 모든 형태의 혈관 내 조작
- 화학적·물리적 조작
  - 도핑검사과정에서 채취한 시료 성분과 유효성을 변조하거나 변조를 시도하는 행위
  - 12시간 동안 총 100ml보다 많은 양의 정맥투여나 정맥주사 금지
- 유전자 및 세포도핑
  - 유전자 서열, 유전자 발현을 변경할 수 있는 핵산이나 핵산 유사물의 사용
  - 정상세포 또는 유전적으로 조작된 세포의 사용

06 레건의 동물권리론은 동물도 인간처럼 삶의 주체를 가지고 있는 개체로, 모든 동물에게 자유를 보장하고 스포츠에 동물을 이용하지 않도록 강조한다. ②, ③은 인간중심주의 환경윤리로 인간의 목적을 위한 수단적 가치로 동물을 스포츠에 이용할 수 있다고 본다.

07 코트 위치에 따라 경기의 유불리를 인지하고 이에 대해 분배 규칙 및 원칙을 합의해 가는 과정의 공정성을 강조하고 있기 때문에 '절차적 정의'에 해당된다.

08 농구 경기 중 상대 수비를 피하는 과정에서 의도치 않게 3걸음을 걷고 슛을 쏘는 것은 의도하지 않은 상태에서 해당 종목 스포츠를 구성하는 규칙을 어긴 것이기 때문에 롤랜드의 규칙 위반 중 '비의도적 구성 규칙 위반'에 해당된다.

※ 문제 오류로 전항 정답 처리되었다.

09 칸트는 페어플레이라고 하더라도 선의지(의무에서 나온 행위)가 없다면 도덕적이라고 볼 수 없음을 강조하였다.
A의 경우 도핑 없이 공정경쟁을 통한 실력을 인정받고자 하는 선의지를 가지고 있으므로, '의무에서 나온 행위'로 볼 수 있다. B는 도핑을 거부하고 있으나, 그 이유가 공정경쟁(선의지)이 아닌 처벌(다른 동기)을 회피하고자 하는 것이기 때문에, '의무에 합치하는 행위'라고 볼 수 있다.

10 부올레가 분류한 스포츠 환경은 순수 환경, 개발 환경, 시설 환경이 있다. 가상 환경은 이에 속하지 않는다.

11 뒤르켐의 도덕교육론에 따르면 윤리교육은 개인이 강제력을 가진 사회규범을 내면화하는 과정으로, 이를 위해서는 강제보다는 이해와 습관을 형성하는 것이 중요하다고 하였다. 따라서 감독 지도에 의존하는 도덕적 판단력을 기르는 것은 뒤르켐의 도덕 교육론에서 시사하는 스포츠 윤리교육과 맞지 않다.

12 스포츠센터의 운영이익을 더 늘리기 위해 지도자의 노동 강도를 높이는 것은 스포츠조직의 윤리적 경영방법에 위배된 방법이다.

13 A 심판은 배구의 최신 개정 규정을 숙지하지 못하는 '심판의 전문성'이 결여되어 있다. B 심판의 경우는 오심에 대해 부끄러워하고 본인을 미워하는 맹자의 사단 중 '수오지심'에 해당한다.

14 공리주의는 행위의 결과를 중시하며, 다수의 행복을 주는 행위를 옳다고 보기 때문에, 해당 관점에서는 인성보다는 목적 달성이나 행위의 유용성을 더 강조하게 된다.

15 ㉠ 참여 종목과 대회는 장애인 본인의 결정에 맡겨야 한다.
㉡ 장애인과 비장애인을 분리하여 수업하는 것은 기본권 침해에 해당된다.

16 아렌트의 악의 평범성
폭력에 길들어 폭력에 대한 습관화가 일어나면 악행이 평범하게 느껴짐을 강조하였다.

17 옳고 그름을 판단하는 기준이 행위의 동기임을 강조하는 의무주의 윤리 규범에 근거할 경우, 반칙을 하지 않으려고 노력하는 이유가 '반칙 자체의 동기가 옳지 않기' 때문임을 설명할 것이다.

18 국제올림픽위원회에서 외과적 수술을 하지 않은 트랜스젠더도 선수로 출전할 수 있음을 강조하였고, 이를 지지하는 견해는 트랜스젠더 또한 스포츠 참여기회에 불이익을 받으면 안 된다는 것이다. ④는 이와 상반된 의견이다.

19 탈리오 법칙은 '눈에는 눈, 이에는 이'라는 처벌방식에 입각한 규칙으로 만약 야구경기에서 빈볼을 맞으면 상대편에게 같은 방식으로 빈볼을 던져 보복(처벌)한다는 것이다.

20 1948년 런던올림픽에 독일과 일본이 참여하지 못한 이유는 2차 세계대전의 전범국으로 참가를 불허한 것이지, 인종 차별로 인한 것은 아니다.

2024년 2급 선택과목 정답 및 해설

01 스포츠사회학

01	02	03	04	05	06	07	08	09	10
④	①	④	③	③	①	④	②	①	②
11	12	13	14	15	16	17	18	19	20
①	③	②	③	④	④	③	②	①·③	②

01 홀리한이 제시한 정부가 스포츠에 개입하는 목적은 이데올로기적 우월성을 표출하기 위함이나, 사회적, 정치적, 경제적, 문화적 목적 달성을 위한 도구로써 스포츠에 개입한다. 〈보기〉의 내용 모두 사회적, 정치적, 경제적, 문화적 목적에 대한 정부의 스포츠 개입에 대한 예시이다.

02 '지정스포츠 클럽은 전문선수 육성 프로그램을 운영할 수 없다'는 조항은 없다. 제9조(선수의 육성 지원)에 따르면, 우수선수 발굴, 육성을 위해 행정적, 재정적 지원을 할 수 있음을 명시하였다.

03 스티븐슨과 닉슨이 주장하는 구조기능주의 관점으로 설명한 스포츠의 사회적 기능에는 사회정서적 기능, 통합기능, 정치적 기능, 사회화 기능, 유동성 기능(사회계층 이동 기능)이 있다.

04 ㉠ 스포츠 육성 정책 모형에서 스포츠 참여 저변 확대 시 세계 수준의 선수가 배출된다고 보는 관점은 피라미드 모형에 대한 설명이다.
㉡ 엘리트 스포츠에서 세계적 수준의 선수를 육성하게 되면 그 영향으로 대중스포츠 참여가 확대된다고 보는 관점은 낙수효과 모형에 대한 설명이다.
㉢ 엘리트 스포츠 발전으로 인한 우수한 성과로 일반 청소년들의 스포츠 참여 확대를 일으키고, 그 결과 발전된 대중스포츠 참여가 우수한 스포츠 선수를 육성할 수 있다는 관점은 선순환 모형에 대한 설명이다.

05 세계화의 동인(원인)으로는 제국주의, 민족주의, 종교, 테크놀로지의 발달이 있다. 인종차별의 심화는 스포츠 세계화를 저해하는 요인이다.

06 ② 역사성은 스포츠 계층이 역사 발전 과정을 거치며 변천해 온 것을 의미한다.
③ 영향성은 스포츠 계층이 생활기회와 생활양식의 변화에 영향을 받은 것을 의미한다.
④ 다양성은 스포츠 계층이 다양한 형태로 존재하는 것을 의미한다.

07 사회계층의 이동 유형은 이동방향에 따라 수직이동(상승, 하향), 수평이동으로 구분한다.

08 스포츠 일탈 이론 중 하나인 차별교제 이론은 개인이 일탈행위자와 교류함으로써 일탈행동에 빠지는 것을 말하며, 상호작용에 의한 사회화 과정을 중시한다. 문화규범 이론, 개인차 이론은 대중전달 이론에 대한 내용이다.

09 경계 폭력은 타자에게 던지는 빈볼성 투구와 같은 격렬한 신체 접촉보다 폭력강도가 강한 폭력을 의미하며, 규칙을 위반하는 반면 스포츠 규범에는 부합한다는 특징이 있어 경기의 전략으로 사용되는 폭력 유형이다.

10 코클리가 제시한 상업주의와 관련된 스포츠 규칙변화에 따른 결과적 측면에서 스포츠 구조를 변화시킴으로써 흥미를 높일 수 있다. 이는 경기의 속도가 빨라짐과 동시에 극적인 요소(예 결승골)가 늘어나고, 득점이 증가하며, 상업 광고 시간이 늘어나는 특징들이 있다.

11 파슨즈의 AGIL이론은 구조기능주의 관점에서 스포츠를 바라보았으며, 스포츠 사회적 기능을 체제 유지 및 긴장 해소(긴장처리), 통합, 목표성취, 적응의 기능이 있음을 시사하였다.

12 에티즌과 세이지가 제시한 스포츠의 정치적 속성 중 상호의존성은 국제대회에서의 우승을 통해 국가는 선수를 통해 국가의 위신을 높이고, 선수는 국가를 통해 혜택을 받는 상호작용 관계를 맺는 것을 의미한다.

13 ㉠ 1936년 베를린 올림픽은 독일 나치의 정치이념을 선전하기 위한 용도로 사용하였다.
㉡ 1971년 미국 탁구팀의 중화인민공화국 방문은 외교적 도구로서 탁구를 이용하였으며, 핑퐁외교(Ping-pong Diplomacy)라고 불린다.
㉢ 1972년 뮌헨 올림픽에서 검은 구월단 사건은 팔레스타인 테러단체가 이스라엘의 선수를 살해한 사건으로 국가 간 갈등 및 적대감의 표출을 위한 사건이다.
㉣ 남아프리카공화국의 아파르트헤이트에 대한 국제사회 대응은 인종차별정책에 대해 외교적 항의를 한 사례를 의미한다.

14 스포츠 세계화는 스포츠 노동이주 증가로 국가의 정체성을 강화하기보다는 스폰서 증가와 같은 스포츠 시장의 확대를 도모하게 되었다.

15 정서 순화, 사회 선도, 사회화 촉진은 스포츠의 교육적 순기능에 해당한다.

16 스포츠 미디어가 생산하는 성차별 이데올로기에 대한 부분으로, 여성의 경우 그들의 실력이나 실력을 통한 성과보다는 외형, 외모에 더 관심을 갖고 보도하는 경향이 있다.

17 스포츠 일탈 유형 중 과잉동조는 규범을 무비판적으로 수용하며 바람직한 방향으로 행동하는 유형이다. 휴즈와 코클리가 제시한 윤리규범 중 인내 규범은 어떠한 위험과 고통도 감수해야만 진정한 운동선수로 인정받을 수 있음을 강조한다.

18 스포츠사회화 이론 중 사회학습 이론은 개인이 사회적 행동을 습득하고 수행하는 방법을 분석, 규명하는 이론이다. 코칭은 사회화 주관자(코치)에 의해 새로운 지식과 기능 학습을 가능케 한다.

19 스포츠로부터 탈사회화는 지속하던 스포츠활동을 여러 요인에 의해 중도포기 혹은 참여 중지하는 것을 의미하며, 부상, 보직 해임과 같은 비자발적 은퇴, 미래의 재정상황이나 새로운 직업기회를 위한 자발적 은퇴로 구분된다. 스포츠 탈사회화에 대한 제약 중 개인에 의한 참여 제한은 내재적 제약, 환경에 의한 참여 제한은 외재적 제약이다.
※ 출제오류로 최종정답에서 복수 정답 처리되었다.

20 VAR 시스템의 적용은 심판의 객관성을 증대시켰을 뿐 스포츠 자체를 변화시키지 않았기 때문에, 과학기술의 발전에 따른 스포츠 변화의 사례로 적합하지 않다.

02 스포츠교육학

01	02	03	04	05	06	07	08	09	10
①	④	③	②	④	③	①	②	④	
11	12	13	14	15	16	17	18	19	20
③	①	④	②	③	②	③	①	④	①

01 슐만의 교사 지식 유형 중 교과 내용에 대한 지식을 의미하는 것은 내용 지식이다.

02 동료평가는 학생이 교사에게 받은 점검표를 통해 서로를 평가하는 방법이다. 교사와 학생 간 대화를 통해 심층정보를 수집하는 것은 인터뷰를 통한 평가기법이다.

03 상규적 활동은 출석점검, 과제제공, 스케줄과 같은 정해진 수업습관을 의미한다. 상규적 활동을 감소시키게 되면 수업 중 부주의적이고 파괴적인 행동을 감소시킬 수 있다.

04 협동학습모형의 주제는 '서로를 위해 함께 배우기'이며, 개인적·사회적 책임감 지도모형의 주제는 '통합, 전이, 권한 위임, 교사와 학생의 관계'이다. 스포츠교육모형의 주제는 '유능하고 박식하며 열정적인 스포츠인으로 성장하기'이다.

05 직접기여는 직접 가르치는 행동 및 수업 시 중요역할을 하는 행동(피드백 제공 등)을 의미하며, 간접기여는 수업과 관련이 있지만 수업에 직접 기여하지 않는 행동(용변 및 물 마시는 문제 처리 등)을 의미한다. 비기여는 학습지도에 부정적 역할을 하는 행동(소방훈련, 전달방송 등)을 의미한다.

06 이동 운동기능(움직임)은 공간에 대한 이동은 있으나 물체나 도구를 사용하지 않는 것을 의미하며, 걷기, 달리기, 피하기 등이 있다. 비이동 운동기능(움직임)은 공간이동이나 도구 사용을 하지 않는 것을 의미하며, 서기, 앉기 구부리기 등이 있다. 조작 운동기능(움직임)은 물체조작, 도구조작으로 나뉘며, 이 중 도구 조작은 치기, 잡기, 배팅하기 등 도구를 사용하여 움직이게 만드는 것을 의미한다.

07 **학교스포츠클럽의 운영(「학교체육진흥법」 제10조 제4항)**
학교의 장은 학교스포츠클럽 활동내용을 학교생활기록부에 기록하여 상급학교 진학자료로 활용할 수 있도록 하여야 한다.

08 상호학습형 교수 스타일(C)은 교수자가 모든 교과의 내용과 기준 및 운영절차 결정을 담당하고, 학습자는 주어진 과제를 수행하며, 관찰자(동료교수)의 경우 지속적인 피드백을 학습자에게 제공하는 스타일이다.

09 학습자 이해·교과지식은 '지식(인지)', 교육과정 운영 및 개발·협력관계 구축 등은 '수행(기능)', 교직 인성·사명감 등은 '태도(인성)'에 대한 학교체육 전문인 자질의 세부 요소이다.

10 모스턴의 교수 스타일의 인지과정 단계는 아래와 같이 구성되어 있다.

단계	내용
자극	• 질문을 유발함 • 인지적 불일치를 유도함
인지적 불일치	• 불안정하거나 흥분상태를 유발 • 해답을 찾고자 하는 욕구에 의해 나타남
사색	구체적인 인지 작용의 탐색
반응	• 인지작용 사이에서의 상호작용으로 인해 반응을 유도함 • 발견, 기억, 창조의 결과로 나타남

11 **체육지도자의 양성(「국민체육진흥법」 제11조 제3항)**
연수과정에는 다음의 사항으로 구성된 스포츠윤리 교육 과정이 포함되어야 한다.
• 성폭력 등 폭력 예방 교육
• 스포츠 비리 및 체육계 인권침해 방지를 위한 예방 교육
• 도핑 방지 교육
• 그 밖에 체육의 공정성 확보와 체육인의 인권보호를 위하여 문화체육관광부령으로 정하는 교육

12 〈보기〉의 프로파일은 내용 선정, 과제 제시, 참여 유형, 과제 전개를 교수자가 직접적으로 제공하지만, 학습진도를 학습자가 (간접적으로) 진행하고, 상호작용의 경우 교수자(A)가 관찰자(B)를 통해 학습자에게 피드백을 제공하는 것이기 때문에 동료교수모형이라고 볼 수 있다.

13 반성적 수업(교수)은 교사에 대한 평가를 통해 반성의 자료를 제공하는 방법으로 〈보기〉에서 김 교사의 수업에 대해 학생과 다른 관찰자들이 모여 토의 후 객관적 자료(반성의 자료)를 들어 교수 기능 효과를 살피는 것을 예시로 들 수 있다.

14 스포츠강사는 「초·중등교육법」 제2조 제2호에 따른 초등학교에 배치될 수 있으며, 「국민체육진흥법」 제2조 제6호에 따른 체육지도자(스포츠지도사, 건강운동관리사, 장애인스포츠지도사, 유소년스포츠지도사, 노인스포츠지도사 자격 중 하나를 취득한 사람)를 임용할 수 있다.

15 체육학습 활동 유형 중 리드-업 게임은 정식게임을 단순화한 형태로 게임에서 반복되는 한두 가지 기능만 가지고 게임을 진행하는 것을 말한다. 예시로 축구공 패스 뺏기 게임, 자유투 게임 등이 있다.

16 스포츠교육모형의 주제 중 열정은 정의적인 측면을 의미하며, 심판의 경우 게임의 규칙을 이해해야 하기 때문에 인지적 영역이 우선시된다. 학습자의 수준에 맞게 경기 방식을 변형하여 참여를 유도하게 할 수 있다.

17 현장 개선연구는 집단적, 역동적, 연속적으로 이루어지며, '문제파악 – 개선계획 – 실행 – 관찰 – 반성'으로 순환되는 과정을 거치게 된다. 현장 개선연구 시 지도자가 동료나 연구자의 도움을 받아 자신의 수업을 탐구하게 된다.

18 쿠닌의 부적합한 행동 감소유도를 위한 교수기능으로서 동시처리는 의도하는 지도방향을 유지하면서 동시에 발생하는 몇 가지 일을 해결하는 것을 말하며, 수업 흐름을 유지하면서 수업 이탈 행동 학생을 제지하는 것을 예로 들 수 있다.

19 체력인증센터는 이용자에게 체력측정 서비스를 제공하고, 맞춤형 운동처방을 진행하며, 국민체력인증서를 발급한다. 스포츠클럽 등록 및 운영지원은 체력인증센터에서 제공하는 서비스가 아니다.

20 평정척도는 질적인 가치가 있는 정보를 양적인 점수로 기록하는 것으로, 운동 수행을 평가하는 데에 자주 사용하는 평가방법이다.

03 스포츠심리학

01	02	03	04	05	06	07	08	09	10
②	①	②	②	③	③	②	③	①	④
11	12	13	14	15	16	17	18	19	20
②	③	③	④	①	①	③	②	④	④

01 사회학습 이론은 인간이 모방(모델링)을 통한 관찰학습을 통해 타인이 행동한 것을 듣고 보면서 그 행동을 따라 하는 것을 말한다. 자기가 좋아하는 국가대표선수가 무더위에서도 포기하지 않고 불굴의 정신력으로 완주하는 모습에서 자신도 그 행동을 따라하여 정신력으로 10km 마라톤을 완주한 것이 대표적인 예이다.

02 개방운동기술은 계속 변화하는 환경에서 수행하는 것을 의미하며, 폐쇄운동기술은 환경이 변하지 않은 상태에서 수행하는 기술을 의미한다. 따라서 농구 경기에서 자유투는 환경이 변하지 않은 상태에서 수행하는 기술로 볼 수 있다.

03 동기는 인간 행동의 선택, 방향, 강도 및 지속을 결정짓는 심리학적 개념을 말한다. 동기 분류에는 내적 동기와 외적 동기가 있는데 내적 동기는 기쁨이나 만족감을 추구하며 스스로 활동에 참여하는 것이고 외적 동기는 외적 보상을 위해서 참여하거나 경기 결과에 따른 상, 벌, 칭찬을 위해 참여하는 것을 말한다.

04 정보처리 단계 중 자극 확인 단계는 자극이 발생한 것을 인지하고 확인하는 단계를 말하며 반응 선택 단계는 자극 확인이 끝난 뒤 어떠한 반응을 할 것인지 결정하는 단계를 말하며, 반응 실행 단계는 적절한 반응이 선택된 뒤 알맞은 동작을 수행하는 단계를 말한다.

05 인지재구성은 부정적인 생각을 긍정적인 생각으로 대체하는 방법과 관련된 인지적인 기법으로 자기가 걱정하고 있는 것이 과연 자신이 통제할 수 있는가를 인식한 다음 자신이 통제할 수 있는 것에만 신경을 쓰고 그럴 수 없는 것은 걱정하지 않는 것을 말한다.

06 운동발달은 반사운동단계 → 기초움직임단계 → 기본움직임단계 → 스포츠기술단계 → 성장과 세련단계 → 최고수행단계 → 퇴보단계로 이루어진다.

07 자기효능감이란 특수한 상황에서의 성공에 대한 기대감으로, 당면한 과제를 해결하기 위해 다양한 지식과 기술을 상황에 맞게 조직하고 행동으로 옮기는 능력에 대한 믿음을 의미한다. 자기효능감에는 성공적 수행, 대리경험, 사회적 설득, 정서적 각성 등에 의해 결정되는데, 실제 성공적 수행한 성취경험이 자기효능감 형성에 가장 큰 영향을 준다.

08 ㄷ. 분산연습은 휴식시간이 연습시간보다 상대적으로 긴 방법이고, 운동기술과제를 여러 개의 하위 항목으로 나누어 연습하는 것은 분습법이다.

09 스포츠에 참여하는 모든 사람과 전문적인 상담을 진행하는 것보단 도움을 필요로 하는 경우 운동선수의 수행능력 향상과 인간적 성장을 위해 중재자로서의 역할을 수행한다.

10 엔델 툴빙(Endel Tulving)의 '중다 기억 체계 모형'에서 절차적 기억은 운동기술의 학습 시 자전거 타기와 축구 슛 기술 등 운동, 자각, 인지 기술이 의식적 노력 없이 자동적 기억되는 것을 말한다.

11 관계지향형리더는 통제상황이 중간일 때 높은 성과에 효과적인 리더로 과제보다 관계를 중요시하는 반면 과제지향형리더는 통제상황이 높을 때 높은 성과에 효과적인 리더로 언어적 강화 및 집단의식의 필요성을 중요시한다.

12 운동과제 수행의 수준과 환경 요구에 대한 근골격계 기능이 좋아지는 것은 운동학습에 의한 인지역량의 변화라기보다는 신체능력의 변화로 볼 수 있다.

13 아젠의 계획행동 이론
- 태도 : 행동에 대한 개인적 평가
- 주관적 규범 : 행동에 대한 주변의 평가
- 의도 : 행동 여부 결정 요인
- 행동통제인식 : 행동을 쉽거나 어렵다고 지각하는 정도

14 ㄴ. 도식 이론은 현재 수행하고자 하는 운동과 유사한 과거 운동결과를 근거로 새로운 운동을 계획하는 회상도식과 피드백 정보를 통하여 잘못된 동작을 평가·수정하는 재인 도식을 통해 움직임의 조절과 생성을 설명한다.

15 사회적 촉진 이론에서 사회촉진은 타인의 존재가 과제수행에 미치는 효과를 의미하는데, 단순 존재 가설은 타인이 존재하는 것만으로도 수행이 달라진다고 보는 가설이고, 주의 분산·갈등 가설은 관중으로 인한 집중의 방해 효과가 잘하려는 노력의 효과보다 크면 수행이 손상되고, 작으면 수행이 향상되는 가설을 말한다.

16 힉의 법칙은 고를 수 있는 자극-반응의 대안 수(Number of Stimulus-response Alternatives)가 증가함에 따라 선택반응시간(Choice Reaction Time)이 길어지는 현상을 말한다.

17 심상 조절력은 심상을 조정하여 내가 원하는 대로 심상이 되도록 연습하는 것으로 실패하는 것을 보는 대신 성공적인 것으로 심상할 수 있도록 도움을 준다. 따라서, 복싱선수가 상대의 펀치를 맞고 실점하는 장면이 계속해서 떠오른다면 심상 조절력을 높이는 훈련이 필요한 것이다.

18 ㉠ 천장 효과는 운동 기술 과제가 너무 쉬워서 대부분의 참여자가 높은 점수를 받는 것을 말한다.
㉡ 바닥 효과는 운동 기술 과제가 너무 어려워 대부분의 참여자가 과제를 수행해 내지 못하는 경우를 말한다.

19 운동 실천의 요인에는 개인 요인, 집단 요인, 환경 요인이 있다. 이 중 환경적 영향요인에는 운동지도자의 영향, 운동집단의 영향, 물리적 환경의 영향, 사회와 문화의 영향, 사회적 지지의 영향 등이 있다.

20 수비수가 공격수의 첫 번째 페이크 슛 동작에 반응하면서, 바로 이어지는 두 번째 슛 동작에 제대로 반응하지 못하는 현상을 심리적 불응기라 한다. 이것은 하나의 자극에 대한 반응이 끝나기 전에 두 번째 자극에 대한 반응을 생성할 수 없다는 것을 의미한다.

04 한국체육사

01	02	03	04	05	06	07	08	09	10
②	②	③	①	④	①	①	③	③	③
11	12	13	14	15	16	17	18	19	20
①	④	②	②	④	①	④	③	②	④

01 한국체육사는 체육의 역사적 가치를 정립하고 과거 체육학적 사실에 대한 분석을 통해 미래체육을 전망하지만, 역사 기술에 대해서는 가치평가보다 사실확인이 더 중요하다.

02 **부족국가별 제천의식**
부여(영고), 고구려(동맹), 동예(무천), 삼한(계절제), 신라(가배)

03 『위지·동이전』에 따르면 등가죽을 뚫어 줄을 꿰고 나무를 꽂는 의식 거행 후 통과하면 '큰사람'이라고 불렸으며, 이는 성인식의 신체문화를 보여 주는 문헌이다.

04 훈련원에서 무예 시험과 훈련이 행해진 시대는 조선시대이며, 백제에서는 박사제도로서 모시박사, 의박사, 역박사, 오경박사 등이 있었다.

05 국자감은 고려시대의 국립교육기관으로 7재에 강예재를 두어 무예를 실시하였다.

06 격구는 고려시대의 귀족스포츠로서 군사훈련 목적과 귀족들의 여가활동 수단으로 기능하였다. 따라서 사치로 인해 서민층이 유희로 즐길 수 없었다.

07 석전은 세시풍속의 민속스포츠로서 군사훈련으로서의 목적, 관람스포츠로서의 목적, 운동경기로서의 목적이 있었으나, 관료 선발에는 활용되지 않았다.

08 종정도·승경도는 문무백관의 관직명을 차례로 적어놓고 윤목을 던져 나온 숫자에 따라 말을 놓아 하위직부터 차례로 승진하여 고위관직에 먼저 오르는 사람이 이기는 양반집 아이들의 놀이이다.

09 무예제보번역속집은 무예제보의 내용을 보충하여 편찬한 무예실기서로서, 권보는 무예제보번역속집에 속한 권법이다.

10 조선시대의 궁술은 무예와 스포츠의 성격을 모두 가지고 있었으며, 무과 시험의 필수 과목으로 학사사상을 통해 심신 수련의 주요한 수단으로써 활쏘기가 이용되었다. 불국토사상을 토대로 훈련이 이루어진 것은 신라시대의 화랑도이다.

11 고종의 교육입국조서에서는 '덕양-체양-지양' 즉 3양에 힘쓸 것을 주장하였다.

12 배재학당은 선교단체 교육기관으로 아펜젤러가 설립하였다. 1897년 이후 체육이 정식교육과정으로 편성되었다.

13 최초의 개화기 운동회인 화류회는 1896년 영어학교에서 개최되었으며, 초기에는 주로 육상(달리기)이 실시되었다.

14 조선체육진흥회(조선체육회)는 1920년 7월 조선인을 중심으로 창립되었으며, 이는 일제강점기에 설립되었다.

15 노백린은 독립운동가로서 체육이 국방의 기초임을 강조하였고, 대한국민체육회를 창립하였다. 그와 더불어 병식체조 중심의 학교체육을 비판하였다.

16 원산학사는 개화기에 설립된 최초의 근대학교로서 무예가 정규교육과정에 포함되어 있었다.

17 조선체육회는 국내 운동가, 일본 유학 출신자들이 설립한 단체로 종합체육대회 성격의 전조선종합경기대회를 개최하였다. 추가적으로 전조선축구대회를 창설하였고, 추후 조선체육협회에 강제 흡수되었다.

18 체육사상가로서 여운형은 조선체육회 회장직을 맡았으며, 「체육 조선의 건설」이라는 글에서 여러 교육의 기초는 체육이라 강조한 바 있다.

19 대한민국 정부의 체육정책 담당 부처는 최초 '체육부'에서 '문화체육부', '문화체육관광부'로 최종 변경되었다.

20 ㉠ 1973년 사라예보 세계선수권대회에서 한국 여자 탁구가 단체전을 최초 우승하였다.
㉡ 1976년 몬트리올 올림픽 배구에서 여자 구기 종목 사상 최초의 동메달을 획득하였다.
㉢ 1988년 서울 올림픽대회에서 핸드볼 종목의 경우 당시 최강국인 소련을 이기고 한국 여자 구기종목 역사상 첫 금메달을 획득하였다.

05 운동생리학

01	02	03	04	05	06	07	08	09	10
②	③	①	④	④	①	④	④	②	③
11	12	13	14	15	16	17	18	19	20
②	②	①·③	④	③	③	①	①	①	②

01 마이오글로빈은 심장과 골격근에서 발견되는 작은 산소결합 단백질을 말하며, 근육세포 내에서 산소와 결합하여 근육세포가 근수축에 필요한 에너지를 생산하는 것을 도와주는 역할을 한다. 따라서 지구성 훈련을 하면 마이오글로빈의 함유량이 증가하게 된다.

02 미토콘드리아는 세포 내 에너지 발전소로서의 역할뿐만 아니라 세포의 삶과 죽음을 관장할 수 있는 기능, 대사적 항상성을 유지하는 기능, 노화 과정을 조절할 수 있는 기능 등 여러 가지 생명현상에서 중요한 역할을 수행한다. 따라서 유산소성 트레이닝을 하면 자가포식에 의해 근육 내 손상된 미토콘드리아의 분해 및 제거율이 증가해 미토콘드리아 품질관리를 자동으로 수행하게 된다.

03 인슐린은 주로 근육과 지방 세포의 인슐린 수용체와 결합하여 혈중의 포도당이 세포 안으로 이동할 수 있게 하는 호르몬으로 지방분해를 촉진하는 역할과는 거리가 멀다.

04 ① 점증 부하 운동을 하면 심박수와 수축기 혈압이 상승한다. 따라서, 심근산소소비량도 증가하게 된다.
② 고강도 운동 시 근육으로의 혈류재분배가 이뤄지기 때문에 내장 기관으로의 혈류 분배 비율이 감소한다.
③ 일정한 부하의 장시간 운동 시 혈액 내 혈장량이 줄어들어 전반적 심박출량이 감소함에 따라 심박수가 증가하게 된다.

05 심근산소소비량은 심장의 부담을 나타내는 지표로 '심근산소소비량=심박수×수축기 혈압'으로 산출한다. 산소섭취량이 동일한 운동 시 다리 운동이 팔 운동에 비해 심근산소소비량이 더 낮게 나타나는데 이는 팔 근육이 심장과 가깝다 보니 더 큰 교감신경 자극으로 인해 심박수와 수축기 혈압이 높게 나타나기 때문이다.

06 특이장력은 근 횡단면적당 발생하는 힘을 말하며, '특이장력=근력/근횡단면적'으로 산출한다. 근파워는 근육의 얼마나 빠른 속도로 힘을 낼 수 있는지를 의미하며, '근파워=힘×수축속도'로 산출한다.

07 근방추는 근육 내 존재하여 근육의 길이 변화를 감지하는 역할을 한다. 골지 건기관은 근육과 힘줄 사이에 위치하며 근육의 장력을 감지하는 역할을 한다. 근육의 화학수용기는 근육 내 pH, 세포 외 칼륨 농도, 산소와 이산화탄소의 압력 변화에 반응해서 근육 활동에 대한 대사율 정보를 중추신경계에 보내는 역할을 한다.

08 교차신전반사는 사지로부터의 구심성 자극에 반응하여 반대 측의 사지가 신전되는 교차반사로 통증을 회피하기 위해 통증이 발생하는 반대 부위 근육이 신전된다. 도피반사는 뜨거운 것에 데었을 때 몸이 움츠러드는 것과 같은 척수반사를 말한다.

09 ㄷ. 고온 환경의 장시간 최대하 운동을 하게 되면 근육의 글리코겐 이용률의 증가로 글리코겐이 감소하며, 체열 발산을 위해 피부로 흐르는 혈액량이 증가하여 근혈류량이 감소하며 운동단위 활성이 감소한다. 하지만 혈장량의 증가로 1회 박출량은 증가하게 된다.

10 트레드밀 운동량(kpm) 공식은 '체중×수평속도×경사도×시간'이다. 이때, 수평속도를 분 단위로 변환하면 12,000m/60min=200m/min이고, 경사도는 백분율로 나타내면 0.05%이다. 따라서 트레드밀 운동량 공식에 대입하면 50kg×200m/min×0.05×10min=5,000kpm이다.

11 해당작용에서 속도조절효소는 인산과장 분해효소인 포스포프룩토키나아제(PFK)로, 젖산탈수소효소(LDH)는 해당과정에서 얻어진 피루브산이 산소가 부족할 경우 수소이온을 받아들여 젖산으로 변환해 주는 효소이다.

12 ㄷ. 근육이 발현할 수 있는 최대 근파워는 등척성 수축이 아닌 등장성 수축에서 나타나며, 근섬유의 최대 힘을 생성하기 위한 적정 길이는 근절 기준 약 $2.0 \sim 2.5 \mu m$일 때이다.

13 ① 카테콜라민은 부신수질에서 생성되는 신경전달물질이자 호르몬으로, 생체 내 카테콜아민에는 도파민 · 에피네프린 · 노르에피네프린이 있다.
③ 일반적으로 카테콜라민은 α1 수용체에 작용하여 평활근(혈관, 신장, 홍채, 전립선, 항문 등)의 수축 반응을 일으킨다.
※ 출제오류로 최종정답에서 복수 정답 처리되었다.

14 ㄱ. 해당과정은 당분을 분해하는 과정으로 1분자의 포도당은 2분자의 ATP를 이용하여 2분자의 NADH와 4분자의 ATP, 2분자의 피루브산을 생성하게 된다.

15 노르에피네프린은 부신수질에서 생성되는 호르몬으로 수축기 혈압과 이완기 혈압을 상승시키며, 혈관 수축, 동공 확대, 소화관의 운동 억제 및 소화액 분비 억제 작용을 한다.

16 장시간의 중강도 운동으로 인한 땀 분비는 수분 상실을 초래하여 체내 혈장량 감소와 혈중삼투질 농도 증가를 가져온다. 이때 체내 혈장량 보존을 위해 부신피질 알도스테론 호르몬 분비가 촉진되어 신장의 나트륨 재흡수를 통해 혈중 삼투질 농도를 떨어뜨린다.

17 분당환기량은 1분 동안 들이마시고 내쉬는 공기의 총량을 의미하며 '분당환기량=1회 호흡량×호흡률'로 산출한다. 따라서 주은은 375×20=7.5L/min, 민재는 500×15=7.5L/min 그리고 다영은 750×10=7.5L/min으로 모두 동일하다.
폐포 환기량은 실제로 폐포에 들어가 가스교환에 참여한 공기의 양으로 '폐포 환기량=(1회 호흡량-사강량)×호흡률'로 산출한다. 따라서 계산해 보면 주은은 (375-150)×20=4.5L/min이고, 민재는 (500-150)×15=5.25L/min 그리고 다영은 (750-150)×10=6L/min이다.

18 1회 박출량은 심장이 1번 수축할 때 좌심실에서 대동맥으로 내보내는 혈액의 양을 의미한다. 1회 박출량이 증가하기 위해선 프랭크-스탈링 법칙에 의해 심실 이완기말 혈액량이 많을수록, 평균 대동맥혈압이 낮을수록, 심실 수축력이 강할수록 증가하게 된다. 따라서 심박수가 증가하면 심실 이완기말에 혈액이 많이 차질 못해 1회 박출량이 감소한다.

19 ② 운동단위는 1개의 알파(α) 운동신경세포가 지배하고 있는 근섬유 수를 말한다.
③ 신경근 접합부에서 분비되는 근수축 신경전달물질은 아세틸콜린이다.
④ 지연성 근통증은 단축성 수축보다 신장성 수축에서 더 쉽게 발생한다.

20 속근섬유의 특성으로는 근육 수축을 위해 칼슘이 저장된 근형질세망의 발달이며, 나머지 높은 피로 저항력, 마이오신 ATPase의 느린 활성, 운동신경세포의 작은 직경(지름)은 지근섬유의 특성이다.

06 운동역학

01	02	03	04	05	06	07	08	09	10
전항정답	③	①	②	①	②	④	③	③	④
11	12	13	14	15	16	17	18	19	20
④	③	④	②·③	④	④	③	③	②	④

01 ① 외력이 가해지지 않으면, 정지하고 있는 물체는 계속 정지하려 한다는 것은 뉴턴의 제1법칙 '관성의 법칙'을 말한다.
② 가속도는 물체에 가해진 힘에 비례한다는 것은 뉴턴의 제2법칙 '가속도의 법칙'을 말한다.
③ 수직 점프를 할 때, 지면을 강하게 눌러야 높게 올라갈 수 있다는 것은 뉴턴의 제3법칙으로 '작용-반작용의 법칙'을 말한다.
  ※ 출제오류로 최종정답에서 전항 정답 처리되었다.

02 ㄱ. 힘은 움직임을 일으키거나 변화시키는 요인이지만 에너지는 아니다. 에너지는 물리적 일을 할 수 있는 능력을 말한다.
ㄹ. 힘은 크기와 방향을 모두 가진 벡터양이다.

03 ② '원심력＝질량(m)×회전반경(r)×각속도(ω)^2'으로 선수의 질량이 무거울수록 원심력은 커진다.
③ 원심력을 극복하려면 반지름(반경)을 크게 하여 원운동을 해야 한다.
④ 신체를 원운동 중심의 방향으로 기울이는 것은 구심력을 증가시키기 위함이다.

04 ① 선운동량은 질량과 (선)속도의 곱으로 결정되는 물리량이다.
③ 시간에 따른 힘 그래프에서 접선의 기울기는 충격량이 아니라 순간 속도를 의미한다.
④ 충격량이 선운동량이 아닌 각운동량으로 전환되기 위해서는 먼저 충격량이 토크로 전환되어야 한다.

05 일률, 속도, 힘은 운동학적 분석으로 운동 형태에 관한 분석을 말한다. 운동역학적 분석은 운동의 원인이 되는 힘을 분석하는 것으로 근력, 지면반력, 운동량 등이 있다.

06 ㄴ. 일은 방향과는 상관없는 상태를 나타내는 물리량으로 스칼라에 해당한다.
ㄷ. 마찰력은 두 물체의 마찰로 발생하는 힘이며 힘의 크기와 방향을 가졌기에 스칼라가 아닌 벡터이다.

07 ㄱ. 육상의 원반 투사 시, 최적의 공격각(Attack Angle)은 $\frac{항력}{양력}$이 최소일 때의 각도이다. 이때 공격각은 원반장축의 면이 기울어지는 각도를 말하는데 이는 원반의 양력에 직접적인 영향을 주게 된다. 원반의 진행 방향에 수직 위쪽으로 생기는 힘을 양력, 뒤로 작용하는 힘을 항력이라고 하는데, 양력의 힘이 항력보다 클 때 물체를 떠받치는 힘이 상대적으로 크게 작용하여 체공시간이 더 길어져 더 멀리 날아갈 수 있게 된다.
ㄴ. 야구에서 투구 시 공에 회전을 넣어 던지는 커브 구질은 양력에 대한 설명으로 야구공의 회전 방향 아래일 경우 공의 위쪽이 고압, 아래쪽이 저압이 되어 공이 아래로 툭 떨어지게 된다.

08 체조의 공중회전(Somersault)과 트위스트(Twist)와 같은 운동 동작을 분석하는 데는 2대 이상의 카메라를 사용하여 촬영한 후 3차원적으로 영상 분석을 하게 된다.

09 ㄱ. 각속력은 단위시간당 변화한 각거리로 방향성 없이 힘의 크기만 있는 스칼라이고, 각속도는 단위시간당 변화한 각변위로 방향성과 힘의 크기가 함께 있는 벡터이다.
ㄹ. 각거리는 관측자로부터 두 물체에 이르는 직선이 이루는 각도로 방향성이 없고 크기만 있는 스칼라이다. 참고로 물체의 처음과 마지막 각위치의 변화량은 각변위이다.

10 부력은 물체가 유체 속에 잠겨있을 때 중력의 반대 방향으로 물체를 밀어 올리려는 힘을 말하는데, 부력은 유체의 밀도가 커질수록 증가하며, 물의 온도가 올라갈수록 작아진다. 그리고 부력중심의 위치는 수중에서의 자세 변화에 따라 달라진다.

11 각운동량 그리고 줄과 공의 질량에는 변화가 없다고 가정하여 계산하면, 회전축에서 공의 중심까지 거리는 2m 그리고 회전속도 1회전/sec이다. 질량을 1kg로 가정해서 (A)에 제시된 각운동량은 '질량×회전반경^2×각속도'로=1kg×2m^2×1회전/sec=4kg·m^2/s이다. 그리고 관성모멘트 공식은 '질량×회전반경^2'이니 1×2m^2=4이다.
다음으로, (B)를 계산해 보면, 회전축에서 공의 중심까지의 거리를 1m로 줄이게 되면 회전반경이 1/2로 줄어든다. 그리고 관성모멘트는 1×1m^{2}으로 1이 되어 1/4로 감소하게 된다. 각운동량에는 변화가 없다고 가정했을 때, 1kg×1m^2×x회전/sec=4kg·m^2/s이므로 계산하면 회전속도는 4회전/sec가 된다. 즉 회전반경이 짧아지면 관성모멘트 또한 배로 감소하게 되고, 반대로 회전속도는 증가하게 된다.

12 3종 지레에서 힘점은 축과 저항점 사이에 위치하여 역학적 이점이 1보다 작다. 이는 저항팔의 길이가 힘팔의 길이보다 더 길어서 발휘되는 힘이 저항보다 더 커야만 저항을 극복할 수 있기 때문이다.

13 ① (A)부터 (B)까지 한 일은 높이가 바뀌었기 때문에 위치에너지의 변화량이 같지 않다.
② (A)부터 (B)까지 넙다리네갈래근(대퇴사두근, Quadriceps)은 구심성 수축(Concentric Contraction)을 한다.
③ (B)부터 (C)까지 무게중심의 수직가속도는 아래로 당기는 중력가속도의 영향으로 점차 감소한다.

14 ② 회전하는 물체의 각속도를 구하는 공식은 $\frac{각변위}{이동시간}$로, 각변위를 이동시간으로 나눈 값을 말한다. 이때 각변위는 회전하는 물체의 각위치 변화량을 말한다.
③ 인체의 관성모멘트는 꼭 회전축의 방향에 따라 변하는 것만은 아니다.
※ 출제오류로 최종정답에서 복수 정답 처리되었다.

15 무게중심은 인체를 포함한 모든 물체는 지구 중심 방향으로 중력을 받는데, 이런 중력에 의한 토크의 합이 0인 지점을 무게중심이라 하며, 정적인 자세의 무게중심은 일정하지만 자세와 동작이 변하면 그에 따라 무게중심도 변한다.

16 중력가속도는 중력에 의하여 물체가 지구 쪽으로 떨어질 때의 가속도를 말하며 토스한 배구공이 상승하는 과정에서 중력에 의한 중력가속도의 영향을 받기에 점점 아래로 떨어지게 된다.

17 ① 골격근의 수축은 관절에서 회전운동을 일으킬 수 있다.
② 인대는 골격근이 아닌 뼈와 뼈 사이에 부착되어 있다.
④ 팔꿈치관절에서 굽힘근의 수축은 관절의 각도를 작아지게 한다.

18 기저면은 신체의 중심이 바닥의 지면에 미치는 면적을 의미하는데, 평균대 외발서기 동작에서 양팔을 좌우로 벌리는 것은 발과 지면의 접촉면을 증가시키거나 무게중심을 낮춘 것이 아니기에 기저면의 안정성과는 거리가 멀다.

19 ① 일의 단위는 힘의 단위 N과 거리의 단위 m을 곱한 N·m(뉴턴미터)와 J(줄)이다.
③ 일률은 단위 시간(1초) 동안 한 일의 양을 의미하며, 일을 얼마나 빠르게 수행하였는지 나타내는 것으로 속도의 개념이 있어 힘과 이동한 거리의 곱한 값을 소요 시간으로 나누어 계산한다.
④ 일은 물체에 힘이 작용하는 동안에 물체에 작용한 힘으로 물체가 전달한 에너지로 힘이나 이동거리의 변화를 수반하여 가해진 힘에 크기에 비례한다.

20 경기장 적응을 위해 가상현실을 활용한 양궁 심상훈련은 경기 중 멘털 관리를 위한 것으로 스포츠심리학에 관한 내용을 스포츠 현장에 적용한 사례로 볼 수 있다.

07 스포츠윤리

01	02	03	04	05	06	07	08	09	10
②	④	④	①	①	②	②	②	③	①

11	12	13	14	15	16	17	18	19	20
④	④	전항정답	①	③	①	③	③	③	②

01 「스포츠기본법」은 국민 모두가 스포츠 및 신체활동에 자유롭고 평등하게 참여하기 위한 스포츠권을 보장하는 데에 목적을 두고 있다. 「국민체육진흥법」은 국민체육을 진흥하여 국민체력을 증진하고 체육활동을 통한 국민의 행복을 목적으로 한다.

02 스포츠상황에서의 폭력의 유형과 특징은 아래와 같다.

유 형	특 징
직접적 폭력	• 상해를 입히려는 의도가 있는 행위 • 가시적이고 파괴적임
구조적 폭력	• 의도가 노골적이지 않지만 관습처럼 반복됨 • 비가시적이며 장기간 이루어짐
문화적 폭력	• 언어, 행동양식 등의 상징적 행위를 통해 가해짐 • 위해를 옳은 것이라 정당화하여 문제가 되지 않게끔 만들기도 함

03 여성 참정권이 확립되면 스포츠에서의 여성에 대한 차별이 발생하거나 심화되는 것이 감소할 수 있다.

04 생명중심주의는 슈바이처의 생명외경사상에서 발달하였으며, 테일러는 자연 내 존재는 지각력 없이는 그 자신이 고유한 선을 가질 수 있으나 그것이 반드시 살아있어야 함을 명시하였다. 즉, 인간 외 동물뿐만 아니라 식물과 다양한 낮은 단계의 유기체들의 선에 대해서도 관심을 가져야 함을 명시하였다. 이러한 관점에서 4가지 의무를 강조하였으며, 이는 불침해 · 불간섭 · 성실(신뢰) · 보상적 정의를 강조하였다.

05 생물학적, 형태학적 특징에 따라 분류된 인간 집단을 '인종'이라고 하며, 특정 종목에서 유리하거나 불리한 인종이 실제로 존재한다고 보는 사고방식을 '인종주의', 선수의 능력 차이를 특정 인종의 우월이나 열등으로 과장하여 차등을 조장하는 것을 '인종차별'이라고 한다.

06 〈보기〉의 내용에서 심판 B가 생각했을 때 선수가 충돌을 피할 수 있었으나, 피하지 않은 이유는 퇴장을 할 만한 나쁜 목적(행위에 대한 동기)이 있었기 때문으로 생각하였기 때문에, 윤리이론 중 옳고 그름을 판단하는 기준이 행위에 대한 동기임을 주장하는 의무론적 윤리체계에 대한 예시가 될 수 있다.

07 스포츠맨십 혹은 스포츠퍼슨십은 경기의 공정한 경기(Fair Play)를 위해 스포츠인이 준수해야 할 태도를 말하며, 스포츠 상황에서 추구하는 에토스(보편적인 도덕성)를 의미한다. 〈보기〉의 내용은 스포츠딜레마와 무관하다.

08 아리스토텔레스는 3가지 지적 덕목을 주장하였으며, 이는 아래와 같이 구성되어 있다.

에피스테메(Episteme)	과학적 지식이나 이론을 의미
테크네(Techne)	• 기술적 지식 • 실무솜씨에 대한 요소를 뒷받침
프로네시스(Phronesis)	• 도덕적으로 다룰 수 있는 내용을 의미 • 실재, 경험과 연관된 실무적 지혜를 의미

아크라시아는 '자제하지 못함'이라는 뜻으로, 실천지가 도덕적 덕과 불일치할 경우를 나타낸다.

09 정언명령은 칸트가 제시한 도덕의 정언적 성격을 의미하며, 어떤 조건이나 결과에 상관없이 그 행위 자체가 선하면 절대적이고 의무적으로 행해야 함이 요구되는 도덕 법칙을 의미한다. 선수는 스포츠 참여 시 페어플레이 원칙에 따라 정정당당하게 경기에 임해야 하는 것으로 요구되기 때문에 〈보기〉의 내용과 정언명령의 내용은 일치한다.

10 행위 공리주의는 개별적 행위가 최대의 유용성을 낳는가에 관심을 갖고 있으며, 규칙 공리주의는 해당 규칙이 최대의 유용성을 낳는가에 관심을 갖는다. 〈보기〉의 내용은 나(개별)의 경기에 참여 시 행동(행위) 하나하나가 가능한 한 많은 사람이 만족(최대의 유용성)하는 데에 기여할 수 있도록 노력하는 것으로 행위 공리주의적 관점을 가지고 있다.

11 〈보기〉에서는 정의를 모든 선수에게 동등한 기회를 보장하기 위한 절차(공수교대, 전후반 진영 교체 등)를 중요시하였다. 이는 분배의 원칙을 합의해 나가는 과정의 공정성을 강조하는 절차적 정의에 대한 설명이다.

12 공자의 사상 중 '충서'는 조금의 속임이나 허식 없이 자기의 온정성을 기울이는 것이 주로 타인에게 이르게 되는 경우를 의미하며, 주로 자기 자신을 온전히 실현하는 것을 '충'이라고 하며, 타인에게까지 충이 이르게 되는 것을 '서'라고 한다.

13 〈보기〉의 내용은 승자와 패자의 만족도는 항상 1과 0으로 정해진 값은 아니며, 공리주의적 관점에서 바라봤을 때 패자여도 결과적으로 다수가 행복하다고 생각한다면 만족도는 1이 될 수 있다고 해석할 수 있다. 추가적으로 칸트의 의무론적 윤리설에 따르면, 의무적 성격을 띤 정언명령은 공정경쟁을 꾀하는 스포츠에서 중요한 윤리요소이기 때문에 스포츠 경기의 내용을 다룬 〈보기〉와 일치한다고 볼 수 있다.
※ 출제오류로 최종정답에서 전항 정답 처리되었다.

14 〈보기〉의 내용을 해석하면, 동기와 목표가 뚜렷하기 때문에 비의도적 반칙이라기보다는 의도적 반칙이며, 그와 더불어 스포츠의 본질적인 성격을 부정하는 반칙이므로 구성적 규칙을 어기는 반칙임을 알 수 있다.

15 진서의 경우 동물과 인간이 공존 대상임을 인정하고, 동물도 고통을 인지할 수 있다고 생각하는 반종차별주의, 윤성의 경우 스포츠 현장에서의 동물의 도구화를 찬성하는 입장인 종차별주의라고 볼 수 있다.

16 매킨타이어는 덕윤리를 중시하였고, 개인의 내적 품성과 관련된 도덕성을 강조하였다. 〈보기〉의 내용은 훌륭한 수준에 이른 위인처럼 행동하고자 노력하는 것으로 덕윤리에 해당하는 것이며 매킨타이어와 밀접한 연관이 있다.

17 스포츠윤리의 목적은 일반 윤리학이 제시한 윤리적 원리와 덕목을 고찰하는 것도 포함되어 있기 때문에 보편적인 윤리로 다룰 수 없는 독자성이 있다고 보기는 어렵다.

18 리그 승강 제도는 상위리그와 하위리그로 구분한 뒤 시즌 결과에 따라 하위리그의 몇 개 팀과 상위리그의 몇 개 팀이 서로 리그를 맞바꾸게 된다. 리그 승강 제도는 학생운동선수의 학습권 보호와 관련이 없다.

19 스포츠 행위의 도덕적 가치가 절대적인 것이 아니라 사람에 따라 달라질 수 있음을 시사하는 윤리적 상대주의에 대한 설명이다.

20 기술도핑은 약물이 아닌 장비나 도구에 의해 경기력 향상을 꾀하여 공정경쟁을 방해하는 도핑을 의미한다. 그 예로 킵초게의 특수 제작 신발이나, 수영의 전신 수영복, 야구의 압축 배트 등이 있다.

2023년 | 2급 선택과목 정답 및 해설

01 스포츠사회학

01	02	03	04	05	06	07	08	09	10
①	②	①	②·③·④	③	①	④	②	②	③

11	12	13	14	15	16	17	18	19	20
②	①	②	③	①	④	④	③	④	전항정답

01 ㉠ 학교와 지역사회 통합, ㉡ 평생체육의 연계, ㉣ 학업활동의 격려는 각각 사회통합, 전인교육, 사회선도에 해당하며 이는 스포츠의 교육적 순기능이다. ㉢ 스포츠의 상업화, ㉤ 참여기회의 제한, ㉥ 승리지상주의는 순서대로 부정행위의 조장, 교육목표 훼손, 편협한 인간의 육성으로 교육적 역기능이다.

02 ㉡ 스포츠의 심미적 가치보다 영웅적 가치를 중시하는 것은 구조의 변화가 아닌 내용의 변화이다.
㉣ 전·후반제에서 쿼터제로 변경된 이유는 인기 종목의 경기 구성을 변경하기 위함이다. 따라서 구조의 변화에 해당한다.

03 제국주의에서 스포츠를 식민지 국가를 자국의 국민으로 동화시키기 위한 목적으로 이용하였고, 이는 스포츠의 세계화에 영향을 미쳤다. 〈보기〉는 영국이 영연방국가의 지배를 위해 크리켓과 럭비를 이용한 예시이다. 따라서 현재까지도 영연방국가에서 크리켓과 럭비가 인기스포츠인 것은 스포츠 세계화의 원인 중 제국주의에 해당한다.

04 케년의 스포츠 참가유형은 행동적 참가, 인지적 참가, 정의적 참가로 구성되어 있으며, 〈보기〉의 내용은 실제 스포츠에 참가하지는 않지만 사인볼 수집과 같이 소비자로 경기에 참가하는 행동적 참가와 SNS 활동과 같이 미디어를 통해 스포츠와 관련된 정보를 수용하는 인지적 참가, 특정 선수나 물품에 대한 감성적 성향을 표출하는 정의적 참가이다.
※ 출제오류로 최종정답에서 복수 정답 처리되었다.

05 ㉠ 규칙이 제정되어 있고 경기가 조직적으로 운영된다는 점에서 관료화이다.
㉡ 투수의 포지션이 선발-중간-마무리로 구분되어있다는 점에서 전문화이다.

06 **스포츠 사회화의 전이 조건(E. Snyder)**
- 참가의 정도
- 참가의 자발성 여부
- 조직 내의 사회적 관계
- 사회화 주관자의 위신과 위력
- 참가자의 개인적·사회적 특성

07 ㉠ 경기의 결과, 선수와 팀에 대한 통계적 지식을 제공하며 신문, 잡지 등으로 잘 충족되는 욕구는 인지적 욕구이다.
㉡ 스포츠의 흥미와 흥분을 통해 각성적 기능을 제공하는 욕구는 정의적 욕구이며 직접 참여와 TV를 통해 충족된다.
㉢ 스포츠를 통해 다른 사회집단과 경험을 공유하여 사회집단과 친밀감을 갖게하는 욕구이며 직접 참여할 때 가장 잘 충족되는 욕구는 통합적 욕구이다.

08 ㉠ 보편적 접근권 : 누구나 자유롭게 접근할 수 있는 정보
㉡ 옐로 저널리즘 : 선수의 사생활을 중심으로 흥미 위주의 스포츠 관련 보도

09 웨이버 조항(웨이버 공시)
프로스포츠 구단이 소속 선수와 계약을 해지하고 다른 구단에 선수를 양도받을 의향이 있는지 공개적으로 묻는 제도

10 스포츠 일탈의 순기능
- 규범의 재확인으로 동조 강화
- 사회적 안전판 역할
- 사회적 개혁의 계기를 제공
- 스포츠상황에 창의성 부여
③ 선수들의 약물복용은 경기의 공정성을 훼손시켜 스포츠체계의 질서를 위협함으로 스포츠 일탈의 역기능이다.

11 ㉠ 2002년 한일월드컵 4강을 통해 대한민국 축구팀의 성적과 국가의 위상을 동일시하여 상승효과를 나타내는 국위선양의 예시이다.
㉡ 모스크바올림픽에서 서방 국가의 보이콧은 반대 정치체제에 대한 외교적 항의 수단으로서 스포츠 기능의 예시이다.
㉢ 베를린올림픽에서 나치즘의 정당성과 우월성을 과시하기 위한 수단으로 스포츠를 이용하는 정치적 이념 선전에 대한 예시이다.

12 문화자본 유형(P. Bourdieu)

체화된 문화자본	• 문화적 재화를 습득할 수 있는 개인의 특성과 같은 체화된 문화적 능력 • 스포츠와 같은 사회화를 통해 개인에게 내면화됨
객관화된 문화자본	• 문화적 재화들에 대한 법적 소유권의 형태로 존재 • 책, 예술작품, 과학적 도구들과 같은 전문화된 능력들을 가진 객관화된 형태 속에 존재
제도화된 문화자본	공적으로 보장받는 형태로 존재 예 학위증서

13 스포츠계층의 특성 중 보편성은 스포츠계층이 모든 국가와 사회에 존재하는 보편적 사회문화 현상임을 의미한다. ㉡ 고래성, ㉣ 영향성에 해당한다.

14 ㉠ 군중의 심리가 점차 전염되어 집단적 폭력행위가 발생하는 전염 이론
㉡ 구조적 요인에 의해 순차적으로 집합행동이 발생하는 것을 의미하는 부가가치 이론

15 ① 개척자형은 자신이 보유한 스포츠 기술을 해외에 전파하여 특정 종목을 외국에 보급하거나 타 국가 출신 선수의 수행 능력을 향상하는 데에 목적을 두는 스포츠 이주 노동자이다. 스포츠 노동이주를 통해 금전적 보상을 추구하는 유형은 용병형이다.

16 스포츠의 상대론적 접근은 특정 행위가 사회구조에서 바라보는 인간관계의 상호작용을 기반으로 일탈의 범위가 결정되는 것을 말하며, 이를 통해 과잉동조를 설명할 수 있다. 과잉동조는 규범을 무비판적으로 수용하는 동조행위를 의미한다.

17 스포츠사회화 이론 중 사회학습 이론은 개인이 사회적 행동을 습득하고 수행하는 방법을 분석하고 규명하는 이론으로, 역할 학습방법인 강화, 코칭, 관찰학습을 강조한다.
④ 개인이 처한 환경에 스스로 학습하고 변화하는 것을 강조하는 이론은 역할 이론이다.

18 ③ 권력투쟁은 스포츠 내에서 불평등하게 권력이 배분되기 때문에 더 많은 권한을 갖기 위해 대립적 갈등을 겪는 것을 말한다.

19 ④ 사회관계 이론은 대중매체의 영향력에서 비공식적 사회관계를 강조하는 이론으로, 중요타자의 가치와 행동에 의해 영향을 받게 된다.

20 〈보기〉에서 설명하는 스포츠사회학 이론은 베블런의 유한계급론이다. 베블런은 유한계급이 필요에 의한 실용적 소비를 하지 않으며 노동을 통한 생산활동을 하지 않더라도 재력이 있다는 것을 과시하여 경제적 우월성을 드러낸다고 보았다. 특히 생산계급이 갈망하는 재화를 소비함으로써 유한계급의 우월성이 더욱 부각된다고 했다.
※ 〈보기〉의 내용이 유한계급론에 해당하여 최종정답에서 전항 정답 처리되었다.

02 스포츠교육학

01	02	03	04	05	06	07	08	09	10
①	③	①	④	④	②	③	②	①	②
11	12	13	14	15	16	17	18	19	20
③	①	③	③	④	①	②	③	②	④	③

01 ① 검사-재검사는 동일한 검사를 같은 집단에게 두 번 실시하여 두 검사 간 결과값을 바탕으로 신뢰도를 추정하는 방법이다. 따라서 첫 번째 검사와 두 번째 검사의 시간차가 너무 길거나 짧으면 신뢰도에 영향을 미칠 수 있다.

02 모스턴의 교수 스타일 중 교과 내용을 결정하고 질문을 계획하여 학습자에게 예정된 해답을 발견하게 하고, 수렴적 과정을 통해 지식을 발견하는 교수 스타일은 수렴발견형이다.
③ 지도자는 학습자에게 해답을 즉시 알려주기보다는 호기심과 추리력을 도모하기 위해 답변을 위한 탐구 시간을 제공한다.

03 로젠샤인과 퍼스트가 제시한 학습성취와 관련된 지도자 변인은 ② 명확한 과제제시, ③ 지도자의 열의, ④ 프로그램의 다양화, 과제지향적/능률적 지도 행동, 프로그램 내용의 적절성이다. ① 지도자의 경력은 해당되지 않는다.

04 스테이션 교수(Station Teaching), 과제식 수업은 한 명의 교사가 두 가지 이상의 과제들이 동시에 진행되도록 스테이션(학습환경)을 설계하여 학습자가 수업에 능동적으로 참여하도록 지도하는 수업방법이다.

05 스포츠윤리센터의 설립(「국민체육진흥법」 제18조의3)
체육의 공정성 확보와 체육인의 인권 보호를 위하여 스포츠윤리센터를 설립한다.

06 스포츠 교육 프로그램의 지도원리는 ① 개인차를 고려하고 다양한 수준별 지도를 제공하는 개별성의 원리, ③ 지도자의 창의적인 지도 활동의 선정과 활용을 도모하는 적합성의 원리, ④ 교수·학습 내용의 다양화와 신체활동의 총체적 체험을 추구하는 통합성의 원리가 있다.

07 ① 직접교수모형의 학습영역 우선순위는 심동적 영역이며, ② 스키너의 조작적 조건화 이론에 근거하여 강화와 벌을 강조하였다. ③ 지도자 중심으로 의사결정이 이루어지므로 수업 시간을 가장 효과적으로 이용할 수 있기 때문에 학습자의 과제참여 기회를 높일 수 있다.

08 스포츠 정책 수립·시행의 기본원칙(「스포츠기본법」 제7조)
- 스포츠권을 보장할 것
- 스포츠활동을 존중하고 사회 전반에 확산되도록 할 것
- 국민과 국가의 스포츠 역량을 높이기 위한 여건을 조성하고 지원할 것
- 스포츠활동 참여와 스포츠 교육의 기회가 확대되도록 할 것
- 스포츠의 가치를 존중하고 스포츠의 역동성을 높일 수 있을 것
- 스포츠활동과 관련한 안전사고를 방지할 것
- 스포츠의 국제 교류·협력을 증진할 것

09 포괄형 교수 스타일은 학습자 자신이 수행할 수 있는 난이도의 과제를 선택하여 수업을 진행하는 방법이다.
① 발견 역치를 넘어 창조 단계로 학습자를 유도하는 것은 유도발견형 스타일이다.

10 역순 연쇄(Backward Chaining)
동작이 일어나는 순서에 따라 가르치지 않고 마지막 동작부터 먼저 가르치는 것

11 수업환경에서 일어나는 모든 일을 알고 있는 것처럼 행동하는 것으로, 지도자가 자신의 머리 뒤에도 눈이 있다는 듯이 학습자들의 행동을 파악하는 것은 ③ 상황이해(With-it-ness)이다.

12 피드백 유형별 발생 빈도를 체크하는 것은 사건 기록법의 예시이다.
② 평정 척도법은 질적인 가치를 지닌 정보를 양적 점수로 기록하는 것이고, ③ 일화 기록법은 수업 관찰을 통해 교사의 짧은 서술사항을 작성하는 방법이며, ④ 지속시간 기록법은 특정 행동이 지속되는 시간을 기록하는 방법이다.

13 운동기능이 낮은 학습자의 경우 학습자의 흥미를 이끌어내어 참여를 높일 수 있다. 이때, 게임의 전체 규칙과 기능이 포함된 정식 게임을 먼저 하는 것보다 게임의 대표성과 상황에 대한 과장성을 지닌 변형게임을 먼저 하는 것이 중요하다.

14 학습 목표 설정 4요소(R. Mager)
• 학습 대상자(Audience)
• 학습자에게 기대되는 성취행위(Behavior)
• 운동수행에 필요한 상황과 조건(Condition)
• 운동수행의 기준 및 수준(Degree)

15 메츨러의 탐구수업모형은 '문제해결자로의 학습자'를 주제로 하며, 학습영역의 우선순위는 인지적-심동적-정의적 순이다. 탐구수업모형에서 지도자는 학습자가 생각하고 움직일 수 있도록 과제를 제시하고, 학습자가 질문에 바로 대답하지 못할 경우 사고를 정교화할 수 있게 단서나 피드백을 제공하여 스스로 답을 찾을 수 있도록 한다.

16 스포츠 참여자 평가에서 심동적 영역에 해당하는 것은 심폐지구력이며, ① · ④ 몰입, 경기규칙 이해는 인지적 영역, ③ 협동심은 정의적 영역이다.

17 ③ 과제 간 전이는 한 과제가 다른 과제의 수행에 영향을 미치는 것을 의미한다.
① 대칭적 전이는 사지의 어느 쪽을 학습하는 것과 상관없이 양쪽 모두에 대한 전이효과가 유사하게 나타나는 것을 의미한다.
② 과제 내 전이는 같은 과제를 수행할 때 서로 다른 조건에서 수행에 영향을 받는 것이다.
④ 일상으로의 전이는 헬리슨(D. Hellison)이 제시한 개인적 · 사회적 책임감 수준의 단계이다.

18 스포츠 교육프로그램의 구성요소는 평가, 내용, 지도법, 목표 · 목적으로 구성되며 내용에 대한 요소는 '교육을 통해 생활스포츠 참여자에게 학습시키고자 하는 의도'로 설정한 목표를 반영하는 내용을 선정 · 조직하는 것이다.
② 스포츠의 철학, 이념, 비전을 담은 것은 목적에 해당한다.

19 메츨러의 개별화지도모형은 '수업진도는 학생이 결정한다'를 주제로 학습자가 가능한 한 빨리, 필요한 만큼 천천히 자기주도적 연습을 진행할 수 있다.

20 학교운동부지도자의 자격기준 등(「학교체육진흥법」 시행령 제3조)
- 직무수행 실적
  - 학생선수에 대한 훈련계획 작성, 지도 및 관리
  - 학생선수의 각종 대회 출전 지원 및 인솔
  - 훈련 및 각종 대회 출전 시 학생선수의 안전관리
  - 경기력 분석 및 훈련일지 작성
  - 훈련장의 안전관리
- 복무 태도
- 학교운동부 운영 성과
- 학생선수의 학습권 및 인권 침해 여부

03 스포츠심리학

01	02	03	04	05	06	07	08	09	10
③	①	④	④	④	③	④	②	②	①
11	12	13	14	15	16	17	18	19	20
②	③	②	①	③	①	②	③	①	④

01 스포츠심리학은 심리적, 사회적 요인이 스포츠 경기력에 미치는 영향에 대한 원인을 분석하고 연구하는 학문이다.
③ 생리학적 항상성에 관한 연구는 운동생리학과 관련된 연구의 동향으로, 스포츠심리학의 연구영역으로 볼 수 없다.

02 데시(E. Deci)와 라이언(R. Ryan)이 제시한 자기결정 이론은 동기 형태에 따라 인간의 성취행동이 달라진다고 보는 관점으로, 인간의 행동을 자율성의 정도에 따라 개념화한다. 따라서 무동기는 규제 유형에 해당하지 않는다.

구 분	규제 유형	동기 형태	자기 결정성
내적 동기	내적 규제	활동을 스스로 결정하고, 내적 즐거움을 추구	높음 ↓ 낮음
외적 동기	통합 규제	활동과 내적 가치가 일치	
	확인 규제	활동을 선택하긴 했지만 즐겁지는 않음	
	의무감 규제	활동 이유를 내면화시켜 보상 또는 처벌과 연계	
	외적 규제	외적 보상을 받으려는 욕구로 활동 참가	
무동기	무규제	스포츠 참가 의도·동기가 없음	

03 칵테일파티 효과는 선택적 청취 능력으로, 칵테일파티처럼 소란스러운 상황에서도 자신의 이름이 잘 들리거나, 대화를 이어가는 데에 불편함이 없는 등 자신과 관련된 정보를 선택적으로 받아들일 수 있는 뇌의 기능으로 일어나는 현상이다. 선택적 주의, 선택적 지각이라고도 불리며 응원과 함성 소리에도 선수들이 코치와 의사소통이 가능한 이유이다.

04 야구에서 유격수가 타구된 공을 잡아 1루로 송구하는 움직임은 동작 시도 간 환경적 변이성이 있으므로 환경적 맥락에서 비안정적 조절 조건에 부합하며, 동작의 요구(기능)에 있어서는 신체가 송구를 위해 이동해야 한다. 또한 공을 다루는 물체 조작이 존재하여 ④의 위치에 해당한다.

05 뉴웰(K. Newell)이 제시한 움직임 제한 요소는 환경, 유기체, 과제 유형으로 나뉜다. 유기체는 인간이 가지는 다양한 특성을 의미하며 ①·②·③은 물리적, 인지적, 심리적, 정서적 특성으로, 유기체 유형이다.
④ 과제목표와 특성, 규칙, 장비는 과제 유형에 해당한다.

06 ① 두미 발달 경향, ② 근원 발달 경향, ④ 기능적 비대칭의 원리에 해당한다. ③ 개체발생적 발달 원리는 학습에 의한 운동행동, 즉 연습과 경험에 의해 형성되는 발달이므로 게셀의 운동발달 원리로 볼 수 없다.

구 분		운동발달 원리
발달 방향의 원리	두 미	발달은 머리에서 발 방향으로 진행한다.
	근 원	말초보다 신체의 중앙이 먼저 발달한다.
상호적 교류의 원리		영유아는 먼저 한 손을 사용하고 다른 한 손을 사용한 뒤 양손을 사용하는 계속적인 반복 과정을 통해 발달한다.
기능적 비대칭의 원리		발달 과정에서 완벽한 균형은 어려운 일이며 약간의 불균형이 더 기능적이다.
자기규제의 원리		영유아는 스스로 자신의 수준에 맞도록 성장을 조절하고 이끌어 간다.

07 **스포츠를 통한 인성 발달 전략**
- 도덕적, 사회적 가치를 실제로 체험하고 배우는 기회를 통해 협동, 존중, 정직, 공정, 최선, 성실 등의 다양한 가치 덕목을 배울 수 있다.
- 선의의 경쟁을 통해 폭행과 폭언 등 인성적인 결핍 증세에 대한 처방적인 인성교육이 가능하다.

따라서 ④ 격한 상황에서 자신의 감정을 공격적으로 표출하도록 격려하는 것은 스포츠를 통한 인성 발달 전략에 해당하지 않는다.

08 '운동기술을 잘 수행하기 위해 필요한 핵심 행동에 중점을 둔다.'와 '자기효능감과 자신감을 높이고 인지 불안을 낮추는 데 도움이 된다.'는 과정목표에 대한 설명이고, '자신의 운동수행에 대한 목표를 달성하는 데 중점을 두는 목표로 달성의 기준점이 자신의 과거 기록이 된다.'는 운동수행 성취기준에 대한 설명으로 수행목표에 해당한다.

09 스미스(R. Smith)와 스몰(F. Smol)이 개발한 유소년 지도자 훈련프로그램 CET(Coach Effectiveness Training)의 핵심원칙은 긍정적 접근, 상호지원, 발달모델, 선수참여, 자기관찰 5가지이다.

10 동작의 정확한 수행을 위한 통합 조절과 고유수용기로부터 유입되는 정보를 활용하여 동작을 수정하는 역할을 통해 균형유지와 사지협응 및 자세제어에 주된 역할을 하는 것은 소뇌이다.

11 골프 퍼팅 과제를 연습한 뒤, 24시간 후에 동일 과제를 수행하는 것은 수행의 유지력과 동작 재생능력을 검사하는 파지검사이다.

12 일반화된 운동프로그램에서 불변 특성은 변하지 않고 동일하게 유지되는 자극의 유형을 의미하며, 순서, 시상, 상대적 힘 3가지 요소가 있다. 이러한 불변 매개 변수 중 상대적 힘은 전체 힘의 양을 각 근육에 적절한 비율로 분배하는 과정을 뜻하는데, 〈보기〉에서 전체 움직임의 시간을 각 하위 움직임에 분배하는 과정이 ③ 상대적 타이밍에 해당된다.

13 구스리(E. Guthrie)는 운동기술을 '다양하고 역동적인 환경적 요구에 조화하여 목적달성이 효율적으로 이루어지도록 구성된 동작'으로 정의했다. 또한 최대의 확실성, 최소의 에너지 소비, 최소의 움직임 시간을 운동기술의 척도를 판단하는 근거로 삼았다.

14 ㉠ 환경에서 관찰과 강화로 공격행위를 학습하는 이론은 사회학습 이론에 해당하며, 타인의 공격행위를 관찰하는 행동은 곧 모방하는 경향으로 나타나며 이를 통해 보상을 받게 되면 더 강화된다는 이론이다.
㉡ 인간의 내부에 공격성을 유발하는 에너지가 존재한다는 이론은 본능 이론이다. 본능적인 공격성이 외부 자극에 의해 유발되며 이 본능이 외부로 향할 수도, 내부로 향할 수도 있다고 본다.
㉢ 좌절이 공격행동을 유발하는 것은 좌절-공격 가설에 대한 설명으로, 이 이론은 '공격행위는 언제나 좌절의 결과로 일어나고, 좌절은 언제나 공격행위를 초래한다.'는 가정을 전제로 한다. 목표를 세우고 이루기 위해 노력하는 과정에서 방해를 받으면 좌절을 경험하게 되고, 좌절은 공격행위를 일으킨다는 것이다. 따라서 공격행위가 성공하면 청정효과가 발생하고, 실패하면 보다 큰 좌절을 경험함으로써 공격욕구가 증가된다고 본다.
㉣ 수정된 좌절-공격 가설은 좌절-공격 가설과 사회학습 이론의 장점이 결합된 이론이다. 좌절과 학습 모두 공격의 원인이 될 수 있고, 공격은 학습에 의해 수정될 수 있다고 보았다. 따라서 좌절에 의해 공격행동의 조건이 성립되었다고 하더라도 사회적 학습의 결과로 공격행동으로 이어지지 않을 수 있다는 것이다. 공격행동은 자동적으로 발생하지 않고, 증가된 각성과 분노는 학습에 의해 적절한 상황이라고 판단했을 경우에 공격행동으로 표출된다.

15 하터(S. Harter) 유능성 동기 이론은 지각된 유능성과 통제감 그리고 동기지향성이라는 3가지 심리적 변인과 관련된 다차원적 동기 이론이다.
㉠ 하터의 유능성 동기 이론 모형은 단일차원이 아닌 다차원적 구성이다.
㉣ 스포츠상황에서 성공하기 위한 능력이 있다는 확신의 정도나 신념으로 특성 스포츠 자신감과 상태 스포츠 자신감으로 구분하는 것은 스포츠 자신감 모형에 대한 설명이다.

16 번스타인(N. Bernstein)은 움직임의 효율적 제어를 위해 중추신경계가 자유도를 개별적으로 제어하지 않고, 의미 있는 단위로 묶어서 조절하는 것을 공동작용(Synergy)이라 하였고, 후에 뉴웰(K. Newell)이 공동작용은 동시 발생하는 외부 교란에 대한 안정성과 유연성을 보여 준다고 보았다.

17 목표 설정의 원리
- 자신의 수행목표 설정
- 성취 가능한 목표 설정
- 가능한 한 구체적인 목표 설정
- 팀 목표를 고려하며 개인목표 설정
- 장기목표와 단계적 단기목표를 함께 설정
- 참가자의 성격과 능력을 고려한 목표 설정

18 지도자나 동료의 충고에 의한 피드백으로, 도약 기술을 연습하고 각 발의 스텝번호를 표시하여 외재적으로 정확한 정보를 주는 피드백은 보강 피드백이다.

19 칙센트미하이(M. Csikszentmihalyi)는 기술 습득과 도전의 균형을 이루는 상황에서 운동 수행에 완벽히 집중하는 것이 몰입이라 주장했다. 그의 주장에 따르면 기술과 도전에 대한 인식수준에 있어 도전이 높고 기술이 낮으면 불안을 느끼고, 도전이 낮고 기술이 높으면 이완을 느낀다.

20 학습자의 바람직하지 못한 귀인성향을 변화시키는 것을 귀인 재훈련이라 한다. 실패에 대처하는 방식 중 하나인 학습된 무기력의 경우 실패를 능력 부족에 귀인하거나, 성공을 운이나 쉬운 과제 난이도에 귀인하게 된다. 따라서 ④ 실패의 원인을 노력 부족이나 전략의 미흡으로 받아들이게 해야 하며 미래에 성공할 수 있다는 기대감과 긍정적 정서 체험을 통해 수행을 향상해야 한다.

04 한국체육사

01	02	03	04	05	06	07	08	09	10
④	①	③	④	②	②	②	③	①	③
11	12	13	14	15	16	17	18	19	20
①	④	③	②·③	①	④	③	②·④	④	①

01 ④ 과거의 체육과 관련된 사실을 담고 있는 역사자료는 사료의 정의이다.

02 1894년 갑오경장 이전에는 무예를 중심으로 한 무사 체육 등의 전통체육을 강조하였고, 갑오경장 이후에는 교육입국조서를 통한 지덕체 조화의 전인교육을 목표로 학교 교육에 기반에 둔 근대체육을 강조하였다.

03 사희
정월 초하루부터 대보름까지 즐기며, 4개의 윷가락을 던지고 그 결과에 따라 말을 사용하여 승부를 겨루는 민속놀이로 오늘날의 윷놀이이다. 윷놀이는 백제의 '저포'와 유사한 것으로 보고 있다.

04 화랑도
- 진흥왕 때에 조직이 체계화됨
- 무예 수련을 위한 인재양성 단체로, 원광의 세속오계를 기본정신으로 둠
- 서민층이 아닌 귀족자제들을 교육함

05 축국
가죽주머니에 겨를 넣거나 공기를 불어 넣어 만든 공을 발로 차고 노는 놀이로, 석전은 돌싸움, 각저는 씨름, 도판희는 널뛰기를 의미한다.

06 고려시대 귀족의 민속놀이
- 격구, 방응, 투호

고려시대 서민의 민속놀이
- 각저(씨름), 추천(그네뛰기), 축국, 석전, 풍연(연날리기)

07 고려시대의 수박은 체계화된 운동경기로 발달되어 무예 수련 및 관람형 무예 경기로도 성행하였으며, 고려 말기에 인재 등용 시 중요한 과목이었다.
② 응방도감에서 관장한 스포츠는 방응에 해당한다.

08 훈련원은 무예 시험 및 훈련과 병서를 강습한 공식교육기관으로 활쏘기와 말타기를 강조하였다. 성리학 교육을 담당한 조선 최고의 교육기관은 성균관이다.

09 조선시대의 육예
예(禮), 악(樂), 사(射), 어(御), 서(書), 수(數)는 각각 예학(예법), 악학(음악), 궁시(활쏘기), 마술(말타기), 서예(붓글씨), 산학(수학)을 의미한다.

10 무예도보통지
정조의 지시하에 이덕무, 박제가, 백동수에 의해 간행되었으며 무예제보 6기와 무예신보 18기를 근간으로 24기의 기예를 다루었다.

11 오산학교
1907년 이승훈이 민족운동가 양성을 목적으로 세운 학교로, 대운동회를 매년 1회 실시하였고 체육은 주로 군사훈련의 성격을 띠었다.

12 ① 문예반 50명, 무사 양성을 위한 무예반 200명으로 운영된 학교는 원산학사이다.
②·③ 화류회는 1896년 한성영어학교에서 개최하였고, 선교단체의 영향 아래 배재학당, 이화학당과 같은 미션스쿨을 설립하였다.

13 ① 청강체육부는 1910년 최성희를 주도로 중동학교 학생이 조직한 최초의 교내 체육단체이다.
② 회동구락부는 탁지부(재경부)에서 관리하였고 최초로 연식정구 활동을 하였다.
④ 대동체육구락부는 권성연의 주도로 조직되었으며, 진화론적 자강론에 입각하여 체육발달을 통해 강력한 국가를 수립하는 것을 목표로 하였다.

14 ② 1920년 4월 1일에 창간된 동아일보는 같은 해 7월 13일 우리 민족의 체육통합단체인 조선체육회를 설립하였다.
③ 서상천은 1923년 일본체육회 체조학교를 졸업하였으며, 1926년 귀국하여 휘문고등 보통학교에서 교편을 잡았다.
※ ② · ③ 모두 옳은 선지로 복수 정답 처리되었다.

15 황성기독교청년회
1903년 서울에서 창설되었고, 총무였던 YMCA 선교사 질레트가 야구(1905년), 농구(1907년) 등 다양한 근대스포츠를 도입하였다.

16 체력장
- 1971년 문교부에서 10~17세 전학년을 대상으로 체력검사 실시
- 1973년부터 「대학입학예비고사령」에 의해 대학입시 내신을 위한 체력장 제도 실시
- 국제체력검사표준위원회에서 정한 기준과 종목을 대상으로 초 · 중 · 고교 99개 학교 학생들을 표집 · 실시하여 토대를 다짐
- 시행종목으로는 100m 달리기, 제자리멀리뛰기, 팔굽혀 매달리기(여자), 턱걸이(남자), 윗몸일으키기, 던지기, 오래달리기 등 6종목이 있었으나 1979년부터 일부종목(오래달리기)을 변경 및 축소하여 상대평가로 전환

17 태권도
1988년 서울올림픽대회에서 시범종목으로 채택되었고, 정식종목으로 채택된 대회는 2002년 호주 시드니 올림픽대회이다. 2007년에 정부에서 태권도를 진흥하기 위한 법률을 제정하기도 하였다.

18 제5회 스위스 생모리츠 동계올림픽
제2차 세계대전 이후 최초의 올림픽으로 독일과 일본은 전쟁을 일으킨 나라로 출전이 거부되었다. 우리나라 선수의 경우 최초로 태극기를 단 스피드스케이팅 이효창, 문동성, 이종국 선수 등이 참가하였다. 다만 문동성 선수가 경기 중 노르웨이 선수와 부딪혀 입은 부상으로 최용진 감독이 대신 500m 경기에 출전했다.
※ ② · ④ 모두 틀린 선지로 복수 정답 처리되었다.

19 ④ 2018년 대한민국에서 개최된 국제경기는 평창 동계올림픽이며, 금메달 5개 획득으로 종합 7위의 성적을 거두었다. 2018년 제18회 하계아시아경기대회는 자카르타와 팔렘방에서 개최되었다.

20 1991년 남북한 단일팀 구성 합의를 통해 지바에서 열린 제41회 세계탁구선수권대회와 포르투갈에서 열린 제6회 세계청소년축구대회에서 남북단일팀 '코리아'로 경기에 출전하였다.

05 운동생리학

01	02	03	04	05	06	07	08	09	10
②	①	④	①	③	④	④	①	②	③
11	12	13	14	15	16	17	18	19	20
③	①	②	②	③	③	②	①	④	④

01 우리 인체가 ATP를 합성하는 데 사용되는 대표적인 에너지원은 화학에너지인 탄수화물, 지방, 단백질이다. 따라서 글루코스, 근중성지방, 젖산은 해당되지만 비타민C는 관련이 없다.

02 근수축에 필수적인 근형질세망은 각 근원섬유와 평행하고 주변을 감싸는 복잡한 세관 시스템으로, 칼슘이온은 소포체 내에 저장되는데 칼슘 농도 조절을 통해 근수축을 제어한다.

03 초과산소섭취량은 운동 후에 발생하는 산소섭취량으로, 운동기간과 강도에 비례하여 나타난다. 일반적으로 운동 후 일정시간 동안은 평상시보다 많은 양의 산소가 소비되는데, 운동 후 근육에서의 PC 재합성, 젖산 제거, 체온 상승, 근육과 혈액의 산소 저장, 심박수 및 호흡수 상승, 호르몬 상승 등의 작용 때문이다. 따라서 ④ 증가한 PC 때문이 아닌, 고갈된 PC를 재합성하는 것이 초과산소섭취량에 영향을 미친다.

04 수중 운동 시 체온유지를 위해 환경적으로는 물의 온도가 중요하며, 내부적으로는 체지방량이 많을수록 체온유지가 쉽고, 운동강도가 강할수록 열을 생성하여 체온을 유지하는 데에 도움이 된다. 그러나 폐활량은 호흡하는 능력으로, 체온유지와 관련이 없다.

05 운동강도 증가에 따른 근섬유 동원

운동강도	동원되는 섬유	특징
낮음 ↓ 높음	Type I 섬유	지근섬유
	Type IIa 섬유	지근섬유 + 속근섬유
	Type IIb 섬유	속근섬유

06 장기간 규칙적 유산소 훈련 시 심폐기능의 적응 현상으로 혈액량이 증가한다. 이로 인해 좌심실로의 심장용적이 증가하고 심장 근육이 강해져 좌심실에서의 심근수축력이 증가한다. 따라서 심장에서 1분간 박출되는 심박출량이 증가하고, 최대산소섭취량도 증가하게 된다.

07 우리 인체는 내부와 외부의 환경변화에도 불구하고 항상 일정한 상태를 유지하려 하는데 이를 항상성(Homeostasis)이라고 한다. 출산 시 옥시토신 호르몬이 분비되어 자궁 수축 활성이 증가하는 것은 부적피드백이 아닌 정적피드백에 해당한다.

08 대동맥압 증가에 따른 후부하 증가는 좌심실에서 전신에 혈액을 보내기 위해 대동맥판막을 지날 때의 저항 크기가 증가하는 것이기 때문에 전신으로 보내는 1회 박출량은 상대적으로 감소하게 된다.

09 운동강도가 낮을 때 지방의 대사가 더 활발하게 이루어진다. 따라서 ㉠의 경우 혈중에 있는 유리지방산을 이용해 에너지원으로 사용하게 되고 ㉡은 운동강도가 높을 때의 에너지 비율이므로 빠르게 에너지를 얻을 수 있는 근육 속 글리코겐을 분해해서 에너지를 얻게 된다.

10 소뇌는 협응적인 운동 기능의 결정적인 역할을 담당하여 빠른 동작의 정확한 수행을 위한 통합 조절과 고유수용기로부터 유입되는 정보를 활용하여 동작을 수정하는 역할을 한다. ㉠ 골격근 운동 조절의 최종 단계 역할은 대뇌의 기능이다.

11 ⓒ 운동 초기 환기량 변화 요인은 경동맥에 위치한 화학수용기 반응 때문이 아니라 근육 활동으로 관절에서의 자극과 관련이 있다.
ⓒ 운동강도가 증가하면 1회 호흡량과 호흡수가 증가한다.

12 ㉠ 산화적 인산화 과정에 있어 아세틸조효소 단계 다음인 크렙스 회로에 대한 설명이다.
ⓒ 1개의 글루코스 분자에서 조효소 NADH 1분자는 2.5 ATP를 생성하고, FADH 1분자는 1.5 ATP를 생성하므로 총 ATP의 누계 합은 32 ATP이다.

13 체중이 80kg인 사람이 10METs로 10분간 달리기 했을 때의 소비칼로리는 1MET 공식으로 구할 수 있다.
1METs=3.5mL/kg/min (1L=5kcal 소비)
∴ 10METs×3.5mL×80kg×10min=28,000mL
L 단위 환산 시 28.0L이므로 28.0L×5kcal=140kcal이다.

14 세포의 안정 시 막전위 상태에서 세포 안은 칼륨(K^+)이 많아 음전위를 띠고, 세포 밖은 나트륨(Na^+)이 많아 양전위를 띤다. 세포는 항상 전위차를 유지하기 위해 세포막에서 에너지를 써가며 나트륨-칼륨펌프를 돌리는데, 세포 밖으로 3개의 나트륨(Na^+)을 내보내고 세포 안으로 2개의 칼륨(K^+)을 들여보내며 일정한 전위차를 유지한다.

15 ㉠ 정맥혈 회귀량 증가, 심실의 수축력 증가, 동맥혈압 감소 등으로 증가한다.
ⓒ 모세혈관 밀도가 증가하여 산소와 이산화탄소 교환이 활발해져 증가한다.
ⓒ 변화가 없거나 약간 감소한다.

16 건강체력의 5가지 요소
• 심폐지구력
• 근지구력
• 신체조성
• 유연성
• 근력
심폐지구력이 향상되면 모세혈관 밀도와 미오글로빈 함량, 미토콘드리아의 수와 크기가 증가하게 되며, 모세혈관 밀도가 증가함에 따라 산소와 이산화탄소 교환이 활발해져 동정맥산소차가 증가하게 된다.

17 1시간 이내의 중강도 운동 시 시간 경과에 따라 혈중 농도가 점차 감소하는 호르몬은 인슐린이다. 인슐린은 혈액 속 혈당을 낮추는 역할을 하지만 운동 중에는 혈중 글루코스 양을 증가시켜야 하기 때문에 에피네프린, 성장호르몬, 코르티솔이 활성화되고 인슐린은 감소한다.

18 근방추는 근 길이를 감지하여 과도하게 증가하지 않도록 억제하는 역할을 하는데, 감마 운동 신경의 지배를 받고 근섬유와는 평행구조를 가지며, 큰 근육보다는 상대적으로 미세각 조절이 요구되는 근육에 많이 분포되어 있다.

19 근력은 ① 근육의 횡단면적이 클수록, ② 근수축 시 액틴과 미오신의 결합이 많을수록, ③ 지근섬유보다 속근섬유의 구성비율이 높을수록 더 큰 근력을 얻을 수 있다. 그러나 근섬유막의 두께는 근섬유를 감싸는 형질막으로, 근력 결정요인과 관련이 없다.

20 등속성 수축은 관절각이 일정한 속도로 수축하는 것을 말하는데, 일반적으로 우리가 공을 던지는 동작은 각도마다 속도가 일정하지 않아 등속성 수축으로 보기 어렵다.

06 운동역학

01	02	03	04	05	06	07	08	09	10
④	②	①	④	①	④	②	③	④	①
11	12	13	14	15	16	17	18	19	20
①	③	①	③	②	④	①	③	②	③

01 운동역학은 신체의 운동에 관한 역학을 다룬 학문으로 운동 상황에서 인체에 발생하는 물체의 운동(공간적 위치의 이동)과 그 원인이 되는 힘 사이의 법칙과 그 효과를 연구하는 학문이다.
① 스포츠사회학은 스포츠 현상을 사회학적 연구 이론과 방법으로 설명하는 학문을 말한다.
② 운동생리학은 운동에 의한 생리적·기능적 변화를 기술하고 설명하는 학문을 말한다.
③ 스포츠심리학은 스포츠 수행에 영향을 주는 심리적 요인을 설명하는 학문을 말한다.

02 근육의 신장성(원심성) 수축은 근육의 길이가 늘어나는 동안 장력이 발생하는 수축이다. ② 팔굽혀 펴기의 팔을 펴는 동작에서 위팔세갈래근의 수축은 근육의 길이가 짧아지며 힘을 쓰는 움직임으로 단축성(구심성) 수축에 해당한다.

03 속도는 단위시간 동안 변위의 변화율, 즉 물체가 방향을 가지고 이동한 거리의 변화율을 나타내는 벡터양이다.
② 거리는 물체가 처음 위치에서 나중 위치까지 움직인 경로의 길이를 말하며, 스칼라양이라고 한다.
③ 가속도는 단위시간에 따른 속도의 변화율, 즉 단위시간 동안 이동한 거리뿐 아니라 방향까지 고려한 물체의 빠르기를 나타내는 벡터양이다.
④ 각속도는 단위 시간당 각변위의 변화량을 나타내는 벡터양으로, 회전체가 단위 시간당 회전하는 속도를 측정한 물리량을 말한다.

04 지면반력기는 인체의 운동으로 인한 지면의 반작용력으로 수직으로의 지면반력과 수평으로의 지면마찰 등에 의해 측정된다. 따라서 ④ 달리기 동작에서의 체공기는 발에 작용하는 힘의 크기가 지면에 닿지 않아 정보를 얻을 수 없다.

05 시상면(전후면)은 인체를 좌우로 나누는 가상의 면이기 때문에 인체의 관상축을 중심으로 움직임이 일어난다.
① 인체의 수직축을 중심으로 회전하는 피겨스케이팅 선수의 몸통분절 움직임은 수평면(횡단면)을 이용한 움직임으로 신체를 상하로 꿰뚫어 횡단면적 직각을 이룬다.

06 복합운동은 선운동인 병진운동과 회전운동인 각운동이 동시에 일어나는 운동 형태이다.
㉠ 커브볼로 던져진 야구공의 움직임은 앞으로 나아가는 선운동에 커브가 더해져 각운동이 되므로 복합운동이다.
㉡ 페달링하면서 직선구간을 질주하는 사이클 선수의 대퇴분절의 움직임은 직선구간으로 나아가는 선운동에 페달링하고 있는 무릎관절의 각운동이 더해져 복합운동이다.
㉢ 공중회전하면서 낙하하는 다이빙 선수의 몸통 움직임은 공중회전하는 각운동에 아래로 낙하하는 선운동이 더해져 복합운동이다.

07 ① 무게중심은 신체 내부뿐만 아니라 신체 외부에도 존재할 수 있다.
③ 지면에 선 상태로 팔을 위로 올리면 무게중심은 위로 이동한다.
④ 서전트 점프 이지 후, 공중에서 팔을 위로 올리면 무게중심은 중력의 영향으로 인해 아래로 이동한다.

08 ① 농구공 질량중심의 수직속도는 일정하지 않으며, 중력의 영향으로 인해 속도가 일정하게 증가하는 등가속도 운동을 한다.
② 최고점에서 농구공 질량중심의 수직속도가 0m/s가 되게 된다.
④ 최고점에서 농구공 질량중심은 수직방향으로 등가속도 운동을 한다.

09 회전하는 공이 지면에 충돌하는 상황이 되면 그 방향과 속도가 변화하는데, 백스핀된 공은 마찰력과 반대 방향으로 회전되므로 수평속도의 크기가 작아져 반사각이 작아진다. 반대로 톱스핀된 공은 마찰력과 같은 방향으로 공이 회전하기 때문에 수평속도의 크기가 커져 반사각이 커진다.
따라서 ④ 충돌 후 무회전된 공과 백스핀된 공의 수평방향의 힘은 공의 수직운동에 영향을 끼치지 않기 때문에 공의 리바운드 높이는 같다.

10 운동량은 운동하는 물체가 가지는 물리량이기 때문에 운동량=질량×속도이다. 따라서 60kg×2m/s=120kg·m/s
충격량은 운동량의 변화량으로, 〈그림〉에서 이지 순간의 충격량=충돌 후 운동량-충돌 전 운동량이다.
따라서 80N·s-20N·s=60N·s
∴ 60N·s=60kg×이지 순간 수평속도-120kg·m/s
오른발 이지 순간 수평속도는 3m/s이다.

11 충격량은 운동량의 변화량으로, 충격 힘×작용한 시간이다. 따라서 농구선수가 양손 체스트패스 캐치 동작에서 공을 몸쪽으로 당겨 받는 것은 공의 운동량을 받는 데 있어 공을 받는 접촉시간을 늘려 상대적 충격 힘을 줄이기 위한 것이다.

12 역학적 일이란 힘×이동거리이다. 물체에 힘이 작용하는 동안 물체에 작용한 에너지를 통해 힘이나 이동거리의 변화를 수반해야 한다.
따라서 역학적 일을 하지 않은 경우는 3가지로 작용한 힘이 0인 경우, 이동거리가 0인 경우, 힘과 이동방향이 수직인 경우이다. ③ 체조 선수가 철봉에 매달려 10초 동안 정지해 있는 경우는 이동거리가 없으므로 역학적 일로 볼 수 없다.

13 마그누스 효과는 물체가 회전을 하면서 유체 속을 지나갈 때 물체의 외부에 압력이 발생하는데, 발생한 압력 차이에 의해 압력이 높은 쪽에서 낮은 쪽으로 공을 미는 마그누스 힘이 발생하여 물체의 이동경로가 변경된다는 이론이다. ① 레인에서 회전하는 볼링공의 경로가 휘어지는 것은 이동하는 물체의 이동방향에 수직으로 작용하는 힘인 양력이 작용하여 경로가 휘어지는 것이 아니므로 마그누스 효과와 관련된 내용이 아니다.

14 역학적 에너지는 운동에너지와 위치에너지를 합친 것으로, 운동하고 있는 물체에 공기의 저항력이나 마찰력이 작용하지 않는다면 그 역학적 에너지의 형태가 바뀌더라도 총량은 항상 일정하게 보존된다는 법칙이다. ③ 운동에너지는 스키점프대 이륙 직후부터 지면 착지 직전까지 점점 증가하는데, 이는 스키점프대에서 지면까지의 위치에너지가 점차 줄어들며 반대로 운동에너지는 증가하기 때문이다.

15 ② 회전력(토크)은 물체를 회전시켜 각운동량을 만드는 힘이다. 〈보기〉의 덤벨 컬 등각속도 운동은 같은 속도로 팔꿈치가 굽혀지며 운동을 하고 있다는 뜻으로, 팔꿈치 각도가 90°에서 0°도로 움직여질수록 편심력(힘이 물체의 무게중심을 통과하지 않고 회전이 일어나도록 하는 힘)이 증가하여 회전력도 증가한다.

16 ④ 3종 지레는 받침점이 지레의 한 끝에 있고, 받침점과 저항점 사이에 힘점이 위치한다. 저항팔의 길이가 힘팔의 길이보다 더 길어서 발휘되는 힘이 저항보다 더 커야만 저항을 극복할 수 있기 때문에 힘의 효율성이 떨어지지만 운동범위나 운동속도의 측면에서는 이득이 있다.

17 다이빙 선수가 공중회전 동작에서 다리와 팔을 회전축 가까이 위치시키는 것은 관성모멘트(회전운동에서 외부에서 가해진 회전력에 대해 물체의 운동 상태를 변화시키지 않으려는 특성)를 감소시킴으로써, 각속도를 증가시켜 빠른 회전을 하기 위함이다. 입수 동작에서는 팔과 다리를 최대한 펴는 이유는 회전반경이 커지면 관성모멘트가 증가되고, 각속도가 감소됨으로써 수면으로의 저항이 낮아져 입수가 용이해지기 때문이다.

18 속도는 단위시간 동안 변위의 변화율로, 속도＝변위 / 걸린 시간이다.
∴ 30m/s＝투사거리 / 2. 따라서 투사거리는 60m이다.

19 일률은 단위시간 동안 일의 양으로, 일을 얼마나 빠르게 수행하였는지를 나타내며 스포츠에서는 순발력이라는 용어로 사용된다. 일률의 단위는 N·m/s, Joule/s, Watt가 있다.
② kg·m/s² 은 힘의 단위이다.

20 신체 안정성을 높이는 방법
- 중량을 늘린다.
- 기저면을 넓힌다.
- 마찰력을 높인다.
- 무게중심을 낮춘다.
- 수직 (무게)중심선을 신체 중앙에 가깝게 한다.

07 스포츠윤리

01	02	03	04	05	06	07	08	09	10
①	③	①	③	②	②	④	④	①	①
11	12	13	14	15	16	17	18	19	20
③	②	②	③	①	②	②	③	④	④

01 스포츠맨십(Sportsmanship)
이상적인 신사의 인간상이 스포츠에 적용되면서 만들어진 가치이다.
① 패자에게 승리의 우월성을 과시하는 것은 스포츠맨십이 아니다.

02 결과론(목적론)적 윤리관
- 행위의 결과가 중시되는 윤리이론이다.
- 목적달성과 일의 효용성을 강조하기 때문에 팀의 우승, 경기에서의 승리 등에 스포츠의 윤리적 옳음을 설정한다.
- 반대로 경기규칙을 준수하는 것에 윤리적 옳음을 설정하는 것은 의무론적 윤리관이며, 페어플레이와 같은 도덕적 탁월성을 추구하는 윤리이론은 덕윤리이다.

03 ① 경기실적 향상을 위해 우수한 선수를 귀화시키는 것은 인종차별을 제공한 사례가 아니라 인종차별을 극복한 사례이다.

04 ③ 의무론적 윤리체계는 옳고 그름을 판단하는 기준으로 행위의 동기를 중시하며, 행위 자체가 도덕적 의무를 준수했는가를 판단기준으로 보는 이론이다. 따라서 '어떠한 행위를 하는 선수가 되어야 하는가'에 더 주목한다.

05 스포츠윤리의 목적은 일반윤리학이 제시한 윤리적 원리와 덕목을 고찰하는 것이며, 스포츠윤리의 역할은 일반적인 윤리적 원리와 덕목을 통해 스포츠상황에서 행동의 옳고 그름을 판단할 수 있는 원리와 스포츠인에게 요구되는 행위를 탐구할 수 있도록 돕는 것이다.

06 선의지
- 도덕적인 선수가 갖추어야 할 내적인 태도이자 도덕적 행위의 필요충분 조건이다.
- 칸트는 의무론적 도덕적 추론에서 선의지는 도덕성 기준으로, 페어플레이라도 선의지가 없으면 도덕적이라고 볼 수 없음을 강조한다.

07 유전자 도핑은 치료목적이 아닌 스포츠 선수의 운동 수행능력 향상을 위해 사용하는 것이기 때문에 인간의 존엄성 침해, 스포츠의 본질적 가치 훼손, 선수의 생명 위험, 선수의 상품화, 유전자조작 선수와 다른 선수 간의 갈등, 신체적 탁월성과 스포츠의 공정성 훼손이 발생할 수 있다.

08 평균적 정의(평등적 정의)
모두에게 절대적으로 공평하게 적용되는 것으로 스포츠상황에서 키나 근력과 같은 신체적 능력을 공평하게 맞출 것을 요구하지 않는다.

09 A선수의 판단 근거가 되는 윤리이론은 의무론적 윤리체계이며, 다수의 이익을 간과할 수 있고 서로 다른 도덕규칙이 상충될 수 있다는 것이 한계점이다.
② · ④ 결과론적 윤리체계의 한계점이다.
③ 덕윤리적 관점의 한계점이다.

10 〈보기〉는 격투 스포츠의 윤리적 논쟁에 대한 내용으로, 폭력은 정당성 기준에 따라 가변적이기 때문에 절대악으로 구분할 수는 없다. 다만 스포츠에서 규칙으로 인한 통제된 힘의 사용은 합법적(정당한) 폭력으로 인정되기 때문에 격투 종목이 존재한다.

11 도핑은 공정성 위배, 부정적 역할모델, 건강상 부작용, 자연성의 훼손 등의 이유로 스포츠상황에서 사용을 금지하고 있다. 〈보기〉는 수영복을 개인의 실력이 아닌 기구나 장비에 의존한 기술도핑으로 간주했으므로 공정성 추구를 위함으로 볼 수 있다.

12 현준은 공정시합(페어플레이)을 바라보는 관점 중 '경기규칙을 위반하지 않는 것'을 강조하고 있기 때문에 형식주의 관점이며, 수연은 '스포츠상황 속에서 공유된 도덕적 요소를 지키는 것'을 강조하고 있으므로 비형식주의 관점이다.

13 맹자의 사단(측은지심 · 수오지심 · 사양지심 · 시비지심) 중 다른 사람을 불쌍히 여기는 마음은 측은지심에 해당하며, 옳지 못함을 부끄러워하고 착하지 못함을 미워하는 마음은 수오지심이다.

14 체육활동의 차별금지(「장애인차별금지법」 제25조 및 시행령 제16조)
① 체육활동을 주최 · 주관하는 기관이나 단체, 체육활동을 목적으로 하는 체육시설의 소유 · 관리자는 체육활동의 참여를 원하는 장애인을 장애를 이유로 제한 · 배제 · 분리 · 거부하여서는 안 된다.
② 국가 및 지방자치단체는 자신이 운영 또는 지원하는 체육프로그램이 장애인의 성별, 장애의 유형 및 정도, 특성 등을 고려하여 운영될 수 있도록 하고 장애인의 참여를 위하여 필요한 정당한 편의를 다음과 같이 제공하여야 한다.
- 장애인의 체육활동에 필요한 시설 설치 및 체육용 기구 배치
- 장애인이 참여할 수 있는 체육활동 프로그램 운영
- 장애인이나 장애인의 보조인이 요구하는 경우 체육지도자 및 체육활동 보조 인력의 배치
- 장애인 체육활동의 편의를 위한 장비 등의 사용설명 내용이 포함된 영상물 및 책자의 배치
- 장애인을 위한 체육활동 관련 정보 제공
- 장애인의 체육활동을 지도할 수 있는 장애인체육 지도자의 양성
- 장애인들이 사용할 수 있는 체육용 기구 생산 장려
- 장애인 체육활동을 위한 의료서비스 제공

15 스포츠의 지속 가능한 발전을 위해 새로운 스포츠 시설 개발 시 건강한 인간과 자연환경의 공존을 목표로 해야 하며, 국가적 · 국제적 협력이 필요하다.

16 스포츠맨십은 이상적인 신사의 인간상이 스포츠에 적용되면서 만들어진 가치를 의미하고, 페어플레이는 공평한 조건에서의 공정한 경쟁을 의미하는 보편적인 스포츠 윤리이며, 규칙준수는 행위의 규정과 시합의 조건을 지키는 것을 말한다.

17 스포츠윤리센터의 설립(「국민체육진흥법」 제18조의3)
- 체육의 공정성 확보와 체육인의 인권보호를 위하여 스포츠윤리센터를 설립한다.
- 스포츠윤리센터의 운영, 이사회의 구성 및 권한, 임원의 선임, 감독 등 스포츠윤리센터의 정관에 기재할 사항은 대통령령으로 정한다.
- 스포츠윤리센터의 장은 업무 수행에 필요하다고 인정될 때에는 문화체육관광부장관의 승인을 받아 관계 행정기관 소속 공무원이나 관계 기관·단체 소속 임직원의 스포츠윤리센터 파견 또는 지원을 요청할 수 있다.
- 스포츠윤리센터가 아닌 자는 스포츠윤리센터 또는 이와 비슷한 명칭을 사용하지 못한다.
- 스포츠윤리센터는 문화체육관광부장관이 감독한다.

18 의족의 탄성은 일반 신체를 사용하는 다른 선수들과 비교했을 때 기구나 장비에 의존하는 기술도핑의 일부로 간주되어 기술적 불공정으로 분류된다.

19 스포츠에서의 성차별은 여성의 스포츠 참여기회와 권리를 제한하거나 불이익을 주는 제반 행위를 말한다.
④ 여성성을 해치는 스포츠에의 여성 참가 옹호는 오히려 공정한 기회와 능력에 대한 공정한 평가를 제공할 수 있으므로 성차별의 극복방안이라고 볼 수 있다.

20 심판은 스포츠정신을 바탕으로 사심없이 공정한 판정과 승패를 결정해야 한다.
④ 전력이 약한 팀에게 유리한 판정을 하는 것은 공정한 판정이 아니므로 심판윤리에 어긋나는 행동이다.

참고문헌

1. 국민체육진흥공단 체육과학연구원, 「1급 경기지도자 연수교재」, 동원사(1997)
2. 국민체육진흥공단 체육과학연구원, 「1급 생활체육지도사 연수교재 기초편」, 동원사(2013)
3. 강명성, 김현규, 박민혁, 「건강운동관리사 필기+실기 한권으로 끝내기」, 시대고시기획(2025)
4. 강신복, 「현대 스포츠교육학의 이해」, 레인보우북스(2009)
5. 김상용, 「스포츠 철학과 윤리학」, 스포츠북스(2013)
6. 김성수 외, 「운동생리학」, 도서출판 대경(1995)
7. 김정효, 「스포츠윤리학」, 레인보우북스(2015)
8. 구창모 외, 「현대 스포츠사회학」, 대한미디어(2011)
9. 권순용 외, 「스포츠사회학」, 대한미디어(2015)
10. 배성우 외, 「스포츠지도사 필기 한권으로 끝내기」, 시대고시기획(2023)
11. 오름 편집부, 「스포츠지도사 단박에 오름」, 오름(2016)
12. 원영신, 「스포츠사회학 플러스」, 대경북스(2012)
13. 유정애, 「체육과 교육과정 총론」, 대한미디어(2007)
14. 윤상민, "스포츠 성폭력의 실태, 규제와 대책", 스포츠엔터테인먼트와 법(JSEL)(2011)
15. 이창섭 외, 「스포츠 사회학」, 궁미디어(2010)
16. 임번장, 「스포츠사회학개론」, 동화문화사(1994)
17. 정청희, 「스포츠심리학의 이해와 적용」, 메디컬코리아(2009)
18. 정희준, "스포츠메가이벤트와 경제효과, 그 진실과 허구의 재구성", 한국스포츠사회학회지(2008)
19. 조명렬 외, 「체육사」, 형설출판사(1996)
20. 최의창, 「체육교육탐구」, 태근문화사(2003)
21. 하남길, 「체육사신론」, 경상대학교 출판부(2010)
22. 한국스포츠교육학회, 「스포츠교육학」, 대한미디어(2015)
23. 한국체육사학회, 「한국체육사」, 대한미디어(2015)
24. 한국체육철학회, 「스포츠윤리」, 대한미디어(2015)
25. Carr, 주명덕, 이기청, 「운동역학」, 대한미디어(2002)

26. Daniel D, Arnheim, William E. Prenice, 「운동손상학 원론」, 대한미디어(2003)
27. Donald A. Neumann, 「근골격계의 기능해부 및 운동학」, 정담미디어(2011)
28. Jack H, Wilmore, David L. Costill, 「운동과 스포츠 생리학」, 대한미디어(2006)
29. Loland, 손환, & 임석원, 「스포츠 윤리학 : 스포츠와 페어플레이」, 철학과현실사(2008)
30. Powers, Howley, 최대혁, 최희남, 전태원, & Howley, Edward T, 「(파워)운동생리학」, 라이프사이언스(2008)

인생이란 결코 공평하지 않다. 이 사실에 익숙해져라.
- 빌 게이츠 -

작은 기회로부터 종종 위대한 업적이 시작된다.

- 데모스테네스 -

행운이란 100%의 노력 뒤에 남는 것이다.

- 랭스턴 콜먼 -

  **끝까지 책임진다! 시대에듀!**
QR코드를 통해 도서 출간 이후 발견된 오류나 개정법령, 변경된 시험 정보, 최신기출문제, 도서 업데이트 자료 등이 있는지 확인해 보세요! **시대에듀 합격 스마트 앱**을 통해서도 알려 드리고 있으니 구글 플레이나 앱 스토어에서 다운받아 사용하세요. 또한, 파본 도서인 경우에는 구입하신 곳에서 교환해 드립니다.

좋은 책을 만드는 길, 독자님과 함께 하겠습니다.

2026 시대에듀 스포츠지도사 2급 필기 20일 합격

개정9판1쇄 발행	2025년 09월 15일 (인쇄 2025년 07월 08일)
초 판 발 행	2017년 04월 05일 (인쇄 2017년 02월 24일)
발 행 인	박영일
책 임 편 집	이해욱
저 자	강명성 · 박두용
편 집 진 행	박종옥 · 장민영
표지디자인	하연주
편집디자인	조성아 · 임창규
발 행 처	(주)시대고시기획
출 판 등 록	제10-1521호
주 소	서울시 마포구 큰우물로 75 [도화동 538 성지 B/D] 9F
전 화	1600-3600
홈 페 이 지	www.sdedu.co.kr
I S B N	979-11-383-9583-0 (13690)
정 가	29,000원

※ 이 책은 저작권법의 보호를 받는 저작물이므로 동영상 제작 및 무단전재와 배포를 금합니다.
※ 잘못된 책은 구입하신 서점에서 바꾸어 드립니다.

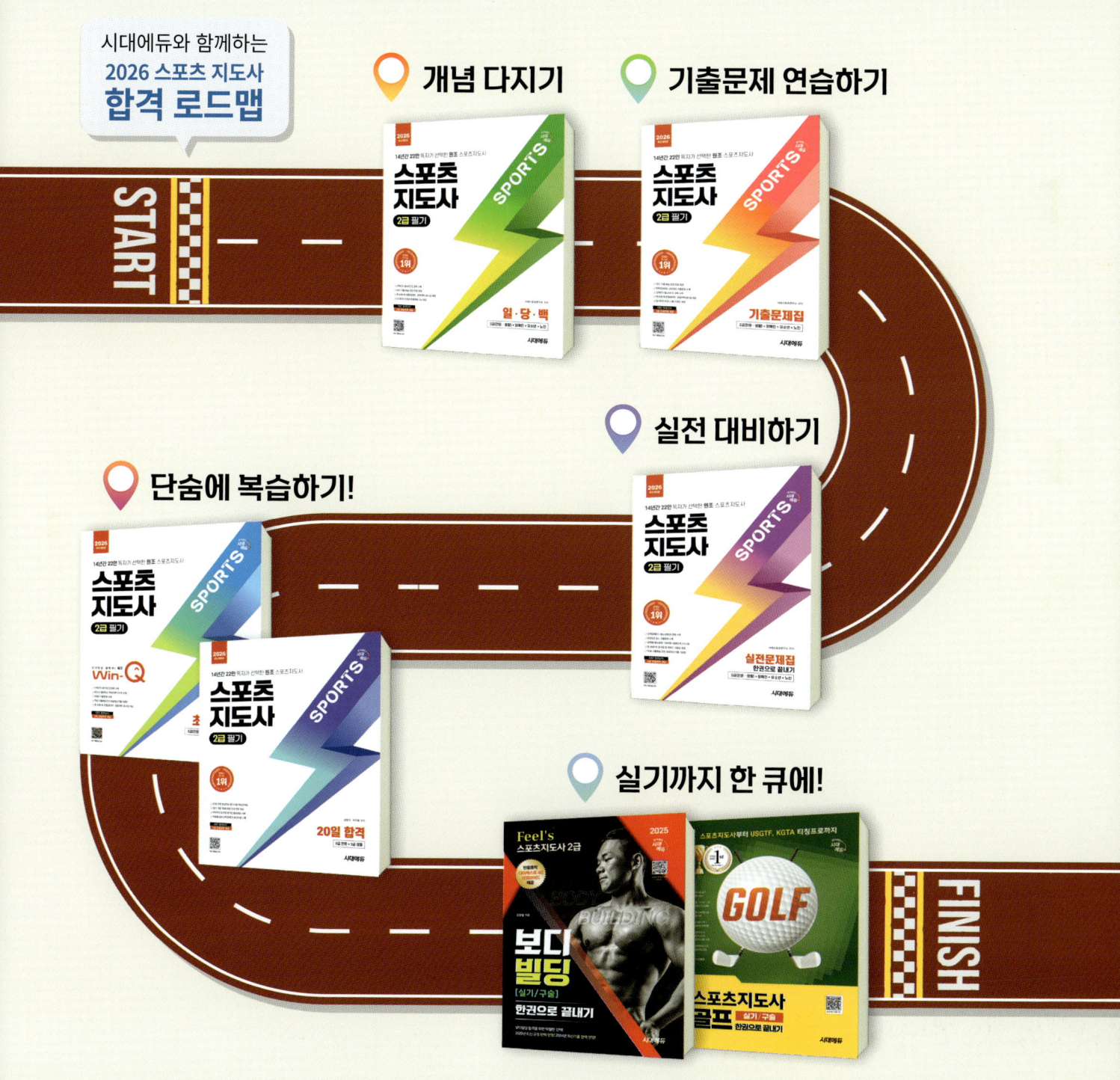

스포츠지도사 합격의 최단 루트,
스포츠지도사 2급 필기 기출문제집

최신 기출문제와 5개년 기출문제의 모든 과목을 수록하였습니다.
과년도 문제도 최신 내용으로 학습할 수 있도록 최신 정보를 반영하였습니다.

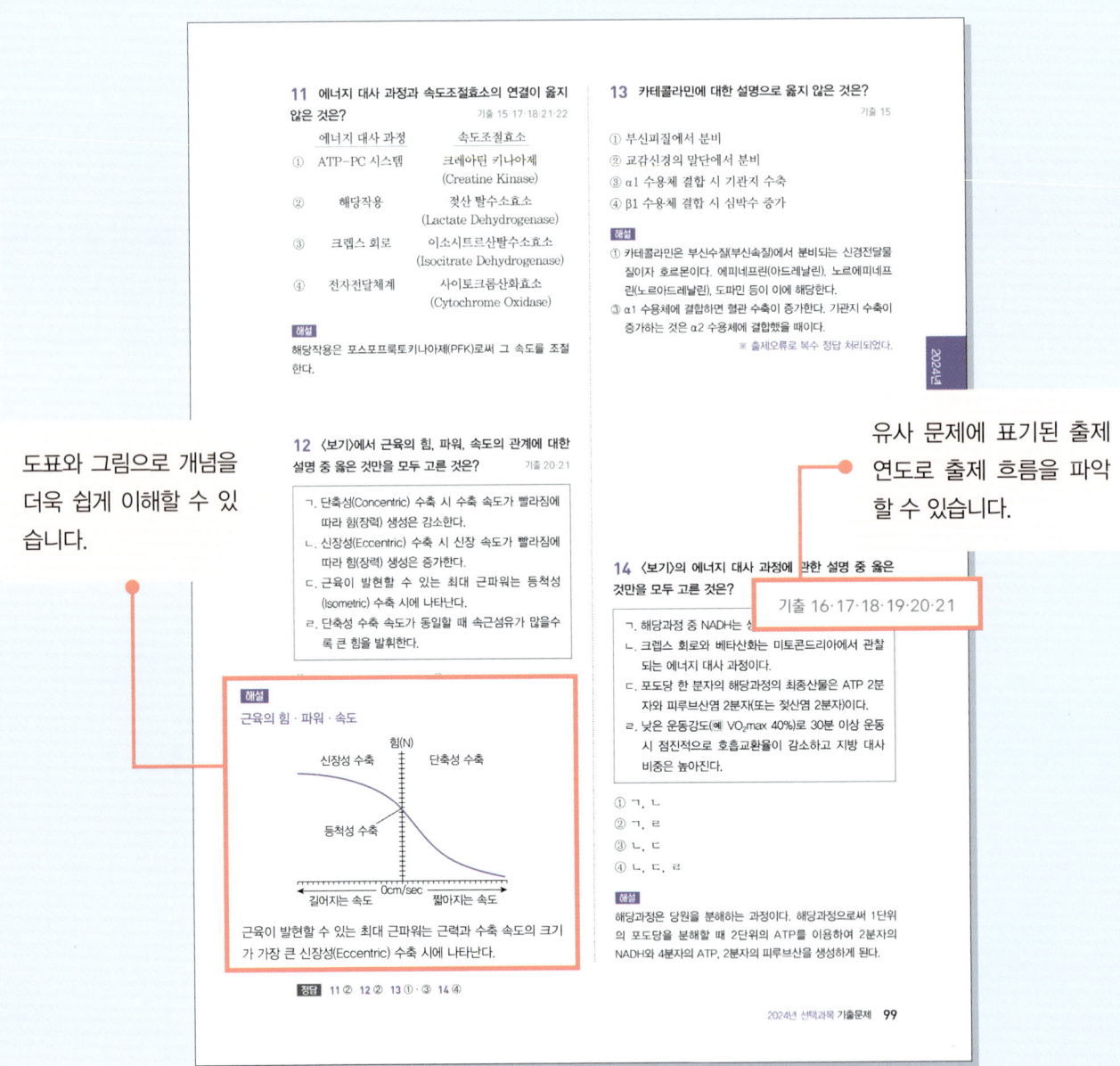

언제 어디서나 Up! Up!
시대에듀와 함께하는 스포츠지도사!

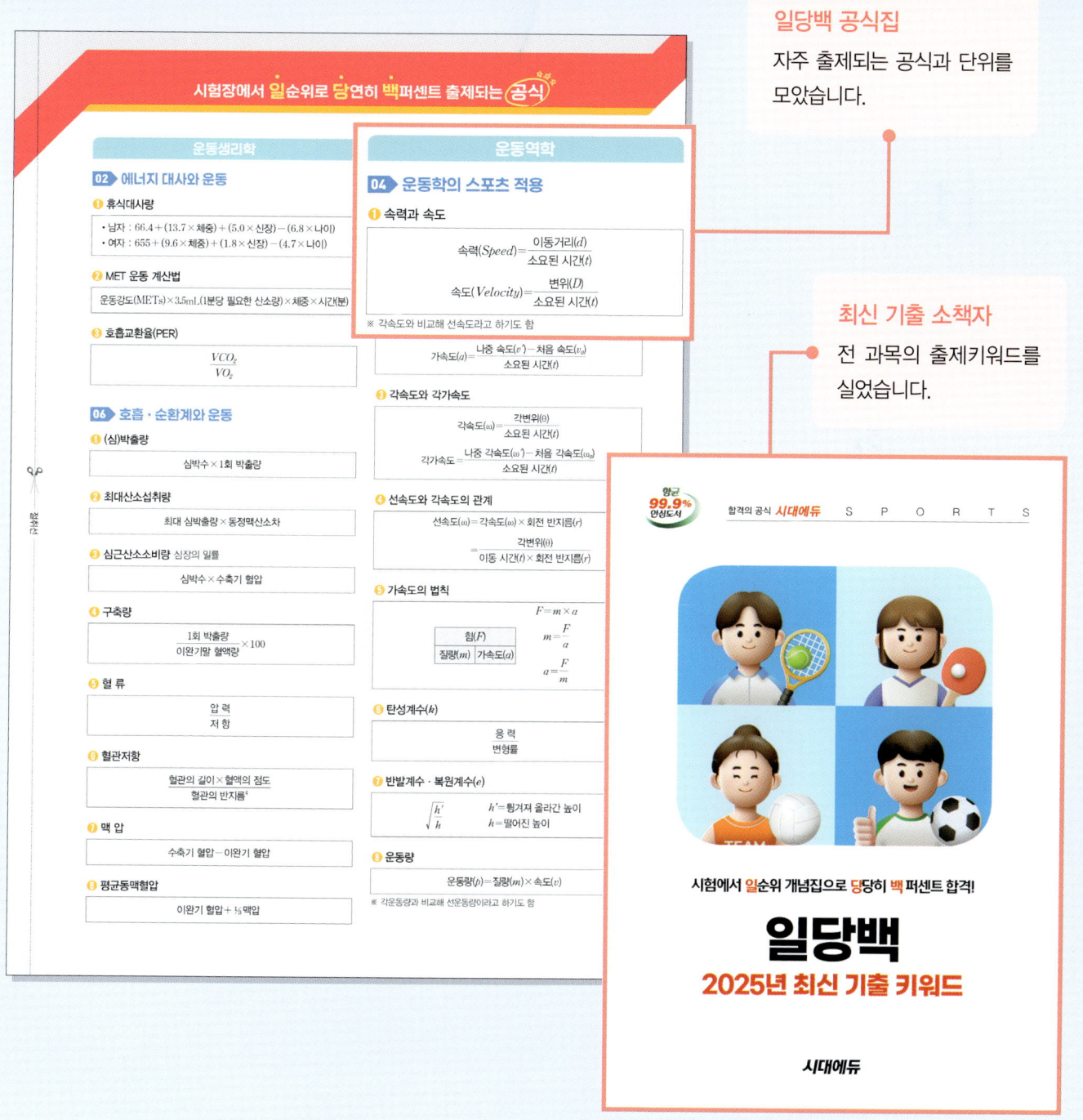

나는 이렇게 합격했다

자격명: 위험물산업기사
구분: 합격수기
작성자: 배*상

나는 할수있다
69년생 50중반 직장인 ○○○입니다. 요즘 자격증을 2개정도는 가지고 입사하는 젊은친구들에게 일을시키고 지시하는 역할이지만 정작 제자신에게 부족한점이 많다는 것을 느꼈기 때문에 자격증을 따야겠다고 결심했습니다. 처음 시작할때는 과연되겠냐? 하는 의문과 걱정이 한가득이었지만 시대에듀인강을 우연히 접하게 되었고 잘 차려진 밥상과 같은 커리큘럼은 뒤늦게 시작한 늦깎이 수험생이었던 저를 합격의 길로 인도해주었습니다. 직장생활을 하면서 취득했기에 더욱 기뻤습니다.
감사합니다! ♥

합격은 시대에듀

당신의 합격 스토리를 들려주세요.
추첨을 통해 선물을 드립니다.

QR코드 스캔하고 ▷▷▷
이벤트 참여해 푸짐한 경품받자!

베스트 리뷰	상/하반기 추천 리뷰	인터뷰 참여
갤럭시탭/ 버즈 2	상품권/ 스벅커피	백화점 상품권

합격의 공식 시대에듀